国家出版基金项目
NATIONAL PUBLICATION FOUNDATION

中华民族文化大系

【藏族】上

雪域之光

主编　袁晓文（益希汪秋）

总顾问单位　国家民族事务委员会

上海锦绣文章出版社
上海文化出版社

中华民族文化大系

总顾问单位

国家民族事务委员会

指导单位

中共上海市委宣传部

编委会主任

杨振武　王仲伟

编委会副主任

王　岚　房剑森

总主编

乌丙安（蒙古族）

中国民俗学会荣誉会长、国家非物质文化遗产保护专家委员会副主任、辽宁大学教授

郝苏民（回族）

中国少数民族民俗研究中心荣誉主任、国家非物质文化遗产保护专家委员会委员、西北民族大学教授

葛剑雄

教育部社会科学委员会历史学部委员、中央文史研究馆馆员、复旦大学教授

策划单位

上海文艺出版社

上海市国际文化传播协会

上海文坊文化传播有限公司

策划人

陈　徵　俞惠煜　吴　铁

策划执行

叶维义　杨　婷

《雪域之光——藏族》

撰稿专家(按章节顺序排列)

李星星 四川省民族研究所研究员

耿　静（羌族） 四川省民族研究所研究员

陈　东 四川省民族研究所副研究员

曾现江 西南大学副教授

才　贝（藏族） 青海民族大学副教授

先　巴（藏族） 青海民族大学教授

美郎宗贞（藏族） 西藏大学副教授

邹立波 四川大学副教授

王　川 四川师范大学教授

任新建（藏族）四川省社会科学院研究员

何　洁 四川省社会科学院副研究员

刘志扬 中山大学教授

杨嘉铭（藏族） 西南民族大学教授

李玉琴 西南民族大学研究员

陈立明 西藏民族大学教授

庞　玮 陕西师范大学博士研究生

王正宇 西南民族大学副教授
刘俊波 四川省民族研究所副研究员
罗凉昭（彝族） 四川省民族研究所副研究员
李　锦 四川大学教授
高泽祯 四川省民族研究所特聘研究员
张虎生 西藏大学教授
杨　环（藏族） 四川省社会科学院副研究员
张建世 西南民族大学教授
王维强（藏族） 中国藏学研究中心副研究员
何全珍 四川省民族研究所兼职研究人员
黄　博 四川大学副教授
杨曦帆 南京艺术学院教授
东主才让（藏族） 中国社会科学院副研究员
张　艺 成都中医药大学教授
杨永红 中国人民解放军某部上校
林俊华 四川民族学院教授
林紫秋 中国地图出版社编辑

阿地里·居玛吐尔地(柯尔克孜族)

陈　倩
陈　徵
陈丹正
陈勤建
罗春寒(水族)
和少英(纳西族)
金黎燕(景颇族)
周亚成
周志军
周国茂(布依族)
周艳梅
郑继强(仡佬族)
房剑森
孟旭彦
赵卫星
赵昌平
郝苏民(回族)
胡文明(普米族)
段　超(土家族)
俞惠煜
姜复生
姜逸青
袁晓文(藏族)
都永浩(朝鲜族)
贾合甫·米尔扎汗(哈萨克族)
夏　蒙
夏一鸣
热依拉·达吾提(维吾尔族)
铁穆尔(裕固族)
徐　炯
徐艺乙
高志英(纳西族)
高韵斐
郭　锐(佤族)
郭志超(回族)
郭建斌
黄永松
曹先强(阿昌族)
鄂崇荣(土族)
康南山(傣族)
彭卫国(土家族)
葛剑雄
蒋澄澜
覃德清(壮族)
傅爱明
街顺宝(彝族)
童翔蔚
监炯熹(畲族)
赖永良(德昂族)
蔡武成(傈僳族)
阚宁辉
樊人龙
滕春华(俄罗斯族)
颜莹舫
敖　松(达斡尔族)
潘晓岗

弘扬优秀民族文化
打造传世文化精品

中国自古就是一个统一的、多民族的国家，各民族之间交往频繁，相互依存，相互融通，血肉相连。上下五千年的中国史，就是各民族交往交流交融的历史，各民族的交往交流交融也是中华民族自我完善发展的强大推力。我国各民族都是中华民族大家庭中的成员，各民族团结进步是中华民族的生命所在、力量所在、希望所在。只有加强各民族交往交流交融，在共同生产生活和工作学习中加深了解、增进感情，才能促进各民族和睦相处，像石榴籽那样紧紧抱在一起，在中华民族大家庭中守望相助、和谐共生。

文化是民族的精神血脉，积淀着民族深沉的精神追求，代表着民族独特的精神标识，文化自信是国家发展更基本、更深层、更持久的力量。中华文化是一个有机的整体，优秀的民族文化是中华民族深厚的历史文化和丰富的人文风情的重要组成部分。中国56个民族的文化尽管个性纷呈，但是它们都深深根植于整个中华民族文化的丰厚土壤里，既特色多元又融为一体，“各美其美，美美与共”，共同创造了源远流长、灿烂辉煌的中华文化，对延续和发展中华文明、促进人类文明进步，发挥着非常重要的作用。

各民族优秀的文化事项和文化元素，不仅是各民族的文明精华，更是今天整个中国文化大发展的源头和根基。我们要坚持辩证唯物主义和历史唯物主义，不断赋予新的时代内涵和现代表达形式，不断补充、拓展、完善，使中华民族最基本的文化基因与当代文化相适应、与现代社会相协调、与时代需求相结合。优秀的民族文化元素一旦与现代理念和技术相结合，必将焕发出勃勃生机，有利于中华文化在今天的世界多元文化中彰显出自己的特色与个性，有利于促进新一轮的中华文化大发展。

习近平总书记在中央民族工作会议上指示："让各族人民增强对伟大祖国的认同、对中华民族的认同、对中华文化的认同、对中国特色社会主义道路的认同。我们越是接近民族复兴的目标，就越需要汇聚全民族的磅礴之力。"民族问题是事关国家长治久安的核心和要害问题，民族团结是实现中华民族伟大复兴中国梦的基石和"助推器"，向广大民众展示、解读、传播、弘扬各民族优秀文化，促进各民族相互了解、相互尊重、相互包容、相互欣赏、相互学习、相互帮助，具有十分重要的意义，是非常必要、非常迫切的任务。只有加强民族之间的相互了解，才能消除偏见和误会，让民族团结之花常开长盛，共建美好的中华民族大家园。

上海文艺出版社、上海市国际文化传播协会、上海文坊文化传播有限公司多年来一直致力于中华民族优秀传统文化的弘扬及其创造性转化和创新性发展，取得了诸多成果。由三家单位策划的这套"中华民族文化大系"大型丛书汇集众多民族文化研究成果，集聚一流的民族文化专家学者，解读各民族悠久灿烂的文化，展示中华民族共同的精神家园，极大丰富了国民的文化认知。为配合做好新形势下的民族工作，出版这类既有主体观、本土观，也有他者观、国家观，既立足于学术，又为群众喜闻乐见的普及型著作，可谓恰当其时。这套丛书虽然是一部以传统纸质印制的图书，但又不拘泥于纸张，利用现代理念和技术进行文化整合创新，使传统图书与各种新兴媒体表现手段有机结合，在可读性、大众化方面进行了独具中国特色和当下风格的内容表达与视觉呈现的探索，以期让读者获得更完整、更全面的阅读体验。

我国众多民族与周边各国的民族和人民之间有着千丝万缕的联系，而民族文化具有独特的魅力以及广泛的文化传播力，尤其是与"一带一路"国家战略高度契合。希望这套丛书可以推动中华优秀文化的国际传播，推动中外文化的交流互鉴，成为中国民族文化"走出去"的力作。同时，这套丛书也将以令人信服的内容成为世界准确客观了解中国的窗口，并回答国际社会对我国民族问题的关切和期待。

2016年12月29日，习近平总书记致信祝贺《大辞海》出版暨《辞海》第一版面世80周年，对出版工作作出了"坚定文化自信，坚持改革创新，打造传世精品"的重要指示，作为富有责任感、使命感的出版文化工作者，我们更有义务做好弘扬优秀民族文化、打造传世精品的工作，讲好中国故事，谱写中国篇章，宣传中国文化，担当中华优秀文化的传承者和守卫者。

本书编委会

2017年6月

目录 CONTENT

第1章

巍巍兮雪域，浩浩兮藏魂

人文地理

43

目录 CONTENT

目录 CONTENT

目录 CONTENT

目录 CONTENT

目录 CONTENT

第4章
流动的风景
服饰
181

目录　CONTENT

目录　CONTENT

目录 CONTENT

序言

藏民族热爱祖国，
热爱青藏高原这片蓝天厚土，
是不争的事实，
他们坚定积极维护着国家的安全和稳定，
是青藏高原的开拓者、守护者、建设者。

藏族，青藏高原的开拓者与守护人

袁晓文（藏族，益希汪秋）
四川省民族研究所研究员，人类学博士

藏族历史上的第一座堡寨式宫殿——雍布拉康（图/格桑草）

《离太阳最近的是雪域高原》
扫描二维码，优美的音乐会在您耳边响起

肖像绘制/丁德武

藏族是中国境内具有悠久历史的民族之一，是我国56个民族之一员，为中华民族命运共同体的形成与发展做出了贡献，是中华民族不可分割的历史成员和现实成员。藏族文化是中华民族文化的重要有机组成部分。因此，我们讨论藏族的文化、文明时，不能把眼光只局限于青藏高原这一区域，而是要从整个中华大地上各民族文化总体变化中，去探索藏族文化、文明的发展变化规律和藏族的历史渊源。

中华民族文化是一个整体，她是在漫长的历史发展进程中，以中国各民族的交往交流交融为主轴汇融而成。今天展现在我们眼前丰富而灿烂的中华民族文化之形成，固然有其历史、政治、经济与社会等诸多原因，但各民族别具特色的文化交流和交融是其中最重要的因素。没有各民族在历史上的文化交流和交融，就不可能有今天世界文化宝库中绚丽多彩的中华民族文化。藏族文化也深深根植于中华民族文化这片沃土。

说到藏族，我们须先来谈谈地球第三极——青藏高原。青藏高原在我国的陆地版图里占了超过四分之一的面积，平均海拔在4000—4500米，面积250万平方公里，地域辽阔且人烟稀少。如果把青藏高原放到世界范围来看，它是世界上海拔最高、中国面积最大的高原，因此，被称为“世界屋脊”或者“地球第三极”。青藏高原是一个周围被巨大山脉环绕的独特地理单元，它的北面是昆仑山脉、阿尔金山脉、祁连山脉，西面是喀喇昆仑山脉，南面是喜马拉雅山脉，东面是横断山脉等，高原内还有唐古拉山、冈底斯山、念青唐古拉山、巴颜喀拉山等。藏区的很多地方都是无人区，用“千山鸟飞绝，万径人踪灭”来描写最恰当不过。

》藏族是青藏高原的主体民族和世居民族，其分布范围和青藏高原的范围大体上重合。除藏族外，青藏高原上还生活着其他一些民族，特别是海拔在3000米左右的甘青川滇交界区域，有一些与藏族交错而居或比邻而居的其他世居民族。但在海拔3000米以上的区域，基本上都是藏族生活的地方，所以藏族是一个典型的高原民族。有学者指出，青藏高原的唯一性，也决定了藏族及其文明在世界范围内的独特性。可见，藏族的生活方式和文化具有世界意义和人类价值。

》在各种文学作品里，藏族常常被浪漫地描写为“离太阳最近”“离天最近”的民族，但事实上，高原对于人类的生存智慧来说是一种甚为严峻的考验，海拔高、气压低、温差大、紫外线强、缺氧严重等都是高原的自然特点，空气里的含氧量通常只有平原的60%左右，一些高海拔地区甚至更低。青藏高原对人类而言，有很多地方是完全不适合生存的。但千百年来，藏族在这样的环境中繁衍生息，顽强地生存延续下来，开拓了高原并创造了辉煌灿烂、厚重独特的高原文明。一位藏学家曾说过：“世界上没有哪一个民族，能够在如此高海拔的地方创造如此灿烂的文

金光照耀下的雪域高原（图/李眈）

化，翻阅世界文明史，也只有藏族。”

对于大多数人来说，藏族是一个神秘的民族，人们通过不同的渠道获得信息，在心中建构自己想象的“藏族”。于是，有人认为藏族是一个愚昧的民族，全民信教，人们每天都手摇转经筒，过着与世无争的宁静生活；也有人认为藏族是一个落后的民族，他们皮肤黑，不讲卫生，缺医少药，生病了就去求喇嘛打卦、念经；还有人认为，藏族是一个闹“独立”的民族，时刻想着从祖国分裂出去，他们中有一部分是民族分裂分子或恐怖分子。我个人认为，社会上对藏族有这样或那样“符号化”“刻板化”甚至“污名化”的看法或偏见，是出于对藏族在高原上的生存智慧、生活行为不了解，对藏族的宗教信仰和价值观不理解，对藏族的文化性格不求解，对藏族的爱国主义传统特别是对藏族近代以来反抗帝国主义侵略的历史不知解，是山高路远、交通不便导致各民族之间交往交流交融不多、不够、不深造成的。

古格壁画（图/张鹰）

作为“中华民族文化大系”《雪域之光——藏族》这卷主编，初衷是想通过由藏学研究学者组成的团队，写一本图文并茂、雅俗共赏的民族文化类读物，来正面解读藏族的历史、藏族的文化、藏族的宗教信仰、藏族的生存智慧、藏族的价值观和文化性格，以及藏族的爱国主义传统。本书的编撰，凝聚了诸多专家学者的心血与汗水，是中国藏学研究集体的成果，从不同侧面较完整地反映了藏族文化的“亮点”与“特色”。

多元一体的藏族

藏族是怎样形成的？他们从哪里来？这里需要解决的其实是藏族族源问题。

首先，藏族是由青藏高原的诸多本地人群融合而成，具有族源的本土性特点。这些部族包括了象雄、吐蕃以及苏毗、弥药（党项）等在汉文史书中被称为“羌”的人群。在形成统一的民族之前，这些高原人群的文化交往非常频繁，并逐步形成了较为统一的民族来源传说，那就是“猕猴说”。在藏族古老的神话传说中，在今天西藏山南地区的一个山洞里，一只神猴在那修炼，一个罗刹女爱上了他，几经波折，神猴最终同意与她结婚，他们的后代逐渐演化成人，并形成塞、穆、董、冬四大姓氏，藏族人认为现在所有藏族都是这四大姓氏的后裔。有人根据汉文史书的记载，认为藏族是古代“西羌”的后裔，虽有不同看法，但可以肯定的是，西羌与藏族有着密切的关系。有学者研究表明，历史上的“西羌”并不是一个民族，而是藏族先民的重要组成部分。

》根据考古发掘材料，青藏高原早在几万年前的旧石器时代就有人类居住、劳动、生息和繁衍了，这些古老的人群就是今天藏族的先民。到了一千多年前的唐代，藏族先民已发展成为一个拥有数百万人口、具有独特民族性格和灿烂文化的强大民族，史称“吐蕃”。有人可能会有疑问：这个在一千多年前曾一度主宰过中亚和中国西部历史舞台的强大民族，为什么一直向心于中华民族并加入到中华民族的大家庭中？为什么近现代史上，虽然国内外的敌对势力相互勾结，通过各种或隐蔽或公开的活动，一直企图把西藏及藏族从中华民族大家庭中分裂出去，但其结果总是以失败告终，而西藏作为中国不可分割的一部分的历史地位始终没有改变？要回答这些问题，最重要的就是寻找西藏成为中国不可分割的一部分的历史根源，那就是西藏文明自身的内涵、地缘性及与周边三大文明的关系，这些因素决定了西藏文明东向发展的趋势并与中原文明发生了深刻的联系。

》近年来，青藏高原的考古发现越来越多，到目前为止，已发现了不同时期的多处早期人类文化遗存。从这些文化遗存中表现出来的青藏高原的古代文明，既有地方特点，又与中原地区的古代文明有较密切的关系。这再次证明：被雪山封锁的青藏高原，早在远古时期就不是一个完全孤立的地方；高原上的居民，也不仅仅局限在一个较小的区域内进行活动，他们一直在努力开辟通向中原的道路，因而与中原地区建立了互相依存的密切关系。青藏高原的早期文化自旧石器时代到新石器时代晚期，与中原地区原始文化的某些文化相似，绝非偶然，这正是青藏高原与中原互相接触、互相影响的真实反映。

》事实上，藏族及其文化的起源和发展过程本身就是一个吸收和融合中华大地上其他文化成分的过程。大体说来，藏北高原与我国北方草原地域相连、环境相同，所以接受北方草原从事游牧狩猎的古代民族的文化多一些；藏东高山河谷地处我国黄河、长江两大水系之间，横断山脉南北流向的岷江、大渡河、雅砻江、金沙江、澜沧江和怒江等，沟通了南北两大系统的民族文化，成为了我国南北两大民族系统的荟萃之所；藏南谷地作为藏族文化的中心和民族的发祥地，自新石器时代起就存在一个独特的文化系统。根据文献记载和考古学的资料来看，这个本土民族文化系统与现代藏族的文化关系非常密切。

》藏族及其民族文化正是以藏南谷地的本土文化和当地民族为基础，同时吸收和融合中华大地上北方草原地区的游牧文化、中原地区的仰韶文化和胡系游牧民族以及氐羌系统的民族而形成的。

藏族男子喜戴金花帽（图/张鹰）

因而，藏族无论在族源上还是在文化上都不是单一的。她的族源具有混合的特点，她的文化具有多元的特点。从整体来看，藏族文化毫无疑问是中华民族文化不可缺少的重要组成部分。

》随着历史文明的推进，几千年前，今天西藏西部以阿里为中心的地区，一个古老的文明——象雄诞生了。这是一个以畜牧业为主的部落联盟性质的邦国，在这个邦国里，智者辛饶米沃在象雄古老文明的基础上，吸收西亚文明等一些元素，创立了雍仲本教，雍仲本教是根植于雪域大地的藏族文化之根。约公元前4世纪，在今天西藏的南部雅隆河谷，雅隆部落成为区域中心，在第三十三代赞普松赞干布时期逐渐统一了青藏高原，并积极向外扩张，建立了强大的吐蕃政权，创制了藏文。扩张时期，那些驻守边地的军人及其家属，带去了吐蕃王朝强大的政治影响以及吐蕃文化的熏染，可以说，吐蕃时期是藏族发展过程中一个极其重要的时期。

》藏族自称为“博”，自古皆然，只是不同地方有不同的发音，如安多藏族发音为“俄”，康巴藏族发音为“伯”等，其文字书写都是藏文书面语的“博”字，可见藏族是由古代青藏高原土著人群发展而来，他们以“博”作为统一的族称，直到今天依然这样。同时，在“博”下面还有不同的部落性或地域性名称，这些部落都能够将其“骨系”追溯到远古的四大姓氏，可以看出藏族的历史血脉。

》汉文史书记载的藏族名称，在不同历史时期，其记载有所不同。汉代对居住在西北的藏族部落统称为“羌”或“西羌”。唐代由于吐蕃政权的建立并统一青藏高原，所以称藏族为“吐蕃”。宋代对藏族的了解主要局限于西北，由于当时有吐蕃唃厮啰政权，继续有“吐蕃”这种称呼，有时直接称“蕃”，同时，由于这些“蕃”在宋朝的西面，所以还称“西蕃”。元代蒙古人称西藏为“乌斯藏”，也就是“卫藏”，称藏族为“唐古特”“唐兀忒”等，这里“唐”是“吐”字的一种发音，而“古特”和“兀忒”是安多地区对“蕃”字的发音。由于受宋代对藏族称呼的影响，元朝开始还出现了“番”“西番”等名称，将藏族称为“番”或“西番”的情况一直沿用到中华人民共和国建立初期。现在民间仍有这样的称呼，比如对居住在川西南等地的藏族使用“西番”这个名称。在清朝始有“藏”这个名称，并出现“西藏”这个词语，藏族地区按传统分为“阿里”“藏”“卫”“康”“安多”等，其中“藏”指的是今西藏自治区日喀则市一带的“后藏”。清朝时即以此代指整个藏族，这样“藏”就由专指日喀则一带的“藏”人群转变为指代整个藏民族。

》其次，藏族又是一个极具包容性的民族，在藏民族的形成和发展过程中，许多进入青藏高原的古老人群逐渐融合在藏族中，特别是进入青藏高原的胡系民族，为藏族注入了新鲜的血液。其他民族的成员融入藏族，是藏族得以发展壮大的一个重要因素，可以看出现代藏族的来源具有多元性的特征。而其他人群融入藏族中规模较大的主要是明清时期进入青藏高原的蒙古人。明清时期，大量蒙古人驻扎在现在的西藏、青海、甘肃、川西等地，这些蒙古人大都已经完全融入藏族之中。历史上还有很多族群如苏毗、羊同、勃律、党项、白兰、东女、附国、吐谷浑等大多融入藏族，汉、满、纳西等民族也不同程度地部分融入藏族之中，藏族的形成体现了“多元一体”的特点。

由此，我们可以看到，所谓藏族，就是指由世居于青藏高原的本地人群，经过不断发展并不断融合一些外来人群形成的，一个以藏语为母语、使用藏文的、有一脉相承的文化传统的、以“原始四姓”为“骨系”不断繁衍发展而来的民族。

藏族的生存智慧、宗教信仰与价值观

从低海拔内地来到高海拔藏区之后，人们往往会发现高原地域里的风俗习惯、衣食住行、思维观念等，都和内地大不相同。同时，也会发现宗教信仰氛围比较浓厚，也与内地迥异。内地基本上是一个世俗化的社会，生活在世俗化程度比较高的社会中的人们，到了一个几乎全民信教的社会，往往会受到比较大的文化震撼、文化冲击。

其实文化就是一种生活、生存方式，藏族文化也就是其生活方式为了适应高原环

热振寺金刚法舞（图/张鹰）

境而产生的一套生存策略、生存智慧。研究藏族文化的人类学者、历史学家或对青藏高原进行科考的诸多学者，对藏族的生存智慧和策略，都有着许多共识；比如从藏族所穿的藏装来说，就是因为高原昼夜温差大，正午天热时脱一只袖子降温，遇刮风下雪降温时全穿上，干活时为了方便将两只袖子系在腰间，晚上睡觉又可以将藏装打开当被子，非常的方便全能。从藏族传统的饮食来说，在高海拔地区，水的沸点在七八十摄氏度，饭是煮不熟的，所以藏族人很智慧地把青稞炒熟后磨成面，很方便地解决了熟食问题，到任何一个地方只要有茶、酥油，就可以解决饮食的问题。还有木碗，基本上每个藏族人随身怀里都会携带一个木碗，随时可以喝茶、捏糌粑，同时也比较卫生，等等，这些都是为了适应高原环境。牧区的藏族人除了需要牛羊肉，还需要糌粑，农区的藏族人除了需要糌粑，也需要酥油和牛羊肉。用牧区的畜产品来交换农区的粮食，用农区的粮食来交换牧区的畜产品，包括盐巴与粮食之间的交换，这是藏族文化的一个重要特点，农牧之间的关系是相互依存相互依赖的。

虔心祈祷的老人（图/李耽）

藏族驯化饲养牦牛，最能体现牦牛与人的高原适应性，也体现人与牦牛的亲密关系。牦牛被称作“高原之舟”，藏语称其为“洛尔”“洛布”或“雅”，意为“财富”和“宝贝”，可以想见它对于牧民来说是多么的重要。它完全适应青藏高原的环境，在夏季活动区域可达海拔五六千米，耐寒、耐饥、耐渴，是高原上最好的交通工具，也是藏族在高海拔地区赖以生存的重要生物基础。在高海拔的牧区，牧民们的衣、食、住、行都离不开牦牛，人们吃的是牦牛奶制成的酥油、奶渣、奶饼和牦牛肉，住的是牦牛毛编织的帐篷，迁徙也靠牦牛，装物品的口袋、绳子都是牦牛皮制成，煮食和取暖靠的是牦牛粪。人们依靠牦牛在那个地方形成一个完整的自然循环链，畜草滋养牦牛，人们又依赖牦牛来生存。在农区，牦牛也用于耕地。所以青藏高原不论牧区还是农区，藏族人的生活对于牦牛的依赖程度非常的高，离开牦牛人们几乎不可能在那里生存。

一个民族就有一种与之相适应、相匹配的文化，如何看待生与死，往往是其文化的核心，也最能体现其生命观、世界观和价值观。藏族的天葬就体现了高原的适应性与文化选择。藏族最开始并不是实行天葬，在经历了石棺葬、土葬之后，基本就以天葬为主，当然还有火葬、土葬、水葬、树葬、塔葬、壁葬等其他的葬式，但以天葬为主。在藏族人的观念里，躯体和灵魂相比，人们更看重灵魂，所以选择了一种很超脱、很释然的处理遗体的独特方式——天葬，死去的躯体仅仅是一副臭皮囊，用它去喂食一群饥饿的鹰鹫，既生态又环保，无需墓地，也无需后人凭吊，通过鹰鹫的飞升把死者的灵魂带到天上去，这是何等大度宽容超然的一个民族！天葬蕴含了一种对生命非常释然的态度，一种洒脱的天人合一的理念，因为在高海拔的地方生存，人必须和自然之间有一种很亲密的关系才能生存下去。为什么选择天葬？除了与佛本生故事“舍身饲虎”“舍身饲鸽”等有关系外，还有自然环境的因素，因为高海拔地区基本没有树木，缺乏木材，而土地基本是冻土层，一旦破坏基本不可能恢复，即便土葬，遗体也不易消解，所以人们一定会选择一个和这样的环境相匹配的丧葬方式。天葬不仅是最绿色，而且也是和环境最融洽的一种葬式，是藏族经历多种文化选择之后找到的最合理、最环保、最匹配的葬式。其中既有自然环境适应，也有文化选择。

》许多人认为藏族是一个全民信仰藏传佛教的民族，雄伟的喇嘛庙、五彩的经幡、随处可见的嘛呢石，还有那些磕着长头朝圣的信徒就是藏族文化的全部。追根溯源，藏族文化之根在本教。本教是藏地最古老的自然宗教，它的特点就是“万物有灵”，人们的本土信仰体现在对大山的崇拜，对自然的敬畏。藏文史籍记载从第一代藏王聂赤赞普一直到松赞干布之前，都是以本教治国。本教的发展经历三个阶段：一是最早存在于藏地本土的各种原始宗教，俗称“笃本”。二是象雄时代，在辛饶米沃借鉴了南亚等地，特别是湿婆教的一些宗教元素后，而逐渐系统化的本教，俗称“伽本”。这一时期，对医学等进行了规范和发展，早期的天文历算等逐步发展起来，为之后藏族文化的发展创立了条件。三是吐蕃时期佛教传入后吸收了很多佛教因素而形成的本教，俗称“觉本”，也就是寺院本教，即佛教化后的本教。

》同时，佛教为了自身发展的需要，也吸收了本教的很多内容，并在“后弘期”形成了藏传佛教。藏传佛教是藏族的主要信仰体系，它由两个信仰体系融合而成，一是藏地本土的本教信仰体系，另一个是从印度和中原传入的佛教信仰体系，佛教与本教的关系是“佛中掺本，本中掺佛”，你中有我，我中有你。我们可以这样理解，藏传佛教是一种“藏”化了的佛教，或者说是地方化了的佛教，是充分吸收了藏地本土信仰等诸多因素而形成的佛教体系，而且是用藏语文来传播的。那种对大山的崇拜和对自然的敬畏成为藏传佛教的重要内容，如嘛呢堆、经幡、神山圣湖的信仰、万物有灵，都源于本教。藏传佛教的特点：一是形成了活佛转世制度，除了达赖、班禅之外还有很多活佛转世系统，这是藏传佛教独有的；二是形成了众多教派，教派中又形成很多支系，特别是噶举派，有“四大八小”之说；三是密教，藏传佛教各教派都有密教的特点；四是基层社区是以寺院为中心来形成的，这和世俗社会不一样，所以宗教也成为藏族社会的基本凝聚力。

传统上藏族社会基本是一个全民信教的宗教性社会，藏传佛教信仰体系的社会功能和作用最突出有四个：一是减少了人口增殖。在过去传统社会中，藏族家庭中有两兄弟者必有一人到寺院出家为僧，有三兄弟者必有两人出家，这样的结果就是人类自身的生产大幅下降，人口数量非常低。这其实和藏传佛教的影响密切相关，那就是人口数量一定要和高原脆弱的生态环境相匹配相协调，实际上这是通过文化机制来达到人和自然的一种平衡。二是减少人的物质欲望。如果藏族地区按照一个世俗化社会的标准去追求财富，因物产寡薄，生态非常脆弱，地旷人稀，就具有不可持续性。在这样的环境里，人的欲望一定要得到控制。控制靠什么？那就是靠藏传佛教，因为佛教重来世、轻现世，重信仰、轻物质，所以一定要使人的物质欲望与高原环境相协调。藏族人的生活方式很简单，要在当地生存，只能选择那种传统的、地方的、简约的生活方式，而且必须要有信仰，用信仰作为生活的支撑。减少人的欲望，是藏传佛教非常重要的社会功能，它使藏族在不太适宜人类生存的高海拔地区，千百年来生生不息，并延续其文明，这也是一种生存智慧和策略。三是成为道德约束力量。所有宗教信仰都是一个自成的道德体系，让人们自觉地遵守一些行为规范和仪礼。四是藏族社会能凝聚成一个整体，也基本是靠藏传佛教。吐蕃时期，吐蕃佛教的传播伴随着吐蕃的扩张，青藏高原辽阔的大地上，有很多不同的民族、部落、族群，被吐蕃征服后，大多信奉了吐蕃佛教。随着后弘期形成的藏传佛教的传播，藏文化圈也不断扩大，藏族在青藏高原整体的凝聚在某种意义上来讲正是通过藏传佛教来完成的。

身着节日盛装的藏族老人（图/张鹰）

在藏族的信仰体系中，还有一个非常独特的观念，那就是对人与自然关系的认识。在藏族文化的民间信仰体系中，对自然的敬畏和尊崇十分突出，这同样也是适应青藏高原特殊而脆弱的生态环境的一种策略。在藏人眼里，大部分的山都是神山，大部分的湖都是圣湖，大部分的河都是圣水。从今天世界范围来看，藏族对神山、圣湖、圣水的信仰与崇拜可以说是绝无仅有的现象，即便是受到现代文明不断冲击的今天，藏族依然顽强保留了叩长头转神山、圣湖的习俗，也可以说是代表了当今人类对自然膜拜的一种极致。这种对自然的高度敬畏和尊崇，是藏族人世世代代在人类极限地区——青藏高原生活所沉淀下来的文化经验。一些不了解藏族文化的人可能会以愚昧、落后来理解这种行为现象，其实这凝聚着藏族文化很高超的智慧。在极端脆弱的环境下，人必须要和自然保持一种高度的协调，对自然的敬畏和尊崇正是为了达成这样的协调。这种以山神崇拜为基本特征的文化成为藏族文化的一条重要脉络，对后来传入的佛教也产生深远的影响，佛教在吸收大量藏民族固有文化元素的基础上形成了独具特色的藏传佛教，佛教本地化的完成说明藏族固有文化的包容性。藏族传统文化中对自然神灵的崇拜形成了藏族独有的生态观，形成一整套人与自然和谐相处的理论体系，充分展示了藏族文化高原性的特征。

》在藏族历史的长河中，藏文文献浩如烟海。有人统计，在中国的古代文献典籍中，藏文典籍仅次于汉文典籍居第二位，如德格印经院、萨迦寺等收藏着大量典籍，其中不乏世所罕见的贝叶经。在佛教的传入过程中，许多与藏族文化相关的其他民族文化也逐渐传入藏区，并融入藏族固有文化之中，这些文化主要保存在藏文大藏经《甘珠尔》《丹珠尔》等经典之中。

》为了准确翻译佛经，藏族形成了发达的文字学和语言学，这主要表现在历代编写的藏文辞书上。这一类著作包括双语词典，如9世纪编写的梵藏双语词典《翻译名义大集》，在敦煌文献中发现的藏汉词汇对照《瑜伽师地论·菩萨地》等。还包括了传统的正字法著作，如成书于1476年的《正字法丁香帐》，成书于1538年的《正字法语灯论》，以及《正字法智者之源》等。还包括了辞藻学著作，如15世纪根据旧本整理的《辞藻集·其美宝库》，1521年成书的《辞藻论·智者耳饰》等。

精美绝伦的唐卡（图/杨环）

》天文历算是藏族文化的重要组成部分，人们通过用沙制成的沙盘等简陋工具及传统方法，可以较为准确地计算出日食、月食等天文现象发生的时间，不能不谓之奇迹，不能不谓之发达，说明藏族文化中数学的运用已经达到较为成熟的程度。

》藏族的医药有一套独特的理论体系和诊疗方法，吐蕃时期在原有本土医学的基础上，吸收印度、波斯、唐朝等地的医药理论，丰富和发展了藏医药学的理论，宇妥·云丹贡布编著了集吐蕃医学之大成的藏医圣典《四部医典》，建立了藏医药学的完整体系。

》藏族一直比较重视修史，现存最早的史书是《吐蕃王统纪年》，在敦煌文书中尚有一份残卷，这以后的诸如《巴协》《五部遗教》《贤者喜宴》《西藏王统记》《青海史》《红史》《青史》《新红史》《西藏王臣记》《汉藏史集》《布敦佛教史》《珠巴教法史》《达陇教法史》《宗派源流晶镜史》《拉达克王统记》《朗氏家族史》《萨迦世系史》《噶伦传》等都是藏族史学名著，彰显了藏族的历史观。

》藏族也很注重历史人物传记的编修，说唱体文学形式持续得到发扬，并出现文人创作的著名作品，脍炙人口的如《米拉日巴传》《萨迦班智达传》《玛尔巴传》《汤东杰布传》《颇罗鼐传》《布敦仁钦珠传》等等，既是历史著作，也具有很强的文学性。藏族文献中有专门关于地理方面的著作，如《卫藏圣迹志》《南瞻部洲志》等。

》藏族古典小说也较为成熟，如经典名著《勋鲁达美》等就是藏族文学的巅峰之作。格言体文学形式也得到很大的发展，诸如《萨迦格言》《水树格言》等成为这一类文学形式的代表作品。最值得世人骄傲的是被称为“活着的史诗”的《格萨尔王传》，这是目前世界上最长的活形态史诗，是一部藏族文化的百科全书，已经入选联合国“人类口头和非物质遗产代表作”，成为人们了解藏族和藏族文化的窗口。

》同时，藏族传统上还有着自己一套完整的教育体系，历史上这一套体系主要由寺院完成。寺院的学习可以说是终身制的，一个优秀的学僧在进入寺庙学习数年后，会转入其他的寺庙继续学习，最后去拉萨考取学位。但如果学习不好，随时都可能停留在这当中的某一个环节。正因为这样，在过去，拉萨三大寺和各教派的主寺里就有来自国内外的大量学僧在这里求学，并取得重要成就。如蒙古族高僧格西曲扎就编写了一部《格西曲扎词典》，这部词典直到现在，依然是学习藏族文化必备的工具书之一。那学僧们学习的都是佛经吗？显然不完全是，就像我们现在的孩子去学校读书并不只学习数学或语文一样，学僧们也要学习诸如辞藻学、天文历算学、因明学（逻辑学）、数学、医药学、建筑学等“大小五明”课程，全方位地传承藏族文化。藏传佛教完善的教育体系也培养了藏族深邃的哲学思辨能力，成为其强大影响力的深厚文化底蕴。今天，藏传佛教在西方世界和祖国内地得到越来越多人的推崇，正是这种文化底蕴的体现。

》藏族在历史上总是对世界敞开胸怀，许多其他民族的优秀文化传入藏族地区，丰富和发展了藏族文化，先后形成了藏族文化的两次高峰。第一次文化高峰形成于象雄时期，雍仲本教的创立是这次高峰形成的标志；第二次高峰形成于佛教“后弘期”，藏传佛教的形成是这次高峰的标志，藏传佛教的形成使藏族文化达到了一个新的高度。但藏传佛教的区域特性与权力高度集中的“政教合一”制度却逐渐封闭了藏族社会，藏族文化逐渐走向故步自封，藏族社会逐渐走向封闭保守，对其他文明采取排斥的态度。这种封闭性使藏区与世界的发展渐行渐远。进入近代以后，当整个世界处于思想激烈交锋的时期，藏族周边的各民族都逐渐借鉴西方文化来丰富发展自身文化，并得到质的飞跃而发生重大改变的时候，西藏拒绝世界文明的洗礼，成为“文化孤岛”，成为世界上少有的封闭地域。当世界向前发展的时候，西藏还继续保留着落后的封建农奴制度，藏族失去了一次绝佳的发展机会。可以说，藏族文化走向封闭，是藏区陷入守旧泥潭难以自拔的主要根源。

》简言之，藏族是个伟大的民族，在漫长的历史发展中，在青藏高原创造了辉煌灿烂的文化。这里有藏族引以自豪的自然景观——巍峨的喜马拉雅，神圣的冈底斯，神奇的唐古拉，优美的阿尼玛卿，滔滔的雅鲁藏布，辽阔的藏北草原，葱郁的藏东森林，肥沃的藏南河谷……这里有与藏族生死相依的人文景观——雄伟壮丽的心脏布达拉宫，著名的圣地桑耶寺、大昭寺、哲蚌寺、甘丹寺、色拉寺、萨迦寺、塔尔寺、拉卜楞寺等，世界上最长的英雄史诗《格萨尔王传》，当今世界保存最全的藏文《大藏经》，丰富的文学及宗教典籍，绚丽的艺术……从古至今，这里诞生了无数思想家、政治家、哲学家、军事家、史学家、医学家、文学艺术家——囊日松赞、松赞干布、禄东赞、吞弥·桑布扎、论钦陵、赤松德赞、宇妥·云丹贡布、萨迦班智达、八思巴、布敦仁钦珠、宗喀巴、五世达赖、四世班禅、喜饶嘉措、更敦群培……

》总之，藏族的文化是古老的，从数万年前的青藏高原旧、新石器时代的遗存中可以找到它的源头和根脉；藏族文化是丰富的，无论是衣食住行、风俗习惯，还是哲学宗教、伦理道德、语言文字、典章制度、文学艺术、天文历算、文化教育等诸多领域，在长期的积淀中都取得了极为丰硕而灿烂的文明成果。

藏族的文化性格与爱国主义传统

》信仰藏传佛教，使藏族几乎成为一个全民信教的民族，出世的宗教文化类型使藏族甘愿忍受艰难困苦的生活，这在一方面造就了藏族人坚韧的性格和生存方式，但同时也抑制了藏族人的创造力，使之安于现状，不思进取，将所有这一切都归咎于前世，将所有希望寄托于来世。可以说，藏传佛教的哲学与思想主宰了大部分藏族人的生活。同时，在藏传佛教的熏染下，藏族人具有慈悲、和平和隐忍的性格。

》藏族文化的基本特点，一是高原地域特点，二是宗教文化特点，这是藏族文化最突出的两个特点，轻物质、重信仰，信仰铸就藏族人性格里的虔诚、执着、温和、坚韧、约己、单纯、宽容、善良等品格。由于藏传佛教信仰使人们重来世、轻现世，所以藏族文化性格就是非常能吃苦，非常能忍辱负重。同时，藏族的财富观与其他民族相对而言比较淡薄，藏族人往往会将多余的财富，与周围的人分享或捐献给寺庙或回馈社会。

》藏族的文化性格，一是积极向善。由于藏族信仰佛教很深，安多、康巴等藏区的信众，过去都要去拉萨朝圣，能到拉萨朝圣是僧人和信众一生的理想和向往。朝圣途中的生存主要靠化缘，传统中朝圣者所经过的藏族村庄，家家户户都会拿出东西来接济，朝圣者即使身无分文，也不会在村子中挨饿受冻。二是藏族整体上性格比较温和。由于长期信仰佛教，藏族人很容易亲近，比较忍辱负重，也比较宽容厚道，善解人意，并且遵守规则。三是藏族的思维往往是神性的思维，而非世俗的思维。四是敬畏自然和善待动物，也是非常突出的特点。五是藏族人普遍乐观豁达大度、诙谐幽默开朗。六是藏族人非常尊重老师，尊师是藏族优秀的传统文化核心之一。同时，由于信仰藏传佛教，藏区没有出现吸毒问题，藏族人中有心理问题的也比较少。

》藏族之所以选择这样的生活方式和价值体系，是因为它们能够给藏族带来最大的幸福感和获得感。藏族文化博大精深，蕴含了丰富的人类文化智慧，所以藏族文化是需要我们一点一滴逐步深入体会和认识的。

》藏族具有悠久的爱国主义传统。2008年西藏发生了“3·14”事件，这次震惊世界的事件使许多人错误地认为藏族是一个力图分裂国家的民族，所有藏族人都是“藏独”分子，这种看法是极端错误和极其片面的，也是极其有害的。事实上藏族是一个非常热爱祖国的民族，有着光荣的爱国主义传统。这里举几个例子：

》1788年6月，廓尔喀入侵西藏，西藏军民与驻扎当地的清军进行了坚决抵抗，但由于战备废弛、装备落后，这次保家卫国的抗争失败了。1791年7月，廓尔喀发动了第二次侵藏战争，侵略者大肆掠夺扎什伦布寺等地，清廷派大将军福康安率军队平定，在清军中有一支骁勇善战的嘉绒藏族土兵，成为反击战的主力，他们大败廓尔喀军队，并进入廓尔喀境内追击，迫使廓尔喀签订“永不犯藏”的停战条约，并定期纳贡，廓尔喀自此成为清朝的藩邦。

》鸦片战争爆发后，1842年四川大、小金川土屯和瓦寺土司的藏族土兵奉令调往浙

圣湖旁飘扬的经幡（图/郑宪章）

江前线，参加收复宁波、镇海的战役，藏族士兵和其他部队一起，重创了英国侵略军，就连英军自己也承认这是自入中国以来，受创最深的一次。战斗中，藏族士兵抱着“不战胜即战死”的决心英勇作战，数千藏族士兵光荣牺牲，浙江慈溪人民在高节祠里为英勇牺牲而长眠他乡的藏兵首领阿木穰、哈克里塑像，以示敬意。在他们的家乡，也留下了“辫子坟”的故事。

》近代西藏，1888年发生了抗击英国入侵的“隆吐山战役”，1904年发生了著名的“江孜保卫战”，西藏军民在没有援军的情况下进行了殊死抵抗，特别是江孜保卫战，武器落后的藏兵给侵略者以重创。

》抗日战争时期，国家面临民族危亡的关键时刻，藏族人民也积极参加到伟大的抗日卫国战争中，他们或直接参加军队对日作战，或捐钱捐物，支援抗战。红军长征时期，藏族优秀青年如天宝、杨东生、扎喜旺徐、沙纳、孟特尔、袁孝刚、姜秀英（女）等在党的抗日救国政策的感召下，纷纷参军，奔赴抗日战场。1944年，仅拉卜楞寺地区一周内就有100多名藏、蒙古青年报名参加了政府的抗日队伍；1937年，九世班禅大师带头捐献大洋5万余元、数百匹战马；拉卜楞寺嘉木样活佛捐献大洋30万，可购战机30架；1944年，西藏僧俗群众自愿捐赠法币500万元，可组建三个飞行大队；西藏噶厦政府代表全西藏人民捐献羊皮一万张，价值10万法币，青海藏区一次捐献羊皮10万张，为前线将士缝制御寒衣服；滇缅远征军中也有成百上千的藏族战士长眠在异国他乡……

》所有这一切都说明藏族是一个有着爱国主义传统、富有反抗外来侵略光荣历史、坚定维护祖国统一的民族。

》中华人民共和国成立以后，西藏上层贵族为维护自身的利益，于1959年发动叛乱，失败后大多逃亡国外，这其中不乏不明真相的群众。这些人到国外以后，主要定居在印度和尼泊尔等地，他们组建了“流亡政府”，四处鼓吹“西藏从来就是一个独立的国家”，要求将西藏及其他藏区从中国分裂出去，这就是人们所说的“藏独”。“藏独”发端于英国殖民主义者，从清朝后期开始到民国，英国为了将西藏置于自己的控制之下，怂恿和支持西藏从中国分裂出去，从那时候开始，西藏“独立”的思想在一些人心里就生了根。可以说，没有帝国主义、殖民主义对西藏的侵略，就没有“藏独”，“藏独”是殖民主义者一手炮制的恶果。

》但真正主张西藏“独立”的毕竟是极少数的人。这些人中一部分是既得利益者，他们明明知道西藏“独立”是不可能的，但依然炮制这样一个伪命题，目的就是在这个过程中捞好处、获得利益，成为西方反华势力的一张牌。一些是受蛊惑的人，这些人在闹“独立”的过程中，并不可能获得好处，而只能沦为博弈的“工具”。

》在藏区，反“藏独”、反分裂一直存在，在这个过程中，广大藏族人民群众都自觉地加入到反分裂的阵营，涌现了诸如青海果洛藏族自治州达日县公安局刑警大队原大队长拉玛才旦、四川炉霍县公安局刑警大队干警蒲东生等为了藏区稳定而牺牲在反分裂一线的藏族烈士。

》藏民族热爱祖国，热爱青藏高原这片蓝天厚土，这是不争的事实，他们坚定积极维护着国家的安全和稳定，是青藏高原的开拓者、守护者、建设者。说了这些，我想，每一个人、每一位读者都或许会对藏族有一个较为客观公允的认识。

》随着国际上“藏学热”的兴起，越来越多的人在关注藏族文化，关注“香格里拉”文化的独特内涵和独有风采，关注它的形态，关注它的特质，关注它的成长、发展。藏族文化是一种具有世界影响的文化，不少仁人志士为这一文化的研究、翻译、诠释、教育、传播、发扬都做出了重要的贡献。特别是近30年来，出版、发表的关于藏族文化各个领域的学术论著不计其数、蔚为壮观。随着藏学研究的进一步升温，藏族文化的研究仍将继续成为热点，这些研究成果，由内而外，由外而内，将互相产生作用和影响。21世纪又是一个世界经济、文化蓬勃发展的世纪，也必将对藏族社会产生更多的撞击。所以，认识、了解、学习、研究藏族文化是十分重要且必要的。

剪羊毛是藏北牧民一年中最重要的日子，也是最喜悦的日子（图/张鹰）

》藏族文化走向世界是文化自信的重要体现，但由于诸多原因和信息的不对称，特别是误导性的宣传，导致世人对于藏族文化的认识产生了一种朦胧感，对藏区、藏族也产生了偏颇性的认知；其次，也有极少数研究者没有站在“文化自觉”的立场上，对藏族文化的解读也非客观科学，致使谬种流传、视听混淆；其三，猎奇和片面也是藏族文化传播中常见之事，有的纯粹出于自身好奇心，有的则以营利为目的，给藏族民众造成了精神和情感上的伤害；同时，学术研究表述方式的不够亲切、传播手段的新意不足，也让洋洋大观的藏族文化研究成果未能很好地为普通民众所知晓、所分享、所借鉴。

》上海世纪出版集团全力打造的“中华民族文化大系”《雪域之光——藏族》，坚持以真理为先导，以事实为根据，以学术成果为准则，更以灵活、亲和、新颖的编辑方式为手段，科学而辩证地介绍藏族文化的真实面貌。我们有理由相信，这部书的出版，将有利于增进民族团结，振奋民族精神，维护祖国统一；有利于各民族及世界人民更准确地、全方位地了解认识藏族文化，弘扬藏族文化。

藏族

人口与分布

我国藏族总人口为6282187人（2010），主要聚居在西藏自治区，以及青海的海北、海南、黄南、果洛、玉树等藏族自治州和海西蒙古族藏族自治州、海东市，甘肃的甘南藏族自治州和天祝藏族自治县，四川的阿坝藏族羌族自治州、甘孜藏族自治州和木里藏族自治县，云南的迪庆藏族自治州，新疆维吾尔自治区的部分地区。

藏族是汉语的称谓，藏族人自称为“博（bod）”。藏语对居住在不同地区的人又有不同的称谓：居住在西藏阿里地区的人自称为“兑巴”，后藏地区的人自称为“藏

藏族分布手绘示意图（绘图/ZITAO）

巴"，前藏地区的人自称为"卫巴"，居住在西藏东境和四川西部的人自称为"康巴"，居住在西藏北境和四川西北部、甘肃南部、青海地区的人自称为"安多娃"。

西藏全境；横断山系北高南低，纵贯四川、云南西部及西藏东部地区。耸立在我国和尼泊尔之间的珠穆朗玛峰，海拔8844.43米，是世界第一高峰。

藏族地区森林茂密，盛产各种珍禽异兽和名贵药材。在西藏雅鲁藏布江中下游广阔地带、青海东南部、甘肃南部和四川、云南西部，有大面积的原始森林，是我

语言与文字

藏语属汉藏语系藏缅语族藏语支。依地区划分为卫藏、康、安多三个方言，卫藏方言和康方言都有声调，安多方言没有声调。

藏文创制于公元7世纪前期，是有4个元音符号和30个辅音字母的拼音文字，自左向右书写，字体主要为"有头字"（楷体）和"无头字"（草体）两种，通行于整个藏族地区。

环境与资源

藏族聚居地区高山连绵，雪峰重叠，地势高峻。青藏高原平均海拔4000米以上。祁连山、昆仑山和唐古拉山、冈底斯山、喜马拉雅山等山脉，由西向东，横亘青海和

藏族地区江河纵横，湖泊星布。举世闻名的黄河和长江，都发源于青海境内。西藏西部有狮泉河、噶尔河、象泉河，东部有怒江、澜沧江、金沙江，雅鲁藏布江横贯西藏南部。青海湖是我国最大的咸水湖；藏北高原湖泊众多，有纳木措、奇林措等湖，喜马拉雅山北麓盆地玛法木措、羊卓雍措等湖闻名于世。

藏族地区草原辽阔，水草肥美，生产以牧业、农业为主。藏系绵羊、山羊和牦牛、犏牛，是青藏高原的特产；河曲马、大通马、工布骡等都是本地区的良种。农业以种植生长期短、耐寒抗旱的青稞为主，南部河谷温暖的部分地区也种植水稻和棉花。

国的著名林业区。山谷林间，栖息着太阳鸟、鹦和熊猫、金丝猴、长尾叶猴、熊等珍贵动物。

藏族地区水力资源极为丰富，地下宝藏十分富饶。利用水力、地热发电有着很大潜力，天然气和铜、铁、煤、云母、硫黄等蕴

藏量大，内陆湖泊还盛产硼砂、盐、芒硝和天然碱等。青海柴达木盆地和藏北高原还富含油矿。

宗教信仰

绝大多数藏族人信仰大乘佛教。大乘佛教吸收了藏族土著信仰本教的某些仪式和内容，形成具有藏族色彩的“藏传佛教”。藏族对活佛高僧尊为上师，藏语称为喇嘛，故藏传佛教又被俗称为喇嘛教。佛教寺庙遍及藏区各地，佛事活动频繁。著名的寺庙有甘丹寺、哲蚌寺、色拉寺、扎什伦布寺和塔尔寺、拉卜楞寺等等。

风俗习惯

藏族不同的地域，有着不同的服饰，多姿多彩，男装雄健豪放、女装典雅潇洒。藏族服饰总的特点是长袖、宽腰、大襟。藏袍是藏族的主要服装款式，种类很多。邦典即围裙，是藏族已婚妇女特有的装饰品，颜色或艳丽强烈，或素雅娴静。头饰佩饰在藏装中占有重要位置。

献哈达是藏族待客规格最高的一种礼仪，每有喜庆之事，或远客来临，或拜会尊长，或远行送别，都要献哈达以示敬意，五彩哈达用于最高最隆重的仪式如佛事等。

藏族的传统节日很多，其中最具代表性、最隆重的节日有藏历新年、望果节、拉萨雪顿节、萨噶达瓦节、甘南香浪节、青海塔尔寺酥油花灯会、九寨沟德朵节、江孜达玛节，以及各藏区时间不尽相同的转山会、赛马会等。

藏族人的一生，可以说是礼仪的一生。从呱呱落地的婴儿，到成年后的婚嫁；从弥留时的关怀，到死后灵魂的升天，都有一套完整而复杂的礼仪。

（图片由张鹰、郑宪章、李耽、视觉中国等提供）

本书导读示意图

拓展阅读：与专题相关的名词解释、背景知识、人物小传、田野实录等的延伸阅读，为你构建多维度、多侧面的全息专题文化影像。

专题标题：以虚实结合的文字概括各民族的某一重要文化事项。

专题段落标题：揭示这一重要文化事项的不同断面，分层切入，条分缕析，引你直抵现象背后的文化之核。

正文

民族经典纹样

来自民间的狂欢

随时随地自娱自乐，真正劳动者的歌舞

锅庄：围着火塘跳舞

“果尔谐”是藏民族蕴藏量极其丰富的民间歌舞，历史悠久、流传广泛，深受人民喜爱。各地对该歌舞形式的称谓有所不同，如卫藏地区称果尔谐，藏东地区称果尔卓或锅庄，藏北地区称卓舞，等等。名称在各地方言中虽有不同，但基本含义是相同的，意思是围成圆圈跳舞。

锅庄，是牧区藏语“果卓”的音译，也是非常传神的意译。锅庄原本为藏区帐篷内的火塘，藏区寒冷，人们生活中很多时候都是围绕火塘，煮饭、烧水、聊天、娱乐。

锅庄舞，《卫藏通志》说它是围着石锅而舞的意思，是藏族三大民间舞蹈之一，分布于西藏昌都、那曲，四川阿坝、甘孜，云南迪庆及青海、甘肃的藏族聚居区。早期与西藏奴隶社会和盟誓活动有关，后来逐步演变成为歌舞结合、载歌载舞的圆圈歌舞形式。《清史稿·乐志》音译为“郭庄”，近代又称“歌庄”。

据《西藏舞蹈概说》记载：以前的康定一带，有一种商业性组织也叫锅庄。这类商行收购土产，代办转运没有客栈，沿途过往的藏族商贾常宿居其中。晚上，他们在院内空地上垒石锅熬茶做饭，茶余饭后围着火塘歌唱跳舞，以驱一天的劳累与疲乏，保持旺盛的精力，适应恶劣环境。

现在的锅庄是流行于牧区、半农半牧区的一种载

锅庄中的“孔雀吸水”动作（图/杨曦帆）

阿羌姆——藏风的象征

“阿羌姆”是藏族地区流传较广的一种鼓舞。源于14世纪，土登·贡噶朗杰修建了贡嘎曲扎寺，并在主持期间创建了阿羌姆。阿羌姆对演员的选择有严格要求，必须是体魄高大粗壮的年轻扎巴（僧人）。阿羌姆的鼓比寺院里念经时用的鼓大一倍，演员还要将鼓竖背在背上边敲边舞。

阿羌姆既没有复杂的情节和人物，也没有色彩丰富的音乐伴奏，只有大鼓和小鼓两种。全舞一般为35名演员和1名俗人，其中鼓舞者有16人，另外的人持供佛器、碰铃，以及1名敲钹，1名“琼琼拔姆”，1名“拔谣”。总指挥由敲钹者担任。

“阿羌姆”的表演形式有圆圈向顺时针方向移动，但更多是竖排向前移动，也有单人舞，基本步伐有“胯腿转”“一步一抬”“前跳跃”“左右旋转”等等。动作庄重威严，雄健大方，同时鼓点丰富多彩。舞者不戴面具只画脸谱。

“阿羌姆”一年表演两次，第一次是藏历元月十五日在贡嘎曲扎寺“曲追堆庆”寺院内表演九场；第二次是在拉萨举行的“措曲斯蚌”中，“措曲斯蚌”即会供仪仗，俗名供宝会。

藏族—32

图片：既有近百年来中外著名学者亲历现场所拍摄的第一手影像资料，也有当代摄影家极尽巧思的唯美大片，涵盖面广泛，于文本之外，自成一个独立的图片系统。

多媒体技术的全新运用和呈现：音（视）频链接为你直观展现民族文化的某个片段。从此，纸质经典不再是一位沉默的朋友。

川西高原上勇敢的心——铠甲舞

藏族除信仰藏传佛教之外，在一些山区还存在一些民间信仰。有的是历史上流传下来的，比如，古代战争之前所跳的“战争舞”等。四川阿坝藏族羌族自治州黑水地区流传着一种战争祭祀乐舞，当地人称“卡斯达温”，也叫铠甲舞。

上世纪90年代的一个夏天，尽管只是路过，但险峻的山路、湍急的河水还是给我留下了很深的印象，当时我禁不住和同去的朋友一起惊叹：这片土地上生存的人，他们是一些怎样的人呢？为什么生活在这里？这样的疑问一直持续到2000年的夏天，我跟随一个调查组来到黑水，开始了我对高山歌舞的研究。

到黑水的当天就认识了当地干部银勇，他有着最典型的嘉绒汉子的好客善歌之特点。当他知道我的兴趣时，就立即向我推荐了铠甲舞。

第二天，我们就上山了，去红岩乡俄恩村寻找传说中的“卡斯达温”。

那是一个高半山寨子，一条令人眩目的乡村机耕道从河谷向蓝天

扫描二维码欣赏
民间舞蹈《俄恩村铠甲舞》

延伸。我驾驶着从成都开来的轿车在崎岖、狭窄的山路上跋涉，现在回想起来，当时路边的悬崖多少有点让人紧张。

每年秋收以后的农历十月十四日，是黑水县红岩乡俄恩村的传统节日“克施杰科”节，节日一般要持续四五天。跳铠甲舞作为节日的中心节

表格：删繁就简，将大段枯燥的学术性表述华丽转身为一目了然的图表，文明演进的过程、文化现象的罗列，由此变得简洁明了。

国家级非物质文化保护名录中的藏族传统歌舞戏剧

	名称	类别
1.	藏族拉伊	传统音乐
2.	芒康弦子舞	传统舞蹈
3.	迪庆锅庄舞	传统舞蹈
4.	昌都锅庄舞	传统舞蹈
5.	玉树卓舞	传统舞蹈
6.	甘孜锅庄	传统舞蹈
7.	马奈锅庄	传统舞蹈

专家简介：为你介绍各章撰稿专家的学术背景、学术成就，在作者与读者之间搭建起一座信任之桥，论世需要知人，论著也当知人。

扎木聂（图/张鹰）
藏族弹拨弦鸣乐器。藏语“扎木”是声音，“聂”为悦耳好听之意，“扎木聂”意为声音悦耳的琴。曾译称扎年、木聂、古木聂、扎木年。因为有六条琴弦，汉族又称其为藏族六弦琴。流行于西藏自治区和四川、青海、甘肃等省的藏族自治州、县，尤以拉萨、日喀则、拉孜、萨迦和昂仁等地最为盛行。图为吐蕃时期的六弦琴，至今保存完好，据说是由文成公主带入西藏的

撰稿专家

杨曦帆，民族音乐学博士，艺术人类学博士后，南京艺术学院教授，中国少数民族音乐学会常务理事。主要从事中国少数民族音乐研究与教学。发表学术论文30余篇，出版专著《藏彝走廊的乐舞文化研究》《音乐的文化身份——以“藏彝走廊”为例的民族音乐学探索》。

《藏彝走廊的乐舞文化研究》

扫描二维码，
阅读专家代表著作的电子版

33——歌舞戏剧

代表性论著链接：扫描二维码可阅读该专家代表作，并可进一步在中华民族文化经典学术著作数据库中阅读其他民族文化学术著作。

图片说明：拒绝标签式的大白话图片说明，每一段解读，或长或短，都经撰稿专家反复推敲，发图片画面之所未发，读图时代，仍然需要如此点睛之笔的助力。

从绒布寺眺望世界第一高峰珠穆朗玛（图/视觉中国）

第1章

巍巍兮雪域，浩浩兮藏魂

人文地理

本章主撰稿人：四川省民族研究所研究员　李星星　　四川省民族研究所研究员　耿静

没有青藏高原，就没有雪域；没有雪域，就没有藏族；没有藏族，就没有雪域民族精神。青藏高原就是这样一个母体。

大概可以这样说，青藏高原最初先民的后裔作为土著居民与后来从其他地方进入青藏高原的一些族群，发生长期交流以至相互融合，共同营建起富有高原特色、充满高原文化精神的历史空间。这个历史空间后来以大气磅礴的喜马拉雅山的自然特征为标志，被赋予“雪域”的称号。

藏族远古先民选择了青藏高原，不仅适应了这个自然环境，而且让它适应了自己的需要，让自己与环境融为一体，从而造就了“雪域”这个地球上极为特殊的地理与人文名称，并通过吸纳兼容，使之成为藏民族的摇篮。

经过漫长岁月的经营，人类使这个物质境域充满了心智的灵气。雪域锻造的民族精神把直透自然真相的认知、把普适的宗教性原理、把智慧与慈悲推向极致，这不仅是藏族的骄傲，更是中华民族乃至全人类的骄傲。

神奇的青藏高原，幅员辽阔，具有独特而复杂的地貌生态。这里民族繁多，支系复杂，由于独特的高山峡谷环境，成为一条特殊的历史文化沉积带，保留大量古老的历史遗留，民族文化现象也具有异常突出的多样性和复杂性，形成了多条“民族走廊”。

民族走廊作为我国历史上重要的民族交往融合通道区、连接不同民族的经济文化纽带，对促进民族之间文明互动、文化交融和社会发展，增进国家认同和民族凝聚力，增强中外经济文化互动交流等发挥了重要的作用。

这是一片构造神奇的土地

青藏高原平均海拔4000—5000米，是“喜马拉雅造山运动”的结果

地壳运动造就独特地形

青藏高原位于中国西南边陲，西起帕米尔高原，北邻河西走廊及中国内陆沙漠地区，东连横断山、龙门山，南及喜马拉雅山南麓。除西南边缘部分分属印度等几个南亚国家而外，其绝大部分都在中国境内。按行政建制地方包括西藏自治区和青海省几乎全部、新疆维吾尔自治区南部、甘肃省西南部、四川省西部及云南省西北部，地理坐标北纬25—40度，东经74—104度，面积占中国陆地总面积超过四分之一，平均海拔4000—5000米。

青藏高原从大处说是宇宙运动及地球运动的结果，从小处说是地球表层地壳运动的结果。地球运转及其地壳运动至少从20多亿年前就开始在酝酿一次形成当今欧亚大陆及中国地貌总态势的大地运动。这个运动大约开始于距今3000万年前，地质学上称之为“喜马拉雅造山运动”。

根据地壳以水平运动为主的板块说理论，中国所

处的亚欧板块东南部，为印度洋、太平洋两大板块所夹持，自第三纪以来，板块漂移相互碰撞，造成强烈的地势升降运动。到晚第三纪，印度洋扩张推动印度板块向亚欧板块俯冲，并在雅鲁藏布板块缝合地带插入到刚性的亚欧板块底部，导致地壳重叠，急剧增厚，地表大幅度抬升，从而急速隆起了雄伟无比的青藏高原。与此同时，又遭遇力量来自东部的太平洋板块的挤压，于是在青藏高原东部边缘形成了一系列近南北走向的高大山体，其总称为横断山系。

地球运行经过数十亿年时间，恰在神秘的北纬30度左右、在海洋覆盖的印欧亚过渡地带、在人类即将诞生之际，神奇地造就了地球上独一无二的青藏高原。

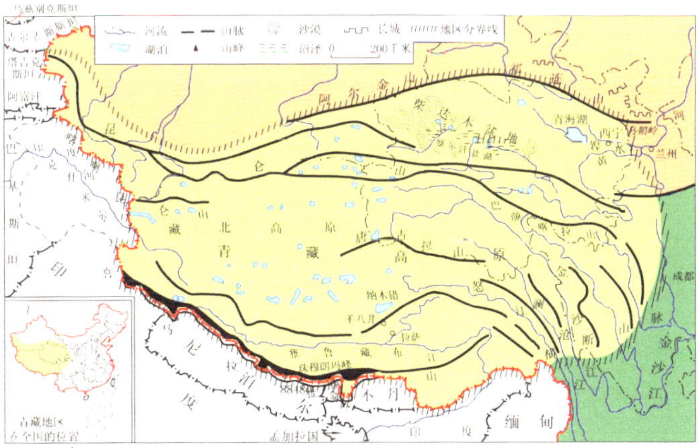

青藏地区位置和地形手绘简图

青藏高原，世界海拔最高、中国面积最大的高原。分布在中国境内的部分包括西藏自治区、四川省西部、云南省部分地区、青海省的大部分地区、新疆维吾尔自治区南部以及甘肃省部分地区。青藏高原中国境内面积约250万平方千米，平均海拔4000—5000米，有“世界屋脊”和“第三极”之称

下图：鸟瞰皑皑群峰（图/李朓）

雄伟的喜马拉雅山与美丽的雅鲁藏布江（图/视觉中国）

世界屋脊与固态水塔

青藏高原，其高、其大，无与伦比，享有“世界屋脊”和“地球第三极”的盛誉。青藏高原从最年轻的喜马拉雅山脉由南而北，有冈底斯—念青唐古拉山脉、喀喇昆仑—唐古拉山脉及古老的昆仑山脉，四列山系平行发展，横亘东西，长达2000千米以上。这些山脉海拔大多都超过6000米。除了珠穆朗玛为世界最高峰而外，全球海拔8000米以上的山峰几乎全在青藏高原，超过7000米的高峰也有50多座。仅珠穆朗玛峰周围5000平方千米圈内，就有海拔8000米以上的山峰4座，海拔7000米以上的山峰38座。

青藏高原巅峰区终年为冰雪覆盖，冰川面积超过3万平方千米，是地球中低纬度地区最大的冰川活动中心。青藏高原不仅是地球上一个巨大的固化水储备库，有“固态水塔”之称，而且还是一个巨大的河流发源地。据统计，仅西藏自治区境内，流域面积大于1万平方千米的河流有20多条，大于2000平方千米的河流有100多条，大于100平方千米的河流数以千计。东亚、东南亚和南亚许多闻名于世的大江大河，如长江、黄河、恒河、印度河、雅鲁藏布江、怒江（萨尔温江）、澜沧江（湄公河）、塔里木河等，都发源于青藏高原。青藏高原还是地球上海拔最高、数量最多、面积最大的高原内陆湖区，是中国湖泊最多的地区，仅西藏就有大小湖泊1500多个，也是盐湖的最大分布区。

既是生命的源泉又是生命的绝境

青藏高原集聚了生命的源泉——阳光与水，孕育出丰富并极富高原特色的生命种类。除开复杂多样的微生物及低等动植物不说，至今，青藏高原尚有野生动物（鱼类、两栖类、爬行类、鸟类及哺乳动物）700多种，特有及珍贵品种如野牦牛、藏羚羊、藏野驴、白唇鹿、毛冠鹿、黑鹇、黑颈鹤、藏马鸡、藏雪鸡、羚牛、长尾叶猴、虎、云豹、雪豹、金钱豹、小熊猫、鬣羚、马鹿、马麝、盘羊、白腹锦鸡及各种雉鸡等等。有高等植物5800多种，其中药用植物有1000多种。

这生命源泉富集之地同时又像是一个生命的绝境。青藏高原由于其极高，空气稀薄，含氧量低，气压低，地表万物时时刻刻暴露在高寒缺氧和强烈的紫外线辐射之下。加之“喜马拉雅造山运动”尚未止息，各种外力作用诸如冰川、雪崩、暴风雪、泥石流等发生频繁、剧烈，生命无不处于时刻经受生存考验的境地。

中国地理大格局的顶端

“喜马拉雅造山运动”的结果并不仅仅在于造就了高原等各种自然地理元素，也不仅仅在于造成那些独一无二的自然状态，而在于所有那些自然地理要素的天然组合和搭配，在于这些要素构成整体境域的自然关联以及由此产生的关联效应。如果只是分离地来看待那些高原要素，诸如山脉、角峰、冰雪、河川、湖泊、沼泽、冻土、地热、草原、森林、峡谷、荒漠，以及星空、阳光、云彩、干旱、暴风、闪电、雷雨等气象要素，那么永远也不能真正认识和理解青藏高原。有多少雪山、多少冰峰、多少冰川、多少河流、多少湖泊，哪怕用若干令人震撼的数据，或者用“世界屋脊”“地球极地”之类的比喻，都不足以形容和表达那些以概念串连起来的自然要素在高原上构成的鲜活、空灵、奇妙、壮丽无比的景观。

除了难以形容的自然景观而外，最令人不可思议的构造神奇还在于，亚欧板块、太平洋板块、印度洋板块三个地质板块的相互作用，构造了一个具有本质联系的整体的地理格局。这就是地貌上呈现为“一带三弧”的中国地理大格局。这个整体联系的大格局深远地影响着历史的进程。

历尽沧桑的青藏高原不仅成为中国地理大格局具有本质联系的结构部分，而且居高临下，构成大格局的制高点，天然地成为大格局风水脉络的发端。从古老的大地构造昆仑山发脉，“三龙”长驱东下，蜿蜒南北，构架起“天倾西北，地不满东南”的整体地貌骨架。由此形成中国特有的地形三级阶梯以及大江大河向东流的大势。温暖湿润的东南季风毫无阻拦地吹拂低平辽阔的冲积平原乃至大半个中国。而自然的一切威严、雄壮、绚丽，都留在了中国地理大格局的顶端。

牦牛是生活在高海拔地区的哺乳动物，主要产于青藏高原海拔3000米以上地区，藏族人民衣食住行烧耕都离不开它。根据考古材料可以推知，距今3万年左右，生活在青藏高原的原始先民开始驯化牦牛（图/视觉中国）

雪域精灵——藏羚羊（图/视觉中国）
藏羚羊是中国重要珍稀物种之一，国家一级保护动物，主要栖息于海拔4600—6000米的荒漠草甸高原、高原草原等环境中，主要分布在我国西藏、新疆、青海等省区

这里生活着一群勇敢而智慧的人们

青藏高原的先民很早就开始物质与文化的营造

青藏高原出现原始人类足迹

人类在地球上经过数十万年的生存拼搏，直到最后也就是距今最近的几万年前，其中有一群人来到了青藏高原这个必须承受更严峻的生命挑战的极地。到目前为止，谁也不知道这支人群为什么会进入这个“陷阱”。也许是为了追逐太阳，也许是为了追溯水源，也许是为了追踪候鸟，总之，他们置生存风险于不顾而选择了青藏高原，选择了需要有极大的勇气、需要有善于摆脱困境的智慧才能生存下来的自然空间。

据考古学研究，青藏高原到处都有旧石器时代人类遗迹的发现。这些遗迹所反映的人类生活年代大约距今有两三万年，最早可能在5万年前后，属于旧石器时代中晚期。

从青藏高原旧石器时代遗迹及采集点多分布于江河源头及高原河谷地带的情况来看，青藏高原的原始先民可能主要是通过高原西部的外流河谷地，东北部黄

圣湖纳木措（图/视觉中国）
纳木措位于西藏中部，为我国第二大咸水湖，也是世界上海拔最高的大湖。“纳木措”为藏语，有“天湖”之意，为著名的佛教圣地之一

河、长江源头地区以及东南部峡谷地区，与其他地方的原始居民发生文化交流。当然很有可能青藏高原的原始人群最初就是通过这些地方进入青藏高原的。这从一个侧面反映出，最初的一些原始人群大概是溯水流而进入青藏高原的。

营建高原特色的物质空间

旧石器时代的高原居民虽以采集为生，居无定所，却始终没有放弃对获得稳定的食物来源和安定生活的追求。也许，青藏高原的原始先民以无比的智勇最先驯养了凶猛的藏獒，用作护卫，以立足于高原。由此培养、锻炼了驯化野生物种的能力和技巧，于是接着驯化并培育出牦牛、青稞、藏绵羊和藏山羊等。青稞等栽培植物的种植，使高原先民能够选择高原河谷地带开始定居生活。牦牛的驯养更是给高原先民带来莫大的利益。牦牛浑身是宝，成为取之不尽的衣食住行的源泉。牦牛的驯养以及藏獒的护卫，使得高原先民可以毫无顾虑地漫游于青藏高原广袤的大地之上。

植物栽培和动物驯化不仅开启了青藏高原的新石器时代，而且随之产生了原始农牧业分工，从而使高原先民的生计以及生活空间发生分化。生计模式和生存空间的分化，又促使产品交换等交流行为发生和加强，从而开创了建立联系网络的高原交通道路，开始在更大范围内把青藏高原这一广袤的自然空间转变成真正的历史空间。

据考古学资料显示，在青藏高原发现的新石器时代文化遗址已达50多处。最早年代距今约5000多年，晚

林芝市，位于西藏东南部，地处雅鲁藏布江中下游。古称工布，历史非常古老，可以追溯到西藏的史前时期。20世纪70年代，林芝地区的尼洋河边发现了一批新石器时代的人类遗骨和墓葬群，考古表明早在4000—5000年之前，林芝地区已有人类从事刀耕火种的农业，过着相对定居的生活（图/视觉中国）

澜沧江梅里大峡谷中的藏族人家
（图/翟东风）

至距今约3000年。青藏高原新石器时代考古文化一方面反映了与北方及东部发生密切的文化交流，甚至有不少属于古氐、羌、戎的族群从这些方向不断进入青藏高原，这与旧石器时代文化交流的方向和通道，有共同之处；另一方面，也反映了远古青藏高原河谷农耕与高原游牧的明显分野及其产生的文化差异。

直指生命永存的精神家园

青藏高原新石器时代先民在着手进行生存空间的物质性营建的同时，也开始了精神性的文化营造。

其实，最早进入青藏高原的原始先民早在进入高原之前，就携带着源自他们远古祖先经过代代相传而积累下来的精神建树。从走进青藏高原那一刻起，他们从未停止过早有积累的精神活动，从未停止过在一个全新的自然领域里营建一个精神的家园。

青藏高原新石器时代先民在祖先积累的根基性神话母题和宇宙观的基础上，从青藏高原获取灵感，又将灵感赋予高原万物，这样彼此反复叠加印象的作用，使高原物质与精神环境的营建融为一体，从而构建起囊括创世、人与万物起源及其相互关系的时空大结构及认知系统。高原先民在辽阔空旷、人烟稀缺的青藏高原，创造了一个充满神灵的世界，让无以数计的神灵加入群体的亲缘范围，让一个寂静的自然空间弥漫生命美妙的音响。所有造化都显示出高原的自然特性，显示出大自然本身的秩序。

直指宇宙生命永存性的精神营建是高原先民适应极地的物质生存方式的特殊诉求和最高建树。尽管目前尚缺乏材料确证，作为整体的雪域文化系统在高原新石器时代晚期已初步确立，但是，如果从人类天赋的思维能力、从世界史的角度、从高原文明而后的兴起等诸方面来推断，那么可以确信，雪域营建的基础、雪域的文化根基在吐蕃乃至在象雄文明兴起以前，就早已奠定了。

这里汇集了众多文化源流

青藏高原文化与中国西北、华北、西南地区文化发生过交流

高原与中原血脉相连

今西藏自治区境内不同地方发现的旧石器绝大多数都是采用锤击法打片的石片石器，在器形、工艺以及组合方面表现出高度的一致性，而且明显具有中国北方即华北旧石器常见的特征，有的器形甚至还见于云南某些遗址。这似乎表明，由于神奇构造的中国地理整体格局的缘故，青藏高原的旧石器文化与中国西北、华北乃至西南地区的旧石器文化有着一定的联系，发生过交流。也就是说，进入青藏高原的原始人群与黄河中下游地区以及高原东部长江上游及怒江、澜沧江中游地区的原始人群，有一定的渊源，文化联系密切。当然也不排除与高原西部及印度河通道的原始人群的相互交流。

距今大约5万年至3万年期间，据体质人类学等相关学科研究，正处于地球人以肤色等体貌特征划分为不同人种的时期。考古资料显示，青藏高原的原始先民应该主要属于黄肤色的蒙古人种。尽管目前还不能确定按传统语言学谱系划分的汉藏语系语言究竟是在何时、何地从其原始语言母体中分化出来，但是有根据让我们现在大体可以认定，青藏高原的原始先民的后裔所操语言主要应该是属于古汉藏语系的语言。因此，最先进入青藏高原的原始人群，并不是可以随意想象的极其特别或神秘的人，而是与中国很多其他地区人的祖先一样，都是操共同古老语言的、同一人种的、平凡的原始先民。再早他们应该属于兄弟分支的遗裔。

如果要论其特殊性，最初进入青藏高原的原始先民的特殊性就在于，更富有殊胜的勇气与智慧。人与自然互动的规则和诀窍，似乎早已蕴藏在他们原始的心智之中。与其说他们选择了青藏高原，毋宁说青藏高原选择了他们。这些赋有聪慧心智的人群，延及他们的子孙后代，成为青藏高原永久的子民和守护者。

诸文化力量集聚

青藏高原为万水之宗，众多河流流向四面八方，周围的古代文明无不反馈回向。青藏高原东、西、南为三大古代冲积平原农耕文明区域所环绕，北面是连接欧亚文明的大通道。雪域先民正是利用自身的文化根基广泛吸纳，兼容并包，迎来了高原文明的曙光。

据考古学研究，大约在公元前1000年前后，青藏高原的古文化步入青铜时代。一般认为，继新石器时代之后，青藏高原呈现的古文化可以概括为两大系统。一是分布于雅鲁藏布江中、下游流域和藏东峡谷区以石棺墓为特征、以农耕为主的文化系统；一是分布于藏西、藏北以石丘墓、大石遗迹、岩画和动物形纹饰为特

金光照耀下的雪域高原（图/视觉中国）

布达拉宫远眺（图/张鹰）

布达拉宫位于拉萨市区西北的玛布日山上，是一个宫堡式建筑群，最初是吐蕃王朝赞普松赞干布为迎娶赤尊公主和文成公主而兴建。于17世纪重建后，成为历代达赖喇嘛的冬宫，为西藏政教合一的统治中心

征具有游牧性质的文化系统。前者与新石器时代的卡若文化和曲贡文化具有发展继承性，后者既与藏北新石器时代细石器文化发展相关，又包含来自北方的新加入的游牧文化因素。但也有迹象表明，分布于雅鲁藏布江中、下游流域的石棺墓文化不仅与藏东峡谷区同期文化有一定差异，而且还涵盖了藏北中部地区。

可以推测，大概在公元前1000年前后，马这种驯化动物已引入雪域。此后数百年时间，雪域高原处于传说中邦国林立的时期。农业或半农半牧与游牧业社会已有明确的界限和惯常的交流发生，尽管时有游牧部落深入农耕区域的现象发生。雪域异彩纷呈的根基性文化尤其原始宗教文化，已具有相当的文化引力，吸纳大量来自域外的文化因素。在中原、西亚、南亚和东亚文化势力的强烈影响下，雪域河谷地带农耕社会群体率先汇入到古代文明的历史主流之中。

本教把雪域文明推向新高

据考古资料显示，大约在公元前1000—前500年期间，青藏高原考古文化在雪域历史空间大体划分出东、中、西三部分，这差不多就是即将兴起的象雄古王国势力范围所包含的内象雄、中象雄、外象雄三个部分，也差不多就是后来藏地三区分野的雏形。

象雄，意即“大鹏鸟之地”，无疑是雪域文化的集中代表。其所在地也是雪域文化生长、聚集的核心区域。尽管尚缺确证材料，但根据目前有限的资料可以推测，大概在公元前6世纪前后，象雄集波斯、中原以及古印度多元文化影响于一身，代表青藏高原古代农耕社会的最高成就，首先开启了青藏高原的古代文明。象雄文明的重要标志是通常所谓雍仲本教的创立和象雄文字的创制。雍仲本教大概更多吸纳了来自西亚、中亚的宗教文化影响，包括印度婆罗门原始信仰元素，将雪域前本教原始宗教信仰加以系统化和制度化，从而把雪域文化的建树推到前所未有的高度。如果说象雄文明的兴起得力于本教的创立，那么本教的系统化及其传播则意味着雪域来到了一个根本性的转折点，雪域将向更高的统一，向更高、更理性的认知和精神境界迈进。

象雄文明以后数百年间，雪域各大文化集团通过彼此力量消长传递的方式，以集聚文明核心势力的成长。这种传递最后大体是在象雄、苏毗和雅隆部之间进行。雅隆悉补野部约于公元前3世纪统一了雅隆各部，始行世袭制。经过数十代的经营，悉补野部终于后来居上，最后于公元7世纪初在第三十二代（一说第三十三代）赞普松赞干布在位时，统一了雪域高原各部，在青藏高原建立起统一的吐蕃王国。

雪域注定要成为佛教生根繁茂之地

吐蕃的兴起无疑受到来自东亚、中亚乃至南亚文化势力的影响。吐蕃的勃兴带来了两个重要的历史性的结果。一是由于雪域文化的凝聚力与张力的作用，吐蕃的扩张将许多地域族群纳入吐蕃范围以内，无意中完成了一个历史使命，即为一个以地缘关系为基础的民族共同体的形成，做出了坚实的铺垫。另一个结果是把异域的人类精神成果——佛教引入雪域，使雪域精神发生重大转折。

雪域注定要成为佛教传入、生根、繁茂、弘扬的一个特殊历史空间。抛开政治因素不说，高峻、空灵、气象万千的雪域高原是一个认知和理解宇宙及人生法则最理想的地理空间，最适合也最需要佛教这样赋有博大兼容气度、能够通透终极真理的知识和觉悟在这里发展。

雪域精神最可贵的包容性在于敢于自我吐故纳新，采用外来宗教文化仿佛是替换而实际是丰富和完善雪域的精神建树。事实表明，雪域民族凭靠其精神深处追究自然终极真相的禀赋，引入域外佛教，并转换为藏语文表述及传承，几乎全民皈依。藏传佛教不仅保证了大乘佛教义理精准和传承的完整性，还完整地继承和续传了在印度已断脉的密宗。藏传佛教以多元的教派，以多样化的修持和仪轨达到互补，实现教义的丰满和透彻。雪域寺庙和宗教场域文化独具一格，举世无双。辩经的古老传统唯在雪域得到保存、传承和发展。秘示或象征生命真谛的活佛转世制度更是藏传佛教的独创。最为伟大之处还在于，藏传佛教把佛教传入前的雪域所有文化建树尤其本教异彩缤纷的文化几乎全部纳入佛教体系之中，赋予并彰显佛教义理的博大方便和丰满的象征意义，使得佛教在雪域高原光芒四射，精妙绝伦。

吐蕃王朝的分崩离析为雪域换来了藏传佛教。尽管教派林立，不相一统，但是在雪域和佛教精神的感召下，族群的聚集和民族认同没有因吐蕃王朝崩溃而涣散，相反更加强固。事实上，吐蕃以后，雪域有象雄"三围"、卫藏"四茹"、朵康"六岗"的地域划分，以后又有乌斯藏、朵思麻、朵甘思，以及卫藏"法区"、安多"马区"、康巴"人区"之类空间或行政分划。而无论这些区域的民族先民曾经是否来自域外或者又移到境域边缘，都早已无法改变一个诞生于雪域高原的特殊的民族共同体——藏民族的存在。

这个民族除了依靠建立在雪域原始文化根基上的佛教的共同信仰维系，还拥有千锤百炼的适应青藏高原地球"极地"生存的生物学上的共同基因。

藏传佛教喇嘛（图/李眈）
佛教传入雪域，使得雪域精神发生重大转折

这是让世人敬佩的伟大民族

雪域精神是中华民族精神的精华和骄傲

共同的名字——藏族

藏族作为一个族体形成于雪域历史上的吐蕃时期，在历史上有过多种自称与他称，如汉文献记载有吐蕃、西蕃、乌斯藏、藏等等。直到中华人民共和国成立以后，"藏族"才作为雪域民族的正式族称在法律上确定下来。目前，藏族总人口约628万人，分布于今西藏自治区有270多万，四川省约有150万，青海省约有137万，甘肃省约有57万，云南省约有12万，其他省区零星分布加之境外分布还有数万人。

一般而言，藏族自称"博"或"博巴"，按不同方言又有"卫巴""藏巴""康巴""安多娃"等称谓。藏族有自己的语言和文字。藏族的语言统称藏语，属于汉藏语系藏缅语族藏语支。藏语包含三种方言，按使用地域分为三个方言区，即拉萨方言区、安多方言区、康方言区。这三个方言区大体与卫藏"法区"、安多"马区"、康巴"人区"的传统地域划分相重合。

高原农区的民众在播种（图/张鹰）

在青藏高原东部边缘还有不少属于藏族支系的小族群。他们各自都有自己的母语，多属藏缅语族语支未定的语言。这些小族群一般场合多能使用藏语或藏文进行交流，在"藏族"的共同民族及族称认同外，也都有各自母语或方言的族群称谓，诸如嘉绒、木雅、白马、贵琼、尔龚、扎巴、却域、里汝、尔苏、多续、拍木依、纳木依、史兴等。

民族与雪域、自然与精神融为一体

藏族无论其分布地区如何广阔，彼此分隔如何遥远，无论其支系及其语言如何繁多，都属于雪域水土养育的子民，无不受到雪域自然精华的浸润和雪域宗教文化的熏陶，因而赋有共同的民族特质。

青藏高原富有震撼心灵的力量，同时又激荡着心灵的回声。青藏高原的巍峨、挺拔、高不可攀，赋予雪域民族伟岸资质，既有庄严、高贵的气质，又有谦恭、敬畏的品格。高原的广袤、空寂、无比宽厚，赋予雪域民族博大包容的胸怀，既平和、安详，又沉稳、坚定，更赋予他们自由奔放的禀性。高原的阳光、异彩绚烂的天空与大地，赋予雪域民族典雅、华丽的基质，既不乏忠诚、坦白的品质，还富有热情、开朗和诙谐的禀赋。高原的严酷、冷峻，危险四伏，赋予雪域民族勇敢、倔强和坚韧的性格，吃苦耐劳又富于怜悯。高原的空灵、神秘，变幻无穷，赋予雪域民族长于冥想和思辨的素质，穷究真理的执著和追随信仰的虔诚。高原晶莹的冰雪、白净的浪花、雪白的奶和盐，赋予雪域民族视白色为众彩之母，具有向往光明、追求纯粹的品质。高原显现的大千世界，赋予雪域民族皈依、求正、普度的大誓愿、大方便、大智慧和大悲心。

藏北牧民（图/李眈）

青藏高原赋予藏族的特质还在野生或驯化的自然生灵身上得到充分的体现。经过自然与精神的相互作用，这些自然生灵也成为雪域民族的象征。例如高原兀鹰，以自由无羁的优雅和雄健，翱翔于高原之巅，向着太阳，融入天际，始终暗示着宇宙生命的永恒。又如藏獒，以无敌的气概傲视一切，如同雪山冰峰一样赋有王者之气，粗犷而高贵，勇猛而沉稳，具有一往无前和神圣不可侵犯的象征。再如牦牛，集高原的雄壮、敦厚与优美于一身，以无与伦比的耐性和坚韧的力量傲立雪原，温纯而倔强，勇于牺牲而不畏强暴。

正如雪域孕育了民族、民族又营造了雪域那样，被打下精神烙印的自然反复再受精神的感知和重建，如此交互作用，不仅使精神与自然融为一体，而且使精神自觉地把自身归原于自然本身，融入到宇宙的大生命之中。离开了青藏高原就无法真正认识藏族，同样，离开了藏族也无法全面认识青藏高原。

雪域民族的特质是内在稳定的精神基质，不仅显现于生活常态之中，而且时刻激发和引导着言谈举止等行为方式及习俗，激励着生活的热情、美好的向往和信仰的追求。雪域民族自觉或不自觉地把自身内在的特质表现和张扬于诸如服饰、建筑、手工技艺、音乐、舞蹈、竞技、美术、文学等外在文化形式之中。这些外在形式的表露无不洋溢着历尽沧桑的感慨与生活的喜悦，洋溢着高原波澜壮阔的气势和草原袭人的芬芳，洋溢着对生命的热爱之情以及与强暴抗争的气概。

生活常态中由特质引发的一切外在表征又反过来不断强固内在的特质，使之成为雪域精神的坚实内核，以至成为代代相承的先天禀赋。可以说，雪域民族拥有最自然的生存，最平和的心境，最忠诚的情义，最深邃的理解，最虔敬的信仰。

尽管任何民族都有人性丑陋和阴暗的一面，但是无论如何都不能因此而抹杀那些需要张扬的几乎是人类共同的优秀特质。雪域民族不仅敢于正视丑恶与黑暗，而且能够并善于宽容，细大不捐地把自然与精神的一切恶劣置于终极真相的大包揽之中而求得化解，天然地显示出宇宙精神本来就具有的怜悯、爱惜与救助的大慈大悲。

赋予如此内核的雪域精神无疑是中华民族精神精华之一端，藏族就是这个精华的代表。神奇、雄伟的青藏高原是中国的骄傲。青藏高原哺育的藏族是中华大家庭中令人骄傲的一员。雪域精神不仅是藏族的骄傲，同时也是各民族的骄傲。

撰稿专家

李星星，四川省民族研究所研究员。主持和参加国家社科基金项目、国际合作科研项目等多项。出版独著与合作专著11部，发表论文50多篇。

《李星星论藏彝走廊》

扫描二维码，
阅读专家代表著作的电子版

多元共生的民族走廊

民族迁徙和文化传播的大通道

多民族共同开发青藏高原

民族走廊是指在一定的历史时期，若干民族（或族群）在一定的自然环境内迁徙往来或活动的一个带状地带或通道。著名学者费孝通先生在20世纪80年代即提出了“藏彝走廊”“西北走廊”“南岭走廊”等民族走廊概念，认为应该按照“历史形成的民族地区”来开展民族研究。由此，这一思想指引了民族研究的方向，相关的研究遂成为学术界研究的热点。

历史上，藏族、汉族、彝族、羌族、门巴族、珞巴族、回族、土族、蒙古族、撒拉族、怒族、独龙族、傈僳族、裕固族等数十个民族，置身于青藏高原艰苦的自然环境，充分利用高原谷地天然形成的走廊通道，彼此密切交往互动，共同生活，并开发了青藏高原，从而共同孕育出多彩的高原文明，为中华民族多元一体格局的形成谱写了光辉的篇章。藏族人民在历史长河中与其他民族，特别是汉族人民，在政治、经济、文化、宗教等领域共同发展，互补促进，结下深厚的情谊。

文化上色彩斑斓的藏彝走廊

在东经95—105度之间，怒江、澜沧江、金沙江、雅砻江、大渡河、岷江等数条大江从北向南奔腾而下，将青藏高原东部、四川的西北部和云贵高原纵切出一条条深浅不一的河谷，一系列南北走向的山系与河流构成高山峡谷地带，成为横断山脉地区。因居住的人群以藏语支及彝语支诸民族为多，故称为“藏彝走廊”或“汉藏走廊”。

这天然的走廊地带，一直为众多民族所利用。历史上，以羌、氐、戎为名称的民族活动在该区域。直至今日，这里仍然居住着汉、藏、彝、羌、纳西、普米、傈僳、怒、白、独龙、阿昌、拉祜、基诺、景颇、德昂、蒙古、回等民族，同时还有一些身份待确认的人们共同体。悠悠岁

美丽壮阔的怒江大峡谷（图/视觉中国）

月里，他们穿梭往来、生息繁衍，把走廊地带变成一个民族文化荟萃、极富魅力的地区。

民族之间往来、迁徙的路线有数条。一般认为，其中的藏彝走廊这条通道，北起甘、青南部，中经四川西北，南至滇西北，即以康定为中心，向东（及北）和南发展，甚至延伸至印、缅的北部。

藏彝走廊中各民族的社会形态，在历史上各有差异。大山峡谷间散布着众多部落，相对封闭，特别是四川藏区即所言的康藏地区，北接甘肃和青海，南通云贵高原，东至成都平原，西邻西藏，属于"民族走廊"的中心地带。从元代以来，中央王朝与西藏相通的官道和贸易通道主要取道于此。相比西藏而言，其特殊性强，在历史上多实行土司制度，或"土流兼制"。中央政府赐封土司名号，土司定期朝贡和纳赋，并接受地方行政官吏的管束。同时，在土司承袭上亦有一套严格的管理制度，并须随时听候中央或地方政府的调遣。不过，有些地方仍尚存母系社会制度和父系氏族部落的社会形态。

藏彝走廊中民族语言资源丰富，保留完整。语言主要属于汉藏语系藏缅语族，西部地区主要是藏语康方言和安多方言区。此外，一些藏族还使用"地角话"（即地方土话），较特殊的有嘉绒语、木雅语、尔苏语、多续语、里汝语、尔龚语、纳木依语、史兴语、扎巴语、却域语、贵琼语等，这些语言与藏语三大方言有明显差异，据研究，多数接近羌语支或介于藏语支与羌语支之间。

与甘、青、滇藏区一样，康区藏族在宗教上具有兼容并包、共荣共存的特征。一方面，走廊地理环境产生的封闭性为各种教派的保存提供了基础，使藏传佛教的格鲁、宁玛、萨迦、噶举和本教等教派兼容并重。另一方面，走廊的东部和南部蕴含着本土的宗教信仰，具有浓厚巫术色彩，其活动中杂入了与汉地"端公""道士"类似的跳神仪轨，充分体现出走廊民族信仰上的多元现象。

多民族和谐共居是藏彝走廊的突出特点。位于走廊中的藏族及其他各族，正处在农耕文化与牧业文化的过渡地带，保存古文化遗存较多，在政治上长期内属，向心力较强，在经济上较为开放，文化交融与互动，具有鲜明的多样性与独特性，形成了颇具地域特色的亚文化圈，如以川西北草地为中心的游牧文化圈，以德格为中心的康文化圈，以大小金川为中心的嘉绒文化圈等。作为边腹中介，走廊在促进民族团结、巩固祖国边疆方面居于极其重要之地位。

四川甘孜藏族自治州白玉县登龙乡藏族民居（图/李星星）

中国最古老的国际通道之一：南方丝绸之路

藏彝走廊中，南方丝绸之路是一段颇有特色的商贸通道。它始于先秦、盛于汉唐，是由多条主干道和支干道组成的商贸道路网络系统。早在距今2000多年的西汉时期便已被开发。走廊起于现今四川成都，经云南，到达印度及中亚的通商孔道，总长2000多千米，是中国最古老的国际通道之一。与西北丝绸之路、海上丝绸之路一样，系我国古代对外交通贸易和文化交流的主要通道。

据考证，南方丝绸之路的线路主要有两条：一条为西道，即“旄牛道”。从今天的四川成都出发，经邛崃、名山、荥经、汉源、越西、西昌到云南的大理、保山等地，再经缅甸的八莫或密支那，进入到东南亚地区。这条路最远可达印度和孟加拉等国。另一条是东道，又称“五尺道”。从成都出发，经宜宾、高县，云南的昭通、曲靖、昆明，或在大理与旄牛道重合，或进入越南。

悠悠岁月中，奇险、绵延而曲折的商道上人来人往，沿途贸易逐渐频繁起来。考古发现表明，大量出土的古币与商道有关，充分说明各民族与海外民族有过密切的交往。

南方丝绸之路有着深远的历史意义，它让中央政权对祖国西南地区实现了统一，统治更加巩固，并进一步促进了民族文化的交流与融合。同时，南方丝绸之路也是世界古代文明发展史上浓墨重彩的一笔。它是古蜀青铜文化西传的关键桥梁，使南亚、中亚、西亚乃至欧洲地中海文明更丰富多彩。

南方丝绸之路手绘简图（绘图/蔡惟）

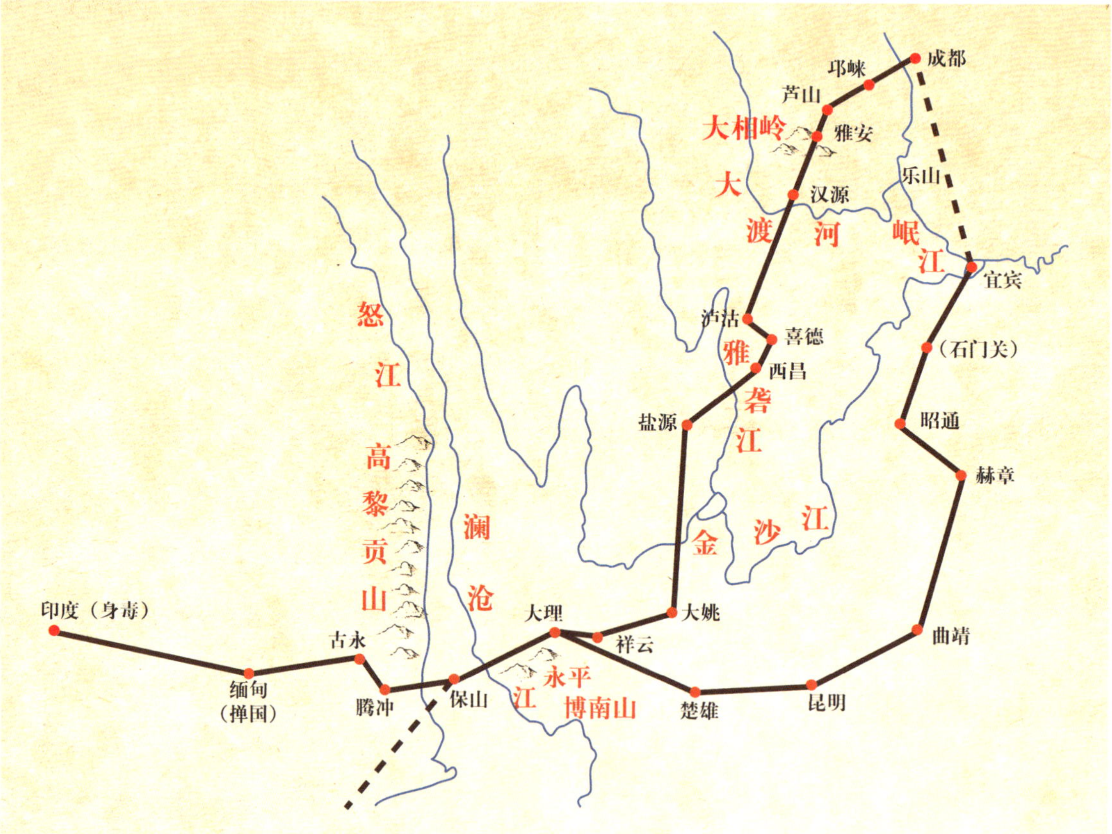

东来西往、南通北达的交通大枢纽
——西北民族走廊

西北民族走廊深居祖国内陆腹地，由甘青两省之间的河西走廊和陇西走廊组成，大体位于青藏高原东北边缘。这条走廊与历史上繁盛一时的唐蕃古道和丝绸之路有叠合，也是内地各民族与西北乃至中亚、西亚民族往来的重要通道。

河西走廊因位于黄河以西而得名，在蒙古高原与青藏高原之间，祁连山北麓。这里是丝绸之路的重要干线，沿着这条道路，中原文化由此西渐，而西北少数民族文化也由此东传。

陇西走廊介于青藏高原与黄土高原之间，甘、青、川三省交界处为其范围所在。乌鞘岭是祁连山脉冷龙岭分支，为河西走廊咽喉。陇西走廊从这里算起，一直向南触及蜀地咽喉——摩天岭，途经青藏高原东缘，绵延至陇中高原西部，再包括陇南的山地。走廊横跨长江流域上游和黄河流域上游地区，其境内山脉从东南向西北延伸，有名的如岷山山脉、阿尼玛卿山脉（积石山）、西倾山脉、乌鞘岭等，其主峰平均海拔高于3500米。白龙江、大夏河、洮河、黄河等河流也流经其间。陇西走廊今天的行政区划范围，包括甘肃省陇南市、漳县、陇西县、渭源县、临洮县、临夏回族自治州、甘南藏族自治州、永登县、天祝藏族自治县等地。这里曾是少数民族聚居区与汉族聚居区的交界，也是牧业经济区和农业经济区的分界。

西北民族走廊，历史上有氐、羌、匈奴、鲜卑、汉、藏、蒙古、回纥等民族频繁进出，他们长期往来，随着势力消长，互为影响，并出现了一些新的民族，在走廊中逐渐形成了你中有我，我中有你的民族分布格局。迄今，汉族、藏族、回族、蒙古族、土族、保安族、撒拉族、东乡族、裕固族等民族均生活在这一区域。各民族间的经济、文化交流广泛而深入，汉传佛教、藏传佛教、伊斯兰教、道教也在此传播会合。

西北民族走廊不仅是将祖国内地与青藏高原连接起来的重要桥梁，还是唐蕃古道的必经之路。同时，由于藏彝走廊是南北走向的，西北民族走廊作为它的北部起点，还发挥着连接两大走廊的作用。走廊地区的历史演变，还与新疆、西藏、蒙古地区密切相关，而且在历史上多次影响全国。它的稳定与发展，对西北地区、西南地区皆具有重要的意义。

河西走廊上的驼队（图/视觉中国）

撰稿专家

耿静，羌族，历史学博士，四川省民族研究所研究员，中国西南民族研究学会副秘书长。主要从事民族学、羌族社会及文化研究。主持和参加国家社科基金项目、省部级课题多项。出版独著《汶川萝卜寨田野调查报告》等2部，合著15部，发表论文40余篇，调研报告近20份，译著及整理多篇。多次获国家民委社会科学研究成果奖、四川省哲学社会科学优秀成果奖。

《汶川萝卜寨田野调查报告》

扫描二维码，
阅读专家代表著作的电子版

《红宫落成仪式》，布达拉宫壁画

第2章

博大的高原养育博大的民族

历史

本章主撰稿人：

四川省民族研究所副研究员　陈东　　西南大学副教授　曾现江

青海民族大学副教授　才贝　　青海民族大学教授　先巴

西藏大学副教授　美郎宗贞　　四川大学副教授　邹立波

四川师范大学教授　王川　　四川省社会科学院研究员　任新建

四川省社会科学院副研究员　何洁　　中山大学教授　刘志扬

藏族最早聚居于西藏雅鲁藏布江中游两岸，在聂拉木、那曲、林芝、昌都等地区考古发掘中，曾发现旧、新石器时代的文化遗存。根据古藏文历史文献记载，西藏山南地区最早由氏族组成了称为“博”的六牦牛部诸部落。6世纪时，山南地区的雅隆部落首领成为当地部落联盟的领袖，号称“赞普”（王），已经进入奴隶制社会，并与汉族和西北地区诸族部有直接的往来。

7世纪初期，雅隆部落以武力兼并苏毗、羊同诸部，赞普松赞干布统辖了整个西藏地区。自此，定都逻娑（今西藏拉萨），设官授职，划分军政区域，创造文字，制定法律，统一度量衡，建成自称为“蕃”的奴隶制王朝，汉文史籍中称为“吐蕃”。

吐蕃建政之后，藏族和以汉族为主体的各民族在政治、经济、文化等方面的交往，有了很大的发展。吐蕃与唐朝的接触日益频繁，藏汉关系友好。641年赞普松赞干布与唐文成公主联婚，710年，赞普赤德祖赞又与唐金城公主联婚。两公主先后将唐朝的高度文明和中原地区的先进生产技术传入吐蕃。唐蕃之间使节往还不绝，吐蕃派遣子弟赴长安学习，并迎请唐朝儒者和工匠艺人来到吐蕃，这对于密切藏汉民族关系、加强经济文化交流和推进藏族社会发展，都发挥了积极的作用。唐蕃统治阶级之间也曾进行过残酷的战争。吐蕃征服了青海的吐谷浑和云南的南诏等政权，先后兼并了西北诸羌和西南诸蛮部，赞普赤松德赞时期武力深入到西域河陇，并趁唐朝“安史之乱”，于763年一度攻入长安。长期的用兵，致使人力物力大量损耗，社会生产受到破坏，吐蕃内部的矛盾日趋激化，进入9世纪后半期，吐蕃王室分裂内讧，各个地区爆发了声势浩大的奴隶和属民大起义，极大动摇了吐蕃政权的统治，藏族奴隶制社会逐渐解体。

从10世纪到12世纪期间，整个藏族地区彼此不相统属，形成了向封建农奴制度过渡的分裂割据局面。其中，在西藏西部，建立了历时较久的阿里地方政权；甘肃中部的六谷部以及青海东部的唃厮啰部首领，曾受中央政权的册封，并发展了汉藏两族间的茶马贸易。而在其余藏族地区，政治上逐渐出现了许多为地方豪族所把持的实力集团；经济上逐渐形成了许多以个体小生产为基础的自给自足的居民点，交换有了一定的发展；早已从印度和汉地传入的佛教，吸收了藏族地区原始宗教本教的某些内容，受到了人们普遍的信奉，并逐渐形成为一种教派遍布各地的地方宗教，即所谓的藏传佛教。藏传佛教的传播和发展，渗透到藏族人民生活的各个领域，寺院上层人物往往和当地豪族紧密结合，产生了新兴地方势力统治下的政教合一制度。

元朝把藏族地区统一在中央王朝的统治之下。中央设置宣政院（初名总制院），管理全国佛教事务及藏族地区军政事务，以西藏萨迦派第五世祖师八思巴为帝师并兼领宣政院事。在藏族各聚居区分设3个宣慰使司，分别管辖西北、西南各省藏族地区和西藏地区，并在乌斯藏（指阿里以东的前、后藏地区）设置了十三万户府，派员前往清查户口，建立驿站，厘定赋税。由中央颁发封地文书肯定各地封建领主对所属庄园的占有，封赐印信诰命以确立各级官吏的职权，史称元朝“郡县土番之地”，这是中央正式在西藏地方建官立制的开始。明、清两代对藏族地区的施政，就是在元朝旧制的基础上发展起来的。

明朝对西北、西南藏族地区，基本承袭元朝统治管理的办法，对西藏地区推行“多封众建”政策，先后分封三大法王和五大地方之王。同时，通过朝贡和回赐，互通有无，体现西藏与中央政治上的隶属关系。明以来，藏族地区社会安定，经济发展迅速，文化艺术繁荣，与内地的交往更趋广泛和密切。

清朝统一中国，在中央设置理藩院（1906年改为理藩部），管理西藏、蒙古等地事务。对于西藏地区，正式册封了藏传佛教格鲁派两大活佛为达赖喇嘛（1653）和班禅额尔德尼（1713），设立西藏地方政府“噶厦”（1751），并任命驻藏大臣（1728）驻藏，会同地方办理西藏行政事务。1793年清朝击退了入侵西藏的廓尔喀军以后，正式颁行了《钦定藏内善后章程》。“章程”对于西藏地区的官制、军制、司法、边防、财政、户口、差役和涉外事宜等，都做了详细具体的规定，确立了驻藏大臣负责全面督办西藏事务的职权。对于西北、西南藏族地区，仍沿元、明土司制度进行管理，并直接置于西宁办事大臣（1725年设）和四川总督（后设川滇边务大臣）的管辖之下。清末加紧推行"改土归流"政策，为青海和西康的建省准备了条件。

1840年鸦片战争以后，藏族地区成了英、俄、法、日等国的角逐场所。1888年，英国军队入侵后藏，在隆吐山遭到藏军的坚决抵抗。藏族人民在各地烧教堂、逐洋人，投入爱国守土斗争。1904年，英国侵略军武装侵入拉萨，沿途遭到强烈反击，藏族军民于后藏江孜奋勇抵抗，给予英军以沉重打击。清朝政府却多次与英国签订丧权辱国的不平等条约。

辛亥革命后，在英国煽动下，西藏发生了驱汉事件。中、英代表在印度西姆拉举行谈判，英方于1914年提出无理的"内外藏"划分草案，遭到中国代表严词拒绝。英方代表麦克马洪竟背着中国代表，私自和西藏地方政府官员非法划定中印边界线，即臭名昭著的"麦克马洪线"。1914年7月，中国政府代表奉中央政府训示，拒绝在《西姆拉条约》上签字，并发表严正声明，拒不承认此类条约或文件。中国政府同时将此立场照会英国政府。"西姆拉会议"遂以失败告终。

民国历届政府都在中央设有管理蒙藏事务的专门机构。1929年，国民政府设蒙藏委员会于南京，并建青海省；1939年，建西康省。西藏地方以外的西北、西南藏族地区，分属青、甘、川、康、滇等5省管辖。1934年，国民政府决定在拉萨设立蒙藏委员会驻藏办事处，作为中央派驻西藏地方的专门机构。

1921年，中国共产党建立后，在土地革命纲领中曾明确提出要废除藏族王公、喇嘛等封建特权。中国工农红军长征北上，于1935年至1936年先后通过四川、西康、云南、甘肃和青海等省藏族地区，在各地发动贫苦藏族劳动人民进行土地改革，建立劳动人民民主政权。1949年，中华人民共和国成立，藏族各聚居区先后解放。1951年5月，西藏和平解放。

藏族的起源：生于本土，汇融多源

本土说？外来说？一步步揭开雪域圣土的神秘面纱

作为一种独特的高原文明，西藏文明究竟起源于本土，还是来源于他处？是由谁创造的？它与周边文明之间又是什么关系？……在这片离天最近的净土上，对以上问题有着众多玄之又玄的解释。关于藏族起源的观点，历来众说纷纭、莫衷一是，有些观点背后甚至带有政治目的。

不言而喻的是，藏族起源问题一直是藏学研究关注的重点领域，对于理解藏族历史发展和文明演进具有重要的学术意义和现实价值。揭开笼罩在雪域圣土上的神秘面纱，隐藏其下的藏族起源真相究竟是什么呢？

地壳运动造就了藏族文明的地理空间

孕育西藏文明的青藏大地，是当今世界上最高、最年轻、最辽阔的内陆高原，平均海拔4000米以上，幅员面积250万平方千米。地质科学研究表明，青藏高原的形成，与强烈的大规模地壳运动——喜马拉雅造山运动息息相关。早在4000万年前第三纪初期，青藏高原还是一块浅海低陆。约自上新世晚期至中新世中期，受东亚大陆板块和印度板块挤压与碰撞影响，青藏高原逐渐隆起。至距今1000多万年的上新世晚期，青藏高原海拔已在1000米左右，其时气候十分温暖湿润。但自上新世晚期至第四纪更新世初期，青藏高原大幅度抬升，最终形成了今天所见的“世界屋脊”。

不可思议的是，藏文典籍对西藏远古情形的记载与现代地质科学发现有惊人的契合之处。《青史》说：“最初，西藏被水充满。”《贤者喜宴》记载：“其时，上部阿里三围状如池沼，中部卫藏四如（茹）形如沟渠，下部朵康三岗（六岗）宛如田畴，这些均淹没于大海之中。”我们无法获知古人的智慧是如何洞晓西藏的地质形成，藏学家石硕对此曾指出：“它也许反映了西藏文明的某种神奇性、古老性以及这一文明所蕴藏的独特智慧。”

古人类学界认为，人类始祖猿人是在第三纪上新世开始从腊玛古猿中分化出来，并逐渐向人类进化转变的，青藏高原的大幅度隆起完全具备从猿到人转变的地理生态条件。那么，青藏高原是否有可能成为人类的重要起源地？

美国地质学家、人类学家阿玛斗·葛利普（Amadon Graban）认为：“第三纪晚期喜马拉雅山脉隆起，蒙藏地区森林消灭，迫使人类的远祖古猿从森林转入地面生活，逐渐演变成为现代的人类。”

我国著名的旧石器考古学家、古人类学家贾兰坡在其著作中提及，有些学者认为：“当上新世的时候，喜马拉雅山的高度在海拔1000米左右，气候屏障作用不显，南北坡都受到印度洋暖湿的季风所滋润……这就给了我们很大的启发，正当从猿转变到人期间，青藏高原地区仍然是适合人类演化的舞台，到那里寻找从猿到人的缺环也是有希望的。”

人化自然：青藏高原的石器文化

青藏高原的演进虽符合由猿到人转变的环境条件，但由于海拔高、气候寒、空气稀薄，不宜人居，长期以来一直被世人认为是不毛之地。不少学者撰文指出，

卡若拉冰川，位于西藏山南地区，是西藏三大大陆型冰川之一（图/于怀）

西藏自古就是一个无人区，认为古代的西藏先民及其文化皆源自他处，一些别有用心的人士甚至认为西藏的人种与文明来源于印度。事实是否真的如此？对西藏文明起源的探讨只能更多地依赖于考古发现。

意大利考古学家杜齐（G.Tucci）在《西藏考古》中曾有西藏发现磨制石器的记载，但由于系地表采集，缺乏层位关系，难以判断其大致年代与文化性质。新中国成立后，西藏考古工作取得了突破性进展。1956年7－8月，中国科学院地质学家赵宗溥先生在那曲发现十几件打制石器，其属于旧石器时代打制石器，系西藏境内首次发现的细石器。1966年至1968年，中国科学院西藏综合考察队在定日县东南10千米的苏热山南坡，发现了40余件人工打制石片以及用石片做成的刮削器、尖状器等。1976年，中国科学院青藏高原综合考察队在中扎县

粟的文明之旅

中国是世界上最早产粟的国家。粟古代又称“稷”，原产于黄河流域。在距今七八千年的河北武安磁山、河南新郑裴李岗等遗址中，就已经发现了粟的痕迹。此外，粟在甘肃永靖大何庄、马家湾，青海乐都柳湾等遗址中也有发现。据专家推断：“新石器时代，中国粟就已由东向西传播，经阿拉伯、小亚细亚、俄国、奥地利，以至传遍整个欧洲。”

粟的文明之旅至少有两条：一是溯黄河而上，经后来的“丝绸之路”由西域传播至阿拉伯、中亚细亚等地；一是沿着今天的藏彝走廊传播到东南亚各国。西藏昌都卡若遗址中也发现粟的痕迹，应该是经后一条路线传播而来，反映了远古西藏地区与黄河流域的经济文化交流和互动。

日土岩画

西藏日土县境内有十几处岩画，不仅规模大、数量多，而且艺术价值也很高，在西藏最具代表性。这些岩画是用锐器在岩壁上刻凿而成，线条古朴，造型生动，色调简约而鲜明，主要表现高原古代的社会生活风貌，如狩猎、宗教祭礼、骑射、放牧、农耕、舞蹈、战争等

珠洛勒发现打制石器4件，并在藏北的日土、普兰等县也发现了一批旧石器。

这些发现及其文化内涵至少说明了两个问题：

一、这些旧石器年代大约在距今5万至1万年间，相当于旧石器时代中晚期，说明人类在西藏高原的活动至少早在旧石器时代即已开始且较为频繁，可见西藏在远古并非了无人烟之地。

二、据一些考古专家鉴定，西藏的旧石器与黄河流域旧石器在形制上基本属于同一个系统，但与周边的巴基斯坦梭安文化、印度聂瓦斯文化存在着显著的不同，说明西藏远古的人类及其文化与华北地区有着密切的亲缘关系，但与南亚地区的文化系统截然有别。

进入新石器时代，青藏高原的人类活动呈现一片繁荣的景象，留下了众多遗址、遗迹。据不完全统计，至2004年已发现新石器时代遗址、遗迹134处，年代大约在距今7500至3000年间。

藏族文化血统呈现多重混合性

目前已发掘的西藏新石器时代遗址、遗迹，已能明显反映出不同的文化内涵。创造拉萨曲贡文化的应是生活在雅鲁藏布江流域的西藏原住群体，他们主要从事农业和渔业；创造昌都卡若文化的是生活在藏东河谷地区的原住群体与部分来自甘青的游徙人群，他们主要从事农耕业并兼有狩猎畜牧经济；创造藏北细石器文化的是由华北经北方草原地区南下进入藏北高原的人群，他们主要从事游牧和狩猎经济。

可见，藏族先民是由生活在西藏高原的原住居民

卡若遗址挖掘出土的陶罐

卡若遗址位于西藏昌都以南，发现于1977年，海拔高度3100米，是我国已发掘的海拔最高的一处新石器时代遗址。卡若遗址年代约为公元前3200—前2000年，卡若文化是西藏高原上新石器时代具有代表性的文化，同时也显现出与黄河中上游地区的原始文化有着或多或少的联系。卡若遗址的发掘对研究西藏的原始文化具有划时代的意义，为探究藏族的祖源提供了详实的资料，说明西藏高原自古就有人类在这里繁衍、生息

与来自东部（今华北、甘青等地）的多种外来居民长期融合共同组成的。

中国大陆本土培养的第一位人类学博士（也是藏族第一位博士）、人类学家格勒先生在《论藏族文化的起源形成与周边民族的关系》一书中对于藏族来源是这样表述的：

“我的意见，藏族总的来讲是一个多源的民族。所谓多源就是公元6至7世纪以前（即藏族形成以前），藏族地区的原始民族成分具有不同的系统特点。就目前所掌握的考古材料来看，至少可以区分出三大原始民族系统。其主要依据当然是考古材料。根据西藏发现的考古材料来看，代表藏族先民文化的卡若文化、曲贡村文化等，一方面具有地区性土著文化特点，另一方面又具有黄河流域氐羌民族系统的文化因素和我国北方草原地区游牧狩猎型的文化因素。同时，有些文化因素明显属于南方长江中下游和东南沿海的原始文化。因而，我认为藏族无论在血统上还是在文化上都不是单一的，它的血统具有混合性特点，它的文化具有多重性特点。”

隐含真相的
祖源传说：猕猴与罗刹女的后裔

与世界上多数民族一样，藏族也有关于自身起源的神话传说，在民间流传十分广泛：

在很久远的年代里，西藏山南地区、雅隆河谷的琼结地方，气候温和，山深林密。山上住着一个猕猴。后来，这只猕猴和罗刹女结为夫妻，生了六只小猕猴。老猴把它们送到果实丰硕的树林中去生活。过了三年，老猴再去看时，已经繁衍成五百多只猴子。因为吃食不够，都饿得饥肠辘辘，吱吱悲啼。看见老猴来了，便围上呼号：“拿什么给我们吃啊？！”举手相向，其状甚惨。老猴看见这种情形，心中十分不忍。于是领他们到一处长满野生谷类的山坡，指给群猴说道：“你们就吃这个吧！”从此，众猴便吃不种而收的野谷，身上的毛慢慢变短，尾巴也渐渐消失，从此又会说话，遂演变为人类。

西藏山南地区的“泽当”，藏文意为“猴耍坝”，指猴最初玩耍之地，据传今泽当贡布山的比乌哲古岩洞就是猕猴和罗刹女繁衍后代的地方。

藏族猕猴变人虽然是一则传说，但仔细研析，还是具有相当的真实性，与科学界关于人是由猿猴演化而来的推论不谋而合。事实上，考古学界、人类学界认为西藏高原环境的演变具备人类诞生地的条件。这是某种巧合、隐喻，还是与藏文典籍一样对西藏高原远古情形的神奇描述？成为一个引人思索的有趣命题。

在大多数后弘期藏传佛教典籍中，凡叙及藏人起源时几乎无一例外都要提到这一传说。布顿大师在《佛教史大宝藏论》中记：“又西藏的传说故事中说，（西藏人）是由猴和罗刹女交配而来的。应阅读其他史书便可知道这些详细的情况。”五世达赖所著《西藏王臣记》云：“凡雪域所弘传之《大悲观音法类》虽有多种，然均同一旨趣，皆说西藏人种系猕猴与岩魔女交配所生子嗣，为赤面食肉之种。”这就抛给我们一个疑问：在藏传佛教知识体系中，如何能普遍接纳猕猴与罗刹女作为藏人的先祖？这只能说猕猴与罗刹女衍生藏人的传说，在西藏流传十分久远、底蕴深厚，也深为普通民众接受且不容置疑，所以佛教后弘期在本土化过程中才不得不加以接纳。

考古材料也直接印证了这一传说的古老性。1990年，曲贡遗址发掘中出土了一件附着于陶器上的猴面浮雕贴饰，猴眼、鼻孔与嘴均以锥刺出，形象逼真，造型栩栩如生。发掘者指出：“这不是一般意义上的艺术品，表明曲贡人可能有猴崇拜的传统。猴在藏族人看来是神圣的动物……这传说虽混杂了一些佛教因素，但传说产生的时代是很早的。曲贡村遗址猴面附饰的发现，有可能将这传说的起源追溯到史前时代。”

清代唐卡《藏民族起源图》，图中描绘了猕猴和罗刹女的故事

猕猴为祖先的传说也普遍见于青藏高原其他各族，尤其是在属藏缅语族的羌、彝、纳西、傈僳、普米、拉祜、哈尼、怒、白、珞巴、景颇等族以及僜人中，都有程度不等的祖源记忆痕迹。《北史·党项传》记："党项羌者……其种有宕昌、白狼，皆自谓猕猴种。"

综述以上诸多线索，可以认为"猕猴罗刹女后裔"说是一个隐含藏族起源真相的祖源传说，具有相当的民间性、本土性、广泛性和真实性。藏学家石硕先生对此有十分精辟的认识，指出："这段真实史实被采用了一种隐喻和象征的表达方式：即以'罗刹女'来隐喻和象征西藏腹心地区的血缘氏族人群，而以'猕猴'来隐喻和象征青藏高原东部地区的血缘氏族人群。"

远古社会组织的繁衍演化

据藏族民间传说，猕猴、罗刹女结合后生下六个小猕猴，由这些小猕猴又繁衍了更多的猴子，并进一步变成了人。藏文典籍也有类似记载，其中特别指出这些猴雏变成人后，形成了藏地最初的塞、穆、董、东、惹、柱等几个氏族，史籍中称"四氏族""六氏族"或"四人种""六人种"。

随着社会的不断进步与发展，西藏远古社会的组织也在不断演进之中。据藏文史书记载，"四氏族""六氏族"之后西藏就进入了"玛桑九兄弟"统治时期，标志以母系血缘为纽带的氏族部落群体，已转入男性统治的父系氏族时代。《汉藏史集》称，"玛桑九兄弟"统治之后，西藏高原就进入了小邦时代，起初有"二十五小邦"，之后又有"十二小邦"及"四十小邦"。敦煌古藏文写卷中给出了各小邦大致地理位置：

小邦名	大致位置
象雄	今阿里地区，都城为琼隆银堡
藏	在娘若切卡，今年楚河流域
罗昂	在娘若香波，今年楚河流域
森波	在岩波，今拉萨河以北
吉	在吉若，今拉萨河流域
贡	今林芝尼洋河流域
达	今林芝境内
亚松	今唐古拉山地区

《贤者喜宴》中也有关于小邦时代的描述："这些小邦喜欢征战残杀，不分善恶是非，一旦获罪便投入监狱。四边之王时常侵害……（小邦）战胜不了他们，以至吐蕃地方兵员日减，欲迁徙往别处，各小邦又不允许，于是只好不住平坦大地而去占据坚实山崖，饮食不济，饥渴难忍，吐蕃地方陷入极度的痛苦之中。"

小邦时期社会组织、公共权力已经显著发达，血缘氏族群体已让位于区域性联盟。西藏社会已经由最先的氏族社会开始步入文明时代的门槛，更高一级的社会组织形态"部落联盟"呼之欲出，青藏高原终于迎来了"藏地最初之王"——聂赤赞普。

西藏中部羊卓雍措附近的洞穴，有人类生活的遗迹，可能属于史前时期

关于藏族起源的其他主要观点

西羌说

认为藏族源自西羌的学者，主要依据是汉文史籍关于羌人西迁的记载。据《后汉书·西羌传》，羌人有位首领，名字叫无弋爰剑，曾为秦人追捕逃亡，得遇劓女并与之结为夫妇。至爰剑曾孙忍时，秦献公向羌的分布地扩张，忍的季父卬因惧怕，“出赐支河曲西数千里”，被迫向青藏高原地区迁徙，其中就有被称作“发羌”“唐旄”的部族。这些部族究竟去往何处无人得知，这给后来的中原史家留下了想象和演绎的空间，结果逐渐将其与唐代东向发展的吐蕃政权联系起来。《新唐书·吐蕃传》载：“吐蕃本西羌属……有发羌、唐旄等，然未始与中国通。居析支水西。祖曰鹘提勃悉野，健武多智，稍并诸羌，据其地。”

“西羌说”显然经不起推敲：一是这一说法在直接与吐蕃有过接触的唐人那里找不到直接依据；二是西藏高原早在旧、新石器时代就有人类居住，并以此为基础形成了具有本土特色的西藏早期文明，相比而言，史载羌人西迁进入藏区的时间比这个要晚得多，即使进入西藏也只可能融入到当地居住的人群中；三是这一说法明显有汉地史家演绎的痕迹，在藏文史料中找不到相关佐证。因此，藏族族源“西羌说”不能成立。

印度说

这一说法见于《善逝教法源流史》：“据《胜天赞释》说，是般荼王的五个王子和十二个极恶的仇敌军团交战的时候，汝巴底王领着他的军队约一千人，乔装成妇女，逃遁到大雪山丛中，逐渐繁殖起来的。”《西藏王统记》引柱藏书《遗训首卷录》云：“自天竺释迦日照族之法王阿育王出世，其后王裔世代相承至孪生子嘉森及马甲巴二人时，争夺王位不合。马甲王有三子，其最幼者，颇具德相，未得王位，乃遵神指示，令其改作女装，流放至藏地云。”这一说法同样被收录于《贤者喜宴》《汉藏史集》《青史》《红史》《西藏王臣记》《新红史》《雅隆尊者教法史》等书中。

“印度说”的问题在于：1.主要为阐释王族来源，且该王（聂赤赞普）出现在西藏的时间较晚，此前西藏文明早已发育并十分成熟；2.与佛教关系密切，即主要为佛教高僧大德们的记载，且王族的起源地与佛教来源同出一脉；3.出现的时间较晚，见于后弘期佛教兴盛的时代。

对此，藏学家们一针见血地指出，“印度说”可能是在佛教传入并逐渐兴盛成为主流意识形态背景下，由藏族史家和佛教学者基于对佛教的信仰而衍生出来的一种说法。藏族学者卡尔梅·桑丹坚参对“印度说”产生的背景给予深刻剖析：“藏王印度出身的神话……在佛教编史家中得以流传并非简单地由于藏传佛教徒对第一位藏王是一个释迦族后裔的说法感到满足——释迦牟尼也出身于同一个氏族；而是由于它对藏传佛教的宣传有着重要的意识形态及战略上的目的。”

卵生说

“卵生说”最早见载于本教文献中，称世界起初有一个五彩的蛋，其中孕育了一个英雄，蛋破裂后，英雄生而成为人类的始祖。成书于14世纪的《郎氏家族史》中也记载了这一传说。学术界一般认为，“卵生说”与古印度的宗教，特别是湿婆教教理有关，可见此说显然是在外来文化的影响下才产生的。

撰稿专家

陈东，历史学博士，四川省民族研究所副研究员，中国西南民族研究学会常务理事。主要从事民族学、民族史学研究。发表学术论文多篇，代表作为《多种信仰共存：以藏彝走廊东缘多续藏族为中心的个案研究》《神山圣湖边的居民与生活》。获四川省哲学社会科学一等奖、国家民委社会科学研究成果奖调研报告二等奖等。

《多种信仰共存：以藏彝走廊东缘多续藏族为中心的个案研究》

《神山圣湖边的居民与生活》

扫描二维码，
阅读专家代表著作的电子版

神话、传说与历史之间的远古西藏

青藏高原上曾经出现过众多小邦，各种文明如百花竞放

《肩舆图》，表现十二位本教徒用轿子抬着聂赤赞普登上王位

公元7世纪吐蕃王朝建立以前的西藏远古历史，通常是以神话、传说与历史相互杂糅和混合的面貌出现在各种历史典籍之中，迷雾重重，真假难辨，只能勾勒出一个大致的演进轮廓。

天神之子入主人间

在藏族传统历史观念里，聂赤赞普（或译为聂墀赞普）是藏地最初之王。关于聂赤赞普的来历，有一个非常古老而悠久的天神之子下凡入主人间的传说：

聂赤赞普原本是天神赤顿祉的儿子，他从十三层天的上面沿着天梯而下，来到人间，降临于拉日若波神山的山顶，纵目四望，看见了高高耸立的雅拉香波神山和美丽富饶的雅隆大地（今西藏山南琼结县），于是在赞唐贡玛山停了下来。此时，须弥山为之深深鞠躬致敬，树林为之奔驰迎接，泉水为之清澈迎候，石头石块均弯腰作礼。十二个牧人——有的传说是十二位本教徒，看见了他，于是走向前去，问他是谁，从哪里来，他自称“赞普”，以手指天。牧人们听不懂他说的话，感到十分惊奇，商议道：“这个人是从天上下来的赞普，可以为我等之主。”于是将他放在一个木头座位上，用脖颈抬回去，奉为雅隆的六牦牛部之主，称为“聂赤赞普”，意为“颈座之王”，以“鹘提悉补野”为姓氏，意为从光明天下降来的人间之主。

在一些佛教高僧大德的笔下，聂赤赞普却是一位来自印度的王子，与佛祖释迦牟尼同族。当然，这不过是佛教传入西藏后，由佛教信仰而衍生的一种说法，并没有更多的事实依据。

在一些汉文史书里，如五代后晋时编成的《旧唐书》，称聂赤赞普出自魏晋南北朝时期著名的鲜卑拓跋部，本名叫樊尼，是十六国时期南凉第二代国王秃发利鹿孤之子。利鹿孤死后，樊尼率部渡过黄河，越过大积山，来到西藏，被人们拥戴为王，于是改姓“悉补野”，仍以“秃发”（也就是“拓跋”）为号，后来讹变成了“吐蕃”。这种说法也没有直接的事实依据，更多的是中原史家的猜测，可信度不高。

历史学家经过深入研究，都倾向于认为：聂赤赞普既非传说中的天神之子，也不是来自西藏以外的地方，而是一个实实在在的历史人物，而且很可能就出自于雅隆本地。

文明的初始

天神之子入主人间虽然是一个富有传奇色彩的神话故事，但却是解开西藏远古历史迷雾的重要突破口。

聂赤赞普在今山南地区泽当镇修建了一座名叫雍布拉康的城堡，这也是西藏最早的宫殿，迄今犹存（图/张鹰）

大约从公元前1000年开始，青铜工具在青藏高原上逐步取代石器工具。随着社会生产力的发展，青藏高原上出现了许多“小邦”，也就是小部落，西藏历史由此进入了一个长达数百年的小邦时代。据藏文史书记载，先后有十二小邦和四十小邦，也有的史书说最开始有小王四十四个，后来发展成十二小邦。这些小邦各自为政，互不统属，时常征战残杀，战争不断。小邦有“王”和“家臣”，境内修筑有堡寨，人们一旦获罪便被投入监狱。

这是青藏高原步入文明时代的一个初始阶段，也是一个弱肉强食的时代，社会动荡，人们饮食不济，饥渴难忍，痛苦不堪。频繁的战争促进了小邦之间的兼并与联合，小邦时代后期开始出现了若干个势力较为强大的部落联盟。与之同时，相对于小邦而言更具规模和更为完备的政权形态——王政也随之出现。

雅隆河谷位于雅鲁藏布江中游，土地肥沃，日照充沛，水草丰茂。早在小邦时代，这里就有六个以游牧为主的小部落，人们主要放牧牦牛，因此称为“六牦牛部落”。这六个小部落势单力薄，经常受到邻近其他部落的欺压。在公元前4—前3世纪左右，为了生存和发展，六牦牛部落结成联盟，共同对抗其他部落。藏地最初之王聂赤赞普，正是这六个牦牛部落结成部落联盟时共同拥戴而被推举为王的。

在六牦牛部拥戴聂赤赞普为首领的过程中，本教徒发挥了重要作用。发现聂赤赞普，然后将他抬回去的过程，很可能是本教徒精心策划的一个仪式过程，其目的就在于将聂赤赞普从凡人变成神。天神之子入主人间的传说，也很可能是出自于本教徒之口。因为这个传说明显受到了本教天神崇拜观念的影响。在原始本教中，有所谓“三界”的观念，即上界为天，由天神所居住；中间为人世，由人所居住；下界则为各种鬼怪所居住。在这三界之中，“天神”所居住的上界是最神圣的地方，它能降祸福于人世，能镇压鬼怪，故“天神”最为人们所崇敬，所以将神圣的事物说成是“从天而降”。当然，聂赤赞普登上王位后，也大力提倡和引进本教，并在雅隆地区修建了第一座本教寺院——雍仲拉孜寺。

雅隆河谷崛起强大联盟

聂赤赞普成为雅隆部落联盟的首领后，兼并了邻近地区的一些小邦，领地进一步扩大，又大力引进和提倡本教。从聂赤赞普到公元7世纪的松赞干布，鹘提悉补野王系共传三十余代，不少史书记载松赞干布为第三十三代，但也有称之为第三十二代的。

从聂赤赞普开始的一至七代赞普，名字都有一个“赤”字，故称为“天赤七王”。传说他们可以不受山岩阻碍而飞往天空，白昼降临大地，夜晚归天。当儿子长大至能够骑马时，父王就攀援由发光的天绳结成的天梯，逝归天界，尸体如彩虹般消失在天际，不留遗骸在人间，陵墓建在天上，这或许反映的是古代的一种天葬习俗。

第八代止贡赞普和第九代布德贡杰合称为“上丁二王”。传说止贡赞普（“止贡”意为“死于刀下”）性情暴烈，武艺高强，勇猛好斗，经常率领部队和周边的部落打仗，仗打完了，就找自己的臣民比武，臣民们都不应战。后来，止贡赞普强迫一个叫洛昂达孜的臣民与自己决斗，但却中了后者的奸计。在比武时，登天的绳梯被砍断，从此赞普无法像天赤七王那样升天，于是地上开始有了赞普的陵墓。止贡赞普本人也在比武中被杀死，洛昂达孜篡夺王位，雅隆部落陷入内乱。止贡赞普的三个儿子分别逃往工布、娘布和波密三地，各自成为当地的小王。篡位者洛昂达孜死后，在波密当小王的夏赤返回雅隆，登上赞普位，称为布德贡杰，并修建了青瓦达孜宫殿，据说“吐蕃”之名亦始于此时。

布德贡杰时期，社会生产力发展很快。人们学会了驯化野牛，引水开渠，将草原平滩开垦成农田，掌握了二牛抬杠技术，开始农耕，并在河上架桥；又钻木为孔，烧木为炭，炼皮制胶，用木炭熔炼矿石，提取银、铜、铁等金属。从象雄和勃律等地传来了雍仲本教。从此，雅隆部落越来越强盛，逐渐向雅隆河谷以外的地方扩张势力。

公元6世纪以后，雅隆部落联盟已经很强大了。第三十一代赞普达日年赛不但征服雅隆周围的许多小邦，而且加速北上推进，目标直指位于雅隆河北岸并控制着拉萨河流域的苏毗。达日年赛利用苏毗内部的不和，力求内外呼应，一举拿下苏毗，但他自己却年迈去世。继任的囊日松赞秉承父王遗志，大力招降纳叛，苏毗内部的娘氏、农氏、韦氏和蔡邦氏等豪族纷纷归附。

公元600年，囊日松赞亲率大军北上，击败苏毗，从而控制了雅鲁藏布江南北的广阔大地。吞并苏毗以后，囊日松赞论功行赏，重用北伐功臣和苏毗降臣，但这引起了在雅隆的一些旧贵族的不满，由于新、旧贵族之间的矛盾加剧，进而引发了叛乱。

公元629年，囊日松赞被叛党毒杀，鹘提悉补野家族统治下的雅隆部落联盟一时危如累卵。年幼的王子赤松赞，也就是青藏高原上的一代旷世雄主——松赞干布，登上了赞普位，据说他当时只有13岁。不过，自古英雄出少年，赤松赞以铁腕手段迅速戡平贵族叛乱，将带头毒害父王的人斩尽杀绝，以绝后患。然后他革新内政，强化王权，将部落联盟体制改造成君主集权的王朝政体，对外四处用兵，积极扩张，征服和兼并青藏高原各部，威震四方，将高原历史带入一个强盛的吐蕃时代。

肥沃丰饶的山南地区是西藏古代文明的摇篮，藏民族的发祥地
（图/视觉中国）

曾经活跃在高原上的强者

大约在公元前4至前3世纪左右，青藏高原上的众多小邦经过长期的争战和兼并，逐渐出现了一些部落联盟。其中势力较为强大的，除了由六牦牛部发展形成的雅隆部落联盟，还有象雄、苏毗。此外，吐谷浑、附国等也都曾经在高原上各据一方，活跃一时。

这些部落联盟或政权先后融入吐蕃，成为藏族先民有机组成部分。

象雄文化——高原古文明的核心

象雄是青藏高原在小邦时代后出现时间较早的一个部落联盟，其形成时期很可能早于苏毗和雅隆等部。早在小邦时代，象雄就是“十二小邦”之一。这个象雄小邦后来不断兼并和征服周围的其他小邦，从而形成了一个部落联盟。

传说象雄由十八部组成，每部都有“王”，常称“象雄十八王”。在汉文史籍中，象雄被写成“羊同”。象雄是以游牧为主的部落联盟，势力强大，地域辽阔。汉文史籍的记载是“东西千余里，胜兵八九万”。一些藏文典籍更是称象雄最初的地域分为“里象雄”“中象雄”“外象雄”三部分。“里象雄”即今天西藏西部的阿里、拉达克等地，“中象雄”指的是卫藏地区，“外象雄”则为多康地区。这或许有所夸大，但也大致反映出象雄的崛起不但要早于苏毗和雅隆，而且在鼎盛时期曾经控制了青藏高原的西部、北部和东部。不过，象雄的中心应该一直都在青藏高原的西部，传说象雄的都城为琼隆银城，即今天西藏阿里地区的琼隆。随着苏毗、雅隆的兴起，一度强盛的象雄逐步走向衰落，尤其是雅隆部落崛起以后，象雄的控制地域进一步缩小。公元7世纪初，象雄归附雅隆；到7世纪中叶松赞干布时，象雄被吐蕃完全吞并。

在西藏古文明发展史上，古老的象雄具有非常重要的地位。象雄的中心地区，即今阿里地区是青藏高原与南亚、西亚和中亚地区相互联结的一个跳板，也是西藏古文明与印度古文明、古波斯文明和中亚古文明之间沟通交流的枢纽所在。在文字和宗教两个方面，象雄尤其值得大书特书。

象雄有自己独特的文字——象雄文，这极可能是青藏高原上最早的文字，传说由本教祖师辛饶米沃创制，有人推测它产生于公元前5世纪左右，距今已有2500余年的历史了。早期的本教经典都是用象雄文写成的，后来才翻译成藏文。“象雄”本身就是一个古老的象雄文词汇，“象”是地方或者山沟的意思，“雄”则是古代象雄的一个名叫“雄侠”的部落的缩写，因此“象雄”的本意就是“雄侠(部落)的地方”或“雄侠(部落)的山沟”。很可能象雄部落联盟就是以这个“雄侠”部落为核心逐渐发展而形成的。有的专家还指出，藏文其实就是脱胎于象雄文，或者受到了象雄文很大的影响。当然，随着象雄被吐蕃完全吞并，象雄文也逐渐从高原历史舞台上退隐，最终销声匿迹。

象雄也是青藏高原上的土著宗教——本教的主要发源地和传播中心。雅隆部落的本教主要就是由象雄传来的。传说象雄十八王也都是本教政权，这或许是西藏历史上出现较早的一种政教合一政权形式。象雄的本教文化在青藏高原各地得到广泛的传播和发展，成为西藏文明的核心组成部分，产生了非常深远的影响。

高原上另一个本教中心：苏毗

苏毗由小邦时代的“十二小邦”中的“亚松”发展而来，最初约在唐古拉山南北地带及金沙江上游地区，以襄曲河流域(今青海玉树及川西北高原一带)为中心，后来逐渐向拉萨河流域发展，成为雅鲁藏布江北岸流域的一个能够与象雄、雅隆等相抗衡的强大部落联盟。苏毗的社会经济生活，以游牧为主。在宗教文化上，苏毗受象雄影响很大，同样盛行本教，是当时青藏高原上除象雄以外的又一个本教中心，也是雅隆部落的本教的另一个重要来源。

公元6世纪以后，苏毗内部发生分裂，这给矢志北上扩张的雅隆部提供了可乘之机。苏毗灭亡后，成为吐蕃的属部，但其王室得到了保留。对于吐蕃而言，苏毗具有特殊的地位。唐朝大将哥舒翰曾经向唐玄宗报告称，吐蕃的军粮兵马有一半都出

琼隆银城(图/张鹰)
传说中的象雄都城,在今西藏阿里地区噶尔县门士乡卡尔东城址,位于海拔4400米的卡尔东山顶,面积10余万平方米

自苏毗。8世纪中期,因为卷入了吐蕃内乱,苏毗王为吐蕃赞普所杀,王子率部下逃奔唐朝,被护送到长安,受到厚待。

称雄西北的吐谷浑

吐谷浑源于东北的鲜卑慕容部。西晋太康年间,鲜卑慕容部人吐谷浑因与弟若洛廆不和,率所部一千七百户从辽东西迁,先进入今内蒙古的阴山地区,然后经河套南下,进入今宁夏、甘肃,后又逐渐向南和向西发展,控制了今青海、甘肃南部和四川西北部等地,至其孙叶延于公元329年正式建立政权,以祖父"吐谷浑"之名为国号,其境内以氐、羌人群为主。6世纪中叶,吐谷浑王夸吕自号可汗,以青海湖以西的伏俟城为都城。

吐谷浑是一个曾经称雄于西北地区的强大游牧政权,主要以今青海为根据地,鼎盛时期的疆域,东起今甘肃南部、四川西北,南抵今青海南部,西到今新疆若羌、且末等地,北隔祁连山与河西走廊相接。隋朝曾两次出兵吐谷浑,并在吐谷浑地区设置了西海(治伏俟城,今青海湖西海边)、河源(治古赤水城,在今青海兴海东南的黄河边)、鄯善(治鄯善城,即古楼兰城,今新疆若羌)、且末(治古且末城,今新疆且末)等四郡。唐朝初年,吐谷浑政权得到复兴。

唐龙朔三年(663),吐谷浑为吐蕃所亡。

盘踞横断山脉的附国

附国是隋至唐前期西藏高原东缘的一个王政发展程度较高的实体。由于附国主要为唐初的《北史》《隋书》等汉文文献所记载,在藏文史籍中尚未发现能够与之完全对应者,故一度有专家认为附国其实就是初唐以前的吐蕃,但后来证明这不过是一种误解,附国并非吐蕃。

据历史典籍记载,附国的国王名叫宜缯,统有两万余家,全境南北宽约400千米，东西长约800千米，有一条宽达300米的河流由北向南流过，人们用动物皮制成舟，用以渡河。综合来看，附国应该位于西藏高原东缘以高山峡谷地形为主的横断山脉地区，其中心位置则很可能在今四川甘孜藏族自治州甘孜县一带。

附国之人身手矫健，擅长击剑，身穿皮铠甲，背挎六尺长弓。出于安全和防御的需要，人们都居住在高高耸立的“碟”里面。“碟”位于地势险要的山麓河谷地带，由石头垒成，高的达到三四十米，矮的也有一二十米，每3—4米分为一级，以木板隔开。“碟”底部约4.5—6米见方，顶部缩小至3—4.5米，其形状颇类似佛塔。其实，这种“碟”很可能就是长期流行于西藏高原东部的碉楼。

从隋朝到唐朝初年，附国多次派使者到长安朝贡。大约在7世纪下半叶为吐蕃所兼并。

今四川甘孜州存有不少碉楼，无言地述说着悠悠古意（图/视觉中国）

撰稿专家

曾现江，西南大学历史文化学院副教授，主要研究方向为民族历史文化。出版学术专著《胡系民族与藏彝走廊》，发表论文20余篇，主持国家社科基金等多个项目。

《胡系民族与藏彝走廊》

扫描二维码，
阅读专家代表著作的电子版

雄踞高原的吐蕃王朝

松赞干布统一青藏高原，建立强大的地方政权

吐蕃时期是藏族形成史上最波澜壮阔的时期。由建立在雅隆河谷的一个小邦，通过其经济文化的不断进步，加上武力扩张，逐步发展为一个包含整个青藏高原，南达恒河，界碑树立在加尔各达市中心，北包大部分的新疆，东面将河西走廊收归治下，东南让南诏臣服，甚至一度占领唐朝都城长安的强大王国。同时，吐蕃王朝历代君臣逐步建立起统一的政治制度、行政法规、管理体制，以及共同的语言文字、风俗习惯、宗教信仰，创造了藏族文化史上的奇迹，创造了光辉灿烂的人类文明。

绵延千年的王系

吐蕃一词，始见于唐朝汉文史籍。蕃，藏语作“bod”，为古代藏族自称。根据较普遍的说法，蕃是由古代藏族信奉的原始宗教——“本”(bon)音转而来；也有人认为，蕃意为农业，与卓(bro，牧业)相对。吐，多数人认为是汉语“大”的音转，是吐蕃向唐

拉萨以东70多千米处，有个叫甲玛沟的小山沟，相传这里是松赞干布的诞生地。沟内有座宫堡式的建筑就是松赞干布的故居——松赞王宫(图/张鹰)

唐代前期及吐蕃疆域图(选自谭其骧主编:《中国历史地图集》第五册)

朝自称“大蕃”的音译;也有解释为藏语“lho”(意为南部,吐蕃王室的发祥地)或“stod”(意为上部,可指卫藏)的音转。

吐蕃历史是一个长期的过程,上溯公元前4世纪左右的第一代藏王聂赤赞普,吐蕃建立鹘提悉补野王系,下迄公元9世纪中叶达玛吾东赞遇刺身亡,共传44代君王,历经约1300年。实际上统一的吐蕃王朝是7世纪松赞干布建立的政权,是西藏历史上创立的第一个统一政权,由松赞干布到达玛吾东赞延续200多年。

吐蕃王朝的建立,打破了高原的沉寂,高原各部凝聚成为强大的势力,并走出了封闭的内陆高原,藏族社会第一次出现了生机勃勃的局面。原来各自为政,分散、孤立发展的局面被改变,通过制度、法律、驿站等建设,一个个小邦政权或部落联盟得到了整合。由于内部人口流动,社会交往面的扩大,推动了语言及整个文化层面上的相互沟通,又实现了文化上的整合。吐蕃时代,族群的认同感加强,藏族得到了壮大。

一代雄主松赞干布

松赞干布意为“正直修德王”,作为藏族历史上最显赫、最广为人知的藏王,他被尊为“三大法王”之一,也被视为观世音的化身。他在位期间,青藏高原实现了统一,正式建立吐蕃王朝,是一位雄才伟略、文武双全、充满远大抱负的政治家、军事家和藏族历史上最具有影响力的民族英雄。

松赞干布在其叔叔及父王旧臣的辅佐下，平定内乱，执政5年后，为巩固政权、远离仇敌，有效组织对部落和邦国的进攻，他将政治中心由强巴敏久林（今墨竹工卡）迁往气候宜人、地势险要的逻些（今拉萨）。

松赞干布组建了强大的军队，并亲率大军南征北战。史书中如此描绘他的军队："每战，前队尽死，后队乃进。"他以卓越的军事才能降服东女、附国、嘉良、白兰诸国，后兼并今康北的西山八国等20余个部落，遂后经略东方，与党项、吐谷浑进行多年战争，最终统一青藏高原。

7世纪初，松赞干布派出优秀青年到周边国家留学，其中吞弥·桑布扎的研究成果最为显著。他扎实研究梵文和西域各国文字，经过反复的比较，采取笔画简单明确、易于书写的不同形体，创制了有30个字母的藏文拼音文字(都是辅音)，又利用辅音重叠或在辅音上添加一定的符号构成复辅音，另外又设计了4个元音符号，加在字母的上下，用来拼写藏语。藏文创制后，松赞干布不但身体力行，专心学习了4年，还命吞弥·桑布扎撰写了《文法根本三十颂》，以韵文歌诀说明主要的文法规则，进一步推进了新文字的广泛运用，吐蕃的民族文化得到迅速的发展和广泛的传播。藏文作为一种先进的拼音文字，有着全面、系统的语言学理论，1300多年后的今天仍在沿用。

藏史记载，在松赞干布时期，由大臣禄东赞、娘赤桑、色如贡登三人制定包括六大法制、六大诏命、六种褒奖、六种标志、六种称号、六种英雄象征的"三十六制"；其后，松赞干布又推行了包括身三善、语四善、意三善在内的"十善法"等。这些法律的内容涉及到政治、军事、社会、生活等各个方面，吐蕃上下惩恶扬善、抑强扶弱的良好风尚遍于四境，家庭和睦、人人安适，牲畜敞放、夜不闭户、安睡无忧。

松赞干布实行分富济贫的政策，把被征服的部落

藏王墓殿堂的松赞干布和文成公主、赤尊公主像(图/张鹰)

邦国多余的农田分给贫民耕种，多余的牲畜和财产也分给贫民，政府向他们征收赋税，有效地缓和了贵族与贫民之间的贫富悬殊矛盾，使得社会趋于安定。

另外，松赞干布统一度量衡、五次清查户籍、开山修路、修建大小昭寺、供放佛像、翻译众多佛经和崇敬佛法等，这些对发展吐蕃的经济、文化、佛教、医药等起了很大的促进作用。

松赞干布对周边各国采取睦邻友好的政策。他先后纳娶六个妃子，这些妃子都来自不同的地域和国度，长为门妃赤姜，二为西夏妃，三为象雄妃，四为吐谷浑妃，五为尼泊尔赤尊公主，六为汉妃文成公主。与这些国家或政权结成姻亲关系，不光是为了政治上的利益，而且在经济、军事、文化发展上也起到了很好的作用，稳定了边境，促进了经济的发展。如印度、尼泊尔的建筑、美术、工艺在藏区得到了传播，汉地的星相学、医学著作以及酿酒技术在藏土受到尊重和运用。松赞干布还派许多青年到唐朝都城长安学习汉文化，以取汉族之优长，丰富发展本民族的文化。

松赞干布统一了青藏高原，建立了强大的奴隶制政权，促进了吐蕃政治、经济、文化的全面发展，将吐蕃人民引入了团结、繁荣、富强的时代。

拉萨龙王潭公园壁画《献宝图》(局部),表现大臣、富商、各国使节向松赞干布献宝的场面(图/张鹰)

吐蕃王朝独具特色的经济活动

文/四川省民族研究所助理研究员　韩正康

吐蕃的经济类型是一种复合型的经济类型，整个北方基本以畜牧业为主，而在南方及河湟地区、河西走廊等地则是以农业为主，其间间杂着狩猎和渔业。同时，由于青藏高原的统一，国家地位的提升，商业也获得了空前的发展。

农业是吐蕃的支柱产业，在第九代赞普布德贡杰时期就已经开始蓄水灌溉和引河水灌溉。这样，随着农业的发展，逐渐出现了村镇。实际上这些技术可能出现得更早，就如《新唐书》记载，文成公主到吐蕃，曾在现在的青海地区教当地人建造水磨，但在距今约4000年的曲贡遗址中就已经有了石磨。吐蕃种植着粟、青稞、荞麦、豌豆、小麦等农作物，有计算田亩和重量的计量单位，有斧头、镰刀、牛轭、犁、手斧、锯等生产工具。

畜牧业是吐蕃的重要产业，吐蕃时期，已经驯养了牛、马、狗、绵羊、山羊、猪、犏牛、驴、驼等家畜，对不同的牲畜有专门的饲养知识，同时设立了专门管理畜牧业的官员。

吐蕃的手工业非常发达，据《蕃汉字书》和《南诏德化碑》记载，吐蕃的手工业产品有铁斧、刀、剑、矛、盾、兜鍪、甲心、盘子、银圈子、梳子、锁、毛毡、金冠、锦袍、金宝带、金帐、银兽等。另外，卡若遗址和曲贡遗址中都出土了大量的陶片，说明历史悠久的制陶技艺在吐蕃时期获得了进一步的发展和提升。

在吐蕃王朝的辖区内，有广袤的森林，山地广阔，当时还设立了专门管理狩猎的官员。在曲贡遗址中出土了渔网坠，说明藏区捕鱼的历史至少有4000年之久。据敦煌古藏文文献记载，吐蕃时期就有了船和鱼叉等捕鱼工具，说明到吐蕃时期，渔业有了一个较快的发展。

贸易是青藏高原传统的交易方式。在农业与畜牧业分工以后，这种方式就已经存在。正是贸易通道的存在，西亚等地的思想文化才传播到象雄，而象雄的本教才传播到了苏毗和吐蕃。在吐蕃王朝时期，政府委任了专门的官员管理商业。商业的发展，形成了不同规模的贸易集市，如赤松德赞时期，在大、小昭寺之间就有专门的绸缎市场。由于度量衡的统一、货币的使用，吐蕃的对外贸易非常发达，多条贸易通道连接到拉萨，拉萨成为了一个初具规模的小型国际化城市。多条商道联系着吐蕃与周边国家，这包括翻越喜马拉雅山的“盐道”，连接蕃唐之间的“唐蕃古道”“茶马古道”，通过大小勃律到达中亚、西亚的通道等等。

唐蕃和亲

为了加强同东部大唐的联系，促进藏汉之间的经济文化交流，松赞干布命吐蕃名相禄东赞向唐朝求亲。由于唐蕃之间的战争，吐蕃求亲并未立即得到应允，但是在吐蕃君臣的不懈努力下，唐贞观十五年(641)，唐太宗终于答应唐蕃和亲，派江夏王、礼部尚书李道宗护送文成公主入吐蕃。应公主请求，赐与释迦牟尼佛像，作为圣缘，并赐五行经典、工艺技术、治疗疾病的医方八种、诊断法六种、医著四部等医学论著及器械以及数之不尽的各种珠宝作为陪嫁进藏。

文成公主进藏图(壁画)

西藏山南地区措美县妇女，她们的穿着据说是模仿文成公主服饰，表达了对公主的敬意（图/张鹰）

松赞干布亲率大军从吐蕃远道出迎。文成公主一行往西经由倒淌河、日月山等地到达黄河河源附近的柏海（今青海玛多县扎陵湖），与松赞干布迎亲的队伍相会。松赞干布高兴地穿起唐朝所赠的驸马吉服，向李道宗行女婿之礼。沿途，吐蕃人民都以热烈真挚的感情欢迎文成公主。凡公主经过的地方，都流传着许多充满民族友爱的故事。

文成公主知书识礼，博学多才，笃信佛教，她作为汉藏民族团结友好的先驱，将中原文化传播入藏，对于增进汉藏民族的亲密团结，促进中原和吐蕃地区经济文化的交流和发展，做出了重大贡献。

随着文成公主的入藏，内地平原地区诸如农具制造、纺织、缫丝、建筑、造纸、酿酒、制陶、碾磨、冶金等生产技术和历算、医药等科学知识，皆陆续传到了吐蕃，对当地人民的衣、食、住等方面产生一定的影响。同样，吐蕃派遣青年到唐朝读书，吐蕃妇女流行的椎髻、赭面以及吐蕃社会传统的马球游艺等，也传到了中原地区。

吐蕃修建大、小昭寺，文成公主有着不可磨灭的贡献。她根据五行算图表，推算拉萨的地形如女魔仰卧，需建寺镇魔。于是，在文成公主主持下，汉藏尼泊尔工匠同时修建大小昭寺。

松赞干布逝世后，文成公主还在吐蕃生活了30年，为进一步发展唐蕃友好关系做出了贡献，创立了有利于吐蕃社会生活和文化的风尚。

文成公主在吐蕃一直备受尊崇，她带来的金质释迦佛像，至今为藏族人民所供奉。文成公主所经各地，均有藏族人民为她修建的庙宇及塑像，如青海日月山、倒淌河的公主塑像，玉树文成公主庙，玛多迎亲滩以及四川康定的塔公寺等，许多动人的故事流传至今，歌颂文成公主的歌曲仍在藏地传唱。作为藏汉友好关系的象征，文成公主受到藏族人民的爱戴和深深的怀念。

文成公主进藏路线手绘图（绘图/蔡惟）

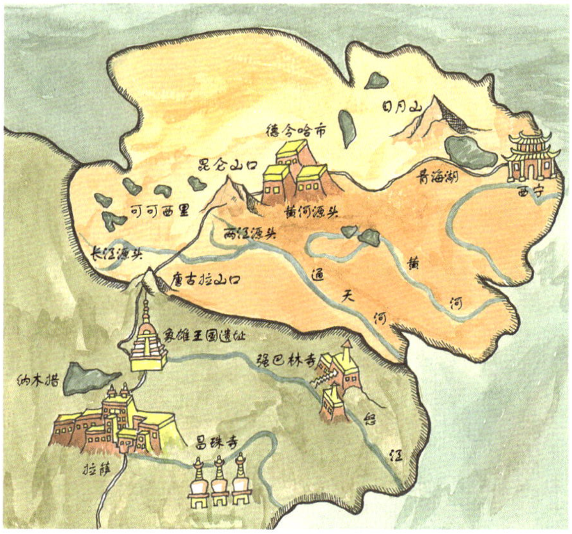

千年汉藏通衢——唐蕃古道

文/四川省民族研究所研究员　耿静

据考证，从上古至先秦，中国大地上就已经形成了通往西域、中亚、欧洲、印度北部等地域的陆路通道。

唐蕃古道亦称唐蕃驿道，路线分为东西两段，东段为唐域内道程。东段路线应是由长安（今陕西西安）经甘肃到达鄯城（今青海西宁）。西段在《新唐书·地理志》有较为详细的记载。经专家反复考证，这条河湟地区与西藏的通道可确定为：从青海西宁经海南藏族自治州、果洛藏族自治州的玛多县、玉树藏族自治州、西藏那曲草原而达拉萨市。自明清以来，这条道路被称为“入藏大道”或“朝佛大道”。20世纪80年代，青海省文博部门组织各方专家考察，得出了这条维系民族关系的古道东段927.5千米，西段2125千米，总里程为3050多千米的结论。

唐蕃古道在历史上发挥了很大作用，使吐蕃与唐朝在政治、经济、文化上联系更为紧密，增进了各族人民的友谊，发展了青藏高原的经济，丰富了祖国的文化宝库。

政治上，唐蕃使臣通过古道来往频繁，史载从唐贞观八年（634）伊始，200多年间，双方为和亲、告哀、修好、会盟、封赠、朝贡、慰问等等内容往来使臣达200多次。

经济上，通过这条道路，唐蕃物质文化得以传播与交流。开辟的互市市场，进行了绢、茶、马、牛为主的交易活动。据《唐国史补》所载，内地茶叶，品种丰富，在吐蕃应有尽有；汉地之农产品及农具、冶金、制陶、纺织等手工技艺及产品在吐蕃广为传播与利用。

文化上，通过语言文字学习，汉藏双方之间便具备了文化交流与政治经济交往的条件。松赞干布曾派遣子弟到唐最高学府国子监学习《诗》《书》。金城公主进藏携带有《毛诗》《礼记》《左传》《文选》。不少吐蕃人十分勤勉，汉文造诣深厚，有的将汉文诗书文典翻译成藏文，在发现的敦煌藏文古卷中就有《尚书》《春秋后语》；有的熟知汉族文化习俗，着装、说话、礼仪与汉族无异。唐朝官员中精通藏语文的不乏其人，他们往往能直接与吐蕃官员交流，完成通好的使命。现存的“长庆唐蕃甥舅会盟碑”碑文，汉藏对译流畅、准确，充分反映出两族文人的精诚合作。

宗教信仰上，汉藏佛教文化交流从未中止。丰富多彩的藏族佛教文化在中原地区广为传播，汉地文化传入藏区，给藏族社会以深刻而广泛的影响。至元朝，朝廷通过设置驿站的方式，进一步加强了中原与西藏的联系，为西藏各项制度的建立和完善打下了交通基础，确保了政令畅通，并将藏区与祖国内地连在了一起，成为经济文化交流的通道。

庞大帝国盛极转衰

松赞干布的儿子贡松贡赞也是13岁继承王位，由藏族历史上著名的贤臣禄东赞摄政。据说贡松贡赞一生都是在争战中度过，在他执政期间，吐蕃的领土范围再次扩大，吐蕃军队所到之处，均建立地方军政机构与相应的职官并清查户籍、土地财产，整理成册。

贡松贡赞是吐蕃历史上第一位被“秘不发丧”的藏王，其子芒松芒赞3岁继位，国政由禄东赞执掌。芒松芒赞长大成年后用武力铲除禄东赞家族在王朝中的势力，吐蕃君臣之间的争权斗争达到顶峰。

芒松芒赞之孙赤德祖赞在位时，又点燃了修建寺院、翻译佛经、允许外地僧人传教的零星之火。其子赤松德赞在位期间，正是佛本斗争升级之时，作为藏族历史上“三大法王”之一，他迎请寂护、莲花生进藏传法，修建了著名的桑耶寺，推动了吐蕃佛教僧侣团体的产生，佛教参政开始，使得佛教真正对藏族社会发展、文化教育、文学艺术、哲学逻辑、伦理道德以及其文化形态产生深远的影响。藏族医学理论的开拓者、古代医学大师宇妥·云丹贡布正是在这一时期有所作为，赤松德赞为发展吐蕃医学做出了突出贡献。赤松德赞时期，也是吐蕃拓展疆域的最鼎盛时期。

牟尼赞普继位之后，继续推行其父赤松德赞的佛教政策，供养僧人、翻译经典、兴修寺庙，他为了缓和阶级矛盾，进行“平均财富”的变革，这在世界文明史上都是一次创举。也正因为藏王均产主义的理想，牟尼赞普被母后及权臣毒死，其王弟赤德松赞继承王位。他进一步推行佛教，修建讲经院、修行院，进一步发展完善佛经翻译事业并厘定翻译新规。同时，唐蕃贸易得到空前发展。

赤德松赞三子赤祖德赞继位，使吐蕃君王对佛教的尊崇达到了顶峰。僧人的地位达到全社会最高层。他重新规范藏文文法及翻译，重核度量衡，创办寺院教育，藏族文艺及医学文化事业得以进一步发展。由于赤祖德赞的丰功伟绩，他也被列为藏族历史上的“三大法王”之一。赤祖德赞秉承其父赤德松赞极力改变唐蕃之间紧张局势的友好政策，主张与唐和盟，拉萨大昭寺前著名的“唐蕃和盟碑”就是在这一时期建立的。但是赤祖德赞执政时期，吐蕃各种社会阶级矛盾日益激化，赞普与反佛权臣之间的斗争已白热化，最终导致了赞普被害的宫廷政变。

赤祖德赞的王兄达玛吾东赞在反佛势力的支持下登上王位，推行了一系列的反佛政策，如强令僧人还俗、焚烧佛学经典等。但反佛政策给他自己引来了杀身之祸，吐蕃王朝随即分崩离析，各种势力争夺王位，内战达半世纪之久。至此，吐蕃王朝经历一千多年的传奇时光，最终由于内乱、反叛、暴动、起义而走向灭亡。

汉藏友好的见证——唐蕃会盟碑

公元821年（唐穆宗长庆元年、吐蕃彝泰七年），唐朝和吐蕃双方派使节，先在唐京师长安（今陕西西安）盟誓，次年又在吐蕃逻些（今西藏拉萨）重盟。公元823年，将盟文刻石立碑，碑文为汉藏两种文字，竖于拉萨大昭寺门前，即历史上有名的“甥舅和盟碑”，又称“唐蕃会盟碑”或“长庆会盟碑”。

自从这次盟誓以后，唐朝与吐蕃之间的纠纷基本结束。它说明和盟适应了唐蕃社会的发展需要，符合了当时汉藏两大民族人民的愿望，体现了汉藏两大民族友好关系的进一步加强，顺应了历史的潮流。

盟约的文字朴实无华，通俗流畅，气势浑厚雄壮，结构细密严谨，即使千余年后的今天读之，仍然朗朗上口。行文中反复强调“和叶社稷如一统”，表达了迫切的心情，真诚的意愿，具有重大的政治意义、极高的思想性，是藏族文化高度发达的有力证明。

千余年来，刻载盟文的石碑一直在拉萨大昭寺前巍然矗立，受到人民的景仰，是汉族与藏族人民团结、友好的历史见证。

撰稿专家

才贝，藏族，藏学博士，青海民族大学民族学与社会学学院副教授，硕士生导师。主要从事藏族文化、朝圣人类学、民族志影像研究。发表学术论文多篇，出版专著《阿尼玛卿山神研究》，参著《中国藏族》等。

《阿尼玛卿山神研究》

扫描二维码，
阅读专家代表著作的电子版

神秘的古格王国

古格王朝勾勒了藏族古代文明史浓墨重彩的一笔

在西藏阿里地区的象泉河畔，在梦幻般的群山之中，有座雕塑般的古城遗址镶嵌在巨大的雅丹山体之上。公元10世纪，一个名叫古格的王国在此兴起，创造了辉煌的历史，而集古格文明精华于一身的王城，便修建在这座土山之上。

然而，这个曾经一度兴盛和繁荣的王国，在距今300多年前仿佛一夜之间突然神秘消失，留下了许多难解之谜。

象泉河畔崛起

823年，吐蕃末代赞普达玛吾东赞被刺杀，他的两位王子及王孙混战了半个世纪。最后，王孙吉德尼玛衮战败后逃往阿里，阿里原有的地方势力布让土王扎西赞将女儿嫁给他并立他为王。吉德尼玛衮在晚年将领域分封给三个儿子，长子贝吉衮占据芒域，后来发展成为拉达克王国；次子扎西衮占据布让，后来被并入古格；幼子德祖衮占据象雄，即古格王国。这位最年幼的王子，以扎让（今西藏阿里札达县境内）为都城，成为古格王国的开国元首。

“古格”为象雄语，意思是照亮黑暗的太阳，也引申为解除愚昧的文字。这称谓多次出现在吐蕃王统史料与敦煌文献之中。古格王朝从930年左右建立至1635年终结，历经705年，大约共传28代王，创造了绚烂的文明。

大兴佛教

古格立国之初，鉴于达玛吾东赞灭佛而导致吐蕃亡国的惨痛教训，大兴佛教。德祖衮的儿子益希沃选派21名青年到克什米尔去学习佛教密宗的教法。由于不适应克什米尔炎热的气候，加上瘟疫流行，21人死了19人，仅剩仁钦桑波（958—1055）和俄·雷必喜饶两人得以生还。他俩后来翻译了许多佛教经典，其中最为著名的就是仁钦桑波所译《般若》《瑜伽》等二十多部显密经典。

托林寺（图/张鹰）
坐落于西藏阿里地区札达县城西北的象泉河畔，始建于公元996年，仿照前藏的桑耶寺设计建造，是古格王国在阿里地区建造的第一座佛寺，逐渐成为当时的佛教中心。几百年以来，托林寺虽然历经各种自然和人为的破坏，但至今仍是殿宇林立，佛塔高耸。托林寺之“托林”，意为飞翔空中永不坠落

古格王国都城遗址（图/视觉中国）

古格王国遗址占地约18万平方米，从山麓到山顶高300余米，房屋建筑、佛塔和洞窟密布全山，达600余座，形成一个庞大的古建筑群

为了进一步弘扬佛法，益希沃和他的继承者们历经千辛万苦到印度去迎请高僧到古格来讲法传教，为此益希沃付出了自己的生命。按照益希沃的遗愿，古格迎请当时著名的印度超岩寺的住持、孟加拉高僧阿底峡来藏，在古格托林寺传授佛法，写成《菩提道灯论》。这成为藏族历史上“上路弘法”的重要标志。阿底峡来藏后，担任起藏区佛教教理和修持的规范化以及系统化的重任，对古代印度与藏族佛教文化的交流有着重大贡献，为后来藏传佛教噶当派的产生奠定了基础。

从此以后，古格王国完成了具有历史意义的开国事业，并不断发展，寺庙如林，遍布阿里，贵族僧侣集团日益庞大。益希沃在位期间，主持修建了古格王国第一批重要的佛教寺院，其中规模最大也最为著名的便是托林寺。今天托林寺周围残存的大量佛塔、洞窟、寺庙遗迹，正是那个盛世的历史写照。

步入鼎盛时期

到13、14和15世纪，古格王国到了经济、佛教和文化艺术发展的繁荣昌盛时期，16世纪进入鼎盛时期，人民安居乐业，工都商贾云集。据到古格传教的葡萄牙耶稣会安东尼奥·德·安德拉德神父说：“我们在扎让逗留期间看到来自中国内地的200名商人，他们带来了各种各样的商品，包括生丝、陶瓷、茶叶等。”弗朗西斯科·阿则维多神父也说过：“克什米尔、拉合尔和印度的商人们把他们的服装、珊瑚、琥珀贩卖到这里，而这里的羊毛是世界上最纤细、最珍贵的，许多外国人都冒着生命危险来到这个王国购买羊毛。”

当时王都扎让及近郊有2万余人的庞大人口，谷地平原盛产小麦、青稞和白菜、萝卜等蔬菜，山区牛羊成群。据对现存的古格都城遗址统计，有400多座庙堂、房屋和近千孔窑洞，各类佛塔28座，另外还有58座碉

藏传佛教史上的首次集结法筵

文/四川省民族研究所助理研究员　才旦本（藏族）

1076年，古格王孜德为纪念来藏传法的东印度萨贺国（今孟加拉国）著名佛学大师阿底峡尊者圆寂22周年，恢复和弘扬佛法真谛，邀请卫藏康三区大部三藏法师，自做施主，供养会众，在古格托林寺举行了法会。因在藏历火龙年举行，史称“火龙年大法会”，汉文史书称“丙辰法会”。这是藏传佛教史上的首次盛会，也是藏传佛教后弘期举行的第一次隆重盛大的集结法筵。

当时前来参加法会的有来自印度、尼泊尔及乌斯藏、纳里速、朵甘思等地各大寺院的高僧们。会上，商议了关于复兴吐蕃佛教的问题。孜德王向众僧发放布施，并奖赏有功人员，鼓励他们为佛法再做贡献。此次法会对译经传教、吸引民众也起到了极大的鼓舞作用。托林丙辰法会以后，一批年轻僧人奔赴印度、尼泊尔、卡其等当时佛教发达的国家和地区留学，求取正法。这一时期留学回藏，并对译经传法颇有影响的著名高僧和译师约有一百六七十人，从克什米尔或印度请来协助翻译佛教经典的外籍班智达近八十人，由于他们留学期间所接受的传承不同，因此就出现了不同的传授流派，为以后藏传佛教教派的形成提供了良好的土壤。

丙辰法会之后大量的佛经翻译成藏文，佛经中的因明、声明、医方明、工巧明、内明等五明学流传到藏区，藏族教育事业得到普及，对藏族文化和科学技术产生了很大的影响。广大的藏族学者和知识分子在借鉴吸收印度及周边国家文化同时，创造和发展了本地文化，促进了藏族文化的繁荣和发展。

楼，4条暗道和大小11座粮仓。王室建筑主要集中在山顶，从山下通往王宫必须经过一座穿山隧洞式的大门。王宫有房屋40余间，其中有两三座二层或三层楼房，西部有一个面积约200平方米的议事大厅。宫门以下半山坡房屋密集，为军政官邸和守卫的军营，在一些窑洞中，还藏有盔甲、马甲、盾牌和箭杆等兵器。

政教矛盾导致覆国

古格王国畜牧业发达，周边小国小邦也常起兵来犯掠夺牛羊和财物，经常爆发战争。古格王国和西面的拉达克之间也积怨重重，拉达克的军队屡战屡败，拉达克国王森格郎吉总想找机会报仇。

古格工匠高超的金属制造业技艺

扎让的北面，有一个名叫“鲁巴”的地方，今天仍然是札达县的一个乡。藏语中“鲁巴”意为“冶炼人”，相传古格王国时期这个地方素以精于冶炼与金银器制造而闻名，当年阿里三围以托林寺为主寺的下属24座寺院的金属佛像与法器，都由鲁巴铸造。据说鲁巴铸造的佛像用金、银、铜等不同的原料合炼而成，工艺精湛，通体全无接缝如自然形成，其价值甚至超过了纯金佛像。

其中，最为神奇的还有一种名叫“古格银眼”的铜像，只有古格才能制作，更是被视为佛像中的精品，因为极少流传于世，所以尤为珍奇。直到1997年夏季，考古学家在皮央遗址杜康大殿的发掘中，出土了一件精美的铜像，才终于揭开了“古格银眼”之谜。这尊佛像头戴宝冠，四臂各执法器，结跏趺坐于兽座莲台，头生三眼，额上正中眼为纵目。三只眼的眼球都采用镀银的技法做成，在金黄色的铜像背衬之下银光闪闪，晶莹锃亮，这就是所谓“古格银眼”。由此可见，古格王国时期金属制造业已经达到相当高的水平。

在托林寺、扎让、皮央、东嘎都发现过一种用金银汁书写的经书，而且出土的数量极大。这种经书以藏文书写在一种略呈青蓝色的黑色纸面上，一排用金汁、一排用银汁书写，在阳光下金银闪烁，无比富丽堂皇。

古格王国对内发展生产，对外与邻国打仗，都需要人力、财力，但随着藏传佛教势力的扩大，国王与佛教首领之间的矛盾日益尖锐，古格国王墀扎西查巴德对喇嘛寺庙的扩大心怀不满。1624年安德拉德神父到达扎让不久，国王确定了支持和利用天主教、反对和打击藏传佛教的政策，不准任何人干扰传教工作，要人民学习天主教的教义，出资建立教堂和教士住宅，馈赠巨额金币以及常请教士讲经传道，让王后、王子及王室一些人进行了洗礼等，还极力贬低和讥讽藏传佛教。1625年8月到1629年冬或1630年春，安德拉德神父第二次来到古格，在古格建立了藏地有史以来的第一座天主教堂。

古格国王、王后及王室一部分人狂热支持天主教，以及传教士们用诋毁和反对藏传佛教来宣传基督教的行为，必然会引起佛教徒的强烈反对。古格毕竟是藏传佛教后弘期“上路弘法”的发祥地，藏传佛教有着悠久的历史，僧人们利用人民厌恶与邻国长期战争的情绪，广泛发动群众，同时还串联了许多地方官员和军官，伺机起来进行反对古格国王、反对传教士的斗争。

1635年，受古格僧人的邀请，拉达克王森格郎吉亲自率兵迅速赶到扎让，包围古格王居住的王宫小山。围攻一个多月后，古格王身患重病，感到国内四面楚歌，大势已去，主动提出议和，表示只要拉达克撤走军队，他就可以交纳贡品。拉达克王要古格王走出城堡，像属臣那样亲自呈交贡品。但当古格王走出城堡后，拉达克王就将他和他的全家抓获，押送到拉达克的首府列城，投入监狱。拉达克占领了古格王国全境，古格王国从此灭亡。

失落的文明碎片

让考古学家们震惊的是，从历史记载看，战争造成的屠杀和掠夺并不足以毁灭古格文明，但在事实上，硝烟散尽的古格王国逐渐沦为一座庞大的废墟。战争固然是一个重要的因素，但综观札达县的地理环境，沙漠化程度十分严重，当年能养活十万之众的这块绿洲，今天已所剩无几了，只剩下了土林和戈壁。这种环境的变化，或许正是古格文明消失的真正原因。

古格王国的统治中心在札达狮泉河（藏语为森格藏布）流域，北抵日土，最北界可达今克什米尔境内的斯诺乌山，南界印度，西邻拉达克，最东面其势力范围一度达到冈底斯山麓。都城扎让位于现札达县城西18千米的象泉河（藏语为朗钦藏布）南岸。扎让北面的香孜、香巴、东嘎、皮央遗址，西面的多香，南面的达巴、玛那、曲龙遗址等，都具有相当的规模。

古格王国的遗址密布着房屋和窑洞，中间隔着红墙白垣。数百间房屋依山叠砌，层层相接，直至山顶，构成一座雄伟的古建筑群，土山两面是悬崖，有的地方筑有内外三道围墙，墙上有垛口等防御设施。建筑群内还修有四通八达的暗道。这种建筑艺术，不仅展示了藏族建筑艺术的高超技能和应用地形依山而筑的独特建筑风格，而且足以证明当时的繁荣景象和灿烂文化。

古格的壁画艺术别具一格，植根于雪域之巅，以其独特的造型、浓烈的色彩、精细的线描、写实的风格、浪漫的构思、纯朴的地方特色和精深的传统底蕴，成为藏族本教美术与藏传佛教美术圣殿中独树一帜的奇葩，亦是藏族人民在漫长的历史进程中竖立起的一座凝聚着人民智慧与文明足迹的丰碑。

古格壁画艺术在长期的东西方文化的广泛交融中，显露出外来艺术诸多影响的痕迹，除了与克什米尔、孟加拉、尼泊尔外，同西域各地也有着密切的联系，形成了自己独有的艺术风格。

古格立国700余年，在开拓藏地西部、发展农牧业生产和科学文化、复兴藏传佛教、保卫边疆等方面，做出了巨大的贡献。古格王朝勾勒了藏族古代文明史浓墨重彩的一笔，为藏族的历史进程立下了不朽的功绩。

古格壁画内容丰富，色彩鲜艳，是研究西藏历史和艺术的重要资料（图/张鹰）

撰稿专家

才贝，青海民族大学副教授。

河湟地区的藏族政权唃厮啰

唃厮啰政权维系着高原与中原的交流

吐蕃王国从公元9世纪中叶内乱直到13世纪蒙元与藏区建立联系并纳入帝国版图，在这漫长的三四百年中，一直处于分裂，纷争不断，动乱不已，进入黑暗的分裂时期。

唐朝收复河陇地区

由于吐蕃王朝的瓦解及内乱，吐蕃在河陇地区（今甘肃大部，青海东部，新疆东部）的统治也渐渐动摇，重新收复河陇地区被纳入了唐朝的日程当中。

唐朝派兵夺取了清水，原属吐蕃的秦、原、安乐三州及石门、木峡等七关归降唐朝。唐朝乘此良机，挥军西向，接连攻取长乐州、萧关、宁州等地。三州、七关的归降，增强了唐宣宗收复河湟的决心，而唐朝军事上的胜利也大大鼓舞了河陇地区汉人归唐的希望。

沙州汉人领袖张义潮暗中联络当地豪杰，谋划反蕃归唐之大计。大中五年（851），张义潮遣使降唐，唐朝任命张义潮为沙州防御使。这年十月，张义潮发兵占领了瓜、伊、西、甘、肃、兰、鄯、河、岷、廓十州之地，派他哥哥张义泽带十一州图籍入唐觐见唐宣宗，于是河、湟之地尽归于唐朝。这年十一月，唐朝置归义军于沙州，以张义潮为节度使、十一州观察使。

河陇吐蕃军队残部最后集中到了凉州。大中十二年（858）八月，张义潮兴兵东征，经过三年围攻，咸通二年（861）终于攻克了吐蕃在河陇地区的最后一个据点——凉州。至是，陷没于吐蕃百余年的河陇故地全部被唐朝收复。咸通四年（863），唐朝重新设置凉州节度使，吐蕃王朝在河陇地区的统治最终结束。

“青唐主”唃厮啰

唐朝以后，中原形成了五代十国的割据局面。青海汉蕃杂处，不复统一，这种局面达150多年。

唃厮啰，吐蕃王系后裔，生于宋太宗至道三年（997）。但是，生不逢时，当他呱呱坠地之时，那个曾经一度称雄于亚洲内陆的强大的吐蕃王国早已分崩离析，

巍巍青唐城

青唐城就在今天的青海西宁市区，唐代这里叫鄯城。安史之乱后，吐蕃从唐军手中夺取了鄯城，改称为青唐城。青唐城群山环抱，地势险要。当时西夏国兴起，控制了河西走廊一带，来往于宋朝与西夏之间的各国商队、使臣常常遭到掠夺，于是绕道改走青唐城，再由青海湖南部经柴达木盆地西去。青唐城就成了丝绸之路南路和唐蕃古道上的重镇。

史载青唐城“广二十里”，其规模是相当大的，以“隔城”分为东西二城，且东西二城似有严格区划，城市建筑格局很有民族地方特点。

西城是青唐城的重心所在，唃厮啰“国主”和王族及亲属在此居住，城上建有两重谯楼(城门上的瞭望楼)，后设中门、仪门，防卫极严。“城中之屋，佛舍居半”，而且在仪门北二百余步的唃厮啰“国主”听政的大殿旁，设有数十尺高的金佛像，显示出浓厚的民族文化特色。

东城居住着在战争中降服或流散于此地的各族人等以及从西域各国来此地做买卖的商贩数百户，是青唐城民众居住区和商贸区。

宋代釉陶罐，青海湟中县下马村遗址出土。高68厘米，腹径43.5厘米。此罐为宋代唃厮啰时期作品，具有浓郁的青海地方文化特色

宗室内乱、军阀割据，处处战火，处处屠杀。为了避难，许多吐蕃王室的后代不得不远走他乡。唃厮啰的先辈很可能就是在那个时代流落到今天的吐鲁番地区的，所以，《宋史·吐蕃传》称唃厮啰生于“高昌磨榆国”。

唃厮啰12岁的时候，被从西域接回，名义上虽然是吐蕃至高无上的赞普，但实际上却是河湟地区宗教领袖和地方豪强手中的傀儡，被当作名贵猎物一样追逐。唃厮啰这个名字，对于吐蕃各部落来说，无疑是最有权威的；唃厮啰年仅12岁，对于豪强们来说，无疑又是最好控制的，可以使他们达到“挟天子以令诸侯”的目的，借以发展壮大自己的势力。

随着年龄的增长，唃厮啰逐渐成熟，再也忍受不住那种任人摆布、受人控制的局面，他与各豪强之间的矛盾先后爆发。宋仁宗明道元年（1032），唃厮啰集结拥护自己的部族，平息了叛乱，将国都迁到青唐城（今青海西宁）。从此，这个河湟地区的吐蕃政权才真正掌握在唃厮啰的手中。

唃厮啰利用当时青唐一带的天时、地利、人和等条件，大力发展农牧业生产和商业贸易，加强政权和军事建设，国力不断增强，人民生活得到改善，因而受到各族人民的拥戴，青唐城更成为唃厮啰政权的政治、经济、文化中心。在汉文史籍中，“唃厮啰”既是人名又是政权名。汉文史籍将唃厮啰其人称为“国主”，因他建都于青唐城，又称之为“青唐主”。

北宋为了拉拢唃厮啰政权，牵制西夏，给唃厮啰以各种职衔的封授。随着加官晋爵，唃厮啰的声望越来越高，影响远播，宋、辽、西夏都很重视与唃厮啰的关系。

但就在这时，唃厮啰家族内部矛盾演化成了一场政治上的大分裂，唃厮啰政权实际上分裂为三，各自为政，力量被极大地分散。唃厮啰内部分裂给了西夏以可乘之机。西夏皇帝暗地里离间吐蕃各部与唃厮啰的关系，同时派兵进攻兰州地区的吐蕃部落，唃厮啰王城青唐城完全陷入其敌国和内部政敌的包围之中。面对这种形势，唃厮啰不得不暂时放弃青唐以自保。治平二年（1065），唃厮啰病逝。

崇宁三年（1104），宋军兵临青唐城下，设置西宁州，“西宁”之名即始于此，青唐政权终结。

保护中原与西域的文化、经济交流

从1032年唃厮啰迁都青唐时算起，一直到1065年逝世止，他真正执政达33年之久。在他统治的30多年

北宋丝绸之路的特别驿站：唃家位

唃家位，是北宋真宗大中祥符八年至英宗治平二年（1015—1065）的半个世纪中，在今陕西、甘肃境内的秦凤路、泾原路、环庆路和鄜延路所属州县，专为接待河湟吐蕃唃厮啰地方政权朝贡使和商客而设置的驿站。因第一任国主名叫唃厮啰，亦建唃厮啰国，宋人遂取其国名或人名称这些特置驿站为唃家位。

事实上，唃家位同时还接待西域诸国使者和商客，形成较为密集的互市网络点。唃家位的出现，是汉蕃以“茶马互市”为主体的边境贸易迅速发展和汉蕃亲谊进一步加深的必然产物，也是宋代丝绸之路上的中西经济文化交流在特殊历史条件下继续向前推进的反映。

青海发现的唃厮啰时期的岩窟壁画

中，河湟地区部落繁衍、牲畜滋息，一派安居乐业的景象，农业、畜牧业都有了很大的发展。青唐、邈川（今青海乐都）这样的城市，它的粮食储存量均可供一万士兵十年之食。牛、羊、马的产量也很高，从宋对吐蕃的马贸易量就可知道，最多的时候，吐蕃地区一年要向宋朝输送将近4万匹马。由于经济的发达，这一地区的人民也富裕起来，家资二三十万贯的蕃户不为罕见。

青唐城更是一座令人向往的宝城，城内殿宇巍峨，梵宫林立；金冶佛像，金碧辉煌。据张舜民《画墁录》记载，青唐宝货不赀，人们将珍珠、翡翠、金玉、犀角都用柜子装起来埋在土中。这一切都说明，在唃厮啰的统治下，河湟地区的吐蕃人民过着安定的生活；唃厮啰在历史上对河湟地区的发展做出了卓越的贡献。

在唃厮啰治理河湟的几十年中，他还做了一桩为世人称道的大好事，就是恢复和保护了中西商路，促进了国际间经济文化的交流。

河湟地区，正是中西交通之“古吐谷浑路”的必经之地，有名的宋云西行就是途经此地而去天竺的。公元4—5世纪时，这条商路曾经十分繁荣，后来由于战争的影响而渐趋衰落。西夏占据河西走廊后，对于这条具有国际意义的中西商道大加破坏。他们在途中剽劫贡商，扣留旅人，对商人征收苛税，妄图扼断西域各国同宋王朝的联系。在这种情况下，唃厮啰担负起恢复和保护中西商路的重任，将从西域经河湟入中原的“古吐谷浑路”重新开辟，并在青唐、邈川、临谷等城设立国际贸易市场，还派兵护送各国商队直至宋边境。这样，被西夏扼断的中西陆路交通在唃厮啰统治的河湟地区又畅通无阻了。

西域各国的贡使、商人不远万里，绕道河湟，直趋宋朝都城——汴京。西方的财货源源进入中国，中国文化也不断输入西方。在这中西经济文化不断交流的过程中，青唐成了当时的国际城市，城内胡商簇拥，宝货山积。据《青唐录》载，城东定居的各国商人就有数百家之多。

唃厮啰死后，他的三个儿子拥兵自立，从此，河湟地区又陷入了自相残杀的内乱之中。吐蕃从公元840年内乱之后漫长的300多年中，一直处于黑暗的分裂时期。但是，唃厮啰对河湟地区30多年的统治却是这个黑暗时期中的一个闪光的阶段。

撰稿专家

先巴，藏族，青海民族大学民族学和社会学学院教授。主要研究方向为民族史、宗教学和中国文化史。出版学术论著《青海民族宗教工作》《民族理论概论》《青海藏族简史》等10余部，发表学术论文40余篇，承担和参与完成各类科研课题项目10余项。

《青海藏族简史》

扫描二维码，
阅读专家代表著作的电子版

西藏纳入中央王朝统治

开启了藏区与中原政治、经济、文化全面深入交往的新纪元

蒙古汗国的崛起，开始打破藏区社会原有的状态。此后，蒙古与藏区之间发生的一系列密切联系，开启了藏区与中原地区政治、经济、文化全面、深入交往的新纪元。

蒙古统治者的目光转向青藏高原

13世纪初期，成吉思汗兼并群雄，统一了蒙古各部落，建立了新兴的蒙古汗国。在此之后的短短二十多年间，蒙古铁骑横扫欧亚大陆，汗国的疆域迅速向西拓展，先后征服了西夏、西域、中亚等辽阔的地域。

在征战过程中，蒙古人开始初步了解藏区的部分情形，并与一些藏传佛教高僧有所接触。蒙古强大军事实力和辉煌战绩的消息，很快传到了西藏，引起了轩然大波，西藏的统治阶层感受到强烈的震撼和巨大压力。

此时，经过吐蕃王朝崩溃后近400年的分裂割据的局面，西藏的社会内部也在悄然发生着重大的变化。随着藏传佛教社会基础的扩大和藏区封建制经济形态的发展，一些高僧凭借着较高的宗教声望，开始跻身社会上层，掌握了部分世俗权力。与此同时，出于共同的需要，宗教势力与新兴的世俗领主势力逐步走上了相互结合、互为依托的政教合一的道路，形成了若干个各自为政的地方势力。教派的出现和政教权力斗争的白热化程度，无形中加深了藏区的分裂趋势，导致长期的战乱和社会动荡。

1227年和1234年，蒙古先后征服西夏和金朝，基本控制了中国北方地区。蒙古大一统新局面的到来已经是大势所趋了。这时，蒙古统治者将注意力转向战略价值独特的青藏高原。青藏高原是连接东亚、南亚和中亚的重要交通枢纽，处在多条国际性通道的十字路口。高峻的地势地形使青藏高原在军事上具有居高临下、进可攻退可守的战略优势和地位。经过多年的征战，蒙古已经对青藏高原形成包围之势。

蒙古王子阔端邀请萨迦班智达

蒙古统治者对青藏高原在统一进程中的重要意义有了更为清楚的认识，特别是要实现从西南方向对南宋政权形成包抄的战略计划，蒙古需要掌握对以西藏为中心的青藏高原的统治权。这一重任落在了蒙古王子阔端的身上。

阔端是窝阔台汗（元太宗）的第三子、成吉思汗之孙。1229年，窝阔台继任蒙古大汗后，将原来西夏的部分地区赐给阔端作为封地，甘肃和青海部分藏区也包括在内。阔端率部驻守河西走廊，坐镇凉州（今甘肃武威）。可以说，阔端是当时蒙古负责一方的军事统帅，主要负责经略藏族地区。

1239年，阔端派遣一支蒙古军队，对西藏进行了一次试探性进攻。尽管这次军事行动非常短暂，蒙古统治者却进一步了解了西藏社会和政教势力的实际状况。于是，阔端决定选择一位藏传佛教的高僧前往凉州会晤，商谈西藏归顺事宜。

阔端得知，在当时的西藏，僧伽组织最为庞大的是噶当派，达垅噶举派的法王最有德行，止贡噶举派的京

萨迦班智达画像

萨迦班智达是12—13世纪卫藏地区颇具影响力的宗教领袖之一

俄大师最有法力，最精通佛法的是萨迦派的萨班。考虑再三，阔端最终选择了萨班。

萨班（1182—1251），法名贡噶坚赞，是藏族史和中国民族关系史上一位举足轻重的历史人物，也是藏族文化史上的著名学者。萨班出身于西藏日喀则萨迦地方的昆氏家族。萨班幼年跟随伯父学习梵文和各种佛教知识，青年时代云游卫藏各地，多次参加讲经和辩论的法会，因为精通五明、学问高深，被人们尊称为“班智达”（班智达是印度对精通五明的佛教学者的称呼，意为大学者），也被后人誉为萨迦派的第四代祖师。萨班，就是萨迦班智达的简称。1216年，萨班继任萨迦派的教主，掌握萨迦派政教事务，是当时卫藏地区颇具影响力的宗教领袖之一。

1244年，阔端给萨班发出一封正式的邀请诏书，以

位于今甘肃武威的凉州会盟纪念碑

恩威并施的口吻要求这位高僧来凉州会晤，并允诺将授予萨班管理西藏僧众的权力，随信还捎带各种赏赐的物品。这时，阔端的军事行动，已经使西藏各政教领袖很清楚地认识到，强大的蒙古军队是无法抵抗的。在磋商之后，各方政教势力将希望寄托在萨班身上。就在这一年，63岁的萨班出于使西藏生灵免遭涂炭和弘扬佛法的目的，不顾个人安危和年迈体衰，毅然带着两位年幼的侄子——10岁的八思巴和6岁的恰那多吉踏上前往凉州的漫漫长路。

凉州会晤

经过两年多艰辛的长途跋涉，萨班一行途经拉萨、藏北，在1246年抵达了凉州。1247年初，萨班与阔端在凉州举行了具有历史意义的会晤。

阔端十分敬重萨班，对于萨班在凉州讲经说法的佛事活动非常赞成和支持，还特地为萨班建造了府邸和白塔寺（位于今武威城东南20千米的武南镇白塔村刘家台庄，藏语称作夏珠巴第寺，意为东部幻化寺）等寺院。据说，萨班以宗教仪轨治愈了阔端的多年痼疾，使阔端对萨班更加敬信。萨班驻锡在白塔寺，传法5年，

70岁时圆寂于寺中，相传寺内曾供奉有萨班灵骨塔。

在凉州会晤中，萨班作为西藏各教派的政治代表，阔端作为蒙古汗廷的代表，重点协商了西藏归附蒙古的事宜。会晤的结果令阔端与萨班都感到满意。会晤结束后，萨班依据达成的协议，给西藏各僧俗首领写了一封公开信，也就是著名的《萨迦班智达致蕃人书》。有幸的是，这封重要信件的内容至今被完整地保存于藏文史籍《萨迦世系史》一书中。

在公开信中，萨班首先向西藏各僧俗首领叙述了蒙古统治者对佛教的尊崇，把敬奉佛教的阔端称为“菩萨汗王”，接着详细阐明了归顺蒙古的利害关系和必要性，称蒙古的军队“多至不可胜数”，金国、西夏等因为不听从蒙古的命令，终遭覆亡，因而除了归降蒙古外，别无他途。他进而声明蒙古承认归附的各地方首领的原有地位，但是需要通过蒙古的委任，并向蒙古呈报户籍、接待蒙古使臣（即金字使者）、交纳贡赋、遵行蒙古法度。更为重要的是，萨班在信中特别指出蒙古已经授予萨迦派代为管理西藏的权力。这封公开信传入西藏后，很快得到各僧俗首领的积极响应和普遍欢迎。据《萨迦世系史》记载，“卫、藏之僧人，弟子和施主等众生阅读了此信件后，无不欢欣鼓舞”。这意味着西藏的僧俗首领已经接受和顺应了蒙古大一统的时代趋势。因此，这封公开信可以看作是西藏正式归顺蒙古的标志。

凉州之会在藏族历史和中国民族关系史上是具有重要历史意义的事件。通过这次会晤，西藏地方与蒙古统治集团之间建立起直接的政治关系，迈出了西藏统一于中央政权的第一步。元朝正式将西藏纳入中央王朝的统治之下，实施有效的管辖和治理。通过会谈的和平方式，西藏地方避免了大规模的战争破坏，封建制经济获得持续发展的、稳定的社会秩序。阔端授权萨班管理西藏的做法，也奠定了此后元朝中央政权在西藏地方建立行政体制的基础。

元代八思巴玉雕像

八思巴成为忽必烈的宗教导师

1251年，蒙哥（成吉思汗幼子拖雷之子）继任蒙古大汗位后不久，萨班和阔端相继在凉州辞世。年轻的八思巴（1235—1280）成为萨迦派的新一任宗教领袖。

八思巴，法名罗追坚赞，是萨迦派的第五代祖师，自幼天资聪颖，在民间流传着许多有关他诞生和幼年时的神奇故事。现今西藏日喀则的萨迦寺中珍藏着不少绘制于明代的唐卡《八思巴画传》，其中一幅唐卡描绘了八思巴知晓前世情形的故事。据说，八思巴声称自己是某位高僧的转世。为了验证是否属实，高僧的两位弟子前来查看。当时，八思巴正在同其他小孩玩耍，见到两人后，毫无犹豫地说出他们的名字，使这两人崇拜得五体投地。过了不久，当萨迦班智达领着八思巴到今天西藏日喀则吉隆县的一座寺院时，僧人们前来会见。八思

巴突然对一位年老的僧人说:"你是我的侍从!"那位老僧得知八思巴的前一世是自己的上师,情不自禁地捧着八思巴的脚,热泪盈眶。从当时藏区的宗教背景来看,这个故事应是早期活佛转世制度的一个侧面反映。

据记载,八思巴的天赋和领悟能力极高,3岁时候就能够背诵莲花修法,9岁时开始在法会上为僧众说法,由此声名远扬。到凉州后,八思巴继续跟从伯父萨迦班智达学习教法。17岁时,八思巴已经基本掌握了担任萨迦派教主所必须具备的各类知识。

萨班圆寂后,随着蒙古王室权力转向拖雷系,窝阔台系失势,蒙古汗国的政治形势发生重大变化。为了削弱属于窝阔台系的阔端王子经营藏区的权力,蒙哥汗依照蒙古传统的惯例,在西藏推行了分封制度,各教派遂趁机纷纷依附于某一位蒙古王室成员,借此扩大和提升各自的影响力和政治地位。萨迦派的地位由此变得很不稳固,随时有可能会被其他教派取代。面对错综复杂的政治局面,年轻的八思巴充分发挥了政治智慧和应变能力,密切保持同蒙古王室关系的同时,也广泛联络其他教派的高僧,寻求支持,一再强调萨迦派掌领西藏政教的地位。其中,八思巴与忽必烈关系的确立和发展,为萨迦派最终取得统领西藏的地位奠定了坚实的基础。

蒙哥汗即位后,让他的弟弟忽必烈领治蒙古、汉地的民户,西夏故地和藏区尽归忽必烈统辖。1253年,忽必烈奉命南征大理(今云南),在今天宁夏境内的六盘山召见了年仅19岁的八思巴,询问有关藏区历史、宗教方面的问题。八思巴渊博的学识和神秘的藏传佛教密宗法术令忽必烈折服。在王妃察必的协助下,八思巴在军中为忽必烈传授了喜金刚灌顶,正式成为忽必烈的宗教导师。忽必烈与八思巴之间施主与上师关系的结成,是此后元朝设立帝师制度的滥觞。

"皇天之下、大地之上"的大元帝师

1254年,忽必烈从大理班师途中,八思巴再次远道而来相见。忽必烈大喜,以宗王的身份颁给八思巴一份诏书,向西藏僧众宣告忽必烈将担负萨迦派施主和保护者的角色。这份诏书对于当时处在困境中的萨迦派而言,无疑具有重要的意义。至今此诏书仍保存在萨迦寺中。从此以后,八思巴始终以宗教上师的身份追随忽必烈左右,辅助与支持忽必烈。

1259年,蒙哥汗战死军中,引发了蒙古王室内部新一轮的权力斗争。第二年,忽必烈在同幼弟阿里不哥争夺汗位的征战中获胜。稳固汗位后,忽必烈任命八思巴为国师,赐给玉印,让他管理全国的佛教事务。不仅如此,忽必烈还想改变蒙哥时代在西藏推行的分封制度,考虑在西藏建立新的行政体制。他把这项任务交给了八思巴和他的弟弟白兰王恰那多吉。1264年,在八思巴返回西藏之前,忽必烈又赐给八思巴一

《八思巴拜见忽必烈图》,扎什伦布寺清代壁画

份诏书，藏文史籍通常称作珍珠诏书。在这份诏书里，忽必烈正式委派八思巴管理西藏政教事务，并建立相应的行政管理机构。从这以后，元朝的历代皇帝颁赐珍珠诏书给帝师成了一种惯例，珍珠诏书变成了帝师和萨迦派在西藏权力和地位的象征。

1269年，在忽必烈的一再督促下，八思巴返回了阔别多年的元朝都城大都（今北京），向忽必烈进献了奉命创制的蒙古新字，也就是后来通常所说的八思巴文。为表彰八思巴多年来的功勋，忽必烈在再次接受八思巴灌顶之后，册封八思巴为“皇天之下、大地之上、西天佛子、化身佛陀、创制文字、辅治国政、五明班智达八思巴帝师”，授予六棱玉印和封诰。元朝皇帝以藏传佛教高僧为帝师的做法从此开始，封授“帝师”成为历代的定制，藏传佛教取代汉地佛教和其他宗教，成为元朝的国教。

顾名思义，帝师就是天下独尊的皇帝的导师。终元一代，先后共有14任帝师，其中7任是出自萨迦派昆氏家族，4任出身于八思巴的弟子门徒。作为元朝设立的一种特殊制度，帝师的职责是相当特殊的。首先，帝师要给皇帝传授佛法，举行灌顶等宗教仪式。从忽必烈到元顺帝的12代元朝皇帝中，每位皇帝都有帝师，皇帝登基的前后都要举行灌顶仪式，接受佛法。其次，帝师需要带领僧众，为国家和皇室举行各类祈福驱邪的法事活动。元朝皇室对藏传佛教的尊崇达到登峰造极的地步，

“统领释教大元国师之印”龙钮玉印。此印时代当在1270年之后，为元代皇帝所颁授，现藏于西藏博物馆

举行的佛事活动名目繁多，一度多达500余种。为此，皇室赏赐给帝师为首的藏传佛教高僧大量财富。一位元朝的学者曾不无夸张地说，如果将元朝的财政收入划分三份，其中两份是用于赏赐藏传佛教高僧的。再次，帝师主管宣政院，管理藏区事务和全国的佛教事务。

元朝设国师和帝师，并非新创，只是继承历史上的传统做法。但是元朝初年国师主管的总制院，与中书省（管理全国各行省的行政事务和中央行政事务）、御史台（主管全国监察事务）、枢密院（管理军事事务）并列为中央政权四大机构，使国师的影响力和权力远远超过前代。1288年，借鉴唐代吐蕃朝觐时皇帝宣见于宣政殿的典故，总制院改为宣政院。更名后的宣政院仍由帝师统领，属于军民通摄、管军管民的中央机构，统一处理全国佛教事务，重点是掌管藏区的军事、行政、司法权力。凡是藏区地方官员的任免、地方

八思巴文

八思巴文，又称蒙古新字，藏文称作蒙古字或转字，是八思巴以藏文字母为基础创制的一套拼音文字，共有41个字母，可用来拼写蒙古、汉、藏等语文。1269年，忽必烈颁发诏书，下令在全国推广八思巴文。由于字形难以辨认，不便使用，最终主要应用于官方文件。元朝灭亡后，八思巴文逐渐被废弃。

纠纷的调解、案件的审理、驿站体系的完善、户口的调查等都是在宣政院主持下进行的。

作为皇帝的宗教导师，帝师地位非常优崇。朝堂之上，帝师在皇帝身旁设有专座，可谓一人之下，万人之上。王公大臣见帝师，须俯倒作礼。帝师驾临京城，一品以下官员需要到城郊迎接。帝师出行时，皇帝往往派大臣迎送，为帝师开路的仪仗队多达1250人。帝师嗣位后，皇帝必赐予玉印，昭告天下。帝师圆寂后，皇帝为其修建舍利塔，命百官出城祭奠。当然，元朝设立帝师，目的固然是利用藏传佛教教派控制西藏，但是与元朝皇室普遍信仰和尊奉藏传佛教的行为也有极大的关联。

上图：大元帝师统领诸国僧尼中兴释教之印
元代双龙纽白玉印，高8.1厘米、边长9.6厘米。这枚玉印是元成宗颁赐给第五任帝师扎巴俄色的印信。印文为八思巴文，是藏文“大元帝师统领诸国僧尼中兴释教之印”的音译

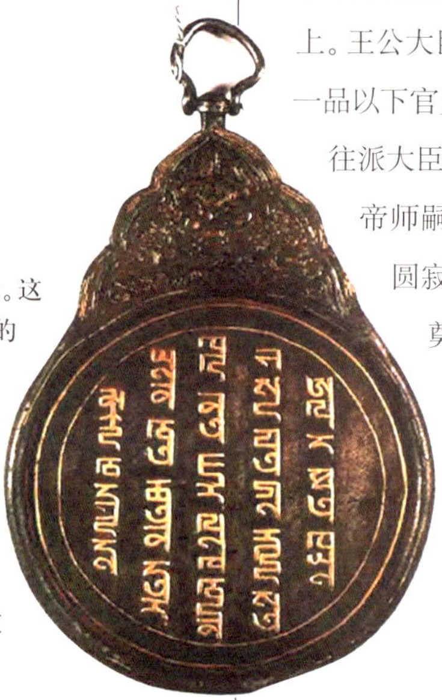

右图：八思巴文蒙古语铁质金字圣牌
直径11.5厘米，扎什伦布寺藏，正反两面刻文为“靠长生天的气力，皇帝圣旨，谁若不从，即要问罪”，这是迄今所见唯一的八思巴文蒙古语金字圣牌

元代藏区的地方行政体制：宣慰使司

在废除蒙哥汗实行的诸王分封制以后，元朝是如何有效地对地域辽阔的西藏进行管理的呢？忽必烈原本打算让八思巴的弟弟白兰王恰那多吉管理西藏的世俗行政权力。恰那多吉过早辞世后，1267年，经过八思巴的举荐，忽必烈任命释迦桑波为第一任萨迦本钦，也就是西藏的首席行政官员，来代替恰那多吉遗留下的空缺。本钦，藏语意思是大官。从释迦桑波开始，历代萨迦本钦都是由帝师推荐提名，再由元朝的皇帝直接任命的。萨迦本钦成为元朝西藏最高行政长官的固定职位，处在元朝中央权力系统的直接控制之下，元朝在西藏实施的各项行政措施也都是在萨迦本钦的协助下贯彻的。历任萨迦本钦一共有27人，他们大多数和萨迦昆氏家族有密切关系。所以，在元代，西藏的政教权力实际上都主要是由萨迦派掌握的。

路，是元朝的一级地方行政单位。元朝设置的“乌斯藏纳里速古鲁孙等三路宣慰使司”，辖区与今天的

“藏蒙一家”的白兰王

八思巴的胞弟恰那多吉6岁时也随同萨迦班智达到了凉州，后来在蒙古宫廷中生活了十八年，学会讲蒙古语、穿着蒙古服。忽必烈即位后，封恰那多吉为白兰王，赐给金印，还将蒙古公主墨卡顿嫁给他。

在元朝历史上，萨迦派昆氏家族先后有四人被封为白兰王，其中三位娶蒙古公主为妻。

白兰王印
元代鎏金铜印，高10.6厘米、边长11.3厘米。此印是元泰定帝再次封索南桑波为白兰王颁发的印信。印文为八思巴文，是“白兰王印”的藏文音译

乌斯藏十三万户

据藏文史籍记载，忽必烈与八思巴结为施主与上师的关系之后，八思巴曾三次千里迢迢地到汉地大都宫廷，亲自向忽必烈及其后妃们、皇子们传授萨迦派的密宗大灌顶。作为第一次灌顶的回报和供养，忽必烈慷慨地向八思巴奉献了乌斯藏十三万户。

乌斯藏是元明时期中原人士对以卫藏为中心的西藏地方的一般性称谓。乌斯，是以今拉萨为中心的地区，即通常所说的“卫”或前藏；藏，是以今天西藏日喀则为中心的地区，也就是通常所说的“藏”或后藏。

忽必烈给八思巴供奉乌斯藏十三万户的做法，只不过具有宗教上的象征意义，乌斯藏仍然处在元朝中央的直接管理之下。不过，萨迦本钦倒是握有统管乌斯藏十三万户的权力，包括传达元朝的中央政令、管理日常行政事务、修订法律等等。

元代乌斯藏十三万户行政区划简图

所谓的十三万户实际是指西藏地方的十三个地方实力集团，是以西藏原有的各教派和其他地方势力分裂割据的政治格局为蓝本，在清查户口的基础上建立起来的（乌思藏即乌斯藏）

西藏自治区大致相同。首任萨迦本钦释迦桑波被忽必烈任命管辖三路军民万户，兼任宣慰使司的最高官员——宣慰使。

元朝对西藏的管理和统治是从清查户口、建立驿站开始的。早在1252年，蒙哥汗继任蒙古大汗的第二年，蒙古就派出金字使臣，在八思巴的协助下，前往西藏清查各地户口，划定地界。到了1268年，忽必烈又委派蒙古官员抵达西藏，在萨迦本钦释迦桑波的密切合作下，开始大规模的清查户口工作。元朝对西藏土地、民众的管理和赋税的征调是以此次户口清查为根本依据的。

“万户”也是在这一次清查户口之后设立的，是元代西藏基本的地方行政机构，保障对辖区内的统治职权。“万户长”由元朝皇帝直接封授，必须得到朝廷颁发的封诰和虎符。帝师虽然在万户长的任免上有很大的发言权，最终的裁决权还是掌握在皇帝手中。万户需要向元朝承担乌斯藏驿站的各种供养和差役，还要交纳赋税和服役，有时甚至要派兵协助元朝军队从事征伐。

乌斯藏十三万户的辖区只是以卫藏为中心的西藏地区，还不包括青藏高原东部的广大藏区。为有效管理整个藏区，元朝采取因地制宜的统治方针，大致按照藏族三大传统历史地理区域，也就是卫藏、安多和康区，把藏区划分为三个大的行政板块，除乌斯藏宣慰使司外，另外两个是吐蕃等处宣慰使司、吐蕃等路宣慰使司。这三个宣慰使司均直接受宣政院管辖，官员——宣慰使也是由帝师推荐，皇帝直接任命的。

吐蕃等处宣慰使司，设立于至元（1264—1294）初年，又被称为脱思麻宣慰使司。脱思麻宣慰使司有五员宣慰使，管辖的下部朵康，主要是指今天的青海、甘肃两省藏区和四川阿坝州、甘孜州北部的部分地区。

吐蕃等路宣慰使司，大致设立于1264—1288年之间，又被称作朵甘思宣慰使司。朵甘思，来自藏语“朵康”，因为蒙古人在读藏文时发音不是很标准，就读成朵甘思了。朵甘思宣慰使司设有四员宣慰使，管辖着今天四川阿坝州、甘孜州的大部分地区和西藏昌都地区的一部分。

元代吐蕃等处宣慰使司、吐蕃等路宣慰使司行政区划简图

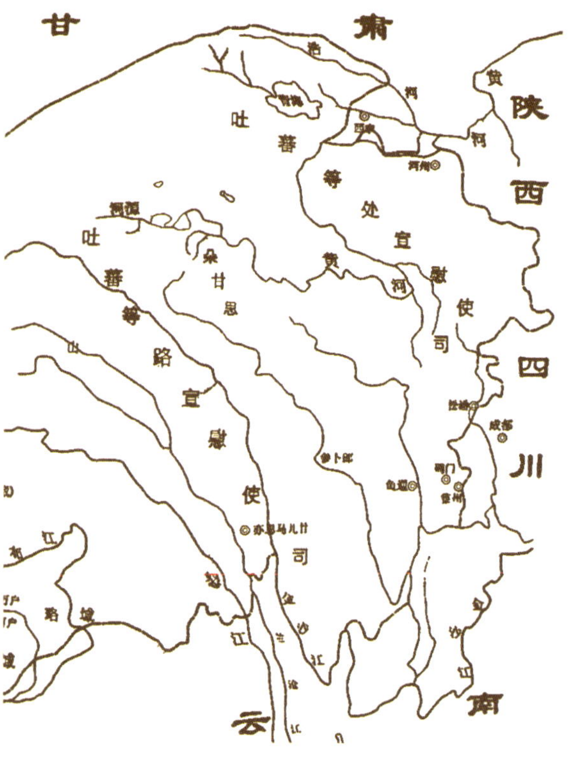

以上两个宣慰使司与乌斯藏宣慰使司既有相同之处，也存在着很大的差别。不同之处在于吐蕃等处宣慰使司和吐蕃等路宣慰使司的辖区内，靠近内地的一些地方设的是流官，这些流官职位不能世袭，分别由陕西行省、四川行省任免，和内地官员没有太大区别。在藏族聚居的地方，除了设立宣慰使外，还设有安抚使、招讨使、万户、千户等各类职官，负责处理当地的军政事务，可以世袭。由当地藏族僧俗首领世袭各种职官的统治方式，在很大程度上可以说是元明清时期土司制度的雏形。

连接内地与西藏的“天路”——驿站

蒙古在藏区建立驿站的历史最早可以追溯到蒙哥汗时期。永久性驿站则是在忽必烈即位之后建立的。为了确保西藏与内地之间交通往来的顺畅，忽必烈派出一名叫作达门的大臣，携带着皇帝的诏书、帝师的法旨和大量的赏赐物品，途经青海东部，一直走到西藏日喀则地区的萨迦寺。

沿途，达门一面宣读诏书和法旨，宣传建立驿站的用意，一面向僧俗首领发放堆积如山的赏赐品。就这样，顺利地建立起一条从内地一直延伸到西藏日喀则的驿站。驿站系统的建立，犹如一条穿梭在高寒、辽阔的青藏高原上的大动脉，将内地与西藏紧密连接起来，确保了中央政令和地方信息的下达上传。

撰稿专家

美郎宗贞，藏族，西藏大学中国藏学所副教授。主要研究方向为西藏近现代史。著有《近代西藏巨商邦达昌之邦达·多吉的政治生涯与商业历程》等。

明朝开创藏区施政新格局

明王朝分封"三大法王""五大教王"

与元朝相比，明王朝对藏区的治理政策发生了较大的变化。最具特色的变化就是大量封授藏传佛教各教派的宗教和政教领袖为法王或教王，从而开创了中央王朝在藏区施政的新格局。

以和平的方式控驭藏区

1368年春，朱元璋在南京建立明王朝。同年秋天，明军挥师北上，问鼎中原，攻入元朝大都，元朝末代皇帝元顺帝逃离京城北去。中原王朝的改朝换代，随之也导致了西藏与元朝、明朝关系的嬗变。

1369年，明朝军队进入甘肃境内，攻克临洮，打开了通往藏区的门户。明太祖朱元璋随即派人进入藏区宣布中原易主的消息。通过招谕、安抚等手段，明王朝广泛笼络藏区上层的实力派，封授官职。在短短的7年内，藏区迅速与新兴的明王朝结为新的政治隶属关系。当时，藏区一大批最具代表性的实力派僧俗上层人物，纷纷遣使或亲自到南京朝觐，被明王朝授予官职和封号。到1375年，明王朝已经在藏区建立起一套相对完整的行政机构。在没有发生大的武力对抗的情况下，明王朝以和平的方式顺利地将藏区纳入到中央政权的控制之下。

封赏高僧，安抚藏区

尽管元王朝努力扶持萨迦派主持藏区宗教和政治的大权，直到明王朝建立后，以卫藏为中心的藏区仍然处在各地方势力集团分裂割据、互不统属的状态中。面对这样的局面，刚刚建立的明王朝应该采取怎样的政策来行之有效地管理藏区呢?

从明太祖朱元璋开始，明王朝一改元朝的治藏政策，取消了元朝以藏传佛教高僧为帝师的制度，实行了一种叫作"多封众建"的政策。所谓的"多封众建"，就是明朝对藏区主要的教派和地方势力的首领，都予以分封，授予各种官职和封号。这样，明王朝与藏区建立起直接的政治隶属关系。"多封众建"的政策，也是明朝初年在短期内使藏区各政教势力向明王朝归顺的重要保障。

明代的藏区已经是一个全民信仰藏传佛教的社会，各教派的宗教领袖往往集行政、经济、文化大权于一身。对于宗教领袖在藏区政治上举足轻重的地位的认识，明朝统治者是在经略藏区的过程中逐渐深入的。其中，明朝初年青海瞿昙寺桑杰扎释的例子很有典型性。桑杰扎释是元末明初青海藏区一位很有声望的藏传佛教噶举派僧人。据说他的法术十分高超，在当地拥有众多的藏族、汉族信徒。1392年，明朝屡次招抚活动在青海、甘肃一带藏区的一支藏族部落，都毫无结果，不得已派出军队追捕。没有想到的是，桑杰扎释得知此事后，给这个部落的首领写了一封信，劝告他归顺明朝。这个部落的首领很快就派遣使者到明朝朝贡归降。这件事对明朝统治者的触动不小，使朱元璋认识到，宗教上层人士在藏区社会中有着无可替代的影响力。后来，桑杰扎释在今青海乐都县以南建了一座寺院，朱元璋亲自赐予"瞿昙寺"的寺名。自此以后，历代明朝皇帝均大力奖赏该寺，多次颁赐印信和诰命。

由于藏传佛教僧人在藏区的特殊社会地位和作

青海瞿昙寺

瞿昙寺位于青海乐都县境内，是西北地区保存最完整的明代建筑群，也是青海著名的藏传佛教寺院。据史书和碑志记载，明洪武年间朱元璋为加强明王朝与青海地方之间的领属关系，特赐寺名"瞿昙"。整个寺院规模宏大、雄浑古朴，有"青海故宫"之美称

用，明太祖朱元璋采取"以西番俗尚浮屠，故立之以来远人"的策略，意思是既然藏区的百姓信奉佛教，那就花大力气招徕藏族高僧，给他们荣宠的封号，丰厚的赏赐，达到安抚藏区的目的。

永乐大帝高明的治藏政策

不过，明朝初期，"多封众建"的治藏政策显得还不够成熟。明太祖的分封方式随意性很大，对藏区政教关系缺乏深入了解。受封者主要是藏区的僧俗首领，封号都是官职。宗教领袖被赐予宗教封号的很少，而且封号的等级普遍较低，最高也只不过是"大国师"和"灌顶国师"。

到了明成祖永乐皇帝（1402—1424）统治时期，明朝的治藏政策变化较大。经过30多年来与西藏各僧俗势力在政治上的频繁联系和交往，明朝的统治者已经全面、深入地认识到藏传佛教在藏区的政治作用和社会地位。于是，永乐皇帝开始把藏区的工作重心转向对宗教势力的封授上，通过对宗教的控制巩固和加大明王朝对藏区的影响，也就是所谓的"以教固政"。

为此，明朝调整了分封的重点和对象，把藏传佛教教派领袖放在重要位置上，并且不断提升分封的规格和等级，建立了一套新的相对完善的僧人封号制度。在僧人的封号等级中，以"法王"级别最高，其次是"教王"，以下依次是"灌顶国师""大国师""国师""禅师""喇嘛"等。需要指出的是，明朝对藏区宗教领袖的封授，并不是随意的。分封哪个教派领袖，授予什么样的封号，明朝统治者是做过一番细致的考察和再三斟酌之后才决定的。

特别是在法王和教王的封授问题上，永乐皇帝展现出他在藏区政策构思和制度实施方面非凡的政治智慧。在他统治时期分封的法王和教王，基本上囊括了从藏区东部到西部最有实力的几个教派的领袖。所以，日本著名的藏学家佐藤长曾经不无感慨地说："当我们知道这些教王的封爵几乎都在永乐时代授予时，对于明成祖关于西藏的政策推行得如何妥当，更加感叹不止了。"

在明朝封授的众多藏传佛教宗教领袖中，最为重要的莫过于明朝初期就已经封授的"三大法王"和"五大教王"。

大宝法王受封掌领全国佛教

1402年，明成祖永乐皇帝朱棣即位不久，派遣僧人智光携带诏书到藏区宣布新皇帝登基的消息。从智光的汇报中，永乐皇帝得知当时藏区有一位法术高超、宗教声望极高的高僧，这就是年仅20岁的噶玛噶举派黑

如来大宝法王印

明代龙纽白玉印，高8.3厘米、边长12.8厘米、厚3.5厘米。这枚玉印是明成祖1407年颁给五世噶玛巴的印信。印文四行，每行两个字，为九叠篆“如来大宝法王之印”八字，现藏于西藏博物馆

帽系五世活佛德银协巴（1384—1415），俗称五世噶玛巴，是噶玛噶举派地位最高的活佛。永乐皇帝决定将五世噶玛巴召请到京城来。永乐元年，也就是1403年，太监侯显带着诏书、礼物前往藏区迎请。1407年，五世噶玛巴随同侯显等人一道，从今天拉萨西北堆龙德庆县境内的噶玛噶举派主寺楚布寺出发，经过青海、陕西、河南、安徽等地，抵达当时明朝的京城——南京。

五世噶玛巴的到来，令永乐皇帝十分高兴，立即派驸马出城迎接，并且以亲王的规格召见。五世噶玛巴在内地停留的一年半时间里，永乐皇帝对这位年轻的藏传佛教高僧给予了异于寻常的尊崇和礼遇。应永乐皇帝的要求，五世噶玛巴先后在南京、五台山等地多次主持举行了规模盛大的超荐法会，为永乐皇帝传授了灌顶。永乐皇帝也多次赐予出行仪仗、金银、绸缎、鞍马等，在这一年五月，正式册封五世噶玛巴为“万行具足十方最胜圆觉妙智慧善普应佑国演教如来大宝法王西天大善自在佛”，命他掌领全国佛教，同时封他的三个弟子为大国师。大宝法王的名号被噶玛噶举派黑帽系的历辈转世活佛承袭，终明一代，大宝法王始终按期向明朝廷进贡。

值得注意的是，与忽必烈赐给八思巴的封号相比，永乐皇帝给五世噶玛巴的封号，沿用了“大宝法王”的称号，“西天大善自在佛”也比“西天佛子”更高一级，但是“大元帝师”“皇天之下、大地之上”的内容被删去。这说明永乐皇帝沿袭元朝的做法是有所取舍的。封五世噶玛巴为“大宝法王”，主要强调他的宗教领袖地位，而不具有元朝帝师管理行政事务的权力。永乐皇帝优崇五世噶玛巴，并非像元朝统治者那样是出于信仰藏传佛教，而更主要是政治上的考虑，这也是整个明代统治者对藏传佛教的基本做法。

大乘法王借助明王朝实现萨迦派复兴

五世噶玛巴返回藏区后，过了几年，永乐皇帝又注意到今天西藏日喀则萨迦地方的萨迦派昆氏家族中的贡噶扎西在藏区很有名望，于是先后两次遣使召请他到京城。

此时，萨迦派的势力已经不复当年。早在元朝末年，西藏地方政治格局就发生了一个重要变化，噶举派

正觉大乘法王之印

明代龙纽墨玉印，高13.5厘米、边长12.8厘米、厚3.5厘米。这枚玉印是明成祖1413年颁给贡噶扎西的印信

另一支系帕竹派兴起于西藏山南地区，建立的帕竹政权取代了萨迦政权，控制了乌斯藏的大部分地方。在与帕竹派的纷争中，萨迦派失去对萨迦大殿的管理权，只得退居到西藏日喀则吉隆一带。但是萨迦派在藏区的影响力仍不可小觑。

贡噶扎西（1349—1425），汉文史籍称作昆泽思巴，是萨迦派势力的代表人物之一。1411年，贡噶扎西年届六旬，为弘扬佛法，不顾属下众人的劝阻，于四月从萨迦寺动身，前往内地，在1413年二月到达南京，朝觐永乐皇帝，深受皇帝的敬信。五月，永乐皇帝册封贡噶扎西为“万行圆融妙法最胜真如慧智弘慈广济护国演教正觉大乘法王西天上善金刚普应大光明佛”，级别略低于大宝法王。大乘法王的名号在经过明王朝的批准后，一直由萨迦派昆氏家族成员继承。

贡噶扎西进京朝觐的另一个目的是希望借助明王朝的影响力，取回由帕竹派控制长达半个世纪之久的萨迦大殿。永乐皇帝允诺了他的请求，遣使进藏，向乌斯藏的各僧俗首领传达旨意。帕竹政权最终向萨迦派交出了萨迦大殿的管理权，萨迦派与帕竹派之间的长期争端因此得以解决，也实现了萨迦派的复兴。这足以说明，明王朝在西藏各地方势力中所具有的号召力和影响力，以及处理西藏地方政教事务的权力。

“独一无二”的大慈法王

在邀请大宝法王德银协巴之时，明朝进藏的使者向永乐皇帝报告了格鲁派创始人宗喀巴大师在乌斯藏地方的活动。永乐皇帝敏锐地察觉到新兴起的格鲁派对藏区宗教界日益扩大的影响力，先后多次派使者邀请宗喀巴大师进京。

从14世纪初期以来，元王朝对藏传佛教高僧的优崇和尊奉，使得相当一部分以萨迦派为首的僧人走上追求世俗享乐和权力的道路。这一现象对当时藏区宗教界产生极大的负面影响，最为严重的是导致宗教戒律的日渐废弛和僧人的腐化堕落，僧人在民众中的威信和形象被损毁。

为重新树立宗教界的威望，宗教革新已经迫在眉睫。这时，出生于青海的宗喀巴在藏区宗教界脱颖而出。他先后跟随乌斯藏各教派的诸多高僧学经修法，佛学造诣极深，逐渐形成自己的一套佛学思想体系，并开始着手大力整顿戒律，制定严密的寺院组织系统和学习佛法的程序。1388年，宗喀巴规定由他传出的师徒僧人均要戴黄色僧帽，以此作为严守戒律和同其他教派区分的标记，这标志着一个藏传佛教新的教派——格鲁派（俗称黄教）的创立和崛起。

1408年六月，宗喀巴给永乐皇帝回复了一封信，对皇帝的赏赐表示感谢，但委婉地拒绝了皇帝的邀请。这主要是因为当时格鲁派还处在草创的关键时期，宗喀巴作为格鲁派的主持者不宜远行。此外，宗喀巴的身体欠佳，也是阻碍其进入内地的重要因素。1413年，在宗喀巴再次婉拒永乐皇帝的邀请后，明朝的使臣希望他能够派一位弟子代替他入朝。宗喀巴大师最后选择了弟子释迦也失。

释迦也失，1354年出生于拉萨东北。释迦也失虽年长宗喀巴三岁，却是宗喀巴最为信重、最为亲近的弟子，也是一位颇具影响的佛教学者。

被委以重任的释迦也失在1414年随同明朝使臣抵达南京，永乐皇帝十分欣喜。第二年四月，永乐皇帝封释迦

《大慈法王像》唐卡
长108厘米、宽63.5厘米。这幅唐卡是明朝赐给大慈法王释迦也失的，全部用彩色丝线编织而成

也失为“妙觉圆通慧慈普应辅国显教灌顶弘善西天佛子大国师”，级别仅次于大乘法王。1416年，释迦也失带着内地首次刻版印刷的大藏经《甘珠尔》朱砂本刻本返回西藏。时至今日，这部珍贵的永乐版藏文木刻大藏经仍保存在拉萨色拉寺中，是明代西藏与内地之间政治、文化密切交流的实物见证。

释迦也失返回西藏后，受宗喀巴大师的委托，历经两年多，修建了著名的拉萨三大寺之一的色拉寺。1424年，因永乐皇帝再次召请，年近七旬的释迦也失第二次进京。1434年，释迦也失被宣德皇帝封为大慈法王，全称为“万行妙明真如上胜清净般若弘照普慧辅国显教至善大慈法王西天正觉如来自在大圆通佛”。1439年，释迦也失在北京圆寂，大慈法王的封号并没有被沿袭下来，仅限于一代而终止。

止贡凝氏王府印

此印为银质，推测是明代止贡噶举派的官印

封授“五大教王”

在明朝封授的众多藏传佛教高僧中，仅次于三大法王地位的是五大教王。与三大法王不同，明朝严格规定五大教王封号的传承和继嗣，必须得到明朝廷的批准。三大法王的封号可以在教派内部传承，不必再经过朝廷的认可。之所以存在这种不同，原因在于五大教王属于地方实力集团的首领，在其辖地内拥有统治实权，往往集政教大权于一身，与三大法王仅仅是教派的宗教首领不同。

最早受封的五大教王之一的是乌斯藏帕竹政权执政者扎巴坚赞（1374—1432）。1406年，永乐皇帝派遣使臣，带着金印、诰命，前往乌斯藏，封扎巴坚赞为“灌顶国师阐化王”。明朝首先封授当时在乌斯藏实力最强的帕竹政权，显示出明朝对藏区政治状况有十分清晰的认识和把握。授予藏区各政教势力封号明显是明朝治藏政策方面的一种政治策略。

之后，明王朝又封授了护教王、赞善王、阐教王、辅教王，与阐化王并称“五大教王”。

明朝封授的“三大法王”“五大教王”

封号	教派	治地	受封者	封授时间
大宝法王	噶玛噶举派		德银协巴	1407年
大乘法王	萨迦派		贡噶扎西	1413年
大慈法王	格鲁派		释迦也失	1434年
阐化王	帕竹噶举派	今西藏山南乃东	扎巴坚赞	1406年
护教王	萨迦派	今西藏昌都贡觉	斡即南哥巴藏卜	1407年
赞善王	萨迦派	今四川甘孜德格、石渠	斡些儿吉剌思巴藏卜	1407年
阐教王	止贡噶举派	今西藏拉萨墨竹工卡	领真巴儿吉坚藏	1413年
辅教王	萨迦派	今西藏日喀则吉隆	南渴列思巴	1413年

朝贡制度，以经济手段加强政治隶属

明朝在封授藏区各僧俗首领的同时，还制定了与封授政策配套的严格的朝贡制度。按照明朝的规定，受封者必须定期亲自或派遣使者到明朝廷进贡，象征性地贡献一些本地的土特产，即贡物，如佛舍利、佛像、各种法器、氆氇、马匹、酥油等。这种进贡被称作“例贡”。除了例贡以外，受封者在得到朝廷特殊的赏赐，或者遇到朝廷庆贺大典，比如皇帝的生日万寿圣节、太子的生日千秋节时，也要前往朝贡，进献礼物，表示庆贺。这被称为“谢恩、庆贺朝贡”。

除三大法王，如果封号和职位要由自己的子嗣、亲属、徒弟继承或替代的时候，承袭者必须亲自或派遣使者到明朝廷申请承袭，上缴原来颁发的印信、诰敕，获得允许后才颁发给新的印信、诰敕，完成袭职的手续。可以看出，明朝并不仅仅是给藏区各僧俗首领授予封号、官职，还要求他们按照规定，严格地遵行朝贡的制度，这样做的目的就在于真正落实“多封众建”政策体现出来的西藏与明王朝的政治隶属关系。

当藏区的僧俗首领亲自或派遣使臣不远万里来到明朝廷朝贡、进献贡物时，明朝廷还要根据贡物的多寡给予“回赐”，就是赏赐朝贡者大量物品。“回赐”的物品往往包括丝绸彩缎、茶叶、金银器皿、钞锭等。在汉族传统的观念中，向来就有“来而无往，非礼也”的说法。对于回赐物品的数量，明朝皇帝秉持的是“朝廷柔远人，宁厚勿薄”“务令远人得沾实惠”的原则。明朝廷不在意朝贡者带来多少贡物，重要的是要给朝贡者丰厚的赏赐，使朝贡者能够享受到朝贡的好处，愿意来朝贡。因为这个缘故，赏赐给朝贡者的物品远远超过了贡物的数量和价值。僧俗首领、使臣和随行人员都能够得到赏赐。倘若是地位较高的法王、教王朝贡，朝廷往往要派出专使携带厚重的赏赐物，专门到藏区去回赐。而且，朝贡使团在内地的往返花费由官府支付，使团的食宿由官府供给。在如此优厚的礼遇和回赐物的吸引下，藏区各大小地方政教首领纷纷遣使朝贡。从永乐年间开始，藏区的朝贡已经突破了明朝规定的每三年朝贡一次的规定，频繁朝贡。

朝贡的人数和规模也逐年剧增，从最初的三四十人，猛增到两三千人。想象一下，当两三千人的朝贡使团浩浩荡荡地来往于藏区和明朝京城之间时，其景象是何等的壮观啊！到明朝中后期，应付来自藏区的朝贡使团的赏赐已经是明朝一笔很大的财政负担。

但是在朝贡过程中，朝贡者直接从事商业贸易活动所获得的大量物资，以及明朝廷赏赐的巨额财富，使得朝贡转化为藏区与内地之间经济贸易交往的重要渠道。通过朝贡制度，明朝实现了以经济手段维系和加强中央同藏区政治隶属关系的意图。

撰稿专家

邹立波，历史学博士，四川大学中国藏学研究所副教授。主要从事藏族史、康藏社会研究。发表学术论文多篇。获第七届高等学校科学研究优秀成果奖（人文社会科学）一等奖。

《7—9世纪康区佛教及其特点研究》

扫描二维码，
阅读专家代表著作的电子版

清代西藏地方政府政教合一

正式册封达赖喇嘛与班禅额尔德尼

格鲁派与蒙古军队结盟

明朝统治初期，西藏出现了一位注定要改变西藏文化与历史面貌的人。他的名字叫作宗喀巴(1357—1417)，他创立了格鲁派。他有八大弟子，其中的根敦珠巴（后追认为一世达赖）、克珠杰（后追认为一世班禅）在宗喀巴圆寂后，成为格鲁派两大领袖。

明万历五年（1577），应蒙古土默特部俺答汗之邀，索南嘉措前往青海与其会见。双方互赠了尊号。俺答汗赠索南嘉措为“圣识一切瓦齐尔达喇达赖喇嘛”。蒙古文达赖的意思是大海，喇嘛是西藏人对僧人的称呼，这一称呼的意思是“智慧像海洋，密宗上师持金刚”。达赖这一称号由此而来。格鲁派也开始在蒙古地区传播。

明朝时代，西藏教派很多。格鲁派当时并不是最大的教派，而且没有掌握世俗权力，达赖喇嘛也只是格鲁派的领袖。但是，与蒙古军队紧密的联盟给格鲁派提供了夺取世俗大权最好的机会。

顺治册封达赖喇嘛

明亡清兴之际，藏巴汗掌握西藏地方政权，对格鲁派疯狂摧残。而明朝内忧外患，无力稳定西藏。格鲁派领袖五世达赖阿旺·罗桑嘉措与四世班禅罗桑·确吉坚赞在此情况下，于明崇祯十四年（1641）请青海厄鲁特蒙古族首领固始汗入藏，击败藏巴汗。固始汗掌握了西藏，格鲁派也加强了在西藏的宗教统治地位。

明王朝当时已经日薄西山，西藏政教各方明白中央政权即将易主，必须及时与新的中央政府联系，取得新的中央政府支持。于是，固始汗与达赖、班禅于1642年派使节往盛京（今辽宁沈阳）与清太宗皇太极会晤。顺治元年（1644），清王朝定鼎北京，即派使者前往西藏邀请达赖入京。

顺治九年（1652），达赖率僧众三千余人入京朝拜。顺治帝隆重接待，正式册封达赖喇嘛为“西天大善自在佛所领天下释教普通瓦赤喇怛喇达赖喇嘛”，并赐金印、金册。从此，达赖喇嘛的称号与地位正式得到了中央政权的确认。此后历世达赖的认定与继承都必须

1660年的布达拉宫

得到中央政府的认可。格鲁派得到中央的支持，巩固了在西藏的政教合一统治地位。

册封达赖的同时，清王朝也册封了固始汗，控制了西藏的治理权，使整个西藏的政教僧俗各界都纳入中央政府的管辖，为以后管理西藏提供了前提与基础。

准噶尔乱藏

康熙四十年(1701)，固始汗的曾孙拉藏汗即位，与第巴(掌管格鲁派事务的高级喇嘛)桑杰嘉措交恶。桑杰嘉措图谋杀害拉藏汗未遂，引发了藏军与蒙古军的战争，藏军战败，桑杰嘉措被处死。

拉藏汗立即派人向北京的康熙帝报告了事变经过，并请求将第巴桑杰嘉措所立的六世达赖仓央嘉措废黜。康熙帝认可了拉藏汗采取的措施，并派护军统领席柱去西藏加封拉藏汗为“翊法恭顺汗”，同时坚持将仓央嘉措解送京师，因为担心“为策旺阿那布坦迎去”。策旺阿那布坦是蒙古准噶尔汗国的大汗。

1706年，拉藏汗立意希嘉措为六世达赖，引起了拉萨三大寺上层喇嘛的反对。策旺阿那布坦借此与格鲁派上层反对拉藏汗的人暗地联络，煽动三大寺僧人对拉藏汗的不满心理，密谋准备进攻西藏。

康熙五十五年(1716)，策旺阿那布坦率军入藏，攻占拉萨，杀拉藏汗，不准新立七世达赖入藏坐床。厄鲁特蒙古治理西藏的时代至此结束。

策旺阿那布坦占领西藏后，公开叛乱分裂，对西南与西北的安全造成了极大的威胁。为维护中央对西藏地方的主权，粉碎策旺阿那布坦利用西藏分裂国家的企图，康熙命皇十四子胤禵率川、滇、鄂、青、蒙兵众两万余由青海入藏，与策旺阿那布坦主力决战。

经过激战，准噶尔部战败，逃回新疆伊犁。清军护送七世达赖回藏，并在拉萨为其举行了坐床仪式。由于厄鲁特蒙古的势力在叛乱中被准噶尔部消灭，清朝命藏族人康济鼐为首席噶伦，又命其他几人为噶伦，总管西藏事务，对中央负责。自此，清王朝对西藏的统治开始通过中央任命的官吏来实现。

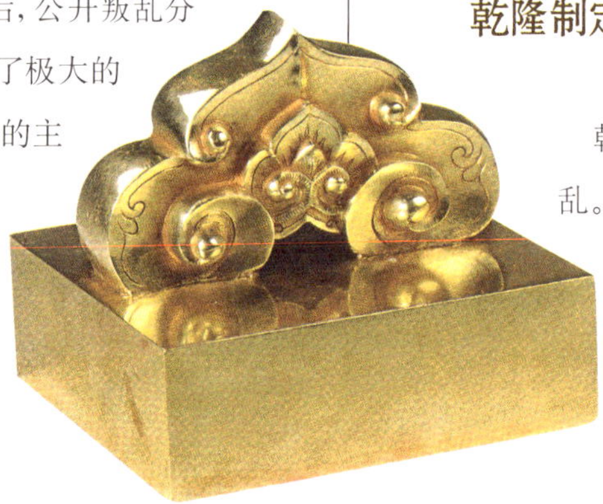

达赖喇嘛如意钮金印
此印是雍正二年(1724)清廷颁发给七世达赖格桑嘉措的，印文为汉、藏、满、蒙四体，现藏于西藏博物馆

中央派遣驻藏大臣

雍正五年(1727)，众噶伦争权，引起西藏的混乱。雍正出兵万余平息了这次内乱，尔后派兵长驻西藏，并将康熙时出现的驻藏大臣确定为一个固定的制度。从雍正五年直到辛亥革命宣统皇帝退位，驻藏大臣从无间断。

驻藏大臣在西藏代表中央政府行使国家主权。根据乾隆年间颁布的《钦定藏内善后章程》的规定，驻藏大臣地位与达赖、班禅平等，负责西藏的外交事宜，与达赖、班禅共同管理西藏宗教事务，拥有西藏的最高行政权，节制西藏军队，管理税收、司法等。驻藏大臣的设立与完善，是中央政府对西藏管理的重大创新，对于西藏主权的行使，国家边疆的巩固有极大的意义。

乾隆制定全面管理西藏的法律文件

乾隆十五年(1750)，西藏上层再次内乱。乾隆命四川总督策楞入藏善后，并诏令策楞制定管理西藏的全面政策。策楞于乾隆十六年制定了《酌定西藏善后章程十三条》，经乾隆帝批准实行。这是清朝第一个全面管理西藏的法律文件，体现了中央政府对西藏地方的主权与治权。这一年还成立了噶厦。噶厦设置噶伦4人，以后遂成为定制。噶伦中有一名僧人噶伦，称为噶伦喇嘛。噶厦负责管理西藏地方的政治、经济、文化、军事等事务，遇到大事时，须向达赖汇报，并根据达赖指示办理。噶厦与僧官系统的最高机构——译仓，合称为原西藏地方政府。

乾隆五十三年（1788），廓尔喀人悍然入侵西藏，清朝迅速在拉萨集结大军准备反击。廓尔喀人畏惧，向清求和。三年后，即乾隆五十六年（1791），廓尔喀再次入侵。乾隆命福康安为大将军，率两万大军再次入藏戡乱。福康安大军于乾隆五十七年四月全部收复了失地，将廓尔喀人逐出西藏。

战后，为进一步稳定西藏，完善西藏的管理，根据乾隆的旨意，福康安与达赖、班禅协商制定了《钦定藏内善后章程》。《钦定藏内善后章程》全文二十九条，

与达赖并立的班禅

班禅额尔德尼，在藏传佛教格鲁派中，与达赖喇嘛并称。一世班禅克珠杰系圆寂后追认。

班禅世系始自四世班禅罗桑·确吉坚赞。罗桑·确吉坚赞是为格鲁派做出重大贡献的人物。他本来是日喀则扎什伦布寺的寺主，是格鲁派在后藏的代表。四世达赖喇嘛圆寂后，他到拉萨主持三大寺和格鲁派上层的事务，负责寻访并教授达赖喇嘛的转世灵童。

由于争夺权力，藏巴汗不让达赖喇嘛转世，罗桑·确吉坚赞治好了藏巴汗的病，才说服他准许寻找转世灵童。后来罗桑·确吉坚赞与五世达赖喇嘛商议，于1641年（明崇祯十四年）将蒙古势力固始汗部引入西藏，一举消灭了藏巴汗。固始汗到西藏，封罗桑·确吉坚赞为“班禅博多克”。

罗桑·确吉坚赞圆寂后，他的继承人罗桑益西于1713年（康熙五十二年）被清廷封为“班禅额尔德尼”。这个封号是梵语、藏语、满语的混合。“班”是梵语，“禅”是藏语，合起来是“大师”的意思；“额尔德尼”是满语，意思是“珍宝”；全称意为“智勇双全的高贵的大学者”。世人一般称为班禅大师。

罗桑益西自认为五世班禅，追认罗桑·确吉坚赞为第四世班禅，并加封以前各世班禅。从此，这一活佛系统得此封号，其驻锡地为日喀则的扎什伦布寺。班禅的影响主要在后藏，以日喀则为中心。

班禅的驻锡地扎什伦布寺（图/张鹰）

"乾隆宝藏"银币

依据《钦定藏内善后章程》规定，清乾隆五十八年（1793）在西藏铸造"乾隆宝藏"银币。正面为汉文，背面为藏文译音"乾隆宝藏"。这是我国较早的正式银币

对西藏的管理做出全面、深入的规定，如活佛转世、对外政策、货币发放、军队设置、驻藏大臣权力、西藏官员任免等，都有明确条文，并创立了沿袭至今的金瓶掣签制。

英军入侵西藏

清朝前期，凭借其强大的国力，在西藏一面宽柔崇文，一面戡乱宣武，稳定边疆，巩固统一的多民族国家。然而，鸦片战争后，列强凭借坚船利炮，炸开中国国门。中华民族开始在屈辱中抗争，西藏也没能幸免。十三世达赖正是在这一历史背景下于光绪五年（1879）在布达拉宫坐床的。

1875年，英国强迫清政府签订《烟台条约》，其中规定英国有权派人入西藏"游历"。1888年，在"游历"充分后，英国发动了对西藏的侵略战争。驻藏大臣文硕不顾清廷命令，率汉藏军民英勇抗击入侵者，却被清廷革职。1890年，清政府与英国签订《藏印条约》，割地赔款，开放亚东通商，英国人在藏享有治外法权。

1904年，英国再次入侵西藏，攻占江孜。十三世达赖对清王朝已经深深失望，为保护西藏，他离开拉萨，向蒙古行进，以期取得曾承诺"支持自己"的俄国的保护。十三世达赖离藏后，驻藏大臣有泰上表清政府，将与英国开战又战败的责任强加到达赖身上。清政府随即革去了达赖喇嘛的封号，令班禅摄政。

达赖到达蒙古首府库伦后，当时俄国正陷于日俄战争的泥沼之中，已经没有闲暇来"帮助"达赖。达赖只能居留蒙古，而蒙古活佛哲布尊丹巴又害怕达赖在蒙古群众中的影响扩大，便隐晦地要求达赖离开蒙古。1906年，达赖启程回藏。

此时英国已经占领拉萨，害怕达赖回藏领导西藏人民反抗，遂拒绝其回藏，并向清政府施加压力。达赖此时进退维谷，无奈之下，决定进京朝觐，向清廷陈述事情原委。1908年九月，十三世达赖入京，受到光绪帝与慈禧太后的接见，光绪帝也恢复了他达赖喇嘛的封号。不久后，光绪帝与慈禧太后相继死去，在拜祭了帝后梓宫后，达赖启程回藏。

十三世达赖在复杂的历史形势下进京，在历史的十字路口上，虽然不完全是自愿的，但最终还是选择了清王朝中央政府，希望得到中央政府的谅解，表现出他与西藏对中央政权的强大向心力。

撰稿专家

王川，四川师范大学历史文化与旅游学院教授，博士生导师。主要研究方向为近现代藏区及其毗邻地区的社会经济史。发表学术论文几十篇，出版《西康地区近代社会研究》《西藏昌都近代社会研究》等论著，主持多项国家社科基金项目。

《西康地区近代社会研究》

扫描二维码，阅读专家代表著作的电子版

十三世达赖喇嘛新政，从传统走向近代

新政客观上推动了西藏的发展

上图：20世纪初的西藏贵族（选自《Tibet the lost civilisation. Tibet(China)-Social life and customs》）

下图：江孜英文学校的师生

19世纪末20世纪初，英国人的侵略，清政府的腐朽，渐渐让西藏地方醒悟。以十三世达赖为首的西藏地方部分上层统治者开始认识到，推动西藏地方的发展是西藏强大的唯一出路。于是，十三世达赖喇嘛、龙厦·多吉次杰先后在西藏地方进行改革。

十三世达赖喇嘛的"新政"虽然成效有限，但他却使西藏地方由闭塞渐渐走向了开放，让西藏地方在近代化的道路上慢慢地前进。

萌生改革新思想

20世纪初，也就是在达赖喇嘛出走内地期间，晚清政府为加强对西藏地方的控制和管辖，通过驻藏大臣推行各种具有近代意义的改革，同时命川滇边务大臣赵尔丰在川边推行"改土归流"，给政教合一的西藏地方带来新的变化，这也直接冲击着十三世达赖作为政教领袖在西藏地方的统治，双方的隔阂也因此有所加深。

1909年，十三世达赖喇嘛启程返回拉萨。而清政府为了加强对西藏地方和十三世达赖喇嘛的控制，决定同时派遣军队入藏。川军军纪败坏，刚进入拉萨就发生枪杀事件。1910年2月，十三世达赖连夜出走印度，表达对川军入藏的抗议。清政府也立即做出了反应，在派军队追寻达赖的同时，再次宣布革去他的名号。这一举动，让达赖喇嘛对清政府更加灰心。

在印度期间，十三世达赖见到了火车、机械等许多近代化的先进成果，了解了现代国家政治、经济、军事和外交等情况。十三世达赖逐渐认识到，西藏地方要获得发展，必须进行改革，发展近代科学文化和军事，萌生出在西藏地方实施新政、推行近代化改革的新思想。

《藏史明镜》中的记载也可印证这一点："达赖喇嘛土登嘉措等人，在印度逗留期间，亲眼看到了现代建筑、机器及许多科学技术，因此明确地懂得了要使西藏社会确实发展，只是闭门祈祷神佛喇嘛是不行的。因此，决定执行一些促使西藏社会发展的新办法。"

1912年，十三世达赖回到西藏。1913年新年，十三世达赖颁布《西藏全体僧俗大众今后取舍条例》布告（即《水牛年文告》），成为"新政"开始的标志。

在1913年至1933年的20年间，十三世达赖喇嘛为维护西藏地方政教合一的体制，巩固自己已有的地位和权势，促进西藏地方的发展，就西藏地方的政治、经济、军事和文化、教育、卫生等方面进行了改革。

推进西藏地方的近代化发展

十三世达赖喇嘛完善西藏地方的行政机构，先后增设农务局、盐茶局、银行、机电局、邮电局、安全驿站、拉萨警察局、财源调查局、外事局等办事机构，还恢复了造币厂，使整个噶厦政府及其机构组织更加完善。

西藏近代政治舞台上的重要人物：十三世达赖喇嘛

十三世达赖喇嘛土登嘉措（1876—1933），出生于拉萨东南达布地区一个普通的农户家庭，1878年正式举行坐床典礼，1895年亲政。

十三世达赖喇嘛是西藏近代政治舞台上一位极为特殊和复杂的历史人物，他的一生极富传奇色彩：亲历了英国侵略者的两次入侵；亲历了清政府对其的控制和削权；亲历了川军入藏、辛亥革命、北洋混乱等等；而更为不幸的是，他还因英国人的侵略和川军入藏，被迫两次流亡他乡。

十三世达赖喇嘛执政之初，有着异常强烈的仇英情绪，坚决抗英。但不幸的是两次抗英都因清政府的衰落和妥协而失败，这使他对清政府失去信心。为了西藏地方的政教事业和民众的幸福安宁，他开始寻求俄国的支持；而英国侵略者也逐渐改变侵略方式，拉拢达赖喇嘛。他的政治态度开始游离，逐渐由仇英走向亲英。辛亥革命后北洋军阀统治时期，他一直坚持他的"骑墙"政策——亲英但不彻底背离中央，与中央政府保持一种若即若离的关系。1928年，南京国民政府在形式上完成对全国的统一，十三世达赖深切感受到维护祖国统一的重要，其政治态度再次转变，多次向中央政府表达其内向之心，积极维护西藏地方与中央政府的关系。

十三世达赖亲政三十八年，他推行"新政"，让西藏地方在由传统走向近代的道路上缓慢前进，为西藏的政教事业和民众的幸福安宁做出了杰出的贡献，被藏民称为"伟大的十三世"。

十三世达赖喇嘛灵塔殿

十三世达赖喇嘛敬奉清政府的银质法轮

同时，达赖喇嘛又着手选拔贤能，整顿吏治，建立新的官员制度，对留学归来掌握西方先进知识和近代科学技术的人才非常器重，改善了噶厦政府的多年成规和官僚体制。

“新政”开始之初，十三世达赖喇嘛就制定了一系列促进西藏地方农牧业发展的措施，鼓励开垦荒地，强调要给牧业的发展提供良好环境，在解决农民生活状况的同时，也增加了政府的收入。

十三世达赖改革税收制度，创办近代工业，从印度引进技师，购买手工机械，建立了电信局、电报局、水电站、军械厂等，开启了西藏地方的近代化。

两次抗英斗争的失败和清政府的腐败妥协，让十三世达赖喇嘛深深地认识到拥有一支强有力军队的重要性。1912年，正式成立藏军司令部，开始筹建和扩充藏军的工作。1914年，在江孜建立了一所军事训练学校，专门培养藏军军事指挥人才和训练藏军，还从英印政府购买军火装备。

十三世达赖喇嘛出走印度期间，对西方国家有了较多的了解，认识到发展文教事业、学习西方先进科学文化的重要性。他派遣青年前往英国、日本、俄国、印度等国学习近代科学知识；同时，他创办了贵族学校和藏医学校，还下令在西藏地方各宗（县）建立藏文小学，规定凡是愿意入学的藏民子弟，不分贵贱均可入学。

20世纪上半叶西藏的官员（选自《Tibet the lost civilisation. Tibet(China)–Social life and customs》）

龙厦与“求幸福者同盟”

1913年，十三世达赖喇嘛派遣四名青年前往英国留学，龙厦·多吉次杰担任这四名青年留学生的领队。此外，龙厦还到法国、意大利等国家游览，对这些国家政治、经济制度和历史均有所了解。资本主义的生产方式及社会经济状况，让龙厦感到西藏地方的落后，他甚至认为，如果西藏不自上而下地主动进行改革，极有可能如法国大革命一般，走上暴力革命推翻现有政教合一体制的可能。

龙厦回国后，十三世达赖喇嘛对其十分重用。1933年，十三世达赖喇嘛圆寂，噶厦政府中权势显赫的人物为了权势和地位展开权力斗争。

鉴于西藏地方复杂的政治形势，龙厦开始在暗中积极推行改革，试图对西藏地方的社会制度进行某些改良。他建立了一个组织，名叫“吉求贡吞”，意思是“求幸福者同盟”，希望对噶厦进行改革，增加一些民主的成分。比如废除噶伦的终身制，每4年选举一次；仿英国的君主立宪制，达赖喇嘛和摄政的地位及待遇不变，享有至高无上的荣誉。

龙厦最初的设想是在争取到僧俗官员的支持之后，以请愿书的形式将改革建议提交民众大会讨论，希望以和平的方式实现改革计划。可惜最后只争取到一百余名僧俗官员签字，而且多数都只是中下级官员。

1934年5月10日，龙厦的密友噶雪巴·曲吉尼玛在关键时刻突然向噶厦政府告密，龙厦不幸被捕入狱，还被处以严酷的“挖眼”刑罚。

龙厦试图模仿英国资产阶级革命的模式，用和平的方式实现西藏地方社会制度的改良。在西藏这么一个相对封闭的地方，进行某些资产阶级式的激进改革，本身就是难以成功的。从内部看，他只获得了一百余名中下级僧俗官员的支持；从外部看，他既没有寻求英国的帮助，也没有请求中央政府的支持。这就注定了他的失败。

龙厦及四名留学生赴英前的留影

充满两面性的改革

不可否认，十三世达赖的“新政”是西藏地方上层统治势力的觉醒，可以说是一次自发的改革尝试。十三世达赖推行“新政”的目的是强化和维护西藏政教合一的体制，试图通过军事改革增强实力从而逐渐“脱离”中央政府，这是他推行“新政“的局限性；但客观上，十三世达赖喇嘛的“新政”推进西藏地方的近代化，引进西方先进的科学知识，启迪民智，这也是不容置疑的。

十三世达赖喇嘛在“新政”的过程中，不可避免地需要英国的帮助，利用英国先进的科学技术。于是，英国势力借此不断渗入到西藏地方，为英国侵略势力进一步控制西藏地方提供了机会。但是，十三世达赖对英国的两次武力入侵并没有忘记，在他的一生中，从未真正想过要彻底脱离中央政府，他的“新政”不管是最初的目的，还是最后的结果，与英国人的愿望都是截然不同的。在整个“新政”的过程中，十三世达赖虽然在很多方面利用了英国人的帮助，但他也时时注意防范英国人对西藏事务的过多干预。因此，整个“新政”充满了两面性。

撰稿专家

王川，四川师范大学教授。

在实践与碰撞中不断走向正常化

民国中央政府与西藏地方的关系逐渐升温

整个中华民国时期，中央政府与西藏地方的关系，虽然遭受着来自国内外的各种复杂因素的影响和干预，但一直在尽力维系和着力恢复，总的来说还是朝着好的方向发展的。

双方关系的"非正常化"阶段

清末民初，辛亥革命和拉萨动乱后，伴随着原清政府驻藏官兵在西藏地方政府的驱逐下悉数离藏，中央政府与西藏地方的关系暂时中断。

民国肇建，民国中央政府（北京政府）以行政命令和法律的形式对于西藏地方的政治地位进行了明确规定：西藏地方是中华民国领土的一部分，各民族一律平等，中央政府对于西藏地方的政治主权，西藏地方政府在中央参政议政的权利，等等。同时，鉴于清政府驻藏官兵被悉数驱离西藏，为促进双方关系尽速正常化，北京政府又设立"西藏办事长官"，先后任命钟颖、陆兴祺为驻藏办事长官。但遗憾的是钟颖被驱离西藏，陆兴祺始终未能入藏，使得中央政府与西藏地方的关系在北京政府时期未能实现正常化。

双方之间的首次官方直接对话

1927年南京国民政府成立，也确立了中央政府对藏基本政策。在经历了长达十余年的"非正常化"时期后，双方关系逐渐恢复，甚至于一度日益融洽；后期又走向反复，以至一度逆转。但总的来说，是一个不断走向正常化的过程。

1933年，十三世达赖喇嘛圆寂。1934年黄慕松一行入藏致祭，这是民国时期中央政府大员首次入藏，也是民国时期中央政府与西藏地方首次官方直接接触，结束了自辛亥革命以来双方关系的非正常化阶段。

黄慕松一行入藏之后，与噶厦政府就双方关系和西藏地方在中华民国的政治地位等问题，进行了持续

非法的《西姆拉条约》

辛亥革命爆发后，英国策动西藏部分反动分子叛乱，企图搞所谓西藏"独立"。在英国要挟下，1913年10月，袁世凯政府派代表到印度西姆拉参加"中英藏会议"。英国代表麦克马洪提出一个所谓解决方案，规定中国不得驻兵西藏，"西藏内政暂由印度政府监督"。对此，袁世凯政府拒绝接受。

后来，英国和西藏地方代表私自签订《西姆拉条约》。中国政府代表拒绝签字，会议破裂。之后的中国历届政府，也从未承认过这个条约。因此，这个所谓《西姆拉条约》，是完全非法的。

会议期间，英国和西藏地方代表，背着中国中央政府，在秘密换文中，擅自划定所谓"麦克马洪线"，即中印东段边界，将一直属于中国西藏管辖的9万多平方千米的土地划给英属印度。这是悍然违背国际法基本准则，毫无法律效力。

中国政府代表在1914年7月3日即已声明，断然否认所谓"麦克马洪线"。

这笔肮脏的交易英国方面多年不敢公开，几十年后才悄悄塞进英国出版的地图中，而伦钦夏扎也不敢正式报告十三世达赖喇嘛，西藏方面也没有批准过这一非法的领土交易。

民国政府提出“五族共和”的建国理念

辛亥革命后，以孙中山为首的革命者身份转换成民国执政者，他们对“民族”的认识开始发生转变，明确提出“中华民族”不仅仅指的是汉族，还应当包括中国其他少数民族。

1912年1月1日中华民国成立，孙中山在就任临时大总统的宣言中提出“五族共和”的建国理念：“合汉、满、蒙、回、藏诸地为一国，即合汉、满、蒙、回、藏为一人，是曰民族之统一。”3月11日，孙中山颁布《中华民国临时约法》规定：“中华民国领土，为二十二行省、内外蒙古、西藏、青海……中华民国人民，一律平等，无种族、阶级、宗教之区别……”

在中华民国成为清帝国领域和主权正统的继承者时，明确宣示西藏为中国不可分割的一部分，西藏的归属地位不因中央政权的嬗替而改变。中央政府以国家根本大法确定了对西藏的主权，以及西藏地方代表参政议政的民主权利。

北洋政府继续沿袭孙中山的民族理论和政治原则，袁世凯重申“五族共和”的建国原则：“现在五族共和，凡蒙、藏、回疆各地方，同为我中华民国领土，则蒙、藏、回疆各民族，即同为我中华民国国民，自不能如帝政时代再有藩属名称。此后，蒙、藏、回疆等处，自应统筹规画，以谋内政之统一，而冀民族之大同。”

中央政府坚持以“五族共和”为指导思想，对藏采取和平的政策，不仅对团结达赖政府，而且对争取藏族民众勠力同心有着积极的意义。所以，1937年抗战爆发后，西藏三大寺致函国民政府多次表达了“五族同心”、支持抗战以共同抵御外敌入侵的决心，并请国民政府保护和开发西藏。

总而言之，国民政府坚持以“五族共和”为指导思想，对藏采取和平的政策，为此后藏事的处理奠定了基调，对于争取藏族民众归心、维护祖国统一也有深远的影响。

20世纪初，西藏一位小活佛和他的家人（(选自《Tibet the lost civilisation. Tibet(China)–Social life and customs》)

黄慕松（1884—1937），广东梅县人，曾任参谋次长，陆军大学校长，广东省政府主席等职。1933年冬，十三世达赖喇嘛土登嘉措在布达拉宫圆寂后，出于加强中央与西藏关系的考虑，国民政府决定派遣黄慕松前往拉萨致祭

的会谈。离藏前夕，又留下专使行署和无线电台，民国以来首次实现中央政府官员驻藏，带来了中央与西藏关系的新局面；同时，也打开了英印势力“控制西藏、封锁内地与西藏往来的缺口”（孔庆宗：《黄慕松入藏纪实》）。英国人查尔斯·贝尔，以及美国著名藏学家梅·戈尔德斯坦均对此给予了高度的评价，认为黄慕松此行使得中央政府在“拉萨获得了立足点”，实际上确立了国民政府官方在拉萨的一席之地，并一直保持到1949年，“是让中国政府向他们的人民及全世界宣布，他们重新确立对西藏的统治地位”。

设立“蒙藏委员会”

南京国民政府成立后，沿袭民国历届政府对待蒙藏的特殊政策，筹备设立管理边疆民族事务的专门机构。1928年2月4日，国民党二届四中全会通过《中华民国国民政府组织法》，规定在国民政府设立蒙藏委员会。1928年7月11日，蒙藏委员会在南京成立，1929年2月1日，正式启用印信开始办公。

自此，蒙藏委员会成为国民政府专门处理蒙藏事务的机构，其在对藏政策的制定及实施等方面发挥了应有的作用。

《黄慕松奉使西藏致祭十三世达赖喇嘛纪念》，1935年

逐渐恢复与升温

以总参议刘朴忱和参议蒋致余为首的专使行署及无线电台留藏，负责沟通中央与西藏地方关系。

1934—1940年期间，因为刘朴忱、蒋致余和张威白等人对藏事的努力维持，国民政府的积极经营，加上西藏地方政府由亲中央的热振活佛出任摄政，双方关系的正常化发展出现了有利的地方政治环境。虽仍受英印势力的影响，但总体处在不断的升温中，关系持续走向正常化。

1938年初，国民政府获得消息说，西藏政府将于夏天秘密迎请在青海塔尔寺附近寻获的十三世达赖喇嘛转世灵童回拉萨。蒋介石认识到达赖转世一事是中央改善与西藏关系，并向世人展示中央对西藏实施主权的重要时机，不可坐失。9月23日，噶厦函呈蒙藏委员会，请求中央将灵童送至拉萨参加掣签典礼。

依照清朝旧制，达赖喇嘛转世掣签须由中央政府大员主持。1939年10月21日，蒙藏委员会委员长吴忠信一行十余人离开重庆，经香港、缅甸、印度入藏。11月2日抵达加尔各答，再经由大吉岭和噶伦堡，于1940年1月15日到达拉萨，受到热振活佛及高级僧俗官吏隆重接待，驻拉萨藏军七百余人全体出城列队迎候。

吴忠信抵达拉萨后，广泛布施寺庙，尤其对三大寺

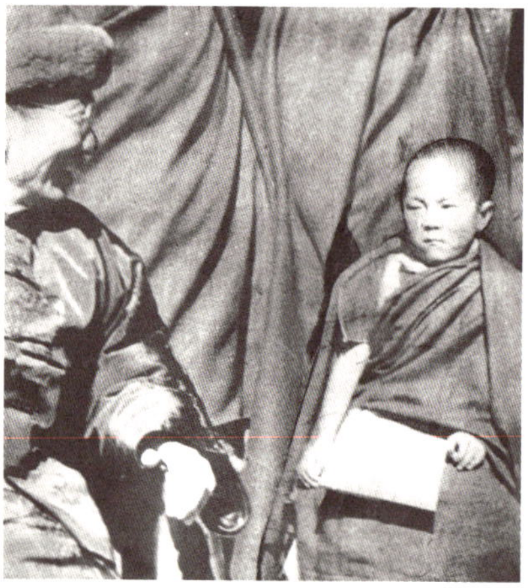

1940年2月22日十四世达赖坐床前，国民政府专使、蒙藏委员会委员长吴忠信与灵童交谈

九世班禅（中）与蒋介石、张学良合影

九世班禅额尔德尼·确吉尼玛（1883—1937），藏传佛教格鲁派大活佛。九世班禅是西藏近代史上一位杰出的反帝爱国领袖人物。他不仅佛学造诣极深，而且政治上也很成熟。早期他与十三世达赖共同领导了抗英斗争，晚年又积极从事抗日斗争，他对祖国统一、民族团结的维护，更是始终不渝，直到圆寂，在西藏宗教上层人物中是难能可贵的

礼遇有加，对僧俗六品官以上赠送礼品，宣慰人民，施诊施药，给藏人留下了很好的印象。

1940年藏历一月十四日（2月22日），十四世达赖喇嘛坐床大典在布达拉宫思西平措大殿举行。据当时担任接待的藏官夏札·甘登班久回忆，“达赖喇嘛坐在大殿正中的宝座上，吴忠信并排坐在达赖喇嘛的左边”。吴忠信此行主要目的是为了通过主持第十四世达赖喇嘛转世、坐床，宣示对藏主权。

主持十四世达赖喇嘛的转世坐床大典之后，吴忠信还设立了蒙藏委员会驻藏办事处。驻藏办事处的设立，标志国民政府官员常驻拉萨，与西藏当局随时可以取得密切联系，民国时期中央与西藏关系进入最好的阶段。

在主权原则下的曲折与反复

1940年，驻藏办事处处长孔庆宗主藏之初，热振活佛继续担任摄政，加上有前期吴忠信入藏造就之良好关系的延续，双方关系尚佳。但很快情势发生了变化，亲英的达扎活佛1941年出任摄政，孔庆宗试图恢复前清驻藏大臣的权力和地位，对待藏事过于强硬，加上英印政府又调整对藏政策，积极策划“西藏独立”，国民政府又因无法挽回抗战颓势，威信降低。

1942年10月6日，发生了拉萨的西藏地方警察冲扰国民政府蒙藏委员会驻藏办事处，驻藏办事处拘押4名藏警的事件，当时文件称为“藏警案”。之后，双方关系迅速逆转，进入民国以来的最低潮，驻藏办事处与噶厦政府之间无法来往，形成“政治僵局”。

蒋介石决定撤回孔庆宗，并破例任命其侍从室秘书沈宗濂接任驻藏办事处处长一职，以打破僵局。沈为人精明干练，富有谋略，到任后，以拜访、馈赠礼物、宴请、发放布施等方式，大肆联络西藏地方上层僧俗势力，十分活跃。孔庆宗时期的“政治僵局”在沈宗濂的活动下，很快被破解，双方关系随之有所好转。其间，沈还通过抗战庆祝活动等，极大地提高了国民政府的威信与声望。

但正当藏局好转，沈宗濂计划乘机进一步推进西藏问题解决的时候，蒋介石对其指示“只能以无事为大事，以无功为大功”，沈非常愤慨失望，于1946年1月离藏，将处中事务交由主任秘书陈锡璋代为维持。1947年7月沈宗濂正式辞职，蒙藏委员会任命陈锡璋为副处长代处长。

四川藏族对抗日战争的贡献

文/四川省民族研究所研究员　袁晓文（益希汪秋，藏族）

中国的抗日战争是世界反法西斯战争的重要组成部分。在这场中国近现代史上最伟大的民族解放战争中，地处中国西南的四川藏族与祖国各族人民一道，积极投身这场正义的自卫战争，为夺取抗日战争的最后胜利做出了不可磨灭的贡献。

奋战在抗日前线

四川藏族奔赴抗日前线的爱国行动早在红军长征北上抗日之时就已开始。1935年红军长征抵达甘孜后，红四方面军在甘孜地区发布文告，积极宣传北上抗日，接着在若尔盖发表著名的抗日《八一宣言》。四川藏族人民以实际行动响应中国共产党的号召，有钱出钱，有力出力，大批藏族男女青年参加红军，直接投身于抗击日本帝国主义的战场。仅甘孜丹巴县巴底乡参军的就有278人，藏族优秀青年如天宝(桑吉悦希)、扎西旺徐、杨东生(协饶顿珠)、沙纳、孟特尔、袁孝刚、姜秀英(女)等就在这时参加红军。他们中的许多人捐躯沙场，为抗日流尽了最后一滴血。

活跃在后方抗日民族运动中

居住在大后方的四川藏族人民，随时为出兵抗日作好准备。1939年5月，松潘关外24部落30万藏民请缨杀敌，其代表团发表的宣言，爱国热情跃然纸上：“我30万番民虽居边缘之地，知识比较落后，但爱国之心，不敢后人……我们很知道在日本强盗的刺刀之下，决没有幸存的可能，所以我们在边地已经武装了10万强壮的青年番民，只要政府给我们一个杀敌的机会，就可以很快地动员我们所有的人力和物力……起来吧！最后的胜利是我们的。”

“九一八”事变后，正在南京的康藏人士为了共商抗日救国大计，发起成立了“康藏旅京同乡抗日救国会”，发表六项抗日决议，通电全国各族同胞一致抗日。四川藏族旅京人士格桑泽仁、格桑群觉(刘家驹)、诺那活佛、松朋活佛等积极参与救国会的工作，并在电文中慷慨陈词，呼吁救国。

1938年，时任蒙藏委员会委员、参谋本部专门委员的格桑泽仁派刘曼卿和贡噶活佛等人到西康募捐，用于购置慰劳品和锦旗，组织“西康民众慰劳抗日前线将士代表团”以及“康藏民众抗敌赴难宣传团”去汉口等地慰劳前线抗日将士，表示愿“倾康藏人力物力，分期分批贡献国家”。代表团回到重庆后，格桑泽仁还到重庆红岩村八路军驻重庆办事处，向周恩来敬献锦旗和哈达，表达四川藏族对中国共产党团结全国各族人民坚持抗日斗争的由衷敬意。

在抗日爱国斗争中，许多四川藏族宗教界人士把爱国与爱教结合起来，利用宗教影响，号召群众参加抗日斗争。甘孜白利寺格达活佛在红军长征经过甘孜时，积极支援红军北上抗日，与朱德总司令结下深厚友谊。

营建后方抗日基地，开辟物资运输线

以商抗日是四川藏族对抗日战争的一大突出贡献。“七七”事变后，日本对抗战后方实行战略封锁，切断海陆运输线，致使大西南抗日后方商品、物资非常匮乏。住在巴塘的藏族上层人士邦达·多吉与其兄邦达·阳佩策划并开辟了印度经西藏直通川、滇完全依靠骡马运输的陆路国际交通线。这条交通线曾经与盟军开辟的“驼峰”运输线并驾齐驱。邦达家族自备骡马2000余匹，行程数千里之遥，克服了种种艰难险阻，从印度发来西药、皮革、毛料、布匹、棉纱等到成都经销。这些商品在抗战时期非常紧缺，对繁荣战时后方经济起了极大的促进作用。在整个抗日战争中，邦达家族前后支援抗战物资达5亿美元。

在抗日战争中，中华民族所表现出的高度凝聚力和强大生命力，成为打败日本帝国主义的先决条件和决定因素。四川藏族人民的抗日救亡运动，对于鼓舞人民抗日斗志，推动抗战高潮进一步发展，促进抗日民族统一战线的形成，增强民族凝聚力，无疑起到了相当重要的作用。在抗战的艰苦岁月里，一大批藏族有识之士开始走上寻求民族进步与发展的道路，成为藏族人民革命史中不朽的先驱者。

民国奇女子刘曼卿

刘曼卿（1906—1941），藏名雍金，母亲是藏族人。刘曼卿出生于拉萨，通晓汉语和藏语。1929年7月以半官方身份持蒋介石书信出使西藏，1930年抵达拉萨。她利用自己通晓藏语的有利条件，积极与西藏地方官员及上层人士广泛接触，听取他们对国民政府的意见和要求，为加强汉、藏民族团结四处奔波。当年3月28日和5月5日她先后两次得到十三世达赖喇嘛的接见，“成功地消除了达赖喇嘛对国民党政府的某些怀疑”，达赖喇嘛还破例为她摸顶祈福。1930年8月7日刘曼卿带着西藏地方政府和西藏人民对国民政府的信赖与敬意，回到南京，向行政院文官处汇报了西藏之行的情况，呈送了十三世达赖喇嘛的信函和礼物，并应邀在国务会议上做了出使西藏的情况汇报，圆满完成了出使西藏的任务

反分裂反“独立”斗争

抗战胜利后，西藏地方的政治形势也发生了一系列的变化。

1945年10月20日，外蒙古举行公民投票赞成独立。外蒙古在战后的独立，加剧了西藏的不稳定性，也给国民政府的西藏政策带来了更多的压力。

1945年5月，国民党第六次全国代表大会决定赋予西藏“高度自治”的权利，国民政府依然继续强调西藏是中国领土的一部分，西藏与中央保持传统的隶属关系，享有充分自治权，前提是维护国家领土的完整，目标是构建一个“统一的中华民国”。

1947年8月15日，印度宣布独立。1947年7月26日，英印当局向西藏政府来信，表示印度独立后，将继承英国在西藏的一切权益。西藏政府表示反对。时任驻藏办事处代理处长的陈锡璋就英国撤出印度后的西藏政局进行了分析，认为应该由中央负责废除英藏不平等条约。

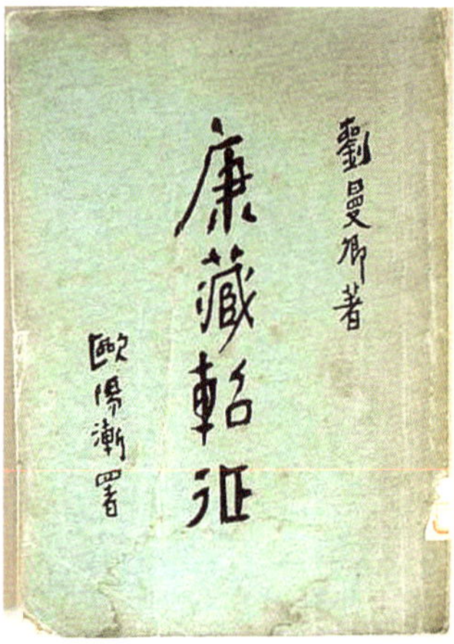

刘曼卿所著《康藏轺征》，收录其1929年7月由川入藏一年多所著短文62篇，内容涉及西藏政治、军事、民族、宗教、历史、经济、风俗、社会、地理、名胜、古迹等

从战后西藏局势上看，在英人势力撤离印度之际筹划废除英藏不平等条约，的确是不容错过的有利时机。但现实是，驻藏办事处人员纷纷离藏返内，蒙藏委员会后来任命的处长熊耀文迟迟没有到任，国民政府又因内战节节败退，无暇顾及。面对藏局的持续恶化，陈锡璋独自苦苦支撑，终不能以己之力挽回局势。

1949年7月8日，噶厦政府突然通知陈锡璋，民众大会决议西藏地方暂时断绝与国民政府的政治关系，所有在藏之机关人员，包括办事处、无线电台、学校、医院等，需在两星期内离藏，是为“驱汉事件”。驻藏工作人员分三批离藏，陈锡璋于1949年7月20日随第三批人员离藏，国民政府蒙藏委员会驻藏办事处的历史使命随之终结，国民政府与西藏地方之间的关系也遭受挫折。

总之，中华民国时期，中央政府与西藏地方的关系是一个不断走向正常化的过程，尽管民国政府始终都没有实现西藏问题的彻底解决，但是始终坚持在国家主权的原则下，不断地恢复和强化双方的关系，使西藏地方在民国三十八年的历史中没有脱离中央而独立。

撰稿专家

王川，四川师范大学教授。

和平解放与民主改革

百万农奴翻身得解放，西藏人民获新生

历史的转折

1949年10月1日，中华人民共和国宣告成立。随着新中国的诞生，完成国家领土和主权的统一，已成为大势所趋。1950年夏天，解放战争进入尾声，中国大陆仅剩下西藏还没有解放。

为了维护祖国领土的完整，驱逐在西藏的帝国主义侵略势力，1950年1月2日，毛泽东主席亲自起草中共中央西南局和西北局关于向西藏进军的指示，并对进军西藏的时间、军力配备、藏族干部训练等问题，做出了具体安排。同时，考虑到西藏独特的自然环境，结合西藏的历史现状，针对当时的社会形势，中共中央认识到用和平方式解放西藏，有利于消除民族隔阂、加强民族团结、保持西藏稳定，做出了争取和平解放西藏的伟大决定。

中央政府一面命令中国人民解放军准备进军西藏，一面通过各种渠道通知西藏地方政府派代表来北京谈判，以期和平解放西藏。西南局和西北局多次派人入藏劝和，结果均受到英美帝国主义及其追随者的严重阻挠，前去劝和的人有的遭西藏地方政府限令离境，有的遭扣押，有的遭到毒害。同时，西藏地方政府在帝国主义的挑拨与策划下，加紧扩军备战，妄图阻止解放军进军西藏，和谈的大门被紧紧地关上了。

在此情况下，1950年10月6日，解放军挺进昌都，用了不到20天时间，解放了昌都，打开了进军西藏的大门，为和平解放西藏奠定了基础，被刘伯承将军誉为"解放西藏的淮海战役"。

昌都战役后，西藏上层统治集团在政治上迅速分化，摄政达扎被迫下台，十四世达赖喇嘛亲政，西藏地方政府同意派代表赴京与中央人民政府进行和平谈判，为和平解放西藏奠定了可靠的基础。

1951年5月23日，《中央人民政府和西藏地方政府关于和平解放西藏办法的协议》（简称"十七条协议"）签字仪式在北京中南海勤政殿举行，仪式由中央人民政府副主席朱德、李济深和政务院副总理陈云主持。董必武、郭沫若、黄炎培、陈叔通、聂荣臻、彭真等党和国家领导人和民主人士参加了签字仪式，班禅行辕代表也参加签字仪式。中央人民政府全权代表李维汉、张经武、张国华、孙志远，西藏地方政府全权代表阿沛·阿旺晋美、凯墨·索南旺堆、土丹旦达、土登列门、桑波·登增顿珠分别在协议上用汉、藏文签字和盖章

1951年5月，毛主席在北京设宴祝贺《十七条协议》签订。右为第十世班禅额尔德尼·确吉坚赞，左为西藏地方政府全权代表阿沛·阿旺晋美

签订《十七条协议》

1951年，西藏地方政府派出了以阿沛·阿旺晋美为首的五人代表团赴北京同中央人民政府代表进行谈判。中央人民政府指派李维汉、张经武、张国华、孙志远为全权代表，以李维汉为首席代表，与西藏地方政府进行谈判。整个谈判在团结、友好、真诚、平等的氛围中进行，5月21日结束，双方一致通过了《中央人民政府和西藏地方政府关于和平解放西藏办法的协议》（简称《十七条协议》）。

《十七条协议》一经公布，立即受到全国人民的热烈拥护和欢迎。班禅、达赖也相继致电毛主席，表示拥护和平解放西藏办法的协议。

《十七条协议》的签订，实现了西藏的和平解放，从此使西藏人民永远摆脱了帝国主义的侵略和羁绊，回到了中华人民共和国友爱和睦的大家庭中。

千辐金法轮

1954年十四世达赖喇嘛到北京出席第一届全国人民代表大会时敬献毛泽东主席的礼品，是反映西藏地方政府、达赖喇嘛与中央政府关系的重要实物

《十七条协议》的主要内容

一、西藏人民团结起来，驱逐帝国主义侵略势力出西藏，西藏人民回到中华人民共和国祖国大家庭中来。

二、西藏地方政府积极协助人民解放军进入西藏，巩固国防。

三、根据中国人民政治协商会议共同纲领的民族政策，在中央人民政府统一领导下，西藏人民有实行民族区域自治的权利。

四、对于西藏的现行政治制度，中央不予变更。达赖喇嘛的固有地位及职权，中央亦不予变更。各级官员照常供职。

五、班禅额尔德尼的固有地位及职权，应予维持。

六、达赖喇嘛和班禅额尔德尼的固有地位及职权，系指十三世达赖喇嘛与九世班禅额尔德尼彼此和好相处时的地位及职权。

七、实行中国人民政治协商会议共同纲领规定的宗教信仰自由的政策，尊重西藏人民的宗教信仰和风俗习惯，保护喇嘛寺庙。寺庙的收入，中央不予变更。

八、西藏军队逐步改编为人民解放军，成为中华人民共和国国防武装的一部分。

九、依据西藏的实际情况，逐步发展西藏民族的语言、文字和学校教育。

十、依据西藏的实际情况，逐步发展西藏的农牧工商业，改善人民生活。

十一、有关西藏的各项改革事宜，中央不加强迫。西藏地方政府应自动进行改革，人民提出改革要求时，得采取与西藏领导人员协商的方法解决之。

十二、过去亲帝国主义和亲国民党的官员，只要坚决脱离与帝国主义和国民党的关系，不进行破坏和反抗，仍可继续供职，不究既往。

十三、进入西藏的人民解放军遵守上列各项政策，同时买卖公平，不妄取人民一针一线。

十四、中央人民政府统一处理西藏地区的一切涉外事宜，并在平等、互利和互相尊重领土主权的基础上，与邻邦和平相处，建立和发展公平的通商贸易关系。

十五、为保证本协议之执行，中央人民政府在西藏设立军政委员会和军区司令部，除中央人民政府派去的人员外，尽量吸收西藏地方人员参加工作。

十六、军政委员会、军区司令部及入藏人民解放军所需经费，由中央人民政府供给。西藏地方政府应协助人民解放军购买和运输粮秣及其他日用品。

十七、本协议于签字盖章后立即生效。

红旗插上喜马拉雅

《十七条协议》签订以后，中央军委主席毛泽东发布了进军西藏的命令，并任命张经武为中央人民政府驻西藏代表。进藏部队经过深入的思想动员和充分的物资准备后，于8月下旬，分四路从新疆、西北和西南三个方向向西藏拉萨和各边防要地进军。

十八军先遣支队由昌都经边坝、嘉黎、太昭向拉萨进发，于9月9日藏族传统“雪顿节”之日，抵达拉萨市区。十八军主力8月中旬从甘孜启程，行程1620千米，途中翻越丹达山、冷拉山等16座终年积雪的大山，跨越金沙江、怒江、拉萨河等数十条江河，穿过大面积的原始森林，战胜高寒缺氧、雨雪冰雹、饥饿疾病等重重困难，历尽艰难险阻，于10月26日抵达拉萨。

由云南进藏的部队昌都战役中已先期抵达西藏门工，9月10日，126团主力从门工出发，渡过怒江等大险，翻越祖秀拉山，抵达察隅地区。新疆独立骑兵师5月时已由于田翻越昆仑山主峰，向阿里地区的噶尔、普兰开进。8月3日进驻阿里地区首府噶达克。尔后，进入阿里地区组建阿里骑兵支队，协助当地藏族同胞担负守卫阿里的任务。青海骑兵独立支队组成十八军独立支队，由青海香日德经过通天河，翻越唐古拉山向拉萨开

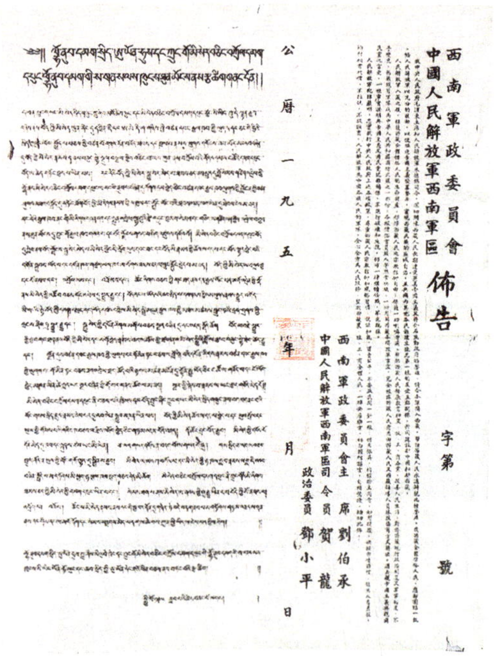

西南軍政委員會
中國人民解放軍西南軍區
佈告
字第　號

西南軍政委員會主席　劉伯承
中國人民解放軍西南軍區司令員　賀龍
政治委員　鄧小平

公曆一九五〇年　月　日

西南军政委员会、中国人民解放军西南军区发布的进军西藏汉、藏双语的布告。布告要求“人民解放军入藏之后，保护西藏全体僧俗人民的生命财产；保护西藏人民之宗教信仰自由；保护一切喇嘛寺庙；帮助西藏人民开展农、牧、工、商各业，改善人民生活”。要求人民解放军“尊重西藏人民宗教信仰和风俗习惯，说话和气，买卖公平，不妄取民间一针一线，借用农具，均经物主同意，如有损毁，均按市价赔偿，雇用人、畜差役均付相当代价，不拉夫，不捉牲畜”

进。12月1日抵达拉萨，与先期到达的十八军胜利会师。12月20日，在拉萨举行了西南、西北两支进藏部队的会师大会。

至此，中国人民解放军各路进藏部队按照预定部署，完成了进驻拉萨和各边防要地的任务，把五星红旗插上了喜马拉雅山，实现了祖国大陆的全部解放和统一。

千年枷锁——旧西藏的封建农奴制

被称为“西藏通”的英国人查尔斯·贝尔在他的《十三世达赖喇嘛传》一书中这样描述：“你从欧洲和美洲来到西藏，就会被带回到几百年前，看到一个仍处在封建时代的社会。”在民主改革以前，西藏长期处于政教合一、僧侣和贵族专政的封建农奴制社会，其黑暗、残酷甚于中世纪欧洲的农奴制度。

1951年10月24日，人民解放军驻藏部队到达拉萨郊区。26日，西藏地方政府在拉萨举行隆重的欢迎仪式，欢迎人民解放军进驻西藏。人民解放军驻藏部队举行了盛大的入城式，西藏地方政府各级官员、三大寺的活佛、堪布、藏军以及各族各界僧俗群众两万多人夹道热烈欢迎。西藏地方政府官员向进藏解放军致敬、献哈达

西藏的农奴主主要是官家、贵族和寺院上层僧侣三大领主，不到西藏人口的5%，却占有西藏的全部耕地、牧场、森林、山川以及大部分牲畜。与三大领主相对应的是农奴阶级，主要有：“差巴”，意为支差者，领取领主差地，由领主摊派劳役为其耕种，约占农奴阶级的60%；“堆穷”，意为冒烟的小户，没有或丧失差地的农奴，依附于农奴主，受剥削奴役，约占农奴阶级的30%；还有占人口5%的“朗生”，即世代家奴，没有任何生产资料，也没有丝毫人身自由。

血肉之躯筑就的交通大动脉

1950年，中国人民解放军奉命进军西藏。进藏之路，极为险恶，雪山阻隔，高耸入云，大江奔腾，大河横流，山路崎岖，举步维艰。毛泽东主席根据实际情况，提出“一面进军，一面修路”的方针。人民解放军边行军、边勘测、边筑路，用不到五年的时间，修建了2416千米的川藏公路和2100千米的青藏公路。筑路期间，共计投入军工、民工11万余人，数千名解放军官兵以及各族民工为修筑两条交通动脉献出了宝贵的生命。

其中，川藏公路穿越整个横断山脉的二郎山、折多山、雀儿山等14座大山，横跨岷江、青衣江、大渡河、雅砻江、金沙江、澜沧江、怒江、拉萨河等众多江河，横穿龙门山、炉霍、甘孜、青尼洞、澜沧江、怒江、通麦等8条深大断裂带，地形复杂，气候多变，地层破碎，地震频繁，泥石流、塌方等地质灾害频繁出现，再加上公路平均海拔3000米左右，高寒缺氧，气候恶劣，筑路工程极端困难，先后有3000多名干部战士牺牲在了川藏公路修筑上。人民解放军在这条路上架设桥梁430座，修建涵洞3700个，以血肉之躯打通了赴拉萨的公路。

青藏公路的修建也万分艰难，公路平均海拔4500米以上，自西宁向西南需翻越日月山、橡皮山、昆仑山、风火山、唐古拉山等15座大山，跨越分属于黄河水系、内陆水系、长江水系的10余条河流，还要通过526千米的多年冻土地带。沿线地形、地貌、地质、气象、水文情势变化万千，再加上高寒缺氧，气候恶劣，年平均气温在5℃左右，修建难度极大，在世界公路建设史上也绝无仅有。在筑路过程中，解放军官兵和各族人民以顽强的精神、不畏艰难征服一座座高山，跨越一条条河流，穿过藏北草原，打开羊八井石峡，终将公路修到了拉萨。

1954年12月，川藏公路、青藏公路同时通车拉萨，结束了西藏没有一条正规公路的历史。两条公路的通车，密切地联系了西藏地方同祖国内地的关系，加强了藏汉民族间的团结，对于促进川、青、藏地区的社会经济发展，巩固祖国西南边防，有十分重大的意义。

上图：人民解放军开山劈崖修建进藏公路

下图：中央人民政府主席毛泽东为修筑康藏公路题词：“为了帮助各兄弟民族，不怕困难，努力筑路！”

下图：1954年西藏各族人民庆祝康藏（川藏）、青藏两条公路通车

农奴主占有农奴的人身，把农奴当作自己的私有财产随意支配，可以买卖、转让、赠送、抵债和交换。农奴的子女一出生，就登记入册，终身为奴。

农奴主用差乌拉（差役）和高利贷对农奴进行残酷的剥削。农奴成年累月地辛勤劳动，但是却连温饱也无法解决，经常要靠借高利贷勉强糊口。由于忍受不了残酷的剥削压迫，不少农奴纷纷逃荒要饭。民主改革前，仅拉萨就有两千多乞丐，因此，有藏族民谚称："农奴身上三把刀，差多、租重、利钱高；农奴面前三条路，逃荒、为奴和乞讨。"

西藏地方统治者制定了一系列法律以维护农奴主的利益。旧西藏通行了几百年的《十三法典》和《十六法典》，将人分成三等九级，明确规定人们在法律上的地位不平等。农奴主运用成文法或习惯法，设立监狱或私牢。地方政府有法庭、监狱，大寺庙也设法庭、监狱，领主还可在自己的庄园私设监狱。刑罚极为野蛮残酷，如剜目、割耳、断手、剁脚、抽筋、投水、剥皮等。

民主改革前生活在马棚里的"朗生"（家奴）达瓦，只能在马棚里过夜

西藏上层反动集团发动武装叛乱

1959年3月，西藏上层反动集团，在外国势力的支持和操纵下，坚持农奴制度"永远不改"的反动立场，公开撕毁《十七条协议》，发动了全面武装叛乱。为维护国家的统一和西藏人民的根本利益，中央人民政府与西藏人民一道坚决平息了武装叛乱。

2月7日，十四世达赖喇嘛丹增嘉措在布达拉宫会见应邀前往的西藏工委、军区负责人时，主动提出想于3月10日前往军区礼堂观看西藏军区文工团的演出。西藏军区副司令员邓少东等人当即表示欢迎，并将达赖喇嘛的这一意愿告知噶伦和达赖喇嘛的副官长帕拉·土登维登等人。

3月9日晚上，西藏少数反动上层对不明真相的拉萨僧俗民众说："达赖喇嘛10号要去军区赴宴，汉人准备了飞机，要把达赖喇嘛劫往北京。"3月10日，在叛乱分子的煽动下，不明真相的僧俗民众2000多人围住达赖喇嘛的住地罗布林卡，阻拦达赖喇嘛前往西藏军区礼堂观看演出。叛乱分子还打伤西藏军区副司令员桑颇·才旺仁增，杀害西藏自治区筹备委员会官员、爱国人士堪穷·索朗降措，并拖尸示众。

从3月10日至3月19日期间，西藏工委和西藏军区遵照中央的指示，采取了十分克制的态度，坚持不打第一枪。他们一方面向聚集在罗布林卡的噶伦们提出警告，责令他们负责平息叛乱。另一方面，西藏军区政委谭冠三先后于3月10日、11日和15日三次写信给达赖喇嘛，希望他保重及注意安全。达赖喇嘛亦于3月11日、12日和16日先后给谭冠三复信三封。在16日的信中，达赖喇嘛表示，他已对地方政府官员等进行了"教育"和"严厉的指责"，并表示几天后还可能到军区去。

3月16日和17日，叛乱分子先后以"西藏独立会议"和"西藏独立国人民会议全体大会"的名义，给驻印度噶伦堡的西藏分裂主义分子发出两封电报，要其谋求印度政府的支持。3月17日晚，噶伦索康等叛乱头目以所谓“汉人两发炮弹打到罗布林卡北围墙外，威胁达赖喇嘛安全”为借口，将达赖喇嘛及其家属劫出拉萨，往山南方向而去。3月18日，叛乱分子明目张胆地在拉萨市区贴出了“西藏独立国”的布告。20日凌晨，叛乱武装袭击前往拉萨河渡口执勤的人民解放军分队，向驻拉萨的解放军和中央代表机关发起了攻击。

为维护国家统一，驻藏人民解放军在西藏军区政治委员谭冠三的指挥下，于20日10时对叛乱武装实施反击，21日晨对市区叛乱武装达成合围，并对小昭寺顽抗之敌予以全歼。在强大政治攻势下，大昭寺、布达拉宫的叛乱武装开始动摇，于22日拂晓缴械投降。至此，拉萨市的武装叛乱基本平息。

百万农奴翻身得解放

1959年3月22日，在人民解放军平息叛乱的同时，中共中央发出了《关于在西藏平息叛乱中实行民主改革的若干政策问题的指示(草案)》，提出了“边打边改，叛乱地区先改，未叛乱的地区暂时缓改”的方针，在西藏掀起了一场轰轰烈烈的群众性民主改革运动。

1960年秋天，民主改革运动在西藏80万人口的农区胜利完成，20万农户欢天喜地得到了土地证。千百年来被当作“会说话的牛马”的农奴，挣脱了身上的锁链，分得了属于自己的土地和其他生产资料，成为自己命运和西藏社会的主人，延续数百年套在农奴身上的封建枷锁被打碎。

据统计，民主改革期间，共没收和赎买农奴主土地280多万亩，分给80万农奴，人均分得土地3.5亩多；废除高利贷850万克(1克相当于14千克)，减息折粮2.6万克；约2万朗生安了家。

百万农奴第一次成为土地和其他生产资料的主人，焕发出了空前的生产和生活热情。据统计，土改基本完成的1960年，西藏全区的粮食总产比1959年增长12.6%，比土改前的1958年增长17.5%，牲畜存栏头数1960年比1959年增长10%。

翻身农奴喜获农资

1960年，辛苦了一辈子的农奴顿珠(左)和才旺仁真领到了土地证

同时，在党和政府的领导下，西藏的社会面貌和生活条件也迅速发生改变。供销社、信用社、民办小学、夜校、识字班、电影放映队、医疗卫生机构纷纷在拉萨以及各地建立起来。据统计，1959年底，拉萨市区建立居民委员会28个，先后安置8700多名贫苦游民和乞丐就业，救济8500多名生活困难的贫民，收容120多名孤、老、病、残

1965年9月1日，西藏自治区召开第一届人民代表大会

者。1960年，纳金水电站建成发电，拉萨普通市民首次用上了电灯。1959年至1960年两年内，西藏建立起几十个现代化小型工厂，培养了2万多名藏族工人。

西藏自治区的诞生

中央人民政府和西藏地方政府签订的《十七条协议》中，明确规定了“在中央人民政府的统一领导下，西藏人民有实行民族区域自治的权利”。1956年4月，西藏自治区筹备委员会正式成立。达赖喇嘛任西藏自治区筹备委员会主任委员，班禅额尔德尼任第一副主任委员，张国华司令员任第二副主任委员，阿沛·阿旺晋美任秘书长。筹委会是带政府性质的机关，主要负责筹备在西藏地区实行民族区域自治。西藏自治区筹备委员会的成立，是西藏地区实施民族区域自治的重大步骤。

1959年3月28日，平定拉萨武装叛乱后，周恩来总理颁布命令，解散西藏地方政府，由西藏自治区筹备委员会行使西藏地方政府职权。经过了9年多的长期准备工作，1965年9月，西藏自治区正式成立。

民族区域自治制度在西藏全面确立，西藏社会制

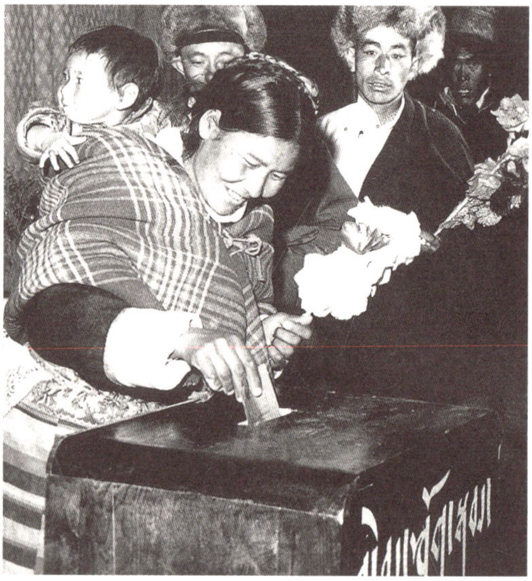

翻身农奴投下庄严的一票

度实现了从“政教合一”的封建农奴制度向人民民主的社会主义制度的历史性跨越，西藏人民从此进入了当家作主的新时代。

（本章图片由任新建、何洁提供）

撰稿专家

任新建（泽旺夺吉），藏族，四川省社会科学院研究员。著有《雪域黄金》《中国藏式建筑艺术》《川藏边历史资料汇编》等，发表论文200余篇。

何洁，四川省社会科学院副研究员。著有《尹昌衡西征历史资料汇编》《康藏重大事件历史资料选编》等，发表论文20余篇。

《雪域黄金》

扫描二维码，
阅读专家代表著作的电子版

当代藏区的发展与成就

文/四川省民族研究所助理研究员　德拥（藏族）

20世纪80年代以来，藏区紧随改革开放脚步，踏上了现代化建设的新征程。中央先后召开了六次西藏工作座谈会，在关键时刻为藏、青、川、滇、甘五省藏区的发展指明了方向，有力地推动了藏区的经济发展、社会稳定与文化繁荣，民族区域自治制度在藏区的实践取得了巨大成功。

经济发展成就

经济发展是衡量一个地区发展的重要指标。中央政府根据藏区经济社会发展实际，制定了符合藏区发展的各项政策。藏区经济乘着改革开放的东风，成功走上了跨越式发展道路。从最初的“输血”扶持，到今天自主“造血”发展，短短几十年中，五省藏区初步建立了较为完善的社会主义市场经济体制。以四川甘孜藏族自治州为例，2016年农牧业、文化产业、中藏药业分别实现增加值58.3亿元、1.9亿元、10.5亿元，分别是2011年的1.6倍、1.4倍、1.4倍，粮食生产连续9年丰收，产业结构、所有制结构持续优化。

人民生活水平也不断改善。2013年，西藏地区生产总值达807.67亿元，农牧民人均纯收入达到6578元，城镇居民人均可支配收入达到20023元，绝大多数人口摆脱了延续上千年的贫困，许多已提前达到了小康水平。

经济的快速发展，也带动了藏区能源、交通等基础产业的蓬勃兴起。地热、风能、太阳能等清洁能源不断得到开发和利用，已形成多能互补的清洁能源体系，在保护高原生态环境的前提下，藏区彻底告别了能源稀缺的历史。

政治建设成就

人民当家做主，是中国民族区域自治制度的核心和根本，藏区各族人民享有充分的选举权和被选举权。为了保障藏区各民族特别是少数民族充分行使当家做主的权利，中央和地方政府历来非常重视少数民族干部的培养和使用。西藏自治区成立初期只有7600多名少数民族干部，1976年增加到1.68万人，2014年底，西藏少数民族干部已达11万多人，占全区

青藏铁路起于青海西宁市，途经格尔木市、昆仑山口、沱沱河沿，翻越唐古拉山口，进入西藏自治区安多、那曲、当雄、羊八井，到达拉萨市，全长1956千米。是重要的进藏路线，被誉为“天路”，是世界上海拔最高、在冻土上路程最长的高原铁路，中国新世纪四大工程之一。
此图为2006年7月1日12时41分，青藏铁路从格尔木出发的首班列车通过昆仑山口，这是自青藏铁路7月1日试运营以来，首列通过昆仑山口的客车（图/视觉中国）

干部总量的70%以上。新藏区，藏族人民当家做主不仅体现在藏族人民参政议政上，更体现在宗教信仰自由权利得到保障上，各种宗教、各个教派都平等地得到尊重和保护，实现了真正的和谐包容。

现代化建设成就

“想致富，先修路”，对于现代化建设较为落后的藏区而言，路代表着希望，代表着发展。西藏和平解放前藏区没有一条公路，1954年12月同时通车拉萨的川藏、青藏公路大动脉，结束了西藏没有一条完整公路的历史。2013年10月，西藏墨脱公路嘎隆拉隧道胜利贯通，结束了“全国唯一不通公路县”的历史。青藏铁路建成通车，川藏铁路的开工建设，将一举变“第三极”的天堑成通途。西藏拉萨贡嘎机场助航灯光工程投入使用，昌都、林芝、阿里、日喀则机场，四川稻城亚丁、康定、红原、九寨黄龙机场，青海西宁、玉树、格尔木机场，云南香格里拉机场，甘肃夏河机场等的建成通航，在生命禁区的世界屋脊架起了“腾飞的金桥”。今天的藏区以公路、铁路、航空为主的交通体系四通八达，方便了出行，密切了藏族与各民族之间的血肉联系，加深了民族感情，加强了民族团结。

条条畅通的天路为藏区旅游业的发展创造了条件，青藏高原独特的自然风光和人文景观，吸引着众多国内外游客，掀起一股股“进藏热”。青海、四川、甘肃、云南等地藏区也相继提出全域旅游，各地藏区的农牧民也正通过生态旅游脱贫致富，旅游业成为推动经济持续增长的新引擎。

明媚阳光下的高原藏区，随处可见一幢幢、一排排错落有致的藏式新楼房，这些漂亮的藏房，有一个共同的名字——农牧民安居工程。2006年以来实施的以安居工程为突破口的社会主义新农村建设和“牧民定居行动计划”，惠及了千千万万的藏区农牧民，不仅改善了藏区农牧民的人居环境，更带来了农牧区整体面貌的显著改善和农牧民生产方式、生活习惯的重大变化，使高原民族与其他民族一道共享改革成果和现代科技文明。随之配套的水、电、

西藏山南地区藏族村民迎来了一批特殊的礼物——太阳能电力设施，他们从此用上了明亮的电灯（图/视觉中国）

路、气、通讯、广电、邮政等农村综合配套设施建设逐步完善，藏区消费市场也得到进一步的激活，“数字藏区”使藏区的生活更加方便快捷，藏区人民生活开始富裕起来了，民生阳光时时刻刻温暖着雪域高原。

文化建设成就

改革开放以来，中央政府和藏区地方政府始终高度重视民族优秀文化的继承、保护和发展，藏区文化建设取得了巨大的成就。藏语言文字得到有效保护，通过立法，学习、使用和发展藏语言文字工作被纳入法制化轨道。同时，也在藏、青、川、滇、甘五省藏区公民中推广国家通用语言文字的学习和使用，促进各民族、各地区经济文化交流。

藏族优秀传统文化进一步得到保护和传承。西藏现有各类文物点4277处，其中国家重点文物保护单位55处，自治区级文物保护单位391处，布达拉宫、罗布林卡、大昭寺被列入“世界文化遗产名录”，《格萨尔王传》、藏戏被列入联合国“人类口头和非物质遗产代表作名录”，列入“国家级非物质文化遗产名录”的有76项，国家级非遗代表性传承人68名，拉萨、日喀则、江孜被列为国家级历史文化名城，西藏博物馆被列为国家一级博物馆，西藏档案馆收藏有300多万件重要历史档案，成功打造了《文成公主》等享誉国内外的大型实景剧。

现代公共文化日益普及，广播电视综合覆盖率超过90%，西藏所有行政村都有农家书屋、所有藏传佛教寺庙都有寺庙书屋。2011年，西藏设立文化产业发展专项资金，扶持西藏文化产业发展。电视频道、栏目、节目以及图书、杂志、报纸等藏语类精神文化产品也越来越丰富。

历经50余年沧桑巨变，藏区特色文化得到了科学的保护与传承，并不断焕发出旺盛的生命力，在新起点上不断实现新跨越，藏族优秀民族文化之花正绽放出别具一格、璀璨绚丽的色彩。

民生建设成就

针对藏区教育落后、人才匮乏

西藏自治区浪卡子县中学的学生在语音教室内上课（图/视觉中国）

的现状，中央和西藏自治区根据教育发展的需要，在内地创建了以藏族学生为主题的“西藏班”，作为西藏教育的重要补充形式。“西藏班”如今已成为西藏人才培养的重要基地，同时也是民族文化交流的窗口和各民族团结进步的纽带。2011年起，西藏已基本实现农牧区学前教育、义务教育阶段和高中教育阶段的15年免费教育，开启了免费教育的新时代。中央民族大学、西南民族大学、西北民族大学、青海民族大学、西藏大学、西藏民族大学等高等院校相继开设藏文本科专业，以及相应的硕士点、博士点，圆了高原学子的“求学梦”“成才梦”，源源不断地为藏区培养和输送各类专业人才。越来越多高学历的藏族青年踏上科学的前沿阵地，用自己的智慧和知识为藏区科研事业默默耕耘，不断向前迈进。在国家“大众创业，万众创新”的号召下，有更多的藏族青年投入创业，带动藏区农牧民走上致富路。

近年来，藏区的医疗条件得到极大改善。以政府投入为主导，家庭账户、大病统筹和医疗救助相结合的农牧区医疗制度已全面建立，基本实现了乡乡有卫生院、村村有卫生室，人民的健康水平得到了显著提高。西藏自治区医疗卫生机构从1965年的193个增加到2014年的1430个，床位从1631张增加到12024张，卫生人员总数从2947人增加到15531人，人均期望寿命从和平解放初期的35.5岁提高到现在的68.2岁。目前，西藏以免费医疗为基础的农牧区医疗制度已覆盖全体农牧民，在全国率先实现城乡居民免费健康体检、城乡居民社会养老保险全覆盖，“新农合”参保率接近100%，实现“小病不出乡”。每年都有一大批内地三甲医院的医生来到高原进行对口支援，帮助藏区的医生提高技术，基层卫生院派医生外出学习。藏区常见的“包虫病”“大骨节病”等典型高原疾病得到了有效控制。

西藏自治区藏医院成为集医疗、教育、科研、预防保健、制剂生产、文化传播为一体的三级甲等民族医院。特别是改革开放以来，藏医药教育事业取得长足进步，形成多种藏医药人才培养机制，国家对藏医药文献整理工作也投入大量的人力、物力、财力。2006年，藏医学被列入首批国家级非物质文化遗产保护名录。现代藏医学已经走向全国和世界，服务越来越多的人。

消除贫困、实现共同富裕，是社会主义制度的本质要求。由于特殊的自然环境和条件，贫困一直是制约藏区发展的最大障碍和瓶颈。国家扶贫开发力度不断加大，扶贫政策在藏区从无到有，从有到成规模发展。尤其是精准扶贫工作实施以来，藏区贫困人口大幅减少。以四川省阿坝州为例，坚持以项目化手段、工程化措施推进民生建设，贫困人口从2011年的20.9万人减少到2015年的7.4万人，建成扶贫新村209个，2016年又有126个贫困村顺利退出，2.4万贫困人口摆脱贫困，贫困发生率下降到7%。

生态建设成就

藏区一直是国家重要的生态安全屏障，对亚洲乃至世界都有着重要意义。多年来，中央和五省藏区编制、实施了一系列生态环境保护与建设规划，对藏区的生态环境保护与建设进行全面规划与部署，不以牺牲自然环境为代价，注重经济、社会、生态的和谐统一，走可持续发展之路。以西藏自治区为例，全区74个县区全面实施草原生态保护，每年落实补助奖励资金20多亿元，既保护了草原生态环境，又促进了农牧民增收；启动国家森林生态效益补偿基金，开展防沙治沙、水土流失和小流域综合治理及地质灾害防治工作；严格限制高能耗、高污染、高排放行业，严禁矿产资源开发，推广使用清洁能源，减少温室气体排放。

在各方面的共同努力下，藏区的生态文明建设取得明显成效。目前，西藏的自然保护区面积达到41.22万平方千米，森林覆盖率达11.91%，各类湿地面积600多万公顷；141种国家重点保护野生动物、39种国家重点保护野生植物在自然保护区得到很好保护。据中科院和相关部门的监测评估显示，藏区高原各类生态系统结构整体稳定，生态质量稳定向好。

当代藏区快速发展，交出了一张张令人瞩目的“成绩单”。这些“成绩单”不仅折射出经济社会的巨大变迁，也见证了当代藏区的新面貌，更是举世瞩目、载入史册的人间奇迹。

茶，见证与承载着民族兄弟之情

茶马贸易写就汉藏民族交往交流交融的历史

茶是连接藏汉经济、文化的纽带

藏族可能是世界上最喜欢喝茶的民族。对于藏民族来说，茶如同空气和水一样，是生命中不可或缺的一部分。茶不仅仅是维持身体需要的饮品，同时也满足了藏族精神世界的需求。藏族谚语形象地道出了对茶的喜爱，"汉家饭饱腹，藏家茶饱肚"，"饭可一天不吃，茶却不能一顿不喝"，"茶是血，茶是肉，茶是生命"。

无论在藏区的什么地方，都能看到饮茶的藏人。他们每天第一杯酥油茶要敬献给佛祖；招待客人首先端出的就是茶；长途跋涉疲惫不堪之时，喝一杯滚烫的热茶会让疲乏顿消。如果你旅行到了拉萨或日喀则，能见到的最有特色的风景就是遍布大街小巷的大大小小的各式甜茶馆，从早到晚，茶馆都坐满了客人。茶已经成为藏族人民日常生活不可或缺的必需品。

唐宋以来，茶马贸易是连接和维系中原王朝与北方及西北、西南少数民族的重要方式和纽带，对中国统一多民族国家的形成和发展有着不可忽视的重要作用。在汉藏交往的历史上，茶马贸易就是中原王朝用汉地茶叶换取藏地马匹或其他物资的一种商业活动，贯穿了两个民族交流历史的很多阶段。这种商业活动在繁荣藏地城乡经济，扩大汉藏人民的政治、经济、文化交往，密切汉藏民族关系上尤为重要。汉藏之间的茶马贸易，始于唐、兴于宋、盛于明、衰于清，前后沿袭近千年，成为维系汉藏民族友好关系的重要纽带和桥梁。

茶叶的专卖机构——茶马司

茶马司遗址

茶马司始于宋代，兴盛于明朝。

宋代汉藏茶马贸易是官府垄断和直接经营的。为了保证以茶易马，宋朝在成都设置都大提举成都府路茶场，在秦州设置都大提举茶马司，垄断对输入藏区茶叶的产销，并负责在四川和陕西买马。

明代是茶马贸易最为兴盛的时期。明朝为了"以茶驭番"，在靠近青海、甘肃和川西地区设置茶马司管理茶马互市事务。茶马司负责收购、储运和销售茶叶，垄断茶马贸易。

藏茶发展史，就是一部汉藏交流史

虽然藏茶以"藏"命名，但却不产于藏地。据民间传说，茶叶最早由祖国内地传入藏区应该是在唐代。唐代的茶叶产区，不只局限于最初的江淮和巴蜀地区，也扩大到了西北及西南其他地区。于是，茶叶流通便延伸到了藏族地区。

在藏民族中，关于茶叶如何传入藏族地区也有不同的说法，见诸于文字的，是《西藏政教史鉴》附录《文成公主下嫁考》里记载："则茶叶，亦自文成公主时输入藏土也。"不过关于这段文成公主带茶入藏之事，汉文史料未见记载。直至现在，在藏北草原仍然流传着文成公主把大唐的茶饼带入西藏，并教会藏族妇女碾茶、煮茶的传说。西藏山南一带有着这样一首民歌，大意是：看到龙纹茶杯啊，就想起公主慈祥的面容。由此可见，藏人饮茶习俗的形成是与文成公主有一定联系的。

流传于民间的传说就更有趣一些，藏族古籍《汉藏史集》中讲述了这样一个故事：吐蕃赞普都松芒波杰（679—704）得了重病，当时吐蕃没有医术精湛的医生，赞普只能静养调理。有一天王宫的屋顶上忽然落下一只以前没有见过的美丽的小鸟，婉转鸣叫，口中衔着一根树枝，枝上有几片翠绿的叶子。赞普发现这是一种以前没有见过的树叶，摘下树叶的尖梢品尝其味，觉得清香无比，加水煮沸，成为上好的饮品。赞普派人四处寻找这种宝树，但在吐蕃的各个地方都没有找到；最为忠心的大臣在汉地的一片密林中终于找到，并借助一只白色的母鹿驮回了茶叶。喝下茶水后，赞普的病也大有起色。于是，茶开始作为一种珍贵的药品在吐蕃王公贵族中流行。

清代藏族贵族使用的酥油茶具，茶杯为翡翠质，杯托和杯盖以黄金制成，工艺十分考究，现藏于西藏博物馆

不管茶叶入藏源于何种说法，茶叶输入藏地形成一定规模应该是在公元7世纪文成公主、金城公主进藏之后。当时的唐蕃和亲促进了汉藏之间的政治、经济和文化的交流，茶叶也是在这个时候开始作为一种重要的贸易物品从内地输入吐蕃。不过，总的说来，在唐代，下层平民饮茶和一般商人贩茶尚不见于记载，茶叶在吐蕃尚属高级珍品，只有王公贵族才能享用。

到了宋代，汉藏茶马贸易有了很大的发展，中原地区茶叶产量也大幅提高，宋代茶叶产量比唐代增长了两三倍，从而保障了藏区茶源的供给。藏族地区上至王公大臣、下至平民百姓开始普遍饮茶，形成了藏族人民“宁可三日不食，不可一日无茶”的嗜茶之风。大约在中原的北宋时期，当印度高僧阿底峡在古格传法时，就曾对藏族的茶大加赞赏，称：“在印度用金子也买不来的饮料，你们可以整日饮用，天天享受。”

佛教与藏茶

藏茶最初盛行于权贵阶层。晚唐时期，随着汉地佛教西传，僧人们饮茶的风气也渐入吐蕃，藏茶的“破睡”和“涤烦疗渴”的作用，也为寺庙所重。藏史曾有记载：“对于饮茶最为精通的是汉地的和尚，此后噶米王向和尚学会了烹茶，米札衮布向噶米王学会了烹茶，这以后依次传了下来。”

此外，汉地佛教在吐蕃的发展与茶的传播似乎存在某种内在的关联。作为茶叶传入的一个重要渠道，佛教在吐蕃的发展在很大程度上促进了茶叶的传播。茶因此在当地也往往和佛教观念联系在一起，被誉为“天界享用的甘露，偶然滴落到人间”。及至后世，茶也经常作为奉献用以供养寺院及僧侣。

藏族的宗教活动中，也融入了藏茶的身影。“进藏熬茶”，是对到西藏礼佛布施的民间叫法，清代每任驻藏大臣均要定期向三大寺“熬茶”，对寺院进行布施供奉，这项活动在汉藏关系史上发挥了极为重要的作用。

茶马互市

在经济上，藏区的民生对藏茶的大量需求促进了藏汉之间在畜牧经济和农业经济上的交换、互补，从而催生出一个独特的经济形态。

从唐、宋时期开始，在藏汉接合地带雅州（今四川雅安），后延伸到打箭炉（今四川康定）出现了藏汉民间的集市贸易，进行钱货交易或者物物交换，这种集市形式叫“互市”“合市”“和市”等。在集市中，藏民用马匹、牛羊以及珍贵药材、皮制品、香料、珠宝等换回茶叶、布匹、盐等生活必需品。其中，汉区对马的需求和藏区对茶的需求构成集市最大的交易板块。

最早时候，一些内地商人基本是用铜钱购买马匹，然后转卖给军队。而从宋代起，宋朝与边邻的部分少数民族地区时有发生摩擦和战事，朝廷惧怕卖马所收入的铜钱被用于铸造兵器，于是就明确规定了集市贸易必须以茶换马，不能使用货币。于是茶叶无形中就成了能够代替铜钱的硬通货。

一时间茶叶的身价陡增、珍贵异常，许多追逐茶叶利润的商家纷纷入川，收购茶叶，结果带动了蜀中茶业的发展。在川西一带，十户农家就有七八户种茶贩茶，茶叶经济基本上替代了农业经济，成为地方经济的主流，其中茶税收入占极大份额。陈椽在《茶业通史》记载道："产茶遍及各州郡，雅州最为著名，产量大，质量优，行销塞外。"可以看出，以藏茶为主体的川茶在当时所占的分量和地位，是毋庸置疑的。据有关资料记载，宋代时四川生产用以交换马匹的茶叶，每年高达3000万斤，占了当时全国5000万斤茶叶年产量的一半以上。

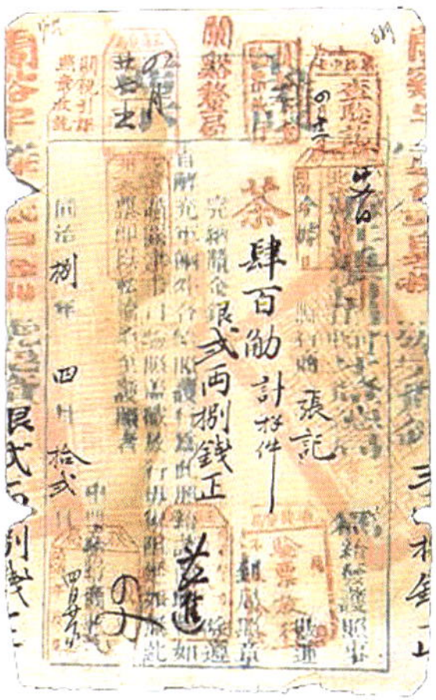

官府发给茶商的茶叶运销凭证——茶引

茶引制度开始于宋代。北宋崇宁年间，官府发行茶引给茶商，茶商领到茶引后，按照茶引批准的数量和地点向藏区销售运输茶叶，朝廷根据茶引来征税。这是中国历史上第一次允许茶商专卖的尝试，但很快就停止了。

到了南宋时期，由于国库空虚，国力衰弱，茶马贸易的主要市场川陕地区又是宋金对峙的主要战场，因此当时的成都府路转运判官赵开向朝廷建议，把官营改为商买商卖，由茶商向官府领取茶引，经营藏茶。茶马司的职能从直接经营藏茶买卖转变为审核茶引。茶商领到茶引并纳税后，可以直接进行合法茶叶贸易

以茶治边

"蜀茶总入诸番市，胡马常从万里来"，汉地缺马、藏区缺茶，汉人尚文、藏人尚武，一种"以茶治边"的策略把茶马互市从民间的自发性交换贸易，转化为民办官督或者官办民从等形式，出现了官商介入、朝廷干预的策略和政策法令。

历代中原王朝实行"茶马法""榷茶制""引茶制"等，利用茶叶作为重要的治藏手段。可以说，自从宋代以后，藏茶的非物性价值和作用被泛化成一个带政治色彩的利器，赋予了一种超越茶叶本身的政治意义。翻开历史，无论是宋代的茶马司或明代的提举司，无论是明代的"茶引"或者清代的"引岸"，中原封建统治集团一直利用藏区民众对藏茶的需求，以经济的手段谋求政治目的，推行着一种集权和制衡的民族边疆策略；但从客观上藏茶也成为维系汉藏团结的纽带。

清代之初，为了巩固边防并解决战马缺乏问题，在西北地区恢复茶马贸易。但是到了康熙、雍正时期，北方和西北的马匹可以随便贸易，历代中原王朝通过茶马互市取得战马的限制已经消失，茶马贸易时兴时罢，逐步走向衰落。到乾隆年间以后，清朝政府则不得不停止以茶易马。

伴随着茶马贸易的衰落，汉藏之间的交往进入了一个新阶段，商业贸易已经不仅仅局限于以茶易马，而在更大的程度和范围上发展、繁荣，各种经济交流活动远远超过了历史上茶马贸易的规模和水平。

盘延千载的茶马古道

传统意义上的茶马古道，指的是以川滇藏三角地带为中心，以茶马互市为主要方式，延伸到中国内地和藏区，以及印度、东南亚的古代文明古道。历史上的茶马古道并不止一条道路，而是一个庞大的交通网络，以川藏道、滇藏道与青藏道（甘青道）三条大道为主线，辅

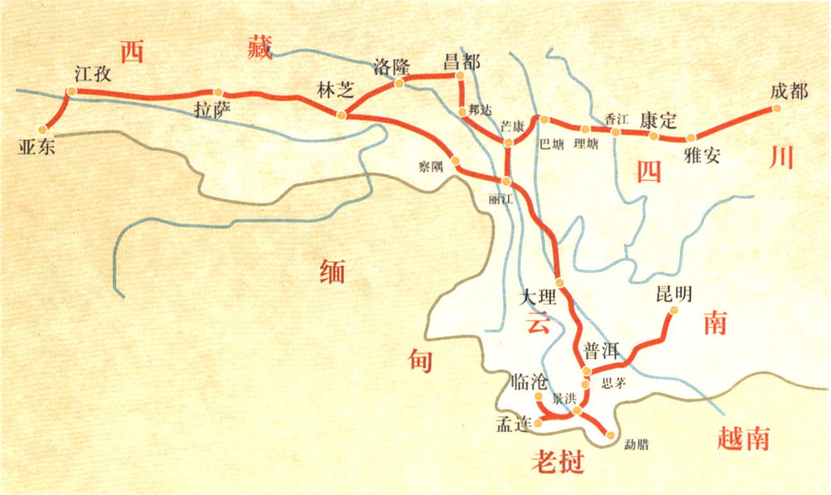

茶马古道路线示意图（图/蔡惟）

地区的支线等。这些四通八达的茶叶贸易网络把川、滇、藏地区紧密连结在一起，形成了人类历史上地势最高、山路最险、距离最遥远的文明古道。

以众多的支线、附线构成的道路系统，地跨川、滇、青、藏，向外延伸至南亚、西亚、中亚和东南亚。

公元641年，文成公主从长安城的南门出发，不远千里，翻越崇山峻岭进入吐蕃王国，嫁给了吐蕃赞普松赞干布。当年她进入吐蕃时所走的那条路，就是“唐蕃古道”，在前期主要是一条政治交往之路，后期就成为了汉藏贸易、茶马互市的通道。这条道路东起关中地区，经过青海，从四川西北角的邓玛（原邓柯县），过金沙江，经昌都地区、那曲地区至拉萨。

不过，对于大多数今人而言，所熟知乃至缅怀的茶马古道，主要有两条线路：一条从四川雅安出发，经泸定、康定、巴塘、昌都到西藏拉萨，线路全长3100多千米，称为“川藏道”；另一条线路从云南普洱茶原产地（今西双版纳、普洱等地）出发，经大理、丽江、香格里拉、德钦，到西藏邦达、察隅或洛隆、林芝的工布江达、拉萨，线路全长3800多千米，称为“滇藏道”。

在这两条主线的沿途，密布着无数大大小小的支线，如从雅安到松潘、甘南的支线，由川藏道北部支线经邓柯（今四川德格）通往青海玉树、西宁、洮州（今甘肃临潭）的支线，由昌都向北经类乌齐、丁青通往藏北

中国与南亚地区重要的贸易通道

茶马古道在西藏境内继续向南亚延伸。到了清代，边茶的运销已远达不丹、尼泊尔、锡金等地区，成为当地人民“视为不可缺”的饮料。曾经在拉萨生活过多年的英国外交官查尔斯·贝尔惊叹道：“中国茶之风行，不仅在不丹、喜马拉雅锡金、尼泊尔、拉合尔及拉达克等地，凡有藏人踪迹者，无不嗜茶。即在大吉岭山下之居民，亦不顾大吉岭所产极名贵之本地茶，偏喜历尽艰辛山路而运入之中国茶。中国茶较贵，而人民又贫，但仍视为不可缺。”

藏茶经西藏的外销之路主要有两条，一条道是向西到江孜、日喀则，再向西南翻越喜马拉雅山脉，到达南亚的印度、尼泊尔；另外一条道是从日喀则向西穿过阿里，到达克什米尔。

到达拉萨的茶叶，经喜马拉雅山口运往印度加尔各达，大量行销欧亚，逐渐成为一条国际大通道。这条国际大通道，在抗日战争中中华民族生死存亡之际，发挥了重要的作用。

此外，还有一条从云南绕道东南亚、南亚入藏的“滇茶之路”，就是从茶叶产地西双版纳等地经缅甸，再用海船运至印度加尔各达，从加尔各达转火车到大吉岭或噶伦堡，最后从喜马拉雅山脉南麓进入西藏，这条茶道曾经是清代至民国时期“滇茶销藏”的主要通道之一。

山间铃响马帮来

从四川、云南运往藏区的茶叶，基本靠人力背运或者骡马驮运。

滇藏线上主要是靠马帮运输，赶马人被称为“马脚子”，多来自贫寒之家。“马脚子”为了生计风餐露宿，长途跋涉数千里，一趟来回，往往需要半年左右的时间。

川藏线上则主要是靠人力背运，背茶进藏的背夫俗称“背子”“背脚子”“脚夫”，他们都是茶叶产地的农民。这些背夫有些是祖祖辈辈从事这一行业的，有些是农闲时节才临时靠背茶补贴家用。边茶的运输十分不易，从雅安到康定的200多千米，山高路陡，要在崎岖小道上翻越多座高山，背夫的负重都在百斤以上，日行近20千米，需要十天以上的时间。峭壁悬崖上的千年古道，正是由这些尘世间的汉子，一步一步地走出来的。

背负百斤重的茶叶，在平地上行走，尚且是一件难以完成的任务，那这些背夫是如何在陡峭的山路上负重行走的呢？沉重的茶包，是一层又一层地叠堆在背架上的。每个茶包重约16斤，体强的背20包左右，中等体力的背10包上下。有的把茶包直接叠放在架上；另一些把茶包一层层重叠，用竹签贯穿，再用细篾编成背带，套在两肩上，每人手里握住一根“丁”字形拐子，拐子尖镶着铁杵，叫“墩拐子”。茶包一旦上身，就不能轻易放下，背夫们只能在崎岖的山道上用“墩拐子”支撑，双腿岔开直立，两肩紧勒细篾背带，稍事休息再继续前行。

到达康定后，再用牛皮包装用牦牛驮运入藏，康定到拉萨2000多千米，需要长途跋涉4—5个月，有时甚至长达十多个月，运费远高于茶叶本身的价格，这样的运输竟能持续千年，的确令人叹为观止。

在茶马古道穿行千年的马帮和背夫，就这样在风餐露宿的艰难行程中，用清悠的铃声和沉重的喘息声打破了千百年山林深谷的寂静，开辟了一条条通往藏区的茶叶之路。

1954年川藏线开通后，行走在茶马古道上的背夫才逐渐消失。

茶马古道上的马帮

跑马溜溜的山，康定溜溜的城

——茶马古道上的重镇打箭炉

“万里遨游，西出炉关天尽头。”这炉关，指的就是打箭炉（今四川康定）。出了打箭炉城往西翻过折多山，便进入了藏族聚居区。于是打箭炉成为了历史上汉藏往来一个至关重要的节点。

打箭炉在宋以前是一片不毛之地，元代时只是一个小村庄，明代这里也是人烟稀少，只是藏商往来歇足住宿之地。打箭炉的贸易中转站地位的形成与兴盛，得益于茶马贸易。

清朝初年，打箭炉成为汉藏贸易的重要集散地后，“番汉咸集，交相贸易，称闹市焉”。由于商业的兴盛，打箭炉成为了输往藏区的边茶中转站。康熙三十二年（1693），达赖喇嘛向清廷奏请在打箭炉设茶市。于是，打箭炉逐渐成为藏区的边茶贸易中心，也就是边茶从四川雅安转入西藏、青海的中转站。打箭炉迅速地发展了起来，在雍正十二年（1734），果亲王允礼路过打箭炉，就已经看到打箭炉呈现出“茶货所聚，市肆稠密，烟火万家”的繁荣景象。

康定独有的锅庄开始于元朝。茶马贸易之后，各路藏商络绎不绝地来康定交易茶叶，在其常驻地搭建帐篷，竖锅庄（即在露天用三块石头支锅烧茶）。以后交易渐盛，就在帐篷外修建房屋，但是仍然沿用了锅庄的名称。锅庄最初是集交易所、货栈、食宿店为一体的独特商贸组织，后来发展为专门接待往来客商，堆放货物，洽谈生意的商旅行栈。

康熙到雍正年间，打箭炉的锅庄，从13家发展到了48家，年成交额达400多万银元，其中创建最早、规模最大的包家锅庄拥有宽敞的房舍80多间，贸易额曾达80万银元。

四川康定“茶马古道”雕塑

是商贸通道，更是民族文化交流的走廊

中国是一个多民族国家，中国的历史很大程度上也是多民族逐渐聚合在一起的历史。茶马古道所见证的正是汉藏乃至西南其他民族逐渐聚合的历史过程。汉藏之间在经济上的互补性和相互依存，是使其共同成为今天中华民族大家庭成员的一个重要原因。所以，茶马古道的意义显然并不仅止于历史上的茶马交换，事实上它既是历史上汉藏两大文明发生交流融合的一个重要渠道，也是促成汉藏两个民族进行沟通联系并在情感、心理上彼此亲近和靠拢的主要纽带。《格萨尔王传》中说道：“汉地的货物运到博（藏区），是我们这里不产这些东西吗？不是的，不过是要把藏汉两地人民的心连在一起罢了。”这是藏族民众对茶马古道和茶马贸易之本质的最透彻、最直白的理解。

景德镇窑青花藏文高足碗及鎏金莲花纹银碗座

此碗及碗座为明宣德时期（1426—1435）作品，现藏于布达拉宫管理处。碗腹一周有青花藏文吉祥祝词，大意为“日安宁，夜安宁，日夜长久宁，愿三宝保佑安宁”。此套器物应是景德镇官窑为西藏上层特制的茶具，传世稀少

茶马古道所途经的河谷地区大多是古代民族迁移流动的通道，许多先民在这里留下了他们的踪迹，许多原生形态的古老文化因素至今仍积淀和保留在当地的文化、语言、宗教和习俗中。千百年来，不仅是汉藏之间，藏族与西南其他少数民族乃至藏族内部各族群之间的文化交流与传播均在这里默默地、不间断地进行着，这里既有民族文化的冲突与碰撞，也有各民族文化之间积极的互动与融合。

事实上，正是这条东西横跨数千里，穿越青藏高原众多不同民族（不同族群面貌）、不同语言和不同文化地区的茶马古道，犹如一条彩带将他们有机地串联起来。

撰稿专家

刘志扬，人类学博士，中山大学人类学系教授，博士生导师。主要从事藏学、人类学研究。发表学术论文多篇，出版专著《乡土西藏文化传统的选择与重构》《藏彝走廊里的白马藏族：习俗、信仰与社会》等。获国家民委民族问题研究一等奖。

《乡土西藏文化传统的选择与重构》

《藏彝走廊里的白马藏族：习俗、信仰与社会》

扫描二维码，阅读专家代表著作的电子版

晨曦中的布达拉宫(图/郑宪章)

第3章

高原特色的外显标志

建筑

本章主撰稿人：西南民族大学教授　杨嘉铭

在人类文明发展的历史长河中，建筑作为人类物质文明最基本的四要素（衣、食、住、行）之一，从远古的发端一直到信息时代的今天，始终与其历史发展进程结伴而行。从广义的文化视野来审视，建筑不仅是人类物质生产的产品，而且是精神生产的结晶，从而成为人类文化的一种特殊表现形式和直观载体。

不同的民族，都有自身的文化传统和特质，建筑作为一种文化，自然也就打上了民族的烙印，并形成与自身的社会背景、生存环境、经济生活、文化与心理特征等相协调、相映衬的风格。

藏族人民在建筑文化领域中不断探索进取，使其不仅在我国建筑史上占有重要的地位，也在世界建筑史上写下了光辉的篇章。作为藏族建筑典范的拉萨布达拉宫，被联合国教科文组织列入世界文化遗产名录，就是强有力的佐证。

在长期的生产生活实践中，藏族人民学会了如何让建筑去顺应自然，并努力与自然生态环境相协调。人们根据当地的自然生态状况，修建起不同样景的建筑物，并显现出与自然环境十分协调的建筑景观。

佛教不仅是藏族人的精神寄托，对藏族建筑文化的影响也是深刻的。可以说，几乎在所有功能建筑中，都充溢着宗教的气息，人们把信仰在建筑物上传递、表达、展现。

藏族传统建筑在经历了数千年的发展与变迁后，逐渐形成独具青藏高原特色的一种外显标志。这种外显标志，并不是孤立存在的，它总是与藏族的审美意向、文化诉求、生境所处、价值取向相关联的，并由此而建构了与文化特点相一致的建筑体系。

千年传承的精神

藏族建筑技艺在建筑史上占有重要地位

地洞岩穴为人家

藏族传统建筑的原始时期，是和青藏高原人类的起源联系在一起的。据《国王遗教》载："藏族人的形成过程是观世音菩萨的化身父亲猕猴绛曲赛贝和母亲至尊度母的化身罗刹女结为夫妇生下猴崽，他们演变为四部，即四氏族：塞、穆、董、东，从此变成藏人。"在《西藏王臣记》《贤者喜宴》等藏文典籍中，也都有类似关于藏族起源的说法，并在民间广为流传。在今西藏山南泽当的贡布日神山上，有一处岩洞，名叫"泽乌洞"，传说便是当时猕猴的居所。在本教《法源》中就有"此前人鬼未分时，已有六大之世纪，无数年人间居住，地洞岩穴为人家"的说法。

著名意大利学者杜齐曾长期在西藏从事西藏文化研究，在他的《西藏考古》一书中，多处提到西藏的早期人类所居位的洞穴建筑："在西藏，洞穴的数量极多。有时是孤零零的一个洞穴，有时则是成群的洞穴……很显然，史前时期曾有人在这里居住过……在西藏西部的擦巴隆、羌、穹垅和其他地方也有为数众多的古代穴居人的居留地。"也就是说，青藏高原藏族建筑的原始时期是以天然的掩体为主的建筑形式。这个时期的历史跨度很长，下限为新石器时代晚期。

石砌建筑始出现

基于我国藏区既有考古发现，新石器时代与建筑文化相关的文化遗址有西藏拉萨的曲贡遗址、西藏昌都的卡若遗址、四川甘孜的丹巴中路遗址。这些遗址尤其是卡若遗址中所显现出来的建筑遗存，充分证明了藏族传统建筑在经过了1100—1200年的孕育后，已经开始初见端倪，从地穴窝棚式逐步发展到地面擎檐碉楼式建筑，无论是建筑结构还是营造技术都产生了一次飞跃。

西藏措美县乃西乡台巴村附近的碉群遗址（图/杨嘉铭）

其显著标志是：建筑物从圆形地穴逐渐向地面、空间发展；建筑物的层数由单层向双层发展；居室由单室向双室、多室发展；建筑材料由泥、木棍向卵（毛）石、木楞、木柱方向发展；营造技术从架设木骨涂抹草泥烧烤技术，发展到木楞屋架、砌筑石墙。

碉式建筑的出现，成为独具特色的藏式建筑的早期母型，并对后来藏式建筑的型格产生了极其重要的影响。应当说，新石器时代是藏族传统建筑的起步时期，或称萌芽时期。

西藏三大原始文化遗址之一：卡若遗址

卡若遗址位于西藏昌都，是一处新石器时代晚期文化遗址，年代为距今4000—5000年。遗址总面积约1万平方米。这里出土有房屋遗迹二十多座，还有许多古人类所使用过的石制生产工具以及谷物、兽骨等，对研究西藏早期历史具有重要价值。

堡寨帐篷相辉映

据《汉藏史集》和《敦煌古藏文写卷》等文献记载，西藏古代社会从母系氏族过渡到父系氏族社会的标志是“玛桑九兄弟”时期，遍布于西藏的是众多的“小邦”。在小邦社会中出现了以邦为核心的采邑，这些采邑的建筑风格为碉式建筑风格的堡寨式建筑。

大约于公元前2世纪，在今西藏的山南地区，一个新兴的强大部落兴起，结束了小邦社会的格局，这个部落便是西藏历史上的鹘提悉补野（即雅隆部落）。第一代部落王名为聂赤赞普，他在今西藏山南乃东境内的觉姆扎西次日山上建造了藏族历史上的第一座堡寨式宫殿——雍布拉康。雍布拉康堡寨式建筑成为了藏族建筑雏形时期的标志性建筑。它既继承了各小邦时期堡寨式建筑的功能和特点，又对藏族碉式建筑的发展起到了启后的作用。堡寨式建筑的兴起和发展，奠定了藏区建筑（农区）的基本格局，也为西藏宫殿建筑的发展，为藏区的古碉建筑从居住建筑中分离出来，成为藏族防御性建筑的一个新的特殊类型开了先河。

在这一时期，藏族建筑除了农业地区的堡寨式建筑外，在以游牧为主的地区，帐篷建筑文化也得到了发展。帐篷建筑是随着畜牧业的发展，牧民过着“逐水草而居”的生产生活方式所使然。帐篷建筑最早是以兽皮、树枝作简单掩体而初创的，随着生产力水平的不断提高，渐次出现了擀毡、织褐的手工工艺。编织技术和工艺的发展，不仅丰富了人们的服饰文化，同时也大大改善了牧民的居住条件。以牛毛编织的褐子作围幕，用木棒作为支撑骨架的牛毛活动帐篷成为青藏高原一大建筑特色。

藏族传统建筑的雏形时期，从小邦时期一直到公元7世纪吐蕃王朝的建立，大约经历了比萌芽时期还要长的历史过程。在这个时期内，藏族传统建筑的两大体系（农区建筑和牧区建筑）均发展到了一个新阶段，藏族传统建筑的基本面貌就像高原晴空下的巍巍雪山，清晰地展现在人们面前。

藏族历史上的第一座堡寨式宫殿——雍布拉康（图/杨嘉铭）位于西藏山南地区泽当镇东南，意即“母鹿后腿上的宫殿”。公元前2世纪第一代吐蕃王聂赤赞普所建，在西藏历史、文化发源中占有重要地位

宫殿寺庙初勃兴

公元7世纪初，吐蕃第三十二代（一说第三十三代）赞普松赞干布继位，他毅然迁都拉萨，建立了吐蕃王朝。吐蕃王朝建立后，松赞干布在政治、经济、军事、文化等诸方面实行新政，加强对外交往，从而刺激了吐蕃社会生产力的发展，也给吐蕃文化的繁荣带来了契机。经济的发展和文化的交流，更直接地为藏族传统建筑的发展注入了活力。

吐蕃王朝时期，藏族传统建筑最突出的表现在两个方面：一是以拉萨为中心的城市建筑格局初步形成；二是由于佛教的传入，佛教建筑开始勃兴。

藏族传统建筑的形成发展时期，从公元7世纪起，经历了大约六个世纪。这个时期的社会起伏变化较大。吐蕃王朝经历了兴盛与衰落，政体经历了统一与分裂，佛教也经历了两次弘法期与两次被剿灭的困境。对藏

大昭寺屋顶的装饰（图/张鹰）

《拉萨市文物志》中记载，大昭寺早期神殿的建筑结构采用了梁架、斗拱和藻井等法式，受内地风格的影响，尤其是“人”字大叉梁结构，显属唐代的建筑手法。大殿周围的廊殿间、殿门、梁架、额方上都雕有多种生动图案，在初檐和平檐间有半圆雕人面狮身伏兽作为承檐，雕梁画栋，琳琅满目，可能是受尼泊尔风格的影响。这些风格融汇在藏式建筑中，又很自然地成为一种相映成趣的巧妙结合，并具有很浓厚的地方特点。

大昭寺建筑的风韵，在《西藏王统记》中有一段精彩的诗词予以赞誉：

但见妙极佛宫殿，功德无边最庄严，
地形正方自然成，四角并作万字形。
门框修建如坛城，下方土色净琉璃，
上方彩绘鱼水兽，映照宛如镜影娉。
上下两层诸木柱，绝妙如同金刚橛。
柱弓梁柁如塔层，工巧变化绝其伦。
内外梁柱斗弓柁，明雕古史并逸闻。
上下天窗木椽首，白狮玉鬣作严饰，
一百零八欲飞腾。又观上有珍珠网，
碧玉柳墙因陀色。上方墙砖饰缨络，
飞檐栏杆极庄严。放射千光金宝顶，
诸色绫罗为顶冠，白拂铃铎小铃饰。
四周铁索相联系，无量庄严莫与伦。
下净香堂无量宫，供有度生施印者。

族传统建筑的形成和发展而言，也因此出现了曲折与起伏，特别是公元9世纪中后期吐蕃王朝崩溃后，一直到公元13世纪初。

这一时期藏族传统建筑的基本风格大体定型。史书上把当时的传统居住建筑归为两大类：一类为活动型帐篷建筑，大的帐篷可容纳数百人；另一类为固定型的平顶建筑，十分高大，高至数丈。

与此同时，藏族建筑的艺术风格也开始崭露头角，最具代表性的是把雕塑和绘画艺术融入到建筑之中，这在布达拉宫的曲结哲布和大小昭寺、桑耶寺的建筑中得到充分体现。建造者们吸纳了我国中原地区，以及印度、尼泊尔的建筑元素，并逐步融入到本地的建筑文化之中，藏族传统建筑的多元性特点开始彰显。

随着传统建筑的基本技术得到较大提升，新的建筑技术创新也卓有成效。据《西藏王臣记》载，吐蕃时期的布达拉宫的兴建，建筑规模达到了一千间宫室。当时不仅可以制作可容纳数百人的超大型帐篷，而且这种技艺还十分普及，为多数民众所掌握。在修建大昭寺时，就采用了水下施工技术，并获得极大的成功。

本土特色渐彰显

公元13世纪，是藏区特别是西藏历史上发生重大变革的时期。1253年（元宪宗三年），西藏正式纳入中国版图，并结束了较长时间的分裂局势。自元代以来至清末，虽然经历元、明、清三个朝代，在西藏也经历了萨迦、帕竹、噶丹颇章三个地方政权的交替，但藏族社会相对稳定，处于不断进步和发展之中。

藏族传统建筑在前期基础上，在历代中央王朝施政的影响下，向着更臻成熟的方向发展。出现了一些新型功能性建筑，例如以萨迦寺、丹萨替寺、布达拉宫为代表的政教合一性的建筑，以及庄园建筑、宗堡建筑和园林建筑等新型建筑形式，极大地丰富了藏族传统建筑的类型。

随着藏传佛教各教派的形成，佛教本土化进程的实现和其在藏族社会的重要地位日益突出，特别是自宗喀巴于公元15世纪初创立格鲁派以来，寺庙建筑达到了极盛时期。寺庙建筑不仅数量多，而且规模大、质量精，最典型的寺庙诸如西藏格鲁派哲蚌寺、色拉寺、甘丹寺、扎什伦布寺四大寺庙，以及青海藏区的塔尔寺，甘肃藏区的拉卜楞寺、四川藏区的理塘寺、大金寺、甘孜寺，云南滇西北藏区的松赞林寺等。此外，还有藏区各地的宁玛派的噶陀寺、竹庆寺、白玉寺、协庆寺、敏珠林寺、多吉扎寺，噶举派的楚布寺、八邦寺，萨迦派的俄尔寺等。

从公元13世纪至公元20世纪初的7个多世纪里，是藏族传统建筑的成熟时期，显现出强烈的本土化特色。这个本土化特色，一方面着重体现在对早期传统建筑的一脉相承性上，另一方面也表现出对传统建筑的创新上。二者相辅相成，相得益彰，将藏族传统建筑推向一个多姿多彩，且民族特点突出，气势更加宏大、庄严的新境界。

松赞干布修建拉萨城

《西藏魔女图》，现藏于西藏博物馆

相传"魔女图"最早绘于吐蕃时期，但原作已无从考证，此图约为19世纪作品。在唐卡和壁画中，"魔女图"反复出现，是一个鲜明的文化符号。所画内容来自拉萨城建城的传说：文成公主通过堪舆，认为整个雪域大地是个仰卧的魔女形象，为了降服魔女，需要在"心脏"部位修建寺庙，这就是今天的大昭寺。此外，又分别修建了镇肩、镇肢、镇节等12座大寺

松赞干布迁都拉萨后，即开始着手拉萨的城市建设，主要建筑为（前）布达拉宫、大昭寺、小昭寺、拉萨大堤、查拉路普石窟和帕邦喀等，大多集中在拉萨红山及其以东地带。

当时，佛教分别从印度和汉地传入，为了分别供放从尼泊尔和汉地输入的释迦牟尼佛像，松赞干布、文成公主和赤尊公主合议，于公元7世纪40年代分别建造了大昭寺、小昭寺。觉卧释迦牟尼佛像在小昭寺供奉了几年后被迎请到大昭寺，小昭寺主供觉卧不动金刚像。

关于大昭寺的选址，藏文历史文献和民间都有一段传说佳话：文成公主深谙天文历法，她根据汉历观测法详细推算雪域地形，指出藏区的地形犹如一罗刹女仰卧，大昭寺所在地便是罗刹女的心脏，为恶趣之门，若要镇之，须得修建神殿。松赞干布便依文成公主之议，在当时称为卧塘湖的地方破土动工，修建大昭寺。据传，为了填平卧塘湖，人们用山羊驮着白土，分别从雪域各地运至拉萨，所以拉萨又有"惹萨"之称，即"用羊驮土填平的地方"之意。

吐蕃时期的拉萨是一个高原性小平原，由于拉萨河自东向西散漫流淌，故为一片沼泽地。每当夏季来临，拉萨河暴涨，河水横溢，危及民生。在拉萨古城建设初期，松赞干布虑及拉萨河对平畴地区的危害，同时为修建大、小昭寺等建筑，和大臣们谋划，决定治理拉萨河，在其北岸修筑一条大堤，遏水北溢，在南岸挖土溢流，回填北堤，这在当时被称为"挖南填北"，是为拉萨城市建设史上最早的一项治水工程。据《拉萨史》载："随着拉萨河道的疏浚，护城

大堤的修筑，这里逐渐形成一大片干燥地面……填塞了卧塘湖，建起了大昭寺，同时建起了小昭寺……民居也逐渐增多，绕大昭寺盖起了朝拜者的旅舍，形成了八角街市场……”

在这个时期，还建有一座极负盛名的堡寨式建筑，它便是由松赞干布亲自主持修建的帕邦喀。帕邦喀的主体建筑建在一高近20米、顶部面积约300平方米的巨大磐石之上，四周皆为崖面，北崖筑有石阶供人登临。该建筑物的基础是用红炉铁水灌凝的大砖砌筑而成，高达九层，建筑平面南侧呈半圆形，北部为方形，建筑造型十分特殊。底层共分九间，大小形状也各异。据传，藏文创制者吞弥·桑布扎受松赞干布之命，去印度、尼泊尔等地学习返回后，就住在帕邦喀，闭门研制藏文达三年之久。也有传说吞弥·桑布扎创制藏文后，松赞干布为了在雪域推广，自己带头学习，其学习地就在帕邦喀。从此，帕邦喀的名字便与松赞干布和吞弥·桑布扎联系在一起，成为一个神圣而又传奇的地方。

繁华热闹的八角街（图/视觉中国）
八角街位于古城拉萨的中心，是拉萨传统面目保留得最完整的街道，也是拉萨宗教、经济、文化、民族手工艺乃至西藏的风土人情的集结地。“八角”是“帕廓”的音误，意思是围绕大昭寺的街道。整个街区呈圆形，仿佛是一座巨大的时钟，辉煌壮丽的大昭寺就是钟轴

班禅驻锡之地——扎什伦布寺(图/张鹰)

扎什伦布寺是西藏日喀则地区最大的寺庙，为四世之后历代班禅驻锡之地。它与拉萨的甘丹寺、色拉寺、哲蚌寺，以及青海的塔尔寺和甘肃的拉卜楞寺并列为格鲁派的“六大寺”。

扎什伦布寺的未来佛(强巴佛)堂，是藏区藏传佛教寺庙中所有强巴佛堂的佼佼者。强巴佛堂建筑面积达860平方米，层高达30米，内供高为26.8米的世界之最的镏金铜佛；外观呈阶梯状，层层收拢；在装饰上，每层顶角均有雄狮雕饰，殿顶为汉式歇山金顶，并配置有镏金宝瓶、法幢、法轮、祥鳞等装饰。整座佛堂气宇轩昂，宏伟壮观

藏族传统建筑的类型

类别	特点	代表建筑
宫殿	藏族建筑的重要组成部分。在不同的历史时期，均建造过当时的权力象征的宫殿建筑	布达拉宫、雍布拉康等
寺庙	除民居以外分布最广、规模最大、数量最多的建筑类型。一般说来，藏区任何一座藏传佛教寺庙，无论在建筑规模上还是艺术上都是当地任何一种建筑所无法比拟的，是藏族传统建筑艺术精华之聚合	桑耶寺、大昭寺、扎什伦布寺、拉卜楞寺、噶陀寺、哲蚌寺、色拉寺、萨迦寺、楚布寺、甘丹寺、塔尔寺、理塘寺、更庆寺、八邦寺等
民居	藏族民居根据生产方式来划分，大致可以划分为农区民居和牧区民居两大类型。农区民居为固定式建筑，而牧区民居除越冬的简易固定建筑外，主要为活动帐篷	牛毛帐篷、丹巴碉楼、古格窑洞、甲马赤康庄园、卓克基土司官寨等
宗堡	元末明初西藏社会发生重大变革时期出现的又一大功能性建筑类型。宗堡的选址一般都选在人口相对稠密地区的制高点上。其建筑物除了宗本居室和办公公堂外，便是用以作为防卫的围墙、碉堡和附属设施	桑珠孜宗堡、曲松宗堡、江孜宗堡、琼结宗堡、定结宗堡等
园林	藏语称“林卡”，其功能较为狭窄，一般均为世袭贵族等消夏专用	罗布林卡、德吉林卡、桑珠孜林卡、龙王潭等
桥梁	除了原始溜索绳渡外，吊桥和木桥最为普遍，其中伸臂式木桥最具民族特色和地区特点。藏区的桥梁建筑极大地丰富了中华民族的桥梁建筑史	新龙雅砻江藏式伸臂桥、阿坝柯河藏式伸臂桥

自然与宗教的交响

藏族传统建筑与自然环境相协调，具有鲜明的宗教烙印

天人合一

青藏高原是地球上最年轻的高原，也是地球的最高处，那里山脉连绵，雪山巍巍；那里草原无垠，林海茫茫；那里江河长流，沟谷纵横。千百年来，世世代代休养生息在这片大地上的藏族人民，不仅十分挚爱自己的家园，同时对家园的理解和认识也是深刻的。在长期的生产生活实践中，他们学会了如何让建筑去顺应自然，并努力与自然生态环境相协调。

在农业地区，由于居住固定，当地民居的大宗建材均取于当地，宜土则土，宜石则石，宜木则木，或兼而有之。而在牧区，由于“居无定处”“迁徙无常”，若在草原上取土取石，又会严重破坏生态环境，所以，所居住的可以自由架设的帐篷原材取于自养的牲畜牦牛身上的毛。在藏族民间，有一首民歌唱道：“雪山闪金光，帐篷搭在草地上，藏族人民就这样，生活在高原上。”在我国，从事畜牧业的民族很多，但藏族的游牧帐篷，无论是其外形、搭设方法，还是其色彩等，都有鲜明的个性，尤其是所使用的主要建材，源于青藏高原特有的牦牛，极为独特。

总的来说，青藏高原海拔高、气候严寒，但在这片广袤的大地上，特别是农业地区，由于地理区位的不同，海拔的高度不同，自然生态环境往往会出现区域性的差异。人们根据当地的自然生态状况，修建起不同样的建筑物，并显现出与自然环境十分协调的建筑景观。

帐篷一般分几种：冬季帐篷，用牦牛毛制成；夏季的白布帐篷；还有休闲帐篷，制作精美（图/视觉中国）

中国最美乡村——四川甘孜丹巴甲居藏寨（图/视觉中国）

萨迦民居与寺庙浑然一体，深灰色的墙壁是萨迦建筑的最大特征（图/张鹰）

由于历史、社会的原因，不同地区在藏族文化同一性的背景下，还存在文化生态上的区域性，这种文化生态上的区域性特点，也会自然地表现于具体的建筑物上。一方水土养一方人，易涛在《中国民居与传统文化》中说："由于气候和地理环境的不同，生存资源和文化信仰的差异，铸就了藏式民居以古朴、粗犷、神奇为特点的形式和风格。"

在藏区，有许多美丽的村寨，依山傍水，或为田园所环绕，或为林木所掩映，极富诗情画意，也表现出"天人合一"的情韵。四川甘孜丹巴的甲居藏寨，在由《中国国家地理》杂志主持的"中国最美乡村"的评选中位居榜首。这个村寨不仅环境美，民居更美，二美合一成大美。

浓郁的宗教色彩

佛教自公元7世纪从印度和我国内地传入西藏，在一千多年的发展历程中，佛教不仅成为藏族人民的精神寄托，对藏族文化的影响也是深刻的，建筑自然也不例外。数以千计的藏传佛教寺庙建筑成为藏族传统建筑的重要组成部分，佛塔、转经廊、嘛呢堆等，几乎随处可见。

其实，在藏族地区，传统建筑浓烈的宗教性绝不仅限于宗教性质的建筑，可以说，在所有功能建筑中，除了桥梁建筑以外，其他诸如宫殿、园林、民居等，都无不充溢着宗教的气息。人们总是希望自己的信仰在建筑物上得到表达。例如：农区的民居，在房屋的平顶上，要设置用作烟祭的"松科"和插嘛呢旗的"拉则"；在房屋的最高层，一般都有专门的供佛、礼佛的经堂；在房屋的墙体上，大门上，都会镶嵌或绘制日月、佛塔、十

哲蚌寺措钦大殿(图/视觉中国)

世界三大宗教建筑之最——哲蚌寺

拉萨市郊的哲蚌寺，是藏区最大的寺庙。全寺建筑面积达20万平方米，其规模之大，堪称世界三大宗教建筑之最。建筑群体十分巧妙地利用山势坡度逐层建造，群楼层叠、鳞次栉比，犹如一座山城。五世达赖时期，寺庙额定人数为7700人，第巴桑杰嘉措在当时就认为该寺是一座超级大寺。大殿在藏语中称“措钦”，是寺庙的核心建筑物，其高度、建筑面积、建造的精美程度、所处的地理位置，均是该寺庙其他建筑物所不可比拟的。哲蚌寺大殿，占地面积达4500平方米，仅经殿建筑面积就达1800平方米。殿内柱密如林，有183根之多；装饰排场，雕梁画栋，衣柱悬幢，帏幔交织，五光十色，显得十分富丽堂皇。殿内外壁画和雕塑件件都是精美绝伦的艺术精品。

左上图：日喀则民居门上方三色塔状表示三菩萨：文殊、观音、金刚手(图/张鹰)

左下图：江孜一带民居门旁画蝎子为了辟邪(图/张鹰)

夏鲁寺位于日喀则以南约20千米，建筑主体模式是藏汉合璧，墙壁和内部结构呈藏式，屋顶琉璃歇山顶呈汉式（图/张鹰）

相自在、雍仲、蝎子等符号图案；在大门或院墙顶，还会安放牛头骨、白石等；在安放火塘的厅堂内，家家户户都会在中柱上悬挂哈达或放置青稞麦等物，以示对家神、祖先神的敬仰。在牧区，帐篷外的拉绳上、支撑柱上，牧民们都会想方设法悬挂嘛呢经幡；在帐篷里布置简易佛龛，悬挂唐卡或放置佛像。总之，在任何性质的民居中，人们都能随时随地体察到宗教的存在。

多元与多样并行兼容

考察与回顾藏族传统建筑的历史，追根溯源，不难发现，多元性的特点是客观存在的。用现在的眼光去审视，它应分为两个层面，一个层面是国内层面，另一个层面是国外层面。

考古发现证实，国内层面的早期源头可追溯到新石器时代晚期，即距今4000年左右，在西藏昌都的卡若遗址晚期遗迹中，出现了干栏式楼居形式的建筑。这种建筑形式，应当说不是卡若本土文化的产物，而是吸收了西南地区其他远古族群的建筑文化而出现的。从春秋战国开始一直到秦汉时期，我国西北被泛称为羌的族群大量向西南地区迁徙，整个横断山脉地区形成一个民族走廊，许多不同系统的远古族群南来北往其间，今四川藏区、滇西北藏区、西藏东部地区，在唐代以前，都是被称为夷、氐、羌的族群生息的地方，这些地方的建筑文化在当时是充分发育的。唐代以后，这些地区渐为吐蕃所并，在吐蕃文化的影响下，后来逐渐被吐蕃同化，成为藏族的组成部分，而建筑文化也自然融入到藏族建筑之中。

在吐蕃王朝时期，学习和借鉴中原内地建筑文化的实例是较多的，比如，拉萨的小昭寺，该寺是由文成公主主持修建的，其建筑带有浓厚的汉式建筑风格，汉式的釉子层顶斑斓美丽，熠熠生辉；翘角飞檐，十分壮丽。桑耶寺乌孜大殿的中层部分，也体现出汉式建筑的风格。

自元代以来，藏族传统建筑吸纳中原内地汉式建筑的实例就更多了，诸如元代时期萨迦南寺、夏鲁寺，乃至布达拉宫，以及青海塔尔寺、瞿昙寺，甘肃夏河的拉卜楞寺都程度不同地引入了汉式建筑的营造技术、建筑形制。其他藏区的一些重要建筑在借鉴汉式建筑外，还引入了其他少数民族的建筑元素。青海塔尔寺的建筑，除受当地汉、回、土、撒拉等民族民居的共同居住形式“庄巢”的影响，在装饰方面还直接采纳了当地回族的“河州砖雕”艺术。

藏族传统建筑多元性的另一个层面是国外文化的

拉萨大昭寺金顶上铜质镏金瓦当（图/杨嘉铭）

远眺桑耶寺（图/张鹰）

影响。印度是佛教的法源，又是西藏佛教的重要传入地。吐蕃时期的宗教建筑受印度和尼泊尔建筑的影响较大，甚至一些重要的宗教建筑如大昭寺、查拉路普石窟、桑耶寺等，在兴建时，都有尼泊尔工匠直接参与。尤其是印度和尼泊尔的宗教雕塑与绘画艺术，不仅对藏族建筑直接产生影响，还对后来藏族美术的发展起到了重要的推动作用。

随着历史的不断演进和社会的发展，为满足各个时期社会各方面的需求，涌现出越来越多的功能性建筑；同时，随着生产力的逐步发展，建筑手段、营造技术也在不断提升和拓展，结构类型和建筑式样不断增多，呈现多样化的态势。

以古碉建筑为例，早期的古碉，外形形状大都是四角形的，后随着砌石技术的不断提高，相继出现了三、五、六、八、十二、十三角的古碉；就古碉的质地类型而言，最早出现的是石碉，后又出现了土碉和石土混合碉；就功能类型而言，最早的碉都是家庭性质的宅碉，后来出现公共性质的寨碉，军事设防碉成为古碉建筑的主流。在公共性质的古碉中，又分出烽火碉、要隘碉、界碉、战碉、风水碉等等。

由于藏区地域广大，在同一性的大背景下，不同地区又存在着一定的个性特点，加之各地小环境的生态差异，这就使得藏族传统建筑中的民居更是异彩纷呈。

藏族传统建筑的多元性和多样性，从来都是并行兼容的，而且表现出较强的交融性，你中有我，我中有你。也正是基于此，藏族传统建筑才散射出绚烂、多姿的光彩。

藏、汉、印三种文化的集合体——桑耶寺

公元8世纪赞普赤松德赞时期，为了弘扬佛法，他迎请了印度高僧寂护和莲花生，在今扎囊县修建了一座寺庙——桑耶寺。这是藏族历史上的首座真正意义上的“佛、法、僧”三宝俱全的佛教寺庙。

桑耶寺以佛教宇宙成形说为建筑理念，以古印度摩羯陀地方的欧丹达普提寺为蓝本修建。建筑规模宏大，殿塔林立，以金碧辉煌的乌孜大殿为主体，组成一座庞大、完整的建筑群体。藏文典籍《贤者喜宴》称赞道：“此寺系一难以想象之建筑，此世间无与伦比之寺院。”主体建筑乌孜大殿为三层，顶层为印式建筑、中层为汉式建筑、底层为藏式建筑，三种风格相互映衬、完美共存。桑耶寺也因此被称作“三样寺”。

风格别具的装饰艺术

藏族传统建筑的装饰艺术在我国民族建筑中是独树一帜的。不同的民族，对色彩的理解和审美观念是有差别的，这种差别就构成了不同民族的色彩特点和色彩个性。

藏族传统建筑装饰的用色与其他美术诸如绘画、雕塑乃至服饰等大体是一致的，主要喜欢白、黄、红、蓝、绿、黑六种颜色。各种颜色都有一定的说法和含义，如白色象征纯洁、高尚、长寿，黄色代表神圣、广博，红色象征权力、热烈，蓝色代表坚毅、沉着，绿色象征生命活力，黑色代表古老、庄严。这种色彩观的来源，是藏族先民长期生活在高原，对于皑皑白雪、金黄麦浪、火红太阳、湛蓝天空、碧绿草原、乌黑石头的理解。

民居中的色彩运用较为自由和宽松，而在宗教建筑中，却十分严格。黄、白、赤、黑、青五色，它们或代表东、西、南、北、中五方，或代表地、水、风、火、空五行，或代表阿閦、弥陀、宝生、不空、大日五佛，或代表发心、菩提、修行、涅槃、方便五心，或代表大圆镜智、妙观察智、平等性智、成所作智、法界体性智五智。宗教的色彩规范，自然也就成为宗教建筑的色彩规范。

藏族传统建筑的外装饰着力点，是放在檐、窗、门等处的。这些部位的装饰图案，尽管有繁有简，但基本符号图案都大致相同。在内装饰上，寺庙建筑是极尽所能，梁柱部位可谓雕梁画栋，墙壁施以彩绘壁画，更显其庄严神圣，金碧辉煌。在民居中，总是彩绘各种吉祥图案，即便休闲时用的白帐篷，也同样绘制长期积累而约定俗成的诸如莲瓣、串珠、云纹、花草、动物，以及八吉祥、七珍宝、六长寿、和睦四瑞等。在具体的施色上，十分讲究色彩的强烈对比。

特殊的装饰用色和特殊的装饰图案，形成藏族传统建筑的风格别具之处。

上图：寺庙围墙的装饰（图/郑宪章）
右下图：寺庙屋顶镏金的装饰品（图/张鹰）

凡有人处皆有佛塔

佛塔是藏区最普遍，也是最具特色的宗教性建筑。可以毫不夸张地说，在藏区凡是有寺庙的地方，或者是有村寨的地方，均可以看到藏式佛塔。藏式佛塔在寺庙中是寺庙建筑的一个组成部分，而在民间又常常独立存在。藏式佛塔经过藏族人民的长期实践和创造，发展成为中华古塔大观园中的一支奇葩。

藏式佛塔与我国其他地区的古塔一样，并非我国固有，它是随着佛教的传入而出现的一种建筑形式。据《西藏王臣记》载，塔最初传入西藏始于雅隆王统第二十七代赞普拉托托日年赞（4世纪）时期。公元9世纪以后，纯属纪念性质的佛塔和安葬佛骨（亦称“佛舍利”）的灵骨塔，这两种塔在藏区广泛发展。

经过几个世纪的实践和探索，藏式塔的营造逐渐走向成熟，它既保持了印度塔的基本格调，又将雪域高原的本土文化和建造工艺融入其中，从而形成了具有鲜明特征的宗教性建筑。

按照藏族传统的分法，藏式塔从形式和内涵上可以分为八类：

格鲁派胜地塔尔寺的八相塔（图/杨婷）
塔尔寺位于青海西宁市西南25千米处的湟中县鲁沙尔镇。又名塔儿寺，得名于大金瓦寺内为纪念格鲁派创始人宗喀巴而建的大银塔，藏语称为“衮本贤巴林”，意思是“十万狮子吼佛像的弥勒寺”。是中国藏传佛教格鲁派（黄教）六大寺院之一

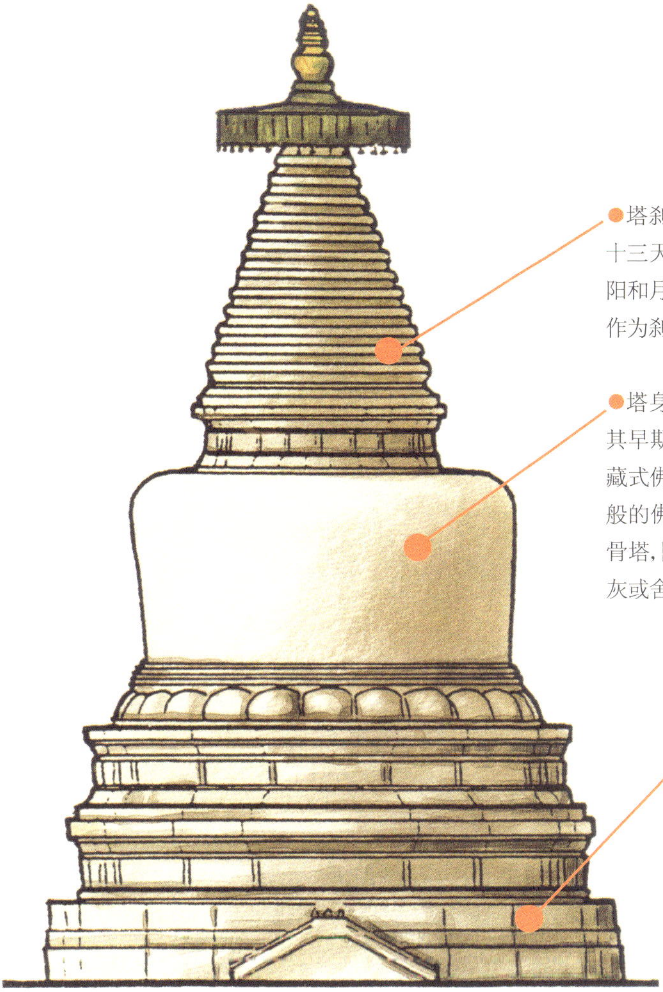

●塔刹主要由十三天极（螺旋形圆锥部分）和刹顶组成。十三天极代表修成正果所需的十三个阶段；刹顶多由太阳和月亮形象组成，藏语称之为“尼达”，也有以金刚宝幢作为刹顶的佛塔。

●塔身是藏式佛塔的主体核心部分，也是重点装饰部位。其早期的形状与印度窣堵波相似，为覆钵体，经演化成为藏式佛塔后，塔身则为古瓶形，故称塔身为塔瓶。若为一般的佛塔则塔瓶内存放经卷、佛像、各种宝物等。若为灵骨塔，除装上述物品外，则主要放置活佛、高僧的肉身、骨灰或舍利等。

●塔基是塔的基础部分，从佛教的角度来讲，称塔基为须弥座。以须弥为名，即指神、佛均居于宇宙中心之须弥山，同时也表示稳固之意。

(图/王其钧)

叠莲塔、菩提塔、和平塔、殊胜塔、涅槃塔、神变塔、神降塔、吉祥多门塔。这八种藏式佛塔，实际上代表佛陀的八个阶段或成就，也可以说是佛陀的八种精神境界，统称为“八相塔”。在藏区的许多寺庙和地方，均有建造整套八塔的习惯，其中布达拉宫内的八相塔和青海塔尔寺的八相塔最具代表性。

藏式佛塔的结构主要由三大部分组成，即塔基、塔身和塔刹。在三大部分中，各自又可细分为若干小结构部分。这种结构旨在说明，世间万物均由五个元素组合而成，物质的四大元素（风、火、水、土）被最细微的元素——心所吸收。高僧大德的遗体保存于这样的灵塔之中，不仅体现了肉体复归四大元素的佛教思想，还象征着出生—生活—精神—死亡—出生这一生命轮回。

藏传佛教建筑的典范——布达拉宫

布达拉宫被联合国教科文组织列入世界文化遗产名录

雪域高原最宏大的宫殿建筑

公元7世纪，松赞干布兴建布达拉宫。据《新唐书》载，松赞干布一方面“为公主（指文成公主和赤尊公主）筑一城以夸后世”，另一方面为“利益一切众生之事业，效行先祖拉脱脱日年赞之遗迹”，于是在拉萨红山大兴土木，修筑了布达拉宫。

布达拉宫是雪域高原有史以来建筑规模和气势都十分宏大的宫殿建筑。据松赞干布所著《玛尼全集》所示：“红山以三道城墙围绕，红山中心筑九层宫室，共九百九十九间屋子，连宫顶的一间共为一千间，宫顶竖有长矛和旗帜……”

《西藏王统记》中也有如下描述：“飞檐女墙，走廊栏杆，以宝严饰，铃声震动，声音明亮，建造堂皇壮丽。论其精美，则等同于大自在天之胜妙宫殿，视无厌足，诸宝严饰，并以各种绫绸，作为彩帷瓔珞，美妙如意；论其威严，则等同罗刹城邑，楞伽布山。诸宫室顶，竖立刀枪剑矛，每十长矛，悬挂红旗，而以采绫连系之；论其坚固，设有强邻寇境，仅以五人则可守护。又南方城垣，掘有城壕，深约十排，上铺木板，再上铺以火砖，砖上仅纵一马，即有十马奔腾之声。……如是王宫妙丽庄严，世绝其伦。修造完竣，王与臣民，大作庆会云。”

公元1645年（清顺治二年），由五世达赖喇嘛阿旺·罗桑嘉措主持，布达拉宫的重建正式拉开了序幕。此次布达拉宫的兴建，并非公元7世纪在红山上所建的布达拉宫的重复和翻版，而是又一次全新的、规模更

巍峨的圣殿（图/郑宪章）

大的新宫殿的兴建。所以，将吐蕃王朝时期修建的布达拉宫称为（前）布达拉宫，将噶丹颇章地方政权时期修建的布达拉宫称为（后）布达拉宫。

（后）布达拉宫依红山而建，起基于红山南侧山腰，及至山顶，外观13层，最高达115.4米。整座建筑东西长370余米，南北宽约100余米，建筑面积达55700余平方米，占地面积（含南侧城郭内和北侧龙王潭）达41公顷。

（后）布达拉宫的建设大体上可分为三个阶段，第一个阶段从1645年3月开始，到1648年4月，历时三年，主要完成的是白宫工程。第二阶段的红宫工程从1690年2月红宫奠基，至1693年4月建成，历时三年零两个月（有说为两年零四个月）。第三个阶段是自公元1757年以后至1936年的近180年间。

布达拉宫集各个历史时期的宫殿、宗堡、贵族庄园和藏传佛教寺庙为一体，吸收了藏族传统建筑的营造法式的所有精华，是宫殿建筑的典范。

第巴桑杰嘉措修建红宫

第巴桑杰嘉措（1653—1705），拉萨人，自幼聪颖好学，师从多位高僧大德，修习佛学和其他学问，学识渊博，并深得五世达赖阿旺·罗桑嘉措的赏识。1679年，桑杰嘉措被五世达赖任命为第五世第巴，代行五世达赖职权。1682年，五世达赖圆寂，第巴桑杰嘉措鉴于多方面的原因，秘不发丧，“凡事假以达赖之命，以行职达15年之久”。

第巴桑杰嘉措筹划了为五世达赖修建灵塔和建红宫之事。据《布达拉宫》记载，1682年（康熙二十一年）五世达赖圆寂后，桑杰嘉措计划在白宫西邻修建红宫，主要存放五世达赖灵塔。设计由桑杰嘉措亲自考虑，第巴桑杰嘉措在自己编著的《五世达赖灵塔目录》中这样写道：“对所想象的宫殿之经堂、走廊、大殿以及里面的身、语、意依物（佛像、经书、塔）、供品、装饰的造型、大小等，我本人画了草图，并对自己的意图、想象、草图进行了详细的解释之后，由大画家（洛扎人）固古·旦增罗布正式开始画建筑设计图。”

在修建红宫的过程中，动用的各类工匠达数万人，用工高峰期每天约有七千人在工地上劳作，凿石声、锯木声、人声混杂在一起，三十里外都可以听到。藏族民工怀着一颗虔诚的心，自带干粮上工地。

红宫的兴建，所耗资金是惊人的，据《五世达赖灵塔目录》所记：所用材料及人工费折银共1694836两，五世达赖灵塔费用折银1041828两，佛像、法器花费折银370191两，宗教活动费用6911两，总计折银3175966两。第巴桑杰嘉措以此“空前费用”，作为红宫建设的十三殊胜之一来夸耀。

◎直冲云霄的气势

藏族碉式建筑无论土筑还是石砌，其外墙都有明显的收分。建筑物愈高，收分则愈明显，建筑物就愈显得雄伟、稳固、巍然屹立。布达拉宫是世界上最高的宫殿，外墙材料全部是石头，墙体收分明显，下大上小，有一种拔地而起、直冲云霄的动感气势。

◎"政教合一"的社会结构

整个布达拉宫外部主体色彩为红、白两色，以红色代表宗教，白色代表政治。在布局层次上，红宫在上，白宫在下，白宫合抱红宫，即教在上而政在下；在功能分布上，红宫主要是宗教活动场所诸设施，而白宫则为西藏地方政府的办事机构。

◎藏族审美意识的集中体现

布达拉宫的外部装饰色彩主要选用了红、白、黄三种颜色。红色继承了吐蕃时期先神的代表色，其后逐渐发展为藏传佛教护法神和宗教寓意的专用色。白色源于藏民族雪域的环境色和乳制品的色调，在藏族人民心目中象征善良、美好，随着时间的推移逐渐演变为一种世俗色彩。黄色是藏传佛教格鲁派的标志色，与金顶辉煌的金色构成呼应，镏金的金色反射太阳的光芒，形成突出的视角焦点，弥补了宫墙黄色面积的差距和白色形成的冰冷感。（选自《普陀洛迦·布达拉宫》）

藏族对自己的吉祥文化是有一种强烈的认同感的，这种认同感除行为方式方面的表达外，更主要的是通过美术和工艺创造出的吉祥图案、吉祥符号和吉祥器物。在布达拉宫建筑的内部装饰中，无论从壁画，或是梁、柱、门雕塑和彩绘中，都可以看到大量的吉祥图案、吉祥符号。应当说这也是藏族审美情趣和意向的一种表达。

雪域上的园林

卡"，功能较西藏寺庙、世藏的林卡，始没有定论，但在元代，特别但不是独立的园林，而是贵族庄园和寺庙的一个附属设施。

西藏历史上著名的林卡有德吉林卡、桑珠孜林卡和龙王潭、罗布林卡。前两个属于庄园型、寺庙型范畴；而后两个则是贵族庄园型和寺庙型林卡的融合体。

坐落于拉萨西郊的罗布林卡最为著名。罗布林卡，汉语意为宝贝园林，七世达赖于公元18世纪中期建造，至1956年历经200余年，修建才算完备，是专供历世达赖消夏的别墅，又称"夏宫"。从主要景区的建筑中可以感受到明显的宗教风格。罗布林卡布局自由，充分利用自然条件，突出本地区风光景色，具有鲜明的个性和地方色彩。据不完全统计，花木种类达120余种之多，堪称高原植物园。

罗布林卡仿汉式石桥（图/张鹰）

/郑宪章）

←请翻开拉页

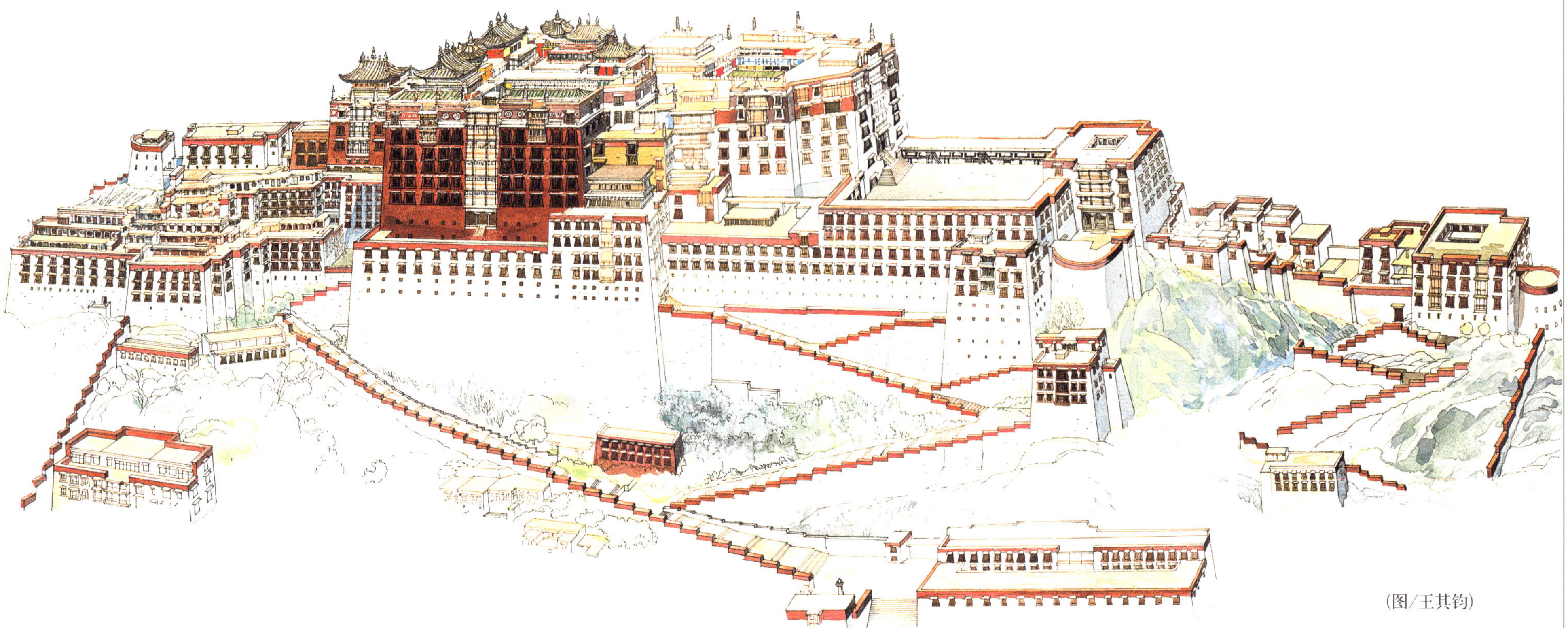

（图/王其钧）

◎雪域佛法至高无上的表达——红宫

红宫位于整个建筑群体的顶点和中心，为历世达赖的灵塔殿和各类佛堂。红宫的主要建筑有12座达赖专用殿以及佛殿、供养殿等，共100多间。在红宫中，还依次建造了五世至十三世达赖（除六世达赖仓央嘉措外）的8座灵塔，五世达赖和十三世达赖的灵塔最为壮观。红宫共9层，其中位于第五层中心的西大殿，是达赖喇嘛举行即位坐床仪式的地方。

◎西藏政治的中心——白宫

白宫及其"雪"主要用于办公和居住，包括在世达赖理政的宫殿、噶厦政府机构、僧官学校以及"雪"内的噶厦政府的监狱、印经院、作场、马厩等附属建筑。

◎多元文化的整合

在布达拉宫中，无处不体现出多元文化的整合。据有关史料记载，在修建中，动用各类工匠人数达数万人，其中康熙皇帝专门派出了1141名汉、满、蒙古工匠参与其中，此外，邻近的尼泊尔也派出了一些工匠援助修建。工匠在实际的施工中，都不同程度地将其本土技艺运用于布达拉宫的建设之中。就布达拉宫的金顶

部分
拱、飞
是以
从宏观
度、尼
个历史
具体的
拉宫法
的珍贵
布达拉
国内地，
内地的
动明王像
期的作品
明朝永乐
作的有汉
布

藏语称园林为
为狭窄，旧时一般
袭贵族等消夏专用
于何时，目前学术界
从零星史料记载来
是明代以来已经盛

布达拉宫脚下的

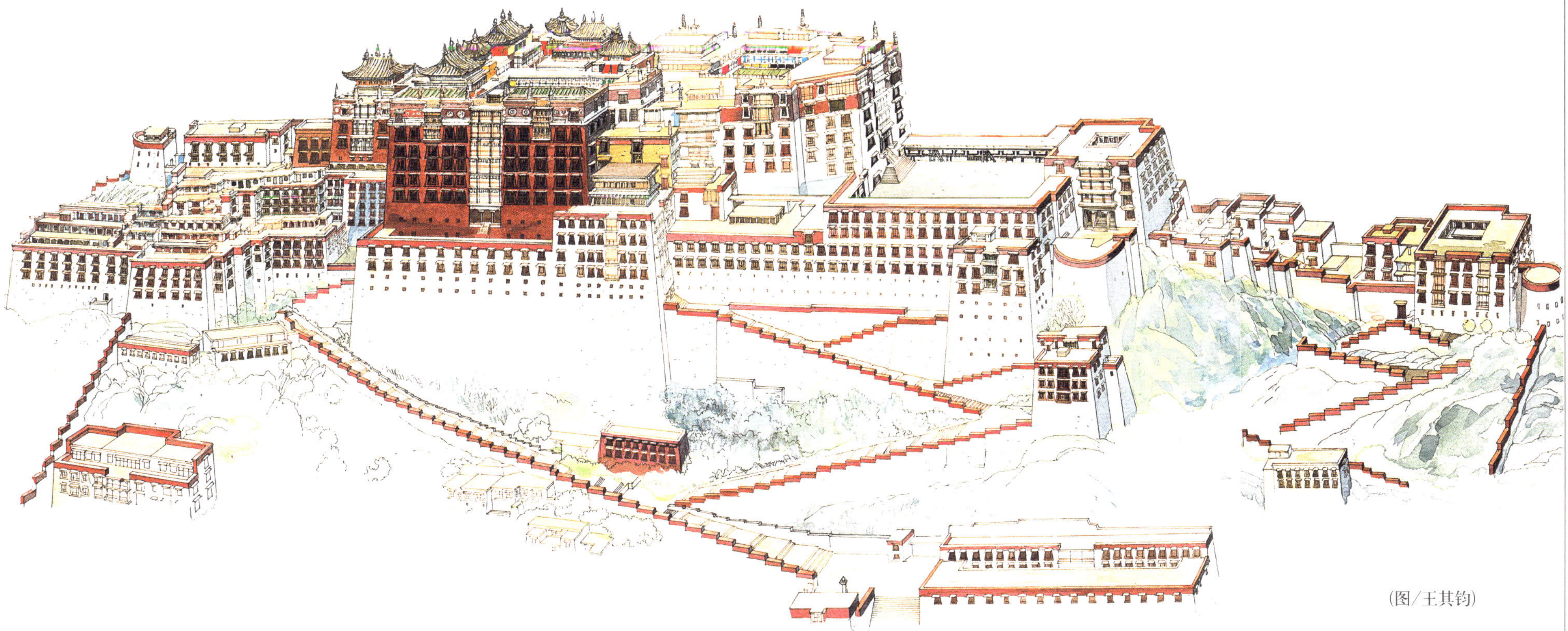

（图/王其钧）

◎雪域佛法至高无上的表达——红宫

红宫位于整个建筑群体的顶点和中心，为历世达赖的灵塔殿和各类佛堂。红宫的主要建筑有12座达赖专用殿以及佛殿、供养殿等，共100多间。在红宫中，还依次建造了五世至十三世达赖（除六世达赖仓央嘉措外）的8座灵塔，五世达赖和十三世达赖的灵塔最为壮观。红宫共9层，其中位于第五层中心的西大殿，是达赖喇嘛举行即位坐床仪式的地方。

◎西藏政治的中心——白宫

白宫及其“雪”主要用于办公和居住，包括在世达赖理政的宫殿、噶厦政府机构、僧官学校以及“雪”内的噶厦政府的监狱、印经院、作场、马厩等附属建筑。

◎多元文化的整合

在布达拉宫中，无处不体现出多元文化的整合。据有关史料记载，在修建中，动用各类工匠人数达数万人，其中康熙皇帝专门派出了1141名汉、满、蒙古工匠参与其中，此外，邻近的尼泊尔也派出了一些工匠援助修建。工匠在实际的施工中，都不同程度地将其本土技艺运用于布达拉宫的建设之中。就布达拉宫的金顶部分而言，十分明显地显现出内地汉式歇山式屋顶、斗拱、飞檐的建筑风格和技术。

布达拉宫里面保存的壁画、唐卡和各类塑像，都是以佛教文化为大宗，而且有的已跨越千年的历史。从宏观的角度来认识，这些宗教艺术作品，除了受到印度、尼泊尔佛教的影响外，同时也受到来自中国内地各个历史时期汉文化和汉传佛教的影响。就微观而言，具体的作品都会体现出具体的文化渊源。例如，布达拉宫法王洞中的壁画和雕塑作品，是吐蕃时期留下来的珍贵遗迹，印度和尼泊尔美术印记十分强烈。又如布达拉宫中珍藏的唐卡中，大多数织品唐卡都出自中国内地，是直接从内地输入的，尤其是缂丝唐卡，更是内地的一项绝技。布达拉宫珍藏的《贡唐喇嘛像》《不动明王像》《密集金刚》缂丝唐卡，都是宋代至明代时期的作品。据《普陀洛迦·布达拉宫》载，红宫里单是明朝永乐（1403—1424）和宣德（1426—1435）年间制作的有汉地艺术风格的金铜佛像就有上百尊。此外，布达拉宫还荟萃了不同国度、不同地区、不同民族的作品，如东印度波罗时期（9—11世纪）、克什米尔11世纪的佛陀造像，尼泊尔14世纪前后纽瓦尔艺术风格的金铜佛陀造像，蒙元时期喇嘛教佛陀造像，等等。

在布达拉宫数以万计的珍宝收藏中，也同样如此。如在红宫的西大殿中，有清康熙皇帝赠送的大型锦帐一对，幔帐绣有吐蕃三法王松赞干布、赤松德赞和赤祖德赞的肖像，这对幔帐被认为是布达拉宫的稀世珍宝。

←请翻开拉页

雪域上的园林

藏语称园林为“林卡”，功能较为狭窄，旧时一般均为西藏寺庙、世袭贵族等消夏专用。西藏的林卡，始于何时，目前学术界还没有定论，但从零星史料记载来看，在元代，特别是明代以来已经盛行，但不是独立的园林，而是贵族庄园和寺庙的一个附属设施。

西藏历史上著名的林卡有德吉林卡、桑珠孜林卡和龙王潭、罗布林卡。前两个属于庄园型、寺庙型范畴；而后两个则是贵族庄园型和寺庙型林卡的融合体。

坐落于拉萨西郊的罗布林卡最为著名。罗布林卡，汉语意为宝贝园林，七世达赖于公元18世纪中期建造，至1956年历经200余年，修建才算完备，是专供历世达赖消夏的别墅，又称“夏宫”。从主要景区的建筑中可以感受到明显的宗教风格。罗布林卡布局自由，充分利用自然条件，突出本地区风光景色，具有鲜明的个性和地方色彩。据不完全统计，花木种类达120余种之多，堪称高原植物园。

罗布林卡仿汉式石桥（图/张鹰）

布达拉宫脚下的龙王潭（图/郑宪章）

藏式民居：生活即艺术

藏族民居蕴含着深厚的文化内涵

居住是人类生存和生活的四大要素之一，凡是有人群的地方，就存在着人类最基本的生存空间——民居建筑。在历史的进程中，人们以孜孜不倦的探索精神和创造才能，努力按自身的审美情趣赋予基本生活空间以艺术的生命。藏族民居是将藏族建筑艺术推向辉煌的最厚实的基础，也是促成藏族建筑形成鲜明的民族风格和艺术特色、包含深厚文化内涵的底蕴之所在。

封闭式的院落结构

藏区固定民居是指用泥、木、石等天然建筑材料在地面或隐蔽处建造的永久性不可搬动的建筑物，供主人饮食起居的生活空间。

固定式民居无论何种结构，在外部布局上大抵为封闭式院落，一宅一院。院落主要由两大部分组成，一为住宅，二为院墙。住宅部分的平面组合有“一”字形和“下”字形，也有四合院。“一”字形的其余三方为院墙，“下”字形的两方为院墙，四合院则以房屋四周的围护墙作院墙，中有一天井。农区的农民和城镇一般百姓的住宅以一字形居多，四合院则多为身份显赫的僧俗上层的深宅大院。

住宅的空间布局多以一至三层为主，四层以上者为数甚少。院门一般开在与正宅正面相对的院墙方，具体位置不一定与正宅门相对。绝大部分地区的民宅皆为

藏式民居以一至三层为主，门、檐、窗装饰着彩绘壁画（图/格桑草）

藏族固定式民居纵向剖面手绘图(绘图/蔡惟)

房子顶层是经堂,中间一层住人,下面关牲畜,体现了天神、人以及自然界的三界统一。民宅一般都需满足于以下功能要求:关拦牲畜、储藏物品、供主人居住、供主人礼佛,所以应有牲畜棚圈、居室、储藏室、经堂。两层以上住宅,底层则为畜圈,只有一门进出,墙上不开窗,仅在靠近楼层处各开有气洞一个,洞口内低外高,斜向天空,外小内大,略可见光。

二楼及二楼以上分别作居室、储藏室和经堂。在一般百姓中,居室是家庭的活动中心,做饭、吃饭、睡觉、待客、聚会等饮食起居多在居室中进行。居室的大小视其家庭人口的多少和经济状况确定。二楼及二楼以上都有一敞间与楼井连接,便于通往各室。在敞间附近挑出墙外设一厕所。上下层之间多用圆木刻级制成独木梯,独木梯为活动楼梯,可随意搬动

平顶,顶上作用颇多,一是作晒台,主要晾晒粮食;二是堆放粮食和草料;三是以作观察瞭望。许多地方的民宅在平顶上都设有假层,即指敞口楼,主要用以堆放、晾晒杂物、草料等。在平顶女儿墙的墙角上,还建有供煨桑用的“松科”和供插嘛呢旗的墙垛。

山南民居主居室,布局、陈设带有浓郁的藏式风格(图/张鹰)

内部陈设简单而有重点

藏族固定式民居室内陈设布置主次分明,重点突出。重点部位是主居室和经堂,其余部分则十分简陋。主居室是家庭集体生活的多功能房间,一般都大于其他任何房间,既是厨房和饭堂,又是卧室,还是待人接客的厅堂。其主要陈设有炉灶(锅庄,或称火塘)、藏床、藏桌、壁柜或壁架等。因青藏高原天气寒冷,加之藏族喜欢饮茶,所以他们饮食所需同御寒所赖的炉灶或火塘,都设在卧室内,终日生火,以便取暖、煮食。

除主居室外,室内陈设十分讲究的要算经堂了。藏族民众除常到寺庙进行宗教活动外,家庭佛事活动也必不可少,诸如诵经、礼佛等,同时还常延请喇嘛到家念消灾祈福经。

令人瞠目的砌石技术

任何建筑都是自然科学和社会科学的结合体。从自然科学的角度来审视,建筑的营造法式,包括结构布局、施工技术,以及结构力学、材料力学等原理的运用等等。不同结构、不同材料的建筑的营造法式是不相同的,各有其独到之处,在建筑力学的运用上也各有侧重。

上图：佛龛经堂是藏族民居建筑的重要组成部分（图/张鹰）
右下图：川西藏式民居的石砌墙（图/杨婷）

根据材料的使用和建筑的结构，藏族传统建筑大致可以分为石木结构、土木结构、木结构、混合结构和织品结构五大类型。依据以上结构类型，在营造技术上又相应大致可以分为砌石技术、夯筑技术、木作技术和编织技术。在我国藏区，由于石木结构类型是农区建筑最为普遍采用的，所以砌石技术成为营造技术中最具创造性、成就性的。

藏族传统建筑中的砌石技术，在世界建筑中也独树一帜。所谓砌石技术，是指用青藏高原上天然的石材和黏土，用人工砌筑石墙的技术。著名建筑学家梁思成先生在《中国建筑史》中对内地建筑用石方法的技术弱点进行过总结，他认为：“匠人对于石质力学缺乏了解。不知利用其压力而垒砌之，故此类石建筑之崩坏者最多”，“中国石匠既未能尽量利用石性之强点而避免其弱点，故对于垫灰问题，数千年来尚无设法予以解决之努力”。而在我国藏区传承数千年的砌石技术，恰恰极好地解决了上述两个弱点，充分掌握了石块与石块之间的“纵向和横向的充分叠压”和黏土与石块之间的“满泥满衔”关系。

对石性的理解，对石块与石块、石块与黏土之间的关系的正确把握，成为藏族砌石工匠最基本的素养。匠人们能很熟练地分辨哪些石块可以用作墙角石，哪些石块可以用作墙体的罩面石，哪些石块可以用作填充石，哪些石块可以用作压缝石；在砌筑墙体过程中，也知道如何将黏土恰到好处地达到与石块满衔的效果。除此而外，匠人还掌握了许多其他与砌石墙相关的技术，如收分技术、加筋技术、砌反手墙技术、砌角技术、找平技术等等。

在我国藏区，至今还保存着大量运用砌石技艺建造的建筑精品，例如四川藏区、西藏山南地区、西藏林芝地区的古碉建筑，又如西藏拉萨的哲蚌寺和日喀则的扎什伦布寺等诸多寺庙建筑，而布达拉宫则是藏区砌石建筑集大成者。

建房习俗

藏族对于建房十分重视并有诸多讲究和禁忌。从破土动工至新居落成乔迁，均不得有半点马虎。开工之前，须延请活佛高僧占卜，以示吉凶；动工之时，必须按藏历中所规定的吉日择时动土，遵照天文学中的星相学说法选定方位。

在房址的选择上，也有许多讲究，如房后不能有水，不能建在两山之间，房子前面不能只有一棵树，等等。

盖房动工前要请来一年中运气好的一男一女。开工前，主人手捧其玛（五谷斗）和青稞酒向施工人员敬献，一男一女喝过酒后，男的举起拴有哈达的十字镐挖三下，女的拿起拴有哈达的铁锹铲三下，以示开工。

当开始修建房屋时，人们要画一幅形象可怕的巨型鬼脸或晦涩难懂的图案，并把它们放在一个很远，但十分醒目的地方。这可以使人不会过多地注意新房。这种办法可以避免嫉妒、过誉之言和责难。

建房时一边夯土一边歌唱（图/杨嘉铭）

盖好新房后，搬进去以前还要打卦择日子，日子定了以后，要背一篓牛粪和一桶清水，系上哈达先进新房厨房，在门、窗和柱子上拴上哈达，次日就可以搬进去了。搬进新居，把家中安顿好后，择一个吉祥日子，通知亲朋好友届时来新居过“康苏”。“康苏”这一天早晨，主人家准备了五彩经幡插在新居房顶的西北角和东北角上，向诸路神佛献上青稞酒，煨上用松柏枝、小杜鹃枝叶、糌粑等天然香料组成的“桑”，用火点燃，大家边向天空撒糌粑边喊“嗦、嗦、嗦”三声，仪式方才结束。

在广大藏区，建房习俗也不尽相同，但大同小异。

四川壤塘曾克寺米拉日巴九层殿（图/杨嘉铭）

四川甘孜丹巴梭坡乡古碉群

丹巴古碉考察记

丹巴，藏语名“诺米章谷”，意为山岩之城，在历史上是青藏高原古碉建筑文化十分发达的地方，素有“千碉之国”的美誉。早在民国时期，我国著名的民族学家任乃强，上海著名的摄影大师庄学本都分别在其著述中，向国人介绍过丹巴古碉文化，外国传教士也出于好奇，在丹巴拍摄了大量的古碉图片，在国外进行宣传。改革开放以来，随着国家对民族文化的重视和旅游产业发展的需要，丹巴古碉文化得到了各方面的高度关注，古碉文化已成为丹巴旅游的主打品牌。同时，四川省文物局也组织了专家开始对丹巴古碉进行全面考察，编写申报“世界文化遗产”的文本。值得庆幸的是，经过数年的努力，丹巴藏寨与碉楼已与四川其他藏、羌地区的村寨碉楼一道，以“藏羌碉楼与村寨”为名，列入我国申报“世界文化遗产”的储备项目。

我是一个与丹巴古碉结缘较早的人，早在上个世纪60年代中期就已初识丹巴古碉。自80年代开始发表有关古碉的文章起至今的20多年间，我所发表的有关古碉的文章和出版的著作，大多都是以丹巴古碉为核心而展开的。从1966年我首次去丹巴接触那里的古碉建筑至今，去丹巴的次数接近20次。其中，绝大多数都是以考察丹巴古碉为目的的。丹巴的五条沟丹东革什扎沟、大金川沟、小金川沟、东谷河沟、大渡河沟，凡是有古碉的地方都留下了我的足迹。我每去一次丹巴，对古碉的认识就更清晰一些；每去一次丹巴，对古碉的理解就更深刻一些；每去一次丹巴，就会更加稳固我对古碉文化的执著信念。

初识丹巴古碉

1966年7月，是我的首次丹巴之行。清楚地记得，我们要去的地方是丹巴中路乡的边古村，此行的目的是要到边古矿区找工人做调查。就在快要到达矿区的路边上，高高耸立着一座四角古碉，踞险而立。当时既缺乏地方历史文化知识，又缺乏建筑知识的我，被这个庞然大物懵住了，一不知这样的建筑叫什么名字？二不知修这样的建筑来干什么？三不知在这样的悬崖边上，这座建筑是如何建起来的？四不知它是什么时候修建的？……正当我一头雾水之时，从山上下来一位当地村民，我于是便直截了当地向他讨教起来，他操着一口不太熟练的汉语告诉我：这样的建筑用当地话称呼叫作“卡尔”，汉话叫作“碉”，在古代，它是用来打仗保一方平安的。我顺着那位村民手指的方向，远远望去，在偌大的一块林木葱郁、庄稼成片的台地上，座座高碉探头而出。村民见我痴情而认真的样子，便和我一起数起那里的古碉来，数来数去，大约70座，的确令人惊叹。我便追问道：“除了中路外，其他地方也有高碉吗？”村民不假思索地告诉我：“我们当地人，自古以来就住在高半山，有句古话说，自打鼓以来（即汉语所谓盘古开天辟地以来），就不住河坝，所以我们的寨子都在高半山上，高半山上的大多寨子都有高碉。不仅我们丹巴是这样，墨尔多神山周围的大、小金川也都是这样。”这就是我40多年前第一次见到丹巴高碉的最初印象。之后的半年时间里，我因公差在丹巴杨柳坪、水子等地暂住过一段时间，特别是在杨柳坪的那段时日，经常要步行进城，在来回28千米的路上，常常看见静静矗立在革什扎河两岸山峦上的高碉。作为一种文化记忆，丹巴高碉在我的脑海中被刻录、储存下来。

中路访古

光阴如梭，不经意间，20多年过去了。1988年的隆冬季节，我听说四川省考古研究院与甘孜州文化局联合考古队在中路考古，觉得这是一个千载难逢的机遇。一是因为中路考古对揭开高碉的秘密关系太重要了；二是自己的考古知识太差，十分需要学习；三是我曾于1988年发表的《四川甘孜阿坝高碉文化》一文中，所提出的关于高碉与石棺葬的关系问题，需要进一步得到证实；四是“文革”结束后，我曾先后两次赴丹巴进行考察，但都没有去过中路。庄学本先生在民国时期所写的《丹巴考察记》中，曾经提到中路的古碉群，加之上个世纪60年代中期，我在边古村远眺中路高碉的印象，一种冲动便油然而生。

主持中路新石器时代遗址和石棺葬发掘的是北大考古系毕业的陈祖军先生，四川省考古研究院的赵殿增副院长也来到现场指导工作。我在中路共住了4天，白天去考古工作现场学习请教，晚上和考古专家们一起对发掘的文物进行清理、包装、编号。

我问陈祖军：“遗址中有没有发现石砌建筑物？”他回答说：“共发现了七座砌石建筑基址，为了保存原貌，都做了回填。”说着，他便取出了当时拍摄的照片给我们看。事后，还派人带我们到遗址处的另一地方，观察了外露的石墙遗迹。此时，我心里便踏实了许多。

我的学生二西罗布的家，有一座古碉，也就是人们常说的家碉。这座碉与他家居住的房子连在一起，上到房屋的平顶后，碉楼与平顶接合部位有一道低矮的小门可通往碉楼内部。由于年久失修，碉楼内的各楼层已不复存在，所以碉楼内部像一个黑洞洞的烟囱一样。据主人讲，在整个中路，已经没有一座碉的内部楼层是完好的，所以，无法上到碉楼的顶层去领略凭栏远眺的韵味了。临行的前一天晚上，我们都坐在二西罗布家的火塘边，一边烤火，一边吃东西，也顺便聊天。二西罗布的父母都是地道、淳朴的山乡村民，话不多，只是一股脑地砸核桃让我们吃。我把白天考察中路高碉的一些问题，提出来向当地老乡们请教：

“你们中路过去那么多的碉，现在为什么少了许多？”

“主要有两个原因，一个原因是高碉都是我们的祖上修的，现在都没有用了。早些年集体搞农田基本建设时，把碉炸掉了，利用高碉的石块抬田改土。所炸掉的碉大多是寨碉。二个原因是近些年来，我们农村的家庭劳动力多，经济好一点的家庭，就想修新房子。于是有些人家就把自己的家碉拆了，利用拆下来的石块修新房子，既省工又省钱。”

“你们中路现在还有多少座碉？”

“究竟拆了多少，还剩多少，具体的数字我不晓得，反正，一大半的碉都被拆掉了。原来我们中路的碉多得很，凡是在本地有根根的家庭都有碉。此外还有些寨碉。二西家的老人比较守旧，他们认为高碉是老祖宗留下的东西，随便动了不好。所以现在就保留了下来。”

“中路的碉大概有几种？”

“过去我们中路的碉除了一座五角碉外，其余的全是四角碉。”

第二天，天上飘起了雪花，我们去观察了那座五角碉后，便匆匆启程。

触摸碉王

丹巴有一座十三角的高碉，外形形状十分特别，人们都称为“碉王”。它是迄今为止，在中国现存的高碉中角数最多的，达到了十三个角。

四川甘孜丹巴嘉绒藏寨碉楼群（图/视觉中国）

2002年5月，我作为四川省“丹巴中路、梭坡藏寨碉群世界文化遗产”文本编写组的成员，再次踏上了去丹巴的旅程。到丹巴后，我便提出要去看十三角碉的要求。5月15日9时许，在县文化旅游局罗顺方局长的陪同下，我和李星星研究员便上路了。汽车在崎岖的山路上行进了大约一个半小时，好不容易才到达蒲角顶村。在当地村民的指引下，隐约看见在快接近山顶的一处凹地上的丛林中，有一座若隐若现的高碉。目测从村上到那里的直线距离大约有两千米。我们顾不得在村里吃午饭了，便径直向碉王的方向爬去。这一路好艰难，山路太陡，不得不走走停停，停停走走，记不清已经歇过多少次了，抬头望去，仍不见十三角碉的踪影。李星星已经掉在我后面很远了，我不得不坐下来等他，一边休息一边寻思，这座碉为什么要修在这么高的地方，距离村寨那么远，人迹罕至，建在这里有必要吗？村寨下面有那么多碉在守卫着村寨的安全，这座碉是否专为把守从白呷山翻山的那条道路而建造的要隘碉呢？此时已觉得饥肠辘辘了，不知道还要磨多少时间才能到达目的地。反正来都来了，无论如何也要坚持到底。大约又过了一个多小时，才走出丛林，那里是地势较为平缓的一片草坡，十三角碉和其他几座碉尽收眼底。走进十三角碉，碉的东半部还基本完好，但南半部已经垮塌，碉内底部已被垮塌的石头填满，从石堆中还长出了小树。看来垮塌已经很久了，至少也有几十年。从基本完好的东半部目测，整座碉的高

四川甘孜丹巴县十三角碉王

度不算高，大概在30米以下。旁边的两座四角碉外部仍基本完好，仅有的一座供居住用的房屋已残缺不堪。稍走几步，就可以远眺到大小金河。经过一番简单的测量和拍照后，我和罗局长、李星星便坐下来休息，开始展开想象。李星星说：“古代中原地区打仗，都讲究摆阵，丹巴高碉的布局会不会也摆有什么阵势？”我说：“这不太可能。”他又说：“藏族地区多神山，高碉的建造会不会与神山有关？”我没有回答这个问题，却答非所问地脱口说道：“听说，丹巴的碉是有级别的，除了防御功能外，还是财富和权力的象征，一般来讲，碉的角数越多，就代表的主人权力越大，财富也越多。看来这座十三角碉，可能是这里的土司或头人别出心裁所为。”李星星说：“藏族的数字观是很强的，比较注重3和3的倍数，尤其是13这个数，寓意很深，这座高碉，会不会就是这个数字观的涵义的一个

实践呢？”讨论着，肚子已经向我们提出了抗议，天色也已经不早了，容不得我们再漫无边际地遐想，准备下山。下山要容易些，不到一个小时，我们便回到了蒲角顶村。

晚饭是在我的学生郎吉阿初家吃的，酸菜面皮好吃极了，我狼吞虎咽，一口气吃了三大碗。吃饭的时候，寨子里的几位邻居听说是阿初的老师来了，便来看热闹，我看人多，觉得是个难得的采访机会，于是便问道：“你们哪个会讲十三角碉的故事？我们很想听听。”大家就开始你一句我一句地娓娓道来。故事梗概大概是这样的：“很久很久以前，统治蒲角顶一带的首领名叫岭岭甲布，他雄踞一方，势力很大，总想着要在自己的势力范围内修建一座在大小金川都未曾有过的高碉。有一天，他召来了远近闻名的许多修碉的能工巧匠，要他们策划修一座超群的高碉，当他把自己的想法说出来后，所有的匠人都感到束手无策。就在这个时候，来自大渡河对岸莫洛村的年轻姑娘，她一边走一边捻着毛线路过此地，当她听说工匠们正在因为岭岭甲布提出要修一座十三角碉而犯难的时候，便自告奋勇地提出自己要去现场，为十三角碉施工放线。姑娘的举动引起了在场工匠们的一片哗然。岭岭甲布在此情况下迟疑了许久，怀疑这姑娘是在说大话，经过一番盘问，才勉强答应让她试一试。姑娘和众工匠到达现场后，便根据岭岭甲布指定的地点将捻毛线的坠子插入地里，并将坠子上已经纺好的毛线拉长到所要求的尺寸，以插地坠子为圆心，划出了两道圆弧线，很快在圆弧线上各分出了13个点，然后在各点上插上白蒿棍子，用石头做锤，将内圆和外圆的26根白蒿棍子钉牢，再依次用羊毛线绕在内圈和外圈上的26根白蒿棍子上。13个阴角和13个阳角便展现在人们的面前。工匠们便按姑娘放的线开始开挖基础、砌石施工，没过多久，一座精美的十三角碉便拔地而起。岭岭甲布为姑娘的才智所折服，起誓要把这位姑娘娶到手。十三角碉开光的那一天，成为了姑娘与岭岭甲布婚配的吉日。”

西藏措美县玉美村土碉群

再走丹巴

2009年11月末，初冬季节，丹巴的河坝地带天气还不算太冷，但要是到了那些海拔较高的山寨就不一样了。这一次，我是专程陪同一位美国学者去丹巴考察传统建筑的。去过甲居、中路、梭坡后，美国同仁提出要去巴底考察那里的民居和官寨碉群。再走巴底，成为我这些年来的第三次。

一到巴底，我就向美国同仁建议，先到我曾经拍摄过整个巴底寨照片的地方，去观察巴底全景，然后再下到寨中去看巴底土司官寨群碉。美国同仁很开朗地说："你熟悉，一切都听你的。"这次爬坡非常轻松，只要顺着新修的车道径直走就是了，不像前两次来，需要很费劲地爬几道坡坎才能到。走到高处往下看，整个巴底寨尽收眼底，村民的白色房屋像众星拱月般环绕着土司官寨。官寨中三座高碉在斜阳的映衬下显得格外苍劲而挺拔。美国同仁见后发出感慨："这样的村落布局和环境真是太绝妙了。"她一边说，一边拿出相机不停地拍摄。

走进巴底土司官寨遗址，内部的状况发生了较大的变化，一是过去留下的许多垃圾都被清理干净了，二是高碉旁边的原巴底土司的居室正在维修之中，主体部分已基本完成。据县上的同志讲，巴底土司官寨因为是省级文物保护单位，省文物局下拨了20万元专款，要求按修旧如旧的原则先恢复原土司居室。以后再拨款维修那三座组合碉群。

官寨内三座碉楼与土司居室是连通的。在居室中有门道与高碉相通。三座高碉一字排开，中间的一座比旁边的两座要高约3层，外形基本完整，平顶上的装饰还算完好。两旁的高碉顶部均已垮塌，碉与碉之间收分的空隙处有连廊相接。三座高碉内部的楼层均已不存在，所以无法进入。村长讲，土司时期，主碉上一年四季都有人把守。一是平时用以观察和瞭望；二是如果出现紧急情况，便是土司的藏身之处。两旁的两座高碉是土司的经堂，专供土司供佛礼佛用。关于这一点，我前两次来都没有听说过，看来，丹巴有宗教功能的经堂碉不再是仅有中路才有了。村长一边说着，一边带我们去附近的一间房子里看画在墙壁上的巴底土司官寨壁画。他说："这幅壁画原来就有，只是在'文革'中破'四旧'时用泥灰涂抹了。今年官寨开始维修时，才想起了这幅壁画，于是把泥灰冲刷掉，原画便显现出来，但已经不清晰了，请来画师，按原样复原。"这也是前两次考察时我所未闻的。大家都争相前来拍照，但由于光线太暗，拍摄时不得不使用闪光灯，壁画局部反光的现象十分严重，拍摄效果较差。

在丹巴，像巴底土司官寨中的组合式的高碉也不多，除了这里在甲居藏寨还有一处组合碉群，它不像巴底土司官寨的组合碉群呈一字排开形，而是一座四合院式的组合碉群。

看来，旧地重游也是经常会有新收获的。

（本文图片除署名外由杨嘉铭提供）

撰稿专家

杨嘉铭，藏族，西南民族大学二级教授，硕士生导师，四川省藏学会常务理事，四川省非物质文化遗产专家委员会委员，四川省有突出贡献的优秀专家。主要从事民俗学、藏族历史文化研究。发表学术论文100余篇，出版专著《西藏建筑的历史文化》《中国唐卡艺术集成——八邦卷》《雪域骄子岭·格萨尔王的故乡》等。获第十届中国图书奖，四川省第十四次社会科学优秀成果一等奖。

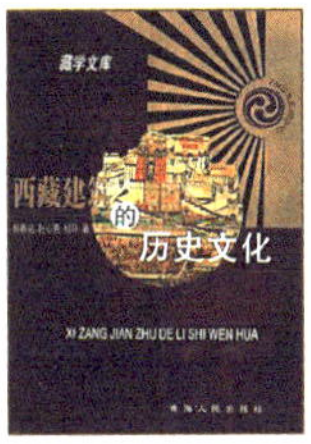

《西藏建筑的历史文化》

《中国藏式建筑艺术》

扫描二维码，阅读专家代表著作的电子版

身着节日盛装的藏族少女(图/视觉中国)

第4章

流动的风景

服饰

本章主撰稿人：西南民族大学研究员　李玉琴

服饰是人类适应自然的结果，也是人类活动的产物之一。在高原特殊的环境中，伴随着社会的发展和演进，藏族人民创造了绚烂多彩的服饰文化，犹如一道亮丽的风景，在藏文化的百花园里散发着迷人的魅力。

藏族传统服饰从原始披挂发展而来，经历了雏形、形成、定型并不断丰富的过程。一方面它总是沿袭着自古以来的体系，同时又伴随民族历史发展不断地与周边的服饰文化发生着密切的联系。

为适应高原特殊气候的需要，高原先民就地取材，狩猎获得的各种皮张以及牧业发展的畜产品提供了丰富的服饰原料，服装的款型也是与自然环境长期适应的结果。

藏区地域广阔，由于自然环境、生产生活方式的差异，加上历史原因及民族间文化交流程度等因素影响，服饰形成了特点各异的类型，据统计，各地藏族服饰多达200余种。

藏族服饰个性鲜明，是藏族文化中最直观和最具表现力的文化符号，也是民族个性的重要标志。藏族服饰在广大民众的心目中不仅是生活必需品，它还是一种语言的表达，一种身份的象征，一种美的展示，它承载了藏族人民对生活的寄托，体现了一个民族对真、善、美的独特诠释。

远古吹来的风：传承与衍变

藏族传统服饰经历了雏形、形成、定型并不断丰富的过程

昌都卡若遗址出土的串饰

源远流长的服饰文化

据考古发现可知，早在四五千年前，青藏高原先民就已懂得用纺轮捻线制作简单的织物，用骨针缝制衣物。据岩画中的人物形象推测，高原先民的着装为一种无领无袖式长袍，束腰而显袍身修长；武士衣袍较短，束腰呈“亚”字形；巫师头戴三角形冠饰，腰部插上一些长长的羽毛。

早期服饰的精神功能与原始的宗教意识总是相伴相生，有的饰品成为护身的圣物，至死也不离身。那时的人体装饰品已相当丰富，多为骨质、石质和贝类饰品，主要佩戴于腕、头、项和胸等部位。本教是高原本土原始宗教，相信万物有灵，表象思维和神秘仪式是本教文化的两大特点。在自然崇拜的影响下，藏族先民往往将某些有“来头”的灵物或宝物放置于身边作为护身之用。一种小型料珠很早就成为先民们最重要的项饰之一。

拉萨曲贡遗址（新石器时代）出土了一些穿孔小砾石、刻槽小骨片饰品，涂红显示了人们对生命的祈福，以此祈求个体力量的无所不能和万事昌达。

昌都卡若遗址出土的骨针和陶纺轮

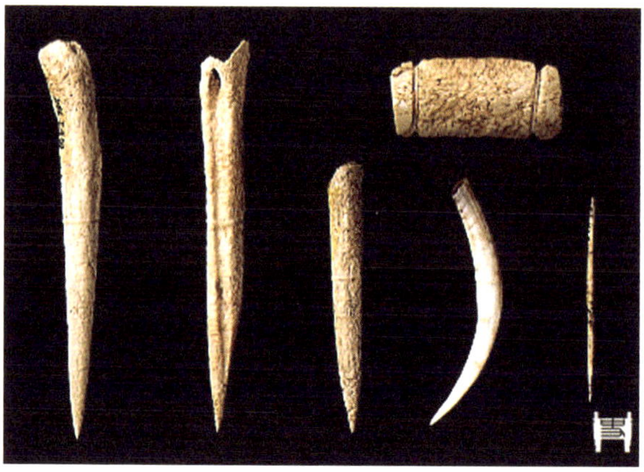

“中二丁王”时（相当于中原西汉中期），铜器工艺已发展到相当高的水平，出现了盔甲、剑、弓矢等。冶炼技术在雅隆河谷的发展，为金银饰品的大量出现提供了物质条件。随着社会性质和社会意识的变化，服饰的身份象征意义亦凸显出来。

吐蕃：藏族服饰形成的关键时期

公元7世纪，随着吐蕃的统一和强盛，吐蕃与中亚、西亚及中原等地区的联系更加频繁，与各民族的文化交流促进了吐蕃服饰文化的发展。

虽然西藏很早与西亚文化有交往，但大规模的文化交流还是在吐蕃统一之后。有研究表明，藏族工艺、装饰风格以及黄金饰品的制作都受到波斯、粟特的影响，吐蕃时代圆领直襟小袖长袍就来自粟特服装的式样。

阎立本《步辇图》中唐代藏族服饰
《步辇图》，唐代名画家阎立本作，原画藏故宫博物院。绘吐蕃赞普松赞干布于公元640年派丞相禄东赞到长安觐见唐太宗，求婚文成公主的场景。图中，禄东赞（左立中者）着圆领小袖花锦长袍，腰系帛囊，并缀一算袋式物件

吐蕃与唐朝的交流更是盛况空前。文成公主入藏带去了大唐文明的气息，松赞干布惊叹于唐王朝服饰礼仪之美，带头“释毡裘，袭纨绮”，在吐蕃上下展开了影响深远的服饰改革。吐蕃时期的袍服较长，束腰，褶子集中于背后，衣领为三角形翻边或直襟圆领，衣服的镶边色彩鲜艳，袖长过手，靴尖上翘。夏穿毡、冬穿裘仍是普通大众最为普遍的衣装。

西域丝绸之路给西藏带来了大量西方文化艺术风格的织品，中原的丝织品也通过回赐、互市及民间贸易、战争掠夺源源不断传入吐蕃，大大丰富了衣料的种类和藏装的纹饰。在那个时代，尽管丝绸服饰还仅是上层人士的华美礼服，不可能成为民间百姓的身上之衣，但由于丝织物华美和柔顺舒适已深受藏民族的喜爱，成为高原藏人的审美追求和理想，渐渐形成丝织品与皮毛、毛织物混合使用的缝制习惯。随着吐蕃同周边民族经济文化的不断交流，其服饰从文化内涵到外观形式都发生了显著变化，基本完成服饰民族化的过程，形成吐蕃的风格和特色。同时，吐蕃的纺织技艺，在文成公主的推动下，也已发展成为一项独立的手工业门类。

吐蕃时期的服饰文化发展不仅体现在服饰的传承上，还有着与政治和经济相适应的文化内涵。松赞干布时期，君臣服饰已有等级差异，“告身制度”规定：一等瑟瑟，二等金，三等金饰银上，四等银，五等熟铜，将章饰安于胳膊前，以辨身份贵贱。对于数立战功的英雄，赏赐虎皮袍以示褒奖，对临阵畏缩的懦夫，则在他们头上挂狐狸尾巴以示羞辱，这也是后来藏族男子在袍上镶虎豹皮装饰和戴狐皮帽的来历。

吐蕃统治的两百余年，社会文化得到了长足发展，被征服诸部不断受到吐蕃文化的影响，被迫或自觉接受吐蕃的文化。具体在服饰装束上表现为，诸部具有吐蕃式的穿着习惯、相似的装饰符号以及共同的审美心理和价值取向。在这一过程中，男子服饰由于受到吐蕃士兵的影响而逐渐走向一致，而女人的服饰却体现了部落自身独特的传统继承。

元明清三代，服制逐步完善

吐蕃王朝崩溃后的几个世纪，青藏高原地区处于分裂割据状态，战争连绵不断，这一时期的服饰艺术没

有多大发展，早期吐蕃服饰中的一些典型特征，如萨珊风格织物、三角形翻领长袍及吐蕃赞普帽式仍在吐蕃本土范围得以延续。10世纪后，由吐蕃王室后裔在今阿里地区建立古格王朝，从服饰上看，古格与吐蕃有传承关系是显而易见的，同时也充满了青藏高原西部地区的地方特色和生活气息。

自13世纪开始，由于蒙古族统治者与西藏之间发生的宗教和文化的深刻联系，藏族服饰观念深受蒙古族统治者宫廷服饰的影响，一些具有蒙古族服俗特点的装束，如穿库伦装、花缎外套，戴狐皮圆帽、红缨穗帽以及穿圆头靴、虹纹靴等开始从上层官员逐渐流传到民间。在藏区分裂时所见袍服左衽的特征，约于元明之际开始向右衽转变。

随着藏地社会的安定以及与汉地经济交往的密切，尤其是大规模的以茶马贸易为中心的经济联系，中原汉文化更为广泛地进入了包括周边藏区在内的诸蕃地区人民的生活，汉地布匹织锦日渐成为藏族人民生活的需求品，藏族服饰的衣料及其色泽等发生了变化。这一时期藏区手工业发展迅速，氆氇生产空前繁荣，江孜、白朗、泽当、扎囊、姐德秀等村镇，都以生产和销售氆氇、邦典而闻名全藏，手工纺织水平得到极大提高，还形成专门的商贸集市。

清朝前期，藏族服饰已形成今天的式样特征：右衽、长袍，氆氇、缎、布等各式衣料皆有，腰束皮带或毛带，女子披发或辫发，戴尖顶小帽，上身短袄，外披小单，下着百褶裙，围邦典，佩各种饰物。但是由于社会历史发展的差异以及与周边民族的接触程度不同，藏区各地的服饰具有鲜明的地域特色。

传统的藏族贵族服饰（选自《Tibet the lost civilisation. Tibet(China)-Social life and customs》）

清初藏族男女形象

选自清乾隆时《皇清职贡图》：男戴高顶红缨毡帽，穿长领右衽褐衣，项挂素珠；女披发垂肩，亦有辫发者。或时戴红毡凉帽，富家则多缀珠玑以相炫耀。衣外短内长，以五色褐布为之，能织番锦、毛罽，足皆履革鞮

完备的职官服制

元朝在藏区所设各级职官服制遵从朝廷制度。官员服式为盘领大袖右衽罗袍，以衣服图案花朵大小区别官品职级，戴展角幞头，腰系红鞓带。

明代公服亦从明朝服制，着盘领右衽袍，用纻丝或纱罗绢，袖宽三尺。以颜色、花纹区别官品，以官服胸背上所配方圆补子图案来区分官阶等级。西藏帕竹政权时，以吐蕃服饰为基础创制了一套官场和典礼服制。

清初，清中央政府废西藏地方藏王，建立噶厦政府。西藏地方官员的服饰也在过去官服的基础上按照西藏传统创制了系统完备的官员服和庆典活动穿戴典礼服，这套服制一直沿用至1959年噶厦政府正式解散。

西藏僧俗官员服饰等级严格，品秩繁多。每年冬夏由噶厦政府规定统一换装的日子，并举行隆重的换装仪式。僧官服装差别不大，区别主要在用料和靴子的样式上。俗官根据职位品级不同，服装、鞋帽的样式、颜色有较大区别。四品以上俗官，主要穿云龙纹黄缎袍或四相（云彩、龙、水纹、岩石）八团花缎袍，脚穿红云彩绣靴，夏天戴江达红缨帽，冬天戴哇格狐皮帽。小四品穿紫红缎袍，五品穿赭色缎袍，六品、七品穿紫红色呢子袍。此外，顶髻的佩戴也是区分官位等级的重要标志，俗官们平时头发绾成发髻，发髻上系顶珠，噶伦用红珊瑚，小三品台吉、扎萨用红宝石（白玛绕嘎），四品官员一律用松石，五品以下用蓝宝石（莫梅）。

清朝中央政府颁赐给西藏官员的顶戴花翎根据爵衔、品级而分为七品。公爵、台吉、噶伦、代本、如本等在庆典朝会等重大活动穿戴相应品级补服以显示身份和地位。而王子服（杰鲁切）则是贵族身份的一种表示，凡七品以上官员均可以穿着，只有世袭贵族出身的官员才能穿着王子服时在发髻上佩戴“噶乌”。

布达拉宫法王洞中松赞干布塑像。身着三角形翻领大袍，头戴红色塔状“赞夏”帽

雪域民族的第二皮肤

集中体现了藏族人民的生存智慧

展现生活智慧的藏装

藏袍是藏族服饰中最具传统特色和审美观念的代表。藏袍宽大，结构简单，基本上不用量体裁衣，只需要在穿着的时候根据身材来调节就行了。袍的种类很多，依据材质的不同，可分为羔羊皮袍、板皮袍、素布袍、氆氇袍、毛呢夹袍、锦花袍等。

藏袍的形制和穿着习惯展现了藏民族的生活智慧，适应性强。青藏高原气候严寒，太阳辐射强，一天中温差很大，不少地方一日之内要经历春、夏、秋、冬四个季节，为了抵御严寒，长期的生活实践中高原人形成了褪下一只袖子或两只袖子来调节体温以适应气温变化的衣着习惯。

布锦镶边的羊皮袍（图/李玉琴）

藏袍是上下相连的长衣，特点是大领、右衽、无衩、宽大束腰、长袖无扣，全身没有一个口袋，随身携带的物品往往用带子系于腰上或贮于藏袍胸前宽大的囊中。藏袍一衣多用，早晚寒冷，双手可藏于袖中，劳作时右袖或双袖脱下围在腰间，夜晚还可以当被盖。藏袍穿着时都要在腰间系上腰带，一是护体和保暖，二是将宽大的袍服束紧，让身体能自由活动。袍身肥大不仅方便穿脱，还能护膝防寒，腰带可以挂火镰、针线包等小物件。束腰后腰间形成大囊，里面可以贮物

藏族地区的畜牧与农耕的关系非常密切。在广袤的高原大地上，农与牧之间形成了相互依赖的不可分割的关系。农牧交融的特点使得各地藏族服饰具有更多一致的特点。在牧区，皮袍是牧民的主要服装，为方便随牧迁徙，服装注重简便实用，多不饰面，俗称“光板羊皮袍”，板质坚韧，绒毛丰厚，遮风挡雨，保暖防潮，舒适耐磨，结实保暖，日衣夜被，四季皆宜。农区生活稳定，物产相对丰富，人们有条件、有时间制作和美

西藏山南加查县妇女服饰（图/张鹰）

化服饰，所以农区服饰材质和款式多样，随季节变换不同的服装，重刺绣、挑花，缘边装饰也复杂。在高山林区，气候温暖，雨量充足，为了适应自然条件，人们的服装衣袖宽大，既要方便散热、耐磨又能避雨雪。

传统的藏装除藏袍外，还有圆领无袖袍、立领大襟短袍、女子无袖长袍“普美”、衬衣和坎肩。一般情况下，衬衣穿在里，外面套一件坎肩，袍衣穿在最外面。女式衬衣别有韵致，为高腰、无扣式样。衬衣最显著的特点是袖子长出手指40厘米左右，平时挽起，跳舞时放下，长袖飞舞，翩若仙子。藏式下装多为裤，妇女因袍长及脚面似裙。在青藏高原东缘一带的藏族，如丹巴、九龙、木里、乡城等地，妇女至今仍穿宽大的各式褶裙。

抵御严寒的各种装备

藏地靴子为筒靴，不分左右，靴后跟部位开口，便于穿着和提携，靴帮系带。为了避免寒气从足侵入，人

藏靴（图/李玉琴）

传统藏靴可分为松巴、嘎洛和嘉庆三大类。松巴靴做工考究，靴帮采用红、绿、黑等色的氆氇制成，上面还绣出美丽的“鱼骨刺纹”，十分精致。嘎洛靴以厚牛皮为底，鞋面用红绿相间的毛呢装饰，鞋腰也有线条、花纹，嘎洛靴的特点是靴尖向上朝内弯曲，形似牛鼻，翘角有保护靴头和靴脸夹缝的作用，也方便在草丛中行走。嘉庆靴是藏鞋中的高档品，在藏语里是“虹影”的意思，鞋面及鞋腰两组线条如彩虹一般，底子很厚，保暖结实，过去多为上层官员专用

们喜欢穿软皮缝合的靴子，并在里面放入一丛牦牛尾或羊毛以暖足和防雪地浸水。

藏式袜子为手工纺织的毛袜“筒筒袜”，没有脚形、大小之别，把脚套进去后，脚形就显了出来，非常合脚。

腰带是藏装必不可少的部分。通常分绸带、绣花腰带、皮带和铜带。藏家妇女束腰主要靠绸带，铜带和皮带一般在节日或集会时才戴，扎在绸带外起装饰作用。腰带还有一个作用就是系常用的一些小物件，如钱包、针线包、火镰或奶钩等。

围腰，藏语称邦典，俗称“牛肋巴”，是藏族妇女显著的标志之一，过去是已婚妇女的专用物，现在小孩子也可以佩戴。邦典的形制和花纹在区域上差异明显，多由棉、毛、丝绸制成。藏北妇女束梯形邦典，下部有长穗；拉萨妇女喜爱彩虹般的条纹邦典；昌都城镇妇女喜围素色邦典；巴塘一带的妇女围彩条和素色相间的邦典。民主改革前，西藏地区根据不同的穿着对象习惯将邦典分为六类：噶擦（以白色条纹为主，为女孩节庆时穿）、擦钦（宽条纹邦典，为老年妇女节庆时用）、降加则

四川嘉绒地区藏族姑娘的头帕（图/李玉琴）

金花帽，又称长寿金丝缎帽，是藏族男女老幼都喜欢戴的一种帽子，呈桶形，有四片舌状帽耳，帽耳可根据需要开闭（图/张鹰）

西藏阿里地区普兰县少女身穿锦缎披风(图/张鹰)

藏装的穿戴程序

藏装穿戴程序十分讲究，先穿上衬衣和裤子，然后穿藏袍。藏袍一般比人的身高要长，穿着时，将袍领顶于头部或把腰部提起至习惯高度，一般男至膝，女至脚面，束紧腰带，再放下袍领，胸前自然形成一宽大的囊。妇女的袍服则前身平直，身后褶皱有序，腰带前低后高，前摆不宜过长，否则走路容易被衣裾绊倒。穿好藏袍后一般要露出右臂，将右袖搭在身后，天热或劳作时双袖均脱掉，男子习惯将双袖相系于前腰，女子系在身后。

（彩虹颜色，通常为40岁以上妇女节庆时系）、色夏（黄色调为主，为尼姑常系围裙）、夏扎白萨、察绒白萨（因原西藏贵族夏扎家族和察绒家族提供而著名，尤受青年妇女的喜爱）等。在藏区的部分地方，中老年妇女还有在后腰围系臀围的习惯。

披背垫和披风的习俗各地不同。西藏阿里普兰、札达一带用带毛羊皮或光板牛皮做背披，云南香格里拉、四川甘孜九龙等地藏民用羊毛或牛毛制成的毡子做背披，西藏加查披羊皮背垫，阿里普兰妇女披锦缎披风，四川丹巴一带的嘉绒女子披自织的黑白相间的披风。草原夏秋季多雨，披毡衣或披风可以避雨，藏族牧民大多都有一两件防雨毡衣。

藏族地区由于气候寒冷，从远古时就有戴帽的传统。帽子既有御寒防晒功能，又能起装饰、礼仪的作用。帽的种类很多，形状各异。传统帽式主要有毡帽、狐皮帽、金花帽、羔皮帽等。另外，藏区各地还有一些地区特有的帽子，如西藏工布地区的工布小帽、曲松县用牦牛毛纺织的帽子、青海循化妇女“果杰帽”、四川木雅藏区的袋状筒形帽等。在气候相对温和的地区，人们的帽子或头饰显得轻便和松弛，如工布的小帽，丹巴嘉绒的头帕。

甘肃甘南地区藏族少女的帽饰（图/郑宪章）

藏族服饰区域类型示例

❶ 西藏拉萨服饰：拉萨妇女夏秋着无袖袍，内穿丝绸衬衣，腰系彩色邦典。妇女发式为中分梳两辫盘于头，头饰独特，有三角形“巴珠”，这些饰物都是由绿松石、珍珠、珊瑚等珠宝而成的珠冠饰品。胸前佩戴八角形“嘎乌”，上饰松石、珊瑚等珠宝。男子穿毛料或织锦缎长袍，发辫盘于头顶，脚穿牛皮靴子。男女都喜戴金花帽，脚蹬松巴鞋，妇女围彩色条纹邦典，农区男子穿镶十字纹图案的白氆氇藏袍。盛装所佩饰品不少为旧时西藏贵族妇女的装饰品，如珍珠腰围、项鬘、三联盒、三角形巴珠等（图/李玉琴）

①

❷ 西藏工布服饰：工布地区气候暖湿，森林密布，是藏文化发祥地之一。工布服饰以工布江达县和林芝市服饰为代表，保留了比较古老的服饰元素。男女常服为“古休”，是套头式宽肩无领无袖袍、无缝接，一般用野山羊皮、熊皮和当地手工黑氆氇来制作。节日盛装要在襟、袖、下摆镶以多条锦缎边饰，华丽异常。颜色一般为黑色和紫红色。工布女帽是一种用氆氇缝制的圆形小毡帽，其边上分开的尾翅朝向代表婚姻状况。妇女不系“邦典”，戴铜制或银制腰带和项链（图/卢秀敏）

❸ 西藏日喀则服饰：妇女头戴弓形“巴果”或绕头一周的“巴龙”，围裙色条比拉萨宽和艳，袍外喜套由花氆氇制成的坎肩“当扎”。另外，腰钩是后藏妇女服饰中最具特点的饰物之一，多为铜质和银质。山南地区妇女常戴平顶小圆帽“加霞”，老年人则戴圆形帽。山南措美县渣杂乡妇女服饰，头戴五彩氆氇小帽，身穿花色对襟坎肩，衣袍多用“邦典”呢或“甲洛”呢和黑氆氇制成，围艳丽的五彩邦典，系花腰带。脸上白胶布也是一种装饰（图/虞向军）

②

❹ 西藏阿里服饰：阿里是本教发源地，曾产生过灿烂的象雄文明。该地的服饰透着古朴的历史气息。阿里服饰制作精细，装饰华贵典雅。冬大披羊皮坎肩或拼色羊皮斗篷是该地服饰的一大特点，色彩喜用强烈对比的红色、绿色。下图为流行于阿里札达、普兰、噶尔等县的“鲜”舞服饰，女子头戴扇面珠冠头饰，额前垂挂一排银链，脖围一圈较宽的用珊瑚排列而成的项圈，胸前挂满珊瑚、松石、蜜蜡等项链，有的长至膝部，身披锦缎挂面的羔羊皮披风（图/冯建国）

④

❺ 西藏那曲服饰：那曲牧民平时穿厚重、肥大、结实的光板无面皮袍，节日或喜庆的日子则换上以毛料或绸缎为面，领、袖、下摆镶饰水獭皮或豹皮的精美羔皮袍。牧区女子喜以黑、红、绿、紫等色条镶边，效果奇特。女子发式通常梳成若干细辫，有的多至上百根。男女皆喜戴帽，帽式多样。冬天一般戴狐皮帽，夏天戴宽边礼帽。盛装时候妇女还系手工刺绣图案的邦典（图/冯伟）

⑤

藏族居住地域广阔，南北宽达近10个纬度，东西跨25个经度。受不同地区自然环境、生产方式的影响，加上历史原因及民族间文化交流的差异，藏族服饰除了共同性特征之外，还有各自特点，地域分异明显，有些地区，县与县、乡与乡之间都有较大区别。

⑥

❻ 青海门源华热服饰：这里的服饰除具有牧区服饰特征外，还有蒙古族、土族服饰的特点。妇女装束特点主要在头饰发套的形制和佩戴方式。已婚女子发型为多辫型，头饰辫套“加喜”，自发际垂到胸前，背后也同样有长长的发套。发套上嵌以巨大的雕镂精细的银质饰牌。未婚女子发套只垂至腰际。节日时喜欢穿用绸缎、氆氇、呢子缝制的长袍，再配以宽领多层彩衬，尤显花枝招展、绚丽多姿（图/李玉琴）

❼ 青海黄南服饰：男女喜穿宽大的绵羊皮藏袍，妇女多穿圆领长袍，腰系绸或布料彩色腰带。妇女将头发梳成许多小辫，然后再结成一个或多个大辫，上饰发套。发套用红布制作，上面饰有各式银盾、蚌壳、银元、珊瑚等，从头上直垂至臀部，形成夸张、独特的背饰（图/小曾）

⑦

❽ 四川德格服饰：德格服饰是康巴服饰的典型代表，女子头饰“梅朵”，其材质、大小、样式各地又有变化。男子普遍蓄发，加红色丝线扎成独辫盘于头上，状若“英雄结”。服装样式男女基本相同，内穿右襟齐腰短衬，外罩长袍，束带，服装衣袍宽大舒适，喜用动物皮毛饰边，以氆氇袍和锦缎饰面袍为主。全身佩戴华丽贵重，玛瑙、天珠、绿松石及金银饰品繁多（图/杨嘉铭）

⑧

藏传佛教僧人的服饰

佛教传入西藏之初，僧人的穿着比较混乱，僧伽服制并未形成。随着《律经》的传入，僧伽的装束特别是法衣遵循戒律，在造型和穿着方法上主要继承了印度僧服特点，以缠绕方式来着法衣。但是，在气候寒冷的高原藏区，衣着也因时而变，因地而异。在前弘期僧人就开始穿着“夏木塔布”僧裙、“达喀木”厚大氅。在后弘初期才逐渐形成了“堆嘎”这一藏区僧人特有的上衣。佛教在藏区传播的过程中，逐渐吸收了藏族民间服饰习俗。比如，僧衣大量使用氆氇、毛料来制作，全身无纽扣；僧人也穿有袖上衣，脚穿藏式高筒靴等；僧服中的左衽习俗估计也是受到民俗服式影响而变为了右衽。随后，藏传佛教形成众多派别，但由于小乘律典仍是各派僧师传教的规范和依据，故各派僧人服制大体一致，而各派创建主张和教仪的差别往往成为各派相区分的符号表征。如噶举派僧人着白色的僧裙是自玛尔巴开始沿袭的印度密宗的着衣习惯，格鲁派尚黄是因为其创始人宗喀巴在西藏弘法时戴黄色法帽，表示与以往僧人的不同及坚守戒律的决心。

藏传佛教僧人的袈裟，藏语即“桑”，其样式为一条形披单，由许多裁割布条缝合而成，夏天为绦棉或丝织品，冬天为棉毛织品，厚实而暖和。根据其割裁条数、穿着场合和用处可以分为“唐奎”“喇奎”和“朗架”。唐奎又称五衣，即僧裙；喇奎称七衣，在诵经礼忏或大众集会时穿着；朗架，即祖衣，是比丘在膜拜、化斋、宣法、举行仪轨或见尊长时所着之衣。朗架为黄色。七衣和祖衣可以穿着于五衣之外，所以又可称为“重复衣”。袈裟和法帽属于礼敬类法器，僧人受戒不同其所穿戴的法衣和法帽也不同。一般格鲁派僧人头戴鸡冠帽“色系夏”。高僧活佛在一定的宗教场所头戴黄桃形尖帽。僧人受沙弥戒，可穿曲贵；受比丘戒，可穿祖衣朗袈。在色彩上，普通僧人一般为绛紫色或暗红色，活佛、喇嘛可用黄色，等级高的喇嘛服装材料相当考究。在藏区，僧人除外出可以穿俗衣外，在宗教活动和平时生活中都必须着僧衣，穿大襟坎肩“堆嘎”，然后穿内裙“迈月和”、外裙“夏木塔布”，以黄色腰带系裹。在经堂或佛法盛会上，僧人还要披上用氆氇或毛褐制做的形似斗篷的大氅达喀木，其特点是宽大、厚重，背部多褶皱，喇嘛和铁棒喇嘛的大氅背上挂有金刚或织锦背饰。大氅的颜色通常为红色，唯有三大寺的堪布及扎什伦布寺的僧人着黄色的大氅。僧人的鞋，一般为牛皮底的长腰厚底靴“曲拉木”，鞋质冬夏季不同。职位较高的僧官穿厚底翘尖花缎靴“胜松”。诵经集会时，腰前还系漱口瓶，随身拿着佛珠。冬季气候寒冷，一般僧人可穿羊皮披篷，也可披双层袈裟或氆氇袈裟。

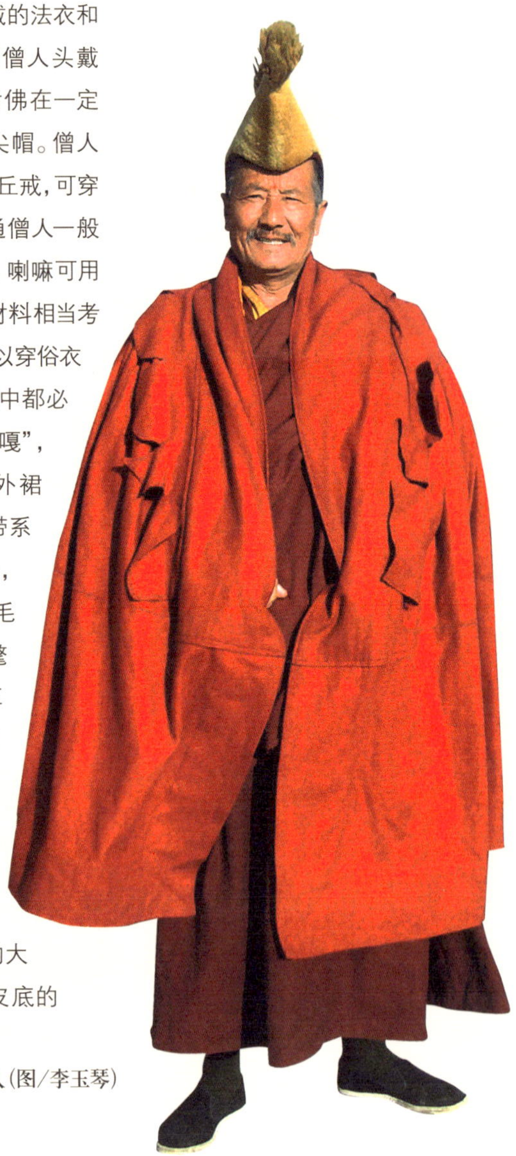

身着达喀木大氅，头戴法帽的格鲁派僧人（图/李玉琴）

绚烂多姿的服饰类型

据统计，藏族各地服饰达200余种之多

三大文化区服饰各具特色

经过长期的历史发展，藏族地区逐渐形成了卫藏、安多和康巴三大地理区域概念。由于这三大文化区在语言、宗教、风俗和艺术等诸多方面具有不同特点，表现在服饰上也有一定差异和特色。总体来说，卫藏地区的服饰典雅古朴，饰物集中于头部和胸前，头上组合饰物奇特怪异；安多地区服饰雍容华贵，背饰夸张，以多为美；康巴地区服饰粗犷豪放，好用蜜蜡、珊瑚、九眼珠等天然物品为饰，装饰性强。

农、牧区服饰差异明显

经济生产方式的不同所造成的服饰特征差异也是明显的。历史上，牧区女子“辫发毡裘”，农林区“盘发着裙”，这是长期适应生产劳作和生活的需要而形成的。在牧区，皮裘成为服装的主要原料，为方便随牧迁徙，服装注重简便实用，如藏北高原的牧民“四季一裘衣”，袍衣结实保暖，袖袍宽大。由于牧区地势平坦、开阔，彼此之间的经济文化交流较为便利，而且牧民的流动性强，生活空间极为相似，一致性特点多，差异小，主要体现在发饰、帽式、纹样装饰等方面。农林区受自然条件的限制，生产劳动固于一地，环境相对封闭，长久以来就造成了众多的区域服饰的差异，因此有“五里不同风，十里不同俗”的现象。农区服饰材质和款式多样，随季节变换不同的服装，重刺绣、挑花，缘边装饰复杂。如川西嘉绒农区的服饰冬夏季节分明，多以布、丝绸和氆氇为衣料，上衣下裙或裤，前后拴绣花围腰，束自织的花腰带。

不同场合的装束

根据不同的场合，藏族服饰可以分为劳动服饰、休闲服饰和节日服饰三种。从款型上来看，三种服装之间并没有什么差别，不过服饰的繁简、用料、价值差异很大。劳动服饰也是日常服装，朴素简单，以实用为主，面料耐磨、粗陋，少有装饰；休闲服饰多用于劳作之余，走村访友、会客休憩时，其着装随意大方，有简单的佩饰；节日服饰豪华、珍贵，佩饰丰富，每逢传统节日或其他盛会，藏族男女都会穿上节日盛装。盛装是藏族服饰文化最为闪亮的部分，不只是因为它外形华美、价值昂贵，更重要的是它文化上具有的特殊意义。盛装的意义对个人和家庭而言是财富的象征，是美貌和仪礼的依托。对藏族社会而言是节日、仪式、舞蹈等集体活动期间气氛渲染和价值的展现。藏区各地几乎月月有节日，在这些节日里，美丽的服饰表演是最受人关注和喜爱的一项内容。

藏族妇女胸前美丽的佩饰（图/视觉中国）

⑨ 青海玉树服饰：玉树藏袍以皮袍和夹袍为主，袍面领襟与下摆、袖口等处镶以水獭皮或豹皮，饰品除牧区常有的奶钩、火镰、腰刀、针线包等外，还佩戴各种珍贵的项链、手镯、金银饰品等。女子梳若干小辫，头顶或额、两鬓缀宝石，饰物直接佩于头上。男子普遍蓄发，加红色或黑色丝线扎辫盘于头上，状若"英雄结"，尤显豪放气概（图/李玉琴）

⑩ 云南德钦服饰：女子上身穿右襟短衫，外罩大襟坎肩，下穿宽大的长百褶裙，腰系丝绸腰带，头发用红蓝丝绳编盘于头顶，胸前佩戴各种项链和佛盒（图/石硕）

⑪ 云南香格里拉服饰：穿深蓝色长袍，衩口镶边，系白腰带，袍子前摆长及脚，后摆垂直折成瓦式。上身坎肩式样独特，右襟大多镶艳丽的花边，喜用绣花硬领，佩带银扣，背披方形彩纹氆氇或缎面白羊皮披肩"散拉"（图/李玉琴）

⑫ 四川甘孜扎坝服饰：四川鲜水河一带扎坝女子通常内着无袖夹式长裙，外套长袖无领锁边高腰外套，腰系自织红色腰带并系绕白色圆形海螺"洛泽"以及獐子獠牙饰品。裙子后摆很大，穿时要将后面的裙摆折成许多层褶子（图/石硕）

⑬ 四川雅江木雅服饰：木雅女子节日服装佩饰复杂，头顶及脑后各饰一个银盘，过去少女们爱将鲜花置于盘上，因此，这种装饰也称"鲜花与明镜"，胸前佩挂长及膝盖的布制挂包"楞扎"，上面镶嵌方形饰品和许多小圆盘，此外还戴象牙、珊瑚、金银制成的手镯、护身盒、针线包、项链等（图/李玉琴）

⑭ 四川木里服饰：女子编细辫，发辫上戴蜜蜡珠、绿松石等，颈上佩挂银圈，胸戴银制大佛盒。衣袖装饰独特，喜用青、黄、红色布条及十字氆氇镶饰于上，中年妇女包青布帕或羊毛圈，身穿连衣裙，下缠毛布裹腿（图/蒋庆华）

⑮ 四川松潘漳腊服饰：松潘妇女头饰最为独特，头戴"俄儿"（头巾，多用大红、紫红色绸料制成），头扎十几个珊瑚枝与琥珀球，与"俄儿"交叉，从左至右缠绕于头，犹如盛开的花冠（图/李玉琴）

⑯ 四川金川马奈服饰：嘉绒藏族主要分布在大小金川流域一带，地处青藏高原向成都平原过渡边缘，气候温湿，季节分明，以农业为主。嘉绒服饰以丹巴女服最具特色，其基本式样为"三片"，头顶一片绣花吊穗头帕，腰前后各拴一片围腰，腰系自织花腰带。节日时内穿锦缎立领大襟或对襟上衣，外着深褐长衫，下着五彩百褶裙，披方形披风（图/李玉琴）

⑰ 甘肃舟曲服饰：舟曲服饰的基本特征是大襟、大袖，外套坎肩，胸佩"欧斗"，色彩艳丽。以博峪一带的妇女服饰为例。她们一般内着红色套头衫，上绣花卉等图案。外穿黑色无领对襟中袖长袍，袖口边缘饰有各色布条，外罩镶边的绸缎坎肩，边缀各色穗子，腰系红色毛织带子，下身着红色长裤，以白布绑腿，脚穿绣花缎鞋，胸佩圆形银盘"欧斗"。头顶黑布叠成的方布块，以黄红白彩带缠绕，发编若干小细辫，辫尾接黑毛线，束在腰带中

⑱ 四川平武白马服饰：男女皆戴盘形白毡帽，帽上插白羽毛装饰。男子穿右衽、单领的长衫，腰系绣花腰带或绸带，打白布绑腿。妇女穿小袖镶边的百褶连衣裙，外罩对襟或缺襟式黑色镶边小坎肩，系围腰（图/杨嘉铭）

⑲ 甘肃卓尼服饰：女子戴石榴帽，发式为三根粗辫子，俗称"三格毛"。衣半高领、紧身窄袖长衫，直线裁制，两边开衩，下长至脚。腰系自织花腰带，外罩一大襟式绸缎马甲"库多"，开襟处镶绲边花饰。衣服颜色鲜艳，多天蓝、翠绿、粉红、大红等，对比强烈（图/吴丽芬）

⑳ 四川迭部服饰：妇女梳三条辫子，一条盘于头上，另两条披于身后，尾端坠一银制小圆盘。身穿领襟绲边的蒙古式袍服，外套对襟深色马甲，系毛纺腰带，脚穿布筒靴子，膝下裤筒扎入靴内，并用带子系束

㉑ 青海海北藏族服饰：妇女头发编成两束，装进辫套，直垂于背后，辫套用黑布做成，上面用丝线绣饰花形图案并镶嵌银元、珊瑚、玛瑙等饰品。在近青海湖地区，人们腰系各色宽大鲜艳绸带，腰间还挂上各种绣花香袋（图/李玉琴）

㉒ 四川乡城服饰：连衣裙又称"疯装"，一般以彩色"十"字氆氇为料，裙袍多褶宽大，外罩坎肩，其上镶有红、黄、绿、藏青、黑色三角形布料，装饰独特。头发编成小辫并织成网状，两耳挂硕大红珊瑚或蜜蜡珠（图/曲珍）

←请翻开拉页

四川理塘赛马会上的服饰表演（图/李玉琴）

心意民俗与符号

服饰是文化系统中非常重要的符号之一

标志与认同

1999年发行的《藏族》邮票
图中舞蹈的藏族青年男女皆着盛装。男子头戴金花帽，身穿七彩氆氇边的藏袍，袒右袖，脚穿翘角藏靴；女子辫发环盘于头，须束置于右耳后，着红色衬衣，外套无袖氆氇袍，腰系五色邦典

藏族作为56个民族其中一员，其“标准化”的着装形象经常出现在电视、报纸、杂志等各类媒体上：男子穿宽大藏袍，脱去右袖或双袖，脚蹬藏靴；女子穿无袖袍、腰系邦典、胸佩嘎乌。这种特色装束自然也就成为具有象征性的藏民族的标志符号。

另外，藏族服饰的外部表征也是强化藏民族情感、维持族群认同的一个重要方面，不同地方的人群能从服饰穿戴上分辨出“我群”和“他群”，“我寨”与“他寨”。不少藏区的婚嫁仪式中，除新郎新娘必须盛装打扮外，参加婚礼的亲朋也都要穿藏装、讲藏话，不然主人会不高兴。很多大型的祭祀活动中，只有穿着当地藏装的人才能参加，否则只能观看而不能参与。

包含大量历史记忆

藏族服饰包含了大量的历史记忆，一些服饰习俗以传说故事的形式存留于民间，代代相传，反映了高原藏人的共同心理、审美观念和价值取向。

藏族男女喜挂珠串、珍宝，这个习俗来源于一个救人的故事：放牛娃用一串神奇的小珠子拯救了部落，后来被拥戴为“麦龙王”。藏族袍服边缘镶上虎皮或豹皮作装饰，据说源于吐蕃王朝时对战斗英雄授予的围带，后来流行于整个藏区。

林芝地区的工布服倾注了当地人民对吉布藏王的追思和缅怀。相传700年前，工布遭到外敌入侵，部族首领吉布藏王为了保家御敌，亲率大军战斗却不幸遇难，被敌人砍掉头颅和四肢。老百姓用自织的氆氇缝制了无袖无领的衵服纪念吉布藏王，全部落男女老幼一年四季穿戴。

文成公主进藏对藏地经济、文化、生活等方面产生了很大影响，各种有关她的传说至今仍在藏族民间流传。文成公主进藏时把许多染

拉萨妇女的“巴珠”头饰

江孜妇女的节日盛装（图/张鹰）
“巴果”头饰在后藏是比较高贵的，每戴一次需要花费1—2天时间，装饰的多少要根据家庭富裕程度来定

料带到了高原，一路上她把染色的方法教给大家，生产出五彩邦典。相传金花帽也是公主的设计。一日，在布达拉宫日光殿的歌舞宴会上，文成公主从西山飘绕的彩云获得灵感，连夜用金银丝线缝制了一顶帽子，并在上面镶上水獭皮，松赞干布戴上后显得特别精神。后来，金花帽从宫廷传到民间，一直沿用至今。羊卓地区妇女腰带刺绣图案有吉祥结、长城、莲花宝瓶等各种图案，十分精美，此种纺织法叫“甲达”，即汉编法，相传也是文成公主入藏时带进来的。

英雄格萨尔更是家喻户晓，他降妖除魔的事迹遍及藏区各地。甘南卡加部落妇女的“鬼皮头”“黑密头”就是纪念格萨尔降魔的恩典，鬼皮头即是人们把他降服的妖魔的皮子（饰物底垫）、肠子（长辫）、眼珠（鸡蛋大小的白色羊毛球）、舌头（头环）、两条腿（惹木久）等象征物装点上去而形成的；康巴女子的头饰“梅朵”，相传为格萨尔王妃珠牡落难后身处逆境时的装束；而头戴五颗琥珀珠，并在全身挂满各种佩饰的盛装，则是当年岭国强盛太平的珠牡装。

宗喀巴是藏传佛教格鲁派的开创者，也是藏族的圣人。据传卫藏地区妇女头戴的“巴珠”头饰与宗喀巴有关。宗喀巴年轻时进藏拜师学习，身上只带了木碗和背架，途中求食受到女人的嘲笑。宗喀巴说：“这是圣物，你们应该戴在头上。”后来人们崇拜他，在巴珠上面用布扎成三角形和碗形饰物，极似宗喀巴的背架和木碗。

羊卓地区独有的“乌折”帽据传是六世达赖喇嘛仓央嘉措平息两部落纷争的纪念之物。两部落是指“棍如”和“赠如”，即今天的苏格和洞加。赠如妇女的发辫放在左边，棍如妇女的发辫放在右边，表明互不侵犯。妇女们三角形的头巾象征六世达赖喇嘛，前后角分别象征赠如和棍如。

显示身份信息

在藏族传统社会，根据一个人的着装特点可以了解他的身份信息以及社会角色，包括地域、职业、社会地位以及年龄等。如牧民袍衣下摆一般会提至膝盖上，腰带缀挂火镰、小刀、鼻烟壶等，而农民衣摆则长过膝或达至脚面，猎人通常会戴狍子头制成的猎帽，以诱引猎物。众所周知，历史上人们的服饰是社会地位和阶层的代表和象征物。民主改革以前绸缎衣袍和獭皮、豹皮等往往为贵族所独享；有的地方甚至还规定，百姓不许穿洋布和氆氇，也不准穿布鞋和袜子。

藏族社会对各年龄段人群的行为要求是不同的，服饰也有色彩、装饰和质地的差异：年轻时服饰色彩鲜艳、花纹装饰繁复、做工细致、佩饰齐全，常有盛装展

从服饰、发式看藏族女子的年龄段

甘南夏河妇女的辫套

总的来说，藏族服饰的年龄区分是比较模糊的，但在未婚、成年和已婚等几个关键的阶段却有明显的标志。比如甘南合作一带的藏族女子的发式和饰品至少要分为少女、成年女性和老妇人三个年龄段。仅16岁以前就得变换三次发式：五六岁梳几条发辫合为三股，尾续白羊毛或彩带并装点珊瑚、玛瑙珠等；7至15岁，发辫会多梳一些，并戴小饰品“惹鲁”或“惹乌”；15到16岁的少女则必须戴“托勒”，其续发为白羊毛。

成年姑娘一般会举行既是宗教仪式又是世俗庆典的“成人礼”。围邦典、辫发、戴上标志性的头饰、穿裙等都是以改变女子服饰特征来表示这位姑娘已成年。卫藏地区姑娘到了16岁，家人要择吉日为其举行隆重的戴“巴珠”或戴“敦”仪式。安多藏区则以改梳发辫和改换辫套来作为成年标志。拉卜楞一带每年藏历正月初三为满17岁的姑娘“上头”，梳细小发辫，佩戴全新的大小头饰。云南维西县塔城的女孩子13岁要举行穿裙子的成人礼。成人礼的仪式和庆典内容包含了对姑娘未来生活的祝福和祈愿。

在藏区，已婚妇女与未婚女子往往也是通过发式、头饰或帽式来区别的。藏北已婚妇女要将头发中分，两边编许多碎辫子，后脑勺编一根较粗的发辫，发辫上缀饰各种饰物。未婚女孩子则将头发编成一根或两根辫子，没有什么饰物。山南妇女的平顶小圆帽“加霞”有两个三角形翅扇，两翅向后表示已婚，翅向一侧表示未婚，而老年人是圆形帽。平武白马藏人已婚的帽子左右两侧各有一束羽毛做装饰，未婚女子只在左侧饰有羽毛，以红色彩珠相连，垂挂在两鬓角，长达一二尺。四川道孚地区少女编独辫盘于头上，所盘头发在耳背右下有一个外凸支出的锥形，这是该地成年未婚女子的标志，已婚者加红头绳在脑后分梳成左右两辫，后盘于头顶。扎坝地区成年妇女要佩戴一种由白色海螺串成的圆形饰带“洛泽”。甘南觉乃藏族姑娘梳三根辫子，并用红头绳系扎，已婚妇女只编中间一根，且用黑头绳系扎，两边的两股头发上段蓬松，至腰带之下才编结。在青海循化地区由果杰帽的花纹、色泽、堆绣数目的种类及做工来区别和表示人生的阶段、年龄。甘南上中迭一带，姑娘穿上一件分三片衣襟的外衣“库多”表示已婚。

多辫辫式和发饰（图/李玉琴）

示的情况。到了四十来岁以后，服饰显得庄重、方便和简单，色彩多用较暗淡的素色，款式上也倾向传统的保守式样而少有变化。

随身穿戴的财富

藏区人口稀少，居住分散，生产和生活流动性强，尤其是牧区，为了方便迁徙，他们往往把辛勤劳动积累下来的财富变换成首饰、珠宝等，这逐渐演变成一种财富的象征。至今，男女结婚的彩礼中一般少不了陪嫁一两套衣服或饰品。后藏岗巴人求亲时还会给姑娘的母亲带一条围裙，以感激养育之恩。

藏族的盛装是数代人积累的财富，盛装往往属于整个家庭，亲朋好友或同一村落的邻里之间可以相互借用，互帮互助。一般来说，衣服上镶水獭和虎豹皮越宽，身上佩戴的珠宝越多，越显示富有，受到人们关注也越多。平日里忙碌而穿得破旧，在有闲的时候穿上华美的盛装可调节疲惫的身心，获得一份美的享受和愉悦，在相对固定的社区里也可获得一份成就和自豪，未婚青年男女在节庆活动中也容易找到自己的意中人。

身着节日盛装的妇女（图/李玉琴）

人神沟通的媒介

藏族宗教服饰具有神圣意蕴，显得神秘而厚重。在一些宗教活动和仪式中，服饰是神圣的精神力量，表达着一种复杂的观念和象征意义，是沟通人神的媒介。

斜背嘎乌的男子（图/张鹰）

民间服饰也秉承了宗教象征的基本精神，以神秘的形式展现了人们对神灵的敬畏、膜拜和祈愿，希望通过某些服饰的穿戴以达到求吉避祸的目的。僻远的地方尤其如此。

藏民族生活在自然条件十分恶劣的青藏高原，求吉心理是藏族民众生存情感最朴素、最直接、最真诚的表达。对服饰的珍爱除了对美的追求外，还与他们的求吉心理有关。他们认为一个人在外出时穿着洁净、体面的衣服，会带来好运。

在藏地民间普遍流传一种习俗，即孩子出生后，要用长辈的旧衣服或羊毛皮包裹以保命定魂。逢本命年，一般要做一件黄色的衣服，从藏历正月初一开始穿一

藏传佛教法舞——羌姆（图/视觉中国）

在藏区，最具影响也是最常见的宗教祭祀就是藏传佛教法舞羌姆（一种驱鬼降神的宗教仪典，也称“跳神”）。每逢释迦牟尼的诞辰、藏历新年以及藏传佛教的重要宗教节日，藏传佛教寺院都要举行盛大的羌姆表演。僧人们身穿肥大右衽的大襟彩袍“颇噶”，披云肩，咒师和护法神还系锦缎围裙，足穿藏靴，佩戴“骨质六饰”（项链、钗环、耳环、冠冕、络腋、涂身骨灰），头戴面具，手持法器或兵器，按神位的高低顺序出场，以示各路神灵降临人间。既有“三皈依”象征的上师、本尊、佛以及菩萨、佛弟子、护法神，也有大量充当神佛随从的低位神灵，以及羌姆中特有的咒师、尸陀林主等。这些护法神面具大多以凶恶、威猛、狰狞的怒相出现，以红色、绿色、黄色、蓝色等鲜明色调突出其情绪特征，表演者借助音乐、法器和鲜艳的服装营造了神秘的宗教氛围，也借表演向广大民众阐释深奥的佛理、教法

年，以求平安吉祥。日喀则一带的老人有穿寿衣“杰纠阔嘎”的习惯，衣服颜色根据老人的属相来定，有红色和白色，衣服上背部饰有太阳、月亮或雍仲纹饰。

藏族人酷爱九眼瑟珠，认为它具有消灾避祸的魔力。珊瑚、玛瑙、绿松石等，除了具有美丽的外观和永恒的价值，也是能带来福运的吉祥之物。由于藏传佛教的原因，嘎乌、佛珠成为驱邪护身、减少障碍、增加福报的宝物，因此，藏族男子遇有打仗之类或出门远行，非佩戴不可，认为可以消除灾难保佑平安。

如此的祈愿还通过一些奇特的装饰或图案、纹样来表达。四川扎坝地区仲西乡女子长袖高腰外套后背的外翻三角形就是为了镇服活鬼，后部裙摆上红、黄、蓝三角形“吉珠”也是为了防止魔气的侵扰。藏区有的地方还把象征神或魔的头饰佩戴于头并祀之以礼，希冀获得好运。如卓尼农区“三格瑂”妇女的“珊瑚斑玛”头饰就象征天神，半农半牧区的“提提玛”头饰代表水神“鲁”，牧区的头饰“箸姑”则是地狱“魔”。

藏族服饰中经常能见到雍仲“卍”（或“卐”）和“十”字纹样，以及吉祥八宝、日月、狗鼻纹等图案。藏族人崇尚奇数，在奇数中特别崇尚“三”“九”“十三”等，饰物中若能达至“九”数，则会让佩者分外满足，被看成灵验的护身物。如藏族人辨别瑟珠（天珠），“瑟”上小圈称为眼，单眼较双眼价值高，五眼、七眼、九眼的瑟珠被视为珍品。

神巫是神灵的代言人，他们穿的仪式服装奇特、鲜

藏戏服饰

（图/李玉琴）

藏戏服饰是藏族宗教服饰艺术化的直接体现，藏戏中的人物和角色的外观造型大胆地借鉴了“羌姆”服装及面具的特点，体现了受宗教渗透的独特的审美趣味和艺术表演法则。随着后来的逐步丰富和完善，面具造型出现了瓦状面具、立体套头面具以及门帘式面具等形式，服式上也更突出了藏族鲜明的民族风格和地方特色，如无袖藏袍、花氆氇围腰和藏族化的项饰在藏戏中出现，使藏戏人物角色更接近普通百姓的生活，从而增强其艺术感染力。

藏戏面具性格鲜明、形象突出，藏戏人物自身蕴含的神灵属性和宗教情感主要由这些精致的面具来表达。后来，受到汉族戏曲的影响，出现了直接在脸上化妆或将平面面具象征性地戴在头顶一侧的情况。

藏族女人彩色的发辫
（图/郑宪章）

艳，其装束与所代言的神灵的传统形象相似。主要类型有王服、赞服、魔服、丹玛服、勇士服、地方神服、喇嘛服等。帽和头盔尤其独特，是神巫神力的显示，有的头盔重达六十斤，只有在进入幻迷状态后由两人帮忙才能戴到头上。头上还有一些具有象征意义的饰物，如五个袖珍骷髅头骨、秃鹫尾羽、五佛冠和护心镜等。五个骷髅头骨象征“五怒”，而羽毛等都是巫师的象征物。

五色代表万物的五种本源

服饰在宗教活动中充当神圣的象征符号，很大程度上依赖于色彩强大的表现力。红、黄、白、蓝、绿五色在本教中代表世界万物的五种本源，后来被佛教所借用，以此奠定了藏族文化环境中五色蕴含的浓厚的宗教情感。

服饰的色彩倾向表现了民族的社会文化心理。如，藏族尚白，无论是民间习俗还是宗教文化中，都视白色为纯洁、神圣、吉祥、美好的化身，是善的象征。所以在藏族的服饰中白色的比重很高，藏装要配白色的衬衫，新娘身上要系上白色哈达。在昌都，为了驱除病魔，病人头上要系白带子。在藏北，老人到八十岁后要穿着白色衣服。拉卜楞少女“上头”时，要在辫尾加进白羊毛，以祝愿姑娘吉祥福禄。

此外，藏族服饰也普遍使用纯度极高、色相亮丽的红、黄、白、蓝、绿五色。如“邦典”就是以五彩为基调，以多种色条组合而成，美观大方，宛如彩虹般绚烂无比。

色彩	方位	本源	五性佛	藏戏面具	象征意义
天蓝、藏青	中央	天空	不动如来	猎人	佛教文化中代表威严、愤怒、杀戮；平民使用则显示富足
白	东方	云	金刚萨埵	男性角色	慈祥、纯洁、美好、吉祥
黄	南方	土地	宝生佛	高僧大德	兴旺、财富、活力，也象征宗教
红	西方	火	阿弥陀佛	国王，大臣（浅红）	热情、勇敢；佛教文化中是权势象征
绿	北方	水	不空成就佛	女性角色	在佛教中表事业；平民使用则表示生命和富有

纺织技艺的奇葩

高原人民创造了灿烂的纺织技艺和文化

悠久的毛纺织生产历史

高原先民的手工业生产事实上也是早期人类生产活动的一个部分。据考古发掘证明，早在四五千年前西藏高原先民已经开始早期的毛纺织生产活动。

世界“三大名毯”之一：卡垫（图/张鹰）

卡垫，即毛织地毯，西藏传统纺织工艺品。卡垫按毛质大致分三种，一种是用牦牛绒捻纺的毛线和羊毛线套织而成，这种毯重量轻、质量佳；第二种是用绵羊的细毛捻的毛线织成，有素色和花样两种；第三种是牦牛毛和羊毛混合纺织而成，这种毯黑白分明、粗厚耐磨。以编织工艺不同，可分为仲丝、尺不戒、汪丹仲丝等几类。卡垫品种繁多，用途十分广泛，主要用于座垫、床垫、挂毯、牲口的鞍垫以及各样饰垫。

卡垫主要生产地有江孜、拉萨、浪卡子、丁青、察雅等地，江孜地毯以浓郁的民族特色和精巧工艺著称，被西方人士盛赞为“真正的民族手工艺品”，与波斯地毯、土耳其地毯并称为世界“三大名毯”。

江孜卡垫多以龙、凤、鹿、花草为图，其图案、纺线、染色、织造、剪毯等方面都非常出色，具有织造技艺独特、色泽鲜艳和谐、毯面柔软的特点，艺术价值极高

松赞干布建立统一的吐蕃王朝后，传统畜牧生产发展促进了毛纺织技术和纺织工艺的普及和提高，出现了彩色和以黑或白为主的毛织品，如毛毡、毛毯、藏被、金帐等。大量毛织物和丝织物广泛使用于人民生产、生活，以及对外交往和军事装备。也在这一时期，日喀则浪卡子一带所产藏被质地优良、柔软美观，花色多样，成为藏被的发源地。同时，吐蕃通过商贸活动与周边国家和地区频繁交往学习先进工艺技术。尤其是唐蕃联姻，更为直接地促进了藏地编织工艺技术的发展，使其发展成为一项独立的手工业门类。

元初的萨迦时期，西藏经济得到恢复和发展，江孜的卡垫业兴旺，成为“卡垫之乡”。萨迦法王八思巴进京朝觐时，所献贡品中即有江孜卡垫，江孜卡垫由此博得了“蕃人精品”的美誉。

15世纪后，藏族民间纺织业发展空前繁荣，所生产的卡垫、邦典、氆氇以及藏被等牛羊毛织物不仅丰富，而且以精巧的工艺、独特的韵味受到青睐，常被作为西藏地方政府向清廷朝贡的最佳方物。

传统手工艺的现代生存与发展

西藏和平解放后，藏族纺织手工业向着规模化、企业化和市场化生产迈进，1953年组建了西藏历史上第一个民族手工业企业——拉萨地毯厂，后来又发展出数十家规模化企业。

然而，随着现代社会经济的发展，现代性元素消解了传统文化的生存空间，藏族人民经过几千年的生

产实践逐步形成的优秀的传统手工技艺正面临很大冲击：传统纺织业分布分散，民间手工艺人呈现老龄化、生存境况不佳的局面；生产方式落后，生产效率不高，一个村子一个月的手工氆氇产量仅相当于现代化生产企业一天的产量。

21世纪初，在全国非物质文化遗产保护的大背景下，藏族传统的民间文化遗产受到关注，相继有西藏的“藏族邦典、卡垫织造技艺”，四川色达的“藏族牛羊毛编织技艺”和阿坝的“藏族编织、挑花刺绣工艺”以及青海湟中的“加牙藏族织毯技艺”分别入选国家级非物质文化遗产保护名录。

氆氇，藏族人民最喜爱的面料

毛纺织用品是藏族在雪域高寒地带生存的必需生活品，其用料为本地所产的牛羊毛，故此织造技艺非常普及。即使在高寒的游牧区，纺织牛羊毛用品也仍然是牧民们经常从事的一项手工劳作。

氆氇也称羊毛褐子、藏毛呢，是藏族传统纺织品中的代表。以扎囊、浪卡子、江孜、贡嘎、芒康等地所产最为有名。氆氇质地柔韧细密、经久耐用、厚重保暖，一直以来都是藏族人民最为喜爱也是最具民族特色的服装面料之一。一般用于制作衣服、靴帽、围裙、藏靴等，也是结婚聘礼或嫁妆中的必备品。

一般来说，把牛羊毛纺织成氆氇要经过洗毛、梳毛、捻线、绕桄、上梭、纺织、染色、整理八道程序。先清洗羊毛、晒干，去其杂质。用梳毛板“柏谢”将毛梳松。捻毛线用的工具，通常用木质的捻线锤。捻毛线是牧人们的随身活计，在牧场、帐房或路旁随处能看到他们一边转动线砣，一边干着别的事。牛毛线主要用于织褐子和搓毛绳。农区一般在农闲时节，而牧人则是一有空就做。捻好的线用卷线机卷成团待用。

藏族自用的氆氇，通常喜欢白、黑、紫红三种颜色。过去，主要用西藏本地植物染料染色，比如野生草本植物“秋洛”“秋杂”，分别呈橘黄和金黄色；另一种野生灌木“最”，用来制作紫红色。后来为了节约成本，一般采用印度进口的化学颜料进行染制。染色过程中用温水煮染，适时地揉搓翻搅，使颜色均匀，七八天后将染成的毛线或氆氇放入清水中漂洗，然后晾干。

后藏地区妇女除了邦典之外，还有两块五彩氆氇。一块对角折成长条状围在后腰，前面用银质腰钩连接；另一块竖排披在后背。这是一种比较古老的穿戴方式（图/张鹰）

藏被

藏被亦称栽毛被，藏语“祖丑”，浪卡子县生产藏被的历史已有一千多年，主产地还有山南、日喀则和拉萨。藏被以羊毛为原料，具有柔软、紧密、厚实、保暖和耐用等特点。

藏被纺织工艺独特，它是在用羊毛编织成的长约2米，宽约1.5米的经纬线底板上将捻成一簇簇的羊毛栽植上去，有如天生的羊皮一般。藏被根据股线的多少来分其规格，股线越多质地越好。

藏被有素色和彩纹两种，素色均为白羊毛本色，彩纹多为红、黄、蓝、绿色相间组合成如彩虹般简洁、亮丽的横条状花色，有的也装饰各种具有象征意义的图案纹饰。

邦典的那些人和那些事

2007年8月，我在西藏山南地区贡嘎姐德秀镇调查，来到桑村益西家。益西家有两台织机，他女儿上机给我们演示。只见梭子在她手中穿梭，很快就织出一截五彩氆氇。

据说邦典源自印度的“格勒邦典”围裙。当时藏印之间的民间贸易十分频繁，商人们将这种围裙销售到了姐德秀，当地的能工巧匠在氆氇纺织的基础上模仿“格勒邦典”的织法，最终掌握了邦典的纺织技术，并且发展出更高质量的“谢玛邦典”。从此，邦典成为藏族妇女特别是卫藏地区妇女日常的装饰用品。

姐德秀的民族手工业有着悠久的历史，这里出产的邦典在全藏区的质量最高、知名度最大，结实、均匀、细密、艳丽，素有“邦典之乡”的美誉。

1978年以后，家庭手工业重新恢复，政府将织布机发给大家，每两个家庭拥有一台织布机。现在，全村70%以上的家庭都从事邦典和氆氇的生产，根据家庭劳动力的情况，每户家庭都拥有1台到5台不等的织机。

民族手工业技艺大都是在父母与子女之间传承，孩子在很小的时候就跟着父母学习手工技艺。可是，目前姐德秀镇50%的青壮年外出打工，剩下的一部分人也干起了长途运输，“邦典之乡”真正能留在家里织

桑村益西女儿上机织邦典（图/李玉琴）

邦典、氆氇的年青人寥寥无几。为了保证传统手工业技艺的传承，使之免于消失，政府也在这方面做出了积极的努力，在贡嘎县实验中学中开设了简单的手工业课程，鼓励孩子们学习传统手工艺。

格桑，男，54岁，藏族，姐德秀格桑羊毛民族手工业厂厂长， 2007年被评为国家级非物质文化遗产传承人。格桑从小跟着父母学习羊毛纺织技艺，12岁的时候就可以独立上机操作，经过长期的学习和实践，格桑掌握了高超的纺织技艺。1998年格桑开始了他的创业之路，当时他向县里申请了5万元的无息贷款，又把村里那些家里比较贫困、没有工作的人召集起来，教他们技术，大家一起从事邦典和氆氇的纺织。

格桑大叔入选国家级非物质文化遗产传承人后，知名度不断提高，一些旅游团队也慕名而来，对他们生产的羊毛围巾、披肩等产品爱不释手。格桑大叔打算恢复姐德秀历史上最高品质的“谢玛邦典”的生产，制作工艺包括12个环节，全部为手工操作，也就是说生产一块这样的邦典，需要经过12个人之手，而目前的邦典生产只需4个人就够了。

还有一种“十”字花氆氇，是将白色或深色底的氆氇，按一定的规格用线结成十字纹样，然后染色、晾干，把线拆去，便形成缬染效果的十字花，由于边缘受染液浸润，十字花显得自然亲切。

织机多为简易踏板织机“他赤”，安装有机梭、分经木、杼、综、裁和踏板以及调节经线松紧的“加尕”等。纺织时，织手用脚踏提综装置开启织口，用梭子投引纬线，每递过一根纬线就须用击线板扒压数次，即“打纬”。织机下边踏板按一定的顺序提起经线，手脚配合操作，如此反复操作直至织完氆氇。民间还有一种简易织机，所织出的毛织物相对较粗，为十字交织的粗毛布。

彩虹般的邦典

邦典由色条纹氆氇制成。邦典纹饰有宽纹和细纹两种，其织法细腻、色彩搭配鲜艳明快。邦典宽度较小，通常为15厘米，多为9—12种色线织成，犹如雨后一道道绚丽的彩虹。条花氆氇以三条氆氇横向拼合，色条相互错落，产生一种美妙的律动效果。

邦典主产于山南、日喀则和拉萨，以贡嘎姐德秀镇最为著名。姐德秀镇家家户户都有织邦典的能手，这儿的男女皆能上机，所织的邦典结实、均匀、艳丽，故有“邦典之乡”的美誉。

身穿美丽邦典的藏族小姑娘（图/视觉中国）

氆氇的种类

氆氇的种类较多，根据选用羊毛的质料，可分出七个等次。

名称	选料	用途
谢玛	最优的一种，选用羊颈下的毛来纺织，经纬线均用羊毛	贵族服饰
布珠	用羊肩背的毛织成	藏袍和裤子
噶夏（彩毪）	多用羊的胸毛或肩毛为料	长袍、藏靴及妇女的邦典
泰尔玛或梯珠	属中等氆氇，选用的羊毛质量不限，多为棕、黑二色	藏袍和僧服
格毪	多用山羊毛织成，质料相对粗糙	普通百姓制作卧具或缝制口袋
漆孜	选料不限	冬装

撰稿专家

李玉琴，西南民族大学研究员。主要研究方向为藏族社会与文化。主持和参与国家社科、省部级项目多项，出版著作《藏族服饰文化研究》《中国节日志·插箭节》，发表论文20余篇。

《藏族服饰文化研究》

扫描二维码，
阅读专家代表著作的电子版

雪顿节的重头戏——“晒大佛”(图/郑宪章)

第5章

荡漾在雪域的多彩风情

民俗礼仪

本章主撰稿人：西藏民族大学教授　陈立明　　西南民族大学副教授　王正宇

民俗是一种重要的社会文化现象。民俗文化产生的历史十分久远。人类要生存，离不开基本的物质生产活动，衣食住行的物质民俗行为便与人类的活动相伴相生；人类要繁衍发展，离不开生育，由此产生了一系列婚丧嫁娶、人生礼仪等社会民俗；其他诸如信仰、节日、游艺等精神民俗也都是在人的活动过程中逐渐出现和形成的。可以说，自从有了人的活动，便有了文化创造，也就有了民俗活动形式。民俗文化是人类文化中最古老、最具有生命力的。

藏族民俗文化自成体系，源远流长，具有鲜明的特征，成为藏族文化的重要组成部分。藏族地区以西藏自治区为主，包含四川、青海、云南、甘肃省的部分地区，受特殊的地理环境、气候条件、历史发展等因素影响，形成了独具特色的民俗风情。欢乐的藏历新年、桑烟缭绕的萨噶达瓦节、香醇的酥油茶、甘甜的青稞酒、妇女头上美丽的巴珠和腰间七彩的邦典……展开了一幅雪域高原多样民俗的生动画卷。

所谓“十里不同风，百里不同俗，千里不同情”，藏族民俗不仅异于我国其他地区的民俗风情，就其藏族地区本身，也因为地域广阔而形成了多姿多彩、各具特点的民风民俗。藏北温暖朴素的毡毽帐房、川西巍峨高耸的石头碉楼、拉萨的雪顿节、江孜的达玛节、那曲的赛马节，林林总总，数不尽道不完，仿佛散落在雪域高原的七彩明珠，颗颗都光芒独特，流光溢彩。

在有限的篇幅里，只能撷取几颗展示；更绚丽更多姿的风采，您要亲自去雪域高原体验。

糌粑飘香，酒歌悠扬

酒文化是藏餐寓情于物质和精神的双重写照

浓郁民族特色的藏家宴

在藏族同胞世代居住、生活的地方，孕育出了独具特色的藏族饮食文化。藏族饮食，被亲切地称为“藏餐”。如同日光充足的高原一般，藏餐注重天然、无污染，主要原料均来自无污染的高原地区。喝着雪山矿泉、吃着虫草长大的牦牛，以及牦牛奶加工的酥油，沐浴着最充足的阳光、呼吸着最干净的空气生长的青稞麦，还有高原上盛产的土豆、野葱、野蘑菇，都是真正意义上的绿色食品；此外，藏餐中的虫草、人参果等都是珍贵的入药食材，使藏族饮食“锦上添花”，凸显出独特的保健养生作用。

不吃藏餐不能算真正到过藏区。在品尝各种丰盛的藏式菜肴的同时，还可以细细体味出藏民族饮食文化的底蕴及精髓所在。藏餐的精髓在于“吃”又超于“吃”，它还蕴藏了另一重含义——快快乐乐地吃、手舞足蹈地吃。

与高原物产和悠久的藏族饮食文化相联系，藏式菜肴特色鲜明，自成体系。菜肴原料均取自高原本地所产，如荤菜多为牛、羊肉及其内脏，素菜则有菌类、土豆、虫草以及奶酪类制品，烹制方式则有蒸、煮、炒、炸、炖、凉调等。常见的特色菜品有“夏金”（生肉酱）、“鲁久扎玛”（油炸血肠）、“洛畏”（炒羊肺）、“各夏卡察”（辣味羊头肉）、“庶扎”（炸排骨）、“色夏玛扎”（烤蘑菇），等等，难以尽述。风味独特，营养丰富。

与烹制藏式菜肴相对应，藏餐的主食除日常的糌粑、米饭和面饼外，还有“夏帕勒”（肉饼）、“夏馍馍”（肉包子）、“索冈比希”（油煎肉包子）、“卓檄”（面粉油糕）、“中察”（肉汤烩饭）等，品种十分丰富。

当你坐在藏式风格的房间里，呷一口醇香的酥油茶，尝一块鲜美的血肠，嚼一条酥脆的风干牦牛肉，再吃吃藏青菜，揉揉糌粑，配一点拌着辣椒香料的生牦牛肉酱，吃饱后再饮上一杯青稞酒，藏家人生活的滋味就这样在唇齿间满溢。

糌粑是藏族人的主食

藏族人一日三餐都有糌粑。“糌粑”是炒面的藏语译音，原料是青稞。如果到藏族同胞家做客，主人一定会给你双手端来喷香的酥油茶和糌粑。

对于拉萨河两岸及整个农区的人来说，炒青稞、磨

炒青稞（图/张鹰）

如果远道而来的客人毫不客气地抓起一把炒好的青稞花放进嘴里，主人不但不会介意，反而会认为客人是对他们劳动成果的赞赏

藏族特色食品表

名称	主要材料	口感风味
糌粑	熟青稞麦粉、酥油	奶香、淡甜
土粑（藏粥）	面块、肉丁、萝卜等	香味浓厚
雪（酸奶）	鲜牦牛奶	酸甜、爽口
博土（藏面）	小麦面条、牦牛肉丁	汤料鲜美、面条筋道
夏馍馍(藏包子）	牦牛肉、小麦面、葱	皮薄馅大、鲜美多汁
卓玛折塞（人参果甜饭）	人参果、米饭、糖	甜而不腻、营养丰富
咖喱土豆	新鲜土豆、咖喱粉	土豆干面，味浓
风干肉	牦牛肉	酥松、味浓
曲让（奶渣）	干奶渣	奶香、酸甜
卡塞（油炸点心）	面粉、酥油	色泽金黄、香酥可口
夏金（生肉酱）	新鲜牦牛肉、辣椒	香辣
退（奶酪糕）	奶渣、红糖、酥油	奶香浓郁、酸甜
越（炒青稞）	青稞	香脆可口

糌粑是件大事，一年中分夏秋两次。一家人将足够半年用的青稞驮到村里炒房。在铁锅里放入细沙，等细沙烧热后将青稞倒入并不断翻炒。用这种方法炒出的青稞熟得快又不易煳。当一颗颗青稞在锅里爆裂开花后，农人就用铁筛将青稞里的细沙除去，剩下的就是白花花的熟青稞了。

青稞花炒好后，下一道工序是磨细。磨出来的青稞面粉就是糌粑。大多数人家的糌粑并不除皮，实为上好的全麦食品，对肠胃很好，对糖尿病的预防也有一定的效果。

吃的时候，碗里放上一些酥油，冲入茶水，添上糌粑粉面，用手搅拌，揉合成团食用。这也就是藏族人常说的“捼”糌粑。由于糌粑吃法简单，携带方便，很适合游牧生活。牧民们出远门时腰间总要挂一个糌粑口袋，饿了，就从口袋里抓把糌粑吃。

对于藏族人来说，糌粑是上天给予人间的恩惠。逢年过节，人们常用糌粑来绘图，以示吉祥。祭神或转

藏族人爱用糌粑待客（图/张鹰）

拉萨林周县农村流行一种用羊毛纺织而成的糌粑袋，颇具风格（图/张鹰）

经时都要往桑炉里撒些糌粑，尤其是婚礼和庆典结束时，场地中间煨上一堆桑，人们围成一圈，每人捏一把糌粑，祈神三遍后兴高采烈地将糌粑抛向高处，顿时一片吉祥的白雾弥散开来。

有酒必唱歌，有歌必饮酒

酒，是藏族饮食中的另一大元素，藏语称为“羌”，特别是指青稞酒。

藏语“松珍夏达”，即“三口一杯”，简洁地表达了藏族的酒礼。饮酒时不能一饮而尽，而要遵循“三口一杯”的方式：弹酒敬神后，受酒者应先饮一口，敬酒者续满酒杯；受酒者再饮一口，敬酒者又续满酒杯；受酒者第三次饮一口，斟满后将杯中酒一饮而尽。在藏族人看来，喝酒时滴酒不剩的客人，是最有诚意的客人。聚会饮酒时酒器是大家共用的，能在一起饮酒者，其关系可视为一家人，情同手足，因此饮酒时不能分用酒具，否则被视为见外或瞧不起。

有酒就有歌，聚会饮酒时，歌是必不可少的。向他人敬酒时，敬酒人一般要唱酒歌。若不唱，受酒者可以拒绝饮用。敬酒人献上酒，受酒者接过酒杯，即可要求敬酒人唱酒歌。有时敬酒者斟满杯中酒，走到宾客前即开始唱酒歌，唱到一半时，再将酒杯敬上，唱完酒歌再

欢庆歌舞时，青稞酒是必不可少的（图/张鹰）

履行弹酒仪式及饮酒。

在卫藏地区，流行罚酒制度，一般可以分"角羌""过羌""替羌"等形式。所谓"角羌"意为快酒，即在敬酒者尚未唱完酒歌之前，饮酒人提前将杯中酒很快饮干。唱酒歌时，杯中没酒被认为是不礼貌的，故而还需罚酒一杯。所谓"过羌"意为慢酒，即在敬酒人已唱完歌之后，饮酒人还未饮完杯中之酒，被视为反应迟钝，也要罚酒。"替羌"意为滴酒，即在敬酒者唱完酒歌时，饮酒人也正好将杯中酒饮掉，但在杯底还剩有一小点酒，哪怕是几滴，也要罚酒。酒器中往往还能控出几滴酒，可以将其倒入手中，抹到自己的头顶上，藏族认为这样会带来福分与吉祥。饮酒给欢聚的人们带来无穷的乐趣。人们会想方设法制造各种机会使对方陷入圈套，让他多喝酒，或是多唱酒歌。

藏族酒歌曲调悠扬，优美动听，内容多为祝福、赞美之辞。敬酒人有时边唱边舞，声情并茂，也有即兴演唱的，诙谐幽默。

要么就请喝酒，
要么就请唱歌。
饮酒唱歌之间，
任你挑选一个。
请听吧，文成公主，
请喝吧，伦波噶瓦。
我们在此相聚，
祈愿永不分离。
祝福聚会的人们，
永远无灾无疾。

这是一首流传很广的酒歌，在西藏各地都能听到。歌词简朴却饱含深情，表现了人们对欢聚的祈盼与珍视，并表达了人们对无病无灾美好生活的向往与深深祝福。

在藏族民间，人们给幸福生活下了一个十分有趣的定义，藏语说法叫"槓羌白玛"，意为"茶与酒交替喝"。到了周末和节日，约上亲朋好友，带上酥油茶和青稞酒，外出逛林卡，草地上载歌载舞，沐浴着雪域阳光的休闲生活就开始了。

节日集会上喝青稞酒的老人（图/张鹰）

饮食礼仪深刻反映着伦理精神

藏族是一个十分讲究礼仪的民族。民风纯朴，礼让谦恭、尊老爱幼、诚信无欺是自古传下来的纯良礼俗。松赞干布时期制定的《十六净法》中，把孝敬父母、恭敬有德、尊长敬老、诚爱亲友、正直无欺等作为重要内容，对藏族的礼仪习俗的形成产生了深远的影响。

平时，家人和邻里和睦相处，尊老爱幼，诚信待人。家中酿了好酒，头道酒"羌扑"（酒新）敬献神灵后，首先由老人品尝。每年新收割粮食，"尝新"也是老人们的专利。日常家庭就餐，由主妇掌勺分发食物时，首先是为

青稞酒的酿制

青稞酒的酿制方法各地大同小异，其酿制过程一般为：将颗粒饱满的优质青稞用清水淘洗干净，除去杂质，用清水浸泡后放入锅内，掺入适量水煮，边煮边用木片搅拌，以免青稞粘锅底烧煳。煮青稞时不能用猛火，多用中火和小火煮两小时左右，当水干青稞熟透时，将煮熟的青稞均匀摊晾于毯子或席子上，并不时翻搅使之湿度和温度均匀。待青稞酒粮变得温热时拌以酒曲盛入陶制酒坛，然后密封坛口，用被毯或衣物包裹酒坛后置于储存饲草的房屋中，酒坛周围铺塞以干草或糠秕。酒粮发酵好后，加入凉开水或清水，几小时后便酿成酒香四溢的青稞酒了。

每坛酒粮可加水酿制三四次，酿出的酒称为头道酒、二道酒、三道酒。头道酒浓度最高，色泽黄里泛青，味道醇厚甘甜，酒香浓郁，是敬神待客的上等佳酿。第二次加水后的酒浓度稍淡，甜里带酸，清洌甘美，饮后沁人心脾。第三、四道酒色泽较差，甜味淡而酸味浓，人们常作为解渴的饮料，带到田间地头边劳作边饮用。为了使酒浓淡适宜，许多人家酿酒时多是将几道酒掺和调匀饮用，只留少许头道酒以作品尝或敬神招待贵客之用。

青稞酒中还分为“达羌”(月酒)和“洛羌”(年酒)。在酒粮发酵好后不急于加水酿制，而是仍密封坛口放置于房屋的阴凉处，放置月余或数月后加水酿制的酒称为“月酒”，放置一年或数年再加水酿制则称作“年酒”。放置时间越长，酿出的酒越浓郁醇香。

在西藏农村，人们外出忘不了带上青稞酒(图/张鹰)

上图：牛角酒壶（图/张鹰）

长者盛，然后全家人围聚火塘旁进餐，其乐融融。藏族人十分好客，待客热情周到，若有宾朋登门，定会倾其所有，拿出好酒好茶好菜盛情款待。

藏族的饮食禁忌集中反映在忌食某些类别的食物和对锅灶火塘的禁忌上。

在食肉方面，藏族禁忌较多。一般只吃牛羊肉，而绝不吃马、驴、骡、狗肉，有的人连鸡肉、猪肉和鸡蛋也不食用。鱼、虾、蛇、鳝以及海鲜类食品，除部分城镇居民（大多为青年）少量食用外，广大农区和牧区的群众从不购食。兔子肉部分地方可食，但孕妇不得食用，人们认为孕妇吃兔子肉生下的孩子会成豁嘴。即使是吃牛羊肉，也不能吃当天宰杀的鲜肉，必须要过一天才食。当天宰杀的肉称为“宁夏”（意为“当日肉”），人们认为牲畜虽已宰杀，但其灵魂尚存，必须过一天后灵魂才会离开躯体。对鸟类、山鸡藏族从不捕食，尤其如“拉恰贡姆”这样的雪山鸡藏族人视之为神鸟，忌讳捕猎。

在饮食禁忌中，藏族同胞对吃大蒜有较多的禁忌。大蒜作为调味品平时人们亦食用，但如果要去转经拜佛朝拜神圣之地则绝对不可食蒜，忌讳食蒜后的臭气玷污和熏脏了圣洁之地。一些信仰虔诚的群众几乎不食蒜。

藏族对火灶有神圣的敬畏之情，认为火塘中有灶神，需小心伺候，绝不能亵渎得罪灶神，否则会带来灾难。严禁跨越火灶，忌讳往火灶里吐痰、在灶中烧骨头、皮毛等物。火塘要保持干净，不能将不洁的东西放在火灶旁，坐在灶边时，不得把脚搁到灶上，清扫垃圾不能将垃圾投入火灶内烧，也忌讳直接在火上烤肉。行人外出时，需祈祷灶神以求护佑。在野外用三块灶石搭建的火灶，离开时也需清理干净，每块灶石上置放少许茶叶或食物，以示对灶神的祭奉。

中图：竹子制作的酒壶
下图：敬酒的银酒碗（图/张鹰）

没喝过酥油茶，就不算到过青藏高原

宁可三日无粮，不可一日无茶

酥油茶是藏族人每天生活中不可少的饮料（图/张鹰）

古老的仁布玉石酥油茶碗

古老的陶制牛粪火炉和酥油茶壶

拉萨地区名贵的绿釉茶壶文物（图/张鹰）

藏族人的第一饮品——酥油茶

一提到西藏的雪山蓝天，就自然会联想起酥油茶。的确，酥油茶一直以来最受藏族人民喜爱，是日常生活中最常见的茶类。“宁可三日无粮，不可一日无茶”“一日无茶则滞，三日无茶则病”，是藏族人真实的生活写照。每天早起后要喝几碗酥油茶才出门工作，一天之内要喝五六次，早餐其他食物可以不吃，酥油茶则必饮。西藏的大街小巷，酥油茶馆不计其数，远超过餐馆的数量。

藏族人饮茶的历史十分久远，可追溯到吐蕃时代。据藏文史籍《汉藏史集》记载，吐蕃王朝第三十六代王都松芒波杰（又名赤都松，676—704在位）时，藏地出现了茶叶和瓷器。藏语称茶为“槚”，显然是来自汉土的文化借词，反映了藏汉民族源远流长的经济文化交流。茶叶最初被视为治病疗疾的珍稀之物，随着“茶马互市”的兴盛和发展，茶与藏族人的生活联系越来越紧密，以至难以分离，成为人们日常饮食的必备之物。

有人说，初喝酥油茶，第一口异味难耐，第二口淳香流芳，第三口永世不忘。千百年来，在与严酷的自然条件作斗争中，藏族人民创造了酥油茶文化。藏族人的人生各个阶段，婚丧嫁娶的仪式中，也都必定会用上茶。聘礼中要拿上砖茶和哈达，订婚时，嫁妆中都得有茶。《格萨尔王传》里也提到了“今日位登金宝座，礼呈阿珠好陪嫁。茶叶酥油与谷粮，骡马绵羊牦犏牛”。婚礼上的新娘要为客人和公婆敬上酥油茶，家里的妻子母亲们天天要为家人打上一壶酥油茶，情深意重的藏茶，伴随了藏族女子的一生。

藏族人嗜好酥油茶，还有一则美丽的故事。传说古时有两个部落，辖部落和怒部落。辖部落土司的女儿美梅措在劳动中与怒部落土司的儿子文顿巴相爱，但由于两个部落历史上结下了冤仇，二人无法成婚，辖部落的土司还派人杀害了文顿巴。当为文顿巴举行火葬仪式时，美梅措跳进火海殉情。美梅措到内地变成茶树上的茶叶，文顿巴到羌塘变成盐湖里的盐，每当藏族人打酥油茶时，茶和盐就再次相遇。这则由茶俗引发出的故事，具有极强的艺术感染力。

酥油茶的制作，是藏族饮食文化的一大发明，是藏族在同汉族互通有无的经济往来的基础上结合自身的环境和物产条件创造性地发明出来的，对藏族饮食结构的改善产生了重要的影响。酥油茶极富营养，酥油脂肪含量高，能产生大量热量以御寒，而茶叶中富含茶碱、维生素和微量元素，具有健胃生津、消食解腻的作用，正适合高原以肉奶等高脂肪高动物蛋白为主要食物的民族改善饮食结构的需要。

打酥油茶（图/张鹰）
酥油茶是用酥油和浓茶加工而成。酥油茶的制作方法分熬制茶汁和打茶两个步骤。先将砖茶或沱茶加水熬煮成浓汁，滤净茶叶将汁盛入茶罐备用；打茶时，从茶罐中取部分茶汁加上适量开水和盐，倒入专门打制酥油茶的茶桶“董莫”（意为“桶”）或“槚董”（意为“茶桶”）中，加入酥油，用带有木塞的搅棍上下打制，打制几十回合后水乳交融倒入茶壶内加热，饮用时倒入茶碗。用优质新鲜酥油打制的酥油茶浓香扑鼻，味道淳厚，十分可口

酥油茶的待客礼仪

藏族是一个热情、大方、好客的民族，各种场合都很讲究礼仪，喝茶的时候亦不例外。日常饮茶，讲究长幼有序、主客有序；在公众场合，讲究尊卑有序。

平时在家喝茶各自用自己的茶碗，不能随便用他人的碗。客人到来，女主人会取出珍藏的擦拭得光亮照人的瓷碗摆放于客人面前，端起茶壶轻轻摇晃数次（壶底须低于桌面），斟满酥油茶后双手端碗躬身献给客人。客人接茶后不能急匆匆张口就饮，而是缓缓吹开浮油，并赞美道："这酥油茶打得真好，油和茶分都分不开。"饮啜数次后碗内留下约一半，将茶碗放于桌上，女主人会续满，客人不能立刻端起就饮，而是在主人一次次敦请下边同主人拉话边慢慢啜饮。客人每次饮茶后主人会很快添满，使茶碗保持盈满状态。客人至，一般需饮茶三碗，只喝一碗不吉利，藏族谚语道"一碗成仇"。喝茶时不能发出"唏、唏"的声音，更不能将碗里的茶全部喝光。客人准备告辞时，可以连着多喝几口，但不能喝干，碗里要留点漂油花的茶底，表示茶永远喝不完，财富充足，寓意颇深。

放在客厅桌子上的酥油茶碗，从大到小分别是父亲、母亲和小孩的（图/张鹰）

烧茶待客（图/郑宪章）

甜茶馆里的百态人生

文/中山大学教授　刘志扬

藏族甜茶是舶来品。20世纪20年代，藏军军官中开始流行一种仿效英国人喝茶方法。早年甜茶馆里的常客，都是一些社会地位低下的小吏、贩夫走卒以及社会闲散人员，贵族、僧侣绝不踏足其中。在当时拉萨街头流传的一首歌谣："坐在茶馆喝甜茶，表明你无处栖身。"也就是说在人们的心目中，甜茶馆是一个低俗的场所。甜茶馆流行范围也仅限于拉萨、日喀则等规模较大的城市。

可如今，品饮甜茶已经成为拉萨慢生活的代表，渐渐地传播开来。甜茶的制作方法非常简单，用红茶熬汁，滤去茶叶后加入牛奶（可用鲜牛奶，也可用奶粉）和白糖。拉萨的藏族家庭也做甜茶，但还是有不少人喜欢去茶馆喝甜茶。

拉萨市区随处都可见遍布于路边的甜茶馆。许多人已经养成了喝甜茶的习惯，每天必须到甜茶馆坐几个小时。拉萨的甜茶馆规模大小不一，数量最多的，是那种设施简陋的小茶馆，遍布大街小巷，随处可得，经营者加上雇来的女服务员一般就是两三个人，供应的品种大致相同，最基本的就是甜茶和藏面，其他还有酥油茶、夏馍馍（肉包子）、啤酒等。很多人一早就在那里喝茶，中午通常不回家，叫一碗藏面便是一顿午餐。

甜茶馆里基本上没有藏族以外其他民族的茶客。每家茶馆的顾客都是相对稳定的，每个甜茶馆都有一批属于自己的顾客群体，甜茶馆也表现出明显的社会阶层分别，不同阶层和不同社会地位的人群在相对固定的甜茶馆活动。

1993年初，我第一次被藏族朋友带到了布达拉宫脚下雪村的一家"同胞甜茶馆"。茶馆的门面很小，但里面的空间非常大，前后相连的几间黑乎乎的屋子里，加上中间的院坝里，都摆满了方桌和长凳，坐满了藏族茶客，生意火爆，相识的不相识的，都主人一般自由闲散。简陋的木制桌椅上，满是斑驳的痕迹，坐于其中仿佛时间倒流了一个世纪，人与人之间的关系变得无比简单。有意思的是，连付茶钱的方式，都是简单有趣的：每个人的面前，随意放着一些零钱，藏族女服务员手提茶壶穿梭于顾客之间，每加一杯甜茶，服务员就从桌子上取走两角钱。

节庆四季，欢乐海洋

每个月都有节日

神圣与世俗、宗教与娱乐的统一

如果在藏族地区生活上一年，你就不难发现，环境和物质相对艰苦的高原其实是人间少有的欢乐天堂。藏族同胞大大小小的节日，将一年的空闲时间填得满满当当，总有跳不完的锅庄、唱不完的鲁谐。人们可能会"累"，但一定是因为玩得太累、跳得太累、唱得太累、笑得太累。

藏族节庆，源远流长。从远古先民祈求庄稼丰产的祭祀活动，到雅隆河谷及全藏农区的大规模集体祭祀仪式的望果节，至今已有近2000年的历史。从以麦熟为岁首的年节到使用藏历推算出的新年已历千年之久。因本教的兴盛、佛教的传入而产生的众多宗教节日，其历史最短者亦有数百年。藏族的节日，均有着久远的历史和厚重的文化积淀。

根据藏族节日的内容、形式和功能，似可将节日分为四类：岁时年节、生产节日(包括农事节日和牧事节日)、宗教节日和游乐型节日。但因为藏族节日历史的久远，文化内蕴的丰富，在其长期的发展流变过程中，从内容到形式都发生了许多变化，承载着不同时期不同方面的文化信息，加之一些节日之间文化现象交互重叠，功能和作用互相渗透。如雪顿节，最初本是与牧事活动密切相关的节日，逐步演变为与宗教、藏戏表演、野宴游乐等活动内容相糅，逐渐形成了一套固定的节日仪式。

藏族节庆的基本特征为宗教性与世俗性的统一，神圣性与娱乐性的统一。此外，由于青藏高原地域辽阔，藏族节庆的地域性特征和互融性特征亦十分明显，

太阳落山，僧人开始在木架上装置酥油花(图/张鹰)

甘南赛马会(图/郑宪章)

新年乡民到附近寺庙拜神，并与僧人互相拜年（图/张鹰）

象征吉祥的五谷斗（图/张鹰）

大大小小的节日数不尽道不完，其中最具代表性、最隆重的节日有藏历新年、望果节、拉萨雪顿节、萨嘎达瓦节、甘南香浪节、青海塔尔寺酥油花灯会、九寨沟德朵节、江孜达玛节，以及各藏区时间不尽相同的转山会、赛马会等。这些藏族传统节庆，不仅为藏族群众所喜爱，还吸引着其他民族的兄弟姐妹参与其中，令每一个参与者陶醉其中，流连忘返。

藏历新年：雪域的欢乐盛典

藏历新年是藏族人民最隆重的传统节日，年节文化也是藏族节日文化的重要内容。拉萨地区的新年习俗比较典型，具有一定的代表性。

从藏历十二月开始，人们便开始忙碌过年，各家用酥油和面粉炸出形状各异的果子。到了新年前夕，每家都要精心准备一个盛着青稞麦粒和酥油糌粑的“竹索切玛”（五谷斗）。这一切都具有喜庆丰收，预祝来年风调雨顺、人畜两旺的含意。

藏历十二月二十九日，人们把灶房打扫干净，并在正中墙上用干面粉绘上“八吉祥徽”（八吉祥徽包括金鱼、法幢、宝塔、白海螺、莲花、法轮、吉祥结和宝瓶）。傍晚，不论大小家庭都要做“帕土”（面疙瘩）；天黑时，全家依长幼次序坐定，开始吃煮熟的面疙瘩，藏族称为“古突”。做帕土时，要做一些具有各种象征意义的面形，如太阳象征富有、威严和荣誉，经书则象征聪慧、有学识，鼓象征不可靠、两面人等；一些帕土中包有石子、辣椒、木炭、羊毛等物，石子表示心肠硬，木炭预示心黑，辣椒表示嘴如刀，羊毛说明心肠软。吃到这些东西的人，都要即席把面疙瘩中的石子、辣椒、羊毛等象征性物品吐出或从碗中捞出来，任凭家人说笑取乐。

吃完古突天色已晚，将举行驱鬼仪式。一般家中由女主人将吃剩的古突倒入一陶罐中，端出门外，男主人手执点燃的麦秆到各房间内边挥舞边喊叫，令妖魔鬼怪都出来。此时女主人要径直走出院外，不能回首，将陶罐连同里面的古突一起扔到十字路口，男主人也将驱鬼剩下的残火扔到街心。女主人返回时为她献上哈达或在其身上撒点糌粑。二十九日晚的拉萨帕廓街烟火缭绕，喊声四起，各家都忙着驱鬼，把一年的不吉和霉运都统统赶走，祈盼来年吉祥安泰。

除夕晚上，家家户户将房屋内外打扫干净，室内铺上新卡垫，在正屋佛龛前摆放“碟嘎”。碟嘎是由形状不同的油炸面食垒起的供品。碟嘎两边要摆上绿茵茵的青稞苗，预祝新的一年能获丰收。供桌上还必须有一个羊头。

大年初一清晨，主妇天不亮就起床用青稞酒和酥油熬制饮品，家人在起床前必须喝上一碗。主妇去井边打回新年的第一桶水。家人喝完后即刻起床，互致新年祝福，梳洗打扮后全家人一道吃人参果米饭“卓玛折塞”，喝早茶。天刚亮，邻居街坊热闹的新年互拜便开始。每家由两人代表家人去拜年，一人端五谷斗，一人提青稞酒壶，挨门去邻居家拜年。人们互致“扎西德勒平松措”（意“吉祥如意大圆满”）的新年祝辞，主人让客人“切玛曲”，客人会抓一小撮糌粑粉向上扔三下，以示敬奉天地神灵，然后放少许于口中品尝。双方互相敬酒，或干杯或喝“三口一杯”。新年早晨，等拜完年回到家时，人往往已飘飘欲仙。清晨邻居间拜完年后，家人不再外出，各家闭门欢聚。

从初二开始走亲访友，人们互相拜年祝贺，唱歌跳舞，欢度佳节。活动一般持续数天。

大年初三，家人及左邻右舍的亲友共聚房顶，举行仪式，插换房顶上的五色经幡，点燃桑烟敬神，祈祷神灵保佑全家人四季平安，家业兴旺。

传统藏历新年期间，拉萨正逢一年一度的传召大法会，人们除欢庆新年佳节外，还汇入人潮观看有关法事活动，特别是正月十五的酥油花灯节。有条件的人家要欢庆十多天，一般到酥油花灯节后才结束。

大年初一村民互相拜年（图/张鹰）

藏族地区主要节庆表

时间 (西藏地区使用藏历,青海、甘南等地使用农历)	节庆	盛行区	节日主要内容
一月一日	藏历新年	藏区各地	最隆重的传统节日,有赶鬼、吃“古突”、喝“观颠”、抢水等活动
一月上旬	传召大法会	西藏拉萨	藏语称“默朗钦姆”。法会期间,四方僧人云集拉萨。在大昭寺内诵经祈祷,讲经辩经,考拉让巴格西学位。虔诚的信徒们纷纷来添灯供佛,向众僧发放布施
一月十二日至十九日	松棚灯会	甘肃甘南舟曲	节日期间县城大街小巷,搭好松棚连环架,蓬好松枝;再于松棚梁上挂上灯对,灯对一组三件,每组灯对包括三副对联,两幅横额。灯对架近千对,对联达两千余副,夜晚街道变成一望无际的灯的海洋,游人如织,以奇妙对联相互竞猜,同时展览书法绘画
一月十五日	酥油花灯节	藏区各地	寺院举行盛大法会祈愿供佛,搭花架,上面摆放以彩色酥油塑成的人物、花卉、鸟兽、吉祥徽等造形。花灯点燃,宛如群星,五彩缤纷。人们在夜幕降临之际观看花灯,高歌起舞,彻夜不眠
二月	传召小法会	西藏拉萨等地	拉萨三大寺评定格西,并举行把两个鬼(由人装扮)送到拉萨所属地界之外的“吕贡杰布”仪式。甘南拉卜楞寺则有诵经、送鬼、亮宝等活动
三月十五日	时轮金刚节	藏区各地	为了纪念释迦牟尼在此日讲授时轮金刚的传统宗教活动,寺院僧人做彩供、修时轮金刚曼陀罗、诵经
四月	插箭节	甘肃甘南	藏族认为,某一村庄、地域的保护神,均在这一地域最高的山巅或扼守交通要道的山垭隘口,以五彩箭垛作为供奉的象征,每年为这些保护神举行供奉仪式——插换新的彩箭。女性不参加此节日
四月十五日	萨嘎达瓦节	藏区各地	藏历四月称“萨嘎达瓦”。释迦牟尼于此月降生、成道和圆寂,藏族人十分看重此月,不杀生,不吃肉,转经朝佛,广行善事。节庆期间,各寺院举行各种佛事活动,民众则转经朝佛,焚烧神烟

四月中旬	江孜达玛节	西藏江孜	后藏江孜一带的传统节日，主要活动内容为跑马射箭。达玛节一般为期三天，第一天举行简单的宗教仪式，并做赛前准备。第二天赛马。第三天射箭。比赛结束后，人们在近郊林卡欢宴
五月五日	香格里拉赛马节	云南迪庆 香格里拉	人们在香格里拉五凤山麓杜鹃花丛中搭起帐篷观看比赛，项目有传统马术、马技、拾哈达等。还有歌舞表演和物资交流
五月五日	采花节	四川阿坝南坪、 甘南博峪	采花节是一种很富有民族特色的节庆活动。它大致可分为“抢水”“采花”和“祝福”三个部分，其中“采花”和“祝福”都与民族歌舞相结合。节日由“抢水”活动拉开序幕
五月十五日	林卡节	西藏全区	藏语称“赞林吉桑”节，意为世界快乐日。半个月里，人们到林卡中游乐，最后一天逛林卡进入高潮，这一天还进行一些宗教活动
六月四日	转山会	藏区各地	藏语称“珠巴次西”。藏历六月四日，是释迦牟尼初转法轮的日子，僧俗民众去附近佛寺和神山朝圣，故又称为“六四转山节”。转山结束后，人们在野外搭起帐篷或围幔，尽情游玩
六月六日 至十五日	香浪节	甘肃甘南	“香浪”是藏语采薪之意。节日源于拉卜楞寺僧人每年的外出采集木材活动，逐渐演变成僧俗一同郊游的节日
六月十五日	仲确节	西藏类乌齐	藏东类乌齐一带最悠久的节日，即“修行仪轨节”。包括寺院宗教仪式和民间世俗活动两方面。类乌齐寺从六月十五日开始长达45天的法事活动；其间民间活动主要有商贸、转寺转塔和民间歌舞等，最主要活动是转德青颇章神山
六月十七日	六月会	青海黄南 同仁	青海同仁藏族、土族的传统节日，包括祭神、请神、迎神、舞神、拜神、祈祷、送神，军舞、神舞、龙舞表演等内容，舞蹈贯穿于这一盛大宗教性节日始终
六月三十日 至七月六日	雪顿节	西藏拉萨	藏语意为酸奶宴，故称“酸奶节”。雪顿节期间有隆重热烈的藏戏演出和规模盛大的展佛仪式，又别称为“藏戏节”或“展佛节”
七月	那曲赛马会	西藏那曲	藏北最主要的节日之一，规模盛大，极为隆重。主要活动是各种形式的赛马和马术表演，同时还穿插搬石头、摔跤比赛、服饰展演等活动

七月	格萨尔赛马会	甘肃甘南玛曲	举办于有“中国赛马之乡”“藏民歌弹唱故里”美称的玛曲，赛马内容与其他地区大同小异，有速度赛马、耐力赛马、招商推介等活动
七月六日至十二日	沐浴节	西藏	沐浴节是西藏各地的群众性的沐浴活动，以拉萨地区最具代表性
七月十五日	登巴节	云南迪庆香格里拉	本地部分藏族的特色传统节日。男女老少着盛装，举行集体祭祀山神、仙人洞和诵经仪式，此外还举行赛马、打靶、斗牛、跳锅庄舞等娱乐活动
（每逢羊年）七月十五日	帕邦唐廓节	西藏林周	热振格培林寺僧人进行诵经、祭礼、跳神舞等活动，同时开展商品交换和赛马、跳舞等活动
七月二十五日至三十日	玉树康巴赛马会	青海玉树	青海规模最大的藏民族盛会，赛马内容与其他地区大同小异，有赛马、赛牦牛、摔跤、马术、射箭、民族歌舞等活动
八月四日至六日	斯莫钦波节	西藏日喀则	“斯莫钦波”意为大型表演，是扎什伦布寺一年一度规模盛大的宗教节日，主要活动是表演密宗金刚神舞，即俗称的“跳神”
八月八日至十二日	噶尔恰钦	西藏阿里	阿里地区以赛马为主要活动内容的传统节日。盛会期间还进行大规模的贸易交流活动。牧民用羊绒、牦牛绒、药材等换取布匹、糖果、日用品等
八月二十八日至二十九日	增值节	云南迪庆德钦	东竹林寺极为隆重的传统跳神大法会
九月二十二日	降神节	藏区各地	藏语称“拉波堆庆”。这天，人们纷纷到寺院朝佛献祭，焚香转经，接济乞丐，广做善行，祈愿神佛保佑万物生灵
十月一日	工布新年	西藏林芝	林芝地区的新年，有赶鬼、请狗赴宴、吃“结达”、背水、祭丰收女神等活动
十月十四日至十五日	吉祥天母节	西藏拉萨	藏语称“白拉日垂”，是对大昭寺的吉祥天母进行隆重的祭供，在民间已渐渐演变为女人节。妇女们在这一天刻意梳妆打扮，外出游玩，到吉祥天母神像前焚香祈祷，为自己将来许个好愿
十月二十五日	燃灯节	藏区各地	藏语称“甘丹安曲”，是藏传佛教格鲁派祖师宗喀巴圆寂日。各地的藏传佛教寺院和普通人家都点供灯祭奠宗喀巴大师
十一月十五日	冬季大法会	西藏萨迦	萨迦寺僧人表演密宗舞，由世俗群众表演妖魔舞、神兵舞等，并焚烧“朵玛”。节日期间还举行商贸活动

十二月一日	农民新年	西藏日喀则	藏语称"索朗洛萨"，是日喀则地区的新年，时间是藏历十二月一日开始过年，比拉萨地区过藏历年前推一整月。现在日喀则地区除个别地方外，藏历新年基本上统一为正月过年
十二月二十九日	驱鬼节	藏区各地	各寺院举行盛大的跳神活动。家家户户扫净灰尘，驱除邪祟
十二月 至次年一月	德朵节	四川阿坝九寨沟	九寨沟本教流行区域的节日。在每年冬季容易发生火灾的季节举行。节日以村寨为单位，请人在专设的"德朵"院子内念经，每年由寨上各户轮流宰杀牛羊敬神，祈求神灵免除火灾，届时男女老少都得参加听讲，互相督促，预防火灾发生
一月十五日、 四月十五日、 六月八日、 九月二十二日	塔尔寺四大法会	青海湟中	跳金刚怖畏护法舞、酥油花展（仅一月）、晒佛等

拜完神的村民围着香炉欢歌舞蹈，迎接新年（图/张鹰）

藏历新年的地域色彩

除了拉萨之外，昌都、日喀则、林芝等地区新年习俗都各不相同，地域色彩浓郁。

日喀则地区俗称后藏地区，地域辽阔，文化底蕴厚重，民风淳朴，年节文化习俗与拉萨地区有一定差异。在日喀则，传统新年比拉萨早，称为“索朗洛萨”，意思是“农民新年”，从藏历十二月一日开始，比拉萨地区提前整整一个月。可能这是一个古老的年节习俗，带有以麦熟为岁首的痕迹。现在日喀则地区除个别地方外，藏历新年基本上统一为正月过了。

昌都地处藏东三江流域，民风粗犷，男子素有“康巴汉子”的美誉。昌都一带过年前的准备工作与拉萨和日喀则相似，不同的是家家户户必须炖牛头或羊头，有俗语称“藏族过年吃牛头，汉族过年放鞭炮”，认为过年不吃牛头羊头，等于没有过新年。

林芝一带古称工布，由于自然环境的差异，长期同外界阻隔，这里的文化自成一体，年节礼俗也独具地域风格。工布新年为每年藏历十月一日开始。传说在1000多年前的吐蕃时期，一支魔国军队入侵，赞普命令工布土王阿吉王率领青壮年出征迎敌。出征之时正值秋收后的九月，将士们惋惜不能喝上过年的青稞酒，不能吃上过年的点心，也不能围着松柏枝点燃的篝火跳舞了。为了鼓舞士气，阿吉王决定把新年提前到十月一日来过。过完年后，将士们便义无反顾地出征，并取得了战争的胜利。从此，工布人就在藏历十月过年，大年三十不在十二月三十而在九月三十。

工布新年的活动很有特点，其中“请狗赴宴”尤为有趣。狗是藏民族最好的朋友，和普罗米修斯盗火一样，藏族民间也流传着“狗盗青稞”的故事。在工布地区，大年三十人们不仅要请狗赴宴，还要把最好的东西让狗先吃。工布人认为，狗吃了什么，意味着来年交什么运气。如果狗狂吠乱叫、打翻盘子、掀倒茶酒等为不吉利；如果狗吃了“措”饼子（用糌粑做成的祭品），预示来年粮食丰收；吃了酥油或奶渣，预示牧业兴旺；吃了干桃，预示幸福安康……

桑烟缭绕的萨噶达瓦节

按藏历的说法，四月的星象上将出现二十八星宿中的氐宿星，即萨嘎星宿，故藏历四月又称“萨嘎达瓦”。相传佛祖释迦牟尼于藏历铁猴年萨嘎达瓦月七日降生，木马年萨嘎达瓦月十五日成道，铁龙年萨嘎达瓦月十五日圆寂，因而藏族人民把此月视为有造化和吉祥的月份。按传统，特别是在萨嘎达瓦的前半个月，信教群众戒杀生、戒肉食，个个虔诚转经朝圣。

四月十五日是萨嘎达瓦节转经朝圣人数最多的一天。十五日清晨，朝圣人群首先在大、小昭寺向释迦牟尼和三位大慈大悲菩萨分别献上哈达、添灯供佛。礼供完毕，按照传统的朝佛转经路线开始转经。

经过长时间的发展，萨嘎达瓦节已经逐渐演变为藏族人春夏游园和预祝农牧业生产丰收的群众性节日。在拉萨，到了中午时间，朝圣人群陆续抵达龙王潭过林卡或开展娱乐活动。

萨嘎达瓦节期间，除各大小寺院举行各种佛事活动外，施舍是萨嘎达瓦节的重要内容。人们认为，通过施舍，佛祖会看出那些富人是否有普度众生、慈悲为怀、积善积德的志愿，以便将来给他们公正的评判奖罚。来接受施舍的人很多，大多来自拉萨市内和城郊各贫困县乡，也有康区、安多等地来朝佛而经济拮据的香客。这天，他们一改往日可怜兮兮的神态，既不伸出巴掌求，也不念念有词地赞美，而是平静地等待着；接受布施后也不像往常那样受宠若惊、谦恭致谢，而只是用目光回谢就完事了。对施舍对象不问男女也不分老少，只要是人就有份儿，包括吃奶的婴儿。每年四月十五这天，接受布施的人少则数千人，多则近万人，他们井然踞坐，从布达拉宫西侧路旁一直延伸到小昭寺门前。

萨嘎达瓦节最初只流行于西藏拉萨地区，后来扩大到整个卫藏区地，又向外传播至青海甘肃等安多藏区。

雪顿节：酸奶宴与藏戏汇演的节日

藏语中，“雪”是酸奶的意思，“顿”是“宴”的意思，雪顿节按藏语解释就是吃酸奶的节日，意为酸奶宴会节，是一个古老的节日。由于雪顿节活动内容逐渐演

哲蚌寺“展佛”是雪顿节的传统特色（图/郑宪章）

变为以藏戏会演为主，故又称藏戏节。节日从每年藏历六月三十日开始至七月上旬，历时十余天。

传统的雪顿节活动方式为：藏历六月二十九日，各地藏剧团一早到布达拉宫向地方政府主管藏戏的“孜洽列空”报到，并举行简单的仪式表演。六月三十日，在哲蚌寺举行展佛活动，然后各剧团联合演出一天藏戏。七月一日，来自各地的剧团在罗布林卡进行联合演出。七月二日至五日，由各剧团轮流演出藏戏。节日期间，噶厦政府官员集中在罗布林卡看戏并参加宴会，席间要吃酸奶。拉萨广大市民和郊区农民也身着盛装，带上吃喝用品，前往罗布林卡观看演出。

现在的雪顿节保留着浓郁的传统特色，其主要活动由“展佛”拉开序幕，继而进行长达数日的藏戏表演。雪顿节的开幕式非常隆重。藏历六月三十日清晨，天不亮，哲蚌寺内外便汇聚了数以万计来自四面八方前来观看展佛的僧俗群众和游人。晨曦初露之时，在高举旗幡的仪仗队的导引下，在低沉雄浑的法号声中，数十名青壮年喇嘛和信教群众抬着几十丈长的巨幅唐卡佛像缓缓走向展佛台。当巨大的唐卡在展佛台上徐徐展开时，法号声声，香烟弥漫，无数洁白的哈达投向展台，数万善男信女轮番涌上台前瞻仰朝拜。展佛活动持续半天，此间，由藏戏团在展佛台前的平台上表演藏戏，午后，到哲蚌寺噶丹颇章院内继续表演。展佛期间，人们转佛堂庙宇，拜佛祖菩萨，许多人还到哲蚌寺后山去转经朝圣。

从七月一日开始，罗布林卡内每天都有各藏剧团的精彩藏戏表演，观众人山人海，游人如织。罗布林卡内人头攒动，各种娱乐活动、风味小吃应有尽有。

近年来，随着西藏旅游事业的发展，每年参加雪顿节的海内外游客越来越多。许多大型经贸和文化活动也在雪顿节期间举行。雪顿节如今已成为西藏最具影响力的民族节日盛会。

雪顿节哲蚌寺演出藏戏（图/张鹰）

哲蚌寺看“晒大佛”

雪顿节，对于我来说具有特殊意义，也是我心中抹不掉的记忆。

由于工作关系，我先后数次前往哲蚌寺观看雪顿节的展佛。第一次观看展佛是20世纪80年代初期，给我留下了深刻印象。

最近一次观看展佛是2012年。2012年8月17日是藏历六月三十，这一天是传统雪顿节的序幕——展佛的日子。当时我正在西藏搞文化变迁的社会调查。为了了解普通群众的信仰心理和雪顿节的变化情况，我决定跟随朝佛群众一道徒步上山观看展佛。

17日凌晨3点刚过我就起床，匆匆洗漱用餐后便出门往拉萨西郊走。此时天还没亮，但街道上已是人声鼎沸、人流如织，所有人的目的地都是——哲蚌寺。

我汇入观看展佛和朝圣的滚滚人潮。一路上和群众交谈，除来自拉萨及附近外，还有藏北和昌都等地的信众，也有一些人是来自内地的游客。

天慢慢开始亮了，前行的队伍是见不到头望不到尾。7点左右我到达哲蚌寺所在地根培乌孜山山麓寺庙的入口处。寺庙群建在半山腰，展佛台则位于寺庙后山的山崖上，从山脚到寺庙和展佛台还有几千米的山路需要攀行。沿途有不少商贩售卖煨桑的香料、风马旗等朝佛用品，过往群众一般都会买上一些。

顺着人流簇拥着往山上攀行，大约经过一个小时终于到了哲蚌寺前，用人山人海、摩肩接踵来形容当时的情形一点都不过分。人们沿着寺院外墙缓慢地往前移动，人挨人、人挤人，几乎所有人都大汗淋漓。我的内衣早就湿透，甚至一度被挤得喘不过气来。我拼命护住相机，艰难地向前挪动。

好不容易挪到了路的前边，终于看到了对面山上刻绘有宗喀巴大师像的摩崖石刻，醒目庄严，预示着离展佛台已经不远了。附近桑烟缭绕，到处都是礼佛朝圣的人们。

下坡、上坎、转过山坳，一幅巨型唐卡佛像出现在我们眼前：这幅巨型丝质唐卡佛像色彩艳丽，长40米，宽37米，佛祖释迦牟尼居中，容貌端庄、慈祥，佛像四周绘绣有菩萨、护法神、祥云等。巨幅唐卡平日深藏于寺院，人们只能在一年一度的雪顿节展佛仪式上才有缘观瞻。

待行进到展佛台前已是上午9点。像其他信众一样，我将准备好的洁白哈达敬献给佛陀，双手合十祈祷。由于人多不能久留，敬献完哈达，同诵经僧人简单交谈后我便离开展佛台到哲蚌寺殿堂参观，而许多信众则沿着根培乌孜后山的转经道继续转山朝圣。

哲蚌寺是西藏最大寺院，规模宏大，佛殿经堂鳞次栉比，建筑群几乎占据了半座神山。拜谒完哲蚌寺几大扎仓的主要殿堂后，我又到山麓处的乃琼寺参观。乃琼寺庙小名气大，因“乃琼”护法神而声名远播。在乃琼寺旁的嘛呢堆转经处，我同从日喀则前来拉萨朝圣礼佛的大爷大妈们聊了很久，得知不少人几乎每年都来参加雪顿节展佛朝圣。

结束考察回到宾馆已是下午3点半。在我的记忆中，参加2012年雪顿节展佛活动的群众是我见过最多的一次，估计有10万人左右。次日看新闻报道时，得知参加人数达15万人之多。

灵魂之礼，人生之仪

藏族人的一生，是礼仪的一生

诞生礼，寄予美好祝福

诞生，是人一生的开始，诞生礼是对婴儿降生人世的一种接纳仪礼，反映出人们对人口出生、生命延续的重视。

藏族家庭有妇女怀孕时，一般会在门上挂红布条或设标记，告示外人不能随便进入。普通家庭的藏族妇女在怀孕初期，饮食上并无特殊照顾。过去孕妇临产时，不能在日常睡卧居住的室内而要到牛棚羊圈内分娩，现在则多在医院生育。

婴儿出生的第三天（女孩是第四天），要举行藏语称为“旁色”的诞生礼仪式。“旁”藏语是“污浊”之意，“色”是“清除”的意思，也就是为孩子消除污秽，预祝健康成长。藏族人认为，小孩出娘胎，会带来诸多污浊和晦气，如不消除这些晦气，将会对孩子的成长不利。“旁色”之日，亲朋好友带着礼物来参加活动，进屋时要先给产妇和襁褓中的婴儿献哈达，给产妇敬酒、倒茶；然后端详初生婴儿，说一些吉祥、祝福的话。婴儿在满月之前一般不出门。

婴儿满月之后，择吉日举行“国敦”即出门仪式。当天，母亲和孩子在亲人的陪伴下出门，首先去寺庙朝佛，祈求佛祖菩萨保佑孩子无病无灾，健康成长。然后去有福泽（诸如儿孙满堂、家境富裕等）的朋友家串门，期盼孩子将来也会建立幸福美好的家庭。孩子第一次出门，有在孩子鼻尖上抹锅烟灰的习俗，这是为了避免孩子出门时被鬼灵发现。

成丁礼，跨入社会门槛的仪式

成丁礼主要体现在女孩子服饰的变化上。在传统藏族社会，当姑娘从天真烂漫的幼女、少女长到十五六

藏族人的姓名

在藏族人看来，为孩子取名是一件十分郑重的事，它关系到孩子的成长和一生的发展，大多要请活佛高僧或有威望的长者取名。有时父母也根据其意愿为孩子命名。取名的时间一般在孩子快满月之时，也有在孕期就请活佛提前取名的。

过去平民百姓向活佛或喇嘛求取名字时，没有什么特殊仪式，只需向活佛或高僧敬献一条哈达、几两藏银，说明婴儿性别。贵族等上层则常常将婴儿抱去向活佛献发，活佛剪去婴儿一小撮顶发以此象征剃度，然后取一个吉祥的名字。活佛、堪布等在给孩子取名时，宗教色彩较为明显。由父母取名则主要表达意愿。

藏族人名的内涵十分丰富，如，丹增意为圣法，多吉意为金刚，曲珍意为佛灯，等等。与宗教相关的名字在藏族人名中占有很大比重，这一现象既反映了宗教对藏族社会的深刻影响，又体现了藏族取名的一个重要特征。

另外，人名中还有很多其他含义。有表达祝愿与赞美的，次仁意为长寿，德吉意为幸福，扎西意为吉祥，索朗意为福泽；有纪念出生日期的，边巴意思是星期六出生，达娃是星期一出生；有以自然物命名的，嘉措表示大海，噶玛是星星，梅朵是花朵；还有人为了避免新生儿遭遇不测，故意取贱名，以躲过劫难。

藏族人名一般为四个字，就是把两个单名联在一起。平时称呼时，既可称全名，也可以采用名字中的两个字作为简称，如：达娃次仁、白玛卓嘎、索平（索朗平措的简称）等。

在西藏昌都戴蜜蜡头饰表示姑娘已成人(图/张鹰)

男孩头上戴英雄结表示成人(图/张鹰)

岁即将谈婚论嫁的妙龄女郎时，家长要为其举行类似成丁礼的仪式。

在甘青藏区，有称为“戴天头”的成人仪式。卫藏地区，家长要择吉日为即将成人的女儿举行成丁礼。在拉萨，举行仪式那天，父母一大早就起床为女儿精心打扮，穿新衣戴各种首饰，把女儿打扮得如花似玉。还要请一位属相相合、父母双全、有福气的同龄女性，给姑娘梳两条辫子（卫藏地区的少女一般都梳一条发辫，成人后改梳两条辫子），第一次为姑娘围上“邦典”彩裙（“邦典”裙一般为已婚妇女佩带，此时围系彩裙表示姑娘到了可谈婚论嫁年龄）。梳妆打扮完毕，父母和众亲友向姑娘敬献哈达表示祝贺，然后姑娘在父母和亲友的陪伴下，到帕廓街“觉雅塔钦”经幡前，燃烟煨桑，供奉佛祖和吉祥天女。姑娘将哈达恭敬地献挂到塔钦经幡上，顺时针绕塔钦转圈，倾吐自己内心的愿望，祈愿神佛护佑实现心愿。父母及亲朋也为姑娘祝福，祝愿姑娘在今后的人生旅途中找到一位如意郎君，幸福美满。转经朝佛结束后，家人款待众友亲朋，欢聚一天。仪式之后，姑娘便告别了无忧无虑的少女时代，进入可谈情说爱，行婚嫁之事的成人时期，姑娘的人生旅程进入到一个新的阶段。

男孩子一般长到十三四岁便开始算成年，没有具体的成丁仪式。无论男女，自步入成年人行列，每个人都享有和其他成人一样的权利并承担一定的社会义务。

婚礼，最能体现生活价值观的活动

在人生礼仪中，作为缔结男女婚姻关系的契约和标志夫妻家庭生活开端的婚礼，历来受到个人、家庭和社会的高度重视。藏族结婚仪式的礼俗繁缛，活动甚多，各地在礼俗上不尽相同。

婚期经男女双方商定并由喇嘛卜卦择吉日举行。婚礼前一天，男家派出迎亲人员去女家迎亲。迎亲人员的组成有两人、四人、六人不等，其中一般有男家的一名至亲、一名能说会道的人（有时专门请民间说唱艺人）、一名为新娘牵马的人，带上礼物，包括给新娘的全套衣饰，给新娘乘骑的打扮漂亮的马（怀有小驹的白马为佳）以及五色彩箭等到女家。

日喀则一带去迎亲时，所带的物品中除给新娘的一套衣饰外，还有一只腹腔中装有羊毛的整羊、一两袋粮食、一只空箱子。空箱子是去索要女方嫁妆的。昌都柴维一带还要带一个称为“央吉”的吉祥袋去女家，将其供奉于女家的火塘上。

女方家则要为即将出嫁的女儿举行送别仪式，女方的亲戚及朋友乡邻都来参加。“准新娘”坐在席位正中，伴娘紧靠其旁，左右分别坐父母、其他家庭成员及送亲人。前来迎亲者向“准新娘”敬献哈达，并将带来的五色彩箭插在背上，表示姑娘已是有主之人。送别仪式结束后，人们饮酒唱歌、通宵欢庆。

婚庆大典之日，根据卜卦确定的时间送新娘出门。新娘穿戴着从男家带来的全套衣饰，打扮得格外漂亮，在伴娘的陪护下，缓缓走出家门。出门时，想到自己就要远

右图：陶制的鸡形酒壶（图/张鹰）
主要是婚礼或新年节庆时为妇女敬酒用的。据说用这种酒壶喝酒很有讲究，要求喝酒人不能发出响声，否则敬酒人会将酒壶添满，以示惩罚

上图：山南婚礼，新娘被媒人用哈达牵着离开了家门（图/张鹰）

下图：婚礼在酒歌中进行（图/张鹰）

嫁，再也得不到慈爱父母和亲人的关照，新娘会哭泣不已。出门时，迎亲人在前面边走边挥动手中的哈达高喊："招纳福祉，招纳福祉"，而女方家人（多是父亲或长兄）则站在自家屋顶上用右手朝迎亲队伍走过的方向挥舞哈达（有的地方手举彩箭、挤奶桶和举着羊腿在空中环绕），边挥边喊"留下福祉，留下福祉"。这个仪式藏语称之为"央固"，意为招财引福仪式。人们认为，姑娘出嫁，往往会把家中的财运带走，为了留住家中的财气，需要举行"央固"仪式。用彩箭和环绕羊腿举行招财引福的习俗产生年代久远，是古代本教盛行时期举行的仪式。

迎亲队伍的顺序一般为，走在队伍最前面的领队是一个属相最好、穿白袍、骑白马、手中举着"斯巴霍"（九宫八卦图）的人，其后依次是迎娶代表、新娘、伴娘和其他送亲人。女方送亲人之中也有一位能说会道之人。道吉祥者总能将沿途见到的景物人事同迎亲的特殊日子巧妙地结合起来，增添了祥和喜庆的气氛。

迎亲队伍到达男家大门外时，大门、院落内外已装饰一新，在大门两侧立放有黑白两种颜色的大石，安放好专为新娘准备的下马垫，其垫内装有青稞、小麦和盐巴，上铺五彩锦缎，锦缎上用麦粒或面粉画"卐"吉祥符号。

婚礼上的新郎新娘（图/张鹰）

新娘进屋后，与新郎一道坐于主室的正中位置。新人的坐垫上用麦粒摆放“雍仲”图案。入座后，送亲人首先起身向佛像（佛龛）、房柱、“切玛”斗及酒坛等赞颂之后献哈达，然后男家向新人及送亲人进献“切玛”、哈达、酒和茶，男家的乡邻也分别向新人及婚嫁双方家人献哈达和礼品。此间，道吉祥者会滔滔不绝赞颂新郎、新娘及双方父母，赞颂房屋、美酒、彩箭等。有的地方是新娘入座后，先给新娘献酥油米饭、酥油人参果和牛奶这三样食品，新娘象征性地吃一些，表示新娘从此开始甜蜜的生活。新娘吃后，在婆婆的带领下，端一个木制牛奶桶，桶内装有青稞、小麦等五种粮食，上插五色彩箭，将奶桶放进装粮食的仓库，象征今后五谷丰登、六畜兴旺，家中的财富不断增多。这些活动完成后，新娘才进屋参加仪式，接受人们的祝福。许多地方还有这样一个仪式：当新郎新娘受献哈达和祝福后，在家人的带领下，一对新人走到屋顶，由喇嘛诵经，祈求家神庇佑新娘。这时在屋顶的神垛上要立一根新经幡，立经幡时，新娘新郎用手摸摸经幡，表示神灵已接纳了新娘，从此新娘享有同其他男家成员同等的权利。

婚礼时间的长短视主家的经济条件而定，长的有十几天，一般的有五六天，但最少应举行三天。婚礼期间，男家准备大量酒、肉、饭、菜款待客人，亲朋乡邻也会赠送许多礼品。

举行婚礼时，最活跃和最出风头的人是道吉祥的人。他们口若悬河，赞美之辞滔滔不绝，天文地理、海阔天空无所不涉，但又都与婚庆紧密相联，其赞颂辞优美动听，常引得众人的阵阵喝彩。道吉祥者不仅诵唱祝辞，还常常讲出一些诙谐幽默、令人捧腹的逗笑语，使婚礼气氛喜庆而热烈。

人们在婚礼期间痛饮狂欢，除唱歌跳舞等娱乐活动外，还玩藏牌、掷骰子、打麻将等，每人根据自己的喜好参加活动。婚礼结束那天，全体客人参加“卓桑”仪式，仪式上煨桑、唱“协钦”（意为“大歌”），抛撒糌粑粉，祈求神灵保佑，祝福主家吉祥安泰。客人离开时，边念诵吉祥的祝辞，边往主人家方向抛撒青稞或糌粑。

撰稿专家

陈立明，西藏民族大学教授。主要从事西藏民族文化的教学及研究。发表学术论文多篇，出版专著《西藏民俗文化》《西藏民俗》《中国民族文化大观·藏族、门巴族、珞巴族》（合著）。

庞玮，陕西师范大学博士研究生，主要从事西藏文化与旅游发展研究。

《西藏民俗文化》

扫描二维码，
阅读专家代表著作的电子版

葬俗：连接生死的仪轨

藏族丧葬仪式是一个从生到死，再从死入生的双向循环

丧葬何为？

所谓"丧葬"，是指人类处理死者遗体的行为。在汉语中，丧与葬原本是分开的。起初，"丧"字所代表的主要意义是失去、死去，还可以指代具体承载死亡的遗体；后来"丧"的意义逐渐扩展到与死亡相关的各种事情，即今天人们常说的"丧事"。

"葬"字在甲骨文中被写成形似掩埋遗体的象形文字，主要是指将遗体用方形或井字形的容器装殓掩埋，原初意义上更主要是指处理遗体的一系列行为；随着时间的推移，人们不断丰富了这些行动的细节与意义，并将其固定下来，相沿成俗，使之进入各种文化的整体之中。秦汉以后，随着礼仪规范的介入，使得丧与葬逐渐被人们合在一起使用。

从另一个层面看，有生即有死，生命从来都要面对死亡。就某一个体生命而言，终究还是他或她或它自己单独承担这一经历。作为一种社会性的动物，人类个体的生死总会成为群体新陈代谢的自然转换机制之一。在某种程度上，个体生命的终结既是他或她或它不得不接受的个人的人生历程，也是其所属群体共同面对的一种集体经历。所以，国内外学者们普遍认为丧葬具有多种社会功能，例如整合社会群体的功能。在汉文化中，丧葬更被上升到礼的层面，用以调节人际关系，树立社会行为规范。所谓孝的文化意义中，很大一部分就被丧葬相关的行为规范所形塑。进入文明社会，丧葬更与社会等级、阶级结合，规定不同等级身份的人，采用不同丧葬仪轨，从而强化了人们对于丧葬行为的重视。

我们可以从不同视角审视人类的丧葬行为，它可以是个体的，也可以是集体的；可以是情感的，也可以是社会规范的。如果将所有这些都囊括在一起，则丧葬

在藏族人民心目中，雪山、湖泊都是神灵（图/郑宪章）

可以被视为人类针对死亡这种自然现象的一种文化手段。由于不同民族所传承的文化中对死亡的理解不尽相同，也就导致世界上存在着五彩斑斓的丧葬文化。

独特的宗教、民俗，以及雪域高原的自然环境孕育了藏族复杂神秘而又独具特色的丧葬文化。藏族葬式种类繁多，几乎涵盖所有我们所知的处理遗体的方法。这些仪礼中蕴含了藏族文化的深厚意义和深邃底蕴。

万物皆有灵

与世界上很多民族一样，藏族先民在认识自然、认识死亡的过程中形成了最初的万物有灵观。他们认为万事万物都有灵魂存在，各种早期的超自然观念也相继出现，并且最终统合在藏族社会原始本教的信仰体系之中。

这种万物有灵的观念至今仍然能够在藏族社会发现踪迹。藏族文化中，山都有神灵居栖，因其雄伟高大而得到人们的敬仰。在每个具体的地方，用今天的行政区划言，如县、乡、村都会有自己地方的神山，甚至几户人家也可能有一座自己的神山。山有神，水也有神，“龙”就是一种在藏区比较有影响的水神。更有一些神或者灵魂并不依附于某一个具体的自然物，它们游走于

纳木措是藏族人民崇拜的神湖（图/视觉中国）

世间，通过一些具体的事件证明自己的存在。例如鬼，藏族社会中鬼有很多种，大鬼吃成人，小鬼吃小孩，水鬼在水里等。可以想象，在自然条件十分艰苦的雪域高原，人们面对的困难来自方方面面，受到认识能力的限制，藏族先民只能利用万物有灵的原则解释自己在现实生活中遭遇到的种种挫折。

在万物有灵观的影响下，藏族先民认为人也是有灵魂的。著名史诗《格萨尔王传》的故事中充斥着先民们对灵魂的认识：康巴地区几个比较有影响力的领袖都将自己的灵魂寄托在其他物体或生物之上，霍尔国王的魂寄附在野牛身上，姜地萨旦魔王的魂藏在铁屋之内等。对这些魔王的战争是格萨尔王毕生的事业，但是单纯毁灭他们的身体并不足以阻止魔王在世间的恶行，唯一的办法是要将他们的灵魂一并消灭。所以在与北方魔王鲁赞王的战争中，格萨尔王曾先后毁灭

了魔王寄附灵魂的碗、树以及牛。这也说明，藏族先民认为人的灵魂不一定是唯一的，据说鲁赞王就有九个灵魂。

灵魂的存在使得藏族先民开始思考如何处理死者遗体。从一些民族志材料看，彼时的人们似乎主要顾忌这些灵魂难以驾驭控制，如果不令其尽早离开，则有可能危及自己的生活。所以，人们选择将遗体抛置野外，或者割碎，或者焚烧，以使灵魂尽早离开人世。当然这仅仅是学者们的猜测，但是无论如何，万物有灵的灵魂观念始终影响着藏族先民的丧葬行为。

社会文化的变迁带来葬俗的巨大改变

《周易·系辞》在讲到丧葬的起源时提到“古之葬者，厚衣之以薪，葬之中野，不封不树”。有学者认为野葬是人类最早处理遗体的方法，即将遗体置于旷野，任其自然腐朽，或者被鸟兽食之。

关于藏族的野葬之俗并没有确切的考古资料可以佐证，这段缥缈的历史如羚羊挂角般隐约出现在藏族的神话传说中。例如，《敦煌传记》第一篇中讲述了藏族先民的丧葬习俗，“捣碎（尸体），抛洒尸体，没有洞穴（墓穴），没有尸体”。虽然不能因此得出结论，认为野葬是藏族先民最早采用的丧葬习俗，但至少从一些记载中可以发现这一习俗确实曾经是藏族先民处理遗体时的一种可选方式。

也有学者认为，在藏族先民意识到需要对遗体进行处理的历史阶段，一度曾经存在火葬与野葬并存的状态。这里所谓的火葬是基于藏族最早的自然崇拜观念而形成的火葬习俗，与佛教进入后的火葬不同。

从藏族的民间传说看，这种观点的确有一定道理。传说藏族的最初几位赞普都是利用连接天地的天梯或天绳从天而降，入主人间的，其死后灵魂与肉体也要沿着天梯或天绳返回天上。学者们大多认为这里的“天梯”或“天绳”实际上是先民对火葬时缓缓上升的烟雾的隐喻表达。

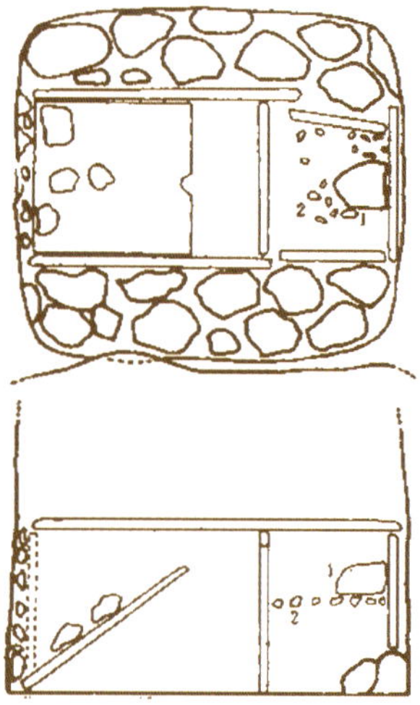

石棺葬平面、剖面图（选自四川阿坝藏族羌族自治州文物管理所、成都文物考古所编：《中国西南地区石棺葬文化调查与发现：1938—2008》）

藏区最早的古代墓葬出现在新石器时代晚期至先秦时期，约相当于中原地区的夏商时期，距今3000年左右，主要分布在青藏高原的南部与东南部地区，以石棺葬与土坑葬为主。

大约公元前1000年前后，西藏进入部落时代，此时高原上广泛分布着石棺葬与石丘葬的墓葬形式。石丘葬即是在地表能够看到明显的石丘坟堆，墓室的结构各个地区相差悬殊。有证据表明，这一阶段人们改变了传说中弃尸野葬的习俗，转而注意遗体本身，甚至出现了土葬的痕迹。学者们认为这与当时高原上社会生产力水平、社会结构的变迁有关。至于选择以石为棺而不是以木为棺，则被认为主要是受到高原自然环境山高多石的影响。

在松赞干布统一高原、建立吐蕃王朝之前，高原上的丧葬习俗曾经有过一次巨大的改变。这一阶段的典型代表是位于今日喀则以北昂仁县境的一批古代墓葬，共有11处，随葬物中有大量陶器和骨器。从考古发掘看，这一阶段丧葬习俗日趋复杂。墓室结构的功能明确，有埋葬遗体的墓室和随葬坑；墓室内出现了厌胜的镇墓石；而且墓葬中有祭牲、烟燎甚至人殉的遗迹。这些都说明随着社会的发展，高原上的社会等级已经非常明显，最初用以处理死者遗体的丧葬行为开始被赋予更多的社会内涵与文化意义。

公元7世纪初叶松赞干布执政期间结束了部落之间不断的兼并与重组，建立了统一的吐蕃王朝。这一时期藏族社会最典型的丧葬习俗为坟墓葬。坟丘的高低象征权力与地位的不同，墓葬外围开始设置石像，或者营建祭祀用的场地，个别墓葬上还曾经建有建筑物。更趋复杂的丧葬还表现在墓地的选址上。有考古证据表明，这一阶段人们开始注重祭祀场地，或称陵园。

学者们认为，由石棺到石室的转变，不仅仅是表面的墓室结构更为复杂，更重要的是深层的社会文化的变迁。一方面由于政治上的统一与行政体系的形成，使得社会有能力集中人力物力完成之前单纯依靠小群体或者一家一户所不能完成的大型工程；另一方面，由于吐蕃与中原的紧密关系，石室墓的出现一定程度上也受到中原丧葬文化的影响，从而使丧葬习俗发生改变。

除了陶器、石器，这一阶段的随葬物开始出现大量做工精细的金银器、木器、铁器、文字材料、饰物。从大小不一的墓葬规模看，这一时期社会的阶序等级制度已经非常严格，这也是王朝政治统一的结果。

公元9世纪中期，吐蕃王朝走向灭亡。吐蕃王室的墓葬被破坏，社会本身也不能负担起承建大规模墓葬陵园的消耗；同时，传统本教的统治地位此后逐渐被佛教取代，土葬习俗也相应失去了宗教支持。公元12世纪前后，这些文化遗存相继消失在高原。

佛教对丧葬仪礼产生影响

公元7世纪，佛教传入西藏，并与本土的本教结合，在后弘期形成世界独树一帜的藏传佛教。藏传佛教认为，死亡只是生命过程的一个阶段或过程，人的

昂仁县布玛村古墓

关于吐蕃王朝早期藏族丧葬习俗历史轨迹的研究，或是源于神话传说，或是根据古籍文献推测，有一定的局限性。近十余年来，考古学界在藏族地区发掘、整理了大量的墓葬和遗存，对藏族文化早期的丧葬现象，给出了直接而有力的验证。

1990年，日喀则地区昂仁县卡嘎乡布玛村之南约500米处的古湖滨平原上，发现了一处吐蕃早期古墓群。墓地范围南北长1300米，东西宽160米，分为南、北两区。北区共有墓葬25座，南区共有墓葬14座。

昂仁墓葬的结构由两部分组成，其一是较大的墓主人的墓葬坑，其二是较小的随葬坑，两坑之间有小孔相连。随葬坑中发掘出一匹马的骨骸和一具散乱的人的遗体。据学者分析，较小的随葬坑中散乱的人骨骸应该是为墓主人的殉葬者的遗骸。两座墓坑之间有一个小孔，其作用长期以来一直困扰着研究者。最近有学者指出，这个小孔实际上与古代藏族先民的灵魂观念有关。本教认为肢解遗体可以使灵魂脱离肉体的束缚，因此人殉者需要将遗体肢解，以获得灵魂的解放。其遗体当然不能与主人一同葬在一个墓室之中，但是通过小孔，牺牲者的灵魂可以顺利回到主人身边，在另一个世界里继续自己生前的工作。

昂仁墓葬还传达了另一层面的意义，即社会等级制度的确立。由于这一阶段正是吐蕃王朝逐渐建立的时期，社会已经出现了奴隶与奴隶主的等级序列，并发展出相应的社会规范与文化象征，体现在丧葬习俗上则表现为“人殉”的现象。

生命可以通过灵魂的转生而延续。高僧大德因为前生的修炼可以令灵魂进入净土或者转世，罪大恶极者堕入地狱深渊，而市井凡夫则在天、阿修罗、人、畜生、饿鬼、地狱六道中不断轮回。这与《格萨尔王传》中表达的灵魂观念已经不尽相同。

受到藏传佛教灵魂转世轮回思想的影响，藏族民众普遍将肉体死亡看得很淡，而对灵魂的归属十分重视。这种观念渗透在藏族的丧葬文化与相关习俗之中，各地大同小异。

逝者初终时一般请喇嘛或活佛念经，超度灵魂，帮助灵魂顺利往生净土。这一仪式藏语称“颇瓦”，即开路。继而报丧，派人通知亲属、乡朋、邻里。此时人们往往暗自泣涕，少有汉族经常采用的哭丧。藏族认为初终时人的灵魂茫然不知所措，经文可以助导他们选择正确的方向，而哭丧则会扰乱灵魂，使其迷失，不能顺利轮回。家中也会立刻在显著的地方悬挂松柏枝，以示本家有丧事，不便打扰。

喇嘛活佛根据死者的生辰、死因、日期等卜卦确定具体的葬法，包括时间、地点、方式等。人们除掉死者身上的饰物与工具（如刀等），并用温水或药水擦洗死者，然后在死者的眼、耳、鼻等孔隙中塞满酥油或在口内填塞碎金银之类。再根据确定的葬法，给死者穿衣，或用白氆氇等白色布料（也有用死者腰带的）将死者屈缠裹成抱膝弯腰的蹲坐状，模仿胎儿在子宫中的状态。

此后，遗体一般停放在屋内，等候出殡。在村落中，遗体一般会停放在门板、木板或经堂，在牧场则停放在帐篷内的木板上。通常停尸三天，其间需要亲友轮流守灵。遗体的头部要摆数盏酥油灯，希望通过燃灯供神令死者的灵魂能够早日超度。守灵期间须有供品，一般会有几盘日常食物。死者的脚部则置瓦罐或盘盆，内燃松柏、糌粑等。这一阶段，乡党亲朋有主动协助的责任与义务。尤其在出殡前夜，人们通常会聚在死者家，为死者祈祷，也为宽慰生者。

宁玛派僧人在为逝者举行超度亡灵的仪式（图/张鹰）

初丧至出殡下葬之间念经超度是一个重要的习俗。念经超度有严格规定，为了保证灵魂能够平安顺利地离开人世，进入轮回，一般要念七个周期，每个周期为七天。念经超度的工作主要由喇嘛或活佛完成。丧主会根据自家的经济情况请适量的喇嘛，少则一两个，多则数十个，无定数。原则上，喇嘛们并不会为此向丧主家索要酬劳，但是人们总会为他们的工作酬谢一定的金钱或者其他物质回报。

人们非常重视这段时间，民间相信如果没有及时地使亡者走上轮回道路，那么留在人间的灵魂通常会给生者带来不幸与厄运。所以藏族人家无论穷富，都会将家中最贵重的东西用作对逝者亡灵的供奉。

对死者灵魂的重视还体现在居丧期间人们日常行为的改变。这段时间，家人通常忌讳梳洗打扮，忌讳嬉戏玩笑，各种娱乐活动更是被禁止，以保证死者灵魂能够不再留恋生前的生活，尽早往生净土。村落中一些重要的节日庆典，也不会向丧户发出邀请。

为高僧大德建灵塔

所有观看过塔葬过程，或者见到灵塔的人，都会因其华丽的装饰与隆重的场面而从心底油然生出一种神圣高贵的感觉。藏族塔葬习俗的出现是受佛教影响的结果，这一观点得到学界的普遍认可。

塔葬的流行可以追溯到公元9至11世纪的唐宋时期。公元8世纪末，曾在吐蕃广传佛法的高僧寂护在吐蕃圆寂，弟子们将其遗骨迎回，像供奉佛舍利一样，为其修建灵塔安放肉身，受后人供奉膜拜。这是西藏塔葬之始，距今1300余年。塔葬主要用于修佛有成、受人尊敬的高僧大德，所以仪式隆重。

阿里古塔（图/张鹰）

塔葬受到佛教的影响还突出体现在其处理肉身的方式上。将经过各种特殊处理的亡者肉身直接葬入灵塔，是为肉身塔，是塔葬中最高规格的礼遇；将亡者火化后的骨灰与泥土和成无数小块，上印经文、佛像等各种殊胜符号，然后葬入灵塔，是为骨灰塔。

有记载称释迦牟尼圆寂后，曾进行了火化，火化后的遗骨被信徒迎请，并封入塔内，受到人们的纪念与供奉。人们相信以这种方式留在世间的佛的法体能够带来德福与慈悲，给人佑护。

西藏贡觉县木协乡麻贡西寺土登次仁活佛的法体灵塔（图/岳小国）

四川阿坝草原上的白塔

灵塔——灵魂得以转世、轮回的通道

埋葬肉身的灵塔是用来镇压邪祟的宝物，也是灵魂得以转世、轮回的通道。

佛教认为世间万物都是由五种基本元素构成，即地（土）、火、水、风（气）、空。前四种俗称“四大”，四大彼此相互影响、制约，最终都归于一体，即“四大皆空”。灵塔即是这种思想的直接体现，其各组成部分分别象征着每一种元素。藏区的灵塔通常由塔座、塔瓶、塔刹、塔顶四部分组成。塔座象征着人世与众生有情，代表着五大元素中的“土”；塔瓶代表着五大元素中的“水”；塔刹上的法轮与宝伞分别代表五大元素中的“火”与“风”；最后塔顶象征五大中的“空”。因此，葬身于佛塔即意味着灵魂在五大之中不断地往复轮回，意味着修持佛法的高僧大德最终回归于五大之中。葬身其中者必然也成为整个佛教思想体系的一部分。

可见，灵塔传递着佛教的世界观与灵魂转世思想。藏民对灵塔非常崇敬，即便不是用于塔葬的灵塔，路上遇到也要绕道而行，如果修在山顶，则经过时要抛撒风马旗，口念六字真言。

火葬，灵魂随烈焰升天

火葬是高原上流传历史悠久的一种葬俗，有学者认为其起源与历史上氐羌文化的影响有关。后来由于佛教的推动，这种葬俗获得了更大的发展空间。火葬是被认可的比较高贵的葬式，例如嘉绒藏族，活佛圆寂也采用火葬。也有材料表明，有些地方普通藏族人也可以采用火葬，在众生平等的观念下，任何人只要符合宗教仪轨的要求即可以实行火葬。

与其他葬俗一样，火葬也不是随意进行的，喇嘛要打卦测算具体的时间、地点。火葬的时间选择大都要求非常准确，起葬不能超过正午，人们相信午后阴气过重，不利于灵魂投胎，而不能及时轮回的灵魂，必然会眷恋尘世，危害人间。火葬的地点也很重要，不能随意择地架柴，需要由喇嘛打卦测定具体的火葬地点，而一旦确定则会固定在此修建火葬台一直沿用。

火葬的关键是亡者生前所有的贴身衣物都要一同烧掉，以免亡灵因为留恋这些东西而不愿意离开尘世，甚至一些火葬过程的工具也要一并付之一炬。

火葬后骨灰的处理非常重要，这牵扯到亡灵能否顺利转世问题。一般高僧大德的骨灰会用金箔包裹封存，然后移入灵塔埋葬，即为塔葬中的骨灰塔，也有将骨灰和泥土做成擦擦（泥制的小塑像、小佛塔等），放置在灵塔之上。普通百姓则要根据具体情况区别对待。如四川白玉县的山岩地区，通常都是数人共同举行火葬，火葬后的骨灰也不加分割，一并置于山洞封存；而德格一带火葬后的骨灰或撒入河流，或埋入地下；木雅藏族在火化三天后将骨灰取回，做成擦擦，放进寺庙或“神山”之上；康定鱼通藏族捡回骨灰后，或放入布袋埋于地下，或投入江河；甘南藏族则将骨灰收于盒内埋葬，或是做成擦擦放于寺院或者白塔中。

火葬的最后，人们会请喇嘛在丧主家举行法事，念四十九天的经文，以超度亡灵早登极乐。

夹缝内为放于塔内的擦擦（图/王正宇）

水葬：以慈悲为怀

水葬，顾名思义，是指人死后将遗体葬于水中的一种丧葬习俗。水葬与天葬习俗的形成固然有自然环境因素，例如藏区水葬多在有大江、大河的地方流行，但是有证据表明，二者在观念上也有一定程度的关联。例如在今四川阿坝的红原、若尔盖，甘孜的康定，西藏昌都的芒康、左贡等县，人们将遗体背到河边，割碎遗体，抛入河流。当地人认为最初该地也实行天葬，但是后来随着秃鹫的减少，人们才逐渐选择改用水葬。在藏族看来，天葬是将肉身布施给神鹰空行母，而水葬则是将肉身布施给水中的鱼。两者都是灵魂离开肉身后，对众生所做的最后的一点功德。

总体看，水葬体现了藏族文化中对世间万物慈悲怜悯的感情，这无疑是受到佛教影响的结果。水葬的对象，通常都是生活在社会边缘的乞丐、病人等，或者是尚没有成为真正意义上社会成员的儿童。藏族人民也将他们视作平等的生命，给以应有的对待，以使其灵魂能够早日轮回。

水葬的时间、地点由喇嘛打卦决定。一般要在天亮前开始，而且通常选择在河水形成漩涡、水势湍急的河段进行，地点相对比较固定。金沙江沿岸行水葬的藏族就比较多。

针对儿童的水葬比较复杂，各地差别较大。已经脱离襁褓的儿童死后，藏族通常先对其进行装饰，甚至对其化妆，有些地方会涂红死婴双手，然后将其像成人一样用白布捆绑成盘坐的姿势，由亲人背至喇嘛指定的水葬点。此后，亲人要自行回避，由喇嘛在水中去除裹尸布，并叠垒石块将遗体包裹其中，继而用事先准备好的一条长十数米的白毛绳两端各系一石块，一端放于遗体头顶，一端有人牵引，逆流而上，逐渐将白绳浸入水中。当绳子全部进入水中后，施葬者弃绳登岸，水葬也告结束。不能参加仪式的亲人在远处默默念诵经文，帮

人去世后一周是送魂的日子，拉萨市民一般到拉萨河边给死者送魂（图/张鹰）

四川甘孜白玉县盖玉乡降曲河边的水葬点(图/岳小国)

助其灵魂早日升天。仪式结束后,人们还会在下葬地的河水两岸,连接一条白绳以作纪念的标志。整个过程充满了亲人对儿童的无限怜爱与悲悯。

树葬:植根于万物有灵观

树葬也叫风葬、挂葬等。关于藏族行树葬习俗的历史记载很少,只有关于今林芝地区存在树葬习俗的报道。今天仍然能够见到树葬习俗的地方通常都是自然环境保存较好的森林、河流附近,例如四川甘孜州白玉县盖玉地区仍盛行树葬习俗。因其地处金沙江峡谷地区,这里开发的时间较晚,文化与生态环境保存较好。

该地行树葬者一般是一到十岁左右的儿童。送到树葬点时,有喇嘛念经做法超度灵魂,其功能不是帮助死者轮回转世,而是乞求山神能够接受这个幼小的灵魂。

行树葬的时间一般没有特别要求,关键是树葬地点的选择,颇多玄机。树葬点通常是两条水流交汇的地方,据信两水汇合处象征着母亲的子宫,葬在这里的婴

糅合汉藏观念的巴塘土葬

四川巴塘县的土葬仪式比较复杂多样。

巴塘历史悠久,地处中原与西藏的交通要冲。当地土葬墓有的起坟,有的不起坟,但仍需在墓上放置石块,以示纪念。亡者初终后,请喇嘛念经超度,而后为死者打卦决定葬式以及下葬的时间、地点等等。有记录表明巴塘藏族土葬中使用棺材,棺材外黑内白,底部铺有灶灰。遗体入棺前,先在其口内放入金银珠宝,用酥油封堵其眼耳鼻口等处,并在灶灰上依照死者年龄印上相等数量的碗印。棺材内还要放置一些食物、盐、松枝等。封棺后,焚烧纸钱,家人以磕头的方式送别死者,献上哈达。

起棺往墓地之前将焚烧纸钱的火盆打碎,送葬队伍开始向墓地行进。行进过程中,由长子长孙持亡者灵位,一路抛撒纸钱;棺材入坑后,亲人首先为死者填土,而后其他亲朋近支相继铲土埋葬棺材;最后搬石、运水为亡者修建坟丘。

此后三天亲人需每日在坟前焚香设祭,煨桑熏烟,祛除邪祟。三日后请喇嘛诵经,防止亡灵返回人间危害生人。四十九天内,每七天请喇嘛念经做法,超度亡灵早日离开。第四十九天,取下灵牌烧毁。一年后,还要举行周年祭。

巴塘的土葬习俗中明显融合了汉藏两个民族的丧葬观。

四川巴塘县土葬的坟墓(图/王正宇)

儿仿佛又回到母亲的身体，从此开始新的生命旅程。

当地树葬习俗中本教信仰影响十分明显。树葬观念中缺少佛教的轮回转世思想，人们认为树葬的意义在于可以避免丧主家继续有儿童夭折；另外，山神崇拜被习俗有机融合在树葬之中，而山神信仰的根源正是本教的万物有灵观。

最后的布施——天葬

在我国，天葬是藏族和蒙古族共有的葬俗，藏族的天葬有一些独特习俗。关于天葬的起源，学术界观点不一。一部分学者认为天葬是从印度传入的，最早源于“野葬”“林葬”等古老的丧葬形式。或许这种将遗体置诸旷野任其自然消失的做法与佛教的重视灵魂转生的观念契合，从而在发展过程中与其结合，最终成为与佛教有关的葬俗。另一部分学者指出，天葬的源头应该上溯到更为古老的西藏本土宗教本教。本教传说从第八代赞普止贡开始，诸王不再用天梯返回天上，此后人们逐渐形成了分割遗体的习俗，其目的是为了不让灵魂留在人间。还有学者认为藏族的天葬主要是以尸身喂饲秃鹫，是一种鸟葬或鹰葬的习俗，这一习俗在7000年前的中亚地区已经流行。公元前7至前6世纪，这种处理遗体的方法仍然被古代波斯人的祆教所严格执行。虽然各种观点存在明确的差异，但有一点是共同的，即天葬的起源必然与藏族先民古老的灵魂观念有关。

今天的天葬习俗有着深厚的思想基础，即佛教的灵魂不灭说。这种可以转世轮回的灵魂观使其与古代的天葬习俗相比，传达着不完全相同的文化意义。古代的天葬习俗，肢解遗体的目的明显在于防止灵魂留在世间，危害生者。这是原始先民万物有灵观的体现。而今天的藏族则将天葬视作此生在这个世界上做的最后一次功德，将自己的肉身“布施”给“空行母”，以获得灵魂的飞升。佛教主张普度众生，通过布施以利益一切众生有情（人也是有情）。佛陀以身饲虎是一种布施，信众们日常的施舍也是一种布施。正所谓有舍才有得，通过布施人们得以积累自己的德行、消除业障，最终或得道成佛，或转世轮回。而将灵魂离开后的肉体布施给秃鹫，将自己的肉身与自然融为一体，据信正是一种无量的大功德。

因为受到宗教的影响较深，各地藏族在对天葬的态度上表现出高度的一致性，天葬的过程也大体相似。初终后，家人请喇嘛念经超度，测算占卜是否使用天葬。一旦确定下具体天葬的时间和地点，家人要事先做好准备。这部分初丧阶段的习俗惯制与其他葬俗基本一致。

一般情况下，藏族的天葬有四个相对比较独特的地方。其一，有专门的天葬台作为一定人群的固定天葬地点；其二，有专门进行天葬的动物——被称为空行母化身的秃鹫；其三，有专门的职业天葬师，他们经过专业训练被要求按照特定的宗教仪轨与程序进行天葬；其四，天葬时必有专业喇嘛参加，负责主持仪式、招引秃鹫、超度亡灵。

天葬仪式中使用的佛经（图/王正宇）

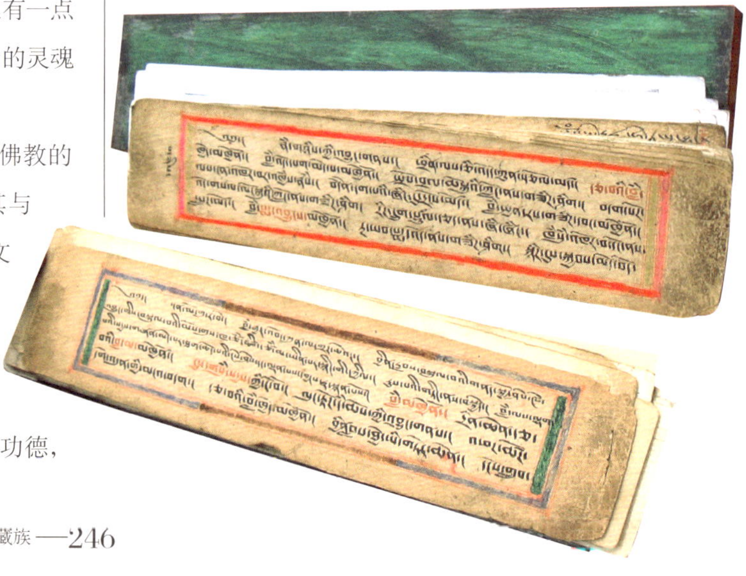

丧葬禁忌

藏族日常生活中禁忌非常多，于丧葬时期除日常禁忌外尚有一些特殊禁忌需要遵守。相关礼仪与禁忌因地区和葬式的不同则有所区别，但都是为了能够使灵魂顺利离开人世，也使生者能够获得福佑。

初丧阶段，各地藏族的禁忌差异较小。亡者初丧，藏族忌讳将遗体直接放在床上。一些地区的藏族不睡在床上，则遗体忌讳直接放在被褥之上。初终的头一夜，忌讳触摸遗体，人们认为这样会使灵魂飞散而出。出殡下葬之前，一般把死者放在屋内一角的土坯上，由喇嘛念经超度亡灵。遗体运走后，土坯便扔到十字路口，寓意灵魂也随之离开。某些葬式要求，丧属在逝者入葬之前不能洗脸、梳头、穿新衣服，也不能歌舞娱乐，甚至大声说话也被禁止，妇女也要取下装饰品，以示对亡者悼念。遗体一般7天内必定要出丧发引，其间严禁狗猫入内。

葬礼中的禁忌各地差异较大。送葬是整个葬礼的开始。很多地方的藏族送葬时讲究“双出单入”，忌讳“出双入对”。送葬的人数，包括亡者在内，应是双数，葬礼结束返回时应是单数，因为经过葬礼人们已经成功将亡者送离人世。四川甘孜地区水葬时，背尸者与丧属一年内忌参加娱乐活动，身上不能带红；甘青藏区，人死后家属有不戴或翻戴帽子的习俗，帽子或发辫也要系以白羊毛或白布，腰带两端束于肚前，表示服孝。很多葬式忌死者亲属参加。例如拉萨一带的藏族，习俗规定亲属不能到天葬场，四川甘孜州一些地方的水葬习俗也有明确的亲属回避原则。送葬过程中人们大都忌讳遗体落地，且送葬者不可回头望，以防止亡灵会留恋家屋。

到了葬场，先在葬台附近煨桑熏烟，念经祷告。天葬的天葬师以此招引神鹰，其他葬式的司葬者以此超度亡灵。此时忌讳参加者大声说话，尤其在天葬过程中，一些地方认为这样做会惊吓神鹰，影响灵魂的顺利离开。天葬时忌讳亡者的肉、骨没有被神鹰食净，是为不吉，须请喇嘛念经超度。树葬的时候，忌讳使用金属固定棺材，认为这样做同样不利于灵魂的顺利离开。四川甘孜州一些地方，严格要求寿高而善终者葬于高处，年少夭折者葬在低处。四川丹巴一带土葬时，遗体入坑掩土后，严禁上压石头，意为怕死者受压。

葬礼结束后，人们为了防止灵魂留恋世间生活而不愿离开，也有一些禁忌原则。葬礼结束后的49天内，每七天要做一次法事，超度亡灵早登极乐。其间，家人不能笑，不能高声谈话，更不能唱歌跳舞或办喜事，表示哀悼。丧礼后，人们忌讳谈及亡者名字，以免引起家人不安，也意味着亡者已经彻底离开人间，没有任何的留恋。直呼死者的名字往往被视为对死者及其亲属的侮辱。葬礼参加者也不能到丧属家做客，防止死者灵魂随其返回家中。木雅一带火葬仪式的参加者可于葬礼后回到丧主家，但需要用热水洗手，并熏烟后方可入室。丧属还要在家中各房间抛撒豌豆，寓意亡者从此彻底离开。

葬礼后一周年，俗信灵魂已经完成了转世投胎的过程，获得了新生。一些地方的藏族会举行庆贺死者转世的仪式。丧属邀请乡朋亲友到家中聚餐，人们此时方可以歌舞说笑，生活恢复正常。

死者亲朋到寺庙为供奉给亡灵的酥油灯添油，以寄托思念之情（图/张鹰）

回归自然

念经超度亡灵、招引神鹰的喇嘛（图/王正宇）

招引来的秃鹫(图/王正宇)

西藏贡觉县拉妥乡达摩寺天葬台（图/陈新华）

8月的一天清晨，空气清冷而湿润。

四川甘孜藏族自治州白玉县盖玉乡的人们开始忙碌起来。丧主家属与村里的男人们早早将遗体运至天葬场，而女人们则在家中为送葬的人群准备好各种食物与用具。

天葬场在远离村庄的山顶，因为那里更接近天空，也更接近神鹰秃鹫。由于路途遥远且需身负重物，一次天葬往往需要整整一上午的时间才能结束。

秃鹫是整个天葬仪式的关键。仪式开始时首先要做的就是招引秃鹫。做好一切准备后，人们点燃松柏，让烟火招引远处的秃鹫，此时请来的喇嘛也会在一旁念诵经咒，帮助吸引神鹰。虽然有时人们也会说秃鹫能够看到很远地方的哪怕一缕细烟，但是他们仍然相信如果没有喇嘛念诵的经文，神鹰不会迅速而大量地聚集在天葬场。人们还认为能够招来大量的秃鹫意味着死者生前的功德圆满，也意味着喇嘛的法力高强。

当秃鹫的数量达到一定程度(目测有50余只)，天葬师即着手开始处理遗体的工作。在一般的概念中，天葬师似乎是整个天葬仪式一个非常重要的角色。实则不然，这次天葬中，

处理遗体的并不是专业的天葬师，而是丧者家的邻居或朋友。参加仪式的亲属则远远站在一边，绝不会参与到这一过程中，这既是因为不忍看到亲人的离去，也是怕惊扰了秃鹫。

藏族民间相信秃鹫是佛母（空行母）的化身，能够引领亡者的灵魂顺利轮回。所以，如果秃鹫能够将遗体迅速吃尽，则意味着死者生前的德行受到神佛的认可，其灵魂也能尽早离开人世。相反，如果肉身没有被秃鹫吃尽，则意味着死者的灵魂难以顺利轮回。

天葬结束后，人们用水清洗自己的手和工具，然后围坐在山顶的坝子上聚餐小憩，继而返回村庄。整个过程中人们的表情都是凝固的，没有说笑，也没有泪水。

撰稿专家

王正宇，西南民族大学西南民族研究院副教授。主要研究方向为人类学、民族理论，发表论文多篇。

高原牧归(图/张鹰)

第6章

高原民族的生存智慧

经济生活与传统社会组织

本章主撰稿人：

四川省民族研究所副研究员　刘俊波　　四川省民族研究所副研究员　罗凉昭　　四川大学教授　李锦

在自然地理上，青藏高原是一个独特的区域，这里崇山峻岭、沟壑纵横，平均海拔4000—5000米，有“世界屋脊”之称。辽阔的土地面积、海拔高差悬殊、地表形态复杂、生物多种多样、气候环境多变，这些使高原的土地利用和农业生产表现出明显的地域特征。

从青海东北部起，经甘肃西南部、四川的阿坝、甘孜和西藏昌都北部，一直到西藏中南部，是一条蜿蜒两千公里的农牧分界线，在这条界线的西北一侧，大约集中了80%的天然草场，却只分布着约5%的耕地，这区域里的藏族以畜牧业为主要产业；而在东南一侧，却集中了约95%的耕地，散布着约20%的天然草场，经济上以农为主。

茫茫雪域，虽大美无言，处处彰显着生命的意义和价值，但由于气候变幻莫测、自然灾害频发、地方病肆虐、历史上局部纷争不断，生命又是那么无奈与脆弱。在自然灾难和社会矛盾面前，积极应对灾难、化解危机、消弭矛盾、规范秩序则只能依赖于社会组织。某种意义上，由于社会组织的存在，藏族先民才得以率真、求善、唯美，在生态脆弱的环境里完成了对自然资源的可持续利用，集合众人之力应对自然灾害、控制社会危机、解决矛盾纠纷，通过社会分工创造了美轮美奂的艺术，最终形成了一个精神至上以藏传佛教信仰为认同的社会有机体。

藏区传统社会组织与生计方式、土地制度、政治影响以及伦理观念有关，具有原生性、古老性、多样性以及差异性等特征，是了解藏文化、制度与信仰的重要路径之一，也是认识人类在高海拔区域集合模式、活动规律的宝贵园地。

历史悠久的农业

早在4000年前，藏族先民就开始种植粟米等粮食作物

农业文明源于何处？

在青藏高原，农业起步较早，历史悠久。据西藏博嘎尔部落的传说，在蒙昧时代，妇女已开始摸索试种农作物。传说只能作为参考，但考古发现让我们看到，早在远古的新石器时代青藏高原就有原始农业文明的存在。在昌都的卡若遗址中，考古学家发掘出了屋基遗址、烧灶遗迹、粟粒、磨制石器、陶器等，其中生产工具在石器中占较大比重，可见早在4000年前，藏族先民已经开始过定居生活，并种植粟米等粮食，开始使用铲、石斧、石锄、石刀等农具从事农业生产，农业无疑是当时非常重要的生产活动。

《西藏产业论》一书中写道："从西部的阿里地区

富饶的雅隆河谷（图/视觉中国）
雅隆河属雅鲁藏布江支流，其河谷地带气候温和、雨量充沛、土地肥沃，是藏族农业文明的发祥地，被誉为"藏族的母亲河"。古代藏史所载"农田莫早于索当"，讲述的即是西藏历史上第一块农田就出现在这片富饶的高原河谷上

昌都卡若遗址出土的石斧、铲状器等生产工具

南端的象泉河谷起，沿雅鲁藏布江中下游，至藏东澜沧江畔，在这片长达数千里的狭长弧形地带内发现了大量新石器时代晚期的遗址、遗物和墓葬，从出土文物来看，当时生产力有了较大的发展，人们的生活有了改善，过着以种植业为主的定居生活。”同时，在青藏高原东部边缘及邻近地区的新石器时代文化中，如大渡河、雅砻江流域，亦可见卡若文化的痕迹。可见，早在新石器时代，农业文明已在青藏高原的广大区域兴起，为后来的农业的兴盛奠定了基础。

从雅隆河到吉曲：农业文明的繁盛

藏族自称“博巴（或蕃巴）”，一种解释是指“农业人群”，最初是起源于雅鲁藏布江流域的一个农业部落。可见“蕃”这一名称与农业有着密切的联系，即以农业为主的地方称为“蕃”。雅隆河谷是青藏高原农业的发祥地和中心，所以把这一地区叫作“蕃”。聂赤赞普在“蕃”地方建立了以农业经济为基础的政权。后来，历代赞普的政权扩展到哪里，此名称就影响到哪里。

吐蕃时期，青藏高原的农业发展达到鼎盛。据史料记载，在吐蕃赞普布德贡杰(公元前1世纪左右)时，一位名叫茹列杰的贤臣发明制造了犁轭，用二牛抬杠耕种土地，在雅隆河谷引水灌田，农业生产达到一定规模。此后，吐蕃农业渐盛，雅隆河谷、拉萨河流域和年楚河流域成为吐蕃三大主要粮食生产基地，“蓄山水为池，引下水为渠”，自然农业向灌溉农业转化。伴随着文成公主、金城公主入嫁吐蕃，中原先进的农业技术和技艺精湛的工匠被引入藏区，以及铁制农具开始广泛使用，使得生产力不断提高。随之吐蕃武力占领了河西、陇右、剑南等土地肥沃之地，甘青河湟流域以及藏东川西河谷地区也成了藏区的重要农业生产地。可以说那时候的吐蕃是一个以农业为主的国家，青藏高原的农业文明得到了空前的发展。

青稞种子的传说

青稞是藏族人民的主要粮食，糌粑的主要原料，在青藏高原上种植约有3000—4000年的历史，生长在西藏、青海、四川、甘肃、云南等地海拔3000—4500米的高寒地带。青稞是禾本科大麦属的一种禾谷类作物，故又称裸大麦、元麦、米大麦。

青稞，从物质文化之中延伸到精神文化领域，在青藏高原上形成了内涵丰富、极富民族特色的青稞文化。

青稞在藏族人民心目中具有特殊的神圣性，因而在藏区流传着许多有关青稞种子来历的神话、传说和歌谣，内容多为记载狗、鸟、鹤等动物带青稞种子到人间的过程。神话故事《青稞种子的来历》记：“有一个名叫阿初的王子，从蛇王那里盗来青稞种子，结果被蛇王发现，罚他变成了一只狗，后来一个大土司的女儿爱上了他，他又恢复了人身。他们辛勤播种和耕耘青稞，吃上了用黄灿灿的青稞磨成的香喷喷的糌粑和醇香的青稞酒。”因而人们在每年收完青稞，尝新青稞磨成的糌粑时，都先捏一团糌粑喂狗，以示感激狗给人们带来青稞种子。在过新年、青稞尝新时先敬狗，不打杀狗，不食狗肉。

藏族人喜欢播种时节在牦牛背上披上经幡，表达了主人对一年收成的祈愿（图/张鹰）

衰败与复苏：农业文明的兴衰

唐末，吐蕃政权出现了分裂割据，冲突和战乱不断，人口减少，农业生产呈现出了衰败的迹象，如水渠因失修而报废，田地因无人耕种而荒芜，耕作技术也出现了倒退。宋元时期，分裂割据逐步被扼制，社会趋于稳定，农业生产开始走向复苏，尤其是元朝中央政府采取的一系列措施，为农业生产的恢复和发展创造了条件。萨迦政权时期伴随着藏族与周边民族交流的加强，经济文化接触更加频繁，藏区的农业生产逐步得到提高，可谓“众生安乐而经济繁荣”。帕木竹巴王朝时期，庄园经济得到了大力发展，兴修水利、开荒种地、植树造林、整田积肥，农业生产达到鼎盛，粮食价格不断下降。

明清直至民国期间，受政教合一制度的影响及帝国主义的侵略，藏区农业生产水平发展缓慢，有些地区甚至出现了衰退的迹象，如延续着“刀耕火种”“烧荒肥田”的生产状态，使用陈旧的铁制、木制农具，水利建设停滞，田园荒废等。在封建农奴制的束缚下，农业生产仍然十分落后，耕作粗放，广种薄收。帝国主义的烧杀抢掠和国内战事的影响，使得藏区农业生产遭受了巨大的破坏。尽管如此，藏区农业区范围仍有一定的扩张，部分地区的农业耕种水平也有一定程度的提高，例如：汉族军队在藏区屯田，“乾隆时进行过两次金川战役，使川西的金川地区人口损失惨重，许多村寨空无一人。战后清廷在两金川地区设立懋功厅，其下分设靖化、崇化、抚边、懋功、章谷五屯，令驻守之汉族绿营兵就地屯田”；十三世达赖喇嘛亦“鼓励藏族人民开垦土地、发展农业生产。……对广大藏民开垦荒地的积极性，对扩大藏区耕地面积和提高藏族人民的农业生产技术水平起到了积极的引导作用”，“因此西藏地区的耕地面积在清代有了一定的扩大。到清代的时候，原先分散的垦区已由气候温暖的的雅鲁藏布江中游和藏东三江河谷发展到温凉的的各河流上游和藏

日喀则地区的农村妇女在往墙上贴牛粪饼，这是生活中必需的燃料（图/张鹰）

南高原的河谷湖盆地区”。同时，农业技术也得到了一定程度的提高，如应用休耕制、轮作制及汉族先进的农业技术。

革新与蜕变：现代农业的崛起

新中国成立初期，藏区农业仍处于极其落后的状态，除了农田灌溉较为普遍外，一般都很少施肥，农具原始，管理粗放，作物品种单一，生产水平相当低。20世纪50年代末，中央人民政府在藏区实施民主改革，废除封建农奴制，藏区各级人民政府通过发放农业贷款、兴修水利、检疫救灾等措施，大力扶助农业生产，在高寒地区试种小麦、玉米、水稻，引进茶、烟、瓜果、蔬菜等，优种家禽在藏区安家落户。藏族人民积极开展科学种田，加强生产管理，推广机械化，农业走上了快速发展的道路。

改革开放以来，藏区农业呈现出蓬勃发展的景象。党中央和地方各级政府针对藏区农业的发展实施了许多政策措施，为高原传统农业注入现代化因素。如中央直接投入巨资对西藏“一江两河”中部流域地区即雅鲁藏布江、拉萨河、年楚河流域进行综合开发，取得显著效果。同时，国家有关部门还派出农业科学组进藏考察，创办农场，推广新技术，极大地提高了藏区粮食单位面积产量。青海省藏区的农业普遍实现机械化装备，机耕、机播、耕地面积大幅增长。四川藏区积极调整农业结构，大力发展经济作物，实现农林牧副全面发展。云南迪庆藏区由刀耕火种的传统农业向现代农业转变，机械化进入了农家大院，科学种田成为农民自觉行为，粮食产量逐年递增。

进入21世纪后，藏区农业逐步开始向产业化转变。各地农业部门及协会加强与龙头企业联姻、合作，采取“市场+农户”“企业+农户”“公司+基地”“公司+基地+农户”等生产模式，引入企业进入藏区开展农产品的种植、采购、加工、储运、出售等。

高原之舟——牦牛

牦牛，藏语称为“雅”“雅克”，原本是西藏羌塘地区的一种野牦牛，经藏族先民长期驯养而成家畜。藏区的牦牛，长年负重、行走在群山耸峙、峡谷纵横、气候寒冷多变的青藏高原及其周围的广大地带，被誉为“高原之舟”。牦牛与藏族人民的源流、生活、宗教信仰都息息相关，传说青藏高原在距今2000多年以前，就居住着以畜养牦牛为主的六大部落——“牦牛部”。吐蕃第一代藏王聂赤赞普，就是六牦牛部的首领。在《五部遗教》和《嘛呢全集》等古藏文文献中，都记载着驯服凶猛的野牦牛，曾是古代藏王从事的活动之一。在宗教传说中则有藏传佛教宁玛派始祖莲花生大师，从印度来到西藏的途中经历千辛万苦，一路降妖除魔，曾遇到一头凶猛异常的白色牦牛，与之搏斗，取得了重大的胜利。藏族英雄史诗《格萨尔王传》中，也有诸多记述牦牛、崇敬牦牛的故事。在我国青海都兰县诺木洪塔里他里哈遗址出土的文物，就有用牦牛毛织制的毛绳、毛布，牦牛皮制作的革履及陶制牦牛等物品，说明早在中原殷商以前，藏族先民就在青海西部、南部地区驯养成功了牦牛，并且很早就以牦牛产品为原料，制作了许多生活日用品和工艺美术品。

雪山脚下的牦牛（图/李眈）

由于牦牛善于行走沼泽地，能涉水渡河且不畏严寒，在高海拔空气稀薄的缺氧地带负重驮物，行走自如，所以长期以来，藏族人民内部及其他民族之间的物资交换和交往，主要是靠牦牛进行的。

在远古时代，藏族先民中的交通运输活动，在狩猎采摘时就已经存在。那时的交通线路都是原始小道，以各个原始人群的居住点为中心，向四周辐射，与之相适应的运输方式便是肩扛与背负。随着藏区生产的发展，人们活动的范围扩大了，负运量也增加了，特别是逐渐驯养了牦牛并用作驮运工具，从而大大减轻了藏族先民在运输中的体力耗费。随后，藏区又逐渐引进、改良了牛车这样的交通工具。于是，用牦牛牵引的运输工具推动了藏区道路向更远、更广泛的范围发展，使藏族人民之间和藏汉等各族之间的联系交往更广泛、更密切，极大地促进了藏区和内地社会经济的发展。随着藏区交通运输的需求增大，藏区的运输也由简单零星的牦牛骑乘、驮运，而变成有组织、规模的牦牛运输队。

总之，在藏族人民心中，牦牛全身都是宝，可运输、可食用，如牦牛肉、牦牛奶、酥油等都是藏族人民的生活必需品。

逐水草而居

季节性轮牧是藏族人的传统生计方式之一

世界上自然条件最严酷的草原

我国草原面积达近4亿公顷，约占国土总面积的三分之一，其中青藏高原的草原约占全国草场面积的三分之一，是世界上海拔最高，气候最寒冷，自然条件最为严酷的草原，主要分布在西藏、青海、甘肃、四川、云南等省区。

青藏高原的草场原以高寒草甸和高寒草原两大类为主，荒漠草地、森林灌丛草地等类型所占比例较小。高寒草甸主要分布在那曲—格尔木一线以东的地区。这里海拔高，寒冷而较潮湿。牧草低矮、茂密，覆盖度高达70%—90%，产草量高，为优良草场。产草量各地不一。四川甘孜、阿坝的草场生产能力与之接近。

高寒草原区内北部地区包括冈底斯山以北的高原地区，直到西藏北部及青海西部。海拔一般在4500—

辽阔的金银滩草原（图/于怀）
金银滩草原位于青海海晏县境内，北部、东部是高山峻岭环绕，西部与宝山和青海湖相邻，南部与三角城接壤，方圆1100平方千米，有麻皮河和哈利津河贯穿。金银滩草原牧草肥美、牛羊肥壮，是典型的牧区

5000米之间，地势相对平坦开阔。绝大部分年平均气温在0℃左右，年降水量为200—300毫米，自然条件特征可用高、寒、平、旱四字概括。牧草草丛稀疏，覆盖度小，一般在30%—50%，小者仅10%左右。牧草产量很低，大约20—25亩可养一只羊。高寒草原的南部地区，包括冈底斯山、念青唐古拉山及喜马拉雅山等，属于青藏高原的山地垂直带畜牧业分布区。在海拔5200米以下的地区，以草原草场为主，这一区域内的植被覆盖度在50%以下，每亩产草量25—50千克不等。

游牧文明的兴衰

有研究表明，"人类文明社会的第一次大分工是畜牧业与种植业的分离"。青藏高原的畜牧业最早亦可追溯到4000年前的卡若遗址，在其出土的动物骨骼中有獐子、马鹿、牛、藏原羊、青羊、鬣羚、猪等，其中猪是饲养动物。畜牧业分离出来后，部分藏族先民开始了"逐水草而居"的游牧生活，但规模不是很大。

在吐蕃部落联盟时期系为牧业型部落，即以牧业为主。在藏文史料中将吐蕃地方最早结盟的六个部落称"吐蕃六牦牛部"，这间接地反映了这些部落当时应属牧业型部落并以放牧牦牛为主。到吐蕃政权时期，牧业获得了稳定的发展，"牛羊遍野"，大批的商旅将吐蕃的马、牛、羊等运到唐地销售。这一时期藏族先民饲养的牲畜种类增多，种群扩大，放牧方式由"逐水草以牧"逐步"有了储存山草和建立畜圈的措施"，还划分了草地的类型，实行分区轮流放牧，"当时在一般草原上放牧羊群，森林地带放牧山羊，沼泽地放牧马匹"。唐末，受战乱和灾害的影响，牲畜数量急剧下降。萨迦政权时期，畜牧业开始逐步恢复，到帕木竹巴王朝时期，畜牧业得到政府的重视，产品日益丰富。

明清至民国期间，畜牧业生产处于停滞状态，仍然采用原始的自然游牧方式，逐水草而居，几百年来对草场的建设和利用、畜种的改良、疫病的防治及畜产品的加工等生产技能基本上未得到改进。原有的储备冬草的习惯也逐步丧失，对频繁的自然灾害毫无抵御能力，牲畜的成活率极低。

牧民的守护神——藏獒

藏獒是最古老、最珍稀的犬种之一，有"中华神犬"之美誉，它主要分布于西藏、青海、四川、甘肃等地。在辽阔的青藏高原上，藏族牧民们珍爱藏獒，其形同雄狮，体壮如牛，凶猛如虎，吼声如虎啸，气动山河，声震九霄。在藏区，有许多关于藏獒的传说，较有代表性的是在西藏广为流传的传说：在很久以前，古老的西藏，人们安居乐业，生活幸福。每当劳作之余，他们集聚在一起拜佛敬神，载歌载舞，一派欢乐景象。有一年，老天变脸，天降大雨，山洪暴发，大地陷入一片汪洋之中，人饥畜饿，无处容身，一时间死亡无数。劫后余生的人们，夏日瘟疫流行，冬天冰雪覆盖，正处在饥寒交迫、恐惧绝望之际，天空忽然光芒四射，万里晴空突然飞来许多身披袈裟，手摇禅铃的神仙活佛，他们骑着像狮非狮、似虎非虎的怪兽来到人间。后来，人们才知道，活佛的坐骑就是现在所说的凶猛威风的藏獒。活佛与藏獒来后大显神威，驱赶走一切害兽和妖魔，解除了人们的痛苦，使西藏地区云开日出，冰雪融化，瘟疫消除，大地复苏，呈现出一派祥和景象，解救了善良的藏民。所以，在藏区，牧民们对藏獒无比敬畏，感恩戴德，视之为上天派来的使者，是神犬，他们从不会伤害藏獒，而是极力地保护它、爱护它。

姑娘们一边放牧一边纺线(图/张鹰)

转场：游牧的重要方式

藏语称牧民为“卓巴”。“卓”即荒原、旷野、牧场，“巴”即人。居荒野或旷野，“逐水草，事畜牧”者，一般称为“卓钦”或“卓那”，即纯粹的牧民。他们生活在高寒地区，从事着适应于高寒草原的游牧生产。牲畜走到哪里，人跟随到哪里，反之，人走到哪里，牲畜也被驱赶到哪里。牧民的游牧，并非毫无界限，也不像人们想象的那样，可随意迁徙，而是在自然形成的一定草场范围内，按季节早晚，视牧场好坏，有路线、有组织、有规律地流动，即在不同的放牧点之间进行循环式的来回迁移。游牧方式可以分为三种最基本的模式：“逐水草而居”的大范围游牧，半定居的小范围游牧，季节性游牧。

青藏高原牧场季节间的分布并不平衡，暖季（夏季）牧场面积远大于冷季（冬季）牧场，如西藏的比例为1∶0.59。但是由于冷季牧场的热量和水分条件较好，单位面积产草量比暖季牧场要高，暖、冷季牧场的总产草量较接近，如西藏的比例为1∶0.95。不过西藏冷季长达7—8个月，暖季只有4—5个月，两者放牧时间之比近于2∶3，因此，暖、冷季牧场的实际载畜能力相差很大，其比例约为1∶0.68。此外，藏族牧区一般的草场牧草低矮，不宜作打草场，难以储草越冬，这对解决冷、暖季牧场不平衡的问题很不利。基于这样的自然条件，为尽量保护冬春草场，使牲畜顺利越冬，藏族牧民在长期的生产实践中形成了按季转场的放牧方式。据20世纪70年代的调查，西藏各地牧区由于自然条件的差异，一般将牧场划分为二季或三季使用，即冬春—夏秋形式的两季草场和冬—春—夏秋，或冬春—夏—秋的三季草场。由于各地气候的差别很大，季节转场的时间也不一致。

青藏高原是一个广袤的高原，地势起伏较大，牧草的返青期和生长期有垂直变化的特点，随着气候由冷变暖，牲畜由低处转向高处放牧。一般情况是，海拔高的山体中，上部草场多为暖季牧场；海拔较低，背风向阳的河谷、湖盆、山麓等地草场多为冷季牧场；中部山坡上的草场用于春、秋季过渡放牧。

现代：发展与变迁

藏区发展畜牧业的优势是拥有辽阔的牧场和丰富的水源，气温适宜。中华人民共国成立后，经过民主改革和社会主义改造，藏区的畜牧生产水平有了较大提高。经过半个多世纪的努力和改造，藏区畜牧业正在经历着由靠天放牧向科技牧业转变，由依靠经验向靠科技转变，由粗放经营向集约经营转变，由带有浓厚的自然经济特点的畜牧业向市场经济畜牧业转变，牧民的生产和生活由游牧向定居、半定居转变，总之是由传统牧业向现代化转变。

进入21世纪后，藏区积极推进牧业产业化进程。以市场为导向，生态保护为基础，经济效益为目标，围绕区域布局，对经营结构、草畜结构、畜群结构和产品质量等方面进行了科学调整，畜牧业发展进入了全新阶段。中央和地方投资各类草原保护建设资金，先后实施了天然草原植被恢复与建设、牧草种子基地、草原围栏、天然草原退牧还草、草原生态奖补等草原保护建设工程，大力推行舍饲半舍饲圈养、季节性放牧、划区轮牧等科学的草原畜牧业生产方式，初步实现了禁牧不禁养、减畜不减收，取得了良好的生态、经济和社会效益。

牧区传统放牧的经验

在四川若尔盖县，按照传统的放牧习惯，牛、羊放高山，马放平地。因低洼地方的草有虫，牛、羊吃了容易患肝蛭病，因而牛、羊不适宜在这些地方放牧，但是牧民可根据气候的变化来安排放牧，大雨后可在低洼（或比较平坦）的地方放牧牛羊，据说是因为下大雨把虫子打掉了，晴上十天后就不能放牧。牛，尤其是犏牛，可以在沼泽地放牧。羊则不宜在沼泽地或污水地方放牧，容易染上腐蹄疫。夏秋天气暖和，牲畜放得早；冬春天气寒冷，牲畜放得迟。

牲畜一般都按畜群的种类实行分群放牧，但是同一类的牲畜就不分公母、大小，合群放牧。在夏秋游牧季节，牲畜没有棚圈，冬春两季虽然有圈，但这种圈没有顶棚。牛，在夏秋游牧时一般无专人照看，让其在帐篷附近自由寻食；冬春进入冬房后往往是邻近的几家人把牛伙成一群，轮流派人放牧。马的经济价值大，牧民对马的饲养管理也比较重视，一般牧民的马都不多，因而多半采取全寨的马合群放牧的办法，由各家轮流派人放牧，马无论夏秋或冬春都需要专人看照。羊的饲养管理比较精细，一般都是自己放牧，很少合伙放牧的，牧民有“春放平坝，夏放山岗，冬放阳坡”的放羊经验。

撰稿专家

刘俊波，历史学硕士，四川省民族研究所副研究员。主要从事民族历史文化、民族学研究。发表学术论文多篇，主编《尔苏藏族研究》（合作），合著《泸沽湖摩梭母系社会》《我的母屋我的家》，主持及参与国家课题多项。获四川省哲学社会科学优秀成果一等奖。

罗凉昭，彝族，四川省民族研究所副研究员。主要研究方向为民族文化。合作完成著作9部，参加国家社科基金课题多项。

《尔苏藏族研究》

扫描二维码，
阅读专家代表著作的电子版

典型的传统社会组织

具有原生性、古老性、多样性以及差异性等特征

形态非常丰富

社会组织是指人与人之间的责任、关系的制度，它存在于构成一个社会的群体之间。社会组织的形式和变迁，与一个民族的生计方式、价值观念、社会制度密切相关。

从生活方式看，藏族居住在青藏高原，居住地区的海拔从2300米到近6000米，既有气候温和、农产品出产丰富的河谷，也有高寒干旱的草原牧区。为了生产生活的方便，人们需要建立不同的人与人之间的责任和关系的制度，因而藏族的社会组织按照农区和牧区划分有较大的差异。

从价值观念看，藏族传统社会受到发源于印度的哲学思想影响较大，社会的等级观念较为强烈，等级社会的特征突出，一些基于等级观念的社会组织得以长期保持；同时，藏族主要信仰藏传佛教，形成了佛教和社区高度融合的社会机制，由于藏传佛教的轮回观念影响，其亲属制度具有鲜明特点。

从土地制度看，藏族传统社会实行封建领主制，土地在名义上由国家所有，由国家授权西藏地方政府和土司管理。土地的实际控制者是封建领主，一般群众从封建领主处领取土地进行经营，同时承担差役。部落的草场原则上属于部落共有，共同使用。这些，使得藏族的社会组织形态非常丰富。

从政治制度看，藏族传统社会有由达赖喇嘛及西藏地方政府——噶厦统治的区域，也有由中央政府直接分封的土司统治区域，还有一部分各种政治势力控制力很弱的区域。由于政治控制的力度不同，当地原有的社会组织也呈现多样性。

随着时代的变迁和社会制度的变革，这些传统社会组织很多都已经是封存在历史中的记忆了。

部落，穿越历史阶段的草原社会组织

一般认为，部落形成于人类社会发展阶段的早期，指由若干血缘相近的宗族、氏族结合而成的社会体，是国家产生之前的一种社会组织形式。但由于种种原因，藏族部落既保留人类社会早期社会组织的若干痕迹，也带有进入阶级社会甚至封建性质社会行政组织的特点。藏族部落组织结构复杂、形态差异大，是草原社会组织穿越千年不断演化的历史见证。

藏族传统部落，可形象地被描述为树状结构，或者说呈现一种倒立的金字塔式的结构。位于树干或倒立金字塔底端的，往往是一些大部落，它们是藏族部落的最高组织层次，类似于一种部落联盟性质的地缘组织，如霍尔三十九族、那仓六部、玉树二十五族、果洛三部、若尔盖十二部等。这些藏族部落，构成了藏族草原社会的主干部分。

帕措，父系氏族社会组织的“活化石”

“帕”意为“父亲”，“措”是“群体或集团”之意，“帕措”是一种以父系血缘关系为纽带延续而自然形成的父系制宗族群体。据统计，20世纪50年代之前三岩地

青海藏族部落基础社会组织——哈玉虎

青海藏族部落中最基层的社会组织，是以家族、氏族等血缘关系为纽带的，藏语中称为“哈玉虎”(青海湖环湖称谓)或者“日郭”(果洛称谓)，意为同一位父亲的后裔，按父系血缘组成的部落，是青海藏族部落最核心的部分，又称“帐圈”。

一个哈玉虎一般仅有几户或十几户，最大也就几十户。哈玉虎内部，因认为同出于一个父亲，故其间禁止通婚，实行族外婚。若有老人去世，全体人员都会去奔丧；遇到婚丧之事，所有成员全体出动，给予人力物力上的帮助；丧失劳动力的五保户由集体赡养，其去世后财产也归集体所有。

他们一般共同开展牧业生产活动，生产劳动中的分工按传统划分，儿童放牧、妇女主持家务、男人做生意和保护牧场、老人留守家中。若遇分家事宜，全体人员出动，帮助分家者，首先让其拥有帐房，然后每家从自己家的牛羊中分出一些给分家者，让他拥有自己生存的物质基础。

哈玉虎的首领由所有人选举产生，主要由族内辈分最高者或者有威信的人担任，成员间的关系是平等的，首领不享有特权。哈玉虎是最核心的部落组织，人口增长后，几个或者多个相同来源的哈玉虎也会组成大一点的部落；一般居住集中，有共同的草山和“神山”；有宗教管理和行政管理力量合一的世袭头人；每年有统一的宗教活动，如祭“俄堡”、季节性法事活动等；有部落武装，用以保护本部落利益，防止外部落侵袭，或用于部落兼并战；支持和协助推行寺院的各种宗教活动；共同管理内部事务，调节和处理内部纠纷；共同管理、使用四季草场。

区有1500多户、7000多人，共86个帕措，至今仍集中分布在西藏昌都贡觉东南部的三岩地区、芒康县4个乡，以及四川白玉、巴塘等县。

帕措世系按父系计算，财产由男子继承，父权至高无上。在同一个帕措内，同辈的男人称作兄弟，小辈者都称作子女。在人们的观念中，不为本帕措赴汤蹈火，出力卖命，就是没有“骨头”。每个帕措都有自己统一的鲜明的标志，以别于其他帕措。例如木协阿比次登帕措成员留有八字胡，东达村次仁帕措成员的头发穗上带有红绸布条，敏都益西帕措的标志在鞋带上。

帕措不分大小，都有自己的头领，这些头领是在长期的社会活动中自然形成的。充当帕措头领需具备5项基本条件：一是出身于本帕措中具有悠久历史的家庭，年龄一般在40岁左右；二是有口才，能言善辩；三是有组织才干，在带领本帕措进行的械斗中表现突出；四

独具特色的三岩碉楼(图/西藏之声)

三岩位于西藏东部左贡县与四川白玉县交界的金沙江峡谷，境内崇山峻岭，千沟万壑，深林绝峪，交通艰险。在与险恶环境的不断博弈中，个人能力显得十分渺小，人们必须维系在“帕措”之中，依靠宗族势力结合而成的社会组织，以保护群体生命安全和财产安全为目标，共同抵御外来侵袭，同频繁的自然灾害作斗争

是诚实可靠，处事公道，深孚众望；五是经济上有一定的实力。帕措头领对内根据情况决定每户应承担的各种摊派，根据血亲远近和财产多少分配每户应承担的“赔命金”，在天灾人祸时动员捐资救济；对外组织策划血亲复仇械斗，代表本帕措协商“赔命金”。

帕措内部有一套不成文的行为规则，并世代相传。帕措不允许有离心的现象存在，从头领到成员一律平等，患难与共。他们认为，只有帕措内部紧密团结，才能使整体利益得到保护，才能保证本帕措成员的人身安全和财产不受外来侵害。

西藏墨竹工卡县甲玛池康庄园，摄于1957年（图/陈宗烈）

谿卡：封建农奴制社会的根基性组织

一般认为，民主改革前的西藏地方是一种封建农奴制社会形态，庄园经济是这种形态得以长期存在的物质基础，而维系庄园经济的正是名为“谿卡”的社会组织。

名称	权属	用途
宗/雄谿	西藏地方政府	分配给军队、大臣以及政府机构，作为其工作酬劳
格谿		贵族的私有庄园，是其为政府服务的报酬
却谿		分给寺院的庄园，免劳役税

“谿卡”，是藏语“村庄”的意思。在藏区，通常以某个主庄园建筑为核心，周围集聚着各等级农民住房，围绕村庄的农田、青稞磨坊、水渠、道路以及防御设施等，是西藏旧社会组织农业生产的综合性单位。谿卡一般由领主经营，协助领主管理庄园的是“强佐”和“涅巴”。

在庄园上劳作的农民，在某种程度上被认为是农奴，他们以是否拥有差地，又被分成“差巴”“堆穷”“囊生”三个主要等级。有些庄园还把专门从事手工艺的匠人，或者来自其他庄园的外逃人员单列称为“烟火户”。

撰稿专家

李锦，博士，四川大学社会发展与西部开发研究院教授，中国西南民族研究学会副会长兼秘书长。主要从事民族学、人类学研究。主持国家社科基金及省部级课题多项，发表学术论文70余篇，出版专著2部，合作专著27部，代表作《民族文化生态与经济协调发展》《羌笛新曲》。获得四川省哲学社会科学优秀成果二等奖。

《民族文化生态与经济协调发展》

扫描二维码，
阅读专家代表著作的电子版

国家出版基金项目
NATIONAL PUBLICATION FOUNDATION

中华民族文化大系

【藏族】下

雪域之光

主编 袁晓文（益希汪秋）

总顾问单位 国家民族事务委员会

上海锦绣文章出版社 上海文化出版社

目录 CONTENT

目录 CONTENT

目录 CONTENT

目录　CONTENT

第9章
灵魂深处的抒写
文学与语言文字
87

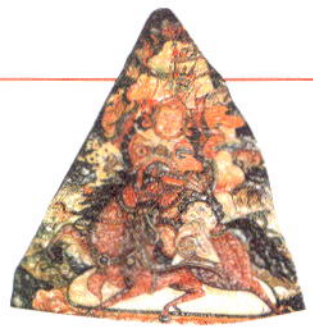

目录 CONTENT

目录 CONTENT

目录 CONTENT

目录 CONTENT

目录　CONTENT

目录　CONTENT

本书导读示意图

拓展阅读：与专题相关的名词解释、背景知识、人物小传、田野实录等的延伸阅读，为你构建多维度、多侧面的全息专题文化影像。

专题标题：以虚实结合的文字概括各民族的某一重要文化事项。

专题段落标题：揭示这一重要文化事项的不同断面，分层切入，条分缕析，引你直抵现象背后的文化之核。

正文

民族经典纹样

图片：既有近百年来中外著名学者亲历现场所拍摄的第一手影像资料，也有当代摄影家极尽巧思的唯美大片，涵盖面广泛，于文本之外，自成一个独立的图片系统。

来自民间的狂欢

随时随地自娱自乐，真正劳动者的歌舞

锅庄：围着火塘跳舞

“果尔谐”是藏民族蕴藏量极其丰富的民间歌舞，历史悠久、流传广泛，深受人民喜爱。各地对该歌舞形式的称谓有所不同，如卫藏地区称果尔谐，藏东地区称果尔卓或锅庄，藏北地区称卓舞，等等。名称在各地方言中虽有不同，但基本含义是相同的，意思是围成圆圈跳舞。

锅庄，是牧区藏语“果卓”的音译，也是非常传神的意译。锅庄原本为藏区帐篷内的火塘，藏区寒冷，人们生活中很多时候都是围绕火塘，煮饭、烧水、聊天、娱乐。

锅庄舞，《卫藏通志》说它是围着石锅而舞的意思，是藏族三大民间舞蹈之一，分布于西藏昌都、那曲，四川阿坝、甘孜，云南迪庆及青海、甘肃的藏族聚居区。早期与西藏奴隶社会和盟誓活动有关，后来逐步演变成为歌舞结合、载歌载舞的圆圈歌舞形式。《清史稿·乐志》音译为“郭庄”，近代又称“歌庄”。

锅庄中的“孔雀吸水”动作（图/杨曦帆）

据《西藏舞蹈概说》记载：以前的康定一带，有一种商业性组织也叫锅庄。这类商行收购土产，代办转运设有客栈，沿途过往的藏族商贾常宿居其中。晚上，他们在院内空地上垒石锅熬茶做饭，茶余饭后围着火塘歌唱跳舞，以驱一天的劳累与疲乏，保持旺盛的精力，适应恶劣环境。

现在的锅庄是流行于牧区、半农半牧区的一种载

阿羌姆——藏风的象征

“阿羌姆”是藏族地区流传较广的一种鼓舞。源于14世纪，土登·贡噶朗杰修建了贡嘎曲扎寺，并在主持期间创建了阿羌姆。阿羌姆对演员的选择有严格要求，必须是体魄高大粗壮的年轻扎巴（僧人）。阿羌姆的鼓比寺院里念经时用的鼓大一倍，演员还要将鼓竖背在背上边敲边舞。

阿羌姆既没有复杂的情节和人物，也没有色彩丰富的音乐伴奏，只有大鼓和小鼓两种。全舞一般为35名演员和1名俗人，其中鼓舞者有16人，另外的人持供佛器、碰铃，以及1名敲钹，1名“琼琼拔姆”，1名“拔谣”。总指挥由敲钹者担任。

“阿羌姆”的表演形式有圆圈向顺时针方向移动，但更多是竖排向前移动，也有单人舞，基本步伐有“胯腿转”“一步一抬”“前跳跃”“左右旋转”等等。动作庄重威严，雄健大方，同时鼓点丰富多彩。舞者不戴面具只画脸谱。

“阿羌姆”一年表演两次，第一次是藏历元月十五日在贡嘎曲扎寺“曲追堆庆”寺院内表演九场；第二次是在拉萨举行的“措曲斯蚌”中，“措曲斯蚌”即会供仪仗，俗名供宝会。

藏族—32

多媒体技术的全新运用和呈现：音（视）频链接为你直观展现民族文化的某个片段。从此，纸质经典不再是一位沉默的朋友。

川西高原上勇敢的心——铠甲舞

藏族除信仰藏传佛教之外，在一些山区还存在一些民间信仰。有的是历史上流传下来的，比如，古代战争之前所跳的“战争舞”等。四川阿坝藏族羌族自治州黑水地区流传着一种战争祭祀乐舞，当地人称“卡斯达温”，也叫铠甲舞。

上世纪90年代的一个夏天，尽管只是路过，但险峻的山路、湍急的河水还是给我留下了很深的印象，当时我禁不住和同去的朋友一起惊叹：这片土地上生存的人，他们是一些怎样的人呢？为什么生活在这里？这样的疑问一直持续到2000年的夏天，我跟随一个调查组来到黑水，开始了我对高山歌舞的研究。

到黑水的当天就认识了当地干部银勇，他有着最典型的嘉绒汉子的好客善歌之特点。当他知道我的兴趣时，就立即向我推荐了铠甲舞。

第二天，我们就上山了，去红岩乡俄恩村寻找传说中的“卡斯达温”。

那是一个高半山寨子，一条令人眩目的乡村机耕道从河谷向蓝天

扫描二维码欣赏
民间舞蹈《俄恩村铠甲舞》

延伸。我驾驶着从成都开来的轿车在崎岖、狭窄的山路上跋涉，现在回想起来，当时路边的悬崖多少有点让人紧张。

每年秋收以后的农历十月十四日，是黑水县红岩乡俄恩村的传统节日“克施杰科”节，节日一般要持续四五天。跳铠甲舞作为节日的中心节

表格：删繁就简，将大段枯燥的学术性表述华丽转身为一目了然的图表，文明演进的过程、文化现象的罗列，由此变得简洁明了。

国家级非物质文化保护名录中的藏族传统歌舞戏剧

	名称	类别
1.	藏族拉伊	传统音乐
2.	芒康弦子舞	传统舞蹈
3.	迪庆锅庄舞	传统舞蹈
4.	昌都锅庄舞	传统舞蹈
5.	玉树卓舞	传统舞蹈
6.	甘孜锅庄	传统舞蹈
7.	马奈锅庄	传统舞蹈

专家简介：为你介绍各章撰稿专家的学术背景、学术成就，在作者与读者之间搭建起一座信任之桥，论世需要知人，论著也当知人。

扎木聂（图/张鹰）
藏族弹拨弦鸣乐器。藏语“扎木”是声音，“聂”为悦耳好听之意，“扎木聂”意为声音悦耳的琴。曾译称扎年、木聂、占木聂、扎木年。因为有六条琴弦，汉族又称其为藏族六弦琴。流行于西藏自治区和四川、青海、甘肃等省的藏族自治州、县，尤以拉萨、日喀则、拉孜、萨迦和昂仁等地最为盛行。图为吐蕃时期的六弦琴，至今保存完好，据说是由文成公主带入西藏的

撰稿专家

杨曦帆，民族音乐学博士，艺术人类学博士后，南京艺术学院教授，中国少数民族音乐学会常务理事。主要从事中国少数民族音乐研究与教学。发表学术论文30余篇，出版专著《藏彝走廊的乐舞文化研究》《音乐的文化身份——以“藏彝走廊”为例的民族音乐学探索》。

《藏彝走廊的乐舞文化研究》

扫描二维码，
阅读专家代表著作的电子版

33——歌舞戏剧

代表性论著链接：扫描二维码可阅读该专家代表作，并可进一步在中华民族文化经典学术著作数据库中阅读其他民族文化学术著作。

图片说明：拒绝标签式的大白话图片说明，每一段解读，或长或短，都经撰稿专家反复推敲，发图片画面之所未发，读图时代，仍然需要如此点睛之笔的助力。

升腾（图/李眈）

第7章

神灵佑蕃裔，观音化雪域

宗教

本章主撰稿人：四川省民族研究所特聘研究员　高泽祯　　西藏大学教授　张虎生

雄踞地球之巅的青藏高原，雪峰林立，河湖交织，自然雄奇而人力难支，天候险恶而人烟渺渺，一把神性的保护伞诚为当地住民生死不离的必需，青藏高原因此成为宗教和灵性生活的富集地，本教与藏传佛教由是相继诞生且长期并存。

佛本同台，各擅胜场，或相互融渗而风平浪静，或相互冲撞而掀起波澜，宛如浩浩雪域长河通贯古今一路流淌，滋润着藏民族精神世界的一花一木。本教和佛教经纬交叉，编织成藏族宗教绚烂的景致：各个教派义理互竞短长，呈现出蕃藏民族精神厚度；各种宗教文献交相辉映，描画出蕃藏民族文明面貌；各样宗教制度纵横勾连，揭示出藏族社会内在结构；各色宗教场所与设施相互映衬，烘托出藏族人文独特气氛；各款宗教器物与形象异形异用，崭露出蕃藏民族信仰棱角；各式宗教活动此起彼伏，演示出蕃藏民族内心虔诚。恰似巍巍高原雄峰挺立天地一览众山，从不同角度打量形状色泽各不相同，唯有360度巡礼方能得窥其全貌，上述宗教要素折射出藏民族不同的信仰维度，而只有将它们一一编织起来，才能构成藏民族多姿多彩的宗教画卷。

冈仁波齐绕祥云：历久弥新的古老本教

本教是藏族文化的精神原型

曾经是藏民族精神舞台的中心

本教之“本”，系藏文“bon”之音译，其具体含义有“讽颂”和“法”等不同说法。与“本”相应，有“本波”一词，系藏文“bon-po”音译，既指信奉“本”之人，又指本教。本教有广义和狭义之分，广义指斯巴本教和雍仲本教，狭义仅指雍仲本教。作为原始信仰的斯巴本教发育在前，作为系统化宗教的雍仲本教萌生于后，雍仲本教汲取了斯巴本教中有用的内容，斯巴本教遂托生于雍仲本教，斯雍渐成一体，雍仲大光其道。

佛教正式传入之前，本教一直占据着藏民族精神舞台的中心。直到公元7世纪佛教入藏，本教光芒始慢慢转暗，但始终顽强地保住了一线命脉，特别是在藏族民间社会层面。基于藏民族精神世界长期受惠于本教的事实，宗教地理中的雪域高原或可谓之由本教神怪精灵护佑的一方精神天地。

据传由雍仲本教创始人辛饶米沃创制的《象雄大藏经》。《象雄大藏经》原本卷帙浩繁，可惜在流传过程中已大量散佚。其内容不仅限于宗教方面，相当于一部象雄文明的百科全书，极富研究价值

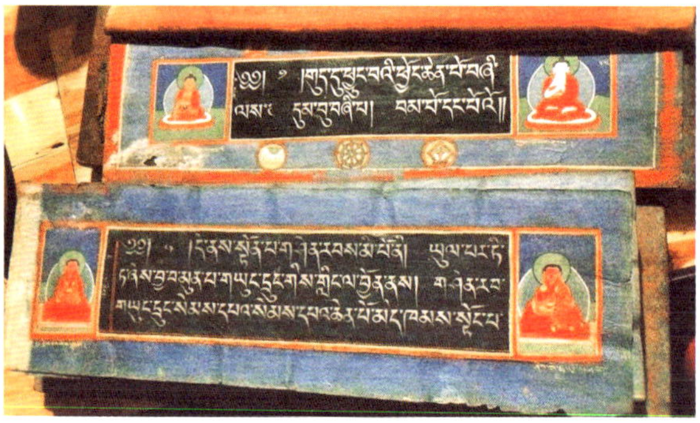

回首原初，包含了古老信仰的本教来路混沌；展望前程，长期为藏传佛教掩盖的本教曙光乍现。自20世纪50年代以来，藏区传统宗教社会结构历史巨变，区域内宗教各教各派获得法律意义上的平等，细弱如本教再度获得自由发展空间。

根据本教内部划分，视教法之兴盛与否，其漫漫演进史可分为前弘期、中弘期和后弘期三个阶段。

前弘期：斯雍交替

迄今所见藏文明遗存，无论是镌刻在岐嶒崖壁上的朴拙岩画，还是掘诸地下的偶像造型，都一致表明：久远年代的蕃藏先民视高山大湖等自然地理存在为神灵或神灵寓所，膜拜猕猴、盘羊和水中生物等生命，并将人类自身殁后的去向加以灵异化。由于神秘力量所在皆是，如何与之相处和如何趋利避害就成为摆在人们面前至关重要的问题。不同指向的宗教仪式由此问世，人们或以之祈求神灵满足自己的美好心愿，或以之请求神灵驱除自己或周遭的邪恶，或以之求助神灵降灾于自己的敌人。同时，由于遭际之好坏系于神鬼，变幻莫测，占卜以定吉凶显得颇为必要。从后世流传情况判断，比较有特色的是光占、鸟占、线占、箭占、鼓占和骰子占等。此时，本教尚处于斯巴本教阶段。

按诸藏史记载，吐蕃王国著名赞普松赞干布（公元7世纪初在位）之前，吐蕃王统已有30余位赞普，其中最早一代谓之聂赤赞普。再早，蕃地还经历了由所谓夜叉、魔天、罗刹女、龙、赞、厉鬼、非人、邪魔等统治的时

期。此说暗示，远在公元之前，当蕃藏先民崇拜精灵神怪、奉行斯巴本教之际，当地掌权者是凭借与这些精灵神怪的特殊关系才获得其权力合法性的，此足见斯巴本教对彼时蕃藏人群影响之巨大、地位之重要。

慢慢地，本教的演变步伐出现了地方差异，藏区西部的冈底斯山冈仁波齐周边（古属“象雄”或曰“羊同”范畴）走到了前面，雍仲本教在此诞生了。其创始人辛饶米沃，按本教内部传说，生年相当之早，但剔除信仰色彩之后，将其定位在公元前5—前4世纪也许更为妥当，其生平见载于《朵堆》（集经）、《塞米经》和《无垢威光经》等传记。因为远较斯巴本教为丰富和系统，所以雍仲本教获得了传播优势，得以自藏区西部蔓延开来，或许在吐蕃王统第一代的聂赤赞普（约在公元前3—前2世纪）时即已传入藏区中部。到吐蕃王统第八代止贡赞普时，由于受“邪法”影响，该王遂有灭本之举，本教前弘期就此结束。

中弘期：本佛碰撞

因为灭本招怨，止贡赞普为大臣洛昂达孜所弑，王位亦被其占居三载，后止贡赞普之子布德贡杰被迎请复位，决定重振本教。但因为止贡赞普灭本之时许多经典被埋藏了起来，布德贡杰便转向智者问策。智者答复称，应该召集四方本波将经典挖掘出来。又据说，此时从象雄迎请了两兄弟，二人带来了多部本教经典。看起来，当止贡赞普在藏区中部灭本之时，作为雍仲本教诞生地和大本营的藏区西部可能没被波及，所以才可以在法难之后再度承担起教法输入的重任。

再兴之后的本教，因为王室大力支持和长期实践累积，一时间繁花密枝蓬勃鼎盛，竟至于有所谓象雄、蕃地、大食、天竺、汉地和高昌普遍笼罩在本教光辉中的溢美之词。此时，本教依然在蕃藏社会生活中发挥着重要作用，某些本波得以随侍赞普左右，参与军政事务

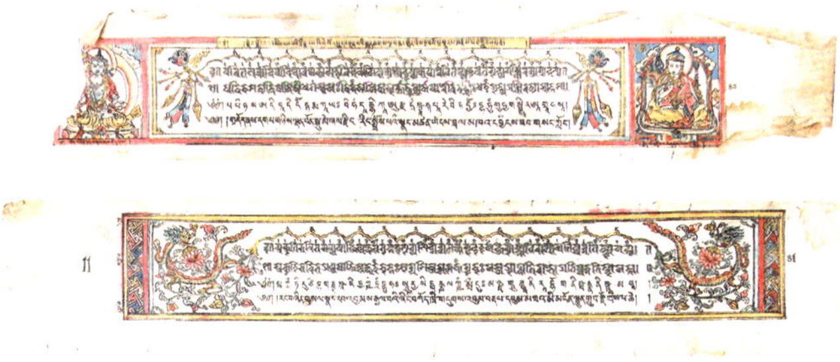

西藏阿里地区民间珍藏的古老本教经书。这套经书梵文、象雄文、繁体藏文、简体藏文四种文字对照，实属罕见（图/张鹰）

决策，见证对内对外结盟。而在民间层面，本教濡染蕃藏社会氛围，浸淫芸芸众生心智，好巫谄鬼之风所到之处，帮助蕃藏先民抵御了一次次自然和精神风险。

渐渐地，诞生在印度的佛教开始北上，雪域的精神版图眼看就要易主。吐蕃王统第二十八代赞普拉托托日年赞（大概活动在公元6世纪上半叶）之时，佛教法物初现蕃藏；吐蕃政权缔造者松赞干布时正式引进佛教，并因为本教血祭对生产力的伤害而对其予以初步压制；约公元650年松赞干布逝世，本教势力稳住了阵脚；8世纪初赞普赤德祖赞抑本抬佛，本教势力则以瘟疫为借口反驱佛教势力，佛本攻守重新易势；其后赤松德赞（活跃在公元8世纪下半叶）继赞普之位，以其人之道反制其人之身，复借瘟疫之名打击本教，致使部分本教徒改宗佛教，部分则远走边鄙之地。赤松德赞为表达兴佛之志、巩固兴佛成果，先后立碑两通昭告天下。

至此，本佛之争告一段落，佛教终于在藏区站稳脚跟，石碑上镌刻的王室意志挡住了本教向上之路，风光已久的本教就此从庙堂沦落，或蛰伏民间或亡命他乡，本教中弘期因此结束。

但这并不意味着本教永远烟消云散了，事实上，被政治强力戴上胜利者桂冠的佛教，在文化上却部分被本教“招安”，本教基因侵入了佛教肌体，所以只要佛教活着，本教生命就在延续。况且，本教毕竟根深叶茂，不会轻易退出历史舞台，其反抗的能量不断蓄积增长，最后假吐蕃王国末代赞普达玛吾东赞之手重创佛

教，并招致达玛吾东赞被佛教徒所弑的严重后果，吐蕃王国随之崩盘，覆巢之下，本佛两教双双陷入了社会动荡的漩涡之中。

后弘期：本佛同处

等到本教再见天日，时序已经迈入11世纪。此时，因为躲避兵燹等外部逆缘而被隐藏起来的本教经典陆续面世，以辛钦鲁噶（996—1035，据传系辛饶米沃后裔）整理相关典籍为标志，本教于11世纪初掀开其后弘期序幕。由于当时佛教在藏区已占据上风，辛钦鲁噶所传本教带有较为明显的佛教色彩，但又仍不失其本教特征。

由于藏传佛教的一再压逼，特别是由于格鲁派一家独大之后攻城掠地的势力扩张，本教几乎被推到了悬崖死地，但顽强的求生意志反倒成就了它奇崛的生命形态，乃至于在19、20世纪之交孕育出了夏咱扎西坚赞（1858—1935）这样学养厚实、学识超群、学术出色的大学者，不但发展了本教学说，还倡导和参与了“利美运动”，为新时代的本佛同处共进寻到了光明大道，从而带领本教自默默无闻的边地走向引人注目的前台。也正是因为有扎西坚赞这样一批杰出的本教徒薪火传递、不懈努力，本教迄今依然在康区和安多的一些地方招新纳徒，服务信众，以大约300座寺院的规模盘踞蕃藏大地，为蕃藏文明保存了无比珍贵的童年记忆。

本教的中心

辛钦鲁噶弟子众多，其中3人影响深远，他们是：楚钦•南喀衮仲，于1072年修建了叶茹温萨卡寺；许叶勒波，修建了吉喀日兴寺；贝敦班却，开辟出一方静修地。此外，还有本教徒梅牡凯巴班钦，在11世纪时创建了桑日寺。

上述本教中心因教派冲突于14世纪末衰落，之后，嘉绒本教大师年麦喜绕坚赞（1356—1415）于15世纪初创建曼日寺，达瓦坚赞于19世纪中叶创建雍仲林。另外稍晚些时候，曼日寺附近还建立了喀玛寺。这三座寺院成为晚近本教中心。

这七个中心皆位于后藏，表明了该地区在后弘期作为本教重要据点的事实。除此之外，边远如大渡河源以默尔多神山为中心的嘉绒藏区，可谓本教避风港，陆续接纳了佛本之争以来从藏区政治中心被驱逐的本教势力，其中最著名的本寺为雍仲拉顶。

吉祥玄奥的雍仲符

雍仲本教所谓“雍仲”，与一个古老神秘、意涵祥瑞的符号——“卍”（藏语谓之“雍仲”）相关联。通常认为，该符号表示“坚固”和“永恒不变”的意思；有论者则认为其系日火（太阳）形象的描摹，是火崇拜的遗留。雍仲本教将两个“卍”字符上下相连，形成了作为该教派标志的“雍仲恰辛”。其中，“雍”表示胜义谛上“无生”之意，“仲”表示世俗谛上“无灭”之意，“恰”表示降服异见之意，“辛”表示引向解脱之意。与本教左旋的雍仲符不同，藏传佛教各派则使用右旋的雍仲符——“卐”。与两个符号的左旋、右旋相应，本教徒和佛教徒转经时的旋绕礼敬方向也不相同，前者逆时针而后者顺时针，直观地演示出二者间的“路线之争”。

虽然作为教派标志和“行动指南”，二者在宗教层面格格不入，但作为图案，二者在美学层面上则和谐共生：藏文明早期的岩画例如日土岩画中，就既有“卍”字符也有“卐”字符；发展到后来，在民间工艺美术的层面上，譬如在一些织物的装饰图案中，出现有两个符号成组使用的情况；近些年来，在一些现代用具譬如卡车上面，也可以见到二者同组出现的情况。上述种种，大概和源自对称的美感有关。

写有本教八字真言及“卍”字符的石头

雅鲁藏布润藏土：波澜壮阔的藏传佛教

藏传佛教取代本教重塑了藏民族的信仰世界

由印度佛教与汉传佛教汇融而成

“藏传佛教”，系今日学界对藏民族所传佛教的外部称谓，传统上藏民族内部谓之“桑结丹巴”，简称“丹巴”（字面意为“教法”，多指佛教），或“囊丹”（意为“内教”）。“教法”显然不止一种，藏语常以不加任何限制的“丹巴”一词来指称佛教，足见佛教在藏民族心目中认同程度之高；“内教”乃相对于“外道”而言，藏语以“囊丹”指称佛教的做法表明，藏民族价值判断的天平偏向佛教一边。

藏传佛教的精神源头可以回溯到其南其西的印度佛教，以及其北其东的汉传佛教。二者在藏土交锋、交流、交融，而后慢慢带上了藏乡气息。这种气息逐渐发酵成藏民族的文化自信，藏传佛教亦随之氤氲了周边民族，诸如门巴、珞巴、纳西、普米、怒、羌、土、裕固、蒙古、满等，由此成就了藏民族文化大族的地位。到了当代，藏传佛教除回传到其曾经的源头印度和我国内地之外，同时还在世界范围内渐具人气，俨然今日世界宗教之林中的生力军。基于藏传佛教长期以来在藏民族信仰世界中所占据的压倒性优势和其对藏民族精神世界的至深呵护，加之藏传佛典以“授记”（即预言）形式将观音菩萨特殊化为雪域民族的精神依怙，因此宗教地理中的雪域高原一定程度上可谓观音菩萨教化之地。

按藏传佛教自身传统叙事，其斑斓的历史纹理分别织就了前弘期和后弘期两段发展图景。形象言之，正如“大拐弯”将雅鲁藏布江剖分成风光各异的两段流程。如进一步区分，后弘期又可以宗喀巴大师的改革而截为上下两段。但事实上，近代以来的藏传佛教，因为生存发展处境的巨大变化，已然呈现出一些新的特征，完全有理由将其另立为后弘期第三部曲而予以特别介绍。

松赞干布请佛入藏

冰雪皑皑的喜马拉雅不仅遮挡住了印度洋北上的暖湿气流，也很大程度上减缓了印度文明北上藏区的

桑耶寺供奉的莲花生大师师徒铜像（图/张鹰）
桑耶寺于8世纪中叶赤松德赞赞普时期修建，为藏区第一座佛、法、僧三宝齐全的寺院，在藏传佛教史上地位十分重要

步伐，以至于佛教虽然早在公元前6世纪即已创立，但藏区得睹佛教法物、得闻佛教义理则是很晚以后的事了。比较确切的说法是，在松赞干布五世祖拉托托日年赞的时候，有佛经数部和金质佛塔一尊降在该王所居住的宫殿顶上，但由于当时吐蕃社会相关精神条件不成熟，无人能解其详，故称之为“年布桑瓦”（意为“玄秘灵物”）而供奉起来，是为藏区初现佛教踪迹。

佛教正式传入藏区，是在吐蕃赞普松赞干布（活动于公元7世纪上半叶）时。当时国祚初定，社会面临转型，新气象扑面而来。为了给吐蕃文化输入新养分，松赞干布先后与尼泊尔赤尊公主和汉地文成公主缔结姻缘，二位公主则分别带来了不动金刚佛像和释迦牟尼佛12岁等身像。为供奉之，吐蕃先后建造了大昭寺和小昭寺。

出于传译佛法的需要，松赞干布派吞弥·桑布扎去印度学习文字，学成归来后结合藏语发音实际创制了藏文，并以之翻译了《宝云经》《白莲花经》《百拜忏悔经》《华严经》《十善经》等。为导民向善，据说松赞干布还以佛教戒律为依据，制订了规范属民行为的“十善法规”。

佛法僧三宝具足

佛教在藏区真正建立，是在赤松德赞居于赞普大位的8世纪下半叶。赤松德赞传为唐朝金城公主和吐蕃赞普梅阿聪之子，受父母对佛教热忱的感染，他决心挑战本教势力。在当时的情势下，向周边地区佛教借势是唯一可行之途。他派桑希赴汉地求取佛经，又派巴赛囊到印度迎请佛学大师寂护来藏弘法，但均遭遇本教势力强烈抵制。

寂护于是推荐了莲花生。法术高超的莲花生收服了许多本教神灵充任佛教护法，而寂护也因得其协助于8世纪六七十年代建起了藏传佛教史上极为重要的桑耶寺，标志着藏区有了第一座真正的寺院。

与此同时，赤松德赞又极力促成僧伽的建立。但为慎重起见，先以包括巴赛囊和毗卢遮那在内的7人考验蕃人秉性是否合于佛法，待成功后再推而广之，此7人即得名“预试七人”，标志着藏区出现第一批僧人。

至此，佛教在藏区才佛法僧三宝具足，得以正式建立。寂护、莲花生和赤松德赞因为相辅相成力促佛教扎根吐蕃有功，藏传佛教史传合称之“师君三尊”。其中，莲花生尤其地位尊崇，不仅宁玛派视之为开山祖师，其他教派也很重视他。

渐悟还是顿悟？

在佛教取得相对于本教优势的同时，佛教内部又起了争执，此即对藏传佛教发展影响至深的“顿渐之争”，

蓬勃的译经事业

随着佛教的传入，藏文化中出现了绵延几近千年之久的翻译事业。早在松赞干布时代，为了传译佛法，结合印度文字和藏语发音实际创制了藏文，翻译了大量佛经。赤德松赞时总结佛经翻译得失，厘定佛经译语，汇集新定译语形成《翻译名义大集》，实质上相当于一部梵藏词典。赤祖德赞时以此为基础，将吐蕃译经事业推向高潮，先后编订了三部佛经目录：《丹噶目录》《秦普目录》和《滂塘目录》。

翻译佛经的过程中，产生了大批杰出的“罗扎哇”（译师）。就前弘期而言，吞弥·桑布扎无疑是罗扎哇中第一人，自其以降，声名卓著的有“九大译师”。早期三译师中以毗卢遮那最为重要；中期三译师译著保留最多的是玛仁钦乔；而要论在佛经翻译史上贡献最显著的，则是后期三译师，即：以翻译经藏为主的尚益希德（汉语界也经常意译为“智军”），以翻译律藏为主的觉茹伦坚赞，以翻译论藏为主的噶瓦贝泽。

以上皆为从梵译藏者，此外还有从汉译藏者，其中水平最高的当数管却珠（汉语文献也有将其音意兼顾译为“管法成”者）。却珠同时还有从藏译汉和从梵译汉的实践，是罗扎哇群体中当之无愧的多面手。

时在公元8世纪90年代。原来，藏区弘传佛法的队伍有来自印度与来自汉地之别：前者传法以寂护的中观见和次第成佛法门为重点；后者以摩诃衍那所秉持禅宗顿悟法门为重点。顿悟之法便捷易行，吸引了不少信徒，其中包括部分寂护原先的追随者。寂护一派转请赤松德赞主持公道，要求以辩论决高下。代表寂护派参辩的是其弟子莲花戒，他获得了辩论的胜利，他的代表性著作《修行次第初中后三编》也成为此后被屡加援引的经典。

藏文史传将有功于佛教的松赞干布、赤松德赞、赤祖德赞合称为"祖孙三法王"。赤祖德赞因极度崇佛遭到崇本大臣嫉恨，因而被弑，其继任者即吐蕃末代赞普达玛吾东赞上台伊始就对佛教进行清算，佛教因此遭遇重创，藏传佛教前弘期至此结束，时在公元9世纪40年代。

开启复兴之路

达玛吾东赞灭佛，换来的是佛教信徒贝其多吉对他的弑杀，雪域高原由此陷入持续的动荡之中，群龙无首的吐蕃社会宛如圆镜坠地，霎时裂成大小不等的诸多碎片。久乱之下，人心思治，佛教成为社会破镜重圆的理想黏合剂。时在公元10世纪70年代，以鲁梅楚臣喜饶为代表的卫藏十人到佛法尚存的安多地方从贡巴饶赛等人处受戒学法，学成之后将其传入滞留在精神饥荒中的卫藏地方，史称"下路复兴""下路弘法"。

几乎与此同时，偏居阿里一带的吐蕃王室后裔益希沃派人到印度去学习佛法，其代表性人物是仁钦桑布（958—1055，即大译师）和雷必喜饶（即小译师），二人译著宏富，仁钦桑布所译更是将藏译密法提高到了与显宗相结合的高度，自其之后的藏译密法就被称为"新密"，此前的则被称为"旧密"。

此外，益希沃还派巴擦尼玛扎到印度迎请阿底峡大师（982—1054）来藏弘法。阿底峡于1042年到达阿里，以一部《菩提道灯论》高度概括全盘佛法，开启了藏传佛教史上的一个新时代，史称"上路复兴""上路弘法"。

上下两路弘法队伍东进西出，拉开藏传佛教后弘期帷幕，造就了传承并出、教派互映的崭新景象。

吐蕃三法王唐卡，松赞干布居中，赤松德赞和赤祖德赞分列左右

藏传佛教的教派

宁玛派。“宁玛”有“古”和“旧”双重含义，“古”是说其源自前弘期莲花生，较藏传佛教其他教派起源要早；“旧”是说其所弘教法以前弘期旧译为主。因其僧侣通常戴红帽，故汉语界俗称其为“红教”。达玛吾东赞灭佛之后，佛法在卫藏一带以家庭内部父业子承的方式零散而秘密地传播着，到了11世纪“三素尔”（素尔家族的三个人）时期，旧密才得以系统化，其传承者也才有了像样的僧伽组织，宁玛派由此正式成形。因其传法所依文献来源之不同，宁玛派可分为经典传承和伏藏传承。三素尔所传属于经典传承，传承至14世纪出了号称“雪域三文殊”之一的大学者隆钦饶绛巴（1308—1364），所著《龙钦七宝藏》乃宁玛派寺院的必读经典。伏藏传承约起自12世纪中叶，始有上部和下部之别，到16世纪又有南藏和北藏的不同。宁玛派寺院所供奉者，以密法生起次第八大本尊或称“八大法行”最具特色，包括文殊身、莲花语、真实意、甘露功德和金刚橛这出世间五部，以及差遣非人、猛咒诅詈和供赞世神这世间三部。

噶当派。“噶”指佛的言教，“当”意为教授、指示，“噶”“当”合称，是说但凡佛的言教皆是对众生修行的指导。这种思想出自阿底峡，其弟子仲敦巴（1005—1064）秉承师志护持信众，于11世纪50年代创立了噶当派。仲敦巴弟子众多，其中最著名的是博多瓦（1031—1105）、京俄瓦（1038—1103）和普琼瓦（1031—1106）“三兄弟”，博多瓦创立了噶当教典派，京俄瓦创立了噶当教授派。教典派经常讲习的佛典是所谓《噶当六论》；教授派有著名的大乘修心法门，以朗日塘巴（1054—1123）《修心八颂》和恰喀巴（1101—1175）《修心七义》为代表。此外，还有称为噶当要门派者，是指阿底峡师徒间的秘密传承，其实就是噶当派所传密法，保存在著名的《噶当经卷》中，其本尊包括释迦佛、观音菩萨、度母和不动明王，即“噶当四尊”。后起的格鲁派全盘继承了噶当派传统，噶当派作为一个宗派不复单独存在。

噶举派。“噶举”意为“口传”，即口耳相传。具体而言，此处的口传是指佛教密法中从金刚持传至帝洛巴和那若巴的教授。因其修法者通常着一袭白衣，故汉语文献俗称其为“白教”。噶举派初有香巴噶举和塔波噶举之别，前者于15世纪中辍，今日所流传者系后者法脉。塔波噶举教法在藏区的源头系山南洛扎地方的玛尔巴大师（1012—1097）和其弟子米拉日巴（1040—1123）。米拉日巴在藏传佛教史上声名卓著，被视为苦修典范而传诵至今。米拉日巴的弟子塔波拉杰（1079—1153）将其师教法和噶当派教法加以融合，以《解脱宝庄严论》立派，正式创立塔波噶举。塔波噶举法嗣支派众多，有所谓“四大八小”之说。“四大”指由塔波四位弟子分别创立的噶玛噶举、蔡巴噶举、拔绒噶举和帕竹噶举；“八小”是指复由帕竹噶举繁衍出的八个支派，即：直贡、达垄、竹巴、雅桑、绰普、修赛、叶巴、玛仓。噶玛噶举创自都松钦巴（1110—1193），其传人噶玛拔希（1204—1283）发誓会乘愿再来，后来由噶玛拔希的弟子觅得转世攘迥多吉（1284—1339），是为藏传佛教史上第一位活佛，并将其在藏地的精神源头追溯至都松钦巴，都松钦巴遂成为第一世噶玛巴活佛，噶玛拔希成为第二世噶玛巴，攘迥多吉则成为第三世噶玛巴。由于噶玛拔希曾得到元宪宗蒙哥所赐金边黑帽一顶，该系活佛也被称为黑帽系活佛。至第五世德银协巴（1384—1415），被明永乐帝赐封为“大宝法王”，该系活佛遂以大宝法王名世。帕竹噶举创自帕木竹巴（1110—1170），是14世纪中叶至15世纪中叶称雄西藏地方的最主要的政治势力。

萨迦派。“萨”指土壤，“迦”意为“灰白色”，因其祖寺建于有灰壤之处，故名。因其寺院墙壁通常饰以分别象征文殊、观音和金刚手的红白黑三色，故汉语文献俗称其为“花教”。该派教法最初由昆氏家族的昆乔杰布（1034—1102）得自卓弥译师（994—1078），后递次相传，有所谓“萨迦五祖”。其中前三位为俗家身，又称“白衣三祖”；后两位系出家身，称为“红衣二祖”，即大名鼎鼎的萨迦班智达和八思巴两位。萨迦班智达，“雪域三文殊”之一，是藏民族当中第一位拥有“班智达”（梵语音译，大学者）称号者。其重要著作《三律仪论》评析了印藏佛教各派理论短长；《量理宝藏论》建立了具有藏族特色的佛教认识论和逻辑体系；《萨迦格言》系藏族社会从政做人的重要道德训诫书。萨迦班智达还是西藏地方纳入祖国版图的直接推动者，其历史功勋彪炳千秋。八思巴（1235—1280），本名罗追坚赞，系萨班侄子，少年早慧，曾奉忽必烈之命创制蒙古新字，乃有元一代第一位帝师。为保证法脉绵延，萨迦派采用了玉托喇章（喇嘛私人府邸）、父子承续的方式。14世纪下半叶，萨迦派出了一位在藏传佛教中观学传承方面承前启后的人物，即仁达瓦（1349—1412），他光大了中观应成见在藏地的影响，并在显教方面给予格鲁派祖师宗喀巴大师诸多教诲。15世纪初，萨迦派高僧昆泽思巴（1349—1425）被明朝永乐帝赐封为“大乘法王”。萨迦派在密教方面有三个支派，即：翱尔派、贡嘎派和擦尔派。

觉囊派。“觉囊”系“觉摩囊”之简称，乃今日喀则拉孜县境内一地名，该派祖寺建于此地，故名。该派独特的见地源自裕摩米觉多吉（11世纪人），到其七传弟子笃布巴（1292—1361），觉囊派方才真正兴旺起来。笃布巴重要著作《山法了义海论》和《第四结集》是对觉囊派见地所具正当性的据理力争，奠定了该派的教法基础。觉囊派重视对“时轮”法的讲授传习，所持“他空见”的见解颇受藏传佛教界诟病，但又始终传承不辍，令人叹服。

其他教派。在藏传佛教的精神天穹，既有大教派持久的恒星闪耀，也有小教派短暂的流星光华。唯其生命短暂，燃烧的片刻流星才会别样璀璨；即便行程匆促，拼搏的刹那流星也会各具品格。五度入藏、相机教化的帕当巴桑杰（？—1182）繁衍出希解派和绝域派。“希解”，意为“能寂”（对应于“所寂”），也就是能寂灭烦恼的意思，具体来说，就是以广中略三部《般若经》作为实修之门径，通过般若而出离轮回；“绝域”，意为“断境”，也就是断除对对象的执著，具体来说，就是以悲智二者斩断对自我和外在的贪恋，从而消除生死烦恼根源。绝域复有“珀绝”（即男传绝域）和“摩绝”（即女传绝域）的不同，前者是传给麻热塞布的，后者是传给勒准玛的。由于布顿（1290—1364）大师的恩泽，藏传佛教史上还曾出现过一个名叫“夏鲁派”的小派别。布顿对佛典涉猎甚广，著述几乎涵盖了佛学各个侧面，一部《善逝教法史》向来为人称道，而尤其让人赞誉有加的，是他审定了藏文大藏经《甘珠尔》部分，并编订了《甘珠尔》目录，为藏译佛典的有效利用和传承打下了坚实的基础。由于布顿曾执掌过后藏的夏鲁寺，故其门人弟子便有夏鲁派之名。此外，拜博东·乔列郎杰大师所赐，藏传佛教的园地中也曾出现过叫作“博东派”的小派别。与布顿相类，博东·乔列郎杰亦学识渊博、著述宏富，尤其擅长词章之学，因其出身于博东埃经院，故而世间遂以“博东班钦”（博东大学者）来称呼他，而其后学形成的派别亦以“博东”命名。

释迦牟尼佛石像，约公元7世纪，高32厘米，属于典型的印度笈多风格的造像，现藏于布达拉宫管理处

金光朗朗照雪域：宗喀巴大师与格鲁派

格鲁派逐渐坐上藏传佛教诸教派头把交椅

担负重振僧纪的历史使命

对于以出世为标榜、以救世为情怀的宗教，世俗化从来都是一个困惑和考验：不贴近世俗，救世似乎就不得其门而入；太贴近世俗，出世似乎又受到了羁绊。萨迦派在这个问题上就栽了大跟头。被元中央政府宠坏的萨迦派，欲望之炽烈、行为之不检时时令常人"望尘莫及"，藏传佛教僧纲戒律因之腐化，僧尼道德形象因之江河日下，千夫所指之处，重振藏传佛教诚信、开辟藏传佛教未来的重任摆在了各位硕学大德面前。此时，一位被赞誉为"第二佛陀"的高僧勇敢地走上前台，义不容辞地担负起了为藏传佛教导航定向的历史使命，他，就是宗喀巴大师！

宗喀巴（1357—1419），今青海湟中（藏语谓"宗喀"）人，法名罗桑扎巴。最初师从当地噶当派僧人顿珠仁青学习语文和佛经，历时凡10载。为求学业突破，16岁时前往卫藏，孰料从此一去不返，就连面对老母的思念之苦他也仅仅托人捎带个人画像一帧回乡慰藉而已，其追求佛法意志之坚由此可见。怀着对佛法的赤诚，宗喀巴不分教派遍访名师，在仁达瓦等大德的耳提面命之下，闻思修环环相扣，教证水平蒸蒸日上。约在1388年冬，来到卫藏已经16载的宗喀巴戴起了黄色尖顶的"班霞"（班智达帽，通人冠）。此前，于后弘期之初为藏传佛教再续律统的贡巴饶赛和释迦室利跋陀罗（1127—1225）都曾戴过该形制的帽子。宗喀巴大师重拾先贤历史遗风，表明了其重振藏传佛教界僧纪的雄心。

格鲁派僧人戴着标志性的黄帽子（图/李眈）

但要光大佛教事业，眼睛不能只盯着佛教圈子，还必须与世俗社会良性互动。所以，在1394年他38岁的时候，宗喀巴大师揭开了向世俗社会借力的序幕：先是劝化一位宗本（地方官）为重修精奇寺出力，而后是与当时西藏地方最大的政教势力帕竹政权缔结法缘情谊，终于在时任帕竹第悉（首领）扎巴坚赞（1374—1432）的支持下，于1409年在拉萨举办了影响深远的"摩朗钦莫"（祈愿大法会）。宗喀巴藏传佛教领袖的地位由此奠定。影响所及，其弟子释迦也失（1354—1435）于15世纪初被明朝永乐帝赐封为"大慈法王"。

创建格鲁派

真正的佛学家，不应只是佛法的采撷者，还应是佛理的酿造者，他应在博学多闻的基础上独出机杼，形成属于自己的佛学体系。在漫长而艰辛的学法生涯中，宗喀巴大师对戒律的根基性作用有了充分认知；对中观应成见深刻的内涵多有会心；而在对全体佛法的组织方面，以先贤卓隆巴两部著述为代表的噶当"道次第"

尤其深契彼心。以此为侧重，宗喀巴大师陆续撰写出了包括《比丘学处》（讲戒律的）、《正理海疏》（《中论》注释）、《善显密意疏》（中观大家月称《入中论》注释）、《善说藏论》（明辨佛教了义与不了义的）、《菩提道次第广论》和《密宗道次第广论》等一大批论典，搭建起了自己的佛学体系。

在此基础上，趁着主持祈愿大法会所塑造的声望，以甘丹寺建立为标志，宗喀巴大师创立了一个寄托着他改革理想的崭新教派——格鲁派。

一开始的时候，因其祖寺之故，格鲁派被称作“甘丹派”，后简化音变为“格鲁派”，意为“善规派”，这实际上正传达出创教者宗喀巴大师对戒律的重视，以及信众对本派恪守戒律形象的认可。由于和噶当派志同道合，格鲁派也被称为“新噶当派”。基于其僧侣追随宗喀巴大师遗风而冠戴黄帽，故汉语文献俗称该派为“黄教”。

达赖、班禅两大活佛系统定型

因为没有认同障碍，老噶当派纷纷向格鲁派靠拢，格鲁派得以迅速壮大。结果诱发噶玛噶举派等政教势力的忌惮，屡屡压制格鲁派活动空间，曾经一度还禁止格鲁派僧人参加每年的祈愿大法会。

备感生存压力的格鲁派北上寻求青海蒙古族地方游牧势力的帮助，格鲁派僧人索南嘉措（1543—1588）于1578年和蒙古首领俺答汗（1507—1581）在青海湖畔进行历史性的会晤。其间，俺答汗赠索南嘉措“圣识一切瓦齐尔达喇达赖喇嘛”（“识一切”即“一切智”，谓佛学显教水平之高；“瓦齐尔达喇”系梵语“金刚持”之音译，谓密教水平之高；“达赖”系蒙古语“大海”之意）的称号。之后，由索南嘉措往前追认根敦嘉措为第二世达赖喇嘛，宗喀巴大师的弟子根敦珠巴为第一世达赖

塔尔寺是格鲁派（黄教）六大寺院之一，位于青海西宁湟中县。塔尔寺又名塔儿寺，得名于大金瓦寺内为纪念黄教创始人宗喀巴而建的大银塔（图/视觉中国）

象牙法鼓，清乾隆四十五年（1780）农历七月，六世班禅额尔德尼祝贺乾隆皇帝七十寿辰的贺礼

喇嘛，索南嘉措本人即成为第三世达赖喇嘛，达赖喇嘛活佛世系由此形成。而因为蒙古势力的支持，格鲁派也暂时立稳了脚跟。

17世纪上半叶，满族军事力量在白山黑水间厉兵秣马，蓄势待发，中原明王朝山雨欲来。几乎与此同时，格鲁派再度处在生存危机当中，盘踞后藏、支持噶玛噶举派的丹迥旺布即藏巴汗（1606—1642）父子一度控制了拉萨周边地区，几番劫掠格鲁派寺产，还企图将年幼的达赖喇嘛驱逐到青海。当此之际，罗桑·确吉坚赞（1567—1662，即四世班禅大师）身为格鲁派主心骨，派人求助游牧天山南麓的和硕特蒙古固始汗（1582—1654），格鲁派形势由此向好。1645年，已经控制了整个西藏的固始汗将罗桑·确吉坚赞敬称为“班禅博克多”（“班”系梵语“班智达”首音节，“禅”系藏语“大”的意思，“博克多”系蒙语对智勇兼备者的尊称），从此始有“班禅”称号。根据后来的追认，罗桑·确吉坚赞成为四世班禅，第一世则为宗喀巴大师的弟子克珠杰（1385—1483）。

由于固始汗与清政权早有联络，格鲁派便以他为桥梁，在满人关前便与新生的清王朝建立了关系。1652年，五世达赖喇嘛（1617—1682）应邀觐京，顺治帝封其为“西天大善自在佛所领天下释教普通瓦赤喇怛喇达赖喇嘛”（“普通”即“识一切”；“瓦赤喇怛喇”即“瓦齐尔达喇”），格鲁派地位从此直线上升；1713年康熙帝封五世班禅（1663—1737）为“班禅额尔德尼”（“额尔德尼”系满语“宝贝”之意），格鲁派两大活佛系统并峙格局定型。

1751年，七世达赖喇嘛被中央政府任命为政教合一的西藏地方政府首领，格鲁派正式成为严格意义上的“执政派”，毫无悬念地坐上了藏传佛教诸教派头把交椅的位子。

“佛耶之争”——东西方思潮在高原对击

格鲁派在雪域高原逐步站稳脚跟的过程中，还曾数度与天主教发生遭遇。

受15世纪大航海的刺激，在瑰丽的异域想象和炽烈的传教热忱双重助推之下，以印度次大陆为桥头堡的天主教士，再也无法抑制对闭锁在亚洲腹地的藏区传播“福音”的冲动。1624年7月，葡萄牙人安多德和马克斯翻越喜马拉雅山出现在古格王国首府扎让。彼时古格王国政教关系不协，国王排斥王国内格鲁派势力意图外露，大幅挤压格鲁派生存空间，天主教势力刚好见缝插针，于1626年8月在当地建起一座天主教堂，并恃国王之恩宠与格鲁派僧人辩论教义是非。绝地反击的格鲁派僧侣借力崇奉藏传佛教的拉达克国王，于1630年推翻了古格国王，荡平了天主教教堂，格鲁派僧侣取得了“佛耶之争”的首场胜利。

自17世纪60年代以来，数批西方传教势力又先后深入藏族圣城拉萨，其中意大利人德西德里和奥拉济奥的活动最有成效。他们于1716年进入拉萨，成为在圣城活动的第三拨西方人。德西德里在拉萨生活了6年，为了用藏文批驳藏传佛教、宣扬天主教，他学习了藏语文，并企图通过缔结良好的私人关系规劝当时盘踞拉萨的蒙古拉藏汗（固始汗曾孙）改宗天主。在他的努力之下，拉藏汗已同意让他和格鲁派僧侣进行教义辩论，但后因拉藏汉被蒙古准噶尔部击杀，辩论遂胎死腹中，佛耶之争在达到白热化之前戛然而止。

灯火连天敬圣哲

藏民族将高僧大德置于民族历史记忆的中心位置，表现在文献典籍层面就是王统史不如教法史那般发达，表现在社会活动层面就是文臣武将不如活佛上师那般受到敬仰。不可计数的被敬仰者当中，宗喀巴大师是当之无愧的顶严翘楚，一年一度的燃灯节绵延几近六百年便是最好的证明。

燃灯节，藏语称之为“甘丹昂却”，或简称为“昂却”，意为“五供”，因为于藏历每年十月二十五日宗喀巴大师示寂纪念日举行，故名。节日适逢深冬，却挡不住广大僧俗爱戴圣哲的热忱，他们总是提前数日就置办用于供奉的酥油灯。而到了节日当天，不论寺院俗家，甫一入夜就竞相点燃酥油灯盏，于是乎，佛堂内外，阶畔窗沿，屋顶墙巅，无不一派灯火光明。放眼望去，疑是繁星落雪域，更似莲花耀佛土，但见信仰之光映亮茫茫天穹的黢黑暗蓝，恰如圣者卓尔的智慧照彻凡俗混沌的人生，纷扰的心思因此安宁通透。这浩浩汤汤的信仰大典，既是对宗喀巴大师的缅怀，又何尝不是对宗喀巴大师的赞美?

灯供的同时，僧俗信众往往口中念念有词，款款吟诵六字真言“唵嘛呢叭咪吽”，掀起的声浪穿堂入室，盈街绕巷，让灯火更其灿烂，让信仰更其深湛。礼佛祈福的桑烟也开始婷婷袅袅，心情随之变得芬芳起来；煨桑炉中的火光与酥油灯的火光交相辉映，一生一世的前景变得明朗起来。由灯火和声浪编织的宗教音画当中，转经的人们格外生动鲜活，他们鱼贯而行，旋绕不已，而如恒星牵引行星般吸引他们旋绕的，正是宗喀巴大师这位襟怀慈悲、荫护一方的人间菩萨。

圣哲有圣哲的高深，圣哲也有圣哲的浅近。据说宗喀巴大师驻世时，喜欢受用“吐巴”面粥，流传下来，在燃灯节纪念大师的这天，许多人会以吃“吐巴”的形式来贴近大师，犒劳自己。神圣的燃灯节，就这样通过一份美餐拉近了圣哲和凡俗的距离，充分体现了藏传佛教不离世俗、融入生活的人间品格。

燃灯节，一个属于黑夜的节日，却年复一年讲述着光明的故事。

虔心点燃酥油灯的信徒（图/郑宪章）

内清异见，外铲本教

在与主要竞争对手噶玛噶举派势力的对决中日益占据上风之后，格鲁派开始从内外两个方向为藏传佛教“清理门户”。

在藏传佛教内部，格鲁派几乎将觉囊派的“他空见”视同异端邪说而加以压制。生前因为学问卓著和引领觉囊派中兴而风光一时的名僧多罗那他（约1575—1634），其身后于漠北蒙古的转世即哲布尊丹巴一世，却不得不接受五世达赖喇嘛改宗格鲁派的要求。多罗那他创建于1614年的达丹彭措林也被迫改宗易名，变为格鲁派麾下的甘丹彭措林，并导致前后藏觉囊派寺院集体改换门庭。而那些宁愿守持觉囊派宗风者，唯有远离风暴眼，在安多的深山险壑中顽强生存，勉力留住觉囊派的一线法脉。

在藏传佛教外部，身为“外道”的本教命运多舛，再次面临来自佛教的冲击，而雪上加霜的是，这次站在对面的，系后来居上、更具雄心的格鲁派。它不以驱逐卫藏地区的本教势力为满足，就连世居康区和安多的本教群体也被视为障碍。1640年，格鲁派联合固始汗剪除了康区本教的中流砥柱白利土司顿月多吉，为格鲁派在康区的发展铺平了道路。1740年代和1770年代，清朝中央政府两次用兵本教传统深植的今四川阿坝大小金川一带，最终摧毁了颇具象征意义的本教大寺雍仲拉顶，格鲁派势力乘机深入该地区，并借中央政府之力在雍仲拉顶废墟上建起了隶属格鲁派的广法寺，强势宣告了这方本教热土宗教地理的山河巨变。

格鲁派当然也不是逢旧必反，为了招徕普通信众，其他教派行之卓有收效的制度譬如活佛转世制度，它就坦然地为我所用。因为能够扬长避短，所以其走势就如白分之月，日渐一日趋向圆满，自1750年代起左右了西藏乃至整个藏区200余年间的历史进程。

位于四川阿坝金川县安宁乡末末扎村的雍仲拉顶—广法寺，原为本教在嘉绒地区的重寺，1776年被乾隆敕准拆毁原寺，在此基础上建造了格鲁派寺院广法寺

冰雪消融，遍地生莲

随着内忧外患渐渐冰消雪融，格鲁派开始走出天寒地冻的窘迫，步步迎来云淡风轻、徐图发展的从容。这从容固然先有赖于蒙古势力的帮助，后建基于清朝中央政府的扶持，但帮助和扶持不足以维持恒久的风光，唯有自强自立才能缔造出真正远大的前程。

与以昆氏家族为核心的萨迦派和以朗氏家族为核心的帕竹噶举派不同，来自安多边地的宗喀巴大师是真正的外乡人，在作为佛法中心的卫藏地区没有本土家族势力的根基，这反而使格鲁派从一开始就打破了家族血缘的桎梏和坐镇一方的狭隘，以十方丛林的开阔胸襟广延各路僧才，以系统完备的经院教育成就佛门龙象，为道统绵延不辍和宗风发扬光大提供了最好保障。特别是，一些在卫藏饱浸佛法甘露的格鲁大德，本着“从哪里来到哪里去”的情怀，将格鲁派火种带回桑梓，使得格鲁派能够在藏区遍地生莲开花。

其中堪为典范者，安多有嘉木样协巴大师（1648—1721），康北有霍尔名僧却吉昂翁彭措。前者于1709年建造了安多最大的格鲁派寺庙拉卜楞寺，在远离佛法“首善之地”拉萨的安多地方造就了一座崇高的佛学殿堂；后者自1655年起，在康北德格、甘孜、炉霍和道孚等地建起了包括更萨寺、甘孜寺和桑珠寺等在内的所谓“霍尔十三寺”，流风所及，康东、康南诸多佛寺也投入了格鲁派阵营。

“卫藏的法，康区的人，安多的马”，一语道出了卫藏在藏区宗教世界的中心地位。但历经数百上千年法雨的润泽，藏区已造就了“一条山沟一座白塔，一处村落一座寺庙”的佛教胜景。此时，边地不再是边地，安多和康区的地方意识发育成熟，地方自豪感也变得坚挺了。加上附近游牧兄弟民族的穿针引线，藏文化边地作为民族间文化交流前沿的潜力反而得到充分释放，一些新风气和新观念由是诞生，并从边地传向中心。对于中心，这既是一种回馈，更是一种挽救和再生。

安多地方较早出现了一批具有比较视野的学僧，青海佑宁寺的松巴活佛益西班觉（1704—1788）、章嘉活佛汝贝多吉（1717—1786）、土观活佛洛桑却吉尼玛（1737—1802）三位高僧堪称杰出代表。18世纪的藏文化圈，佛教文化高度发达，许多文化精英深陷在经院主义的自我陶醉中而无意他顾，“佑宁三杰”则打开了一扇宝贵的气窗，让异文明的风潮催动了雪域高原凝滞的时光。

在历史的十字路口徘徊

近世以来，西方殖民势力在世界范围内泛滥，枪炮交加的武力欺凌是它惯用的推销策略，对此，就连自然环境排他性很高的雪域高原也不能幸免。1888年和1903、1904年之交，英国殖民势力两度对藏传佛教信徒炫耀了他们草菅人命的热兵器。面对它散发出的浓烈的物质主义气息，高度重视精神修炼的藏传佛教能否走出文化不适的漩涡？西方人文精神和学术规范搭上其强权的便车在世界范围内扩散流传，藏传佛教界有无与其接轨的现实可能性？烈烈西风影响着拉萨对中央的态度，藏传佛教还能否扮演其作为文化黏合剂的历史角色，继续起到维系二者传统关系的关键性作用？循着这些时代难题的因果链条，藏传佛教展示了它在政治和文化担当方面的优长与缺陷。

十三世达赖喇嘛（1876—1933）是矗立在藏传佛教传统和现代十字路口的焦点人物。身处西藏地方政府首领大位，他更为强烈地感受到了西方武力入侵带来的屈辱，也更为迫切地体会到了带领藏民族走向现代的必要。所以从1913年始，他便在西藏推行了一系列新政，包括创建新式军队，设置警察力量，开办电厂，建立邮政，促进医疗、教育等，并取得了一定成绩。这说明，藏传佛教笼罩下的藏区社会，以宗教身份为依托的政治强力人物，可以通过一己执意而为社会变革打开缺口。

但是，藏传佛教同时也为变革设定了种种限制。宗教等级制和宗教核心人物的终身制使得变革成功主要依靠个人的偏好和坚持，一旦核心人物想法有变，变革就会付之东流；社会中坚阶层的僧侣化和社会经济的宗教中心主义，造就了一个不事稼穑、人数庞大的食利阶层，形成了对社会资源的畸形占

甘丹寺（图/视觉中国）
位于拉萨达孜县境内拉萨河南岸海拔3800米的旺波日山上。旺波日山犹如一头卧伏的巨象，驮载着布满山坳、规模庞大的建筑群。寺庙傍山而立，群楼重叠，巍峨壮观，充分体现出传统藏传佛教寺院建筑因地制宜的特色。
甘丹寺是格鲁派六大寺中地位最特殊的一座，由宗喀巴于1409年亲自筹建，是格鲁教派的祖寺

用，使得宗教以外领域的发展从人力和财力上都得不到充分保证。这两点在十三世达赖喇嘛新政推行过程中均有反映。因为十三世达赖喇嘛想法前后不同，导致新政收效不大、无疾而终。1921年初，当十三世达赖喇嘛接受英人柏尔扩编藏军的计划导致加征赋税，拉萨三大寺僧侣便借暴动予以反对。

与藏传佛教在宏观上限制了藏族社会的历史转型相一致，它在微观上也约束了藏族精英个体精神的创新求变。僧伽内部严格的等级制度和信仰实践中上师即佛的独特逻辑，造成下层对上层的宗教委身和弟子对上师的依附性人格所在皆是，而特立独行、开辟新境者则百不一见，有之，也往往艰辛备历、命运坎坷。格鲁派名僧根敦群培（1903—1951）追求现代学术却夭折而终的一生就是它十分刺目的注脚。

藏汉佛教界的双向交流

尽管在一定程度上限制了藏族传统社会的现代转型和藏族精英阶层人文精神的舒展，但在世界格局大改组、中华古国风雨飘摇、西藏地方与中央关系举步维艰的历史背景之下，藏传佛教却接通了藏区与中央之间的一线情感通道，架起了藏文明与中原文明之间的情谊桥梁，为整个中国社会最终度过近代政治危机发挥了不可替代的作用。

历史上藏传佛教也曾屡屡现身内地，但其传播和服务范围多以宫廷为面向，文化圈和民间社会知之识之者寥寥。1920年代以来，以格鲁派九世班禅大师（1883—1937）、喜饶嘉措大师（1884—1968）、阿旺朗吉堪布（1899—1969），宁玛派诺那活佛（1865—1936），以及噶举派贡嘎上师（1893—1957）等为代表的一批高僧大德，缔造了藏传佛教与内地汉文明之间的新型关系。他们或办佛学会，或深入高校授课讲座，或向数以万计的内地佛教徒传法灌顶，或为国家政治生活献策出力，在藏地与中央关系不畅、国家饱受内忧外患的动荡年代里，反而在内地掀起了一股不大不小的藏文化热，不仅深化了国人对藏文化和“西藏问题”的认识，也对彼时藏文化圈内部分人士对中央的离心倾向形成了牵制。与此同时，内地政教两界积极筹划，密切联动，成立了具有教学和交流双重职能的“汉藏教理院”，为藏传佛教在内地的传播起到了组织和保障的作用。

而以能海上师（1886—1967）和法尊法师（1902—1980）为代表的内地佛教学子也不畏山高路险，前赴后继到雪域高原求取佛法，既救济了亟待振兴的汉传佛教，也与藏传佛教界结下了师徒法缘情谊。

藏汉佛教界的这种双向互动，犹如一股持久的暖流，融化了西南边疆的冰雪，为迎来民族关系的春天铺平了道路。

超越教派门户之见的“利美运动”

教政势力紧密关联，极容易使教义上的门户之见变质为政治上的打压异己。到了晚近，藏区就迷失在这样的道德泥沼中而丧失了进步的方向。此时，边地康区应运而生了一批具有包容意识和综合精神的学僧，他们本着超越教派纷争的情怀，发起了影响深远的“利美”（意为“无宗派”）运动。运动之主旨在于，信徒毋须放弃本来的教派或修学重点，只需在等视所有教派上师和教义的前提下，依照一个传承修行下去，终会明白诸派殊途同归的道理。

运动由宁玛派的蒋扬钦哲旺波仁波切（1820—1892）、贝珠仁波切（1808—1889，有人按方言发音差异译作“华智”）、却吉林巴大师（1829—1870）、米旁仁波切（1846—1912），噶举派的蒋贡康楚仁波切（1813—1899，即工珠·云丹嘉措大师），萨迦派的罗德旺波大师（1847—1917），以及本教的夏咱扎西坚赞大师等诸位上师倡导和参与。除了高僧大德，运动还吸引了一些诗人、艺术家和医生等参与其中，因而具有超出宗教界的影响力，初步净化了当时藏区的精神环境，并在一定范围内尝试了由内耗向内聚转变的可能性，为藏文明后续发展进行了可贵的探索。

喜马拉雅聚神佛：精彩纷呈的义理与文献

藏族宗教发育出多种多样的教法，积累了卷帙浩繁的经典

兼容并蓄的义理体系

义理是宗教的魂魄，失去了它，某宗教也就失去了继续之为某宗教的基础。就藏族宗教而言，在其漫长的发育过程中，结构出了将不同教法连缀为整体的义理组织体系，显示出藏民族卓越的创造力。

无论本教还是佛教，面对自身发展过程中形成的不同流派及繁杂教义，如何处理和摆放相互间的关系显然是不容回避的问题。藏传佛教和本教二者的可贵之处在于，尽管不同流派和教义的传承者对本门本派难免抬爱有加，但对其他流派和教义却较少以非黑即白的绝对论一耙子打死，而是以派有侧重、教各有本的兼容论做层级式安排，将不同法门视作同一法体的不同分支，认为它们层级虽有高下，但皆有其适用对象和有效范围，不可断然废止。有赖于该理念，藏族宗教形成了高低错落、纵横相映的精神峰峦，一如卓尔特立的喜马拉雅高耸地球之巅，引人瞩目。

宁玛派和本教的“九乘”说就颇具代表性。

宁玛派的“九乘”说，藏文称“泰巴仁巴谷”，它将全盘佛法分别为九乘也即九个层次。具体而言，首先将佛法大别为显密二者，显教再分为声闻、缘觉和菩萨三乘，密教又分为外密三乘和内密三乘，外密三乘为事密（梵音为“格勒怛特罗”）、行密（梵音为“邬别怛特罗”）和瑜伽密（梵音为“瑜伽怛特罗”），内密三乘为大瑜伽（梵音为“摩诃瑜伽”）、随瑜伽（梵音为“阿努瑜伽”）和最极瑜伽（梵音为“阿底瑜伽”），显密共计为九乘。其中，最极瑜伽即宁玛派特法“大圆满”。显教三乘为化身佛释

显教“五部大论”

在对佛教的长期传习过程中，对于其中的显教部分，藏传佛教界形成了以般若、中观、量学、戒律和俱舍五科为侧重的教学和修习传统。具体而言，每科皆有据以展开的根本性经典，也有与之配套的辅助性经典，五部根本性经典就是所谓“五部大论”，藏文称之为“雄博迪昂”。

不同教派在对五科根本性和辅助性经典的认定和选用方面有所不同，格鲁派所奉行且得到较为普遍认可的五部根本性经典依次为：《现观庄严论》《入中论》《释量论》《戒经》和《俱舍论》。《现观庄严论》为藏传佛教中“弥勒五论”之首，其作者据说是弥勒，论按照境、行、果的修道阶次，以八品七十义高度概括诸般若经要旨。《入中论》是中观派大家月称的重要作品，以菩萨十地为框架，融深观、广行为一体，从修行的角度阐述了月称自己的中观见地。《释量论》系晚期量学大家法称对乃师陈那《集量论》的创造性解读，它立足量学实践，在认识论上采纳了小乘经部承认外境为有的观点，并专门设置“成量品”以证明佛为正量成就者和正理阐发者，从而坚固佛教徒对佛和佛理的信仰。《俱舍论》系瑜伽行派大家世亲尚在奉行小乘佛法时的著作，分门别类地介绍了万法的性相种类，详细解说了流转轮回和还灭解脱的因果法则，不仅是小乘说一切有部的重要典籍，也是整个佛教的基础性论典，对深入学习佛法十分有用。《戒经》系世亲弟子功德光对小乘“一切有部”戒律的独到概括，以求戒受戒、持戒奉行、犯戒还净等为次第，高度贴近戒律的实践程序，对僧尼行为规范有很强的指导意义。

“五部大论”皆以便于实修为侧重，体现了藏传佛教重视实践的特征；五部大论又兼及小乘说一切有部、小乘经量部、大乘中观派和大乘瑜伽行派等所谓佛教四大部的基本内容，因而一定程度上也传达了藏传显教的总体面貌。

迦摩尼所说，亦称集聚引导三乘，因此中主要以断除业因烦恼（也即“集聚”）来引领众生出离轮回；外密三乘为报身佛金刚萨埵所说，亦称苦行吠陀三乘，因此中所行沐浴、清洁等法门与吠陀师（婆罗门）之苦行相类似；内密三乘为法身佛普贤所说，亦称深密自在方便三乘，因运用此中方便，可毫无困难地强制成佛。

本教也有“九乘”说，为区别于宁玛派的“九乘说”，藏文称之为“本吉泰巴仁巴谷”。该说将本教所有教法分为三类九种：恰辛、囊辛、楚辛和斯辛为四因乘；格聂、畅松、阿噶和艾辛为四果乘；此外为殊胜大乘。恰辛为占卜术，囊辛为祭祀祈祷术，楚辛为驱遣诅咒术，斯辛为丧葬术，这四乘属于世间法门，包括了早期本教的主要教法，大都是一些外在仪轨之类。格聂字面意思为在家修行者或曰居士，相应地，畅松、阿噶和艾辛或相当于修证水平由浅入深的三类出家人，而作为四果乘，四者实际上应该指与这四类修行人相对应的法门；殊胜大乘指修成本古身者，相当于佛教中所谓成佛，对应于最高法门。上述五乘皆属于出世间法门，包括了后期本教或者说接受了佛教影响的本教教法，其内容侧重于精神修炼。

特色分明的招牌性教法

佛教在传入藏区之际，已经高度发展，其内含的教法潜力基本上悉数释放。在印度，经过历史洪流的淘洗，一种综合或曰“集学”的趋势开始抬头，密法在长期的隐而不彰之后变得流行，几乎成为佛教主流和大宗。与此同时，在中国内地，以“明心见性”为特征的禅宗横空出世，它一反天台宗、三论宗和华严宗等对繁琐义理的偏爱，高标简易法门，风靡一时，摩诃衍那前往藏区所传正是禅宗。藏传佛教以两家为源头，又调和两家，并

萨迦寺金刚法舞（图/张鹰）

长期与本教相纠缠，使其从一开始就带有自身独特的气质。后来，藏区不同的佛教势力更是以不同密法师承为依托，各抒己见，形成了教派特色分明的招牌性教法，为佛教法苑竖起一道藏传佛教景观带，引人留恋。

不落有无断常两边的“中观见”是佛教的世界观，也是佛教与其他宗教的重要分野所在，但佛教内不同宗派对其阐发各有侧重。藏传佛教界较早传达出中观思想内在丰富性的，是尚益希德所译《见解差别》，其中将中观区分为“经部行中观”和“瑜伽行中观”；到后弘期，随着对晚期中观派大家月称著作的译介，巴擦译师等人对中观见内部差异有了更深入的认识，复将中观区分为“自续”和“应成”两家。宗喀巴大师和后来的格鲁派诸公，都唯应成中观是尊。他派则不然，萨迦派的高然巴、释迦乔丹和达仓译师，噶举派的三世和八世大宝法王，宁玛派的米旁仁波切等，均对其颇有微辞。宁玛派还别开生面，对中观见做出了“外中观”和“内中观”的判分。

另外，诸如宁玛派特法大圆满，萨迦派特法道果法，噶举派特法大手印，格鲁派教法“圣道三要”，等等，都是个性鲜明、各具特色的教法。

而本教的教法则阶段性差异明显。斯巴本教时期，强调的主要是万物有灵论基础之上的丧葬、祈福、驱魔和施咒术一类。雍仲本教前期，出现一种二元对峙的世界起源说，认为世界出自五种原质，从中分别产生光卵和黑卵各一枚，从光卵又产生出现实世界和天神，从黑卵又产生出虚幻世界和魔鬼。许多本教仪式中的二元结构和神必胜魔的仪式指向，正是该观念的反映。而该观念投射到人类身上，便是善恶对立的伦理观，认为人生来就有善恶两种倾向，人的世间作为就是这两种力量之间的较量，但善终必胜恶。到雍仲本教后期，佛教影响日益强烈，本教遂发生由外到内的转向：从注重仪式和仰赖神灵的外在式宗教路径变为注重个人精神修为和境界提升的内在式宗教路径。

价值连城的宗教文献

在宗教精英长期的译述撰著过程中，藏族宗教界积累了大量宗教文献。佛教部分，除了由译自梵文（绝大多数）和汉文（少量）的经典汇集而成的、卷帙浩繁的藏文《大藏经》，充满神秘感的伏藏经典，还包括藏地大德自己撰述的、各呈其美的诸多文集等。在佛教影响之下，本教徒也搜集汇总本门文献形成了本经。以宗教文献为主体，藏民族形成了自己的书籍文化，藏文典籍俨然雪莲绽放一般，为世界书籍之林传送自己幽雅的芬芳。

作为藏传佛法和本教教法的物质载体，藏族传统经书展露出自己鲜明的个性，流传至今不易其容，不改其忱，从一个侧面示现了藏族宗教恒久的生机。

就其形制而言，藏族传统经书直接脱胎自印度的贝叶经，横长明显大于纵宽，诵经时上下翻动甚是方便。经书内里不乏佛菩萨造像插画，图文并茂，端庄典雅，堪称人类书文化领域的佳构。而庋藏于藏地庙堂经阁

静候花开——神秘的伏藏经典

伏藏经典系藏族宗教文献的一个特殊门类，专指为了保证法流不辍而藏之于山岩、水涯、密林等处的宗教经典和法器等。伏藏传统，较早的可追溯到莲花生大师。据说，由于某些法不适合于彼时弘传，莲师便将其藏匿起来，以待时机成熟之日，由有缘之人将其光大于人间。此后，又陆续有人藏匿法物于秘处，伏藏因此具备了一定的规模。在重见天日之前，与这些圣物朝夕相伴的，是所谓“岱达”（伏藏主），也就是守护伏藏的神灵。有它们守护左右，伏藏平安无虞。等待，静静地等待，如种子在土壤中等待发芽开花的美丽刹那到来。当独具慧眼的“岱敦”（掘藏师）随缘而来，伏藏就如春天的潮水漫上堤岸，为信仰的园地把新鲜的河泥送来。藏传佛教各派中，最重视伏藏且视之为教法重要来源的是宁玛派，本教也颇为重视对伏藏的汇集应用。

之中，由南亚语文特别是梵文书写的佛教原典，则无异于藏族传统经书的母胎。只不过，在现代藏学勃兴之前，该部分佛典非但外界不知其详，就连藏文化圈内人士也绝少有人知其内情。现代藏学的兴起改变了这种状况，尤其是国外研究者的热情传播感染到我国藏学研究人员之后，人们才惊异地发现，该部分经书不唯数量庞大，而且由于印度已无相关典藏，其文化价值更是巨大。鉴此，藏族社会内部有专家学者倡议，应该据此建立“中国贝叶经学”。不管该名称最终是否为藏学界乃至国际学术界所公认，但只就这些经书的文献价值和文化分量论，已足以使其成为藏文化圈内价值连城的传世古文献，必将对印藏佛教研究和印藏文化交流研究发挥不可替代的作用。

在长期的经书制作实践中，藏区范围内既形成了以纳塘印经院、德格印经院等为代表的经书制作中心，也形成了布达拉宫、哲蚌寺、萨迦寺、拉卜楞寺等藏经中心，其收藏和出版功能满足了藏族宗教界对于藏文经典的需求，从而在雪域大地造就了一批可圈可点的文化重镇，恒久维系了以藏族宗教为内核的藏族传统文化命脉，成为文化多元视野下世界宗教文化的重要板块，在人类社会神圣知识的天空熠熠生辉。

左、右图：德格印经院（图/视觉中国）

位于四川德格的萨迦派寺院更庆寺，始建于清雍正七年（1729），至今已有近290年的历史。印经院以兼容并蓄、版本良好、印刷考究闻名于世，而且也以其收藏各类印版的数量丰富、内容完备，在国内外享有盛誉，据说最多时藏有经版30多万块。印经院延请著名学者认真分类校勘定稿；定稿后，由精于藏文（楷体）书法的数十人缮写书版，并由几位学者核审；后由数百名经过培训、挑选出来的能工巧匠刻版；再由学者校对，经过4次反复校对，确认无误；又经过对经版的复杂细致的防腐、防裂等技术处理，一块经版才算制作完毕。每道工序都有严格的质量标准，规定十分细致、严密，完成的经版字迹清晰准确，经久不变

藏文《大藏经》的主要版本

藏文《大藏经》由《甘珠尔》和《丹珠尔》两大部分组成。“珠尔”为译文、译本之意；“甘”意为教导、教诲，此专指“佛所说”；“丹”意为讲解、宣扬，专指佛门大德对佛所说的阐发。

自松赞干布时期佛教经典藏译始，中经赤松德赞、赤德松赞和赤祖德赞的鼎力支持，藏译佛典有了相当的规模和积累，为后世藏文《大藏经》的汇集成册打下了坚实基础。至14世纪，纳塘寺堪布迥丹汝贝热智与其弟子卫巴罗塞将迄止彼时的藏译佛典编订为《甘珠尔》和《丹珠尔》，是为较早的藏文《大藏经》版本。14世纪中叶，蔡巴贡嘎多吉（1309—1364）主持完成了一部《甘珠尔》，为保证质量，请布顿大师做了审定，布顿大师还因此编制了第一部《甘珠尔》目录，《蔡巴甘珠尔》遂成为早期藏文《大藏经》中的权威版本。此后，藏文《甘珠尔》和《丹珠尔》又各出现了多种版本，其中15世纪初印行的永乐版《甘珠尔》是内地出现较早的藏文《大藏经》版本；18世纪30至40年代面世的德格版《甘珠尔》《丹珠尔》是后世流通最广的藏文《大藏经》版本；20世纪20至30年代由喜饶嘉措大师审定的拉萨版《甘珠尔》亦颇为通行；而17世纪80至90年代编订的北京版《甘珠尔》和18世纪20至30年代编订的北京版《丹珠尔》，经由日本人影印发行，成为近世于藏区之外流衍较广的藏文《大藏经》版本。

2011年5月，藏文《中华大藏经》以完整面貌问世，这是藏文《大藏经》的最新版本。早在1986年，多吉才旦、土登尼玛、季羡林和任继愈等诸先生就倡导整理出版藏文《中华大藏经》。中国藏学研究中心遂于1987年5月组建了“大藏经对勘局”，主导藏文《中华大藏经》的整理出版工作。是次对勘，《甘珠尔》部分以8种木刻版为底本，《丹珠尔》部分以4种木刻版为底本，具体实施过程，核对细致，工序严密，造就了堪称善本的232卷藏文《中华大藏经》，20余载艰辛终结善果。此藏文《中华大藏经》与1997年面世的汉文《中华大藏经》双峰互映，构成了完整的《中华大藏经》，实为佛教发展历程中的一大盛事。

除了诞生于我国境内的诸版本外，国外也镌刻有藏文《大藏经》版本，其中较为流行者，在不丹有普那卡版《甘珠尔》，在蒙古国有库伦版《甘珠尔》，而德格版影印本现今在国外使用较广。藏文佛典的蒙译和满译还催生出蒙文《大藏经》和满文《大藏经》。蒙文《大藏经》起步于元代大德年间（13、14世纪之交），中经明万历年间补译和崇祯年间校勘，后于康熙二十二年（1683）最终刻成蒙文《甘珠尔》，复于乾隆六年（1741）至十四年（1749）校译重刻了蒙文《丹珠尔》。满文《大藏经》起步于清康熙年间，完成于乾隆五十五年（1790），其中有相当数量的经典就源自藏文《大藏经》。

藏文《大藏经》所汇集佛典数量庞大，以权威的德格版为例，共收入佛教典籍4569种，内容涉及佛教显密两宗，其中佛教晚期典籍，尤其是密乘典籍异常丰富，绝大部分为汉文《大藏经》和巴利文《大藏经》所无，藏文《大藏经》因此具有独特的宗教价值，特别是考虑到作为其母本的梵文典籍存世者寥寥的实情，便尤显珍贵。由于藏族译师梵文研习传承不断、水平出色，加之印藏大德密切协作，藏文《大藏经》达到了很高的翻译水准，译文准确流畅，可谓留住了佛法本来面目，所以越来越受到今日佛教徒和佛学研究者的重视。内明也即佛法之外，藏文《大藏经》还收录了声明（语言文字学）、因明（认识论、逻辑学）、医方明（医药学）、工巧明（天文历算、工艺技术等）等方面的著述，不仅体现了印度佛法教学中心那烂陀的寺学遗风，还对藏民族传统知识体系的组织方式产生了根本性的影响。此外，本教也有自己的《大藏经》，今阿坝州朗依寺庋藏本教《甘珠尔》就有550函。

菩提花开映僧伽：五色斑斓的宗教制度

诸多制度创设确保了藏族宗教的薪火相传

宗教与政治互嵌互渗

由于宗教活动的需要，斯巴本教时期可能已有相对稳定的神职人员，且部落首领多半就是主要神职人员。进入雍仲本教时期，情况应该大同小异，只是神职人员角色分工愈加细致了。藏文典籍中有自聂赤赞普以降26代赞普皆以本教治其国的说法，并将神职人员区分为拉辛和孤辛，说前者系王之师，后者为王之左右随侍。由此可见，本教不仅是藏文明源头时期至为关键的精神力量，同时也堪称政治生活领域的官方意识形态，不妨说藏文明早期的形态主要即由其塑造，其对藏文明的发展居功甚伟。

佛教传入藏地，本来就是区域内官方主导的结果，所以自传入之日起，就与当地政治势力相互扭合，且随着时代政治生态的变迁发展，其与当地政治的融渗嵌合日益深入，唯具体而言又有阶段和地域差异。

整个前弘期，佛教与政治都处在一种或可称之为“教政合作”的状态。教为求生存立足而仰仗政，政则在变革的冲动下因图谋突破意识形态困境而有求于教。教乃输入型的外来文化和弱势一方，为辅；政乃内生型的主导力量和强势一方，为主。在教政相互借势过程中，教在政的框架内渐渐站稳了脚跟。在吐蕃赞普赤德松赞和赤祖德赞时期（主要集中在公元9世纪的前40年），朝廷赋予出家人勃阑伽·贝吉云丹、娘·定埃增二者“钵阐布”（亦写作“钵掣逋”）大位，权势仅在一人之下，形同僧相，高僧理政从此名正言顺。与此同时，政也在教的浸润下骨肉丰满，思想资源不再贫瘠浮泛，为藏族社会日后政治生活注入了理想，预设了走向。

后弘期伊始，教政关系依然盘桓在合作的旧路上，但慢慢地，情况发生了变化。吐蕃王国崩溃之后碎片化的藏区政治势力几经整合，凝聚成一些较大的政治单元，某些家族已相对稳固地处在这些政治单元中心。不同传法队伍与不同家族势力互为利用，也形成了较为稳固的合作关系。随着外来传法势力的凋谢和佛教势力的本土化，某些法脉的核心传承便最终固定为某些家族的专利，教政关系于是呈现出或可称之为“教政合璧”的新样态。

“教政合一”模式出现较晚，发展成为藏区政治生活的主流形态则更晚。1751年，清朝中央政府支持七世达赖喇嘛格桑嘉措执掌西藏地方政权，最高教权与最高政权兼于一身的教政合一制度开始定型。从此，即便是每世达赖喇嘛圆寂至新一世达赖喇嘛未成年期间，大活佛出身的摄政也能保证这种教政一肩的制度维系不辍。它既保证了格鲁派在当地的“执政派”地位，也保证了当地社会的基本稳定。但这种教权高于政权、教权为政权背书的政治制度模式，因为其固有的封闭性和排他性，导致当地社会的发展长期裹足不前。

佛教对社会经济的控制

因为自然环境甚为严酷，物产相对贫乏，藏区的人口承载能力明显偏弱。在此背景之下，佛教的传入缔造出不事稼穑的僧尼群体，该群体复随着佛教影响的扩散深入而不断壮大，藏区经济必会遭遇巨大挑战，僧尼群体的生活保障问题就摆在藏族社会面前。为解决之，区内官民勉力而为，发明出了一些特色鲜明的宗教经济制度。

前弘期赤松德赞（755—797在位）时期，为支持佛教发展，推出“三户养僧”制度，即每三户俗家供养一名出家僧侣，为其提供生活所需；到赤祖德赞（815—838在位）时期，更推出“七户养僧”制度，即每七户俗家供养一名出家僧侣。看起来，官方对佛教的经济支持力度在加大，佛教的社会地位在提高。但另一方面，以官方制度安排而得以维系生存发展的事实本身又表明，当时藏族民间社会鲜有对佛教的自发供养，这与彼时佛教影响主要限于藏族社会上层的情况是吻合的。

后弘期伊始，古格王拉德因为上路弘法主将仁钦桑布卓越的宗教建树，赐予其庄园用以支持所在寺院的发展，这是藏区范围内见诸文献记载最早的寺属庄园，藏语谓之“曲谿”。此类庄园后来逐步制度化，数量日益庞大，和属于政府的“雄谿”、属于贵族的“格谿”鼎足而三，构成藏族传统庄园经济发展格局。如果说，“三户养僧”和“七户养僧”制度下，“户”和“僧”之间还需要“官”的持续扭合，“僧”还只是经济上被动的接受者，那么在曲谿制度下，“谿”（庄园）一旦被赐予“曲”（字面意为“佛法”，此语境之下应指僧伽势力），“官”的扭合就不再那么重要，此时“曲”已可以擘画庄园的生产事务，成为经济上自主的经营者。从“户”到“谿”，佛教汲取藏族社会经济资源的能量越来越大。

随着格鲁派的崛起和达赖喇嘛世系最终进入西藏地方教政权力核心，藏传佛教内部又萌发出一种极具特色的宗教经济形态，即“亚谿”制度。其中，“亚”是“父亲”敬称，此尤指达赖喇嘛的父亲，“亚谿”就是达赖喇嘛父亲的庄园，或者更宽泛一些说，指赠予达赖喇嘛家族的庄园。此制度始自七世达赖喇嘛，此后累世达赖喇嘛，不论世寿修短和教政作为大小，其家族都能获得相应的亚谿。就其性质而言，亚谿与其说是对达赖喇

江孜帕拉庄园院落（图/张鹰）

嘛家族贡献男丁出家的经济补偿，倒毋宁说是因为他们生育了达赖喇嘛而获得的巨大荣誉奖赏。

其实，不仅亚谿具有高度的排他性，即便名为寺属庄园的曲谿，说到底也只是寺庙上层的私产，普通僧尼的生活日用，多依赖其亲人，寺庙名目繁多的法事开销主要依靠的，也只能是广大普通信众。在佛教影响之下，藏族百姓形成面向来世的人生路线图，经济支出因此大都投向宗教领域，在架起一座座庙宇大厦的同时，自己的物质需求却能减则减，从而使得藏族社会经济天平严重倾向宗教一边，形成以宗教为中枢的特殊经济样态。

薪火相传，绵延不辍

宗教要绵延自身，少不了教法的代际流动和教权的代际传递，宗教传承制度因此生发。就佛教而言，通常由教法情谊而非血缘联系缔结成师徒关系，佛法薪火借此代代相承，绵延不辍。藏传佛教在承续佛教传统的基础上，因应藏族社会现实而别出机杼地推出“法统”“血统”“佛统”三足鼎立的传承制度。

最正宗的是“法统”模式。即沿袭佛教传统做法，使教法与教权主要在非血缘关系的师徒之间延续。前弘期的藏地佛教，后弘期伊始形成的噶当派、噶举派、萨迦派等佛教势力，以及后弘期后期创宗的格鲁派，均不同程度采用了该模式。它以对法的修证水平为重要标准，由师尊将一寺一院、一派一宗的重任委托给那些修证好、德行端的弟子，如此代代相传、灯灯互映，“统”无间断，慧命不绝。

最“叛逆”的要数“血统”模式。所谓出家绝尘缘，改姓入释门，成为佛弟子，从此便不再以俗家血缘为羁绊。但在藏传佛教圈内，赫然就有一种基于血缘关系的传承制度，即教法和教权在具有血缘关系的人之间传递。宁玛派、萨迦派皆施行之，帕竹噶举派也采用过它，

藏传佛教金瓶掣签使用的金瓶和玉签，现藏于西藏博物馆。历史上，每次举行金瓶掣签仪式，均要把金瓶和玉签护送到大昭寺，供奉在释迦牟尼12岁等身像前举行相关仪式

但背后原因却不可一概而论。在奉行前弘期教法的宁玛派，或许是由于当年遭遇本教压制，特别是赞普达玛吾东赞的压制，转入民间潜行秘传之后，出于保密需要，自然而然就在家庭内部父子相承了。在萨迦派和帕竹噶举派，则显然有以教派实力维护家族世俗政治权力的考虑，于是当昆氏家族和朗氏家族先后于政治领域称雄的同时，其家天下也被移植到了宗教领域，产生了佛教界少见的家族传承模式。

最神奇的则是“佛统”模式，也就是一般所说的活佛转世制度。“活佛”是汉语世界的称谓，藏语谓之“朱古”，即佛教法身、报身、化身这“三身”中的化身，广大藏传佛教信徒通常则尊称活佛为“仁波切”，意为“至尊宝”。活佛转世作为一种传承制度，就是佛菩萨身具的宗教神圣性和权威性从上一世化身到下一世化身间的不断转移，故可形象地以“佛统”一词来称谓之。

藏传佛教界最早采用活佛转世制度的，是噶玛噶举派，时在13世纪80年代。噶玛噶举派之后，其他教派

相继接受了该模式，即便是奉行法统和血统传承模式的各法系、各世代，甚至是佛化的本教法系传承，也多被冠以活佛之名。而在各活佛世系中，最著名的当数格鲁派的达赖和班禅两大法系。

活佛转世原理的神圣与神秘给其遴选认定留出了很大的回旋解释空间，围绕活佛丛生的诸多利益则予人以强烈诱惑，于是作为藏传佛教的一种高端资源，在世俗力量的斤斤计较当中，活佛特别是重要活佛人选，出现了被个别贵族家族垄断的迹象。为防止流弊漫延，1792年，清朝中央政府乘整理藏务之际，出台“金瓶掣签”制度。特制金“奔巴”（鼓腹瓶）两个供抽签认定大活佛之用，分别置于拉萨大昭寺和北京雍和宫，前者用来遴选藏区大活佛转世灵童，后者用来遴选蒙古族地区大活佛转世灵童。

比起金铸泥塑的偶像，神性具足而血肉丰盈的活佛更能予人以即时和真切的慰藉。不妨说，在自然威力格外巨大而人力尤其相形见绌的雪域高原，一尊尊活佛就是支撑起藏民族精神帐篷的一根根立柱，而佛教慈悲的本怀则是其坚实不移的柱础。藏民族能在风雪弥漫的高寒之地生息繁衍，且培育出别开生面的精神奇葩，以活佛为代表的宗教精英群体发挥了独特的作用。

拾级而上的“学阶制度”

佛教教义繁缛深奥，系统化的经院教育势所必然。藏传佛教高擎佛教经院教育旗帜，以印度那烂陀寺和超岩寺为蓝本，以佛法在藏地弘传的实际形态为骨架，尤其是在格鲁派祖师宗喀巴大师将“道次第”推上一个新高度之后，格鲁派遂以道次第为修学总纲，将之贯穿到经院教育的具体实施当中，渐细渐密，形成了以拉萨色拉寺、甘丹寺、哲蚌寺三大寺为代表的藏传佛教修学制度，并影响带动其他教派和本教起而效仿之，为僧才的培养和教法的绵延发挥了重要作用。

精进向学（图/李眈）

按照三大寺修学制度，一个初具语文知识的“贝恰瓦”，要递次经历10余个学级，系统研读以“五部大论”为核心的佛教显宗诸科知识，才有资格考取“格西”（字面意思是“善知识”，也就是引导人亲近佛法的良师益友）学位，其间通常要耗费20年左右的时光。

三大寺的格西学位分为4个等级，分别是：拉然巴格西、措然巴格西、林赛格西、多然巴格西。拉然巴的意思是“全拉萨的博学之士”，其最终确定是在每年一度的传大召期间，一次只有不到20个名额，从三大寺遴选；措然巴的意思是“会众中的博学之士”，其最终确定是在每年传小召期间，一次只有10余个名额，从三大寺遴选；林赛的意思是“全寺”，林赛格西指全寺的杰出者，从一寺僧众中选出；多然巴意思是“殿前的博学者”，从一寺部分僧众中选出。拉然巴格西中的前几名还可以继续进入拉萨的上密院和下密院（相当于格鲁派祖寺甘丹寺的密法扎仓）学习密法，直至取得密法学位。这些显密饱学之士在随后的修学生涯中几经磨砺，会有极个别人在经过“羌孜法王”和“夏孜法王”的过渡之后，最终荣登“甘丹赤巴”大位，成为宗喀巴法座的继承者，换言之，也就是整个格鲁派教法之主。统观一个学僧修学进步全程，实际上就是佛学修为和教内地位拾级而上的过程，这一修学制度因此被有些研究者形象地称为“学阶制度”。

井然有序的内外管理

从本教到佛教，不仅是宗教品质从重外在祭祀到重内在修为的质变，也是神职人员队伍从小到大、从零散到正规的跃升。佛教势力在藏区垄断性地位的获得，导致僧伽规模和寺院数量剧增。重要藏传佛教寺院复制印度那烂陀寺规制，既供僧众和信徒在其间参佛礼拜、释放宗教情感，更发挥传承寺学、化育僧才的功能，因之造就一批僧众数量盈千累万的大型寺院。处理寺际关系和一寺内部僧众间关系的实践，催生出具有藏地特色的宗教管理制度。

就寺际关系而言，围绕一些有影响力的寺院，出现了以主寺为龙头、以属寺为附翼的寺院集团，属寺动辄数以十计，乃至数以百计，且覆盖范围甚广。例如，安多名寺佑宁寺，属寺数十座，分布在青海和甘肃一些地方，历史上鼎盛之时据称在我国东北地区亦有其属寺存在；安多最重要寺院之一的拉卜楞寺，属寺100多座，散布在甘肃、青海、四川等地藏族地区；格鲁派重镇哲蚌寺，属寺据称有600余座，在喜马拉雅山南缘的一些藏传佛教地区也不乏其属寺存在。属寺寺主往往由主寺委派，这就使得主寺和属寺之间，不仅具有精神上的母子关系，同时也具有管理上的上位下位关系。通过对属寺的掌控，表面上囿于一山一谷的主寺，克服地理空间阻隔，将触角伸至外人想象不到的角落，借此感知和辐射周围，从而赋予主寺作为社会影响力关键节点的地位。

就寺内管理而言，特别是就大型寺庙而言，藏传佛教蘖生出秩序井然的寺院层级制，历史上最大的藏传佛教寺院哲蚌寺充分体现了这一制度。该寺院最高一级管理机构是“措钦”（字面意为“大会”），本层级设有“赤巴”（法台）、措钦“吉本”（总管）、措钦“协敖”（执事僧，俗称铁棒喇嘛）、措钦“翁则”（领诵师）等角色，其中，赤巴负全寺总责，吉本掌理财务后勤，协敖督察僧纪，翁则统领佛事法务。第二层级乃各个“扎仓”（僧院），是僧侣学习佛教知识的主要组织单元，寺内设有罗赛林、德阳、郭芒、阿巴四大扎仓。该层级对应于赤巴角色的是“堪布”（住持），对应于吉本的是“衮聂”（庙祝），对应于协敖的是“格贵”，翁则角色称谓相同。其中，堪布优中择优可升任赤巴。第三层级是“康村”，大致相当于扎仓之下的同乡群体，负责人称为康村“格更”（师傅）。不同扎仓之下有数量不等的康村，比如罗赛林下面有20余个康村，郭芒下面有接近20个康村。第四层级是“弥村”，不同康村下面弥村数量亦不等，每个弥村各有其负责人。以上四级层层嵌套，将拥有近万僧众的哲蚌寺整合成一个有机整体。其他教派大寺，乃至本教大寺，其内部构成大同小异。

拉卜楞寺晨光（图/视觉中国）

位于甘肃甘南藏族自治州夏河县，是藏传佛教格鲁派六大寺院之一，被誉为“世界藏学府”，鼎盛时期，僧侣达到4000余人。拉卜楞寺是藏语“拉章”的变音，意思为活佛大师的府邸

争来辩往析佛理

天高地阔、甚少扰动的雪域高原天然就是一处适合内敛冥观、深思精辩的大道场，在印度已经高度发育的佛家因明学，传到藏土之后却再度抽枝吐蕊，结出“参玛”（即量学，藏传佛教的认识论和逻辑学）这颗堪称人类精神花园珍品的智慧硕果。

一般认为，由阿底峡大师弟子俄·雷必喜饶所建桑浦寺性相学院（参尼扎仓）开了藏传佛教讲经传法的新风气；其侄子俄·罗丹喜饶（1059—1109）则精心译撰和大力弘传参玛论典，奠定了参玛在藏区发展的文献基础，掀起了藏传佛教界研习参玛的热潮；罗丹喜饶再传弟子恰巴却吉森格（1109—1169）抽绎核心概念，推出了藏族特色的佛学认知新径——“摄类”（兑札），开了藏传佛教界辩经（参尼佐巴，或“却佐”）风气先河。可见，是讲经说法和明晰佛理的需要，助推了藏传佛教界对参玛和辩经的需要。恰巴却吉森格之后，参玛研习与辩经实践互相促进，再经由萨迦班智达和宗喀巴大师等佛门龙象引路导向，藏传佛教凭借研习参玛而颖悟佛理的路数愈加多姿多彩，辩经制度愈加严整有序，格鲁派更将其发扬到极致，演化出逢进必考的学阶制度。

辩经场景（图/视觉中国）

就其展开形式而言，辩经主要包括了“交互辩”和“立宗辩”。交互辩，藏语称“佐愣”，在两人之间进行，先甲方问乙方答，告一段落后再乙方问甲方答，如此交替往复，直至无问可问、无答需答。立宗辩，藏语称“堂嘉瑕”，参辩一方提出辩题，坐在其对面的多人轮番上前诘难，坐于其背后的仲裁者则品评双方得失。流风吹拂之处，在一座座寺院的一处处“却惹”（辩经场），僧侣们挖掘佛典破立命题，肢体俯仰互动，思想直接碰撞，不但密切了法友间的情谊，更加深化了对佛理的认知，坚固了对佛教的信仰。

因为其与众不同的发育环境和自成一格的实践传承，藏传佛教辩经活动具有自身的明显特征：

首先是是非标准的同一性。辩论在法友之间进行，参辩双方对佛理皆有认同，论辩以佛理之是为是、佛理之非为非，唯在通往佛理道路上，学法者难免会有阶段性和细节性的认知模糊，故需要通过辩经来匡正，以不断深化其对佛理的体认，这与世俗辩论中双方的各呈己志、自以为是不同。

其次是辩论用语的规范性。请对方复述命题、催动对方及时回应、认不认同对方引申、接不接受对方原因，如此等等，皆有相应说辞，不可以口语随便表达。

其三是肢体动作的象征性。为活跃辩论气氛、增强辩论效果，辩经活动逐渐形成一套合用的肢体动作，手足和念珠并用，造型和言语配合，可以表示诸多意涵，譬如：扬起右手表示挥动智慧宝剑斩断无明，扬起左手表示高举般若经函，手背相对表示自相矛盾，手掌外推表示截断疑惑，念珠右转表示希望立宗者能够了解对方已领悟的道理，念珠左转表示立宗者逐一破解了对方的诘难。

功德水润育众生:比比皆是的宗教场所与信仰活动

宗教功课既成就僧侣个人的梦想,也为整个民族的信仰指路

风骨各异的寺院丛林

本教之初有无固定的宗教活动场所难以考证,佛教则自传入藏区不久便开始营建自己的据点。藏史有松赞干布受尼泊尔赤尊公主和汉地文成公主影响而支持佛教的记载,说松赞干布为压制本教气焰,在拉萨及藏区其他地方的一些关键点位上兴建了一系列反制性佛寺。尽管其具体方所和数量不能一一核实,但松赞干布促成了一批佛教场所的诞生当无异议,今西藏山南昌珠寺、拉萨大昭寺和小昭寺等就被认为源自彼时。到了赤松德赞时期,随着本土僧团的建立,藏区终于有了佛法僧三宝具足的第一座正式佛教寺院,即桑耶寺。受桑耶寺示范,特别是受11世纪中叶藏传佛教各教派创立的刺激,藏区各地雨后春笋般涌现出大量寺庙,15世纪以降格鲁派逐渐坐大之后,其蓬勃昂扬的扩张激情在

白居寺位于西藏江孜县境内,15世纪初始建,是一座塔寺结合的典型的藏传佛教寺院建筑,塔中有寺、寺中有塔,寺塔天然浑成,相得益彰。它的建筑充分代表了13世纪末至15世纪中叶后藏地区寺院建筑的典型样式。此外,该寺的萨迦派、噶当派、格鲁派等处的历史景观也颇引人注目(图/视觉中国)

藏区范围内掀起又一轮建寺立庙的热潮。最终，数千座寺庙矗立在雪域大地，百折不挠一如高山寒带植物，其峻嶒风骨令人肃然起敬。

大昭寺供奉释迦牟尼12岁等身像，布达拉宫措置数辈达赖喇嘛肉身灵塔，二者因此发展为具有全藏区核心地位的宗教场所，日日信众朝拜不断。奠定了藏传佛教寺庙之基的桑耶寺是前弘期的佛法中心，托林寺则是后弘期伊始的佛法中心，二寺在藏传佛教史上具有类似坐标原点的特殊重要性。热振寺开启了藏传佛教依寺立派的教派形成发展史，乃噶当派毫无争议的代表性寺庙。敏珠林寺、多吉扎寺、协庆寺、佐钦寺、噶陀寺和白玉寺六星并耀，喇荣寺、亚青寺后来居上，映亮宁玛派古老的教法园林。萨迦寺、那兰扎寺、更庆寺、宗萨寺、塔公寺和结古寺六弦共振，吐送萨迦派道果法梵音。楚布寺、八邦寺、丹萨梯寺、泽当寺、直贡提寺、噶玛寺、觉拉寺、当卡寺、达那寺等寺，支系虽则不一，但皆源自噶举主干，彼此相依相存，将米拉日巴大师实修的衣钵代代相承。甘丹寺、色拉寺、哲蚌寺、扎什伦布寺、塔尔寺和拉卜楞寺六大丛林大纛引领在前，昌都寺、甘孜寺、理塘寺、木里寺、松赞林寺、隆务寺、佑宁寺和夏琼寺等诸寺附随于后，格鲁派寺庙丛林组成藏传佛教寺庙队伍中最大的方阵。壤塘寺中流砥柱，肩负延续觉囊派的重任。曼日寺、雍仲拉顶和朗依寺等勉力而为，本教所以能够香火至今。

佛塔是藏区最普遍的佛教建筑（图/视觉中国）

桑浦寺量学传统浓厚，量学法会兴办不断，是当之无愧的佛家认识论和逻辑学藏传重镇。敏珠林寺精研天文，编修藏历，堪称藏传佛教界数一数二的算学中心。白居寺以塔为寺，寺塔一体，本身就是一件构思奇妙的建筑精品。夏鲁寺建筑风格藏汉交融，壁画雕塑精彩纷呈，在藏传佛教艺术领域风骚独领。珠峰脚下的绒布寺远离尘世，静谧安详，诠释了藏传佛教僧侣八风不动的定力。羊湖之滨的桑顶寺传承奇特，女性转世，展示了藏传佛教男女并重的博大精神。白居寺萨迦、噶当、格鲁三派同寺，桑耶寺宁玛、萨迦两家共栖，反映了藏传佛教派际相安的一面。直贡提寺等寺院依托天葬台服务信众，体现了藏传佛教圣俗交融的情怀。柏尔寺等帐篷寺院矗立草原，流淌的是藏传佛教因地制宜、扎根牧业社会的生存智慧。

与广大寺院相伴相生的，往往是形如覆钵的藏式白塔，其形制通常不出善逝塔、菩提塔、法轮塔、神变塔、天降塔、和解塔、尊神塔和涅槃塔等八种，统称“八大佛塔”。不同寺塔周围则常常设置有数量不同、大小有别、连贯成列的转经筒，筒轮多由金属制就，表面则装饰有六字真言或其他吉祥图案，内里亦藏有六字真言或其他经文，转动之，功德等同诵念相应真言经文。

在方方面面都弥漫着宗教色彩的藏族传统社会，寺院除了担纲宗教中心之职，大寺或重要寺院还是一地政治中心。在学问皆为寺学、人才泰半属于僧侣的意义上，寺院又是文化教育中心、艺术中心、工艺中心。势力雄厚、广有资产的寺院甚至拥有看家护院的僧人，即“得杜”，令相关寺院散发出一点点武力的气息。以上各种功能角色叠加，使寺院成为一方社会的影响力中心和秩序中心，对整个社会结构的生成和稳固发挥着不可替代的作用。

一花一世界：僧众的例行功课

研习经文（图/视觉中国）

寺院乃藏族传统社会化育精英的不二场所，其间例行不辍的宗教功课，既成就了僧侣们个人的梦想，也为整个藏民族的信仰航程廓清了方向。

每天，当太阳还在雪峰怀抱中酣睡，精进的僧侣们早已在法螺的召唤下鱼贯步入经堂，开始一天的诵经习佛。这是静修的铺垫，是直视内心真相之前外在语业的积累。领经师（翁则）低沉而富有穿透力的喉音如线，僧众因之而起的诵持如珠，串起幽深的佛理，坚固至诚的信仰；经师的讲解如壶，僧众的守持如钵，甘露从高高的法座上飞流直下，信解在宽敞的经堂里弥漫开来。从封闭的经堂再踱入开放的辩经场，单向的灌输让位于双向的交锋，思辨的金刚屑拭亮为无明包裹的心识，蒙尘的阿赖耶识就层层提纯成如来藏识。辩经，避免了让成佛的努力误入歧途。在拉萨三大寺，僧众每年还会专程前往桑浦寺举办夏季法会，其主要内容就是研习参玛（即“量学”，佛教认识论和逻辑学）和广兴辩经。

遍布藏区山野的一处处修行洞承载了僧侣们的另一种功课，即闭关禅坐。对佛理的研习到了一定阶段，修行者就会由动入静，通过限制自己的肢体动作，来驯服自己如大象发狂般东奔西突的心识。其间，尽管也会对照研读山法，但根本的还是屏息心识纷扰，从而在专注一境中亲证法性。此时此刻，外在物理空间变得逼仄狭小，内心却前所未有地辽阔和通透起来，万法影像在意识中幻起幻灭，心体则始终寂然不动。一旦领悟了此点，生命就会变得宁静且智慧。隐秘山岩间的一处处修行洞，就这样呵护和孵化出一辈又一辈人间智者，从而使得青藏大地上的千山万壑散发出佛性的光辉。

走完了以名相之辩作为依托的显教析理之路，少数僧侣会走上以气脉明点作为宗教生理基础的密法炼身之路。密法修炼是一场充满危险的升华之路，如果没有具格上师以其过来人的经验步步引导，向上之路就很可能会因种种禅病诱发的身体伤害乃至生命付出而变成绝路。而欲得到上师护持展开密法修炼，一道道灌顶是必不可少的手续。这是修炼者身心基础的整饬，是修法权力的赋予，也是修法誓言的确立。经过相应的灌顶，修法者就可以沿着四部密法的阶序一步步亲历密法堂奥了。但要最终品尝密法硕果绝非易事，以拉萨上下密院密法实践为例，其中僧侣往往要大量历练以意志砥砺为主的露天或野外修炼活动。所以，真正的密法成就者，不仅是智慧的优异者，还必然是体魄的强健者。唯其如此，密法成就者在广大藏人心目中享有崇高威望。

哲蚌寺僧舍（图/张鹰）

本诸自然的神山圣湖

雪峰嵯峨，云遮雾绕；湖泊静谧，亦真亦幻。生活在青藏大地上，人们会不由自主对周围的山山水水生发出神秘感、敬畏感。于是，一则经由本教涵化，再则经由佛教涵化，自然地理中的高山深泽转身化作宗教地理中的神山圣湖。

最著名的神山当数西藏阿里地方的冈仁波齐。其摩天接地的形象诱发本教徒无限遐想，指其为雍仲本教创立者辛饶米沃的下凡地，并将其视为雍仲本教的发祥地、本教神灵的居住地；其一峰居中长河四出的形象又使佛教徒视其为佛教传说中的须弥山，世界的中心。此外，印度教和耆那教也将其目为各自的神山。西藏山南地方的扎日神山同样声名显赫，据称其为二十四圣地之首，本教徒相信它是钦琼清布山神所在，佛教徒则相信它是胜乐金刚寓所，所以朝圣者历来络绎不绝。另外，还有诸

纳木措转湖（图/张鹰）

如青海的阿尼玛卿神山、四川阿坝的墨尔多神山等许多地方性神山，也都受到当地广大信众的膜拜。

最神奇的圣湖乃西藏山南地方的拉姆拉措。据称其为吉祥天母的寄魂湖，又是据以寻找遴选达赖喇嘛、班禅大师等大活佛转世灵童的观相湖，因而享有崇高的宗教地位。纳木措是本教视野中的念青唐古拉山神之母，佛教视野中的帝释天之女，也备受信众膜拜。冈仁波齐脚下的玛旁雍措早期为本教圣湖，后来藏传佛教兴起又视之为胜乐金刚所赐甘露，认为可以涤除身心诸般罪恶烦恼，所以前来朝拜沐浴者历来不乏其人。此外，青藏大地上还散布着羊卓雍措等圣湖，她们各有各的神奇，但又一律如美玉处子般光彩熠熠，与刚毅挺拔的神山相守相知，构成藏族宗教地理中的阴阳两极。

神山的沟壑峰麓为隐修者提供了容身之地——日楚（修行处）。藏区较早的隐修处或是拉萨附近的扎叶巴，它始建于公元7世纪，莲花生、阿底峡等大师先后在其间修行过。西藏山南的青朴修行洞同样启用甚早，据说当地有108处修行洞，吐蕃时期的寂护、莲花生、赤松德赞等均在此修行过，且至今仍然修行者不断。其他神山之中同样不乏修行洞存在，在神意盎然的世界留下了属于人自己的舞台。

出于礼敬祭祀需要，神山间都少不了拉则（亦称“鄂博”），也就是祭祀山神的石头堆积物，其中插满箭杆，并围绕张挂大量五色经幡，随风起舞，慰神祈福。与此相呼应，圣湖之滨同样经幡飘动，引领神圣潮汐一波波抚慰远道而来的信众。

以图传法，以像施教

宗教活动的践行，往往会援引一些宗教器物和宗教形象，以使背后的宗教观念具体生动起来，藏族宗教亦然，而且其所依凭的器物和形象尤其丰富多姿。转经筒、嘎乌等宗教器物具有显著的可操持性和随身性，总是作为宗教活动的有机部分而为人所使用和佩戴，从而实现其宗教价值。与此不同，宗教形象则更具可瞻仰性和对境性，一般是作为当面之境供人观瞻，从而启人宗教情感，予人宗教观念。在其漫长的发展演进过程当中，藏族宗教建立和传承了一个属于自己的宗教形象世界。

藏族人的神山崇拜

藏族人世代以山为家，以山为伴，大山成为他们生活中不可缺少的组成部分。因而，藏族人对大山有着一种十分特别的情感，他们依赖山，崇拜山，也敬畏山。在他们的观念中，人们只有对它顶礼膜拜，才能得到神的保护，才能风调雨顺、五谷丰登、人畜平安；如有不敬，神就会降罪于人，轻者个人受罚，重者灾难、瘟疫不断，殃及天下无辜。

藏区的神山大致可以分为三类。

第一类是早期的本教神山，有极强的地域性。这类神山中尤以部落或村落的保护神居多，多是其部落祖先或部落英雄的化身。由于每个部落或村落都有自己不同于它部落的保护神，因此，这类神山遍及藏区各地。后来，随着部落兼并，出现了一些区域性的神山。这时主体部落的神山往往会演变成为整个地区的共有大神山，被兼并部落的神山则成为大神山的臣民。被藏族称作“世界形成之九神山”者，即雅拉香波神山、念青唐古拉神山、库拉日杰神山、诺吉卡瓦桑波神山、阿尼玛卿神山、尧卿顿日神山、岗巴拉杰神山、雷拉居保神山、觉沃月甲神山，都是在这一时期形成的区域神山体系中的大神山。

第二类是整合后的本教神山。这类神山是在本教发展过程中，通过对早期的神山进行整合而来的具有全局性的神山。阿里的冈底斯山、林芝的本日神山、昌都的孜珠山、德钦的梅里雪山、丹巴的墨尔多神山都是本教的著名神山。

第三类是藏传佛教的神山。这类神山是佛教传入藏区后，通过对本教神山进行改造而来。西藏的珠穆朗玛峰、南迦巴瓦峰、冈仁波齐峰，四川的贡嘎山、稻城三神山，云南的梅里雪山等，都是藏传佛教的著名神山。这些神山一般都是佛教里一些著名菩萨的化身或护法神。

藏族对神山的祭拜既虔诚，也很有创意。常见的祭祀形式有：

放风马：风马在藏语里被称作“隆达”，是一种印有宗教图案和经文的小纸片，白、黄、红、绿、蓝五色

转山节（图/张鹰）

为一组。每到祭神的日子，人们便将风马带到山口处，一边呼山神的名字，一边向空中抛撒。据说山神以风作马穿越在高山峡谷之中，祭祀时风马撒得越多飘得越高越好。

插箭植杆：箭杆，武器的象征，山神用它守卫土地，保护人畜安全兴旺。

垒嘛呢堆：将刻有六字真言的石块垒成堆状，并悬挂五彩经幡。嘛呢堆既是祭山之物，也供人们转经用。

煨桑：也称烟祭。祭祀时先将柏树枝点燃，然后再撒上些许糌粑、茶叶、青稞、水果、糖等物，口诵六字真言，最后再用柏枝蘸上清水向燃起的烟火挥洒三次。据说，神灵是不食人间烟火的，只要闻到桑烟香味便宛如赴宴。

最神圣、最隆重的祭祀莫过于转神山。藏族人认为，有的神山绕转一圈可清除一生罪孽；转十圈可在五百次生死轮回中免遭堕入地狱之苦；转百圈即可于今生今世成佛。因而，转神山（特别是一些大神山）是一个人一生必做的功课。若在转山途中死去，则被视作是一种造化，一种幸福。每年转神山的朝圣者总是络绎不绝。他们三三两两结伴，背负行囊，披一身风尘，从遥远的地方来到神山坐落之处绕山叩拜，有的甚至是五体投地、磕着长头叩拜。对这些叩长头的人来说，他们不需要关心时间的长短，三月五月、一年两年都不是问题；也不会关心额头磕出多少血，手掌、膝盖磨出了多少茧；更不担心是否饿死、冻死、病死在路上。因为能用自己血肉之躯丈量朝圣之路，能把一生都交给神、交给佛，这是多么神圣、多么幸福的一件事！

本教徒和佛教徒转神山的祭祀仪轨大致相同，但在转山路线上则是完全相反的。佛教徒是按顺时针方向绕山而行，而本教徒则按逆时针方向转。他们说：如果转反了，再多转十圈也不灵。可见，信仰有了差别，一切都变得不同。

藏族人对神山的祭拜虽然十分虔诚，但并不能见神山就拜。佛教的神山只接纳佛教徒的祭拜，本教的神山也只接受本教徒的供奉，部落或村寨专有的神山，则只接受本部落、本村庄人民的祭祀，也只对本部落、本村庄的人民提供保护，如果越境祭祀会引发部落间的纠纷。在藏族英雄史诗《格萨尔王传》中就记述了一场因越界祭祀神山而引发的战争。

藏族人对大山怀有崇拜与敬畏之情（图/视觉中国）

祭神礼佛的嘛呢石与煨桑炉

由于冰凿风蚀、日晒雨淋的自然伟力，无数各具灵性的石头循着水流足迹走出深山，走向河谷，走向牧场，成为雪域高原最为常见的天然材料。当它们经由虔诚的双手勾勒出精神肌理，涂抹上信仰色彩，一块块刻写着六字真言、经文、佛菩萨形象的嘛呢石就映入人们眼帘。

西藏阿里地区圣湖旁玛雍措湖边的嘛呢石(图/视觉中国)

嘛呢石或堆或叠，天长日久便结构出大体量的“嘛呢多朋”（意为“嘛呢堆砌物”）。依其形状不同可分为嘛呢堆、嘛呢墙、嘛呢城。最大的嘛呢堆是青海玉树地方的嘉纳嘛呢堆（又称新寨嘛呢堆），起始由附近结古寺的第一世嘉纳活佛于18世纪初兴建，此后近300载岁月日积月累，迄今已聚集了20多亿块嘛呢石。最长的嘛呢墙乃四川甘孜石渠县的巴格嘛呢墙，17世纪70年代由第一世巴格活佛启建，此后逐渐形成约3米高、2米多厚、1600余米长的嘛呢石堆砌体。最大的嘛呢城是同样位于四川甘孜石渠县的松格嘛呢城，据说最初是格萨尔王纪念阵亡将士的所在，现今所见则是一处外墙高约9米，东西长70余米，南北宽将近50米的嘛呢石巨阵。

作为藏民族信仰的堡垒和长城，这些巨型嘛呢设施以其活着的形态令人格外动容：远远近近的信众们不为风雨所阻，代复一代年复一年，旋绕礼敬的同时，尽己所能不断添加新的嘛呢石于其中，功德之水浇灌信仰之树持续生长，充分展示了藏人赤诚的宗教操守。

与令人震撼的巨型嘛呢堆不同，无以计数的普通嘛呢堆绝大多数都体量较小，有些甚至仅由寥寥数石累积而成。遍览藏区土地，或山口山腰，或湖滨水涯，或道路岔口，往往能见到此类嘛呢堆静默守候，它们质朴的形态堪与雪域大地融为一体，以至于人们稍不留意就忽略了它们的存在。但它们海量的空间分布，它们为周边住民与过路人深深的祈福，让它们在藏区许许多多原本人气淡薄的角落成为彰显人类精神的丰碑。此外，还有一些嘛呢摩崖石刻散布藏区，作为山体的一部分赋予大山宗教情怀，在一遍遍的风雨诵读之间，将“唵嘛呢叭咪吽”蕴含的至深功德一次次回向虔信佛教的广大藏人。

藏区还有一种形似宝瓶、专门用于烟火供的宗教设施，即煨桑炉，它大致脱胎于本教烟火供具，形制或借鉴了佛教。举凡山垭水畔、寺庙左近，乃至民居房顶院落，总能见到它的影子。藏人常常会将“桑”（干柏枝和香草等具有自然清香的燃料，通常还会混以糌粑粉和糖果等）投入炉膛内煨火生烟，借以祭神礼佛，宗教节日来临之际尤其如此，而其最初的灵感或来自烟尘扶摇直上、摩天接地的形象。香气氤氲环境，烟篆烘托氛围，桑烟俨然一个轻盈灵动的精灵，使整个藏区陶醉在信仰的芬芳之中。

八瑞相，即吉祥结、法轮、妙莲、金鱼、右旋白海螺、宝伞、宝瓶和胜利幢这八样佛教吉祥物，它们象征佛法的殊胜，能够激发观者正信

其中，最令外界错愕不已的，或许是双身佛（藏语读作“雅韵”，字面含义为“父母”）形象，也就是男尊女尊相拥的造型。收束欲望本乃佛教重要成就途径，男女之欲尤须严防，但藏传佛堂之上却不避供奉此类形象，背后深意究竟何在？一则，从据实而解对号入座的角度来看，两性双修不可谓无，但修炼的双方必须修为很高方可，非任何修行人都成；二则，从更广泛的意义上来讲，双身只是象征，转述的乃是密教里面心之明分与空分双运的修行之理，与世俗男女之欲全无干系。

同样迥别于佛教其他分支的，还有比比皆是、或塑或铸或绘的各派历代祖师像。其中，有一祖一像以示纪念者，也有各代祖师共处一图展示传承者。让作为历史人物的祖师与佛菩萨比肩殿堂，既形象地传达出藏传佛教“上师即佛”的独特观念，又予人以佛不远人的亲切感，在圣俗之间巧妙地架起桥梁。

藏族宗教就是如此这般以图传法、以像施教，借助直观的视觉形象，在润物无声之中，呈现幽深义理，坚固信众信仰。在具体路径上，则有正面激发和反面警示的不同。还有一些宗教形象则展现了藏族同胞美好的人生愿望。

信仰有痕，精神无涯

藏族宗教，这只不懈搏击雪域风暴的大鹏鸟，鼓荡着佛本双翼，以僧团和世俗人群作双足，在藏乡的泥土上留下了深深的信仰痕迹。其中，大型法事活动一呼百应，在强烈发酵藏民族宗教情感的同时，也充分展示了宗教在藏族社会的影响力。

影响力尤其突出的当数“传大召”（也译作“祈愿大法会”）。1409年，由宗喀巴大师倡议主持，在帕木竹巴政府的支持下，拉萨举行盛大法会活动纪念释迦牟尼降服邪魔外道，此为传大召之渊薮。流风所及，拉萨之外的地区也渐渐开始举办之，但拉萨大召法会一直是个中翘楚。每逢藏历正月伊始，历时十几、二十日的大法会便隆重登场，届时，拉萨三大寺僧众汇集大昭寺诵经祈愿，拉然巴格西的考试也如期举行，加之寺院展示巨幅佛像的殊胜因缘，以及街头陈设精美绝伦酥油花的视觉盛宴，招致拉萨本地和远道而来的信众济济一堂，煞是热闹。

同样以纪念佛祖为目的且影响力巨大的，尚有藏历四月的萨嘎达瓦节。届时，信众转经祈福，放布施，煨桑烟，拉萨的僧俗还会在藏历四月十五日到大小昭寺礼拜佛菩萨。对藏族本土大德的纪念也派生出许多法事活动，“燃灯节”和“传小召”可视为其中典型。

因为“收编”了本教神灵的缘故，藏传佛教密法护法神队伍格外庞杂，大而言之有世间护法神和出世间护法神的区别，相应的祭拜仪式可谓此起彼伏，也从一个侧面造成了藏传佛教法事活动尤其繁密的特征。

撰稿专家

高泽祯，四川省民族研究所特聘研究员。主要研究方向为藏族文明和印度文明系统中的宗教思想。发表学术论文多篇。

身体的救赎之舞：转经

转经是普及于广大民众间、日常化了的朝圣方式

灵与肉的契合

在盛产阳光和神灵的藏区，转经，作为信众盛行的、日常化的朝圣习俗和宗教实践，在民间的佛教信仰中具有广泛的普遍性。转经空间弥漫于藏族各个地区，遍布城乡各处。

藏区的广大普通信徒对身体的宗教式运用，无论是从形式还是内容，都达到了一种极高的水平，使宗教与身体几乎融合为一体。其中既有摆脱疾病、保持健康的现实诉求，也有来自精神层面的更高追求。

在藏族民间社会中，藏传佛教并不苛求普通民众对宗教教义有深刻又全面的了解，只强调出于一个极度简化的宗教诉求，去执行极度简化的身体实践，并且用人生最大化的时间进行反复操演。由于历史上藏族普通民众的文化知识水平一直较低，不可能接受繁复的宗教知识，只能通过与生活融为一体的最方便的日常修行之道，来达到佛教中提出的最基本境界。简约易行、身体力行，成为藏族民间宗教仪式的两大特点，也使藏传佛教对身体的运用无论是形式还是内容，都达到了一种极高的水平，使身体与宗教几乎融合为一体。

转经是藏传佛教信众日常化的行为（图/视觉中国）

信众以叩长头向神灵表达尊崇之心（图/视觉中国）

在藏族社会中，转经是普及于广大民众间、日常化了的朝圣方式。藏传佛教的信众们一方面以不停地反复绕转圣迹、寺庙、神像、神山、圣湖、佛塔、嘛呢堆等神圣象征物作为朝圣主题，另一方面在转经的行进过程中，用身体的各个部位，如嘴、手、额头、背部、膝盖、腿等，操演着特定的宗教规范和治疗仪式。他们这样做的终极目的在于向神灵表达尊崇之意，积累自己今生的功德和来世的福报，以及实现精神、肉体的双重治愈与升华。藏族民众以肉体作为一种“供佛”的奉献方式，认为只有通过这种苦修的方式，才能祛除自己所做的种种恶业，积累下世的福利。转经人大多都满怀希望甚至有些简单地认为，只要他们转够了圆圈，来世的福祉一定会接着这世继续存在。

转经人是一个数量极为庞大的民众群体，难以统计。无数的藏民在其一生中，都自愿花费极为可观的时间去进行周而复始的转经活动，日积月累，不可计算。有的婴儿出生不久便由父母携带着走在茫茫的转经路上，有的人因为疾病、劳累、营养不良、自然灾害等原因死在了转经的路上，人们还会艳羡地说：“他是死在朝圣路上的呀！”

就转经习俗而言，以身体和行为展演为核心的日常宗教实践，包括叩长头、步行转经、念诵经文咒语，以及在神圣处所治疗身体的某些疾患，这些都是用自身局部或全部的身体直接表达，不需要借助外物的中介作用，便能达到人和神之间的沟通、联络。

其中尤为令人叹为观止的是叩长头，这一套体操般的、主要靠肢体运作的全身运动，对身体的各个部位都有较为严格的宗教规范。茫茫转经路上，虔诚的朝圣信众用“五体投地”的身体仪式表达自身的宗教情感，周而复始，毫不厌倦，无声而有力。叩长头也几乎成为外界了解藏传佛教信众最为直接和强烈的标志性文化符号。

日常化、家庭化的宗教实践

在藏传佛教盛行千年的青藏高原，如果说闭关静修和仪轨操习属于僧侣阶层的信佛方式，那么简单易行的转经活动就是多数民众的修行方式。转经方便可行、规则简单、身体力行、充满生活气息，不仅具有极强的个体选择的自主性，还使人心情舒畅、身体健康，有着精神寄托，正是百姓所需的宗教实践。

转经其实很平凡，平凡到和人们的吃饭睡觉穿衣没什么两样；转经也很不平凡，在藏人心中它对个人的价值远远高过了吃饭睡觉穿衣。

每天，人们并不是在某一个特定时间被召集起来，齐刷刷地一起走向各种转经空间，而是自发地、根据自身日常生活节奏，灵活机动地安排出转经的出发时间、转经路线、途中转经内容和返回时间。基本上，每一个

拉萨清晨在路上转经的人们（图/李眈）

转经者都有着自己的时间表，有"转经的生物钟"，有序地安排着他们各自生活中的转经活动。

在藏族人买菜、做饭、上班、照顾家人、转经、娱乐、睡觉等，这些由日常细节有序组织起来的微型结构里，转经是其中的一部分有机内容，在这个循环系统里也有着自身的意义和价值。对于大多数转经人，尤其是一些老年人，转经是他们每日必修课，需要完成一定的转经量。他们往往结伴而行，并自行规定每天的转经量，如用三至四个小时转一圈。许多人坚持转经数年，日积月累，积少成多，花费在转经上的时间十分惊人，足见转经习俗在民间的强大生命力。有些老人几个小时走下来并不感到疲惫和困顿，反而精神抖擞，回家继续操持各种繁琐的家务。如果几天不转经，他们倒是会精神萎靡，身体不适，觉得生活秩序被打乱了，每天转经的功课落下了得补上。身和心其实是一个完整又统一的整体，身心的舒适度是保持一致的，如果身心都感到愉悦和舒适，那么幸福感也会随之而来，人们对生活质量的评价及满意度也不会低。

家庭是社会的基本结构，也是转经习俗得以传承的基本单位。用一些藏族人的话来说，藏族人信教好像有点与生俱来的味道，他们与宗教的关系是天然的。就转经的情况而言，人们认为胎儿还在母体中时，母亲就会进行拜佛、叩长头、转经等一系列日常宗教活动，在胎教中就可能打下民族特有的文化烙印。在孩子出生不久后，如果日夜哭闹不止，大人就会带他（她）去寺庙，让喇嘛在孩子的鼻尖抹上少许酥油灯的灯灰，以祛除邪祟和祈求佛陀的加持。大人们也会带着幼童转经，他们长大成人后也有可能会影响自己的后代去转经，于是一代一代地传承下去。

在行走中体验与神共存

“走转”是转经人的主要身体实践之一。佛教徒转经人手摇或大或小的“嘛呢筒”，口里不断念着六字真言，或快或慢地按顺时针方向，在转经道上绕行。尤其是在每日的上午和傍晚时分，转经道上常常热闹非凡，到处涌动着转经的人流。几乎所有的人都在按顺时针方向朝前走着转着，看似走向一个认定的目标，可走着走着又回了原处，不断重复开始和开始重复。当向群众问及“转经为什么一定是顺时针转”时，有的语塞笑笑不答，有的说“不知道，就应该是这样”，一位僧侣说“顺自然、顺时间、顺佛道啊”。转圈的数量一般以单数为吉祥。而本教徒转经是按逆时针方向。

在圣地拉萨，民众广为认同的主要有六条转经道，它们在地理空间上均呈圆环状，是藏族民众经过日积月累、循环反复的环绕活动建构起来的日常信仰空间。藏区还有许多其他的转经圣地，比如一些影响力较大的神山圣湖，纳木措湖、羊卓雍湖和玛旁雍措湖等等。除了朝拜藏传佛教的圣地，信众们还朝拜某些重要的本教圣地，如冈仁波齐神山、本日神山等。

在转经过程中，信众还有一些特定的宗教行为，如旋转经筒、悬挂经幡、堆砌嘛呢堆、捡白石、供净水、燃供灯、建“擦康”（藏语，意即“供神奉佛的小房子”）、叩长头等等。如果在转经道上经过寺庙，转经人就要进去转嘛呢筒，向神灵念经祈祷或者叩长头；经过山脚下的转经道时，要在岩石上放置自家带来的净水和供灯，有的还会放置一个自制的小擦康；经过嘛呢堆时，要以顺时针绕转嘛呢堆，旋转一周或数周，同时摘帽、合掌或顶礼，有的还从路边拾起一颗或数颗小石子，恭敬地把它紧贴在额头上，同时默诵祈祷词，再把小石子丢进嘛呢堆。

在转经道上，无数的转经人每天都在公众面前自觉进行着成千上万次的、集体性身体展演与仪式操练。

萨噶达娃节转经的人潮（图/张鹰）

这种强大的集体仪式使得一个即使完全不明白转经为何物的人，在一段时间的观察之后也会受到不同程度的“感染”，甚至大致习得这些规则。

神圣空间的最主要特征即是非世俗性的基本属性，转经路上大大小小的寺庙圣所在其中起到了至关重要的作用。寺庙圣所的意义远远超越了建筑最初具有的遮风蔽雨的自然实用功能，也超越了百姓民居吃喝拉撒睡的生活功用。人们千里迢迢、风尘仆仆地赶到圣地的转经路，更多地是追求精神上的升华与脱俗。

朝圣者眼中的圣所是神秘不可测的，笼罩着神界的氛围，四处弥散着神的踪迹，人匍匐在神佛居住地的下方，仰视和想象着神灵，不辞辛劳地以膜拜的仪式表达敬畏，充满了无限的神往之情。

寺庙里的转经筒(图/杨婷)

转经筒,虔诚之心的物化形式

转经筒又称嘛呢筒、嘛呢转经轮,藏传佛教信徒人人持有,不停地摇转。藏传佛教认为,持诵六字真言越多,越能表达他们对佛的虔诚,可得脱轮回之苦。因此人们除口诵外,还制作嘛呢筒,把“六字大明咒”经卷装于经筒内,用手摇转,每转动一次就相当于念诵经文一次,表示反复诵念着成百倍千倍的“六字大明咒”。有的还用水力、灯火热能,制作了水转嘛呢筒、灯转嘛呢筒,代人念诵“六字大明咒”。

转经筒一般分为两类:一种是手摇式的,另一种是固定在寺庙里轮架上的。转经筒质地有金、银、铜等,一般都很精美,上面刻着经文和鸟兽等图案,还用彩色漆绘装饰,如同工艺品。有的转经筒上还镶以珊瑚、宝石等,更增添了其宗教作用以外的价值。

在盛大的宗教节日,藏民聚集在大昭寺广场,手中不停转动的嘛呢筒,在阳光的照耀下,发出耀眼的万道光芒,场面十分壮观。多少个世纪以来,嘛呢筒始终伴随着神奇的六字真言,在那些虔诚信徒散发着酥油馨香的手指拨动下,不知疲倦地旋转飞舞着,传递着他们与佛菩萨间美妙的沟通。

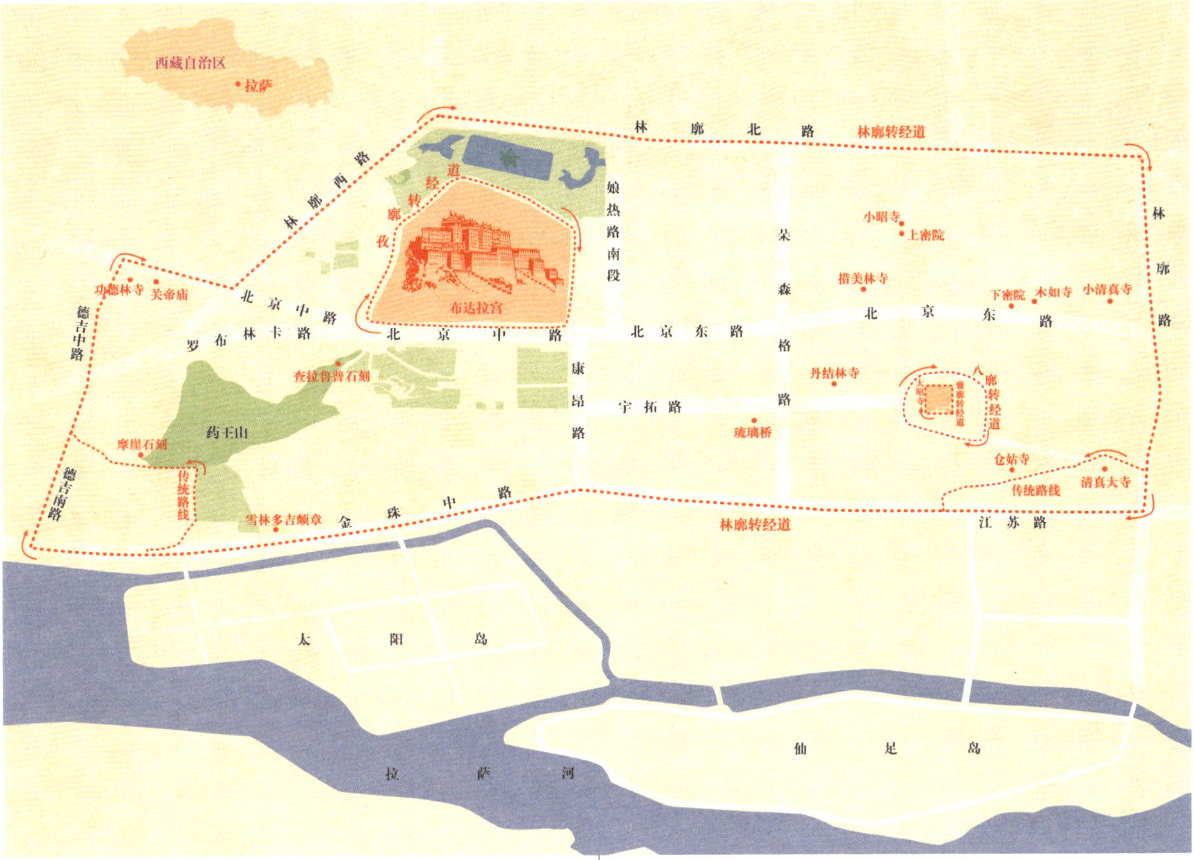

拉萨转经路线手绘地图(绘图/蔡惟)

"圣城六环"——拉萨的祈愿之路

拉萨是广大藏区中最有影响力的朝佛中心之一,被视作藏传佛教的"圣地"。许多藏族人将去拉萨朝佛视作一生中最值得自豪的重大事件。拉萨以其不可挡的文化魅力,吸引和迎接着每一个对神佛心怀虔诚的藏族人。在拉萨,转经现象触目即是,极其普遍,成为藏传佛教最具标志性的宗教文化现象。

在圣城拉萨存在着六条著名的转经道,被称作是"圣城六环",即囊廓、帕廓、林廓、孜廓、堆廓和麦廓。它们均呈圆环状,是藏族民众在日积月累的、循环反复的、圆圈式的环绕活动中建构起来的信仰空间。这些"廓"大小各异,包含的具体路线也各有差异,但是它们在信众心目中的宗教价值和实践意义都是相同的,都是可以带给他们今生与来世福祉的神圣空间。

如果从拉萨市上空鸟瞰整个老城区,一定会清晰无误地看到囊廓、帕廓和林廓形成的一圈一圈逐渐扩大的圆圈,顺时针路线上人潮如蚁,他们不停地转着、动着,似乎在为路线加重色调,强调着这些道路的与众不同。

囊廓、帕廓和林廓都是拉萨著名的转经路线,是以大昭寺主殿中的主供佛为中心向外波及的三个同心圆,分别有着内转经、中转经、外转经的意味。

囊廓位于大昭寺寺内,是围绕主供佛所在的殿堂专门为信众设置的一条环形转经道。寺内的狮头大门前是僧众集会念经的长廊,长廊的东南北三侧设有数以百计的转经筒。善男信女们沿长廊一边走,一边用右

手持转经筒的老人(图/李眈)

手转动这些固定在特制木架上的转经筒，转满一、三等奇数圈就叫作“内转经”或“转内经”。大昭寺一共分四层，其中一至三层都有回廊，环绕着神变威灵大殿，形成三个立体的“圆圈”。进入大昭寺后，信徒们转经、供佛，均按进门左手顺时针方向，从一层到三层螺旋式循序前进，形成大昭寺内的“圆圈运动”。

帕廓街位于拉萨旧城区的中心，俗称“八角街”，是拉萨最有名、最特别，也是拉萨历史上最早、最繁华的一条围绕大昭寺的环形街道。帕廓街是为了修建大昭寺，并随着大昭寺的发展而建设起来的，其历史和大昭寺、拉萨城一样古老。它曾是历史上拉萨城的中心，是拉萨历史的缩影，也是现今拉萨古城的代表和象征。帕廓被藏族群众誉为“圣路”，即“升天之路”，是西藏最著名的转经道，在藏族群众心目中享有很高的地位。按藏传佛教教徒的说法，它是承内启外的“中圈”，在这条路上转经，可以表达对大昭寺内释迦牟尼佛的崇拜之情。

林廓基本上位于拉萨旧城区的外围，大致是东西向的一个不规则的大椭圆圈，是拉萨最长的转经道，大约有8千米长，转一圈一般要3至4个小时。在这个巨大的圈内，林廓不仅和囊廓、帕廓构成了三个半径不等且越来越大的同心圆，而且还包容了孜廓、堆廓和麦廓等许多大大小小的转经道，以及每一个“廓”形转经道内的所有圣物。

孜廓本意为“顶圈”，可引申为“顶转”，是专门围绕布达拉宫的一条著名转经道。这和布达拉宫在藏传佛教社会中的殊圣地位是分不开的。同时，孜廓和堆廓、麦廓的不同路段交织在一起，并于江孜塔附近与林廓交接绕转。

堆廓和麦廓是一组相对的概念。“堆”和“麦”分别是“上”和“下”的意思，堆廓和麦廓也就是“上圈”和“下圈”的意思，二者是以拉萨河作为参照和标志的，位于拉萨河上游的圈就叫作堆廓，位于拉萨河下游的圈就叫作麦廓。

五体投地，以身体供养信念

在藏传佛教中，叩头是最常见的崇拜佛、菩萨的方式，即用自己的身体来敬奉，通过五体投地来表达内心的虔诚信仰。藏传佛教信徒之所以行“五体投地”大礼，根据藏传佛教的说法是，人类的肉体、言语和思考的行为，都会产生业障，所以通过双手合十放在头上、嘴前、胸口的姿势可以提醒信徒谨慎避免“身、语、意”所带来的三种业障。

叩头这种表达方式，最早起源于印度，后随佛教传入藏区，逐渐被人们所接受，成为藏族社会最高的礼节。藏传佛教的叩头礼与汉传佛教有所不同，藏传佛教中的叩头礼可大致分为两种：第一种较常见，将双掌并

大昭寺前磕长头的信众(图/张鹰)

合高举，之后用掌触额部、嘴部、胸部各一次，双膝跪地，双掌分开支于地面，以额触地；第二种是双掌并合高举等动作与第一种相同，不同的是全身俯伏于地面，与地面相接，俗称“叩长头”。

藏传佛教中最负盛名的身体仪式，就是转经人的叩长头了。人们一谈起拉萨的朝圣转经，脑海中首先出现的也是朝圣者叩长头的情形。藏族人在转经道上一步一叩头的膜拜仪式，即“叩转”，尤其令区外人咋舌。信徒们有一套既定的身体动作程序：首先取立正姿势，口中念念有词，多为诵六字真言；人们一边念诵，一边双手合十，高举过头，然后行一步；双手继续合十，移至面前，再行一步；双手合十移至胸前，迈第三步时，双手自胸前移开，与地面平行前身，掌心朝下俯地，先膝盖着地，后全身俯地，额头轻叩地面，再站起，重新开始。在此过程中，口与手并用，六字真言诵念之声连续不断。许多人从褡裢里拿出两块手掌大小的羊皮，并排放在地上，手绑木板，腰围皮裙，一步一磕，每次均是五体投地，以致脑门上都长出了和着汗水与灰尘的一层厚厚老茧。有些人认为，磕头的数量最好是单数，且越多越好。

在拉萨的街头经常能见到一些不远千里，从甘肃、青海、云南、四川及西藏自治区内遥远的牧区等地叩长头到拉萨朝佛的朝圣者。这些人往往都是从几千里外一步一长头叩至拉萨来朝佛，不但路途遥远，而且其间又不能打工挣钱，因此他们在途中必须忍受十分清苦的生活。这些信徒往往手戴护具，膝着护膝，前身挂一毛皮衣物，尘土覆面，沿着道路，不怕千辛万苦，三步一磕，直至拉萨。叩长头的信徒绝不会用偷懒的办法来减轻劳累，如果因故暂停磕头，则划线或积石为记，就这样不折不扣，矢志不渝，靠坚强的信念，步步趋向圣地拉萨。朝圣者们认为，路途越遥远，意义越神圣。长途跋涉对心理和生理的严峻考验，都能够激发朝圣者的无限想象以及超出平常的宗教潜能。

作家马丽华曾跟进记录过一群转经叩长头的人，记述了他们的旅途生活：

每天自上路起，只准念经，不准讲话，遇到非讲不可的时候，要先念经以求宽恕。途中遇河，要目测河宽，涉水而过后补磕。下山时因有惯性，也不能占便宜，下了山要补磕相应距离。在雪深过膝的色杂波拉雪山，实在无法磕头，就拿绳子丈量过，到拉萨后，每人补磕了四千八百个头……

每天的磕头有一定程序。早饭后步行到昨晚做了记号的地方（昨天磕头终止处），站一横排，合掌齐诵祈祷经。傍晚结束时，要向东南西北四方磕头，意即拜见此地诸神灵，今晚我将暂栖于此，请求保护；向来的方向磕三个头，答谢一路诸灵与万物，为我提供生活必需的水与火；向前方再磕三个头，告示我明天将要打扰的地方神；最后向前方鞠躬三次，不尽的感激与祝福尽在其中。

念诵“六字真言”（图/李眈）

在寺庙殿堂之内或外围，往往有信徒们在身前铺一毯，原地不断磕长头，除了不行步，与行进中的磕长头一样，或还愿，或祈求保佑、赐福免灾，犹入无人之境。有些人认为，一个人一生中至少要叩一万次长头，且叩头时要赤脚，才能表示对神佛的虔诚。大昭寺门口的厅廊里每天挤满了人，信众们在原地不断叩着长头：肃立，双手相合高举过头，齐额，平胸，五体投地……旁边排队等着占一席之地叩长头的人们和手持转经筒的红衣喇嘛。他们的密集度几乎让想进入大昭寺观光的人难以插足。完毕，叩长头者才离开大昭寺，按顺时针方向沿围着大昭寺的帕廓街游转，三步一叩，口中诵唱着真言咒语。在布达拉宫周围，在药王山后面的石刻壁画、岩画之处，叩长头的转经人亦比比皆是。

还有些信众围绕着寺庙，依顺时针方向自寺院正门开始，面向寺庙侧向行进叩头，亦是三步一磕，绕寺而行；或侧向寺庙，向前叩进，亦为三步一叩，口诵六字真言。绕寺叩头的数量即叩多少圈，是根据自己的发愿，或者是按活佛高僧大德等指定的数目而定的。绕寺叩长头，一般每叩一次，全身俯地时，用手指在前划一条横线，下一次脚尖与下横线平齐而向前磕礼，每次都必须如此。一般人都戴有护膝和护掌。一些佛殿、经堂门口的地上，都有转经人留下的深深印痕，木板或石板地上，被叩头者天长日久磨光侵蚀而成的凹槽，赫然在目。

“六字真言”代表藏传佛教的基本精神

藏传佛教讲求“身、语、意”的修持方式，诵经念咒亦是身体仪式的重要组成部分，要运用发声器官去实现和操练，因此信徒皆免不了默诵经文，诚心祈祷。他们一般诵念对佛、菩萨的赞颂辞语、行愿、回向文，以及各类佛经。

在西藏，信众们念得最多的，普及率最高的是咒语。咒语又称明言、真言，皆是梵语音译，没有译为藏语的。对民间宗教影响力最大的咒语首数“六字真言”，即汉字音译“唵嘛呢叭咪吽”六个字。

“六字真言”是藏传佛教中最为尊崇的咒语，意为“如意宝啊，莲花呦！”这一感叹语句，是神圣、力量、功德、佛法的象征。“六字真言”不仅随处可见，多用梵文或藏文字母书写、描画、雕刻在建筑物檐枋、天花板、门框，以及大小宗教器具、山岩、石板上，而且是信徒们转经祈祷时的诵语。上了年纪的人，几乎除了睡着时和吞咽东西外，嘴里全在念着它，成为藏区一种奇特的现象。藏族民众中的信教者，无论在家作息还是出外旅行，转经时更不用说，口中总是喃喃诵念真言不止，手指不停拨动珠串，从年轻直到老死持之以恒，从不间断。有的老人自己规定每天念诵多少万遍六字真言，转多少的路程，在家中也放置各式各样的转经筒，有手摇的，有放在炕桌上的，随时可以转。全家人各转各的转经筒，并不断念诵六字真言，睡觉前齐唱几遍嘛呢调。有些虔诚的朝圣者，跋山涉水，历尽人间的苦难，从自己的家门起，长头叩拜，口中一边念诵六字真言，直到目的地。

“六字真言”的含义代表了藏传佛教经典的基本精神。信徒们认为，通过诵念，能达到“度迷河而到觉岸”“除烦恼而知相空”“成就一切大功德”之目的。这一修习方法简便易行，很适合平民百姓的需要，在西藏广泛流行，时至今日仍盛行不衰。有的学者认为“‘六字真言’反复诵念后自然形成首尾相接、无首无尾的‘圆圈’，成为文字的‘圆圈运动’”。

念经祈福的老人(图/张鹰)

去拉萨，离神更近一些

在人类文化的建构中，对“宇宙中心”的确定就是对一切秩序不言而喻的需要。许多民族和地区都存在这样的神圣“中心”，藏族也不例外，拉萨就是全体藏民的“宇宙中心”。这个中心城市自身就有越来越庞大的人口基数，每年还要接待成百万的区内区外朝圣者，有的朝圣者干脆就地落户拉萨，可以随时走入神殿转经朝拜，也能够和神佛世界关系更接近。

牧民道登达瓦回忆说：

那年“诺萨”（藏历新年）过了，春天快到了，我想我们全家干脆磕头去拉萨。我给“囊姆”（妻子）、儿女说了，他们都愿意，有几个亲戚和乡亲也想去。我们一共九个人，就从曲麻莱（位于青海玉树州）磕着头出发了。那时候我四十岁，女儿还不到二十岁。我们白天磕头，晚上睡在自家的帐篷里，专门有一个人拉着一辆架架车，车上放着我们的日用品，他一口气拉上很远很远，然后再回来跟我们一块儿磕头往前走。路上有个人生病了，在格尔木医院住了二十天，用了一万多块钱，把我们身上值钱的宝石都给换了钱，病也没全好，只好在沱沱河又住了大半年，没钱去医院，就用我的土办法给他治病，慢慢地也就治好了。接着又磕头往前走，路上我的小儿子生下来了，我女儿的儿子也生下来了。就这样，两年后，我们才到了拉萨。我们终于见到了“觉仁波切”，拉萨周围能去转的寺庙也都去转了，其他人就回家了，我们全家留下来了。我是这么想的，我哪里都不去了，我要在“夹波日”修个塔子……

在西藏，这样的朝圣情况并不少见，人们可以完全抛弃原来的住址，在离神佛最近的圣地安心地重新安营扎寨，建立新址，一如继往地进行他们的虔信生活。

远道磕长头去拉萨朝佛的信徒（图/张鹰）

转经道上的身体治疗仪式

在转经路上，有一些转经人会在特定地点做一些“怪异”行为，让旁人颇觉惊奇。在药王山一带的林廓转经道上，转经的人一个挨一个地轮流进行舔、触、摩、蹭等一系列动作，有时队伍要排好长。其实，这些行为具有仪式象征的性质，对转经人有着特殊的身体治疗意义。

在许多文化中，身体是宇宙观的一部分，是人自身、社会与环境保持平衡状态和维持正常秩序的一个重要象征符号。在藏族社会，当人的身体出现疾患时，人们经常会首先将之归结于个人的罪恶和神灵的惩罚，疾患成为“恶业”的隐喻和神性的道德裁判。只有在神灵参与的仪式中才能够净化肉体与解除惩罚，因此身体的治疗仪式成为神意的选择。

转经人将从药王山或别处特定石头磨出的石粉舔食进肚子，认为可以直接治肠胃方面的病患；将磨出的细石粉揉进眼里，可以治眼疾；以额触石，有助于脑力（也是对神佛行的高规格礼节）；以背摩擦山石和用膝盖和小腿蹭山石上特定的部位，对背部和膝盖的恢复或保健有好处。在他们看来，这些直接治疗的办法完全一一对应生理需要，和医院里大夫开药治病的逻辑是一样的。

在对拉萨和山南琼结县多年的田野考察中，经常看见一些石碑上被转磨出来大小不等的圆坑，位置常见于碑身正面的中下部分。一部分被埋在地下的石碑，圆坑则出现在碑身的较高处。当被埋入土中的碑身部分被挖出来后，这些小圆坑就变得举手难及了。这些圆坑都是被藏族群众、信徒们无数次地用另一块石头，旷日持久地慢慢转磨出来的。他们每次用手指刮下磨出的石粉末，就用舌舔食，问及百姓，有的说对胃好，可以治病。藏族民众赋予远古时代留下的天然物神圣的意义，通过研磨舔食其粉末来表达自己的宗教感情和信仰之笃，也满足了某种生理和心理的需求。这是一种社会化了的个人宗教行为，构成了藏族宗教民俗的一部分。

在朝湖的转经道上也有相似的现象。朝湖的信徒们沐浴完就在湖边的沙子里捡一些小如油菜籽般的小石丸，吃下去一两粒，他们认为这是纳木措女神的灵丹妙药，能治百病。有些人再捡几粒状若麦饭石又有小孔的小石子带回家中，视其为圣物，供在佛龛里，或装进自己胸前的“嘎乌”（护身符）及其他护身符里，随身携带，不离左右，以求包治百病，还可以给未能前来朝湖的亲朋好友一两粒，以示纪念。

纳木措岸边的圣石，因为形似祈愿的两只手掌，故名合掌石（图/张鹰）

撰稿专家

张虎生，西藏大学教授。主要研究方向藏族历史和文化。发表论文、译稿几十万字，著有《西藏石刻文化十探》《张虎生藏学论文集》《西藏地方古代史》等。独立完成“藏族石刻文化学”国家级科研课题。

《西藏石刻文化十探》

扫描二维码，
阅读专家代表著作的电子版

观音铜像

第8章

飞扬的五色灵魂

民间美术与传统手工艺

本章主撰稿人：四川省社会科学院副研究员　杨环　　西南民族大学教授　张建世

藏族艺术是中华民族艺术宝库中的一朵绚丽夺目的奇葩。优秀艺术的承袭或创造，都来源于藏族人民深厚的生活经验之中，反映着藏族大众的思想感情，表现了创造者的艺术审美观念，地域特征鲜明，具有宝贵的艺术价值。

广义的藏族艺术包括音乐、舞蹈、戏剧、建筑、绘画、雕塑等，而本章则侧重介绍民间美术及传统手工技艺等。

藏族民间美术产生于民众之中，反映着劳动人民独特的生活情趣和审美理想。它与民众的居住环境、生活习俗、伦理道德、宗教信仰紧密相连，共同构建了丰富多彩的文化事项，是劳动人民精神生活的重要内容，也是藏族民间文化的重要表现形式。

藏族民间美术从藏族文化母体中脱胎而出，佛教文化思想始终贯穿于其间，并深刻地影响其思想内涵和表现形式。佛教文化分为大五明和小五明，大五明为工巧明、因明、声明、医方明、内明，小五明包括修辞学、戏剧学、辞藻学、韵律学、星象学等内容；而工巧明又分为身工巧、语工巧、意工巧，身工巧指的就是佛教绘画艺术、雕塑艺术、木刻艺术等。

民间美术与手工技艺是实用与审美的交互存在，二者互为补充。人们将主体的审美情感附着于实物的创造和制作上，从而使实物的审美因素不断加强，表现出心物的和谐统一，也反映出劳动大众纯净而又丰富的艺术审美追求。

由于地理环境和人文环境的因素，汉族工艺美术对藏族民间美术的发展产生了深远的影响；同时，藏族根据自身民间文化的发展需求和特点，兼收并蓄，形成了藏族艺术极具包容性和多元化的文化特征，创造出具有鲜明的高原本土特色、反映藏族人民的审美情趣和文化内涵的民间艺术，达到借鉴与创新的高度统一。

有寺即有画

藏传佛教绘画历史悠久，数量巨大，艺术价值很高

绘画是藏传佛教艺术的重要门类

在雪域高原上，绘画艺术起源很早，以史前岩画为滥觞。从距今四五千年前的卡若和曲贡文化遗址出土的陶器装饰纹中，也可以看到绘画艺术的影子。这些早期作品，描绘了放牧、战争、演武、自然、神灵崇拜等，技法已经相当娴熟。

佛教传入西藏后，佛教绘画开始兴起并发展，成为佛教艺术的重要门类。藏传佛教绘画的历史大致可分为四个时期：7—9世纪，即藏传佛教的前弘期，吐蕃王朝修建了上百座寺庙，史载均绘有壁画。后来由于达玛吾东赞灭佛等原因，壁画几乎全部被毁，但从布达拉宫法王洞、桑耶寺里残存的壁画中，还能寻觅和感受到吐蕃绘画艺术的神韵。12世纪左右，即藏传佛教的后弘期，佛教在西藏再度复兴，并形成了许多宗教流派，促进了绘画艺术的发展，出现了最早的画派——江孜画派。15—16世纪，宗教绘画艺术随着格鲁派的传播而迅速发展，出现了画派林立、风格各异、百花齐放的繁荣

古格壁画（图/张鹰）
题材丰富，设色以红色为主调，兼用白、绿，形成强烈的色彩对比，厚重沉着，浓丽不俗。佛像肩宽腰细，面部短圆，眉弯眼大，服饰简单而紧凑

《五世达赖觐见顺治皇帝》壁画（局部）
此画是五世达赖喇嘛阿旺·罗桑嘉措于公元1652年去北京觐见清顺治皇帝时的画面。壁画采取风俗与独幅相结合的形式，把五世达赖喇嘛从西藏起程及征途、抵京、觐见、游乐、受封等组成连环画面，突出“觐见”主题。作品以深色为底色，在上面施以红色与金色，显得华丽而不俗，人物神态端庄，故事性强，气氛热烈，是反映我国民族关系史的艺术珍品

局面。18—19世纪，是西藏绘画的鼎盛时期，题材广泛，容量宏大，涉及宗教、政治、历史、文化、经济和生活等领域，从佛经、历史故事到山水风光、图案装饰几乎无所不包；表现形式也异彩纷呈，包括壁画、唐卡、堆绣、刺绣、印刷画，等等。

绘心于壁

壁画是藏区一种非常普及的绘画形式，它直接绘于墙壁，或者绘于与墙壁大小相同的布上并挂在墙壁上，所以叫壁画，藏语称“江塘”。藏传佛教的壁画主要保存于寺庙，在宫殿、民宅、驿站等处也都可以看到，创作空间十分广阔和灵活。

藏传佛教壁画内容题材十分广泛，大都取自王统史、教法史、寺庙史、历史故事、佛祖释迦牟尼和各派祖师的本生传，还有本尊、佛陀、菩萨、空行护法的造像，以及历史重要人物的肖像画、轮回图、坛城图、佛塔，还有各种具有象征意义的宗教图案等等，可谓琳琅满目，丰富多彩。

显宗绘画在藏传佛教寺院中占有相当大的比例，而且变化多端、复杂纷繁，令人眼花缭乱。画中多以释迦牟尼佛、弥勒佛、药师佛、观音菩萨、文殊菩萨为内容，主尊常置于构图中央，旁边绘有他们的宗教活动，周围用莲花和光环相衬。

佛传故事壁画也很有特色，往往用几十以至几百幅连环画面来表现，讲述释迦牟尼一生十二个具有典型情节的重大事件，也称“十二弘化”。日喀则夏鲁寺和北京雍和宫珍藏的30幅佛传故事就是其中的代表。

历史类壁画，则以史实为依据，着重表现历史上重大的政治事件和活动。

还有一些并不带有宗教色彩的风俗壁画，表现藏族社会生活的各个方面，诸如丰富多彩的文化娱乐和体育竞技活动，人物神态动势栩栩如生。

“青山绿水”的噶玛噶孜画派

噶玛噶孜画派主要兴盛于四川甘孜藏区，形成于公元15世纪，由南喀扎西活佛创立。南喀扎西活佛的徒弟明觉多吉以先师理论为基础，结合实践，撰写了美术专著《线准太阳明镜》，为该派奠定了理论基础。

噶玛噶孜画派最大的一个特色就是青山绿水的色彩。由于噶玛噶孜画派紧连汉地，历代噶举派高僧与明代朝廷有着密切的往来和文化交流，对汉地青山绿水的设色方法尤其钟爱，将藏传绘画传统的红黄色基调改成青绿为主的色彩，更能表达藏族人民对自然的理解和万物有灵的和谐生态观。

在表现方法上，噶玛噶孜画派与藏族传统绘画和中原画风都有所不同，讲究点染功底，空间用淡彩渲染，自然过渡，很少平涂，用线刚劲流畅，以铁线描勾勒人物，用兰叶描衣纹花草。可以说，噶玛噶孜画派最大的贡献在于将汉地的绘画语言与藏区的艺术形式进行了完美结合。

沙画坛城，只为了消逝的一瞬

在藏传佛教艺术中有一种震撼人心灵的艺术形式——沙画坛城。它不仅是精美绝伦的艺术品，也是一种行为艺术，精心制作的艺术品只为壮烈“牺牲”的那一刻。

坛城，梵文叫作“曼陀罗”，在古代印度，原指国家的领土和祭祀的祭坛。藏传佛教艺术塑造、描绘或立体或平面的几何图案，表现诸神的坛场和宫殿，以此比喻世界的结构。

沙画坛城的制作需要数位乃至数十位训练有素的喇嘛合作方能完成。制作之前，喇嘛会先在台座画好垂直线、对角线、圆形等，作为构图定位基础，然后描轮廓线，再从中间开始绘制，逐渐向外。制作沙画坛城的喇嘛，都要经过非常严格的训练，每一细节都须牢记，不可自创。

绘制沙画坛城是一个艰辛而细致的过程。将事先磨成小颗粒状的彩色沙子装在特制的锥形容器里，通过或轻或重地敲打控制流量，将沙子漏在模板上，细细堆砌、勾勒，而且要全神贯注、一丝不苟，稍有不慎，就会前功尽弃。依尺寸不同，需花费数日到数月不等的时间。整幅图画必须一气呵成，就像僧侣们将自己脑中烂熟的世界观默写出来一般。

从艺术的角度看，沙画坛城结构严谨，色彩丰富，借助沙粒这种富有层次感和厚重感的媒介，将宗教的意义表现得十分到位。无论是端坐正中的佛，还是佛周围神态各异的生灵，或是围绕一圈缥缈的气，都恰到好处地拥有各自的神采，又和谐地构成了圆满的世界。

沙画坛城完成后，被安放在一个正方形的木架内，木架上方插满锦幢旗幡，四边四角各放置一个金刚橛，象征着本尊的八个眷属神灵。此后的几天，寺庙的喇嘛们每天念经做法事。最后一天要举行庄重的火供仪式，为安抚四处流浪的魂灵，以求国泰民安。居住在周围的百姓也会前来一起祈福。

最撼人心魄的时刻到了。主持喇嘛一边诵经一边从坛城中心及八个方位各取少许沙子放入小盘；然后用手中的金刚杵从坛城的八个方位向中心推去，直至整幅坛城全部毁掉。

“繁华不过一捧沙”，沙是构筑世界最基本的元素，沙画坛城难建而易毁，美丽而脆弱，转眼就消逝，最能揭示世界“虚幻无常”的空性本质。

拉萨功德林寺的几位喇嘛在制作沙画坛城（图/张鹰）
作画时必须戴上口罩，因为即使轻微的呼吸都有可能造成画面出错。彩沙一般有14种颜色，用矿物颜料染制而成。工具是一种特别的空心笔，上端装入沙子，然后用小铁棒轻轻敲击笔杆，让沙子从前端的小孔慢慢漏出

凝望唐卡，打开通向神秘文化的窗口

唐卡被藏族人民视为珍宝

刺绣唐卡《绿度母》

与宗教的不解之缘

唐卡，系藏语译音，其本意为“平坦、宽广”，后逐渐成为用彩缎装帧、可悬挂的佛龛式软质平面画的专称。唐卡画在装帧过程中，在上下两端安装有画轴，可以自然舒卷，是一种独特的卷轴画。

当人们走进藏区的藏传佛教寺庙殿堂，或是到藏族普通百姓家庭，抑或是在国内外的一些博物馆，都会看到令人耳目一新、庄严而又神奇、千姿百态的唐卡，并留下难忘的印象。

唐卡与其他藏族艺术品一样，也走过了自己的漫漫历程，经历了雏形时期，形成和发展时期，最后趋向成熟。历代画师们孜孜不倦，苦苦探索，将唐卡发展为一个类型多样、内容丰富、画法独特、画风高雅、装帧精美的艺术门类。

由于藏区特殊的宗教社会背景，唐卡自它产生以来，就和宗教结下了不解之缘，透示出浓郁的宗教气息。简而言之，唐卡是通过简单的图形语言，将复杂而深奥的佛教哲理和修证方法表达出来，以便修学者体证；也有一部分关于艺术、文化、祭祀、风俗，或者是历史的记载和人物的写真，达到记录、保存和流传的作用。

同时，作为一门绘画艺术，唐卡的艺术效果和水准堪称完美，其技法和表现形式独具特色。所以，唐卡不仅是宗教的，更是艺术的。

多元文化碰撞的产物

任何一个民族的艺术表现形式的出现和形成，都离不开对本土文化的理解。也就是说唐卡的起源与汉地和印度都有着密不可分的关系，雪域的绘画艺术是在藏民族对自己民族艺术文化理解的背景下，与多元文化碰撞、取舍、融合而成的。

关于唐卡艺术形式的源头，目前学术界仍莫衷一

曼唐《药都善见城》(图/杨嘉铭)

是，看法不一。有人认为它源于印度，因为西藏早期的绘画基本都是以宗教为题材，风格明显带有印度、尼泊尔等南亚宗教绘画的风格；也有人认为，唐卡是源于西藏本土早期本教徒传教说法时使用的挂轴画；另一说是源于吐蕃时期可悬挂的布面文书、公告。

还有一种说法是唐卡源于中原汉地。公元7世纪，刚刚建立的吐蕃王朝与正处盛世的大唐进行了联姻，密切了汉藏关系和经济文化的往来。文成公主入藏所带去的中原文明如纸张、棉、麻、丝织品和各种矿物、植物颜料，为唐卡的产生提供了条件，唐朝使用毛笔在画布上绘画、装帧的成熟技术也传入西藏，为唐卡奠定了最初的基础。

传说中第一幅唐卡是吐蕃赞普松赞干布在一次得到神灵示意后，用自己的鼻血绘制的《白拉姆》像，保存于则巴寺。另一幅被视为镇寺之宝的《释迦牟尼》丝绣唐卡，据说是文成公主亲手绣制的，也是吐蕃松赞干布时期作品。

如今能够见到的较早时期的唐卡，大都是公元11世纪之后的作品了。从公元7世纪至10世纪为雏形时期，从11世纪到14世纪为成型并初兴期，唐卡的形成一共经历了近8个世纪的漫长历程。

公元15世纪以后，随着各种绘画派别的兴起，藏族绘画本土化过程基本实现，并呈现出百花齐放的繁荣景象，为唐卡的成熟和发展起到了重要的推动作用。

内容包罗万象

唐卡内容丰富多样，有造像、传记、历史故事、神话传说、教理教规、科技医药、天文历算、古代建筑、民间风俗、宗教图案、佛塔、经文、格萨尔王经典传说故事等。

唐卡根据内容分为德唐、曼唐、孜唐、仲唐等。

德唐又称协唐，是泛指以宗教题材为内容的唐卡。由于历史上西藏是一个政教合一的社会，藏民族是一个基本全民信教的民族，宗教的影响深远。唐卡艺术的产生与发展始终与藏传佛教息息相关，作为绘画艺术的唐卡一直以来就与佛教文化融为一体，直接传达佛教教义，是藏民族的传统民间艺术和佛教文化的高度结合。

曼唐，专指医学挂图，内容涉及藏医药的方方面面，诸如藏药、生命之树、胚胎、医疗器械、人体经络、人体解剖等。曼唐具有很高的科学价值，可以说是一部“活生生”的藏医药理论与实践的指导性图典。这种唐卡，大多为寺庙医学院、藏医院及藏医的必备之物。最著名的是五世达赖时期由第巴桑杰嘉措在拉萨主持、著名画师洛扎·丹增洛布以高度的概括能力和现实主义写生手法绘成的79幅彩色系列曼唐，总称《四部医典》挂图。后世的各种曼唐，都在此基础上深化、发展。

清代唐卡《布达拉宫及大昭寺》，描绘了布达拉宫雄伟的建筑，以及17世纪修建大昭寺的情景

缂丝唐卡《胜乐金刚》，此幅唐卡采用“通经断纬”的技法，做工精细，造型生动，立体感强（图/杨嘉铭）

唐卡材料多样，工艺繁复

唐卡在千年的漫长历史过程中，门类也不断进行着拓展。根据不同质地、材料和工艺，可以把唐卡分为两个大类，在各大类中，又可分为若干小类。

第一类称为国唐。国唐中的“国”在藏语中意为“绸缎”，泛指使用帛、丝绸、彩缎、毛呢、丝线等材料，用织、绣、贴等手工艺制作的唐卡。这类唐卡分别被称为刺绣唐卡、织锦唐卡、堆绣唐卡、缂丝唐卡。除堆绣唐卡外，其余大都为内地制作，由历代中央王朝作为布施馈赠给一些著名寺庙、高僧、贵族等。

在国唐中，缂丝唐卡和堆绣唐

卡最富盛名。缂丝唐卡兴于宋元时期，编织工艺十分特殊，是用“通经断纬”的方法，以细蚕丝为经，色彩丰富的蚕丝作纬，各色纬线仅于图案花纹需要处与经丝交织，看起来犹如雕镂之像，风貌典雅，极富立体感，是编织唐卡中的精品。今存世作品极其稀少，弥足珍贵。

堆绣唐卡又称剪堆绣唐卡，融西藏绘画雕塑与内地刺绣工艺为一体，以绚丽斑斓的色彩、恢宏大气的构图组合、精湛的技艺，被誉为“立体刺绣”。根据其工艺制作和艺术效果，又可分为高浮雕式堆绣和平式堆绣。与一般刺绣不同，制作剪堆绣唐卡时，艺术家根据作品内容需要，确定画幅大小和画面所绘景物造型的总体设计，在白纸上画出蓝图，选好各种颜色或带花纹图案的绫缎，按照图样，剪成一定尺寸的佛像人物、鸟兽、山水、花草、虫鱼的形状，在底部用薄厚不等的羊毛或棉花充实其中，分组粘贴缝制，再将各部分组合在白布或白绸的布幔底子上，所有线条，以马尾缠彩色丝线沿图像的边缘缝制固定。由于中间垫物而形成高低起伏，使人物、景物层次分明，有较强的立体感，犹如一幅幅丝织的彩色浮雕，鲜艳夺目。有的堆绣，还在局部嵌以珠玉宝石等饰品，极为复杂考究。

第二类称为止唐。“止”在藏语中意为“画”，泛指用毛笔和颜料在纸、布、皮革、绢等软底材料上绘制的唐卡。止唐又可以根据绘画背景颜料的不同和绘画颜料的使用多少细分为彩唐、红唐、黑唐、蓝唐、银唐和金唐等。

素描唐卡《萨然哈巴》
（图/杨嘉铭）

彩唐作品是止唐的大宗。画师在绘制彩唐时均不设背景基色，而是根据藏传绘画的特定用色规范，结合本画派固有的技法和习惯来实现彩唐的特殊效果，以体现各画派的着色特点。金唐以纯金铺底，用朱砂勾勒线条，绘画完毕后用“磨金法”进行打磨，使画面更具光泽。还有一种金唐以纯金铺底，然后施以彩绘，使画面更显艳丽、高雅，属于金唐与彩绘唐卡的有机结合体。蓝唐底色多施以群青蓝，用金汁或银汁勾勒线条，画面显得凝重、典雅。黑唐以黑色作底，或用金汁晕染，或用金线勾勒线条，画面单纯、典雅、深沉，具有水墨画的空灵韵味。红唐的底色多施以朱砂红，用金线勾勒，画面呈现热烈气氛，格调富丽堂皇。银唐以银色为底，用烟墨和朱砂勾勒线条，风格典雅，别具一格。

除国唐和止唐外，还有个别形制特殊的唐卡，诸如珍珠唐卡、版画唐卡、素描唐卡等等。其中版画唐卡顾名思义就是先将唐卡画面部分刻制成版画，然后用纸或者布、绢单色拓印。德格印经院是目前我国藏区保存古印版最多的印经院之一，院内珍藏有自18世纪以来的数百幅精美唐卡印版，其中不乏著名画师普布泽仁、曾拉降央、通拉泽翁、嘉绒拉堪、泽萨扎桑等人的代表作。

素描唐卡也是一种稀有品种，目前已经面世的作品极其稀少。画面以白色画布为底，图像和图案部分全用炭黑绘制，细致入微，知白守黑，功底深厚。

珍珠唐卡的使用材质和制作技法十分特殊，用金线将白色珍珠连缀成图案，镶嵌在红色底布上，珠联璧合，交相辉映，灿烂夺目。在西藏山南地区泽当县昌珠寺，有一幅著名的《观音菩萨憩息图》珍珠唐卡。这幅唐卡长2米，宽1.2米，制成于元末明初，共用珍珠1300多克（计29026颗），镶嵌钻石1颗、红宝石2颗、蓝宝石1颗、紫鸦鸟宝石27.5克、松石45.5克（185颗）、珊瑚205克（1997颗），还用了15.5克黄金，精美异常。

孜唐则是以藏族历算为题材的唐卡。这类唐卡主要绘制天体运行的规律、宇宙结构、四季变化等，反映了古代藏族先哲对宇宙的认识。孜唐和曼唐一样，有很高的学术价值和使用价值，是藏族传统绘画中的珍贵遗产。

仲唐，是专指绘有《格萨尔王传》内容的唐卡。《格萨尔王传》至今已有1000多年的历史，是一部反映古代藏族社会的大百科全书，在藏族社会中广为流传，深受藏族民众的喜爱。据考证，仲唐最初出自说唱艺人之手，为了加强效果吸引更多的听众，一些聪明的民间艺人就以格萨尔为题材绘制人物画和格萨尔故事画，在说唱的时候把它悬挂起来，一边解释，一边演唱，这些画就是最早的仲唐。

除上述四种外，还有一些表现历史、民风民俗的唐卡画卷。与重大历史事件有关的，如反映吐蕃时期汉藏联姻的文成公主《入藏故事图》、金城公主《宴前认舅图》。历史唐卡所蕴含的价值更是不言而喻的，沉浸在唐卡的故事中，会有穿越时空的感觉，忽而回到唐朝，看着"文成公主进藏"；忽而又来到清代，看到避暑山庄里"乾隆与六世班禅举杯共饮"，共同谱写一幅幅民族团结、国家统一富强的画卷。

独特的技法须依据严格的程式

佛教绘画是一种具有严格宗教意义的程式化艺术，无论是壁画还是唐卡，其度量尺寸均需遵循藏传佛教身、语、意的量度比例，不能随意涂抹、创作。有关这方面的藏文典籍非常多。一个熟练的画师，是会将《佛说造像量度经》和造像度量单位熟记在心中的，开卷时便能运用自如，正所谓"熟能生巧"。

绘制唐卡前需要做许多准备工作，诸如画布上各种颜料的研磨和配制、画笔的制作或选择等。

唐卡的作画方法有着严格的程式顺序和工作程序。画面一般分为三个部分，即中央部、上部和下部。中央部是供奉本尊的地方，本尊可以是佛主、佛母、菩萨、金刚、明王、传承祖师、护法神等，选定什么本尊是由经文、教义或教派的所需而定。上部为天界，是除本尊之外的诸佛、菩萨、传承祖师所居的位置。下部为地界。

费新碑在《藏传佛教绘画艺术》中表示，"由于唐卡构图的特殊形式，因而确定画面的中心点就甚为重要。画工开画前要先在画的四角顶端打上色记，尔后用对角线将四点连接起来，于画面上形成交叉点，此点即画工所要取的本尊中心位置，该点实际上也是阴藏处（如取坐姿则为肚脐处）即所谓生命之门。有了这个中心点，有经验的画师可以根据自己熟记于心的造像量度起稿。起稿所用尺度工具是自己的手，以一搩（十二指）进行比量。"

所有定位线准确绘出后，遵照先中心后四周，先人物后景物的原则开始作画。在作画过程中，人、景草图的勾勒需分两次完成：第一次是用炭笔做出轮廓素描草图，藏语中称为"加布热"；第二次是在素描草图的基础上用墨笔精做线描定稿图，藏语中称为"介"。在定稿线描图上着色的工序十分细腻、复杂，要经过"介"（在线描的基础上敷颜色）、"当"（对画面和色彩团进一步渲染加工）、"介"（这道工序中的"介"与第一道工序发音相同，但意思不一样，是指用颜色线条勾勒轮廓线和衣纹）、"色热"（上金）、"坚契"（开眉眼）等工序。在着色工序全部完成后，需对画面做最后的打磨，藏语称为"色觉"，即用形状如子弹头的琥珀，在画面的上金、上银处进行抹平抛光。如此，标志着整幅唐卡绘制工作完成。

唐卡绘制好后，需进行装帧，大致可分为缝制正面边框，缝制背衬，安装顶端和下端的棒条，安装盖面和彩条等，一方面充分体现出唐卡的严肃和华贵，另一方面也表现出鲜明的民族特点。

吉祥的象征

唐卡从其诞生的那一刻起，就以一种神圣而庄严的姿态出现，并逐渐成为藏民族的吉祥象征。正是由于此，无论是绘制唐卡的画师，还是拥有唐卡的寺庙、个人，都十分尊崇它，珍惜它。

画师在绘制唐卡时，总是怀着虔诚的心情，把绘制唐卡作为一种功德来对待，要洗澡、香薰来清除自身的污秽，还要诵经，乞求智慧文殊菩萨开启心智。在绘画过程中，画师把全部精力倾注其中，并不计较任何得失。在民间常常有“布谷鸟叫三巡”的说法，也就是说画师在绘制唐卡时，倾其心力，哪怕花去三年时间也在所不惜。在画师看来，无论画师的技艺再高超，才华再出众，也是凡夫，是不能与佛、菩萨、众神同存的，按照传统习惯，是不能在唐卡上留名的。所以，有的唐卡作品，只有当时的施主或是弟子们才知道作者是谁，时过境迁，也就渐渐不为人所知了，但唐卡却被长久地保留下来。

无论是由寺庙集体还是个人出资，请画师绘制完唐卡后，都需邀请活佛或高僧按照宗教仪轨进行开光加持。经过加持的唐卡才具有灵光、神性和法力，才能给人们带来吉祥。

作为平常百姓，家里老人高寿，或是有小孩诞生，会去寺庙请唐卡以永保平安。抑或是家中不顺，多灾多难，为乞求菩萨护佑，也要请唐卡回家，以消灾避难。请回的唐卡，需挂在家中的经堂内供养，除了诵经祈祷外，还须上香，供上果品、净水、鲜花等。

作为寺庙，无论大小，除了需绘制壁画、制作佛像外，在经殿中悬挂唐卡也是必须的。应当说，在藏区，没有无唐卡的寺庙。在历史上，寺庙的唐卡少则几十幅，多则数百幅、上千幅，甚至有些有绘画传统的寺庙，历经数百年的积累，唐卡数量达到惊人的上万幅，简直就是一座唐卡博物馆。寺庙悬挂唐卡，除了庄严道场、渲染宗教氛围外，更主要的是用于供僧人和信徒们观想，更加深入地了解佛教的奥义。

金唐《十弘化组画之二》(图/杨嘉铭)

藏族是一个爱美的民族，也是一个十分企盼吉祥的民族。唐卡，作为一种美的艺术，作为一种吉祥的象征，总是给这个民族以美的享受，总是给这个民族以精神的满足。

唐卡艺术作为中华民族民间艺术中弥足珍贵的非物质文化遗产之一，历经千年风雨涤荡，光彩依旧，以其独特的风格和魅力吸引着世人，传达博大精深的中华底蕴。它之所以能吸引世人，不仅是因为它是藏文化的精华，还因为它象征着一种虔诚，引发世人对中华文化、民族精神的追随和深深的膜拜，对中国古代劳动人民超凡智慧的敬佩和赞叹。唐卡艺术所折射出来的历史、精神与文化值得我们继续用心去呵护并传承。

雕与塑，用具象表达对佛无上的皈依

神佛造像是藏传佛教艺术最为重要的内容

信仰高于审美

藏族雕塑艺术源远流长。在原始社会时期，原始宗教的自然崇拜、图腾崇拜以及祭祀活动，诱发了藏族先民雕塑的积极性。质朴优美的陶器、浑厚粗犷的石器、细润精巧的骨饰等，都凝结着先民们的审美意识，开辟藏族雕塑艺术的先河。西藏高原许多地区的遗址中都发现有大量雕塑艺术遗存。

佛教传入西藏后，提供了大量新的表现题材和内容，藏族雕塑从此进入了新的历史时期。随着藏传佛教的发展，藏族雕塑在坚持本民族传统特色的同时，不断吸收印度、中原、尼泊尔雕塑艺术的精华，形成了崭新的艺术门类——藏传佛教雕塑艺术。

藏传佛教雕塑艺术可以分为石雕、泥塑、铜雕和木雕等多种形式，制作工艺千差万别；但所有雕塑艺术品都表现出鲜明和统一的文化特征，即强烈的宗教意味。彭彤在《站在神的一边——略论藏传佛教雕塑艺术及其特征》中论述："藏传佛教雕塑美术创作的目的在于创造一种广大、浩瀚、崇高而使人畏怖的宗教气氛；渲染一种震撼人心的强大力量，从而吸引或控制信徒的精神。人们普遍把美术创作当作一种修行手段，以极其虔诚的心来苦修这一善业，而这种善业是在一种严格的规范下的复制。……藏传佛教雕塑艺术中对宗教的狂热和虔诚，还表现在作品数量的浩瀚、体积的巨大、所用材料的贵重、制作的精巧等等方面。……布达拉宫、大小昭寺、哲蚌寺、色拉寺、甘丹寺、昌珠寺、桑耶寺、萨迦等寺院中，从一面墙壁到另一面墙壁，从天花到柱头，无不布满各色各样或宏大或精巧的雕塑，无处不在地给人以视觉上的冲击，恰如无边佛法，令观者深陷其中。"

藏族艺术家们在塑造这些优美的雕塑时，并没有只把它们当作抽象的神灵来对待，而是全身心地注入了自己的情感和精神，并将他们那种生于广阔天地、天性伸展飞扬的民族神韵也融进雕塑之中。

空行母鎏金铜像，明代铸造，带有明显的尼泊尔造像风格

充满灵性的石头

石刻是藏族雕刻艺术中数量最多、规模最大，也是最为流行的艺术形式之一，藏区也被誉为世界石刻艺术的自然博物馆。石刻艺术发源于藏族民间，以其民间性、广泛性和随意性，体现着藏民族独特的审

拉萨药王山摩崖石刻（图/杨环）

美意识，蕴藏着丰富的文化内涵。

藏区石刻的主要类型有嘛呢石、摩崖龛像、石窟造像、寺院佛塔装饰刻像。最常见的是嘛呢石刻，几乎遍及藏区的每个角落，它集宗教与民间艺术为一体，是自然崇拜的延伸、巨石文化的再创造。随着佛教文化的兴起，藏民的原始自然崇拜逐渐转化为对各种神佛像的崇拜，于是山崖上开始出现真言咒语和神佛形象。到了佛教兴盛期，在岩壁山崖上雕刻已不能满足人们对佛像的崇拜，随处可见的石头便成了艺术家的创作材料，嘛呢石由此产生。

藏区的嘛呢石刻大致分为线刻、减底阳刻、浅浮雕、浮雕等雕刻技法，内容丰富、种类繁多，题材包括六字真言及各种佛教经咒、佛菩萨、弟子、明王、本尊雕像、宗教法供器、装饰图案，以及各种动物造像，等等。

这些石刻清新自然，粗犷朴实，并具有浓郁的民族风格。经由一代代未留姓名的艺术家们敲打雕刻、重叠垒起，在空旷的大自然里，被岁月积淀留存，其本身也就是蔚为壮观的藏族文化真实可触的载体。时至今日，这种艺术化的承接仍在继续延伸和发展。

用心从泥里“请”佛

泥塑在藏区的历史久远。追根溯源，有人认为最早始于印度，后随佛教一起传入西藏；也有人认为是佛教传入西藏后才形成和发展起来的。总之，泥塑的出现是为了弘扬佛教，是佛教文化的产物。

泥塑因其取材容易，与金属雕塑相比，在各大寺院供奉的佛像中更为普遍和流行，在藏区大大小小的寺院中，均供奉有泥塑，数以万计。有高20余米的大泥塑，也有七八厘米的小泥塑。色彩通常有彩塑与素面之分，大多现存泥塑作品都经过上彩和敷金。

泥塑的种类和题材繁多，主要包括诸佛、菩萨、护法弟子、大成就者等的造像。这些造像根据人物特点，融雕塑与绘画为一体，具有浓郁的写实风格和细致入微的绘画技巧。不同寺院、不同时期的泥塑作品都带有地域与时代的风格特征。

制作泥塑作品时，艺人必须严格按照佛像造像艺术的规定，靠自己肉眼测量和控制比例，做到神像或人像比例协调，四肢匀称，神态

转经道旁刻有蛇蛙经咒的嘛呢石（图/张鹰）

佛像擦擦(图/张鹰)

栩栩如生，富有质感，就连袈裟衣褶也能蜿蜒起伏，自然流畅；再配上艳丽的色彩或穿上法衣，泥塑造像更显庄严神圣。

擦擦，是藏语对梵语Sa-chaya的音译，意为小型佛像。它是用凹型模具脱出来的小泥佛和小泥塔，大者盈尺，小者不足方寸。擦擦属供奉神佛的一种圣物，一般与嘛呢石、经幡相伴，常出现在佛塔、神湖边、嘛呢堆、圣山洞窟和传经路上，形成了藏传佛教奇特的文化景观。它也常常被用作佛塔或佛像腹腔内的填充物，信众认为这样佛塔、佛像就会具有神佛的灵气。

强巴佛镏金铜像，清乾隆时期铸造。体现了藏民族对佛教文化的深刻理解和造像艺术的高超技艺及独特风格，是18世纪中叶佛教造像的代表作

塑造极乐世界

铜雕是藏传佛教艺术的重要组成部分，从现存作品数量来看，世界上没有任何一种宗教艺术在规模、数量上能与之匹敌。主要包括佛像的浇铸以及其他如金刚、钹、号、铃等宗教法器的制作，其中最具代表性的是佛像的制作。据史料记载，铜质佛像在吐蕃时期就已传入西藏，影响长达几个世纪。10世纪以后，西藏的拉萨、泽当、古格、萨迦等地都建立了大规模的佛像作坊。

早期的铜雕，线条粗犷、浑厚，富有力度，这既有生产力和铸雕技术水平不高的因素，又与藏族的历史文化和民族性格有关。在不断发展完善的过程中，艺术风格趋向了细腻、世俗和绚丽，后期的作品明显精巧别致，线条流畅清楚，在工艺和风格上达到了很高境界。

藏传佛教寺院立塑的佛像通常用以铜为主的合金材料制成，藏语称之为“勒玛”。铜佛大到几十米高小到几厘米，造型复杂多变，丰富多彩。工艺精湛，大致采用捶打法、失蜡法和模具法等方式，一般要经过冶炼、浇铸、雕刻、镀金、磨光、上红等重要工序。

藏族佛像雕塑不完全是单纯的雕和塑，还包括各种装饰和色彩的运用。随着工艺的全面发展，装饰物也纷繁多样，造像上镶嵌了贵重的玛瑙、翡翠、绿松石等宝石，更显得色彩绚丽、雍容华贵。这样的装饰使得雕塑整体效果更加富有节奏，更加灵动，衬托出“佛国”的美好世界，蕴含着人的世俗情味，同时也体现了藏族艺术家们热爱自然、热爱生命的情感。

盛开在冰天雪地的“花”

酥油花，藏族传统工艺之一，又称为“油塑艺术”“酥油雕塑”，是一种用酥油作原料而制成的特殊雕塑作品。它独具特色，是青藏高原上的一朵绚丽多彩的艺术奇葩，也是藏族寺庙特有的雕塑艺术。

在冬季，人们利用低温酥油凝固不化的特点，将酥油调成各种颜色，堆叠雕塑成人物故事、飞禽走兽、树木花草、寺庙宫殿等图案。有的还做成灯盏，能够点燃；有的把牛皮雕成花朵图案，再涂上酥油，非常美丽。

据传，酥油花雕塑艺术兴起于格鲁派创始人宗喀巴时期。宗喀巴曾去拉萨大昭寺释迦牟尼佛像前供奉护法牌、袈裟，并敬献了酥油花。之后每年藏历正月十五日，各格鲁派寺庙都要塑造酥油花，一方面作为供奉，一方面供群众参观。青海塔尔寺的酥油花被誉为绝品。

塔尔寺的酥油花

酥油花的制作分为四道工序。首先是“扎骨架”。根据所表现的内容，用加工好的柔软草束、麻绳、竹竿、棍子等物扎成大大小小不同形态的“骨架”，即所塑造的基本模型。

其次是“做胚胎”。塑造的第一道原料是用上年拆下来的陈旧酥油花掺和上草木灰反复捶打，制成韧性好弹性强的黑色塑造油泥；然后裹在骨架上完成粗糙但准确的一个个大造型，其塑法近似面塑或泥塑。

再次是“敷塑”。塑造的第二道原料是在加工成膏状的乳白色酥油中揉进各色矿物质颜料，调和成五颜六色的油塑原料，将其仔细地涂塑在做好的形体上，有的还要用金、银粉勾勒，完成各色形象的塑造。要是塑造红花绿叶，或是玲珑剔透的玉石宝玩，则直接用彩色油料一次塑成。

为了防止塑制中因手的温度而使酥油胚料融化变形，作坊的室温控制必须在零度，艺僧们在身边放有一个盛有冰块的水盆，他们要不时将手浸入冰水中。整个制作过程十分艰辛，艺僧们的手上大多会生出冻疮。对佛教的虔诚和对艺术至美的追求，完全超越了肉体上的痛苦，冰冷的手中，艳丽的酥油花不断生成。

最后一道工序是“装盘”。将塑好的酥油花按设计的总图要求，用铁丝一一安装到位，固定在几块大木板上或特制的盆内，高低错落有致，件件立体悬空，布局成单一的花卉图案或整幅的故事画面，俗称“酥油花架”，观赏者可以从不同的角度观瞻玩味。展出时，“酥油花架”会用高杆立起，最高可达十几米，人们在下以仰视角度观看，更觉佛法庄严，宝相生辉。一座大的花架上，往往要塑造几十个，甚至一二百个人物组成的故事画面：菩萨金刚端坐安详，飞天仙女身姿绰约，花鸟虫鱼栩栩如生，人物神形兼备，亭台楼阁金碧辉煌，整个画面繁而不乱，绚丽多彩，令人叹为观止。

铜佛像打制之乡——昌都翁达岗村

上图：錾刻（图/张建世）

下图：捶打造型（图/张建世）

西藏的铜佛像制作工艺分为两大类：一类为铸造工艺，以小型佛像为主；另一类为打制工艺，以大型佛像为主。生产地以藏东昌都地区最为有名，工匠的数量也最多，而昌都地区打制铜佛像最有名的则是柴维乡翁达岗村。

翁达岗村距昌都镇约90千米，坐落在扎曲河畔（澜沧江上游）的一座小山岗上，两边是青稞地，远处为高大的山峰，在阳光下的藏式房屋十分漂亮。

翁达岗村什么时候开始打制铜佛像的，已无从考证。但从一些间接的资料看，在翁达岗村所在的扎曲河流域一带，可能很早就在打制铜佛像了。翁达岗村所在的柴维乡北部与嘎玛乡毗邻，同在扎曲河流域，距嘎玛寺仅几十千米。嘎玛乡是有名的工艺之乡，嘎玛寺是藏传佛教噶玛噶举派的祖寺，建于公元1185年，由藏、汉、纳西三族工匠设计建筑。寺内有多尊历世活佛的镏金铜像，还有明、清时期皇帝所赐的100多尊镏金铜像。从这些资料和当地的传统看，铜佛像的打制工艺应该有很长的历史了。

根据调查资料，1959年前在翁达岗村打佛像有名的大户人家大致有六七户，其他还有一些小户人家有人会打佛像。当时在村里打的少，到外地打的多，除昌都的寺庙外，主要到四川、青海、云南的藏区以及拉萨等地。

民主改革后，本地以农业为主，寺庙也很少订货，慢慢地就没人打佛像了。20世纪80年代中期后，打铜佛像的人开始多了，可以说这是翁达岗村铜佛像工艺的恢复时期。到90年代下半期，学打佛像的人越来越多，迎来了村里铜佛像工艺最兴盛的时期。当时活很多，既有干慕名来翁达岗订货者要求的活的，也有到外地找活干的。竞争不大，容易找到活干，而且所有的工匠都在村里，呈现出一派兴旺的景象。

90年代末期至今，村里打佛像的工匠增多，竞争已经出现，工匠间也在逐渐分化，大量的工匠搬到了昌都和拉萨，形成了现在铜佛像打制工艺以昌都镇为主，翁达岗村及附近的农村和拉萨为辅，翁达岗村及附近的农村是雇工和学徒的主要来源地的新格局。但在一定意义上讲，根还保留在以翁达岗村为代表的农村。

打制的铜佛像较大，工序较多，有粗活细活，分工合作既是科学的也是必然的选择。根据需要，自然也就组成了人数多少不等的队伍，到外地打佛像时是一个小包工队，在家里打佛像时就是一个小作坊。

以翁达岗村为代表的昌都藏族铜佛像打制工艺特色鲜明。它是技术与艺术的结合，同时还与宗教密不可分。要打好佛像，不仅要会铜匠手艺，还要有一定的艺术修养，特别是水平高的师傅更是如此。调查中得知有的师傅就是先学了唐卡绘画后转学打铜佛像的；还有的师傅先学打铜佛像，后来又补学（有的是自学）唐卡或泥塑；也有的家庭几弟兄中有的画唐卡有的打佛像，足见唐卡的绘画艺术与铜佛像工艺的紧密关系。

打制铜像与藏族宗教（包括本教），特别是藏传佛教的关系是不言而喻的。藏族宗教对每尊造像的形象、标志、尺寸比例等都有严格的规定，不能随意发挥。工匠们基本都信仰藏传佛教，一般情况下只要客户说出藏传佛教佛像的名称、尺寸，工匠们就能准确地打制出来。

改革开放后藏区经济不断发展，佛像需求量大大增加。同时，寺院所需要的佛像必须按宗教的规定打制，不能随意变化。因此，主要的工艺传统得到保持，呈现出兴盛的局面。

藏族人民生活中身上穿的、头上戴的、腰间挂的，以及劳动工具、家中摆设、房屋装饰等等，每一件都与工艺制作紧密相关，也都是由能工巧匠精心制作而成（图/张建世）

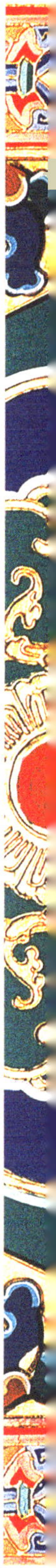

制作雕版需要选用一定硬度的木料，因为印版会被无数次地重复使用；而且字刻得越深越好，否则使用一段时间后字迹就会模糊（图/陈丹）

印制风马旗的古木雕印版（图/张鹰）

印刷模具木雕的主要功能是用来印刷经文、书籍，也有用来在画布上拓印其他吉祥图案的。风马旗藏语叫“隆达”，又称作经幡，其实就是西藏的布质或纸质版画

德格印经院，一笔一刀印刻信仰

在青藏高原东南缘，四川甘孜州的西北部，有一个德格县。德格在藏语中意为“善地”。这是一个以藏民族为主的多民族聚居县，藏族居民占县总人口的96%左右。这里遍布高山大川，风景壮美。素有“雪山下的藏文化宝库”之称的德格印经院就坐落在德格县城，始建于1729年，总占地面积约5000平方米。

德格印经院收藏的藏文化典籍最广博、门类最完备。从建院到2005年共收藏有各类典籍830多部、1380多函（册）；雕版30余万块、60余万页，近5亿字；各种版画6000余幅。所收藏的典籍内容包括佛学经典、佛本生传、佛学哲理、佛教伦理、道德修养、文学逻辑、历史传记、辞书文法、天文历算、诗歌音律、医学气功、绘画工艺、建筑雕刻等，囊括了整个藏区70%以上的典籍著作。

在近300年的漫长历史过程中，德格印经院始终坚持传统印刷技艺，是全国藏族地区印经院中刻版制作、印刷技术延续性最好的印经院，名冠藏文化三大印经院（拉萨印经院、拉卜楞印经院、德格印经院）之首，是继承和保护藏族传统刻版技术的“活证”，为世界印刷文明提供了不可多得的“原证”。

雕版的原材料选用德格、白玉和西藏江达等地盛产的挺直而无节的红桦木。按照所需尺寸锯成节，然后顺木头纹路劈成4至5厘米厚的板材，用微火熏烤脱水。熏干后，再沤泡一个冬季，到第二年的三四月份，待木性沤退后取出。在阴暗处或灶上用熏烟来烘干，推光刨平后成为坯版，再驮至印经院验收入库。坯版尺寸根据需要而定。

刻制雕版前，先由藏文誊写者严格根据德格书法家所著的《藏文书法标准四十条》和雕版的尺寸书写。一般有两种书写方法，一种是将藏文直接反书写于坯版上，雕刻前校对；另一种是将薄型透明纸裁成与坯版规格大小相同的样纸，将藏文书写于样纸上，经过校对无误后将书样纸用清浆糊反贴在坯版上，藏文字迹就会自然渗透在坯版上，待样纸干到一定程度，就用水浸湿，取掉空白样纸，字迹便能完全清晰地显现在坯版上。

德格印经院的雕刻工匠都是以师带徒的模式进行培养，只有经过严格考核、筛选，被认定技术完全熟练的人，才能从事雕刻工作。雕刻艺人不仅要技法熟练，还要求有较好的藏语文法功底和绘画基础，特别是雕刻画版的工匠必须掌握构图原理和绘画技能。为了保证雕版的质量，规定刻工每天只刻一寸版面。版块初刻出来后，先印刷一张，交予专人按字母评读，再进行连读校对，将校对出来的错字、漏字、掉字等进行挖补改错；然后将验收的成批雕版放入酥油锅中浸泡熬制，再取出晒干，让酥油渗透到雕版中；最后用当地一种名叫“苏巴”的植物根须熬水清洗，晾干后方可上藏版架。

整个雕版在加工、书写、雕刻、验收的过程中，大约要经过15道以上的工序、10多次的校对验收。印刷流程又细分为20步：裁纸、泡纸、研制朱砂、研磨、兑墨、取雕版、印刷、雕版上架、晾晒、洗版、晒版、擦油、清页、分页、检查、装订、打磨、包装、打边红、入库等。上述工序既是流水作业，又相互交叉，有条不紊，全部由手工完成。

2006年5月12日，德格印经院的藏族雕版印刷技艺被列入第一批“国家级非物质文化遗产名录”。

德格印经院的雕版匠人在刻印版（图/陈丹）

不会被虫蛀的藏纸

藏族造纸的历史久远，在吐蕃时期就已形成了以瑞香草根为原料的造纸技术。到近代，藏纸制造工艺几乎遍布全藏，曾经出现了只要当地有造纸原料，有清澈的水源，就能进行造纸的局面。在现代机械造纸业的冲击下，藏纸生产几度停止，到20世纪90年代中期以后，德格和尼木两地恢复了藏纸生产。

德格和尼木的藏纸生产工艺基本相同，主要以瑞香狼毒草的根为原料，采用浇纸法生产。生产的纸称为狼毒纸，主要用于藏文的书写和印刷。质量差的也用作印刷风马旗的“嘛呢纸”和包装纸。

德格藏纸与德格印经院有着密切的关系。德格印经院每年需印制大量藏文经书，印经需要大量纸张。当时，德格土司专门将辖区内具有造纸技能的差民定为造纸差户，

左图：将二次煮过的纸浆倒入打酥油的木桶（提炼酥油的桶）内，上下捣打（搅拌）数百次，使纸浆颗粒更加均匀。然后将纸浆倒入容器中备用

下图：妇女们用勺子舀取适量纸浆倒入纸帘中，用手搅拌，让水稀释纸浆，使纸浆在帘中悬浮均匀，并捡出渣滓；然后拿起纸帘，连同纸帘上的纸，一帘一纸地到阳光下晒干。德格地处高原，气候干燥，阳光充足。在阳光下只需一个小时左右即可晒干。纸晒干后，从纸帘上揭下纸张

五色的风马旗（图/视觉中国）

直接由印经院管辖的造纸差户大约有百余户。德格在清代及民国年间，藏纸的产量已不小，但都是以一家一户为单位，分散地用传统方法进行手工生产。改革开放以后，随着党的宗教政策的落实，印经院又恢复了经书的印制，1998年又恢复了藏纸的传统生产工艺。

瑞香狼毒草的根是藏纸的主要原料，当地藏语称为“阿交如交”，分布十分广泛，在藏东一带的山上，经常可见单株的或成片的狼毒草，在海拔3500米左右的地方特别多。传统手工造纸要经过采料、备料、煮料、捶打、捣浆、浇纸、揭等近10道工序。

德格手工生产的藏纸，有四大优点。首先是防虫蛀，用这种藏纸印的书籍，长期甚至几十年不翻动，也不会被虫蛀。这主要是原料狼毒草有毒所致。其次是吸墨性很强，永不褪色。第三是重量轻、韧性好、不干裂，大约只有相同体积的宣纸一半的重量。第四是白度低，略略泛黄，看书时不刺眼，不伤眼睛。正是因为这些优点，藏纸在当地深受人们的喜爱。藏纸以前主要用于印制经书，现在由于全为手工制作，成本极高，产量太少，主要用于德格印经院藏的一些版画的印制，如佛像、灌顶用图案、风马旗等。

（本文图片除署名外由张建世提供）

撰稿专家

杨环（琪美旺姆），藏族，四川省社会科学院民族与宗教研究所副所长，副研究员，四川省藏学研究会常务理事，四川省民协常务理事。主要从事藏族历史与文化、格萨尔文化研究。主持完成国家社科基金项目，出版专著《松石宝帙——格萨尔图像艺术》（上、下）、合著《四川藏区的建筑历史与文化》等。获国家民委社会科学优秀成果专著类三等奖，四川省哲学社会科学优秀成果奖二等奖。

张建世，西南民族大学教授，博士生导师，中国民族学会常务理事，四川省学术技术带头人。主要从事西南少数民族传统文化研究。发表论文多篇，出版专著《西南少数民族民间工艺文化资源保护研究》《西南少数民族银铜工艺文化保护与利用调查研究》等，主持国家社科基金项目及省部级课题多项。获四川省第十二次哲学社会科学优秀成果二等奖。

《格萨尔文化体系论要》

《西南少数民族银铜工艺文化保护与利用调查研究》

扫描二维码，阅读专家代表著作的电子版

西藏昌都地区“格萨尔王”壁画(图/张鹰)

第9章

灵魂深处的抒写

文学与语言文字

本章主撰稿人：中国藏学研究中心副研究员　王维强

四川省民族研究所兼职研究人员　何全珍

四川大学副教授　黄博

在那东方山顶上，

升起洁白的月亮。

玛吉阿米的脸庞，

浮现在我的心上。

这首六世达赖喇嘛仓央嘉措的诗歌，被改编为歌曲之后，不同版本、不同节奏却有着永远不变的嘹亮空旷。歌声里山川辽阔而遥远，大地苍茫又寂静，却又缭绕着情愫，给予我们的不仅仅是对美的欣赏，更是对人生的感悟。

藏族，这个古老的民族，千百年来，守望在那峰峦叠起的地方，把大地、草原、天空、阳光、云朵，都镶满了神奇而悠久的故事。藏族文学是藏族文化和藏民族精神生活的一个重要组成部分，在中华民族文学的历史长河中异彩独放。

漫长的藏族古代社会，经历了原始宗教、本教和藏传佛教的历史过程。宗教是藏族社会的精神支柱，传统生活中的一切被纳入到膜拜型文化体系中。宗教的传播，在很大程度上，不但为藏族文学的出现与繁荣铺垫了丰富的文化沃土，而且培养和造就了一个文学创作的群体。宗教不单在创造玄虚梦幻的形象和观念，同时也回到现实人生中去寻找虚幻形象的实用性证明。宗教的幻想在一定历史条件下走向艺术的现实主义和浪漫主义，使宗教艺术获得世俗精神，不仅使艺术的创造者，而且使艺术的享受者获得审美感受。

藏族文学发展之路：风云际会，气势如虹

历史、政治、经济、宗教、习俗都是藏族文学形成的源泉

最好的时光在路上

藏族文学源远流长，据有关史书记载，在原始社会末期，藏族的文学作品主要有神话、民间故事、歌谣等，以诗歌、散文的形式流传，反映了藏族祖先的情感、愿望和探索的精神，充满了天真烂漫的幻想。如《柱下遗教》中记载的《顶生王的故事》《乌的故事》《猴子的故事》，《贤者喜宴》中记载的《尸语故事》《玛桑故事》《家雀的故事》等。

吐蕃王朝建立以后，由于政治、经济、文化等方面的迅速发展，使得藏族文学也兴旺繁荣起来。在这一时期，除了一些民间口头文学作品以外，还有了传略、编年史、碑铭等书面创作。这一时期的文学作品无论是口头流传的还是书面记载的，一般都比较朴素自然，给藏族后世文学的发展繁荣奠定了极其坚实而优良的基础。

自此后到1265年萨迦派统治西藏之前的漫长岁月中，藏族文学在原有的文化基础上，又吸收了中原地区和印度的先进文化，经过一个阶段的学习和融合，跨入了新的发展阶段。各派僧徒、学者都竞相宣传本派的主张和佛教教义，阐述观点，开展辩难，扩大视野，活跃思想，形成了一个"百家争鸣"的活跃局面。这一时期，很多人还利用文学形式进行宣传和辩驳，并著书立说，从而使藏族的作家文学也产生了一个飞跃性的发展。

作家诗和文史著述日渐兴起，如噶举派的《米拉日巴道歌》，萨迦派贡噶坚赞的《格言》，宁玛派一些僧徒发现的"伏藏文学"如《柱下遗教》《玛尼全集》《五部遗教》等，以及噶当派仲敦巴的《师徒问道语录》等等。《米拉日巴道歌》和《萨迦格言》开创了"道歌体"诗和"格言体"诗的新流派。传记和历史散文在继承前期注重史实和人物的同时，又受神话和佛经的影响，增添了虚幻、神化色彩，初步显示了自己的独特风格。民间文学一直沿着藏族优秀的传统顺利地发展着，伟大的英雄史诗《格萨尔王传》的产生并且广泛流传，标志着民间文学的全面巨大的飞跃。

13世纪中期之后，随着藏族社会政治经济的重大发展，藏族文学在各方面都获得了空前的发展，出现了繁荣的局面。先后出现了许多历史名著，如《布顿佛教史》《西藏王统记》《青史》《贤者喜宴》等着重史实的记录和人物的叙述。另外在以前大量佛经翻译的基础上《甘珠尔》和《丹珠尔》也相继被编辑成册。此时的民间文学由于民歌、舞蹈、传说、故事、话本小说及传记文学等的兴盛促成了藏戏这样一个综合艺术形式的诞生，《文成公主》《诺桑王子》《囊萨雯波》等都表达了劳动人民的心声，放射着绚丽的文学光彩。诗歌方面有宗喀巴大师的《诗文散集》，道歌方面有多罗那他的《道歌集》，象雄曲旺扎巴所著的藏文版叙事诗《罗摩衍那》，格言如《甘丹格言》等，都是当时较有影响力的诗作。这时期传记文学也大量涌现，如一世班禅所著的《宗喀巴传》，桑吉坚赞所著的《玛尔巴传》《米拉日巴传》，以及历代达赖和班禅喇嘛的传记。总之这个时期的藏族文学，无论是从文学形式或思想内容来看，都更为丰富多彩。

1645年甘丹颇章建立后，藏族文学无论是民间文

学还是作家文学都沿着现实主义的创作道路，创作了大量民歌、民间故事、寓言小说等，语言生动活泼，形式丰富多彩，可以说是藏族文学的新思潮、新气象。在作家文学方面，这一时期出现了很著名的作家和代表作，如五世达赖喇嘛所著的史传文学《西藏王臣记》、次仁旺杰的《颇罗鼐传》、多仁·丹增班觉所著的《多仁班智达传》等，相继发展了藏族历史文学，记述了详实的藏族史料，对之后的藏族文学都产生了很大的影响。作家诗如六世达赖喇嘛所著的《仓央嘉措诗歌》、贡唐丹贝准美的《水树格言》、米旁南杰嘉措所著的《国王修身论》，还有《卡切帕鲁训诫》《忆拉萨歌》、格达活佛的诗歌、更登群培的诗歌等等，都在内容和形式上有了很大的发展，在社会上产生了一定的作用。长篇小说如次仁旺杰所著的《勋努达美》、达普巴·罗桑丹贝坚赞所著的《郑宛达瓦》等开辟了藏族长篇小说的先河，把藏族作家文学推向了更高更新的发展水平。此时期末端，出现了新型的寓言小说体，代表作有多仁·丹增班觉所著的《猴鸟故事》、巴珠·乌坚久美曲吉旺布所著的《莲苑歌舞》、奔仲巴·才旦益西的《茶酒仙女》等等，它们语言精练，故事生动，都采取辩论的形式阐明道理，易为广大群众所接受。

中华人民共和国成立后，藏区相继解放，生产关系的改变，促进了社会经济的发展，也给藏族文学带来了新的创作领域，它标志着藏族旧文学的结束和新文学的诞生。20世纪50年代初到70年代末，藏族文学主要以诗歌为主，创作了大量的新诗作品，表现出作者对祖国的爱恋和对未来美好生活的向往之情。20世纪80年代以来，藏族作家和诗人的创作热情和灵感被激发，诗歌、散文、小说、戏剧等各个领域取得了很好的成就。诗歌方面的代表人物及作品有伊丹才让的《雪山集》《雪狮集》《雪域集》《雪韵集》《雪域的太阳》等五本诗集，丹真贡布的《羚之街》《亚热带的字母树》《画——给一位画家》，藏族青年母语创作诗人端智嘉的《小路》《青春瀑布》，列美平措的《心灵的忧郁》《孤独的旅程》，伍金多吉的《高原的风》等，在藏族当代文学上赢得了较高的成就。

小说创作方面也达到了一个繁荣时期，代表人物及作品有端智嘉的《活佛》，扎西达娃的《江那边》《西藏，系在皮绳扣上的魂》《世纪之邀》《骚动的香巴

藏族第一部历史著作：《巴协》

早在吐蕃时期，藏族就开始有了编年史、赞普传略、赞普世系等历史著述。藏王赤松德赞时期巴·塞囊所著的《巴协》是目前所知的藏族历史上第一部历史著作。

《巴协》又名《桑耶寺广志》，是藏族古代典籍中的一部重要名著，它既是研究藏族历史不可缺少的文献，又是研究藏族文学极为珍贵的作品，因此受到国内外从事藏族研究工作者的普遍重视。

《巴协》主要讲述了桑耶寺建成后佛教在西藏的弘扬情况，对当时的唐蕃关系、藏印佛教交往、藏王诰令、建立译场、翻译佛经等政治制度和经济文化发展情况也记述颇多，受到后人重视，因此它就成为研究吐蕃赤松德赞时期历史的一部较为可靠、有参考价值的古代文献。

《巴协》以手抄本传世，有数种不同的异文本。据说此书在编写时，即分为详、中、略三种。西藏档案局藏有手抄本五种，民族文化宫藏有一本。

《巴协》里反映当时生活的图片

拉》，班觉的《松耳石》《花园里的风波》，降边嘉措的《格桑梅朵》，丹珠昂奔的《吐蕃史演义》，意西泽仁的《大雁落脚的地方》，才让东智的《热罗传》《黑色风暴》，色波的《圆形日子》，豆本加的《一天的幻想》，扎西班丹的《明天的天气一定比今天好》，益西单增的《幸存的人》和《迷茫的大地》，还有藏族女作家益西卓玛的《清晨》、央珍的《无性别的神》等，不少优秀作品通过翻译走向全国、走向世界的文坛。阿来的长篇小说《尘埃落定》于2000年获得了第五届茅盾文学奖，掀起了一股“藏风”，他的《空山》《格萨尔王》《瞻对》等同样受到读者追捧。

藏戏：艺海听潮

藏戏是民间艺人在民间舞蹈的动作、民歌的唱腔基础上，吸取了酬神醮鬼的宗教仪式而形成和发展起来的，经常用来表演经过加工的民间故事和佛经故事。在它的形成过程中，有无数的藏戏表演艺人、人民群众、文学作家等不断地输入新思想内容和表演形式，从而就汇成了独具特色的藏戏剧目。目前在这些剧目中最为有名的要属八大藏戏，如《文成公主》《诺桑王子》《囊萨雯波》《卓娃桑姆》《苏吉尼玛》《白玛文巴》《顿月顿珠》《智美更登》。这些剧目都以一种说唱形式的文学底本在流传，实际上是一种话本小说，剧本的内容取材于历史传说、民间故事、佛经故事和社会事件，如《文成公主》是历史故事。这些剧本以木刻和手抄本传世。

这些剧本的作者多不清楚，但是却都有着不同艺术特色，塑造了众多各具特色的人物形象，比喻丰富、语言朴实，浪漫主义色彩贯穿故事始终，每一部故事都富有瑰丽的幻想，海阔天空任意翱翔。

藏戏演员（图/视觉中国）

向东，往西，依然故我

在漫长的历史发展中，勤劳勇敢的藏族人民同国内一些兄弟民族和邻邦有着政治、经济、文化、宗教、科技各方面的来往联系。这种联系在藏族文学领域产生了一些很有价值的作品，既是藏族人民同国内兄弟民族团结合作、互相学习、共同繁荣的结果，也是藏族人民同邻近邦国友好往来、取长补短、加速发展的收获。

藏族文学一向有学习其他民族先进文化的传统，同时又有使之扎根于本民族文化土壤的创造力。例如，公元13世纪的藏族大学者萨班·贡嘎坚赞，看到古印度盛行的格言诗有很大的社会作用，从而受到启发，便精心研究印度学者龙树等大师的格言著作，创作了脍炙人口的《萨迦格言》，开创了藏族格言诗的先河。

藏族的一些文学名著，在最近半个世纪，也逐渐变成了中国各族人民共同的精神财富，有的作品还飞向了世界。例如，《格萨尔王传》《米拉日巴传》《萨迦格言》《西藏王统记》《西藏王臣记》《仓央嘉措情歌》《颇罗鼐传》《猴鸟的故事》，以及大量的藏族民歌、神话、故事、民间长诗长歌、唱词等等，不但分别译成了汉文、蒙古文，流传于国内各民族人民当中，而且有的作品还分别译成英、法、德、意、日、俄、捷、匈等外国文字，引起了国外读者极浓厚的兴趣。

许多优美动人的藏族神话和民间故事，还成为各民族文学进行再创作的宝贵题材。例如，松赞干布迎娶文成公主、唐东杰布修桥、格达活佛丹心报国、藏族人

藏文《大藏经》分为《甘珠尔》《丹珠尔》两大部分。甘珠尔意为“佛语部”，丹珠尔意为“论疏部”，主要收录的是佛弟子及后世佛教学者对佛经的论述。此《丹珠尔》经是清代八世达赖喇嘛时期的，用金、银、铜、铁、绿松石、红珊瑚、珍珠等七种原料研磨成汁，精心书写而成

民浴血抗英、格萨尔降妖伏魔、青稞种子的来历等等，有的被改写成小说，有的被改写成长诗，有的被改编为戏剧和电影，有的被画成壁画，有的还谱上乐曲，进一步扩大了这些藏族民间文学的影响，促进了各民族之间的传统友谊，加深了各民族之间的相互理解。

翻译文学也是藏族文学的一个重要组成部分，吸收了中原汉族和邻邦印度等国家和地区的优秀文学作品的精华。藏族文学翻译的历史比较久远，公元7世纪，松赞干布时期吞弥·桑布扎创制藏文并翻译很多印度佛经文学，从此翻开了藏族文学翻译史的首页。到赤松德赞时期，大力宣扬佛法，修建桑耶寺，成立专门的译经院。不同国籍、使用不同语言文字的许多翻译大师云集在这里，翻译了大量的佛教经典著作，并把所有译著整理编纂成了三部目录，即《丹噶目录》《秦普目录》《滂塘目录》。

公元10世纪末到公元11世纪初，拉喇嘛益西沃创建佛寺，迎请印度高僧大德进藏讲经，并派以仁钦桑波为首的藏族少年学子赴印度学习和翻译了大量佛经。著名的布敦教派开创大师布敦·仁钦珠对这些译作进行全面校勘、整理、编纂，把佛经论疏部的著作集结在一起，按照时间顺序编纂了《丹珠尔》，同时把佛语部的作品集结成《甘珠尔》。《甘珠尔》《丹珠尔》的问世，标志着藏族佛经翻译、藏族佛学研究水平达到了相当高的层次。

经过长时间的融合、发展、交流、多民族的相互学习，藏族翻译文学体裁更加多样化，内容更为丰富多彩，培养了一大批优秀翻译人才，他们用自己的智慧和才能创造了光辉的业绩，赢得了应有的地位。

在造纸技术没有传到印度之前，印度人通常用贝达罗树的叶子作为书写材料。贝叶经就是用贝达罗树的叶子书写成册的佛经。由于树叶容易腐烂，保存不易，所以贝叶经十分珍贵。这部贝叶经内容是《婆罗门行续》，约8世纪成书，长56.3厘米，宽6.5厘米，每函分为三段，中间有彩绘的佛像，上下有木制夹板，现藏于西藏博物馆

民间文学：熠耀莽莽，霞光万丈

劳动人民生活最为直接的情感寄托与表达

与天地对话

藏族与世界上的很多民族一样，同样也经历了漫长的氏族公社时期，在“万物有灵”观念的影响下，创造出了许许多多的神话传说。藏族神话是藏族文学最为璀璨的文学作品，不仅增添了藏族历史的神秘色彩，还是劳动人民生活最为直接的情感寄托与表达。它以美好的幻想和夸张的艺术表现形式，反映了藏族先民对客观世界的认识，讴歌了藏族先民改造自然的行动和力量，同时也表现了他们的精神与意识、心理与文明，从感性向理性升华的过程及改造自然求取生存的大致轮廓。

藏族先民将自然界的一切事物和现象都赋予了瑰丽的神话色彩，而在众多的神话中自然神话最多、最具特色，包括天地、日月、星辰及毁灭、形成、生命起源等，基本上反映了藏族先民对大自然的全部认识过程。

数量众多的神怪在流传的过程中，不仅有光怪陆离的故事，而且形成十分有规律的系统。随着佛教的传入，给形象的神话又蒙上一层厚厚的抽象的思维模式。

回声荡漾在山川之间

藏族民间传说极为丰富多彩，尤其是吐蕃时期的传说更是耐人寻味。大致可以分为三类：史事传说，如《止贡赞普被杀的传说》《迎请文成公主的传说》《金城公主的传说》《修建大昭寺的传说》《修建桑耶寺的传说》《吞弥·桑布扎创制藏文的传说》等；人物传说，如《松赞干布的传说》《文成公主的传说》《禄东赞的传说》《莲花生的传说》等；风物传说，如《昌珠寺的传说》《牦牛河的传说》等等。这些传说既是历史的艺术再现，有着坚实的现实基础，又受到神话的巨大影响，富于幻想和神秘色彩，因此都呈现出浪漫主义和现实主义相结合的创作方法。

民间故事是藏族人民用心血浇灌培育出来的一丛

奇妙的创世神话

藏族的先民们对人类自身的由来有一段美丽的传说：一只由观世音菩萨点化的猕猴与一位罗刹女结为夫妻，生育了六个儿子。罗刹女见儿子长大了，没有姑娘和他们结婚，便用魔法变了六个美丽的姑娘，让她们同自己的儿子结婚。婚后罗刹女让他们居住在雅鲁藏布江边，观世音用粮食哺育他们，他们的尾巴才慢慢消失，逐渐进化为人形。

这个神话在藏族群众中广为流传，至今西藏泽当地方的人们仍将一岩洞称为猕猴洞，作为人类起源的圣迹供奉。

这段神话虽然简短，但它较科学地反映了人类“猿—类人猿—人”的进化过程，其中“观世音用粮食哺育……尾巴才慢慢消失”，正好说明人类祖先从爬行到直立，从狩猎食肉到刀耕火种、食用粮食所经过的漫长历程。它超越了捏土造人的神造观点，反映了藏族远古文明的起点，闪耀着朴素的唯物史观的火花。

另一则关于藏族起源的卵生神话，最早出现在本教的文献中：在世界还没有形成之前，有一个由五宝形成的蛋，后来蛋破裂，生出了一个英雄，他便成了人类的祖先。在14世纪由绛曲坚赞编写的《朗氏家族史》中也记载了这样的神话传说，称世间最初由地、水、火、风、空气之精华形成一枚大卵，卵的外壳生成天界的白色石崖，卵中的蛋清旋转变为白海螺，卵液产生出六道有情；卵液又凝结成十八份，即十八枚卵，其中色如海螺的白卵，从中一跃而出一个肉团。它虽然没有眼、耳、鼻、舌、身，却有思维之心。想到能观察之眼，遂出现慧眼；想到能识别香臭之鼻，遂鼓起嗅香味之鼻；想到能闻声之耳，遂耸起听受声音之耳；想到牙齿，遂出现断除五毒之齿；想到尝味之舌，遂生出品味之舌；想到手，遂长出安定大地之手；想到脚，遂出现神变行路之脚。总之，有什么希望都能实现，就这样娶妻生子，遂为庶民众生之始祖。

像这样的神话传说既蕴含着藏族先民原始的意识形态、道德观念、历史记述，也反映了藏民族的宗教信仰、思想愿望，是藏族文学创作很重要的组成部分。

亮丽的文学之花，深深扎根于藏族群众之中，数量多、流传广，影响大，内容和形式丰富多彩。故事在各个藏区有着不同的称谓，卫藏地区叫作“仲”，在安多的很多地方叫作“纳达木”，四川很多藏区叫“纳仲”，意为古时候的故事。

藏族民间故事的流传方式主要是用嘴巴说、耳朵听、心中记。在藏区各个地方都会有一批善于讲述民间故事的民间艺人，他们都有很好的口才，很丰富的语言艺术和超强的记忆能力，说起故事有声有色，能够吸引广大听众。

俯仰皆是歌

藏族民歌中蕴含着深邃而丰富的思想内容，表现在社会生活各个领域，生产劳动、爱情婚姻、汉藏传统友谊中都有广泛而深刻的反映。它的艺术手法优秀卓越，主要是通过比喻、拟人、夸张、联想、双关等修辞手法表达强烈而又细腻的思想感情，真实地表达了藏族人民的爱憎。

例如，揭露农奴主阶级剥削和压迫的，表现了强烈的斗争精神：

日喀则著名六弦弹唱艺人(图/张鹰)

只因唱了一支歌，
脖颈套上了枷锁。
要问歌词是什么，
枷锁上面写着！

民间歌谣比较有名的还有《流奶记》《玛尼论集当纸片》《大老爷》等。还有"诺吞"，就是以爱情婚姻为主要题材，主要有《不幸的擦娃绒》《拉萨怨》《负心的喇嘛》《可怜的独行少女》《出奔》《捎上三句话》等等。

在藏民族丰富多彩的文学遗产中，谚语占据着重要的地位，它是藏族语言的精华，极大地丰富了藏族口头文学，是藏民族世世代代集体经验和智慧的结晶。谚语在藏语中叫"丹慧"，它以丰富的内容涉及到藏族社会生活的各个方面，它一般采用生动、贴切、无可反驳的比喻来说明事理，内容多是为人、处世、治家、治国等，或赞美或批判，只言片语说明深刻的道理，揭示出事物的本质。

例如，关于为人处世的，提倡并赞扬为人要英勇而有学识：

英雄胆气壮，
不惧怕死亡。
贤者智慧高，
知识难不倒。

教育自己的子孙后代要比先辈更加贤德有为，才能家庭不断兴旺发达：

儿子比父亲贤德，
家道兴旺如火在草原燃烧。
儿子比父亲恶劣，
家道破败如血被水冲刷掉。

藏族谚语极善于运用对比的手法概括事物的本质，如"穷人的汗，富人的饭"。这种极为概括精练的谚语，深刻地揭示出了事物的本质，耐人寻味，发人深思。藏民族更是善于运用形象化的手法来创作谚语，这不仅可以增强表达效果，加强感染力和说服力，而且有助于将丰富的知识经验和精深的思想见解浓缩在简短的语言之中。

此外，整齐和谐是藏族谚语的又一突出特点，除少数单句或多句外，大都由两句组成，给人以愉快的音乐美感。如"绸缎虽旧花纹不褪，英雄虽死美名不衰""漫漫人生三苦三乐，长长春日三冷三暖"等，对仗都很工整，使谚语增添了节奏美和音乐感，音调和谐，易于上口，流畅好记。

藏族民间谚语产生很早，在远古时期即已发展起来，并在藏族社会上广泛流传和应用，为藏族人民群众所喜闻乐道。而且藏族很多作家也从这些谚语中吸取丰富的创作营养，并把它搜集成册。如《松巴谚语集》是记录藏族民间古老谚语的第一个集子。《喻法宝聚》《格萨尔王传》《萨迦格言》《米拉日巴传》《猴鸟故事》等著作中都使用了丰富的谚语来进行说理辩论。

作家诗：幽谷兰香，气韵悠远

诗歌宛若藏族作家文学天空中最亮的星辰

诗以言志，触兴而发

在藏族文学的天空中，诗歌创作宛如闪亮的星辰。它以数量的庞大和时间的久远成为藏族作家文学的皇冠，象征着藏族作家文学的辉煌。

藏族作家诗的产生，最早可以追溯到吐蕃时期。从敦煌古藏文写卷和《五部遗教》《贤者喜宴》等一些后世文学著述中，可以看到吐蕃时期一些赞普和文臣武将吟唱的诗歌。这些诗歌或盟誓，或庆功，或酬宾，或颂赞，或哀悼，或告诫，即景生情，触兴而发，言志而抒情，都可以说是藏族作家诗的雏形。

11世纪，藏族作家诗开始蓬勃兴起和发展起来。从它们所阐述的内容和运用的形式看，可以分为"道歌体"诗、"格言体"诗、"年阿体"诗和"四六体"诗等流派。格言体诗是藏民族特有的文学创作体，文哲合璧，每首四句七言，内容深邃，令人警醒，形式简明，易于记诵。

13世纪萨班·贡噶坚赞所著的《萨迦格言》开了藏族格言体诗的先河。后来很多学者起而效仿，创作出《甘丹格言》《水树格言》等格言体哲理诗集，从而形成了诗歌创作的一个新流派。

《萨迦格言》是藏族历史上第一部哲理格言诗集，共9章，包括格言诗457首。内容十分丰富，以四句七言体的诗歌表达治国主张、处世哲学、道德观念和佛教教义等。论述一分为二，富有辩证法思想。对生活是非曲直的看法，自然是根据作者自己对事物的认识和立场，有反映人民心理、愿望的成分，也难免带有种种阶级偏见和时代局限。

雪域三大文殊化身之一——萨迦班智达

《萨迦格言》的作者萨班·贡噶坚赞（1182—1251）从小跟随父兄受严格的释典、经学教育，后漫游西藏和印度各地，拜名流为师，攻读梵文，研究佛经，著述极丰，成为西藏佛教萨迦派的著名大师，号称"萨迦班智达"。

"班智达"的称号来源于印度，意思是学识渊博的大学者。萨迦班智达·贡噶坚赞是西藏佛教史上第一位被誉为班智达者，由于精通五明、智慧无比，因此被称为雪域三大文殊化身之一。

萨迦班智达不但是一位学识卓越、修证有成的佛教大师，而且对西藏有特殊的贡献。在13世纪30年代，元太宗窝阔台执政期间，阔端驻守在凉州（今甘肃武威），有意进攻西藏。西藏地区各教派的领袖人物协商如何应付强大的蒙古军队。最后，大家共同推举萨迦班智达同蒙古谈判。

大约在公元1244年，萨迦班智达已年届63岁，带着10岁的八思巴和6岁的恰那多吉这两个侄子，从萨迦寺动身前往凉州。经过千辛万苦的两年跋涉，终于在1246年8月抵达凉州。阔端与萨迦班智达见面后，被他的智慧及学识品德深深折服，答应不再进攻西藏，并邀请萨班前去蒙古传授佛法。由此，通过萨班的努力，西藏避免了一场生灵涂炭的浩劫。

萨迦班智达塑像

这首诗鼓励好学不倦，批评懒惰不学：

愚人以学习为羞耻，
学者以不学为羞耻。
因此学者即使年老，
也为来生学习知识。

这首诗赞赏改正过错，批评文过饰非，表达了作者的审美思想和道德观念：

哪怕是小恶圣者也要抛弃，
卑贱者对大过错也不肯丢弃。
奶酪有了微尘就需要清除，
青稞酒却要特别投以酒曲。

正人君子注意自己的缺点，
邪恶之人专找别人的毛病。
孔雀注意查看自己的羽毛，
猫头鹰却给别人以凶兆。
稍微有点头脑的人，
对缺点都会考虑改正。
这样去克服缺点的人，
就会不断前进再前进。

善慧诗者

宗喀巴·洛桑扎巴是藏传佛教格鲁派的创始人，他在佛教经典和修持各方面都有很高的造诣，他同时也是藏族文学史上赫赫有名的作家。他的诗作大多汇集在《诗文散集》中，共收有130篇诗文，其中诗120篇。这些诗包括赞颂、祝愿、劝告，其中以赞颂诗最多，也最有特色。

宗喀巴是较早运用《诗镜》理论创作诗歌的诗人之一，其诗的突出特点就是善于运用大自然景色比喻所咏之对象，用浪漫、夸张手法来吟物抒情。用“皑皑雪山”“蓝天秋月”“如银月光”等自然景色来比喻所赞者圣洁纯净之身，表现无限的庄严和纯洁；用“无瑕水晶中的珊瑚”“朝霞”“彩虹”等色泽鲜丽耀眼的景物来比喻描绘佛、菩萨的彩绘塑像，给人一种辉煌富丽之感；用“无限的天空”“广阔海洋”来比喻知识渊博和功德圆满无边；用“光辉太阳”、出污泥而不染的“莲花”来比喻高尚德行。通过这些比喻，使抽象的事物变得形象、生动。

唐卡《宗喀巴》

例如，他的四大赞颂诗篇之一《文殊礼赞》中这样来描写文殊菩萨的形象，诗句清新脱俗，给人一种飘飘欲仙、清逸洒脱之感：

明净清湖水上边，
百瓣莲枝微微颤。
青狮背上绿衣飘，
善言狮子保佑俺。

另外一首《妙音天女赞》描写了妙音天女美丽圣

像和自己的崇拜心情：

如绿玉液汇集的湖边，
在制凉光的月台上面。
巍巍雪山般雄伟庄严，
蓝色琵琶声悦我敬赞。
佩戴白色花蔓的顶髻，
以月儿装饰无限美景。
深蓝的秀发流苏披肩，
梵天女儿你夺人心灵。
您如广阔天空众星主，
又似天鹅戏游在莲池，
在我宽广明净心园里，
请您常驻并赐予睿智。

那一世，听心在吟唱

在藏族文学史上，有一个人具有十分特殊的地位，那就是六世达赖喇嘛——仓央嘉措。他的诗歌至今仍在广为传诵。

在人们的想象中，仓央嘉措是一位向往世俗生活、离经叛道的情僧。事实上，《仓央嘉措情歌》的名称按藏文原书名应译为《仓央嘉措道歌》，不是“情歌（杂鲁）”，而是“道歌（古鲁）”，在藏语里，“古鲁”是含劝诫意义的宗教道歌。所以，后世对仓央嘉措诗歌内容的翻译，犯了错误，以讹传讹到今天，更有不少歪曲历史、扭曲事实之处，甚至置真正的西藏文化及其宗教的意义于不顾，事实上扭曲了这些诗歌的本意。

曾有藏传佛教高僧对其这样评价：“六世达赖以世间法让俗人看到了出世法中广大的精神世界，他的诗歌和歌曲净化了一代又一代人的心灵。他用最真诚的慈悲让俗人感受到了佛法并不是高不可及，他的特立独行让我们领受到了真正的教义！”

仓央嘉措是一名宗教领袖人物，但他敢于写出人的内心矛盾和对现实生活的理想，突破了宗教对人性的束缚，大胆地向传统势力挑战，表现了巨大的勇气。这些作品不但思想内容是积极进步的，而且具有很高的艺术技巧。

格律结构上，采取了谐体民歌的形式，除个别六句、八句外，基本上都是每首四句，每句六个音节，两个音节一停顿，分为三拍，即“四句六言三顿”，节奏响亮，琅琅上口。还可以民歌曲调吟唱，极富于音乐美感。

他的诗歌寓情于喻，多取比兴，艺术手段也多样。

有通篇比喻的，如：

柳树爱上小鸟，
小鸟爱上柳树。
只要双双相爱，
鹞鹰无法破坏！

诗中以小鸟栖息杨柳的常见自然景象比喻男女的相爱，以鹰鹞与鸟雀的敌对关系比喻破坏者及其凶恶本性，都是非常贴切而又富于生活气息的。

藏族修辞理论著作：《诗镜》

约7世纪，古代印度梵语文学发展到了鼎盛时期，封建王朝的宫廷诗人檀丁为了总结前人的文学创作经验，同时也为了适应封建统治者的需要，创作了一部主要论述诗的写作技巧的理论著作——《诗镜》。《诗镜》传入青藏高原后，引起了藏族宗教文化界的极大重视，经过较长时期的流传和融合，逐渐被消化和吸收，按照藏族的语言特点和写作实际进行了改造、补充和创新，从而使《诗镜》成为藏族自己的文学和修辞方面的理论著作，受到历代藏族学者的公认和尊崇。

《诗镜》对于整个藏族文学艺术都有不同程度的影响。对于藏族文学而言，各种体裁都受到了它的影响。在藏族的很大一部分文人中兴起了一股新的文学思潮和文风，出现了大批诗歌作品，它们的艺术风格独树一帜，讲究修辞，喜用词藻，注意形式，与当时藏族文学领域流行的“道歌体”和“格言体”诗歌鼎足而立，形成一种新的“年阿体”流派，风靡文坛历数百年不衰。

有前两句比兴，后两句写实的，如：

烈马逃到山上，
可用套索捉捕。
情人一旦反目，
法力也难捉住！

前两句以不驯的烈马比后两句中反目的情人，可谓就近取比，颇具民族特色。

有的诗章采取直抒胸怀的白描手法，如：

一个把帽子戴在头，
一个把辫子甩背后。
一个说请你慢慢走，
一个说请把步儿留。
一个说心儿莫难受，
一个说很快会聚首。

戴帽、甩辫的动作，本来极为平常，但写入诗中，却显得那么真切、细腻，给人以动的画面。几句对话，看似平淡无奇，但一片恋恋难舍深情，却就寄寓在平淡之中。分别相送也是常事，可是一旦注入了爱情美酒，那情景也就使人格外陶醉了。短短六句诗，写动作，男女分明，写对话，言短意长。景中有情，诗中有画，成为一幅充满生活气息的绝妙惜别素描。不是诗人热爱生活，深入细致的观察，哪能达到这般高超的境界？

有的诗歌还巧妙地使用了对比的手法，如：

我到喇嘛跟前，
请把心路指点。
无奈心儿难收，
跑到情人那边。

这首诗把情人和喇嘛、爱情和佛法这两对尖锐矛盾着的事物相对比，而以心儿的选择作为对比的杠杆，形象格外鲜明，感受更加强烈，把客观事物的美丑、主观感情的爱憎以及诗人的取舍，都表现得淋漓尽致，达到了高度的艺术效果。

另外，他的诗歌在构思和意境方面极富浪漫主义色彩，如：

天空洁白仙鹤，
请把双翅借我。
不到远处去飞，
只到理塘就回！

这首诗显露了诗人纵意凌空、超脱浪漫的气质。

诗人在语言的运用方面朴素无华、活泼生动、清新明快、平易通俗，多是群众语言。这也是他的诗歌能在群众中广泛流传的重要原因之一。不知道诗歌出处的人，会只把它当作一般民歌来唱。由此可见他的诗在语言艺术和思想感情方面“群众化”的程度。特别在当时，上层文人多受“年阿体”诗的影响，崇尚典雅深奥、讲求词藻堆砌、鄙视“俗词俚语”之风盛行之际，仓央嘉措却以达赖喇嘛至高的身份，坚持将群众语言写入诗篇，独树一帜，更难能可贵。

生平迷离又极具才华的六世达赖喇嘛

1682年2月25日，五世达赖喇嘛圆寂。其亲信弟子第巴桑杰嘉措秘不发丧，隐瞒了僧侣大众和康熙皇帝长达15年之久。

1696年，康熙皇帝偶然得知五世达赖圆寂多年，十分愤怒。1697年，仓央嘉措被选定为五世达赖的“转世灵童”，此时已14岁。是年10月25日，仓央嘉措于拉萨布达拉宫举行坐床典礼，成为六世达赖喇嘛。

但此时的西藏，政局动荡，拉藏汗与第巴桑杰嘉措的矛盾日益尖锐，双方爆发了战争，藏军战败，第巴桑杰嘉措被处死。拉藏汗向康熙帝报告第巴桑杰嘉措“谋反”事件，并奏称六世达赖仓央嘉措不守清规，是“假达赖”，请予“废立”。康熙帝准奏，决定将仓央嘉措解送北京予以废黜。

1706年，仓央嘉措在押解途中，行至青海湖滨时染病去世，时年23岁。正史记载如此，但民间关于他的去向，则有着各种各样的传说版本。

旌旗猎猎，藏族文学里程碑《格萨尔王传》

中国和世界文学史上的无价之宝

世界上最长的英雄史诗

藏族文学极为丰富，无论是民间文学还是作家文学都有很多优秀的作品，其中以伟大的英雄史诗《格萨尔王传》最为脍炙人口。它与蒙古族的《江格尔》、柯尔克孜族的《玛纳斯》并称为我国的三大史诗，是藏族文学史上，也是中国和世界文学史上的无价之宝，受到全世界的瞩目和珍视，被誉为"东方的荷马史诗"。

《格萨尔王传》诞生于藏区，流传于藏、蒙古、纳西、裕固、白等民族；在国外，蒙古国，俄罗斯的布里亚特、卡尔梅克以及印度、巴基斯坦、尼泊尔、不丹等地也有人传唱。《格萨尔王传》代表着古代藏族、蒙古族民间文化与口头叙事艺术的最高成就，既是文化多样性的熔炉，又是多民族民间文化可持续发展的见证。

从目前搜集整理的情况看，《格萨尔王传》共有120多部，100多万诗行，2000多万字，是世界上最长的一部英雄史诗。就数量来讲，比世界上最著名的五大史诗，即古代巴比伦史诗《吉尔伽美什》、希腊史诗《伊利亚特》《奥德修记》及印度史诗《罗摩衍那》《摩诃婆罗多》的总和还要多，还要长。迄今发现的藏文版本，已达50多部。

《格萨尔王传》手抄本

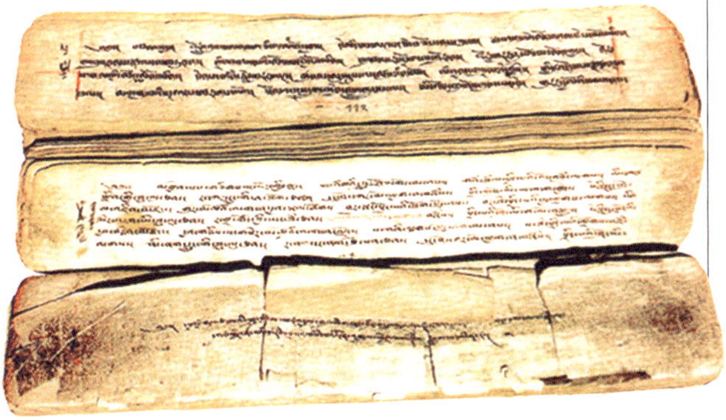

形象化的古代藏族史

《格萨尔王传》以宏大的气势、高超的艺术技巧，反映了藏族发展的重大历史阶段及社会的基本结构形态。

这部史诗讲述了这样一个故事：

《格萨尔王传》的成书

《格萨尔王传》的产生与吐蕃王朝建立以前藏族古代社会中的"本""德乌""仲"有着直接或间接的渊源，这三者都为《格萨尔王传》的产生做了重要准备，奠定了坚实的基础。

目前，较为普遍的说法是《格萨尔王传》大约产生于宋元时代，即吐蕃王朝崩溃后的公元11世纪前后。吐蕃王朝后期（9世纪），藏族社会处于大动荡、大变革时期，统治阶级内部争权夺利、互相攻伐。藏族人民饱受战乱和流离之苦，热切盼望能有一个拯救他们的大英雄出现，除暴安民、造福百姓。《格萨尔王传》就是在这样的时代背景下应运而生的。

11世纪前后，随着佛教在藏族地区的复兴，僧侣开始介入《格萨尔王传》的编纂、收藏和传播。史诗《格萨尔王传》的基本框架开始形成，并出现了最早的手抄本。手抄本的编纂者、收藏者和传播者，主要是宁玛派的僧侣。

四川德格县阿须乡格萨尔王庙旁的青蛙石，传说格萨尔就出生在这块巨石之下（图/杨嘉铭）

在很久以前，天灾人祸遍及藏区，妖魔鬼怪横行，黎民百姓遭殃。大慈大悲的观世音菩萨为了普度众生出苦海，向阿弥陀佛请求派天神之子下凡降魔。神子推巴噶瓦发愿到藏区做君王，即岭国之王——格萨尔。为了让格萨尔王能够完成降妖伏魔、抑强扶弱、造福百姓的神圣使命，史诗的作者们赋予他特殊的品格和非凡的才能，把他塑造成天神、龙神、年神（藏族原始宗教里的一种厉神）三者合一的半人半神的英雄。格萨尔王降临人间后，多次遭遇到陷害，但是由于他超凡的力量和诸天神的保护，不仅逢凶化吉，还将害人的妖魔鬼怪杀死。

格萨尔王一生立志为民除害。5岁时，格萨尔王与母亲移居黄河之畔。8岁时，岭部落也迁移至此。12岁时，格萨尔王在整个部落的赛马大会上取得胜利，并获得王位，娶贤良智慧的珠牡为妃。从此，格萨尔王开始施展天威，东讨西伐，降服了北方的妖魔，战胜了霍尔国的白帐王、姜国的萨丹王、门域的辛赤王、大食的诺尔王、卡切松耳石的赤丹王、祝古的托桂王，先后降服了几十个“宗”（藏族古代的部落和小邦国家）。在战胜人间的各种妖魔之后，格萨尔王功德圆满，与母亲郭姆、王妃珠牡等一同返回天界。

整部史诗主要分成三个部分：第一部分“降生”，即格萨尔降生；第二部分“征战”，即格萨尔降伏妖魔的过程；第三部分“结束”，即格萨尔返回天界。三部分中，以第二部分“征战”内容最为丰富，篇幅也最为宏大。除著名的四大降魔史——《北方降魔》《霍岭大战》《保卫盐海》《门岭大战》外，还有18大宗、18中宗和18小宗，每个重要故事和每场战争均构成一部相对独立的史诗。

虽然这只是个像神话般的故事，但是格萨尔王一生不畏强暴，不怕艰难险阻，以惊人的毅力和神奇的力量，征战四方、降伏妖魔、除暴安良、造福人民的英雄形象和精神却是藏族人民一直所信仰和追求的。

《格萨尔王传》还是民间文学素材的花篮，它的许多内容取自民歌、神话及故事，反过来，也成为后世文学艺术创作采集素材、借取题材的丰盛园地。后来的很多民间歌舞的内容曲调均取自《格萨尔王传》，有些歌调就是直接歌颂格萨尔夫妇的。再如题材丰富的神话传说和民间故事，很多也取材于《格萨尔王传》，著名的《七兄弟的故事》就是将七兄弟为人们盖楼房的故事与格萨尔王的故事交织在一处，浑然一体，相映成趣。为数众多、独具特色的绘画与雕塑也以《格萨尔王传》的故事情节为依据，或将格萨尔当作护法神，加以供奉。

民族记忆的博物馆

世界上众多民族都有史诗，随着时间的推移，大多数史诗都自生自灭了，仅有少数史诗以文字形式记录下来，并成为人类共同的瑰宝。比如古希腊史诗《伊利亚特》《奥德赛》，其中人物和故事仍然到处流传，然而史诗的有机组成部分——荷马一样的行吟诗人却早已一去不复返了。《格萨尔王传》不一样，它是一部至今还有行吟诗人口头传唱的、具有史诗原生态标杆意义的、活着的史诗。至今仍有上百位民间说唱艺人，在西藏、四川、内蒙古、青海等地区传唱着英雄格萨尔王的丰功伟绩。

格萨尔艺术之乡——川西色达

色达县位于四川甘孜藏族自治州东北部，有9000平方千米的土地，平均海拔4000米以上。这里格萨尔王遗迹遍布境内，被世人称为格萨尔王最后的部落——瓦须·色达。这里有格萨尔王与王妃珠牡留下的美丽传说；这里有“格萨尔王营盘”征战地形图、铁甲、战马蹄的印迹；这里有格萨尔练兵山和格萨尔王女将阿达拉姆的踢山石柱；这里有我国唯一保存完整的骨系部落文化，人们自称是远古时期藏族四大古姓氏之一的穆氏的传承，是格萨尔王的后裔；这里的宗教文化更添神奇，是令人仰慕的吉祥之地。

格萨尔石刻与绘画遍布全县，是色达格萨尔文化的另一大特点。色达民间家庭、寺院普遍悬挂格萨尔唐卡，不少寺院转经廊经筒内装填的是印有格萨尔经文的经书，色尔坝等地村落房顶后部石塔插的也是印有格萨尔及其大将画像的经幡。特别是泥朵乡有规模宏大的格萨尔传说人物彩绘石刻群。200多幅彩绘石刻，刻画了格萨尔王及其三十员大将、岭国八十员战将征战的壮观场面，其色彩艳丽，人物造型千姿百态，栩栩如生。

上图：松格嘛呢城位于甘孜州石渠县，距县城约80千米处。是一座四方形的石头城，高约10米，长100米，全由一块块的嘛呢石随意堆积而成。传说当年格萨尔王为了给阵亡的将士超度亡魂，便在这里垒起嘛呢堆，后来各地来此朝拜的藏民都纷纷往上面放置嘛呢石。于是嘛呢堆也就越垒越高，慢慢变成了嘛呢城（图/视觉中国）

下图：色达格萨尔文化艺术中心（图/陈东）

想深入了解格萨尔文化，研究格萨尔说唱艺人是必不可少的。一把六弦琴，一段格萨尔王的故事，行吟在这片土地上的说唱艺人是格萨尔无处不在的最好证明。

说唱艺人藏语称为“仲堪”（也有叫“仲巴”的），“仲”专指“格萨尔故事”，“堪”即人的意思。大致有五种类型：一是“巴仲”，即神授艺人，多是幼年时因奇怪的梦而获得说唱格萨尔的能力，他们通常身世坎坷，目不识丁，但记忆力惊人，有的还是世代说唱；二是“退仲”，闻而知之的艺人，即指那种通过听别人说或是诵读史诗刻本具备说唱能力的人，这一类艺人只能说唱几部史诗；三是“德尔仲”，掘藏艺人的意思，这一类艺人很少，多为宁玛派僧侣，他们声称所掘的伏藏故事是从神秘的宇宙和精神世界中获得的；四是“仲丹”，即照着书本诵唱，这一类艺人会藏文，文化水平较高，是后天的喜好使得他们选择了说唱；五是“扎巴”，圆光艺人，专指可以从铜镜中看到佛像和经文并进行说唱的艺人，圆光艺人非常罕见，显得很神秘。

格萨尔说唱艺人的帽子
（图/李玉琴）

民间“神授艺人”的传奇色彩

在民间，格萨尔英勇传奇的故事大多由生长在偏远地区的民间艺人们，以无师自通、终身唱诵的方式，一代代在高原、草地流传至今。他们的唱诵方式根据个人的特点，又结合时代的发展，使得格萨尔丰富多彩的形象“活”在民间。而这些艺人们多数一生没有进过正规的学校，更不精通古藏文，但是他们的说唱技艺却充满着令人百思不得其解的神秘特色。

这种神奇的方式表现为，大病一场之后，或者突然间在夜里做了一个梦，醒来之后便会诵说格萨尔传。掌握格萨尔故事说唱本领之后的民间艺人，平时看起来都“病恹恹的”，但当他们把故事帽（格萨尔艺人特制的帽子）一戴，把腿一盘，闭目沉默片刻，会有如受到电击一般，骤然间精神抖擞，时而哭时而笑，时而千军万马就从嘴里奔涌而来。由此，大家也把他们称为“神授艺人”。

桑珠老人出生在藏北丁青县一个叫“如”的村庄。小时候桑珠经常听外祖父把格萨尔唱得出神入化。桑珠的外祖父去世了，家里仅有的两头牛也被债主拉走。幼年的桑珠无比悲痛，只得替别人放羊糊口。一天，桑珠在山上放牧时遇到暴雨，雨一直下个不停，桑珠躲进山洞里，不知不觉中进入了梦乡，梦中讨债人又找上门来，拉起桑珠家的牦牛就往外走，桑珠抢上前去，抓住牛尾巴不放，讨债人松开绳子，回头打桑珠。就在这时，格萨尔王从天而降，把两个讨债人制伏在地。梦醒之后，桑珠开始精神恍惚，频繁做梦，每次梦中都会翻看《格萨尔王传》的书。事后书的内容他竟然都能回想起来，便尝试开口说唱，发现自己不但能流利说唱《格萨尔王传》，而且唱完之后精神抖擞。

从此桑珠就开始了格萨尔说唱生涯。他不再放羊，请人做了一顶格萨尔说唱艺人帽，边走边挨村说唱，几年后来到了离拉萨不远的山南地区。山南的一位贵族偶然听到桑珠的说唱，神魂颠倒，干脆把他请到家中。贵族去拉萨访亲时把桑珠也带去，没想到桑珠的名气又在拉萨传开了，拉萨的贵族不断邀请桑珠，

演唱《格萨尔王传》的艺人(图/杨嘉铭)

连噶伦都把桑珠请到了家中。出了名的桑珠生活好了起来，他娶妻生子，在拉萨附近的墨竹工卡县定居下来，农闲之余仍旧说唱心爱的《格萨尔王传》。

上个世纪80年代，在抢救格萨尔艺人工作中，桑珠的说唱引起了专家们的高度重视。专家认为，桑珠的说唱多而全。桑珠老人说自己可以说唱出76部《格萨尔王传》，“不只会18大宗，还会18中宗、18小宗。小片断多得像牦牛毛”。老人认为自己的前生肯定曾是格萨尔身边的一个人，中间几次轮回，今生再来完成说唱格萨尔的使命。

生活在四川甘孜藏族自治州德格县的阿尼老人，同样也是一位具有传奇色彩的神授艺人，也是目前说唱史诗最优秀的藏族民间艺人之一。

阿尼的舅舅就是一个说唱艺人，在阿尼很小的时候，舅舅会经常在梦中得到格萨尔王的神谕。格萨尔王告诉舅舅，阿尼会成为一个格萨尔说唱的传人。果然，在13岁的一天，上山放牛感到疲惫的阿尼，躺在石头上睡着了，梦到格萨尔王穿着白衣骑着白马来到面前，问阿尼愿不愿意歌唱他的故事。第二天，阿尼又梦到了格萨尔王在梦中教授他说唱《格萨尔王传》的唱腔，而且还给了阿尼三个任务：第一是保护好身体，第二是保护好嗓子，第三是他的唱腔、传奇故事一定要唱下去。

从此，阿尼把说唱《格萨尔王传》作为自己一生的使命，开始了具有传奇色彩的一生。说唱《格萨尔王传》成为他每日的必修课，每天来他家听说唱的，多的时候一天有30多人。阿尼不仅在德格说唱，还经常去其他藏区说唱。他一生中不喝酒，不吸烟，不吃辣椒，去过印度、尼泊尔及西藏、青海等地转经，在磨练身体的同时增长见识。

阿尼不仅具有超常的记忆力和领悟力，而且嗓音甜美，语言生动，形象鲜明，是一位深受群众欢迎和喜爱的说唱家。阿尼的才艺很快被四川人民广播电台发现了，为了更好地保护和传承这一文化遗产，1981年阿尼跟另外两位说唱艺人应邀来到四川人民广播电台，录制了80多种《格萨尔王传》史诗的唱腔。节目播出后立刻轰动了全藏区，许多老人将收音机的波段锁定在四川人民广播电台的频率上，并且不准家里任何人去碰收音机，怕再也找不到这家电台。他们的说唱甚至传到了国内其他省份乃至整个南亚。

阿尼说，他现在已不是一个纯粹的“神授艺人”，通过多年的学习，如今，他能唱30多部《格萨尔王传》，80个英雄的唱腔。他说，不管自己遇到什么样的困难，都要将英雄格萨尔说唱下去。

让阿尼高兴的是，格萨尔说唱艺术正在得到全面的保护和传承，这部英雄史诗被联合国教科文组织列入“人类口头和非物质遗产代表作名录”，2007年，阿尼也被文化部评为第一批国家级非物质文化遗产项目代表性传承人之一。

除了教授学徒，跟家人一起记录新的唱词，阿尼每天的生活还是早起转经，在家说唱。每当有人慕名而来请他说唱一段格萨尔的故事，他就会手持一根代代相传的马鞭，精神十足地高声唱诵起来，那张原本消瘦的脸上也显现出仿佛来自远古召唤的光彩。

新路海（图/《旅游天地》）
位于四川德格县境内的雀儿山下。新路海藏语名为“玉龙拉措”，“玉是心，龙是倾，拉措是神湖”。相传藏族著名史诗《格萨尔王传》中的英雄格萨尔爱妃珠牡来到湖边，被秀丽的湖光山色和幽静的环境所吸引，徘徊湖边流连忘返，她那颗眷念美丽河山的心犹沉海底。后人为了纪念珠牡，取名为玉龙拉措

对于格萨尔说唱艺人来讲，说唱英雄格萨尔王的故事是上天赋予自己的使命，他们普遍把自己巨大的说唱能力归于“神授”。格萨尔学专家降边嘉措说：“一个生长在偏僻山村或牧区，目不识丁的农民或牧民，为什么能够讲述十几部乃至几十部史诗故事，吟诵十几万、几十万，乃至上百万诗行？若将他们的唱词全记录整理成文，有几百万乃至上千万字，那是厚厚的几十部书。他们是怎样学唱，怎么记忆的？这样的艺术天赋，令人惊叹。惊叹之余，也使人感到疑惑不解。……怎样解开他们的记忆之谜……是我们需要深入探索的一个课题。”

说唱艺人犹如一个民族记忆的博物馆，将人们带到人类的童年，他们是研究史诗、打开史诗之谜大门的一把钥匙。目前剩下的大多是老人，他们的逝去，将是民族共同记忆的消失，是一段历史的消失。

盛开着语言艺术的格桑花

作为一部文学作品，《格萨尔王传》有着自己独特的艺术表现手法。

语言的对称排比，借喻的重叠连用，构成《格萨尔王传》的语言特色。如史诗中对王妃珠牡的刻画，所用的语言很有代表性：

你右转好像风摆柳，你左转好似彩虹飘。
你前走一步价值百骏马，好像半空中空行在舞蹈。
你后退一步价值百紫骡，好像天上的仙女在舞蹈。
你眉眼含情价值百犏牛，人人都为你倾倒。
你嫣然一笑价值百羔羊，齿如珍珠排列得好。
你右发向右垂，好像白胸鹰展翅飞。
你左发向左垂，好像紫胸鹰凌空飞。
你后戴发饰珊瑚串，好像天女下凡来。
你前戴发饰玉五彩，好像孔雀把屏开。
你站起好像垂彩绸，你坐下好像堆锦绣。

格萨尔文化与格萨尔学

《格萨尔王传》的创作已约千年之久，它深深扎根于雪域沃土，吮吸着藏族文化的丰富养分，成为世界文化生态园中的参天巨树。

研究《格萨尔王传》的各族专家学者和广大社会科学工作者经过几代人的努力，20世纪80年代提出了“格萨尔文化”这个概念。格萨尔文化是指这部宏伟史诗精神与物质两个层面的全部，同时也是这两个层面历史与现实的总和，涉及历史、文学、艺术、宗教、历算，乃至阶级关系、民族交往、道德观念、风俗习惯等，是了解和研究青藏高原古代社会的一部百科全书。

从具体的文化事象而言，它包括《格萨尔王传》（含文本和说唱）及其说唱艺人，包括由《格萨尔王传》衍生出来的各种传说故事、遗迹、遗物，派生出来的锅庄、藏戏、绘画（含唐卡和壁画）、雕刻等等，包括《格萨尔王传》中的宗教成分和宗教对其的基本态度，还包括近现代以来国内外专家学者对《格萨尔王传》进行的发掘、搜集、整理和研究。应当说《格萨尔王传》及其说唱艺人是格萨尔文化的主体，其他均属于在这个主体文化基础上派生出来的附着性文化。两者之间既有着源与流的关系，又相辅相成、交相辉映。

发展到今天，《格萨尔王传》已经不再仅仅是一部民间文学作品，而是一种特定的文化现象，形成了一门专门的研究学科——格萨尔学。国内外成立了很多格萨尔研究机构，对《格萨尔王传》进行大规模且卓有成效的抢救与研究，取得了诸多成果，专著、译著、集成，以及各种整理本等层出不穷，并且涌现和培养了一大批中坚力量。

格萨尔王像，高1.8米，宽1.4米，色彩鲜艳，人物造型饱满（图/杨嘉铭）

2002年，知名藏学专家、西南民族大学杨嘉铭教授在四川甘孜州丹巴县丹东乡莫斯卡村的金龙寺发现了规模罕见的《格萨尔王传》人物石板刻画。这批人物石板刻画100多块，最早的有200多年的历史，内容均为《格萨尔王传》中的人物，表现题材主要为骑射、征战等，大的有一人多高，小的也有半人多高。藏学专家们认为，这样大规模的《格萨尔王传》人物石板刻画实属罕见，是“活着的格萨尔王人物”。丹巴是古代“嘉绒十八部落”的中心地带，社会结构具有典型的部落社会特征，正是《格萨尔王传》这部古老的史诗赖以产生并流传至今最深厚、最广泛的社会与群众基础

每逢节假日，很多地区的藏族民众都要演出格萨尔藏戏，演员就由农牧民组成。上演的剧目主要有《赛马登位》《格萨尔与十三畏尔玛战神》《阿里金库》等（图/杨嘉铭）

连用了十个排比句，使人物形象的刻画在一连串的比喻中，左与右的对比描写，动与静的相互照映，形与意的同步描摹，使王妃聪慧、美丽的形象生动细腻、丰满逼真、呼之欲出、栩栩如生。

在《格萨尔王传》中，战争场面、生活情景的描绘也是如此，由近及远，从左至右，有天有地，有风有雨，一层层展现，描绘出一幅幅十分美丽、壮观的立体图画，洋溢着浓郁的西藏高原地区风土人情。

《格萨尔王传》还借用了大量的民歌、民谣、格言、谚语来表现故事人物深沉的情意，揭示出生活的真谛，修辞朴实的语言，升华出艺术的火花。如格萨尔王出征魔国时，王妃珠牡在与其话别时就借用了一段古老的格言表达自己对格萨尔王的一往情深：

雪山不留要远走，丢下白狮子住哪里？

大海不留要远走，丢下金眼鱼住哪里？

草山不留要远走，丢下花母鹿住哪里？

岭国大王不留要远走，丢下珠牡姑娘托身在哪里？

丢下岭国去外边，有谁来管国内的事？

在这段诗中假若没有前面六句格言的借用作铺垫，单用后面四句来描绘王妃珠牡与格萨尔王别离时心情的话，就会平淡无味，失去现有光彩和艺术感染力。

与柯尔克孜族的《玛纳斯》、荷马史诗《伊利亚特》等英雄史诗相比，《格萨尔王传》在语言形式上最大的区别就是，在诗中插入散文，诗与文互相交织。像这样诗中夹文的史诗，在世界文学史上也是少有的。

从《格萨尔王传》整体来看，诗与文的使用有严格的分工。一般来说，诗多为故事人物的对白，通过故事人物的语言来描绘战争场面、刻画人物性格和人物形象，重在表现故事的情与意；文多用于故事发展中的叙述，重在表现情节变化和故事的发展。

《格萨尔王传》讲述的故事很长，人物众多，情节变化莫测。每当故事中人物发生变化、地点情节发生转换，便会出现一段散文，用叙述交待这种变化。或从壮观的战争描写转入到细腻的生活白描，或从对格萨尔王的刻画转入刻画王妃珠牡，只要故事向前发展一步，情节变化一次，就会用精炼的散文承上启下，使其上下贯通，首尾相连，构成一部完整的故事。

撰稿专家

王维强，藏族，中国藏学研究中心副研究员，著有《没有主人的法座——甘丹赤巴述评》，译著《九世达赖喇嘛传》等。

何全珍，民俗学硕士，四川省民族研究所兼职研究人员。主要从事民族民俗文化研究。发表学术论文多篇。

《没有主人的法座——甘丹赤巴述评》

扫描二维码，
阅读专家代表著作的电子版

文献渊薮，薪火相旺

藏语藏文对于藏族文化的发展与传承发挥了重大作用

藏语藏文的时空魅力

藏语属汉藏语系藏缅语族藏语支，在中国民族语言中占有重要位置，使用人口超过500万。藏文是藏语的书面形式。

从空间上看，藏语藏文是藏缅语族中语言使用群体分布面积最大的一种。目前使用藏语的地区，除了西藏自治区外，还包括青海、甘肃、四川、云南诸省的藏族聚居区，以及巴基斯坦、印度、尼泊尔、不丹等南亚一带与藏区有着历史渊源和文化联系的地区。

从时间上看，藏语藏文的历史也非常悠久，学界普遍认为古代藏语与上古汉语具有某种同源关系。公元7世纪，吐蕃王朝统一青藏高原，创制藏文，并在其后的1000多年中，基本上保持文字形态和语法规则的稳定，一直沿用到今天。可以认为藏文是中国各民族文字中除汉文以外，为数不多的创制较早并传承至今的一种民族文字。藏文的出现从根本上克服了文化交流在时空上的局限，不仅使语言得以记录和保存，也大大促进了藏语的丰富和发展。在这一过程中，吐蕃周边国家的语言、佛教的传入对藏族语言文字的形成与演变的影响是不容忽视的。

藏文是汉藏语系中得天独厚的语言宝库。由于其他民族文字创制较晚，而形成时代最古老的汉字又属于表意文字，只有藏文是创制时间相对较早的表音文字，因此，藏文成为汉藏语系历史语言研究中最重要的参照坐标。通过藏文与其他民族文字，特别是与汉字的对比研究，可以有效地揭示出汉藏语系各民族语言的上古形态和历史流变。

- 汉藏语系
  - 汉语
  - 藏缅语族
    - 藏语支：藏语、嘉绒语、门巴语
    - 景颇语支：景颇语
    - 彝语支：彝语、哈尼语、纳西语、傈僳语、拉祜语、基诺语
    - 缅语支：载瓦语、阿昌语
    - （语支待定：白语、羌语、普米语、珞巴语、独龙语、土家语、怒语）
  - 苗瑶语族
    - 苗语支：苗语、布努语
    - 瑶语支：勉语
    - （语支待定：畲语）
  - 壮侗语族
    - 壮傣语支：壮语、布依语、傣语
    - 侗水语支：侗语、水语、仫佬语、毛难语、拉珈语
    - 黎语支：黎语
  - （语族待定：仡佬语）

汉藏语系是语言学家按照谱系分类法划分的一组语群，用汉语和藏语的名称概括与其有亲属关系的语言群。中国为该语系使用人数最多的国家，中国大多数民族为汉藏语系民族

藏语藏文发展的五个时期

年代	特点
6世纪以前	远古部落时期的口语。以古老的象雄文明为代表，产生了藏族原始宗教本教，并产生了最古老的文字"象雄文"。本教的传播和发展，构成了6世纪以前藏族文化的主要面貌，并对包括语言在内的文化的形成与发展产生了重要而又持久的影响
7—9世纪	吐蕃王朝时期的藏语口语。这一时期是青藏高原大开放、大发展的时代，是藏民族整体文化的孕育时期，也是藏族语言发展的重要时期。根据研究，藏语声调也是在这一时期产生的。极为重要的是，吐蕃时期创制的藏文字从那时起得到了大力推广和应用。从此，藏民族有了用自己的文字撰写的各类文献资料，包括传承至今的敦煌吐蕃藏文写卷、早期的佛经、译著等
9—13世纪	在古格王朝时期（11世纪），顺利完成了藏文字的第三次厘定，使藏族语言文字步入了规范化的轨道
13—19世纪	大量高水平的藏文文献典籍的问世，不仅提升了藏族文化的整体水平，也极大地推进了藏族语言文字的改革与创新
20世纪—	进入现代社会之后，藏语出现了一些明显的变化，如借词和外来词汇愈来愈多等。由于更多新名词和科学术语的出现，不仅使词汇更加丰富，语言的表述也更加精确

另一方面，由于文字创造较早，使得藏族有着成熟的书面语言，为藏族文化的发达奠定了坚实的基础，也为民族文化的发展和传承提供了优越的条件。1400多年来，以藏族为主体的包括汉族、蒙古族、土族在内的各族人民，运用藏文撰写（译写）了浩如烟海的文献著作。其数量之庞大，在中国各民族的民族语文文献中，仅次于汉文文献。浩瀚的藏文文献资源成为藏族文化的一大特色，它不但是藏族历史文化的宝库，更是中华民族和全人类智慧的丰富宝藏。

打上佛教文化的印记

藏语藏文最大的特点，是文化上的宗教性。由于藏族信仰藏传佛教，因此藏语文表达在哲学、思想、史学、文学、艺术乃至自然科学各个领域中，处处都有着佛教文化的烙印。

作为文化传播的工具，藏语的词汇可以说最独具特色地反映了这一特点。如藏语中常见的词"谢谢"（thugs rje che），该词的字面意思其实是"大慈悲"。慈悲为怀是佛教行善的根本，因此在藏语中才会用称赞对方具有悲天悯人情怀的方式，来表达自己的感激之情。此外，佛教文化还为藏语中的一些旧词派生出全新的意义，如藏语中另一个常用词"传记"（rnam thar），其原本的意思是"解脱"。何以解脱会成为传记的代名词呢？这是因为佛教认为一个人的终极目的和最高成就，就是通过修行获得精神上乃至灵魂上的解脱，因此脱离俗世苦海，完成解脱的过程才是人生经历的全部意义。于是描述一个人的成就轨迹，就是记录他如何实现解脱之道的，这一点对高僧大德们来说尤其如此，故而渐渐人们就为“解脱”衍生出“传记”之义来。

丰富而成熟的语法结构

藏文的语法历史悠久。一般认为藏文语法的两大主要内容《文法根本三十颂》和《字性组织法》在7世纪创制藏文之初就已写定了。

藏语属汉藏语系藏缅语族，与汉语具有同源关系，其语言特征具有汉藏语所共有的一些特点。如在语音上，藏语和汉语一样，也是以单音节词根为主，其音节有声调，主要用来区别词义。在语法上，藏语跟汉语一样，缺乏形态特征，语序和虚词是表达语法意义的主要手段。但藏语还具有藏缅语族的一些特征，这与汉语很不一样，如拥有更多的表达语法意义的附加成分、屈折形态和助词。此外，在语序上，藏语的语序为“主—宾—谓”结构，这与汉语的“主—谓—宾”结构差别较大。

藏文的格助词特别发达，主要用于界定句子中的名词性成分同其他成分的关系。格助词共有八种，如同样是“朋友”一词，因为所添接的格助词不一样，在句子中代表的语法意义完全不同。

言语以礼，借词用世

据统计，藏语中的敬语词特别发达，多达3000个左右，其中名词和动词尤其普遍，几乎涉及社会生活的方方面面。藏语中表示“头”的词，普通的说法为“mgo”，而表示敬意的说法则用“dbu”；而描述一个人的“出生”，普通的说法为“skyes”，而表示敬意的说法则用“vkhungs”。敬语的使用对象，是不分地位、贫富、年龄、辈分、性别、身份、职业的，只要表示敬意，均可使用，而在通常情况下，敬意表达也相当普遍，成为藏语的一个独特现象。

中华人民共和国成立后，随着汉藏民族交流的频繁和深入，现代藏语中借用了大量汉语词汇来表达各种新事物和新概念，比如主席（kruvu zhi）、共产党（gung khran tang）就是直接借音成词。这种方式其实古已有之，如藏语中的萝卜（la phug）一词，其拟音符合隋唐时代的汉语音韵规则，显然此词成为一个藏语词最迟不会晚于唐代。当然，借音之外还有借意，即仿译词。一些藏语词汇虽然不是从汉语直接借音成词，但其词义概念和构词方式都来自汉语，也是借词的一种形式，如民主（dmangs gtso）一词，dmangs意为平民、众人，gtso bo意为首领、主人，这样合成的新

①གྲོགས་པོ་ཁྱིམ་དུ་ལོག （朋友回家了）	主格（表原形）
②གྲོགས་པོ་ལ་བདེན་གཏམ་བཤད། （给朋友讲真话）	业格（表受动）
③གྲོགས་པོས་བདེན་གཏམ་བཤད། （朋友讲真话）	作格（表施动）
④གྲོགས་པོའི་དོན་དུ་སྨན་སེང་ཞུ། （为朋友请愿）	为格（表目的）
⑤གྲོགས་པོའི་ས་ནས་གཏམ་བཟང་གོ （从朋友处得知佳音）	从格（表来源）
⑥གྲོགས་པོའི་ཨ་ཞང་གི་བུ་མོ། （朋友舅舅的女儿）	属格（表领属）
⑦གྲོགས་པོར་རྟ་ཅང་ཤེས་ཤིག་གདའ། （朋友有一匹骏马）	于格（表处所）
⑧ཀྱེ་ཀྱེ་གྲོགས་པོ་བདག་ལ་གསོན། （喂，朋友听我说）	呼格（表呼语）

词，如无汉语词义在前，仅从藏语构词法本身来说，是无法理解的。

藏文，我国历史最悠久的文字之一

藏文自7世纪创制之后，经过三次厘定和规范，一直使用到今天，拥有强大的生命力。用藏文撰写并流传下来的文献典籍浩如烟海，成为藏族文化的一大特色。

由于历史的演进，事实上现代藏语的书面语言与现代藏语口语是有一定的距离的，现代藏语的口语由于方言的不同，各地的方音都有着或多或少的差别，但藏文和各地的方音都有一套对应的规律，各地人都可拼读，所以尽管时代不同、地域各异，藏文却成为藏族人民共同使用的书面交际工具，自然也成为文化传承的重要载体。

藏文是拼音文字，字形结构均以一个字母为核心，其余字母以此为基础，在前后上下附加叠字。核心字母称为“基字”，是表示音节的；其余字母的称谓根据加在基字的部位而得名，如“前加字”“上加字”“下加字”“后加字”（第一后加字）、“再后加字”（第二后加字），只代表不带元音的辅音音素。

从文字性质上说，藏文属于音节—音素文字，即拥有音节文字和字母文字的双重特点。就文字体系来说，藏文30个字母都与元音a相结合而存在，30个字母本身都是可以独立的音节，而且有很多就是单音节的词，如：nga（我），nya（鱼），tsha（热），sha（肉）；尽管如

I		II		III		IV	
ཀ	ka	ཁ	kha	ག	ga	ང	nga
ཅ	ca	ཆ	cha	ཇ	ja	ཉ	nya
ཏ	ta	ཐ	tha	ད	da	ན	na
པ	pa	ཕ	pha	བ	ba	མ	ma
ཙ	tsa	ཚ	tsha	ཛ	dza	ཝ	wa
ཞ	zha	ཟ	za	འ	a	ཡ	ya
ར	ra	ལ	la	ཤ	sha	ས	sa
ཧ	ha	ཨ	a				

藏文有30个辅音字母

《玛尼全集》，有头体，明代金汁抄本

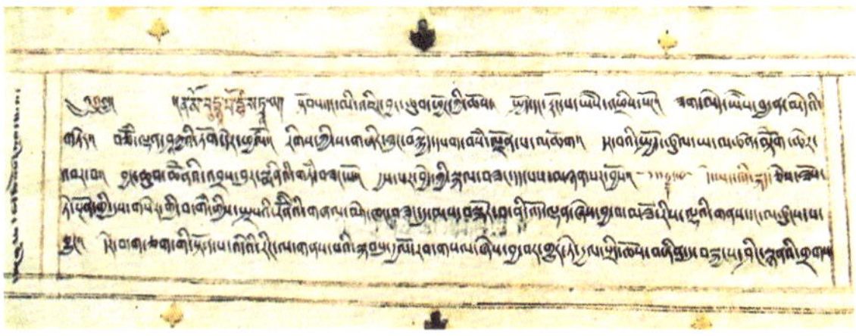

《丹珠尔》手抄本，无头体

此，字母主要作用还是表达辅音音素，当它们与其他元音符号拼合时就只表示辅音，不带元音a了。

藏文在书写上最大的特点是词与词之间不分开，句子中间也没有标点符号。藏文自左向右横写，以音节为单位，音节之间用小点作为分音符。藏文最常用的书写形式一般分为两类，一种称为有头体（dbu can），相当于楷书，用于比较正式的场合，以前主要用来抄写佛经，此外古代的碑文、刻本以及现代的印刷品大多采用这种书体；另一种叫无头体（dbu med），相当于行书，适用书写需要，主要用于抄写文件、书籍等。

藏语方言分布图

因时间的演变和空间的距离，藏语产生不同的方言，尽管文字保持统一，各地口语却变化各异。同时，藏语由于历史的原因，也没有一个统一的、类似于汉语普通话的藏语标准语，各方言在日常交流中发挥着不可替代的作用。藏语方言的差别，主要表现在语音、词汇和语法上。

一般认为藏语可分为三大方言类型，即卫藏方言、康方言和安多方言。各方言之间，卫藏与安多的差别较大，彼此通话有相当的困难；康方言较接近卫藏方言，但内部的各种地方土语却千差万别。

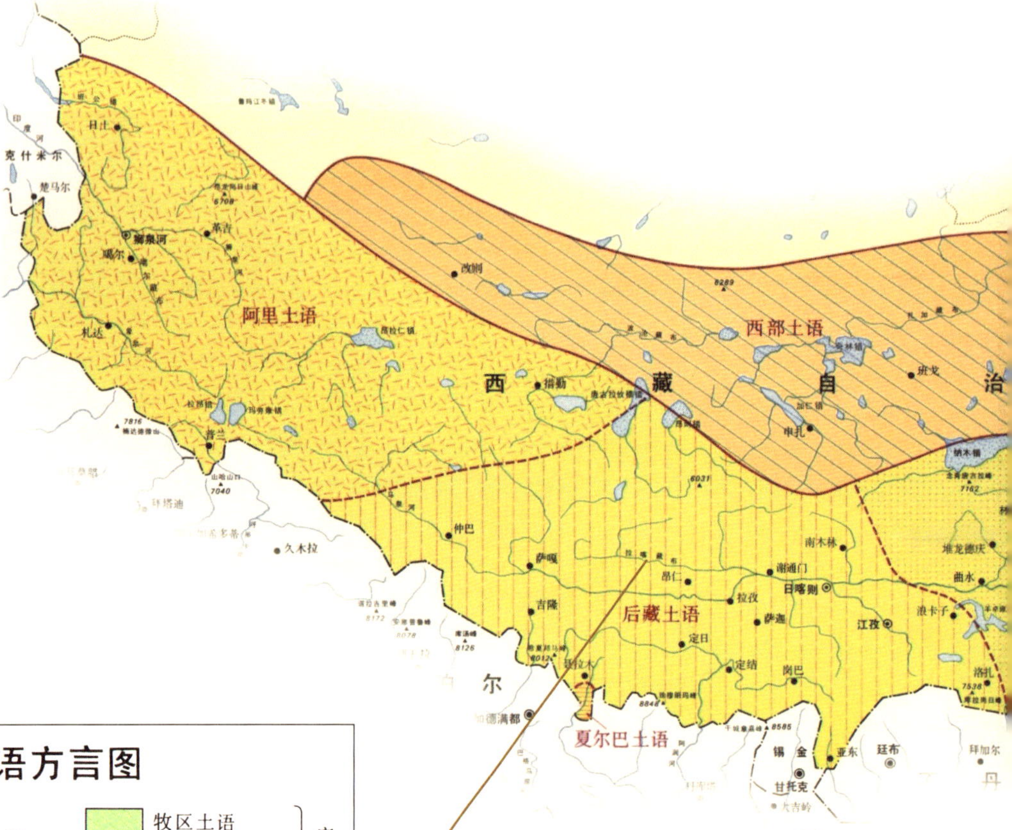

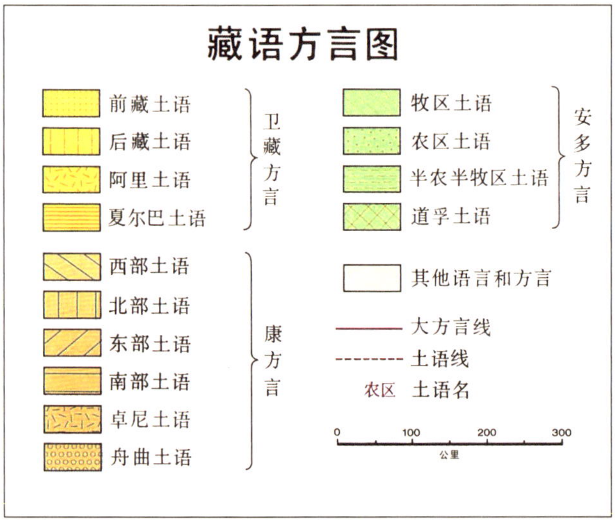

●**卫藏方言区** 包括以拉萨为中心的前藏和以日喀则为中心的后藏，内部即可分为以拉萨话为代表的前藏土语群和以日喀则话为代表的后藏土语群。卫藏方言通行范围广，与其他方言的共通性较多，并对现代藏语书面语有着较大的影响，而卫藏方言内部各地方的话，表现基本一致，差别很小。卫藏方言最大的特点主要是辅音音位减化，一般只有30个左右，复合声母和复合韵母都很少。另外，大概因为这里传统上是藏族社会的政教中心所在，卫藏方言的敬语词比其他藏语方言区发达，构成一套特殊的语汇系统，这套敬词系统是造成与其他方言区交流困难的主要障碍

●**安多方言区** 包括甘肃甘南、天祝，青海海南、海北、海西、黄南、果洛以及四川阿坝等地，这些地方主要为牧区和半农半牧区。安多方言以甘肃夏河的拉卜楞话为代表，虽然分布范围很广，但内部差异较小，互相之间能有效交流。安多方言最大的特点在于保留了许多古藏语的特色，如复辅音特别多和没有声调。这些特征使得安多方言与卫藏、康方言的差别较大，彼此之间交流存在难度

●**康方言区** 包括四川甘孜，云南迪庆，青海玉树，西藏昌都、林芝及那曲等地。康方言区内由于历史上长期处于政治经济分散状态，加以山川险阻、交通不便，因此内部各地方的话差别很大，一般还可以再分为三个次方言区：一为以德格话为代表的，包括康定、玉树、昌都等地的北路次方言区；二是以巴塘话为代表，包括巴塘、理塘、迪庆等地的南路次方言区；三是以丁青话为代表的，包括丁青、那曲、称多等地的牧区次方言区。康方言最显著的特点是声母比卫藏方言复杂，约有50个，而且内部各地方土语多带有鼻化元音。更为重要的是，由于康区与汉地邻接部较多，无论是历史上还是当前，与汉文化的交流比卫藏更多，故而康方言中的汉语借词比卫藏方言多得多，特别是很多借词还来自汉语的四川话，如馒头（mog mog），就是“馍馍”的译音

浩如海洋的藏文典籍

由于藏文的发达，积累了丰富的典籍。1000多年来，仅翻译的藏文佛经《大藏经》就有10多种不同版本，约2000函；本教《大藏经》不同版本就有3种，约1000函；藏民族的高僧大德有文集存世的有300多家，平均每家按5函计算，将近2000函；多个作者的同类著作汇集在一起的“汇编”约有1000函；零散著作其数量虽说一时难以估算，但至少不少于汇编类的数量。藏文文书，仅西藏自治区档案馆收藏就有400万件；藏文典籍，仅甘肃拉卜楞寺印经院经函就达22万部；典籍印版，仅四川德格寺印经院就收存有30余万块，文字量多达2.5亿之巨，且种类浩繁、数量巨大。这些藏文古籍文献，承载着丰厚的历史和丰富的文化，具有十分重要的文献价值、极高的收藏价值和独特的研究价值。

此外，藏文随着藏传佛教的向外传播，也成为信奉藏传佛教诸民族的书面语言，尤其是蒙古族，产生了一大批学有所成的藏传佛教高僧。这些蒙古族学者也运用藏文撰写了大量的著作，仅文集类作品，就已汗牛充栋。据不完全统计，北京民族文化宫图书馆珍藏的藏文文籍中，就有19位蒙古族作者，共计100函，文章总数超过1900篇。这些容纳了宗教、历史、天文、地理、语言、文学、医学、音乐、舞蹈、美术、建筑等各种内容、各种类型的藏文作品，无论在蒙古族文化发展史还是藏族文化发展史上都具有不可估量的价值。譬如松巴堪布撰写的《如意宝树史》、三世章嘉呼图克图编纂的辞书《智慧之源》、察哈尔格西编写的传记《宗喀巴传》、阿拉善拉让巴归纳的语法书《语言修饰》、喀尔喀扎雅班智达的笔记《问法录》等书，越发引起国内外学者的重视。

上图：三世章嘉呼图克图，中国清代掌管内蒙古地区喇嘛教格鲁派转世活佛，呼图克图为蒙语“圣者”，其母寺为青海佑宁寺（原称郭隆寺）

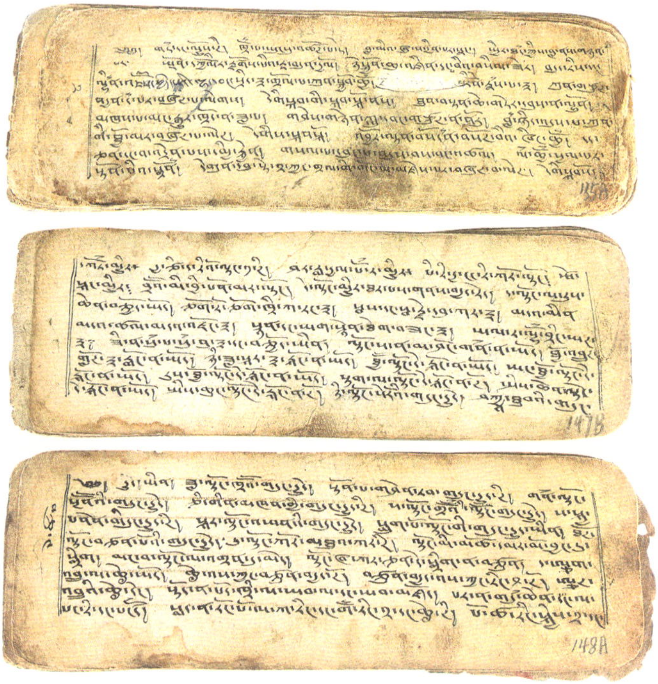

左图：藏文《宴会赞词》，清代手抄本，内容为演讲者在传统宴会上以说唱形式赞颂节日的喜庆景象，具有较高的藏文字体研究价值

千年神文，开创人文

吞弥·桑布扎像

吞弥·桑布扎，出生于公元618年，藏族社会早期的语言文字家和翻译家，藏文创制者。他是吐蕃王朝赞普松赞干布七贤臣之一，官至御前大臣

关于藏文的起源，一般认为其创制的时间在公元7世纪初，主持文字创造工程的是当时的赞普松赞干布，而具体负责造字的则是大臣吞弥·桑布扎。

有这样一个故事：松赞干布13岁举行盛大的嗣位宴会时，吐蕃四邻的小邦及各部落首领遣使来贺，贺信使用不同地方文字。当时由于吐蕃无文字，都用来使的文字书写答谢，或捎口信致谢。对此，赞普很难为情，他认识到没有文字很难完成国政大事，一定要有吐蕃自己的文字。于是，松赞干布从吐蕃相臣子弟中选出16名聪慧青年，派遣他们去天竺学习文字。但16人中，有的半途而返，有的难耐天竺酷热，中暑而亡。赞普再次派遣聪慧坚毅、出身高贵的青年吞弥·桑布扎去天竺留学。吞弥·桑布扎拜南印度大学者婆罗门李勤为师，学习五明，又拜班智达拉巴僧格为师，系统地学习了声明学。历经7年专心苦修，他成长为一名学识渊博的人。返回吐蕃后，他开始奉松赞干布的指示创制文字。他从梵文字母中反复推敲、提炼，创造出30个藏文字母和4个元音符号。这一年，松赞干布颁布诏书，要求吐蕃全体臣民都要学习好藏文。吞弥·桑布扎编写了一本完备的语法书，尽管书的大部分内容已经遗失，但仅存的两章作为藏文的标准文本沿用至今。

吞弥·桑布扎创制藏文后，藏族地区开始掀起学习藏文的热潮，连松赞干布也拜他为师，在玛如宫潜心学习藏文。同时也组织翻译、学习、借鉴许多印度和汉地的文化，开启吐蕃人的智慧。藏族人民热爱这位藏文的创制者，认为他为藏人点亮了眼睛，历来诸多的绘画、雕塑中都可以看到他的身影。

以上这些关于藏文创制的说法，与古往今来的佛教学者的见解大体一致，流传最广，获得世人的普遍承认。不过也有不同的声音，例如本教学者就认为藏文并非创始于松赞干布时代，而是前已有之，创制者也不是吞弥·桑布扎，而是本教的祖师辛饶米沃。传说辛饶米沃祖师创造出1亿多个文字，但因妖魔捣乱，只剩下英雄5字，从这5字中产生出神文40字。又在讲经结集的过程中不断积累经验，制定规则和语法。本教学者认为吐蕃最后使用的文字和语言理论都是以本教神文40字为基础创造出的。本教历史中把吞弥所造文字称为“文法文字”，把辛饶米沃祖师创造和使用的文字叫作“语词文字”。

现代学者一般认为，本教说法太过夸张，但也可能反映了某些历史真实。比如藏文创制的时间应该早于松赞干布时代，吞弥可能并不是藏文的创制者，而是吐蕃时代首次规范藏文的改革者。总的来说，一般认为藏文的成熟运用还是要到7世纪才可能实现。

藏文的创制，为独特而灿烂的藏传佛教文化和本教文化奠定了载体，保存了大量的佛教经典，保存了世界上最长的英雄史诗《格萨尔王传》，保存了高海拔地区所特有的独特的藏医药学和生命科学等丰富的民族文化。

撰稿专家

黄博，四川大学中国藏学研究所副教授。主要研究方向为西藏政教关系史。发表论文多篇。

《生命之树：西藏阿里王朝与止贡噶举派早期政教关系研究》

扫描二维码，阅读专家代表著作的电子版

载歌载舞的藏族青年（图/郑宪章）

第10章

世界之巅的歌舞海洋

歌舞戏曲

本章主撰稿人：南京艺术学院教授　杨曦帆

壮丽的青藏高原不仅有着绝美的雪山、湖泊，也被世人称为歌舞的海洋。藏族歌舞融于日常生活之中。在西藏阿里地区发现的岩画中就有反映古代游牧时期的舞蹈场面，说明歌舞的历史十分悠久。在藏区，无论在节日或者是举行仪式时，会有很多传统民俗活动，其间必有歌舞场面以示喜庆，就是在日常生活中，也常常伴随着表达人们喜怒哀乐之情感的歌声舞姿。

善歌舞的民族其内心深处一定是爽朗、欢快的，藏族同胞们在节日中歌舞，在劳动中歌舞，生活里也离不开歌与舞，可谓是信仰祭祀、民俗生活中处处有歌声，人人善舞蹈。人们从小接受歌舞熏陶，学会了用歌舞表达自己的情感。所以，在藏区很多地方都可以看见青年男女、老人小孩拉手踢腿，翩翩起舞。

藏族的民间歌舞，浩如烟海，表演时往往是闻歌则起舞，舞中有歌。人们利用歌舞来抒发自己虔诚的信仰、对家乡的热爱、对大自然的赞美、对爱情的向往……

在青藏高原、世界之巅，辽阔无垠的环境也使得藏族同胞的歌声就像连绵不断的高山雪峰一样，宽广的音域晶莹剔透。所以说，青藏高原的山有多高、云有多远，那么藏族同胞的心胸就有多宽阔，他们的歌声永远飘荡在云霄之上。

歌舞是生活的一部分

处处有歌声，人人善舞蹈

人人能歌善舞

和生活相关的音乐舞蹈在世界屋脊俯拾皆是。藏族无论男女老幼，几乎人人都能歌善舞。在农区，每逢秋收打场时节，人们一边劳动，一边唱歌，一边围圈起舞；在牧区，经常举行有趣的篝火晚会，人们通宵达旦，载歌载舞；在城镇，只要天气温暖，常常会举家外出，到林卡里喝青稞酒、谈笑风生，兴致高涨之时就纵情歌舞。所以，人人参与的歌舞是藏民生活中最幸福的表达方式。

藏族舞蹈动作大多从日常生活劳动中逐渐衍变，人们往往边干活边唱歌，有时还要配以舞蹈动作。这样既使劳动具有节奏，也使身体轻松舒展，在歌舞中减轻疲劳，使工作不致过分单调。因而，在藏区无论是种地、放牧、盖房、手工劳作，甚至从事家务时，常常都会有不同风韵、不同节奏的歌曲相配。

藏族是一个喜爱唱歌的民族，他们不但节日唱歌、祈神唱歌、劳动唱歌，甚至在调解纠纷时也唱歌，喝酒有酒歌，讨茶有茶歌，乞丐有乞讨歌，就是喇嘛念经、尼姑诵佛，也都有独特的曲调旋律。

以歌舞表达情感

古人形容情绪高涨、激越亢奋时云：“情动于中而形于言；言之不足，故嗟叹之；嗟叹之不足，故咏歌之；咏歌之不足，不知手之舞之足之蹈之也。”尽管这是汉族古人的心境，但用来刻画藏族歌舞特点，也十分恰当。

歌舞，作为最能淋漓尽致表达情感的艺术方式，其本身就像是艳丽的火，为高原的雪白与葱绿涂抹上一层耀眼的色彩。

在藏文中歌为“谐”，舞为“卓”。藏族歌舞包括诗、歌、舞、乐部分，通常可以划分为歌舞、民歌、说唱、戏曲、器乐、宗教音乐等类型。藏区的民间音乐、舞蹈形

翩翩起舞的藏族姑娘(图/郑宪章)

热闹的草原歌舞会（图/郑宪章）

式多样，内容丰富，除了在类型上可做上述划分外，卫藏、康、安多这三大方言区的民间音乐在风格上也有较明显的差别。

藏族歌曲不仅曲调高亢嘹亮、旋律悠扬，唱词也优美动人。内容既有传统唱法，也有即兴之作，如歌颂日月星辰、山河大地，颂扬活佛高僧、父母家人，以及赞美妇女的容貌服饰、思念亲人、祝颂吉祥如意等。

由于藏族笃信藏传佛教，所以，藏传佛教寺院音乐是藏族音乐中非常有特色和十分具有代表性的部分，其独特的器乐系统更成为藏族音乐的象征。

藏族音乐不仅在表演形式上有着绚丽的丰富性，同时还有自己独立的乐谱系统，藏传佛教寺庙中至今仍保存并使用着的古老的图形乐谱——“央移谱”。

宫廷中的歌舞

在藏语中，宫廷音乐被称为“噶尔”，是指17世纪甘丹颇章王朝时期，拉达克国王献给五世达赖的宫廷乐舞，后传入拉萨、日喀则、萨迦等地，有专业性表演歌舞之意。据说，阿里地区普兰县至今还流传着这种歌舞音乐。

另一说法是，在五世达赖时期，多仁班智达等人从内地中原地区带回一些汉族宫廷音乐素材，和藏族音乐相融合后创造了噶尔音乐。

噶尔一般是在音乐的伴奏下由男童舞蹈，舞者只舞不唱，音乐由成年男子组成的乐队完成。音乐伴奏者原来也是表演舞蹈的男童，随着年龄的增长，渐渐学习乐器演奏后而改作乐手。

由于社会变化，宫廷音乐目前已难觅踪迹，只是在历史上对其他音乐舞蹈类型有着影响。

“国家级非物质文化遗产名录”中的藏族传统歌舞戏剧

	名称	类别
1.	藏族拉伊	传统音乐
2.	芒康弦子舞	传统舞蹈
3.	迪庆锅庄舞	传统舞蹈
4.	昌都锅庄舞	传统舞蹈
5.	玉树卓舞	传统舞蹈
6.	甘孜锅庄	传统舞蹈
7.	马奈锅庄	传统舞蹈
8.	称多白龙卓舞	传统舞蹈
9.	囊谦卓干玛	传统舞蹈
10.	丁青热巴	传统舞蹈
11.	那曲比如丁嘎热巴	传统舞蹈
12.	日喀则扎什伦布寺羌姆	传统舞蹈
13.	卡斯达温舞	传统舞蹈
14.	㑇舞	传统舞蹈
15.	山南昌果卓舞	传统舞蹈
16.	拉萨觉木隆	传统戏剧
17.	日喀则迥巴	传统戏剧

18.	日喀则南木林湘巴	传统戏剧
19.	日喀则仁布江嘎尔	传统戏剧
20.	山南雅隆扎西雪巴	传统戏剧
21.	山南琼结卡卓扎西宾顿	传统戏剧
22.	黄南藏戏	传统戏剧
23.	多声部民歌（硗碛多声部民歌）	传统音乐
24.	傩舞（文县池哥昼）	传统舞蹈
25.	华锐藏族民歌	传统音乐
26.	甘南藏族民歌	传统音乐
27.	玉树民歌	传统音乐

28.	藏族扎木聂弹唱	传统音乐
29.	直贡噶举派音乐	传统音乐
30.	拉卜楞寺佛殿音乐道得尔	传统音乐
31.	青海藏族唱经调	传统音乐
32.	得荣学羌	传统舞蹈
33.	博巴森根	传统舞蹈
34.	普堆巴宣舞	传统舞蹈
35.	拉萨囊玛	传统舞蹈
36.	堆谐（拉孜堆谐）	传统舞蹈
37.	拉萨纳如谐钦	传统舞蹈
38.	南木林土布加谐钦	传统舞蹈
39.	阿谐（达布阿谐）	传统舞蹈
40.	嘎尔	传统舞蹈
41.	芒康三弦舞	传统舞蹈
42.	定日洛谐	传统舞蹈
43.	旦嘎甲谐	传统舞蹈
44.	廓孜	传统舞蹈
45.	多地舞	传统舞蹈
46.	巴郎鼓舞	传统舞蹈
47.	藏族螭鼓舞	传统舞蹈
48.	则柔（尚尤则柔）	传统舞蹈
49.	跳曹盖	传统舞蹈
50.	协荣仲孜	传统舞蹈
51.	普兰果尔孜	传统舞蹈
52.	藏族民歌（藏族赶马调、班戈昌鲁）	传统音乐
53.	佛教音乐（觉囊梵音、塔尔寺花架音乐）	传统音乐
54.	羌姆（拉康加羌姆、直孔嘎尔羌姆、曲德寺阿羌姆）	传统舞蹈
55.	谐钦（尼玛乡谐钦）	传统舞蹈
56.	藏戏（尼木塔荣藏戏、南木特藏戏）	传统戏剧

完全沉浸在音乐中的舞者，矫健的身姿犹如展翅的雄鹰（图/张鹰）

川西高原上勇敢的心——铠甲舞

藏族除信仰藏传佛教之外，在一些山区还存在一些民间信仰。有的是历史上流传下来的，比如，古代战争之前所跳的“战争舞”等。四川阿坝藏族羌族自治州黑水地区流传着一种战争祭祀乐舞，当地人称“卡斯达温”，也叫铠甲舞。

20世纪90年代的一个夏天，尽管只是路过，但险峻的山路、湍急的河水还是给我留下了很深的印象，当时我禁不住和同去的朋友一起惊叹：这片土地上生存的人，他们是一些怎样的人呢？为什么生活在这里？这样的疑问一直持续到2000年的夏天，我跟随一个调查组来到黑水，开始了我对高山歌舞的研究。

到黑水的当天就认识了当地干部银勇，他有着最典型的嘉绒汉子的好客善歌之特点。当他知道我的兴趣时，就立即向我推荐了铠甲舞。

第二天，我们就上山了，去红岩乡俄恩村寻找传说中的“卡斯达温”。

那是一个高半山寨子，一条令人眩目的乡村机耕道从河谷向蓝天延伸。我驾驶着从成都开来的轿车在崎岖、狭窄的山路上跋涉，现在回想起来，当时路边的悬崖多少有点让人紧张。

每年秋收以后的农历十月十四日，是黑水县红岩乡俄恩村的传统节日“克施杰科”节，节日一般要持续四五天。跳铠甲舞作为节日的中心节目被安排在第一天，相当于“开场节目”。剩下的三四天，则是村里各组轮流请其他组来喝“咂酒”、唱歌。

当地称铠甲舞为“卡斯达温”，系穿千叶漆牛皮甲而跳的一种民间祭祀舞。相传在古代战争时期，勇士们在出征前都要跳此舞。而大凡穿铠甲而舞者，多与刀剑矛戈之类兵器有关，而兵器又多与战争相联。因

此，铠甲舞可以说既是一种祭祀舞，又是一种典型的战争舞。

我在现场观察，表演者所穿的铠甲上身为背心式，无袖，背后挂有一铜铃；下身为裙式，上下连为一体；腰间配以色彩鲜艳的藏式布腰带和一把银鞘藏刀。

一副铠甲约15—20斤重，部分漆皮上绘有图画，如身穿铠甲挥刀的武士以及祥云、长矛等。整副铠甲颇有威严之感，大约是因为在冷兵器时代的战斗中，铠甲除了保护身体外，也可以起到威慑对手的作用。

铠甲舞的表演是在村子南面的“后山”上举行的，老乡们把这个地方叫作“色拉杰诗哲”，大意为“跳铠甲舞的地方”。“色拉杰诗哲”距离村子不近，年轻人大约需要步行三十分钟，而老年人则大约需要将近一个小时的时间。“色拉杰诗哲”是块不规则的长方形空地，周围均有植被良好的树林。从这里可眺望远处层峦叠嶂、起伏绵延的“三奥”雪山和山脚下蜿蜒曲折、时隐时现的黑水河。

整个仪式开始前，俄恩寺（红岩乡俄恩村，格鲁派）的喇嘛念经，为全村祈求平安。

铠甲舞基本上可分为三个部分：

第一部分为开场，约40位（其中身披铠甲者2位、着水獭皮红色藏袍者1位）藏族男子手提刀剑威风凛凛地站成一排；老年人及德高望重者在前，年轻人在后（以从左至右顺序排列）；由一中年男子用牛角壶为每位准备出征的武士倒酒，喝酒的武士按次序由左至右用一个酒碗传递。

同时，一位年老者一边以悠扬庄严的嘉绒藏语高声祈祷，一边用手指沾酒后洒向天空，以示对神灵的敬意和祈求神灵的保佑。

第二部分是在致颂词结束后，队列开始以顺时针方向行进，手提刀剑，身披藏袍的武士们在领头长者的带领下以厚重、苍凉而悲壮的歌声一唱一和、此起彼伏，并即兴式地不断加以“嗷—呵”的吼叫。整个队伍边歌边舞，以直线队列沿着空地四周行进，并伴以碎步移动、弓腰等古朴的舞蹈动作。当转至第三圈时，整支队伍在一阵“嗷—呵”的吼叫中突然开始由直线队列转为“蛇形队列”，在空地上宛转前进，曲折回旋；速度逐渐由慢转快，武士们的情绪也由凝重而渐入激动亢奋的境界。

“蛇形队列”在场地内行进两圈后，又在一阵“嗷—呵”的齐声吼叫中进入了整个铠甲舞的高潮——第三部分“昂格西玛”。队形由“蛇行队列”变成几排“排山倒海”式的“冲杀阵”，舞（武）者们举起手中兵器向着树丛及灌木林“刺杀”，以示“除妖降魔”。

“卡斯达温”曲调雄壮、有力，在川西高原险峻山谷中回荡着宗教式的迷狂。穿过雄健脚步激起的尘土，穿过历史呼唤般的高亢歌声，我看到了在川西高原上跳动的勇敢的心，感受到了一种独特的尚武精神。

（本文图片、视频由杨曦帆提供）

扫描二维码欣赏
民间舞蹈《俄恩村铠甲舞》

来自民间的狂欢

随时随地自娱自乐，真正劳动者的歌舞

锅庄：围着火塘跳舞

“果尔谐”是藏民族蕴藏量极其丰富的民间歌舞，历史悠久、流传广泛，深受人民喜爱。各地对该歌舞形式的称谓有所不同，如卫藏地区称果尔谐，藏东地区称果尔卓或锅庄，藏北地区称卓舞，等等。名称在各地方言中虽有不同，但基本含义是相同的，意思是围成圆圈跳舞。

锅庄，是牧区藏语“果卓”的音译，也是非常传神的意译。锅庄原本为藏区帐篷内的火塘，藏区寒冷，人们生活中很多时候都是围绕火塘，煮饭、烧水、聊天、娱乐。

锅庄舞，《卫藏通志》说它是围着石锅而舞的意思，是藏族三大民间舞蹈之一，分布于西藏昌都、那

江孜地区妇女身着传统服饰跳舞，典雅而华贵（图/张鹰）

曲，四川阿坝、甘孜，云南迪庆及青海、甘肃的藏族聚居区。早期与西藏奴隶社会和盟誓活动有关，后来逐步演变成为歌舞结合、载歌载舞的圆圈歌舞形式。《清史稿·乐志》音译为“郭庄”，近代又称“歌庄”。

据《西藏舞蹈概说》记载：以前的康定一带，有一种商业性组织也叫锅庄。这类商行收购土产，代办转运，设有客栈，沿途过往的藏族商贾常宿居其中。晚上，他们在院内空地上垒石锅熬茶做饭，茶余饭后围着火塘歌唱跳舞，以驱除一天的劳累与疲乏，保持旺盛的精力，适应恶劣环境。

现在的锅庄是流行于牧区、半农半牧区的一种载歌载舞形式，多在节日喜庆、劳动之余和宗教仪式上演唱，参加者相互拉手扶肩，边唱边舞。

男女纷沓，连臂踏歌

跳锅庄时通常情况下都是男女对半，围圈挽手，轮班唱歌，以歌配舞并伴甩袖等动作，应节踏步，即所谓“男女纷沓，连臂踏歌”。除受本教影响的地区外，跳锅庄时一般都是按顺时针方向绕圈而舞。

领唱时一般先由男队起声，然后由女队重唱一遍，依次轮流换唱，边唱边跳，形成欢快热闹的对歌场景。舞步则随唱腔由慢到快，歌唱一段后，众人齐声呼叫“呀”，然后动作加快，拧腰返身、挥舞双袖，直至在热烈的快板中结束。

在表演上，锅庄不受时间、地点、人数的限制，男女老幼皆可随意加入或退出跳舞队伍。领舞者“谐本”一般不会随意变化，若需要更换也须是大家公认的嗓音好、歌词熟练且又能压得住阵的人才能有资格出任。

锅庄的音乐大多朴素简洁、结构简练，一般由慢歌段和快板段两部分组成，通常情况下快板段落是慢板段落旋律的简化和紧缩。完整的一曲锅庄由“绛谐”

锅庄中的“孔雀吸水”动作（图/杨曦帆）

（慢歌）、“谐个”（歌头）、“觉谐”（快板）、“谐休”（歌尾）四个部分依次构成。音乐风格淳朴、刚健、激情、豪迈，边跳边唱的歌词很有生活气息，其内容常常是赞美神仙、英雄、活佛、父母、家乡、美景等。

例如，西藏山南地区流传的《格萨尔王赠予的骏马》：

这匹善跑沙场的骏马，
是格萨尔王给我的，
比空中的飞鸟还快。
这排四四方方的座垫，
是森姜珠牡给我的，
比洁白羊毛还柔软。
这造箭巧手打的戒指，
戴在右拇指上最合适，
是黄金镶嵌的松石边。

无论是牧区锅庄还是农区锅庄，大多没有乐器伴奏，有的地方以晃动串铃发声作为伴奏乐器。

锅庄的名称、曲调与动作风格因地区而异。云南迪庆香格里拉锅庄的唱词内容多为表现游牧生活和农耕生活，如朴实浑厚的“织羊毛舞”等；四川阿坝马尔康县则有模仿“孔雀吸水”动作的锅庄。

锅庄是昌都地区普通藏民最喜欢的娱乐形式(图/张鹰)

锅庄分类

按照地理环境和生产方式大致可分为农区锅庄、牧区锅庄和林区锅庄三种:

类别	分布地区	特点
农区锅庄	藏东、川西	动作节奏舒展缓慢,富有抒情韵味
牧区锅庄	藏北、青海、川西	慢板部分歌唱性强,舞蹈动作幅度小;快板部分动作雄健急速,技巧性强
林区锅庄	西藏工布地区林芝一带	节奏性较强,舞蹈中多有模拟射箭狩猎的动作

按照表演场合可分为大锅庄、中锅庄和小锅庄三类:

大锅庄,每逢盛大宗教祭祀活动时表演。男女老少参加完寺庙祭祀活动后,就在寺庙内或寺庙外草坪上跳锅庄,祈祷来世幸福。

中锅庄,通常在民俗传统节日上表演。比如,一年一度预祝丰收的"望果节"期间,群众身着盛装,载歌载舞。舞蹈形式与大锅庄相似。但由于内容不同于大锅庄之宗教背景,因此充满欢乐、幸福的气氛。人们往往通宵达旦地欢歌畅舞,尽兴方归。

小锅庄,常在亲朋好友喜庆之际表演,内容则据当时当地的情景即兴编演。舞步飘逸,兼有谐趣嬉戏的风格。

四川阿坝撒尔脚村的草地婚礼(图/杨曦帆)

婚礼上的喜庆锅庄

藏族婚礼上不仅有幸福的新人,还有欢乐的锅庄。

很多年前,我在四川阿坝州金川县阿科里乡撒尔脚村参加过一次藏族草地牧场婚礼。这个牧场位于海拔4000米左右的高山,共有十户人家。来参加婚礼的大约有七八十人。前来参加婚礼、跳锅庄的年轻人很多还不是撒尔脚村的,或者说,不是这个牧场的,需骑马翻山而来。

锅庄对于牧场上的人而言,既是一个重要的“社交”活动机会,也是亲友间表达亲情的方式。在草地生活中,由于与外界隔绝,一个村子里大多都是亲戚。同时,年轻人也利用这个时刻以盛装的方式展示自己。草地上的牧民大多数一个人只有一套在节日中穿的“礼服”,很多是小孩成年后家里置办的,也有是为女孩子出嫁时准备的。

年轻人跳的锅庄属于“新式锅庄”,有音乐伴奏,已不需要自己唱歌,伴奏的磁带在藏区很流行。在空旷的草地上,藏族牧民围成一个圆圈,中间插着一根木棍,木棍顶端摆放着一个喇叭,地上放着一台在牧区草场上常见的简易太阳能发电机。这样,从高高的木棍顶端喇叭里传来的音乐就响彻草地。

对于生活在草地上的牧民来说,谈不上有什么“家财”。一般的帐篷里最显眼的就是中间用石头围起来的炉灶,这是一家人重要的生活保障,也是锅庄文化的源头。它不仅用于做饭烧茶,在艰苦的草地上,也是文明与生命的象征。对于这种生活环境中的藏族人而言,锅庄必然成为一种方便的娱乐形式。所以,生活方式决定着艺术形式。

藏族踢踏舞——堆谐

13世纪初叶，正逢萨迦王朝兴起，萨迦、拉孜一带成为全藏政治、经济、文化的中心。此时出现了一种藏语称为“扎木聂”的六弦琴，被当地群众吸收为民间舞蹈的伴奏乐器。这种乐器的出现，致使顿地为节、连臂踏歌的原初锅庄形态开始演变，表演者边弹边歌舞，并在音乐中逐渐踏出灵活多变的步伐，构成了“堆谐”舞蹈的雏形。在传入拉萨后，逐渐演变为城市化了的藏族踢踏舞。跳舞时脚下放一块木板，在硬底靴的踢踏下发出“嗒嗒嗒”的节奏声。堆谐逐渐开始从自娱性舞蹈过渡到表演性舞蹈。

在藏区主要有三种形式的堆谐：定日堆谐、拉孜堆谐、拉萨堆谐，其中拉萨堆谐比较著名。尽管三种堆谐在音乐风格上有共同之处，但也是各有特点。比较而言，定日堆谐的音乐朴实、深沉而热烈奔放，拉孜堆谐则音乐优美、旋律性很强，而拉萨堆谐的音乐则是悠扬和谐、节奏明快。

堆谐的音乐通常由前奏、慢歌段、间奏、快歌段、结尾等部分组成。堆谐的前奏、间奏与结尾的曲调基本固定，但慢、快歌段的旋律各不相同。慢歌段音乐优美开朗，快歌段则音乐欢快紧凑，前后两段在音乐上形成对比。

一般情况下，堆谐的表演没有固定的演出时间和地点，较多时候是在劳动空余休息时间，大家聚集在一起时便可边唱边舞，但主要还是每逢过节及结婚典礼时举行这种歌舞活动。人多时围成大圆圈，人少时围成小圆圈或半圆圈，更多的是站成一排。一位领舞者站在前列，手执扎木聂边弹边唱边舞，大家一起跟着边唱边舞。歌舞风格轻松、愉快，动作灵巧。现在，除了扎木聂外，有时候还配上扬琴、笛子、京胡、串铃等乐器增强气氛。

1986年雪顿节期间，拉萨民间老艺人阿乃和曲水益西卓玛在罗布林卡表演堆谐。阿乃和曲水益西卓玛在西藏民主改革之前就是家喻户晓的歌舞艺人（图/张鹰）

左图：扎木聂是藏族弹拨弦鸣乐器。藏语“扎木”是声音，“聂”为悦耳好听之意，“扎木聂”意为声音悦耳的琴。曾译称扎年、木聂、占木聂、扎木年。因为有六条琴弦，汉族又称其为藏族六弦琴。流行于西藏自治区和四川、青海、甘肃等省的藏族自治州、县，尤以拉萨、日喀则、拉孜、萨迦和昂仁等地最为盛行。图为日喀则的小学生在弹扎木聂（图/张鹰）

右图：吐蕃时期的六弦琴，至今保存完好，据说是由文成公主带入西藏的（图/张鹰）

自由奔放的弦子舞

弦子舞又称“谐”“康谐”，以“巴塘弦子”最为著名，广泛流行于四川甘孜、西藏昌都、云南迪庆、青海玉树等藏族聚居地。属于典型的节日歌舞艺术。

藏历新年、赛马会以及寺院举行宗教活动时表演，人们穿上节日盛装，带上自己酿的青稞酒和各种食品聚集在一起跳弦子舞庆贺节日，尽情时可通宵达旦。

弦子的音乐很有歌唱性，曲调简练热情。在表演时，一般由一男子拉“比旺”（牛角胡琴，或称藏式二弦琴）琴，故汉语俗称“弦子”。表演时男女各站半圈围成圆圈，按顺时针方向边歌边舞，时而围集，时而散开，时而又似长龙摆尾绕行而舞。舞蹈动作优美，男子舞姿多粗犷朴素，女子舞姿则柔顺舒展、长袖翩翩，其中“拖步”“点步转身”“晃袖”等动作，充分发挥了藏族“长袖善舞”的特色，舞姿极其优美。歌词大约可分为迎宾、相会、赞美、情意、辞别、祝愿等内容。

拉着牛角琴，跳着弦子舞（图/张鹰）

扫描二维码欣赏
贡布弹唱的民歌《卓热亚布（好地方）》

羌姆：心灵深处的庄严

最为重要的寺院祭祀性舞蹈

以形象的乐舞表现抽象的教义

在藏区，信仰是生活的主要组成部分。藏区的宗教信仰不仅仅局限于供奉神灵的某种外在形式，如庙宇中的菩萨，而是渗透到了整个社会的政治、经济、文化艺术等各个层面、各个领域，其宗教的教义往往是人们日常生活的最高道德标准，是广大信徒的精神支柱与生活导向。

“羌姆”意为法舞，俗称跳神，是每年重要宗教节日时寺庙里的一种祭祀活动。这种祭祀活动不同于其他的宗教活动，它跳于寺庙的庭院，场地、面具、道具、服装别具一格。整个活动全部通过舞蹈来体现，含有一定的舞剧因素。

羌姆在表演时气氛庄严肃穆，其宗旨是要把佛教抽象的教义、理性的哲理，通过乐舞这种形式表达出来，把神灵和鬼怪，天堂和地狱，今生和来世，在一个时空里以震撼心灵的方式展现出来。

热振寺金刚法舞（图/张鹰）

羌姆面具(图/杨曦帆)

羌姆面具艺术保持并发扬了原始祭祀面具和民间面具艺术造型简练的优势,展现出原始、粗犷、质朴的自然大趣之美。抽象的造型、洗练的色彩、夸张的表情和即兴发挥的制作,给人以浪漫的奇幻之感

从藏传佛教角度看,舞蹈属"五明"中"工巧明"之"身工巧"范畴。五明是印度古代的五类学术,即声明、因明、医方明、工巧明和内明,包括了大乘佛教所学的全部学术。其中工巧明在于帮助人们解决衣食住行等问题,以避饥寒之苦。由此可见,属身工巧的乐舞羌姆并非一般舞蹈,而是具有特定的宗教意义,是通往"光明"的道路。从仪式角度看,羌姆就是若干宗教意义之集合体的法舞,属于密宗部分。

密宗是相对于显宗而言的,常常使教外人士觉得神秘莫测。藏传佛教认为,佛实际上并不是外在的,而是存在于我们自身;但是,要真正地接近于我们自身的佛,则需要通过一系列的学习。这种学习又可分为"显""密"两类。简单地说,所谓"显"就是将佛法作为知识学习,所谓"密"就是在学习完"显"之后,还需采用一些超乎知识,也是超乎寻常的方法去接近佛的一系列秘密手法。羌姆就是其中一种。羌姆不但能渲染宗教祭祀礼仪的庄重气氛,还通过一些宗教故事的表演,起到弘扬佛法教义的作用。

宗教与艺术的结合

羌姆的表演者全部由僧人组成,各戴面具,扮演众多护法神,以及各种鸟兽神祇(如牛头神、鹿头神)、骷髅、鬼怪、寿星、神童、狮子、牦牛等。出场角色可达数十人之多。各种角色均穿着特定的、精致的、色彩鲜艳的服装,并手持不同的法器,诸如刀、剑、铃、杵、拂、钵、柄鼓等。

羌姆表演程序通常是:在嘉令、筒钦、鼓钹等乐器齐鸣之中,表演者头戴面具、手执法器或兵器装扮成众神出场,绕场一周,揭开序幕。然后陆续表演凶神舞、骷髅舞、牛神舞、鹿神舞、金刚力士舞和护法神舞等,一段一段跳下去,每一段舞蹈都有相应的宗教内容。在各段舞蹈之间,有时还要穿插喇嘛摔跤、角斗等表演,以娱乐观众。有的还表演"舍身饲虎"之类的佛经故事以及表现乐善好施、长命富贵的寿星舞、鹿舞、仙鹤舞等。最后一场是驱鬼,众神兵出动,携火枪和兵器将用酥油和糌粑制作的想象中的鬼首——"朵玛"押送到寺外旷地点火焚烧,逐一年之邪,祈一年之福,整个舞蹈在高潮中结束。

羌姆把肉眼看不见的护法神形象通过仪式乐舞的

羌姆的渊源

据记载,羌姆最早产生于公元8世纪中叶赤松德赞时期。莲花生大师入藏弘扬佛法,兴建了西藏第一座佛教寺院桑耶寺。为了使佛教能够在西藏传播下去,大师致力于改造佛教,使其和西藏本土文化中的本教相结合,开创了驱鬼镇邪的宗教乐舞形式——羌姆。此后,经世代传承并逐步演变,成为大型系列乐舞。

各地区、各教派寺院的羌姆乐舞在音乐、舞蹈、乐器、服饰、道具等诸方面皆大同小异,但表演日期、表演内容、节目程序则不尽相同。例如西藏拉萨的布达拉宫、大昭寺、木鹿寺等,每年在藏历十二月二十九日"古多尔节"时举办跳神法会;西藏扎囊县桑耶寺在每年藏历五月十五日"德堆节"时举办跳神法会;甘肃夏河县拉卜楞寺每年主要的跳神法会有农历正月十四日的"恰木钦"、七月的"柔扎"法会和九月二十九日的禳灾法会等等。

表演展现在信众面前，这既是宗教寺院的一次盛大仪式活动，也使得信徒们通过观看仪式乐舞的表演而更深刻地认识到善与恶的区别，体会到宗教的力量以及信仰的强大。

信仰在乐声中激荡

羌姆乐舞全程不用人声演唱，只用寺院鼓吹乐队伴奏。鼓吹乐队的演奏具有古朴、典雅、粗犷、威严和震撼人心的艺术效果。鼓吹乐队所使用的乐器是在继承、改造藏族本土乐器基础上逐渐发展而成的，乐器种类计有：筒钦（大莽号）、刚洞（喇嘛号、法号）、嘉令（藏式唢呐）、董（海螺）、达玛如（拨浪鼓）、布哉（大

右旋海螺是藏传佛教各寺院中不可或缺的乐器，也是必需的法器（图/张鹰）

铜钹）、司涅（大铜铙）、额（喇嘛鼓）、止布（金刚铃）等。乐队一般都由密宗扎仓堪布（僧院的主持者）亲自带领并指挥演奏。

这里的“乐器”具有两方面的意义，一方面是乐器，另一方面也是法器。比如金刚铃，一方面可以发出

晶莹透彻的金属敲击声，另一方面也是重要法器，可以惊觉诸尊、警悟有情。不同的寺院在乐器使用及风格上有不同之处，但仍然有着共同的特点，那就是从总体上都具有强烈的、震撼人心的音响效果，能够演奏出气势磅礴、震撼山河的乐曲，以体现密宗喇嘛心目中威猛无比的各种本尊护法神的形象。

右上图：藏传佛教寺院的器乐演奏中主要使用“央移谱”。这是藏族古老的图形乐谱，在七条平行线上划出各种曲线标注音调。央移谱有的用于记录羌姆等器乐音乐，有的则是将图形和经文一起记录于藏式的长条经书中，以经文为主，以乐谱图案为辅，或表示诵经的音调起伏，或表示诵经时对乐器演奏的要求

下图：扎什伦布寺庞大的僧人乐队，筒钦是十分重要的低音乐器（图/张鹰）

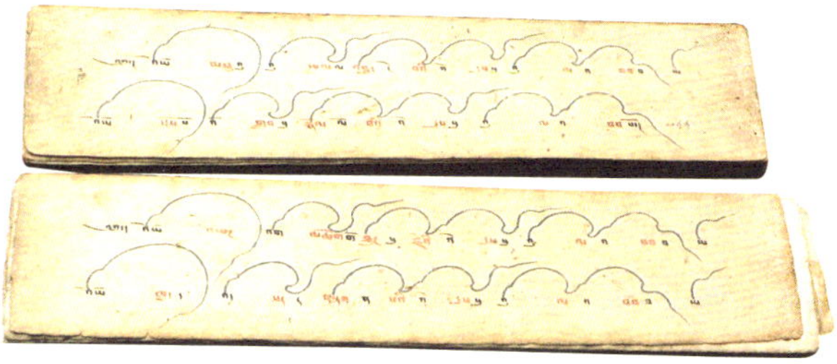

藏族宗教音乐

藏族宗教音乐包括诵经音乐、羌姆音乐、寺院器乐音乐等三种。

诵经音乐是指寺院僧侣诵念经文的声乐音乐、诵念经文段落之间穿插的间奏性器乐音乐，或者与诵念经文同步进行的伴奏性器乐音乐。

集体诵唱经文是寺院比较重要的正式活动。全寺僧人皆集中于寺院的主经堂的大殿内，分队竖排坐于毡垫上，由领经人带领集体诵经。领经者诵经时摇奏法铃。诵经音乐的声乐部分有的只有节奏的念白，有的旋律性较明显。

诵经音乐的音调具有宣叙性，接近于说话的音调，使用的音区较窄，节奏较均匀。诵念的经文中常包含许多段落，有的段落诵唱速度较慢，有的段落诵唱速度较快，形成对比。在每个段落之内有一个短小精练的乐段（或乐句），略有变化地反复演唱，音乐速度则保持不变。

诵念经文有时用鼓、钹击节伴奏。在各段之间会有间奏性器乐音乐起到烘托神秘、庄严之气氛的作用。乐器主要以筒钦、嘉令、刚洞、董、布哉、止布等组成。

寺院器乐音乐是指寺院仪式性器乐音乐与寺院生活中信号性的器乐音乐。前者有迎送贵宾、活佛时演奏的迎送曲，宗教节日时僧众巡游时的仪式音乐，以及寺院举行一般庆典或某些特定活动时的仪式音乐；后者指寺院为了提示僧人按时作息或进行佛事活动的音乐。

在一些靠近汉族地区的寺院器乐音乐中，由于受到汉族音乐影响，也有汉族音乐的组成部分，也有部分汉族乐器被藏族寺院使用，如笛、唢呐、云锣等乐器。甘肃夏河拉卜楞寺的多特尔乐队、青海西宁塔尔寺的花架乐队、青海玉树当卡寺的加君乐队等，都是优秀的寺院乐队。

一座寺庙的羌姆和传人

强巴林寺，位于西藏昌都县城，是藏东地区著名的格鲁派寺院，主供佛为强巴佛，即弥勒佛，寺庙因此而得名。强巴林寺也是继拉萨三大寺之后，在康区发展的一座著名的格鲁派寺庙。

2006年夏天，我来到强巴林寺采风。民间老艺人诺松江村10—18岁时曾在强巴林寺当扎巴，15岁开始学习羌姆，后还俗。现有两个儿子，一个在家，一个在强巴林寺出家。80年代初宗教政策落实后，诺松江村开始回寺院教羌姆，从80年代起，20多年没有间断。他不仅培养了上百名僧人，还专门培养了4个"羌本"（教师）。现在寺院的羌姆主要是由这4位教师负责。

向巴次成15岁出家，跟随诺松江村学习羌姆，每年都要在寺院参加跳羌姆，也给地区文工团等单位教授过羌姆乐舞。为了展示羌姆，向巴次成带我前往更德布殿。根据历史上形成的习惯，在这个大殿里存放与羌姆有关的东西，比如各类服饰、面具、法器等。

强巴林寺的羌姆以跳面具舞与黑帽舞为主，主要有护法神舞、骷髅舞、鹿神舞、黑帽咒师舞和金刚力士舞等。每年藏历十二月二十七、二十八、二十九日三天在寺院有跳神仪式。

由于羌姆的舞蹈风貌古朴粗犷，乐舞动作既有一定难度，也有一定程序，因此在跳神之前众僧都要在羌本指导下，按照专门的"羌伊"（羌姆经书）进行训练和排练。以前学过的僧人一般要在藏历十二月十日来这里开始排练至二十六日，以便第二天参加跳神仪式。新召入的僧人则要在此之前系统学习差不多7到8个月的时间。

夏鲁寺金刚法舞（图/张鹰）

热巴：流浪天涯的鼓舞

融说唱、歌舞、杂技、气功、戏剧于一体的综合性艺术

圣者米拉日巴的信徒

“热巴”是流传在西藏东部昌都地区、云南迪庆西北、四川甘孜的一种综合乐舞艺术，伴以鼓和铃，包括说唱、杂技、民间歌舞等。

历史上，热巴舞多为噶举派所跳。但由于噶举派的修行者大多并不住在寺院，加上信仰噶举派的民众也演习热巴，所以热巴最终在民间流传。

热巴谐音“米拉日巴”，有不少学者认为热巴艺人是噶举派第二代祖师、圣者米拉日巴的信徒，有的民间热巴艺人也认为热巴是圣者米拉日巴的遗产。

传说洛扎地区修建寺院时，白天工匠们辛苦盖起来的寺院，到晚上就被妖魔拆毁，如此反复不已。米拉日巴就组织了108个人的热巴乐舞队进行表演，精彩的表演迷住了妖魔：跳起热巴舞“一鼓点”时盖起了一层楼，跳起“三鼓点”时盖起了三层楼，跳起“六鼓点”时盖起了六层楼，跳完“九鼓点”时九层楼都全部顺利建完。所以，今天的热巴乐舞的鼓点一般为一点鼓、三点鼓、六点鼓和九点鼓。

青藏高原上的“吉普赛人”

热巴在藏语里有两层含意，一是指这种综合艺术本身，二是指粘着长发辫子的人，后引申为表演这种杂艺歌舞的流浪艺人，实为漂泊的舞者。西藏丁青被称为“热巴之乡”，其中，丁青县觉恩乡最负盛名，该乡艺人自称是米拉日巴家族的成员。

热巴艺人通常是以家族为中心，一家人组成一个队四处演出，或是一家发起几家联合，再吸收个别有一技之长的人参加。演员少则三五人，多则数十人。组成演出团体后推选德高望重者作领队“捏巴”，对内负责日常事务，对外负责联络宣传等；再尊技艺高超者作教头“格根”，负责训练和排练工作。过去的热巴艺人就凭着这种简单的组织形式扶老携幼，浪迹天涯。这样的队伍被称为“热巴措卡”，即热巴队伍之意。

舞姿刚劲潇洒（图/郑宪章）

历史上，藏区各地的热巴队大多会在当地寺院的宗教活动中献艺，寺院则布施食品等物，形成一种非常紧密的联系，如丁青热巴队与类乌齐寺，察雅热巴队与察雅玛滚寺，八宿热巴队与八宿拉让。不管热巴艺人在什么地方卖艺，每逢当地寺院大型宗教活动时，都会赶回。不过，现在由于社会文化观念的变迁，热巴表演团体基本上无须受寺院制约，热巴也逐渐演变为一种纯粹的民间民俗性乐舞。

集舞蹈、说唱、杂技为一体

热巴大多是围成圆圈或半圆，一般都是先跳慢板出场，男演员左手执“阿玛”（染红的牛尾巴），右手执“夏良”（铜铃），女演员左手执“阿”（鼓），右手执“阿秀”（鼓槌）。男领舞者按鼓点节拍边说边绕圆圈起舞，说的内容大部分是祝愿吉祥和炫耀其热巴技艺的话；在鼓点声中，女演员集体表演鼓舞，有“顶鼓旋转”“甩鼓旋转”“翻身击鼓”等技巧动作。

鼓舞结束后，鼓队散开站立，男演员在鼓声伴奏下上场表演自己最拿手的技巧动作，如“单腿跨转”“死人蹦子”“滚毛”“甩辫子”“躺身蹦子”“滚壶坛”等，中间还穿插藏戏片段以及一些哑剧片段，有时还穿插摔跤角斗，表演“堆罗汉”“乌龟爬沙”等，娱乐观众。有的技艺高超的热巴队，还要表演气功“爬杆”“高空倒立”“腹上破石”“尖刀刺腹”“夹刀旋转”等惊险动作。

热巴表演中有很多民间舞蹈。当技巧高潮结束时，一位男领舞者便拉起比旺琴，大家一起跳几段轻松的弦子舞结束。有的地方最后是全场演员一齐上场表演集体铃鼓舞，往往会突然在一个统一的节奏上铃鼓齐下，向观众施礼，致“扎西德勒”（吉祥如意）的祝贺。这时观众的情绪一般也被激发起来，兴奋之余纷纷向演员献哈达、献酒、献钱财以及食品等等，以示酬谢之意。

丁嘎的热巴鼓舞源自藏东热巴，都由彪悍的男子表演，具有强健阳刚之美（图/张鹰）

阿羌姆——藏风的象征

“阿羌姆”是藏族地区流传较广的一种鼓舞。源于14世纪，土登·贡噶朗杰修建了贡嘎曲扎寺，并在主持期间创建了阿羌姆。阿羌姆对演员的选择有严格要求，必须是体魄高大粗壮的年轻扎巴（僧人）。阿羌姆的鼓比寺院里念经时用的鼓大一倍，演员还要将鼓竖背在背上边敲边舞。

阿羌姆既没有复杂的情节和人物，也没有色彩丰富的音乐伴奏，只有大鼓和小鼓两种。全舞一般为35名演员和1名俗人，其中鼓舞者有16人，另外的人持供佛器、碰铃，以及1名敲钹，1名“琼琼拔姆”，1名“拔谣”。总指挥由敲钹者担任。

“阿羌姆”的表演形式有圆圈向顺时针方向移动，但更多是竖排向前移动，也有单人舞，基本步伐有“胯腿转”“一步一抬”“前跳跃”“左右旋转”等等。动作庄重威严，雄健大方，同时鼓点丰富多彩。舞者不戴面具只画脸谱。

“阿羌姆”一年表演两次，第一次是藏历元月十五日在贡嘎曲扎寺“曲追堆庆”时寺院内表演九场；第二次是在拉萨举行的“措曲斯蚌”中，“措曲斯蚌”即会供仪仗，俗名供宝会。

藏戏：教化众生

600年的藏戏具有深厚的文化底蕴

藏文化的“活化石”

藏戏历史悠久，一般认为，其起源可追溯到8世纪赤松德赞时期。在桑耶寺落成典礼上，民间艺人们将藏族民间舞与佛经故事结合，演绎成一种哑剧式的跳神仪式。

14世纪，噶举派僧人唐东杰布立志在雪域各条江河建造桥梁。为筹募造桥经费，他从信徒中选出白纳家七位聪明美丽、能歌善舞的姊妹，组成戏班子，以佛教故事为内容，自编自导具有简单情节的戏剧到各地演出，教化大众。这是藏戏的雏形。所以，藏戏的藏语叫“阿吉拉姆”，意思是“仙女姐妹”，大概就是源于这个典故。七姐妹组成的“宾顿巴”是最早的藏戏白面具派。

桑耶寺落成庆典壁画（图/张鹰）
圆形画面的中心是桑耶寺大殿，周围是各种庆祝场面，其中有藏戏表演

17世纪，藏戏从寺院宗教仪式中分离出来，逐渐形成以唱为主，唱、诵、舞、表、白、技等基本程式相结合的生活化的表演。

18世纪，藏戏逐渐发展壮大，出现蓝面具派，使藏戏表演从内容到形式上有了充实与提高。

西藏和平解放以后，自治区政府在原拉萨觉木隆藏戏班的基础上组建了西藏自治区藏剧团，先后整理演出了一些传统戏，同时还创作演出了一批现代题材剧目。过去藏戏只在广场演出，现在剧团在保持藏戏原有的广场艺术特色的基础上，进行了剧场舞台艺术方面的实践，使藏戏由广场走上舞台，有了灯光、布景和化装，还开始使用管弦乐伴奏。

每年藏历七月初的雪顿节是传统的藏戏节，有名的藏戏团都要到拉萨来献戏。每个藏戏团都有不同的风格流派，这些流派中，有属于旧派的白面具派，有属于新派的蓝面具派，也有独角戏。

目前，藏戏已被列入联合国“人类口头和非物质遗产代表作名录”，以及中国“国家级非物质文化遗产保护名录”。

相对固定的表演程式

藏戏在几百年的表演实践中，逐步形成了一种比较固定的程式。演出时，化装比较简单，除戴面具外，只有一般的粉面与红脂，没有复杂的脸谱。乐器也较简单，打击乐只有一鼓一钹，演出时有一人在旁用快板向观众介绍剧情发展情况。剧中人物道白很少，演员专心致志地吟唱。由于是在广场演出，演员的唱腔多高亢嘹亮，拖腔也多，显示出粗犷有力的特点。

武功、舞蹈、技艺在藏戏演出中也广泛运用。演唱一段以后，便出现一段舞蹈。爬山、行船、飞天、入海、骑马、斗妖、擒魔、礼佛等，都有一定的舞姿。

藏戏的演出时间可长可短，有的演几小时，有的演一两天，过去连演几天的情况也有。要演长，则细唱细作；要演短，则用后台快板道白，叙述剧情，一下子跳过去。

藏戏的传统结构共分三部分：第一部分“顿”，即开场白；第二部分“堆”，是正戏；第三部分“扎西”，是祝福吉祥如意的结尾歌舞。

藏戏音乐与“谐钦”及民歌有密切联系，唱腔中极有特色的“真固”唱法（一种装饰性花腔）就是源于酒歌和后藏民歌。藏戏中的人声帮腔，主要是重复唱腔乐句的结尾部分，唱腔的音域一般在八度以内，女声以真声演唱，男声则采用真假声结合的唱法。

藏戏传统唱腔均为节奏自由的散板，分为“达仁”（长调）、“达通”（短调）、“挡鲁”（反调）、“觉鲁”（悲调）、“谐木朗达”（民歌型唱腔）五种，另有民歌、舞曲若干。其中，长调、短调在各个剧目中因人定曲，唱腔以人物角色命名，各有区别，不能任意换用。唱腔多达数十种，有些旋律大同小异。反调、悲调和民歌型唱腔等是通用唱腔，任何剧目和人物均可使用。

四大剧种与八大剧目

藏戏细分为西藏藏戏、安多藏戏、德格藏戏、昌都藏戏等四大剧种。各剧种的唱腔、音乐、表演、服饰等具有不同特色，其中，西藏藏戏及安多藏戏流传较广，影响较大。

传统藏戏剧目中号称有八大藏戏，剧目分别是：《文成公主》《囊萨雯波》《苏吉尼玛》《卓娃桑姆》《诺桑王子》《白玛文巴》《顿月顿珠》《智美更登》。

20世纪80年代，西藏自治区藏剧团在布达拉宫广场演出（图/张鹰）

藏戏面具：角色内在的外在表征

文/西藏大学教授　张虎生

温巴面具（图/郑宪章）
温巴面具是藏戏的标志之一，此角色来源于传统藏戏剧目《诺桑王子》中渔夫的形象。深蓝色象征博大、勇敢和智慧，装饰取材于吉祥八宝图，整体似宝瓶，顶端成宝伞形，伞下为如意之宝图，额上拱形的半圆象征双鱼，下方中央的日月徽象征金轮，眼睛和嘴的形状象征妙莲，鼻子下的贝壳象征右旋海螺，两侧垂挂吉祥结，后面的锦缎彩披象征宝幢

尽管人类有着发达的脸部文化，但是面具作为一类具有掩饰和替代角色功能的仪式表演道具，至今仍在某些社会生活中活跃着。面具一般很少在日常状态下出现，其特定的仪式属性使表演情境获得了最有效的仪式感和互动效果。

藏戏面具的颜色象征具有直观性、预知性和提示性的特性，其社会性与表演的社会内容是分不开的。藏戏的表演内容很丰富，以讲述和表演传统社会生活中人的故事为主要题材和内容，自然会涉及到现实生活中的方方面面，包括各种社会阶层的人们以及他们各自不同的性格和相互之间的关系。当一张面具出现在藏戏表演情境中时，观众仅仅通过颜色就可以获得大量信息，他们不仅可以一目了然地看到演员扮演的具体角色，而且可以获知该角色的性格特征，并猜测由他们的性格特征所决定的言行举止与具体情节。

藏戏面具分为温巴面具、人物面具和动物面具。“温巴”（意为渔夫或猎人）面具，又分白面具和蓝面具两类。白面具有白色的，也有用黄色作底的，周围用较长的山羊毛装饰，表演时面具戴在额头上，“长发”披肩，

“白须”前垂。蓝面具藏戏则晚于白面具藏戏，其影响范围较广，除温巴出现蓝色面具外，还出现其他角色的不同面具，如隐士的面具是黄色的、白胡子，父亲的面具是红色的、黑胡子，母亲的面具是绿色的，等等。这些面具在绘制、配色和装饰上都比较精致。人物面具的种类较多，主要有平面和立体两种形式。平面面具用各种布料、纸板、山羊皮等组合而成，多用来表现剧中有身份和性格的角色，如国王、大臣、喇嘛以及老妇、老翁、巫女等现实生活中的人物。

藏戏中出现的动物面具有羊头、牛头、马头、虎头、豹头、鸟头和大象头等，有些是西藏原始本教所崇拜的神灵，但大多还是表现现实生活中猎人狩猎的对象。

藏戏面具从主要表现神的世界迈入了主要表现人的世界，直接、生动地传达出人类的善恶两面。

传统藏戏《卓娃桑姆》中妖妃哈江的面具（图/张鹰）

藏戏面具色彩与性格

面具色彩	性格	扮演角色	京剧脸谱
白色	纯洁、善良、温和	长寿老者	白色脸谱表示人物性格奸诈多疑，代表人物为曹操
黄色	容光焕发、功德广大、知识渊博	活佛、仙翁	黄色脸谱代表人物性格刚烈，代表人物为典韦
绿色	贤良智慧、美貌端庄	度母或空行女化身的女子	绿色脸谱代表人物性格勇猛、莽撞，多用来表现绿林好汉，代表人物为倪荣
蓝色	正义、勇敢	勇士	蓝色脸谱表示人物性格刚直、桀骜不驯，代表人物为窦尔敦
红色	象征权力、正义，表示足智多谋、智勇双全	国王、大臣，有时藏戏里宗教跳神中一些男性呈愤怒状也常用红色	红色脸谱象征着忠义，代表人物为关羽
黑色	凶恶	凶神、怒神	黑色脸谱代表着公正、铁面无私、代表人物为包拯
半白半黑	嘴甜心毒、两面三刀	巫女	

民歌：生活由歌声构成

藏族歌曲音域宽广，节拍自由，犹如山野间吹过的风

自由奔放的情歌

歌唱是人类的本性。藏族是把人类这一本性发挥得很好的民族之一，人们在广阔的山野间自由地歌唱，尽情地抒发。

藏族歌曲音域宽广，节拍自由。一般情况下，音域都较高，歌手常常用喉部快速颤动发出连续、细碎的反复同音，也往往利用旋律中的装饰音变化来丰富音乐色彩，使得歌声听起来上下起伏，随风飘荡，就像是经幡上的经文一样飘然自如，无碍无阻。

“拉伊”是流传在青海、甘肃、四川等广大安多方言藏区的一种专门表现爱情内容的山歌艺术，以青海湖环湖地域和黄河流域（以海南、黄南两州）为中心向四方辐射。目前，拉伊已被列入“国家级非物质文化遗产保护名录”。

藏族著名歌唱家才旦卓玛

拉伊种类丰富，数量浩繁，内容涉及爱情生活的各个方面。完整的对歌设有一定的程序，如引歌、问候歌、相恋歌、相爱歌、相思歌、相违歌、相离歌和尾歌等。拉伊的曲调因地域不同而形成多种风格：有的强调音乐的语言性，节奏比较紧凑；有的旋律深沉、悠扬，形成自由、婉转的悠长型山歌风格；有的旋律甜美，节奏规整，形成雅致、端庄的抒咏风格等。

拉伊是藏族民歌中的一支奇葩，是藏族青年男女倾吐爱慕之情的情歌，所以不能在家或村庄中咏唱，而只能在山野间引吭高歌。拉伊没有固定的歌词，演唱者触景生情，随兴编唱，巧妙地运用比喻等方法，形象而生动地向对方表达情感。比如，在四川甘孜扎巴地区流传的一首情歌，歌词是这样的：

在一个山沟里，有一个女孩有一百匹马，
你需要放马的人吗？如果你需要，有我；
如果你需要教育小马驹，我愿意为它搓缰绳。

在一个山沟里，有一个女孩有一百头牦牛，
你需要放牛的人吗？如果你需要，有我；
如果你需要找一个挤奶桶，我愿意为它来挤奶。

扫描二维码欣赏
拉伊《有缘在一起》

劳动中的歌

藏族有句俗话：一唱起歌来，干活也不觉得累了。所以，无论在城镇还是乡村，常常可以看到男女边唱边劳动。各种劳动，包括犁地、挤奶、打青稞、挖土、打墙等等，都可以伴以劳动歌。

劳动歌有独唱、齐唱及一领众和等多种形式。鲜明有力的节奏，与日常的劳动动作紧密配合。比如，由于藏区房屋多为平顶碉房，因此无论是盖房还是翻修房屋，都要在楼层或地面铺一些黏土，然后用器具砸平，这种工作名叫“打阿尕”。在打阿尕时唱的歌，就叫作“勒谐”，明朗洋溢、热烈欢腾。今天在拉萨旅游的人们常常能够在大昭寺看到翻修房顶的藏族男女工人一边夯土，一边唱歌。

生活无处不飞歌

藏族风俗歌的内容十分广泛，几乎存在于生活的方方面面。

酒歌在藏语中称“羌谐”，是指敬酒者一边敬酒一边唱歌。每逢传统节日、亲友聚会或举行婚礼时，人们以辈分大小为序围坐在藏式方桌旁。斟酒人一般由妇女担当，按年龄大小轮流给每人斟酒，并唱酒歌。敬酒者则要按照歌声和词意依次完成接酒杯、用无名指向天上弹酒三下、喝三口酒、干杯等程序；而被敬酒者则要根据歌声掌握何时接酒以及何时干杯等，如果错了，就会被罚酒。一般情况下，酒歌只唱不跳，不过有的时候敬酒者也会一边唱歌一边跳些简单的舞蹈动作，以表达热情与诚意。酒歌的歌词大多是祝贺、赞美，有许多传统的固定唱词，也可以现场即兴编唱。

婚礼歌在藏语中称为“充谐”，是一种较大型的综合歌舞音乐，大致包括有接亲歌、离家歌、途中歌、迎亲歌等。有的旋律悠长，有的则欢快并带有舞曲性质。

打阿尕歌（图/张鹰）
打阿尕是一种漫长而细致的活，有歌舞相伴就让劳动的人感觉轻松多了

西藏措美县的牧民演唱打酥油歌（图/张鹰）

箭歌在藏语中称“达谐”，主要流行于西藏林芝地区，亦称“工布箭歌”。春夏之际，在林卡耍坝子时演唱，是射手们夸耀弓箭及射箭技术所唱的歌曲。

抗灾歌在藏语中称“吉达”，由于藏区的自然条件恶劣，时有冰雹灾害发生，而吉达的内容就是反映冰雹的灾害情况，讽刺冰雹的无能，歌颂人们的辛勤劳动等。

儿歌在藏语中称“齐鲁”，有“玩石子歌”“踢毽子歌”等，其旋律大多简洁明快，节奏跳跃活泼。

颂经调亦称六字真言歌，藏语称“玛乃”，主要是信佛群众在寺院朝拜神佛时所唱，各地有不同曲调。

民间文学中瑰丽的花

藏族民歌中歌唱内容大多和天地、菩萨、父母、牛羊、牧场、家乡以及爱情等等有关，常常采用比喻、夸张、隐射、联想等手法，蕴含丰富的生活体验和较高的艺术性。

藏族民歌的歌词朴素凝炼、清新通俗，绝大部分摈弃华丽词藻，杜绝堆砌，而是用朴素、明快的线条，深入浅出地描绘出活灵活现的艺术形象。在表达感情时，歌手们常以日月星辰，山川湖泊比拟，喜马拉雅、羊卓雍措等知名自然风景也常常成为歌词中比喻性的表述对象。

西藏日喀则地区的歌曲《慈祥父母》中这样唱道：

天空中一百颗星星列成排，
熟悉的有北斗星和昴宿星；
最闪光耀眼的是那启明星，
最恩深的是那月亮和太阳。

大地上生长出来一百种草，
最注目的是那白色的草药；
我认识的只有那冬虫夏草，
最恩深的是那草丛和草垛。

部落里聚集着人群有百位，
最注目是那位权大的头人；
我亲近的只有那青梅竹马，
最恩深的是两位慈祥父母。

扫描二维码欣赏
民歌《扎西罗堆（庆丰收）》

撰稿专家

杨曦帆，民族音乐学博士，艺术人类学博士后，南京艺术学院教授，中国少数民族音乐学会常务理事。主要从事中国少数民族音乐研究与教学。发表学术论文30余篇，出版专著《藏彝走廊的乐舞文化研究》《音乐的文化身份——以"藏彝走廊"为例的民族音乐学探索》。

《藏彝走廊的乐舞文化研究》

扫描二维码，
阅读专家代表著作的电子版

青藏高原浩渺的星空（图／视觉中国）

第11章

与日月星辰的对话

天文与历算

本章主撰稿人：中国社会科学院副研究员　东主才让

人类的文化传承不仅仅是可以看得见、感触得到的风俗、器物、制度等表象层面上的东西，更为重要的是背后的精神。沿传至今的藏族天文历算文化传递的不仅仅是历算知识、技能技巧和应用方法，更重要的是其所蕴含的本体性的基本价值——“人与自然和合相生”的整体思维观念。

藏族传统历法文化从生命的角度看待宇宙空间，持有什么样的身心，就会拥有与其相应的世界。这种世界观对于当前“以人为中心去看这个世界，去理解这个世界、解释这个世界、运用这个世界、操作这个世界、控制这个世界”的思维，具有重要的借鉴意义，其内核超乎时间的恒久价值，对于今日的科学教育具有重要启示。

世代居住、生活在青藏高原上的藏族人民，在高原特殊的自然地理和气候条件环境下，根据生产和生活的需要，不断观察日月星辰、冷暖气候等天象，观察四时节气、动植物生长变化等大自然现象，总结和积累了大量的实践经验；同时，通过对宇宙中星体的运转以及对季节变化的各种数据进行计算，并参照一些物候，判断出一岁中的年月日时，预推各种星体的运行规律及位置来了解气候变化。藏族历算不仅反映了青藏高原的自然规律、天象变化、时间差异以及年月日的推算，而且反映了藏族人民在恶劣的生存环境下不断地认识自然、适应自然、改造自然的伟大勇气和聪明才智。藏族人民通过推算每一年的历算，进一步加强农业和牧业的生产，有计划、有步骤地开展各项生产活动，推动社会发展。在与自然和谐相处方面，起到了积极的作用。

同时，历算是一个民族的文化载体，通过推算年月日说明每一年的具体时间和具体节日，藏族人民根据这些节日举办各种民俗和宗教活动，繁荣和发展了民族民间文化。

时历文化在高原碰撞交融

2008年，藏族天文历算被列入国家级非物质文化遗产名录

来源多样，吸收各方养分

藏历有三个来源：一是固有的、古老的物候历，二是从印度引进的时轮历，三是从汉地引进的时宪历，另外还有从汉地引进的“五行算”和从印度引进的“占星术”。

据史料记载，公元前100年以前，雅隆部落中有一个名叫嘎玛帕姆的人，根据月亮的圆缺，初步推算出了日、月、年，发明了《嘎玛帕姆历算法》。有一本古老的历算书《山南雅拉香波纺织老妇人之月算》，详尽地总结了当时藏族人民丰富的生产经验和天文历算知识，其中提到的“七天算法”（7天为一周）计时段对藏族天文历算非常重要，也是藏族历法中最重要的数据。

几百年过后，西藏的原始宗教——本教又精确推算出冬至日归时间，并以此作为一年初始，形成了各种节日及仪轨。那时的新年初一，相当于现在的藏历十一月一日。在敦煌藏族古文献《东北藏族古代民间文学》中的卜辞歌谣中记载有关于昴宿星的组成和升降现象。另外，从近代发掘的考古资料也可以考证，青藏高原早期文化与天文之间已有了一定的联系。

藏族历算学在形成其完整独立体系的过程中，曾接受黄河流域古文化的深刻熏陶。自公元7世纪吐蕃时期以来，从汉地陆续传入大量关于天文历算的书籍，对原始藏历的完善和发展，起了重要的作用。藏族最为权威的传统经典著作《白琉璃》中有这样的记载：“藏王松赞干布的父亲朗日伦赞时期，由汉地传入算学和医药。”也有书籍记载松赞干布派遣人员去唐朝专门学习历法的故事。汉地传来的时历文化大大丰富了藏族传统天文历算学的内容，譬如，五行、相克、十二生肖、二十四节气、六十年干支周期、八卦、九宫以及《八十博唐算图表》，至今仍被视为测算内外世界的标准，流传甚广。

9世纪中叶，吐蕃政权崩溃，直到13世纪，400年间藏族内部处于分裂割据状态，同时中原地区唐末五代也是分裂割据，随后是宋辽金夏对峙，仍未形成统一

拉萨尼木县本教寺庙诠释天体宇宙的纸本挂图（图/张鹰）

在生产生活中孕育的物候历

随着历史的演化，人类社会大约在八九千年前进入了新石器时代，开始从原始的狩猎和采集经济向原始的畜牧业和农业过渡。恩格斯指出："首先是天文学——游牧民族和农业民族为了定季节，就已经绝对需要它。"显然，游牧民族为了追逐草场和水源必须掌握时令并能在茫茫草原中辨别方向，农业民族则必须掌握各种农作物播种、生长到成熟的季节。由于这种需要，就产生了通过观察天象变化确定节候的原始历法。

最初的历法往往是物候历，即根据生物随季节变化的不同活动来确定季节，如动物的蛰伏、候鸟的迁徙、植物的枯荣等。人们逐渐把物候变化与一年中天空的星象变化关联起来，发现星象变化更加准确可靠，便产生以观星象定季节的历法。

藏族人民也是这样一步一步认识自然，观察自然，并不断地总结自然规律。藏历中最有特色的是物候历。藏族有则古老的谚语：

观察禽鸟和植物是珞门法，
观察星和风雪是羌塘法，
观察日月运行是本象法，
观察山、湖、牲畜是岗卓法。

从上述的四句谚语里可以清楚地看到生息在青藏高原上的人们，经过世世代代长期观察日月星辰、动物、植物的物候变化，逐渐总结出了具有青藏高原特色的自然历。人们所处地理环境不同，他们所注意到的对象也有所不同：珞门在西藏的东南部，地处喜马拉雅山东南脚下，气候温暖、湿润，生长着亚热带常绿叶林和季雨林，农作物可一年两三熟，生活在这里的人们善于观察禽鸟的来去和植物的生长；羌塘在西藏高原北部，是牧区，多风雪，海拔高，空气稀薄，那里的老牧民善于在空旷的牧场上用星光和云团掌握近期天气变化的情况，以安排放牧活动；本象是西藏西部阿里地区，那里的人们善于观测日月运行；岗卓是半牧区，那里的人善于观察山峦江湖的变化预测天气，例如雅鲁藏布江北面的羊卓雍湖畔的居民对于湖水结冰和融化的时间都做了仔细的观察，如果湖水结冰和化冻的时间提前或推后了1周左右，就能断定当年气候将出现反常现象。

类似的比较原始的观测经过千百年的发展，进一步归纳出更为规律性的认识，人们将它写入藏族的历书中，使之服务于生产和生活，在某些偏僻的地方至今仍然采用这种方法。

的局面。雅鲁藏布江流域与中原往来少了，恐怕连现成的汉文历书也难得到了。就在这个与中原来往减少的时期，卫、藏、阿里地区与印度的往来却很频繁，而这时印度的佛教受到伊斯兰教的侵扰、破坏，许多印度的佛教学者北行，藏文《大藏经》中相当多的一部分是这个时期从梵文翻译的。梵文经中的《时轮经》就是这个时期最风行的，它既是能推算日月食的历算，又有一套天人感应、内外结合的修证方法，正适合藏族的需要，传入西藏后受到特别的重视，并由此成为藏族历算学的核心理论与架构。

自11世纪从印度传入《时轮经》历法以后，虽然藏地仍有多种多样的纪年、年首设置及闰月设置方法在流传，但藏族天文历法的计算基本是依据时轮历的。由于时轮历既有藏族古老历法的基础，又从汉族地区不断吸收有用的内容予以调整和完善，所以它又不完全等同于印度的时轮历。

从以上藏族天文历算发展脉络分析可知，它经历了以物候历为基础，在吸收、融合了中原、印度、尼泊尔等地的天文历算知识的基础上，逐步形成以藏传时轮历为主体的天文历算体系，并不断完善，相传至今。

《时轮历》宇宙结构图

这张图主要表示宇宙结构中的须弥山，它是一个上大、下小的倒立的圆锥体。上面许多横线表示从上至下居住着三界和六道轮回中的种种（众生），分为有形和无形两大部分，各高十万由旬。用人体的部位为比喻来说明：从顶髻到颈项为无形部分，共二十九层天，肩部以下为有形部分，有两层天

形象而深刻地剖析宇宙结构

对于宇宙的认识，对于诸曜运行的轨道之间的关系，以及产生季节的原理等等，时轮历家内部也有各派观点。这些不同的说法表明藏族学者们努力对天象做出自己的解释，并不是对圣地印度传来的一切东西都奉若神明、墨守教条，只会简单地鹦鹉学舌。

时轮经所讲的宇宙结构与一般佛教典籍中所说的宇宙结构有所不同。《时轮历精要》中的基本观点是：器世间(物质世界)是由地、水、火、风四轮构成的。风轮处于虚空之中，其内是它所承托着的火轮；火轮有七重，第七重为金刚山，或名马面火山；火山的里面是水轮，也有七重，第七重为盐海；盐海里面是地轮，地轮的中央是须弥山；须弥山上下有五层沿圈，状如铜碟的边缘向外翻伸，下层最小，往上渐大，即一个上大而下小，倒立的圆锥体；须弥山根的外面有六重洲、六重海、六重山。洲、海、山互相间隔，其最外面的第七重洲名为"大瞻部洲"是一个环形地带，宽二万五千由旬(亦作踰缮那，印度古代计算里程的一个单位)。它分为南、东、北、西四个象限，每一象限为一洲，每洲再均分为西、中、东三区，无论从哪一洲看，须弥都是北，所以各洲的东南西方向是环形的。我们住的这个南洲的中区的北半分为六个区域。由北而南为：雪山聚、苫婆罗、汉域、黎域、蕃域、圣域。圣域即印度，蕃域即西藏，黎域指现在的新疆南部，汉域指中原地区，雪山聚显然指大陆的最北端，至于苫婆罗究竟在什么地方，目前学术界尚无定论。

时轮历还认为：天穹像一把大伞，伞面是凹凸不平的。它被风力推动不停地右旋，顺时针方向旋转。其中央最高处与须弥山顶相接，四周渐低，最低处与马首火山的顶端相接，高七万五千由旬。十二宫犹如伞的十二条肋骨，二十七宿则如镶嵌在伞面上的宝石，位置是固定不变的，只是被伞带支着右旋，每昼

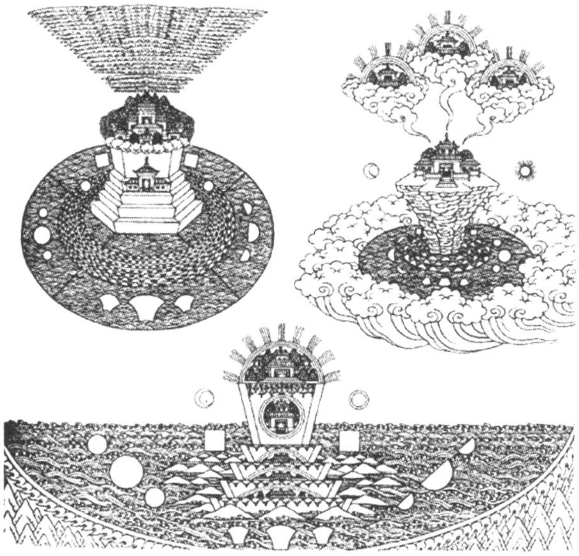

《时轮经》所说宇宙结构的立体层次示意图

《时轮经》等佛经所述宇宙空间结构

夜一周。这种旋转运动是极为明显易见的，所以叫作“显见行”或“风行”，这就是现代天文学上常说的“周日视运动”。藏族学者的这种说法描绘得非常形象，易于被人们接受。

医算本一家，藏医修藏历

在西藏，藏医和藏历是紧密联系的。藏医认为随着季节的变化，人体五脏中的气和血液循环状况也有所不同，所以藏医十分重视观察星、云、风、湖水和鸟类的变化。

按藏族惯例，天文历算的业务设在藏医院。“门孜康”是机构名，“门”指医药，“孜”表示历算，亦意译为“医学历算院”。编制藏历历书对于藏医院来讲已有100年的历史，藏医院里荟萃着一批学者，每年的历书都是前一年由藏医院里的学者测算的，每12年进行一次大规模的数据运算是“门孜康”约定俗成的传统。

历史上曾于1921年、1938年、1947年、1957年先后四次在钦热罗布大师的亲自支持下，组织各地区的天文历算学专家，集中对藏历历书的有关内容和体例进行了研究和厘定工作。改革开放后，在强巴赤列院长的领导和安排下，1987年对1989年至2000年的天文历算学基本数据进行了统一计算。

2011年8月，由西藏自治区藏医院天文历算研究所组织的2013年至2024年12年间的天文历算运算数据项目正式启动。截至2012年8月底，未来12年的天文历算基本运算数据项目已经圆满完成。

代代传承，生生不息

从一定意义上说，宗教文化的传承与传播方式极大地影响了藏族传统文化知识的传承与发展。藏族天文历算是藏文化中的重要组成部分，其传承模式在很大程度上与宗教文化的传承相似。藏族天文历算大体可以划分为家族传承、寺院传承及学校传承三种模式。不过在实际的传承过程中，家族与寺院、家族与学校、寺院与学校、家族与学校两两之间并非泾渭分明，彼此之间交互重叠、相融共生，具有密切的联系。

家族传承主体是以家庭为空间，以父子、叔侄为纽带的传承模式，其中也包含有家族内收徒进行的师徒传承，抑或以寺院为空间的家族传承等，如宁玛派、萨迦派等藏传佛教派系内的家族传承制。同样家族内的成员也可以突破家族藩篱到寺院、学校等场所学习历算知识。因此在以家族为空间的亲系传承体系中，也衍生出师徒制形式的承传关系。

同样，在以僧人为主体的寺院传承模式中，传授者与接受者之间形成的关系既包含师徒制的师徒传承，也有家族制的寺院传承等；他们的活动空间主要以寺院为主，也可以出寺收徒。

学校传承模式是指官方层面建立的专门的专业教育机构、学术研究团体，这种模式以近代寺院教育为雏形，是社会变迁的一种产物，不受传统惯性影响。

雪域人的生活指南：藏历历书

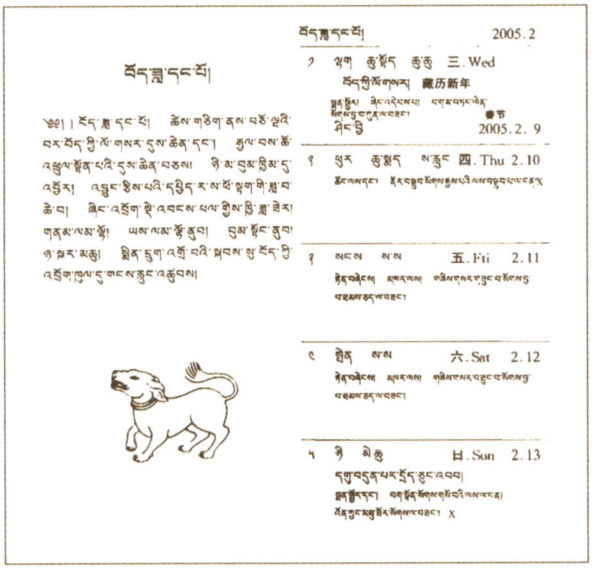

据有关传说及记载推断，在吐蕃时期藏族就可能已有历书产生。有史可证的藏族历书，最早出现在13世纪，到了19世纪，藏族历书的编制已经趋于完善。

11世纪，山南敏珠林寺天文历算学校成立，并开始出版著名的《敏珠林历书》。

1206年，西藏第一本完整的历书问世，名为《萨迦历书》。此历书的内容包括气候、季节变化以及各种事态善恶的日期等等，为农牧民的生活、生产和出行活动，起到了一定的指导作用。

1425年，楚布·嘉央傲色著《楚布历书》。

1916年，第十三世达赖喇嘛土登嘉措建立了医算院（即门孜康），颁布了以《敏珠林历书》为蓝本的《门孜康历书》，每年以木刻版印制后向全藏发行。

西藏和平解放后，西藏自治区藏医院下设了藏历编辑室，负责编历工作。1978年，藏历编辑室升格为天文历算研究所，并于1981年成立了西藏天文历算学会，开展天文历算研究项目和学术交流活动。此后，大部分地区藏医院中建有天文历算研究室，并出版发行各具地方特色的藏历历书。据西藏自治区藏医院天文历算研究所银巴所长介绍，每年出版发行的藏历历书数量达到了16万册，是除了藏文教科书以外发行量最大的藏文书，不但在西藏、青海、四川、云南、甘肃发行，还远销印度、尼泊尔、不丹等地。

在一些藏民家里，把用完的十几本历书用绳子穿在一起挂在门楣。据说有这样一些解释：表示主人对字纸的尊敬，对知识的尊崇；用完的历书挂在门上具有祛邪禳灾的功效；经常看藏历的人都有把当天当月发生的一些事情、日期等记录在历书空白处的习惯，日积月累地保存起来等于是一部详尽的记事本，查阅起来非常方便。古老的藏历历书可以说是藏族人民的生活伴侣、生产指南，与他们的日常生活不可分离。

天体日月星辰运行图，清代唐卡。这幅唐卡描绘了日月水木火金等十星曜在太空中的运行规律，既表现了藏传佛教的宇宙观，也暗示了藏族人的起源

苍穹之下的熠熠星光：博大精深的藏族历算学

藏族传统天文历算学蕴涵和体现了藏族人民的宇宙观与生命观

既实用又科学的阴阳合历

世界上各种各样的历法，归纳起来不外三种：阴历、阳历、阴阳合历。

阴历，是单纯根据月亮圆缺的周期制定的。所谓“单纯”就是它只顾月亮这一头，不管由太阳与地球的关系而产生的气候冷热等季节变化。月亮又叫作太阴，所以这一类历法叫作太阴历，简称为阴历。

天文学家把月相变化的周期，即从朔到朔或从望到望的时间长度叫作“朔望月”，藏历中称之为“tshes-zla”，也可译为“太阴月”。多年的观测表明朔望月的长度不是固定不变的，它的平均长度为29天12小时44分，即29.5306日，这是制定历法非常重要的一个数据，初步可暂时粗略地记为二十九天半。

阳历，又称太阳历，以太阳的视运动周期，也就是地球绕太阳运动周期为基础的。通常所说的阳历为现行公历，即格里历，平年365天，闰年366天。阳历的历年近似等于回归年，一年有12个月，这个“月”，实际上与朔望月无关。阳历的月份、日期都与太阳在黄道上的位置较好地符合。根据阳历的日期，在一年中可以明显看出四季寒暖变化的情况；但在每个月份中，看不出月亮的朔、望、两弦。

为了解决阳历、阴历之间的矛盾，一些历法采用了阴阳合历，比如汉族的农历。藏传时轮历也具有阴阳合历的特征。以月相圆缺的变化周期为一月，以季节变化的周期为一年。由于年、月的长度不成整数比例，除每个平年设置12个太阴月（即朔望月）以外，还要设置闰月来调整季节变化。同时，它又拥有一套独特的原理和数据系统，推算天象，预报日、月食和一天中二十八宿和五星的方位等。

神奇而独特的授时法

藏传时轮历中计算时间的单位有7个：息（呼吸顷），6息为一分（漏分），60分为一刻（漏刻），60刻为一日，30日为一月，12月为一年。其中“息”的测计方法为健康的壮年男子一呼一吸所需的时间，约等于一个太阳日的1/21600，一刻相当于24分钟。

理解藏历的关键——太阴日

“太阴日”这个概念在藏传时轮历中有非常重要的作用，不了解什么是太阴日就不能真正地了解时轮历。传统文献中给出的太阴日的定义是“月亮黑白分增损十五分之一的时间长度”，其平均长度为59漏刻3漏分4息。《藏历的原理与实践》中太阴日的定义是“月亮在空间里所行弧长的三十分之一所需的时间长度”或者说是“月亮运行月的白分或黑分弧长的十五分之一的时间长度”，这样就准确又明了地概括了由于月亮的不均匀运动而产生的太阴日有长有短的变化。因为在每一个太阴日中，月亮所行的弧度是相等的，不过由于月亮运行的轨道是椭圆的，其运行速度有快有慢，所以在相等的弧长中运行的时间是不相等的，有长有短。一个太阳日为整整60漏刻，所以1平太阴日=0.9843太阳日。月行速时太阴日比太阳日短，最短时间为54漏刻=0.90太阳日；月行慢时太阴日比太阳日长，最长时刻为64漏刻=1.066太阳日。当然也有一样长的时候。

藏历木鼠年（1984）的历书

藏传时轮历的日期不是用初几、十几、二十几，而是用喜、善、胜、空、满等五个字轮流，每月分为黑分、白分各三轮。例如某月十九日在时轮历中记为该月黑分的第四天，即黑分的“空”日。

藏传时轮历测定每个太阴月为29.53058太阳日，但又规定每个太阴月为30个整太阴日。为了相应地配合太阳日与太阴日之间的日序，便出现了“重日和缺日”，月的大小就依据重日和缺日来解决。重日和缺日是时轮历很大的一个特点，也是最不被人理解的一点。所谓“重日”就是这个日序（日期）要重复一次；所谓“缺日”，就是这个日序（日期）要跳过去，空缺过去。有缺日无重日或缺日多于重日的月份为小月，每月29天；重缺相抵或无重日无缺日的月份为大月，每月30天。

藏历采用了汉历的六十年周期，称为“饶迥”，是“rab-byung”的音译，意译“胜生周”。汉历的六十年周期的名称是用天干地支来配合。汉历十天干甲、乙、丙、丁、戊、己、庚、辛、壬、癸，藏历则是用木、火、土、铁、水五行各分阴阳来表示；汉历十二地支子、丑、寅、卯、辰、巳、午、未、申、酉、戌、亥，而藏历是用鼠、牛、虎、兔、龙、蛇、马、羊、猴、鸡、狗、猪等十二生肖来表示。例如公元2013年，是汉历癸巳年，藏历叫作阴水蛇年。有时只说水蛇年，把阴阳的区别省去也不会产生错误。

六十年的周期循环本来无所谓头尾，不过按传统的说法，是因为远稽初极，曾有一年日、月、五星和罗睺、劫火（罗睺尾）等九曜都处于相同的方位（类似汉族所说的五星联珠），那一年叫作“终尽年”，相当于丙寅年，其次年丁卯年就是胜生年，即进行天文运算时诸曜的一切数值都是零，全都从头开始。藏历的正式使用，是在公元1027年开始的，第一个胜生周就从1027年（火兔年）开始。

阴阳合历的特点是兼顾回归年与朔望的周期，解决二者矛盾的办法就是闰月。汉历的闰月最初是看着气象临时定的，之后固定在年尾，再后来又用固定的闰周，直到发明了“无中气置闰”的办法，才永远彻底地解决了这个矛盾。

一个回归年是362.24天，有二十四个节气，其中有

藏历历算图

十二个是节：立春、惊蛰、清明……另外十二个是中气：雨水、春分、谷雨……节与气是互相间隔着排列的，节与节、气与气之间平均为30.44天，即平均大约三十天半，称为“平气”或“恒气”。历法中规定月份的次序是按中气而定，例如：雨水在哪一个月里，哪个月就是正月，春分在哪个月里，哪个月就是三月，不论其在月首、月中或月尾。一般的月里都有一个节和一个中气，但不是每一个朔望月里一定能包括一个节和一个气的。因为一个朔望月是二十九天半，比平气大约短将近一天，因此每隔大约三十三个月就可能出现一个月份里有节无气，或有气无节。如果某一个月里有中气而没有节，不影响月序；而如果某个月里只有节而没有中气，那个月就不能占下个月的序数，只能作为其上个月的闰月。

藏族的历算家也采用了这种办法来矫正时轮历闰周所带来的误差，并且称赞汉历的“无中置闰”是聪明人的办法。

精准测量日食、月食

藏历拥有一套系统的日、月食推算方法，能够判断

一年分六季

藏族世代生活的青藏高原，其自然地理和气候条件都不同于别的地区，简单地采取吸收别的民族天文历法知识来指导人们生活和生产是不行的，更多的还需要适合本地区情况。藏历在节气与季节划分上，不是采用简单的岁月平分法，而是依“日宿”（即太阳所在位置）定点进行推算，进而将数据与藏族地区各类鸟兽草木变化内容有机地结合起来，以确定节气和划分季节。

因此，藏历虽然也有与通行历法相同的春、夏、秋、冬四季划分的传统，但同时又根据高原变化莫测的气候形成了独特的六季划分法，即：春、后春、夏、秋、冬、后冬。这种划分方法，符合青藏高原大部分地域的气候特点。从整体观察，整个藏区冬季最长，春季次之，秋季再次之，夏季最短；部分高寒地区，甚至无夏季，春、秋季连接在一起。

第巴桑杰嘉措在《白琉璃》中提到用一种“觉嘎”观察法划分季节：冬至、夏至、秋分、春分为四时；雁南飞、大鸟到、鸟初鸣、鸟收声，为小四季；燕子来、水鸥到、戴胜鸟飞来、云雀叫声为四分定。以上这些被称为不变的十二定点时。这种自然季节划分又因地而异：林芝地区大部分以桃花开时作为可耕期；日喀则地区则以藏白杨树始展叶时播种春麦、豌豆；西藏中部以始见鹞开始春播等。

食限的数值、交食发生的时刻、食延时间、入食方向和食分大小等。这些对于古代天文学来说，已是一种相当先进的方法。

时轮历中不仅有七曜，还有两个假想的天体，即罗睺、劫火（罗睺尾），再加长尾彗星，共为“十曜”。日食、月食的推算方法大致为：先由积月除以罗睺的周期，商余化成日数，然后若推算日食加30日，推算月食加15日，再乘以罗睺每日运行的度数得到罗睺头数值（在此数值上以半周相加，则得到罗睺尾的数值）；接着求出太阳、月亮的黄经，以太阳、月亮的黄经与罗睺头、尾数值中最为接近者相减；最后以所得差数来判断有无日、月食。这对于日、月食发生时刻进行预报是很方便的。

汉族古代以为日食、月食是上天对下民，尤其是对执政者发出的警告，是很不吉祥的天象；但在藏传时轮历中却视日食、月食是修行的最佳时刻，能比平时增长千万倍的功力。密宗认为修行达到一定境界的人，完全可以通过自己的呼吸来推测什么时候月盈或月亏，也就是说，如果他们想知道月相的盈亏，根本不需要看历书，仅仅通过自己的呼吸即可观察出来。

藏传时轮历推算月食、日食实例

1.月食实例

藏历：第十六胜生周铁鸡年十一月十五日

农历：辛酉年十二月十五日

公历：1982年1月10日

	北京食甚时刻	食分
藏传时轮历	12时50分	1. 35
《天文普及年历》	3时45分16秒	1. 337
误差	早10分32秒	0. 013

2.日食实例

藏历：第十六胜生周铁鸡年六月三十日

农历：辛酉年七月初一日

公历：1981年7月31日

	北京食甚时刻	食分
藏传时轮历	11时36分58秒	0. 6
《天文普及年历》	11时17分58秒	0. 56
误差	迟19分	0. 04

《藏历推算图》，画面绘有九宫、八卦、十二生肖等，据此可以推算出准确的藏历日期、节气等

一沙盘，一世界

文/闵有德（藏族），选自《丝绸之路》1999年04期

1999年7月28日，月偏食，食分0.35，初亏18时15分，食甚19时23分，复圆20时29分。

2000年1月20日，月全食，见食分1.20，初亏10时56分，食甚12时35分，复圆14时10分。

2000年7月16日，月全食，食分1.68，初亏19时51分，食甚21时19分，复圆23时50分。

2001年1月10日，月全食，食分1.13，初亏2时35分，食甚4时16分，复圆5时52分。

2003年5月16日，月全食，食分1.09，初亏10时01分，食甚11时36分，复圆13时12分。

2003年11月9日，月全食，食分1.01，初亏7时21分，食甚9时12分，复圆10时59分。

……

您可否想到，展现在我们面前的这些月食数据，并非用计算机演算或者用其他尖端仪器观察得来的，它是由居住在拉卜楞寺的高僧桑珠嘉措大师用藏传佛教传统的沙盘演算法测算出来的。

熟谙藏族天文历算的桑珠嘉措大师，可以说是藏传佛教文化在这个领域里现今众所公认的当之无愧的权威。

年已76岁的桑珠大师，自小告别白龙江畔的故地亲人，来到拉卜楞寺学经，17岁时去拉萨哲蚌寺深造。经过13年的潜心学习，基本掌握了天文历算知识。正当桑珠大师有所造就之时，那场众所周知的文化浩劫使他和他掌握的知识一同遭受了苦难。改革开放后，桑珠大师重返自己修行和研究的领域，他的学识被有关方面所重视。他在修行念经的同时，被一些研究机构和高等院校聘为客座教授，先后应邀前往四川、青海、云南、拉萨、北京等地讲授藏族天文历算科学。他在传授理论知识的同时，也不断地琢磨着如何革新传统的天文历算方法。

经过多年的潜心研究，桑珠大师将藏族天文历算单一的沙盘演算法改进为沙盘与珠算并用，同时引入计算机运算方法，可以说实现了藏族天文历算手段的重大革新。与此同时，他又将传统的单种日起始推进演算革新为三种日齐同积年简略的演算法，以达到快速准确地测算出各种星体运动变化的目的。他用自己发明创造的新方法，不但测算出我们已经知道的未来若干年中将要发生的月食，而且同样测算出了今后多少年中将会出现的日食。

桑珠大师新的研算方法一问世，便得到中外天文学家的认同和高度重视，并且经由国家有关出版部门编纂成书出版发行，同时被目前服务于西藏医学院历算研究部门的高徒们编制了程序输入电脑。这是桑珠大师对藏族天文历算的一大贡献，也是中华民族灿烂文化篇章在20世纪闪出的又一光点。

今天，年迈的桑珠大师与弟子洛桑在大夏河旁的一处僧舍里，继续着他们的修行生活。他们没有电视看，没有广播听，也没有报纸杂志可阅读，有的只是浩瀚无比的经文典籍。每天早晨起来，一丝不苟地进行着自己的宗教仪程：煨桑、敬佛、祈祷、读经、修炼……时不时给慕名前来求教的僧俗徒弟辅导讲授天文历算知识。在这当中，师徒俩仍不时抽出时间，关注和测算天体运动变化的各种奇妙现象，遨游在茫茫星际之间，探知着一个又一个星体运动变化的奥秘。

西藏自治区藏医院天文历算专家用沙盘计算藏历（图/新华社记者 觉果）

生活与文化的载体

天文历算学在藏族人民的实际生活中应用范围很广

推测天气，预报灾害

藏族独特的天文历法体系，不仅能较准确推算日、月、五星的位置和运动，还可根据物候、星辰等现象和数据预报西藏地区天气和地震等情况。如天气预报方面就有短期（一天）、中期（一季）和长期（从当年到次年）。不仅预报下一年度是否风调雨顺，是否有旱灾、雪灾或地震，而且连某日有雨，每一天的吉凶都一一标明。据说，那曲藏医院预报1986年间藏北的三次地震，大体时间和方位都准确。

藏历有许多气象预测方法：通过观察植物、动物、河水、星体、冰床、云的颜色和形状、风的方向等来判断气象变化；通过对特殊日期天气状况的观察和分析，结合狮座图、乌龟图以及五星运动值等预测来年天气状况，诸如有无雪灾、冰雹、霜露、旱涝及地震等自然灾害；根据野鸭、杜鹃鸟、戴胜鸟、大雁、乌鸦、燕子等候鸟的季节性活动时间来安排西藏各地的早、中、晚播等农事事宜等等。这些方法至今仍然广泛使用于广大的农牧区。

占算吉凶祸福

自诞生之日起，藏族天文历法就与占卜紧密地结合在一起，甚至在目前，二者仍是不可分割的一体。在传统文化中，算学有“白算”（嘎尔孜）和“黑算”（那尔孜）之分，白算指天文历算学，黑算指占算吉凶祸福之数术，主要是通过五行、八卦、九宫、十二建除、二十七宿等的遇合去占算推断吉凶祸福以及堪舆之术。此类占算在藏族日常婚丧嫁娶等诸多巨细事务方面应用很广，极为风行，是藏族传统天文历算重要组成部分。

藏族历史上，诸多历算大师既通晓历法同时也精于占算，藏传佛经及大量关于藏族天文历算的历代高僧专著中保存的天文学内容很多也包含星占形式。

藏族近代著名藏医学家钦热诺布的传记中写道：

“父亲是当地的一名天文历算师，所以当地的人又叫他‘孜巴阿吾奇’，孜巴是天文历算师之意，阿吾奇是大鼓的意思，意喻他的名声很大。钦热诺布出生之后，父亲根据藏族天文历算终身大运算法中太阴日月宿和太阳日月宿位置相结合的推算方法推算得知，其出生星宿位于头顶之上，认定这是最吉祥的征兆，断定儿子不同于普通人，日后必将贵为王公，因而加倍予以爱护。”

占卜在藏族的日常生活中影响极广，从历代高僧、贵族阶层到平民百姓几乎无一例外地热衷于参与占卜活动，而且始终保持热忱的信念执著不疑。

基于传统占卜文化的强大惯性势力，时至今日，藏医院天文历算研究所仍设有相关人员为普通民众占卜、算卦。每天前来算卦的人络绎不绝，既有普通农牧民，也有受过现代文化影响的企事业单位职工，占卜多为选择乔迁、修房动土、喜丧、病因等日常事宜的合宜时日。

一年之计在于春：《春牛图》

西藏现存唯一古代天文观测台

达普天文观测台

每年三四月份的某一天，拉萨市墨竹工卡县唐家乡的村民都会等候在达普天文观测台，因为当天是了解西藏东部及南部农事及气候状况的最佳时间。

西藏藏医学院天文历算研究所所长银巴介绍说："天文气象历书里面有很多这种观测内容，例如观测天上的云彩走向、观测树木的生长过程，还有观测湖的结冰情况、风的一些情况以及日光光线等等。这次的观测是属于天文气象历书里面的一项观测内容，主要是用来确定西藏中部和南部以达普和拉萨为中心这一地区冬播小麦的灌溉时间。"

达普天文观测台，由测孔楼和测光石两部分组成。测孔楼西墙面南北方位165度至345度，西墙正中间屋顶上方有一日光出口，测光石到测光孔西墙距离29米。当阳光透过测孔楼顶的日光出孔照到测光石形成三点一线时，说明当年的春耕及灌溉时间到了。

达普天文观测台已有300多年的历史。2009年8月，拉萨市墨竹工卡县投入50万元资金，对该天文观测台进行了保护性修复，建筑风格保持原有特色，并在观测石周围增加了十二宫二十七宿原文造型大理石保护圈，并将该天文观测点列入墨竹工卡县"十二五"期间重点建设景区。

拉萨市墨竹工卡县副县长凌向前表示，要把这个遗址保护好、开放好、利用好，把它向世人展示出来，让大家都能领略到我们勤劳智慧的藏族人民在漫漫历史长河中掌握的先进科学文化知识。

撰稿专家

东主才让，藏族，中国社会科学院民族学与人类学研究所副研究员。主要从事藏族历史、文化、藏传佛教等研究。发表学术论文多篇，出版专著《虹化之光——藏传佛教密宗奇观》，参与敦煌文献、藏传佛教等多部辞书的编纂工作，承担中国社科院特殊学科古藏文研究课题。

《虹化之光——藏传佛教密宗奇观》

扫描二维码，
阅读专家代表著作的电子版

（本章图片除署名外由东主才让提供）

《药王坛城图》，清代唐卡，描绘了传说中的药王城，药师琉璃光佛为众仙传授医学

第12章

中华医药学宝库中的奇珍

藏医药

本章主撰稿人：成都中医药大学教授　张艺

藏族传统医学是一种具有悠久历史的系统性医学体系。

藏族人民世世代代生活在高寒缺氧的自然环境中，通过丰富的生产生活实践，博采中医学、古印度医学、古阿拉伯医学之长，不断积累完善形成了独具特色的传统医学体系，涌现了许多医学贤圣。

藏医药以源远流长的历史、博大精深的经典著作、系统完整的医学理论、得天独厚的药物资源、堪称珍宝的药品在世界传统医学中据有重要地位。在治疗心脑血管、肝胆、神经系统、消化系统、免疫系统、妇科疾病等方面成效显著，赢得了愈来愈多患者的赞誉，为世界医学界所瞩目。

藏医兴起于松赞干布至赤松德赞时期，是在藏族传统医学理论的基础上，吸收和借鉴汉医、印度医学理论而形成的，可与汉医媲美。藏医药的形成和发展，是藏族同胞对祖国历史文化的重要贡献之一。

藏医药不仅是藏文化的有机组成部分，而且是藏文化中最具神奇色彩、最有科学价值、最受世人关注的精华部分，其三因、五源、六味、八性的藏医药学精髓蕴含了天人合一、和谐共生的深厚哲学思想。

藏医的诊断方法与中医有许多相同之处，中医的望、闻、问、切，藏医都有，但也有自己的特色。藏医药物治疗分内服和外治两种，内服药物采取“热者寒之”“寒者温之”的原则。外治有灸疗、放血、药浴、拔罐、热酥油止血、青稞酒糟贴敷外伤患处等。常用药是由多种药物配制的成药，共有1400多种，其中一部分为青藏高原特产。

源远流长的历史，灿若星辰的名医

藏族传统医学体系和理论独具特色，已有2300多年历史

横亘在大山前的高原病

在海拔3000米以上的高原地区，低气压、低氧分压会导致人体组织器官缺氧而产生一系列病理生理改变，引起适应不全，这种特发病、常见病被称作高原病。高原病在我国青藏高原发病率为2.19%，其中西藏那曲地区为12.95%。

在高原上飞翔
——藏民族体质学特征及其高原适应性

青藏高原平均海拔4000米以上，被称为世界“第三极”。世居于此的藏族人是世界上居住高原时间最长，对高原低氧环境适应能力最强的民族。藏族同胞为何能长期保持强壮的体魄、较低的高原病患病率？这引起了国际医学界的关注。

为了揭示青藏高原世居藏族人群高原适应的分子机制之谜，我国和美国的研究人员通过合作科研，对汉族和藏族的基因进行了比对分析。结果表明，有一系列基因在藏族人群的高原适应中发挥作用，其中“EPAS1”基因可能起着关键作用。EPAS1基因是HIF通路（低氧诱导调节通路）中的重要基因，在人体面对低氧环境的调节通路中起到核心作用。

进一步的研究发现，EPAS1基因中受选择的基因型与藏族人群血红蛋白的代谢有关，正是这种遗传基因阻止了藏族人血红蛋白浓度的过度升高，降低了各种高原性疾病发生的可能性。由于EPAS1基因与缺氧及血红蛋白生成密切相关，对这一基因的研究还有可能对某些血液性疾病的治疗带来突破，更好地了解身体对低氧的反应，对治疗高原反应以及其他与低氧血症有关的疾病具有重要的意义。

大家所熟知的“高原反应”，就是一种急性高原病。当生活在低海拔地区的人来到高原环境时，氧分压的骤然降低，会使人缺氧，引起高原反应，严重的会威胁到人的生命。高原缺氧引起的高原心脏病、高原肺水肿、高原脑水肿、高原红细胞增多症等各种高原疾病防治，至今仍属于世界级的医学难题。

随着国家西部大开发战略的实施与青藏铁路的贯通，每年进入青藏高原旅游、工作等的流动人口达500万人次以上，患各种高原反应和不同类型高原疾病的人口有1000万以上，因此防治高原病的研究已迫在眉睫。

早在1000多年前，藏医家们就已经认识到高原病的存在，藏医学典籍中已记载有“多血症”的病名和治疗药物。藏医学中的“腊毒症”，就是指人们从平原到一定的海拔高度时出现的心慌、头晕、恶心、呕吐等症状，藏医学有治疗“腊毒症”的系统理论知识和长期临床治疗经验。

藏医会根据高原病患者的类型、年龄、所处地域、饮食起居习俗、病症特点、病程变化等，采取调整饮食起居、药物治疗、放血疗法等手段进行治疗。

博采天竺、汉地医药之长

藏医药历史悠久。早在远古时代，生活在青藏高原的居民在同大自然作斗争中就逐步认识到了一些植物的性能及其用于治疗的经验；在狩猎过程中，又逐渐知道了一些动物的药理作用。

在青海西宁的藏医药文化博物馆里，陈列有一件人头骨遗骸，出土自青海民和县核桃庄，距今4000年。经过现代手段鉴定，发现古人在其上做过一例穿颅手术。这枚头颅的后脑部分被打穿了一个窟窿，可以看到伤口附近有白色的骨牙长出，由此可以判断这个人手术后并没有立刻死亡，而是存活了一段时间，说明这个手术是比较成功的，也证明了4000年前青藏高原的居民已经有了这样的医学实践。

相传在公元前3世纪，就有了“有毒就有药”的说法。此时还出现了名医杰普赤西，他研制的“吐迥旺日”药丸，就是运用了以毒攻毒的理论。

到了4世纪，产生了寒病热治、热病寒治的治疗医理。此时还出现了著名藏医师通格托觉坚，他跟随父亲学习了印度医学，丰富了藏医理论和实践。从史料记载看，当时通格托觉坚这样的医师，已经能够在眼睛上开刀动手术。藏王仲年德如患了毒龙麻风病后，为了避免传染家人，独自居住在地下塘穴之中。这些都说明那个时代的医师及其医疗技术、预防疾病的手段等已达到了较高的水平。

据《宇妥·云丹贡布传》记载，西藏最早流行的一种医学叫“本医”。当时还没有系统的理论，主要靠三种疗法，即放血法、火疗法、涂摩疗法来治病。同时，还有用酥油止血、用青稞酒治疗外伤等原始简单的办法。公元4世纪，天竺的著名医学家碧棋嘎齐和碧拉孜入藏，传播了《脉经》《药物经》《治伤经》等五部医典，对本医的发展起了积极的作用。

《金城公主进藏图》，清代唐卡，唐金城公主入藏时带去了大量医学著作和医师，促进了藏地医学文化的发展

第巴桑杰嘉措像 第巴桑杰嘉措（1653—1705）出生于今西藏拉萨，是五世达赖期间管理西藏地方政务的摄政王，组织编写了多部有关藏族医药的著作，为藏医事业做出了不可磨灭的贡献。1689年，他完成《四部医典释论·蓝琉璃》一书，被誉为《四部医典》最好的注释本之一。1703年完成了《医学概论·仙人喜筵》一书。这些著作成为许多医生治疗的参考依据和研习医术的最佳典籍。第巴桑杰嘉措还根据《月王药诊》和自己所著《四部医典释论·蓝琉璃》《医学概论》以及强巴派医学理论、朗杰多吉所传《续义释论》等内容加以补充和整理，首创医学唐卡79幅，是世界医学史上绝无仅有的医学教学挂图。
第巴桑杰嘉措非常重视人才的培养。1696年，他在拉萨药王山创建了史上第一座官办藏医学校（西藏拉萨药王山医学利众院）。除了教授医学理论知识外，还要求学生临床实践和野外识别药物，标志着藏族医学史上一个系统、规范的藏医学教育模式的开始，培养了大量的医学人才。他们著书立说，传播医理，饮誉全藏，在当时的历史条件下，达到了藏医发展的较高水平

公元6世纪以来，从内地传来了医学和天文历算。7世纪，文成公主入藏，带来了“四百零四种病方，五种诊断法，六种医疗器械”等。汉地的摩诃德瓦和尚及西藏的大译师达磨郭卡把文成公主携带的《医法大论》译成藏文并予以厘定，这是藏文译成的第一部汉医医典，可惜此书早已散佚，但其精华部分均收辑于西藏的医学名著《四部医典》之中。

8世纪初赞普赤德祖赞迎娶金城公主入藏。公主进藏时携带了众多医书，其中汉地大乘和尚与西藏译师毗卢遮那共同翻译了《月王药诊》（亦译《医法月王论》），是现存最早的藏医学著作。

到了14世纪，出现了因南北地区气候的不同而采取不同治疗方法的强巴派和苏卡派，推动了藏医药理论的发展。此时各地医生纷纷著书立说，涌现了许多优秀的医典及《四部医典》注疏。

17世纪，五世达赖喇嘛非常重视藏医事业的发展，创建了哲蚌寺索日卓翩林、日喀则索日常松堆白林、布达拉宫拉旺角、桑普尼玛塘等藏医学校。

十三世达赖喇嘛时期，藏医学也有一定的发展。1916年，成立了拉萨医算院，钦饶罗布大师为院长。1951年西藏和平解放以后，藏医药事业步入了一个崭新的时代，取得了巨大的成就。

藏医药发展史上的主要杰出人物

纵观藏医药博大精深、光辉灿烂的历史长河，其中诞生了诸如宇妥·云丹贡布、第巴桑杰嘉措、帝玛·丹增彭措等众多藏医学大师，他们犹如雪域高原夜空中的繁星在熠熠闪耀。藏医大师给我们留下了《四部医典》《四部医典释论·蓝琉璃》《晶珠本草》等千余部重要的藏医药学著作，共同铸就了独特、完整的藏医药学体系，成为中华民族文化精髓的重要组成内容，为人类健康事业的发展做出了积极的贡献。

人物	生卒	主要贡献
常松·杰普赤西，古象雄（今西藏阿里札达县）人。本教祖师敦巴辛饶的儿子，曾任象雄王国王室侍医	不详	（1）精于医术，通驱毒疗法，为古代象雄本教医药开创人之一 （2）编写了《毒药疗法》，提出“有毒就有药”思想，为后世藏医药的产生奠定了基础
毗卢遮那，莲花生大师之最器重之弟子，出生于西藏拉萨附近，是藏王赤松德赞的老师，也是一位翻译了大量佛学及藏医药经典的大译师	727—？	（1）与汉地僧人共同翻译了由金城公主进藏时带去的医学著作《月王药诊》，是现存最早的藏医药著作。另翻译了《八支心要集》 （2）著有《文殊本草》（收录170种药材，139种配方），与当时的《度母本草》并称为现存最早的两本藏药本草著作，为藏医药理论体系的形成做出了重要贡献

宇妥·云丹贡布，赞普赤松德赞御医，其家族是御医世家，其曾祖父是松赞干布的御医	708—833	（1）编撰了藏医学中最重要的一部奠基性的理论临床百科全书《四部医典》，创立了完整的藏医学体系，其内容十分丰富，包括各种疾病分类、人体生理、病理、诊断治疗、药物配方及医风医德等，后世尊为"医圣" （2）在林芝首次创立了藏医学校，培养了上千弟子，并编著了医学和天文历算方面的许多经典，为藏医学做出极为重要的贡献
宇妥·萨玛云旦贡布，出生于西藏日喀则，为宇妥·云丹贡布第13代后裔	1126—1202	对《四部医典》的内容加以修订、扩充，使藏医药在实效性、科学性上得到了进一步发扬光大
乌坚巴仁钦贝，自小随父亲学密宗，特别研习了天文历算和藏医，曾游学印度、阿富汗等	1230—1309	成功地总结了"水银洗炼"的冷热处理及去毒等独具特色的藏药加工技法，并编著了《制水银论典》等著作，开创了藏药"水银加工"系统完整的实践操作，为水银加工的普及和弘扬做出了无法估量的贡献
汤东杰布，出生在西藏日喀则昂仁县，是一位多才多艺的古代建桥大师、藏戏创始人、藏医药学家	1361—1485	（1）在药王山上建造了医学寺庙，是拉萨药王山医学利众院前身的奠基者 （2）配制出治疗胃病为主的著名藏药"智托洁白丸"和治疗感冒瘟疫的"智托红药丸"
强巴·南杰扎桑，生于今西藏日喀则昂仁县，从小学习藏医	1395—1475	（1）编写了《八支集要·如意宝珠》等藏医药著作，为北派藏医药代表人物，对藏医药的发展做出了重要贡献 （2）对《四部医典》进行注释研究，并绘有藏医药唐卡
舒卡·娘尼多杰，出生于今西藏林芝朗县的医学世家	1439—1475	（1）编写了《千万舍利》等藏医专著，为南派藏医药代表人物，为推动藏医药的发展做出了卓越贡献 （2）对《四部医典》进行了深入研究，认为该著作是藏医学家所著，而与北派认为是佛教经典有别 （3）配制了临床疗效显著且最为贵重的药品"七十味珍珠丸"，以及治疗各类胃炎的"坐珠达西"等珍宝类藏药
第巴桑杰嘉措，出生于今西藏拉萨，为五世达赖期间管理西藏地方政务的摄政王兼学者，组织编写了20多部有关藏族历史、宗教、文化、医学、医药、天文、历算、法律的著作	1653— 1705	（1）编著《藏医史》，主持召集绘制了《藏医系列教学挂图》，即79幅曼唐，是世界医学史上绝无仅有的医学教学挂图 （2）组织编写了《四部医典释论·蓝琉璃》，被誉为《四部医典》最好的注释木之一 （3）在拉萨药王山创建了史上第一座官办藏医学校（西藏拉萨药王山医学利众院），除了教授医学理论知识外，还要求学生临床实践和野外识别药物，标志着藏族医学史上一个系统、规范的藏医学教育模式的开始，培养了大量的医学人才

帝玛·丹增彭措，出生于今西藏昌都贡觉县，是杰出的藏医药学家和天文历算学家	1672—1743	(1)编著的《晶珠本草》比《本草纲目》所载还要多(有2294种)，有极高的文献学价值，对藏药学的发展做出了杰出的贡献 (2)提出13大类药物分类方法，大大增加药物数量，详述品种鉴定和藏药药性 (3)总结完善了藏药独特炮制加工方法，成为临床实际应用价值高、适用面广、各藏区藏医均视为最重要的经典藏药本草著作
司徒·却吉迥乃，出生于今四川德格县，师从帝玛·丹增彭措	1700—1774	(1)曾赴拉萨治愈众多天花患者，并编撰《天花论治》《金属药物汞的冶炼法》重要医书，倡导传承了藏药"佐塔"提炼加工方法 (2)在德格印经院新刻和校订了《四部医典》《千万舍利》《四部医典释论·蓝琉璃》《晶珠本草》等藏医学名著 (3)在四川德格县八邦寺建立了藏医学校，为甘孜南派藏医药事业的发展培养众多人才
钦饶罗布，从小在拉萨的药王山医学利众院学医，1918年起任十三世达赖喇嘛的随身医生，1959年后任拉萨市藏医院第一任院长，是近代著名藏医学者	1883—1962	(1)编写了《如意宝瓶》《甘露宝瓶》等内容丰富的藏医药专著，重新绘制藏医药彩色挂图，使这种直观形象的教学模具能够完整地保存至今 (2)培养了众多藏医药弟子，为藏医药的发展做出了重要贡献
措如·才郎，出生于西藏昌都江达县，曾担任西藏藏医学院院长，对继承和发展藏医药做出了巨大贡献	1928—2004	(1)编写《四部医典大详解》，获2005年国家科技进步二等奖 (2)成功恢复一度失传的藏药"佐塔"炮制工艺，为"佐塔"炼制工艺成为国家级非物质文化遗产做出重要贡献 (3)编写《声明学论著注疏》，注释《赞查巴》等藏传声明学经典，使濒临失传的藏文化遗产得以传承并发扬
强巴赤列，出生于西藏拉萨，曾任中国科协副主席、西藏科协主席、西藏藏医院院长、西藏藏医学会和天文历算学会会长等职务，是现代著名藏医药及天文历算学家	1929—2011	(1)对《四部医典》进行了深入研究，编写《四部医典系列挂图全集》藏汉、藏英对照本，使得藏医学在国内外产生深远影响。该书1980年获中国图书奖，1989年获西藏自治区科技进步一等奖，1991年获中国医史文献图书工具金奖 (2)经过十余年的辛勤努力，为将近150名藏医学家撰写了《历代藏医名人传略》，获1991年中国医史文献图书工具优秀奖 (3)主编了《西藏天文算学总汇》，集科学性、知识性、权威性、实用性为一体又具有百科全书性质，具有较高学术研究价值

一代医圣宇妥·云丹贡布

8世纪到9世纪，当时的赞普赤松德赞极为重视医学文化，从汉地、印度、尼泊尔、波斯及土耳其等地请来了多位博学之医师，通过翻译、互相交流及印证与传授医学等方式，培养出第一批西藏医学的医师。

宇妥·云丹贡布（708—833），今西藏堆龙德庆县人，出生于著名的医学世家宇妥家族（青松石之家），是藏医学的奠基人，民间多称其为“医圣”。他的曾祖父洛哲希宁是松赞干布的御医，祖父和父亲均为藏医大师，精通医学理论和医疗技术。

宇妥自幼受到了家庭的熏陶。3岁就在父亲膝前学习藏文，听讲医理，研习医术，表现出了很高的天赋。他从小就受到了良好的家庭教育，加之天资迥异，颖悟敏捷，勤奋好学，自青少年时代起在医学上已具有很扎实的基础，出诊开方、为人治病，颇有名望。据说宇妥10岁时，吐蕃赞普赤德祖赞闻得他的医术，将他送到桑耶寺继续学习深造。

宇妥谦虚好学，刻苦钻研，善于吸收百家之长，尤其对汉地的医学原理倍感兴趣。为了进一步丰富和提高医学理论和技术，自25岁起，他便离开了生活优裕的家庭，不顾山高路远，狂风大雪，历尽千辛万苦，如饥似渴地游学考察，虚心向各地名医学习，向能者求教。先后到达尼婆罗、克什米尔、天竺等地区以及今天的四川康定，西藏阿里、羌塘、拉萨、日喀则、察隅、山南，青海，山西五台山等地，了解和掌握了他国和藏地、汉地的医学概况，积累和丰富医学知识。

宇妥刻苦钻研，坚持理论联系实际，治病技术和医学理论水平日益提高，声誉渐隆。他曾治好了赞普赤松德赞的牙病和眼疾，被晋升为御医。赞普还让他与西藏8位名医辩论医理，宇妥才华大显，取得胜利，被誉为“西藏九名医之首”。

但宇妥·云丹贡布从不浮夸自满，仍然虚心向别人

描绘医圣宇妥·云丹贡布的唐卡

学习。宇妥常说：“水勺用多了，罐子也会坏的；骑马骑多了，也会从上面摔下来。”意思是说，作为一名医生，即使经验再丰富，也总有失误的时候，需时时告诫自己，切忌不懂装懂。他特别推崇当时的名医东松嘎瓦。一次，在答辩中，当东松嘎瓦问他会不会治疗半身不遂和鸡、狗毒病时，宇妥毫不掩饰，明确回答不会，并诚恳地拜东松嘎瓦为师，向他求教。东松嘎瓦见他态度诚恳，治学认真，十分感动，将自己所著的《医治中风生命论》《医治犬（病）匕首论》《医治鸡（病）标志论》等三部医书赠送给他。

宇妥是一位医学、药学上的多面手。在诊断学上，他对尿诊和脉诊极为重视，并有相当高的造诣。他不仅严于律己，而且要求助手们对尿液仔细观察，辨别其颜色、味道、发出的蒸汽、沉渣以及静置后尿色的变化等。诊断时，他主张对患者的病状及体征详尽地检查，认为辨不清病症就仓促治疗，就是无的放矢，是绝对要不得

药师佛像，清代康熙年间，铜镏金质。药师佛右手掌心向外，拇指和食指之间捻一枝吉祥药草

的。辨症时，他强调只有弄清病症的寒热属性，才能对症下药。对于持脉之道，宇妥也有深刻的研究。他要求医生切脉要用手指按摸病人左右寸、关、尺部位六脉，判明寒热，专心致志，切忌粗心大意，草率从事。

他还掌握了大量治疗技术和生理病理知识，会外科手术，包括头部手术、粉碎性骨折手术及由体腔内抽去积水等手术。在一般治疗中，他用复方，必要时常借助针灸、放血等方法辅助治疗。他指出："食物中脂肪等营养成分过多，就会引起高血压以及肝系统的疾病。"这与现代医学观点是一致的。

宇妥不仅是一位学识渊博、医技高超非凡的"医圣""药王"，而且是一位具有宽广胸怀、仁慈厚道、医德高尚的伟人。他朴素而又含义深刻的教诫里，凝聚了对古代劳动人民赤诚的爱和无限的同情。他教育弟子要以"致力于为民众治病"为自己的天职；治病不分高低贵贱一视同仁，不图钱财，对穷人要有怜悯之心，无论病人病情如何，定要尽到治病救人的职责；不要把病人的屎、尿、血、痰等排泄物视为脏物厌恶嫌弃；要谦虚，不要夸夸其谈，不懂装懂，自欺欺人，贻误病人；他不守旧，重视学术交流，主张看病不分国家地区，医学研究不分国界等。他的家乡一位叫根居的医生，视宇妥父子为敌。有一次，根居的女儿宗玛身患妇科杂症，他束手无策，其妻要请宇妥父子为女儿医治，他却说："宁让女儿死了，也不请老畜牲父子。"宗玛母女坚持己见，终于来请宇妥父子前往行医。宇妥的儿子不愿意让父亲去，宇妥说："病人与医生，医生如仆人，若不忍邪恶之举，医生就不能心怀慈悲医治病人，还是以德报怨为善。"于是，应邀前往治愈了宗玛的病症。根居心悦诚服，顶礼致谢，宇妥不计前嫌，向他传教了医诀验方。

宇妥·云丹贡布还留下了大量不朽的医学著作。他拥有几十年的临床经验，又广泛收集整理研究各地民间医疗土方，翻译汉文医学著作并吸收其精华，认真总结藏族人民丰富的医疗经验，博采众家之长。历数十年的日夜辛劳，他终于编撰出著名的古代藏医学巨著《四部医典》，以创造性的劳动，奠定藏医学理论的基础，创立较完整的藏医学体系，建立了不朽的功勋。在此之后，他还编写了《实践明灯》《经验明了》《珍珠医诊串》等30多部医学论著。

宇妥·云丹贡布晚年还把主要精力放在医学教育方面，培养了众多的藏医学人才，其中有"本然巴"（相当于博士）学级的名医50人，"然觉巴"（相当于硕士）学级的名医50人，"噶居瓦"（相当于学士）学级的名医100人。他还创建了工布门龙医学寺院，收门徒千余人，潜心讲授并研究医药学，为藏医学开创、奠基和发展做出了卓越的贡献。

相传唐大和六年（832）宇妥·云丹贡布逝世，享寿125岁。他在藏族人民心目中的地位是十分崇高的，人们将他当作佛的化身。今天的拉萨，还有以他和宇妥家族命名的宇妥路和宇妥桥。在《伟大的医圣宇妥·云丹贡布传记》末尾，五世达赖如此写道：

药王，
为了保护人类，
在这风气败坏的今日，
您发出的光芒，
比恒河沙数还多。

藏医药学中最重要的巨著——《四部医典》

《四部医典》集古代藏医之大成，其内容丰富广泛，从人体卫生保健、胚胎发育、分娩、生理、解剖、医学理论到临床实践，从病因病理到诊断治疗，从药物到方剂、治疗原则、疾病分类等都有详细的叙述。

在药物学上，该书记载药物近千种，将藏药分为寒性、热性，用湿热药治疗寒性疾病，用寒凉药治疗热性疾病，将藏药发展为六味、八性、十七效等。

在解剖学方面，该书不仅对人体各部位有详细描述和记载，还据此绘制彩色挂图曼唐，形象地把主要内容分类系统地描绘出来。这种实证精神影响到日后藏医学的发展。公元17世纪末由藏医兼画家洛扎·丁津诺布所绘制的一幅解剖图，根据尸体解剖的真实位置，正确地绘制了人体心脏在胸腔正中偏左的位置上，心尖朝左下方。从而摆脱了宗教观点的束缚，纠正了过去主观臆测，把心脏的位置画在胸腔的正中，而且心尖朝上的错误。

在生理学上作者科学正确地指出：妇女12岁来月经，50岁停经，其间每月一次。当受孕之后，女婴39个星期分娩，男婴40个星期分娩。胎儿的骨骼、精髓、筋（韧带）、五脏是由父亲的精液产生形成；肌肉、脉络、六腑是由母亲的血液和营养产生形成；母亲的营养物质通过脐带供养胎儿等。

但是，藏医学的发展与宗教文化有着千丝万缕的关系，宇妥毕竟生活在一个等级森严且佛教盛行的社会里，他的医学观点无不打上时代的烙印。佛学中的因果轮回、宿命报应，只有“仙人”才能“平息八方魔类”，只有“无量殿堂的宝药”方能“使热病转凉，使寒病转暖”，“药物密咒两效应”以及鬼神、符咒、“魔障”等唯心主义的色彩不乏存于其医著内。对此，既要批判地继承那些珍贵的历史文化遗产，又不能苛求古人。

总之，《四部医典》是古代藏族劳动人民智慧和汗水的结晶，千百年来被藏医、蒙医奉为经典，后来经过历代藏医学家的修改、补充、注释、整理而日臻完善。公元11世纪时，扎巴·俄西对原著进行了研究考证，做了修改补充，增加了茶、药、食物等章节，并将《月王药诊》的脉诊章节吸收编入。16世纪时，有众多的医学家注释总结新发展了藏医学内容，于1573年第一次刻版印刷，产生了藏医最早的刻版繁本《扎当居悉》，五世达赖阿旺·罗桑嘉措执政时在布达拉宫刊行。第巴桑杰嘉措摄政后，由于他本人也是一个著名的藏医学家，因此对藏医药学倍加重视，致力发展民族医药事业。1678年，桑杰嘉措将《四部医典》简本与繁本（包括宗嘎版、干木保版、蚀丹版、乌东巴版、扎当版等）收集起来做了全面的整理、校对、修订和注释，编出了《四部医典释论·蓝琉璃》一书。到了十三世达赖喇嘛时，对此书又做了厘订和文字修改。《四部医典》自成书问世以来，有上百种注释本，并先后译成了汉、蒙古等文字，对我国西藏、青海、蒙古等地区的影响颇大，也一直是这些地区医病防病的指南和依据，而且是今天各地藏医学校和藏医院所使用的基本教材。该书在国外也很有影响。

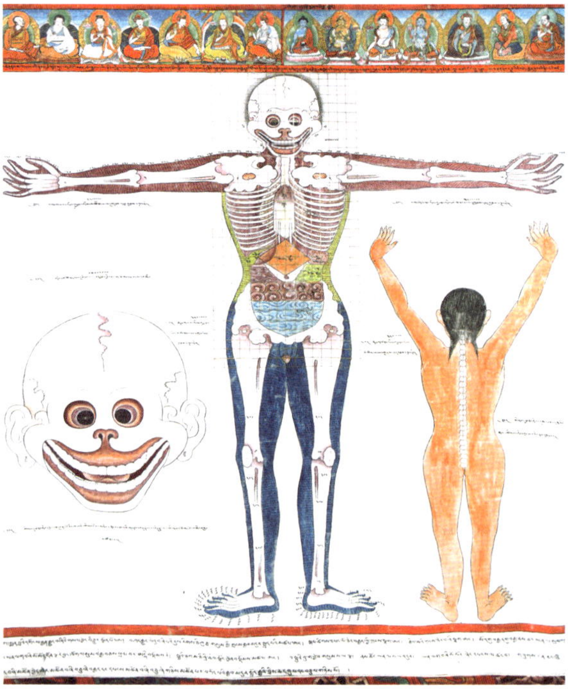

描绘人体骨骼的曼唐

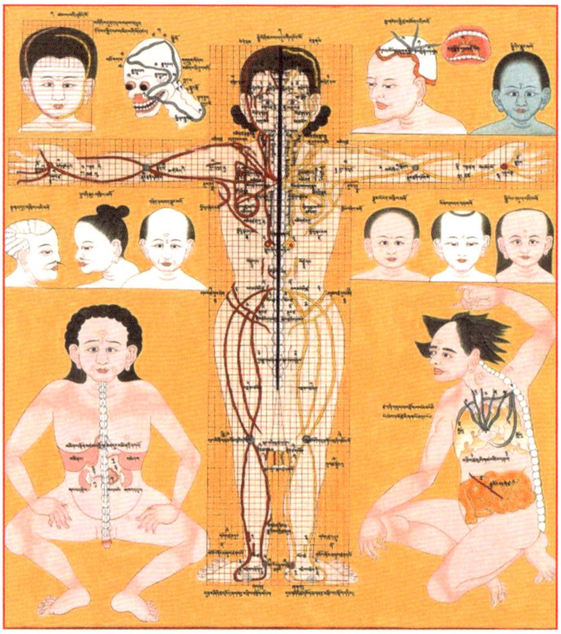

描绘心脑血管的曼唐

医学与艺术的结晶——曼唐

据文献记载，藏医药古籍文献至少有3000余部，除了卷帙浩繁的文字典籍之外，还用一套在世界四大传统医学中独树一帜的彩色卷轴画卷形式，完整而形象地描述了藏医药学博大精深的理论和医疗实践内容，这就是曼唐。

曼唐是藏语的译音，“曼”是“Sman”的译音，意为医药，“唐”是“Thang ka”的译音，意为挂图，二者合起来就是医学挂图的意思。曼唐在藏族的特定历史、文化背景下，将唐卡的艺术形式与藏医药学的科学内容完美地结合起来。

唐卡是藏族特有的传统绘画，用金属、矿物、植物颜料在经过特殊处理后的纱或亚麻织物上绘制而成。一般的唐卡所绘内容大部分为宗教内容，而曼唐则描述了藏医学历史、人体解剖、人体脉络、人体胚胎发育、病因病机、尿诊、治疗方法、药物应用和养生保健以及医德教育等，形象地展示出藏医学博大精深的系统性和艺术性魅力，以独特的形式将抽象的医学理论和诊疗方法栩栩如生地呈现于世人面前。曼唐是藏民族对传统医学创造性的突出贡献，它既是我国人民的宝贵财富，也是世界人民的宝贵财富。曼唐起源于何时，目前尚无定论，有人认为大约起源于17世纪末。17世纪第巴桑杰嘉措以北方学派的曼唐为基础，根据他自己所释的《四部医典》的内容，在公元1688年重新绘制完成了较完整的曼唐60幅。嗣后他又根据《月王药诊》一书中诊断、艾灸等内容继续绘制。约至1704年，他终于使全套曼唐达到79幅，这套曼唐被认为是现存藏医药挂图中最完整的蓝本。

曼唐不仅是世界医学史上绝无仅有的形象化的医学教学挂图，而且运用唐卡绘画技法构成的艺术美在全世界也是独树一帜。曼唐的构图、质感、造型艺术、用色选择等都充分展示了藏族文化流光溢彩的民族特征，是世界绘画史上无与伦比的稀世珍宝。正因为如此，无论是在世界传统医学范畴，还是从文化艺术角度，曼唐都熠熠生辉，宛如青藏高原夜空中明亮的星星。

世界上最早的胚胎发育图

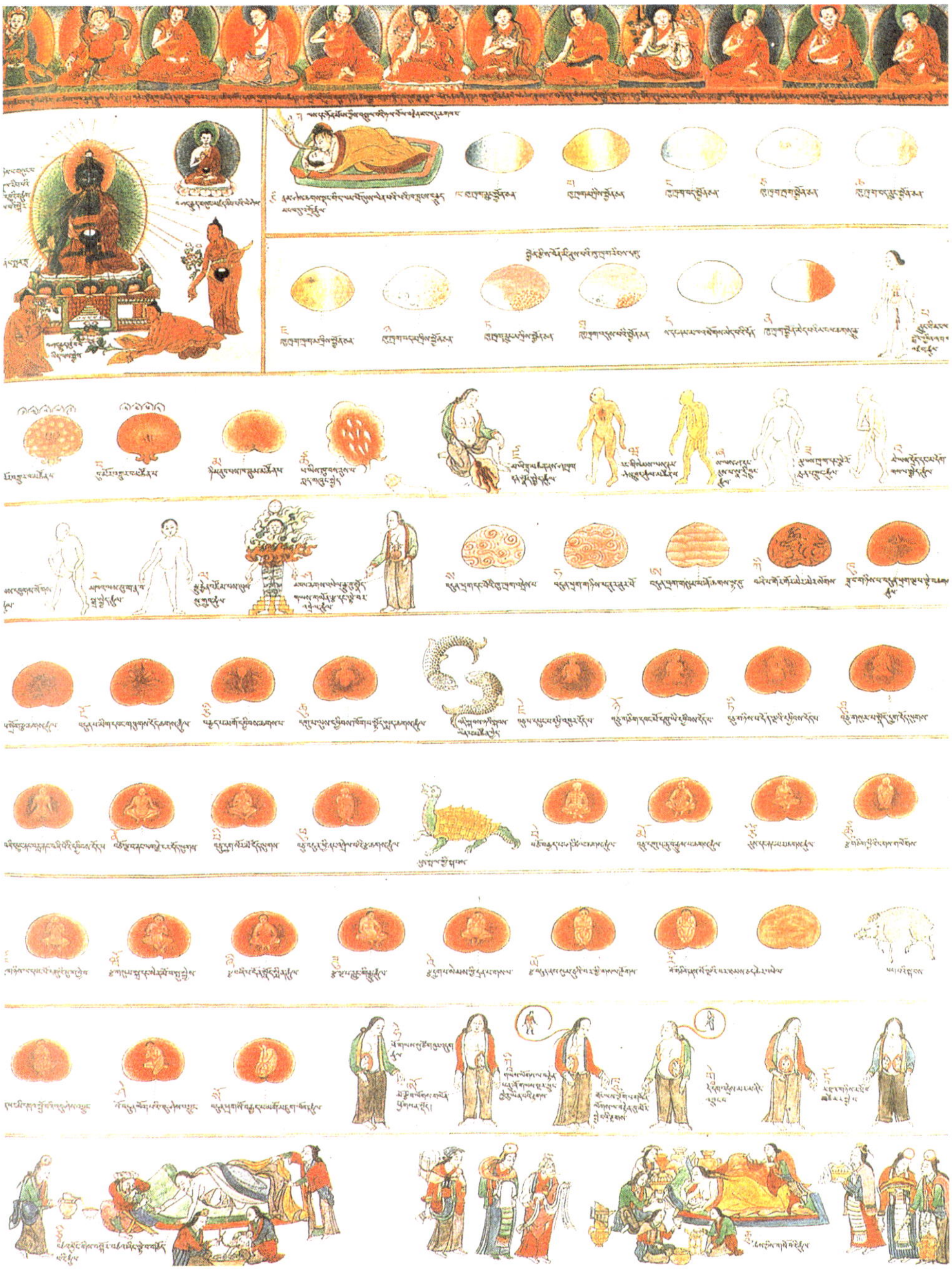

这张关于人体组织胚胎发育的曼唐，是藏医根据公元8世纪《四部医典》所记述的“人体的发育”等内容绘制，是世界上最早、最先进的胚胎发育图。藏医把人体胚胎发育整个过程分为鱼期、龟期和猪期三个阶段，这与晚至19世纪中叶才产生的达尔文进化论有异曲同工之妙。藏医将人从父精母血结合开始到胎儿分娩整个胚胎发育过程分为38周，对每一周的发育状况都做了详尽的描述，包括受孕的道理和不孕的道理、胎儿的形成、胎儿性别的决定因素、胎儿的发育、孕妇分娩等部分

一、受胎

藏医认为：自父亲精液产生骨骼、大脑、脊髓，自母亲的经血产生肌肉、血液、五脏六腑，自胎儿灵魂产生五官感知，从五源中的水形成血、味觉、体内液体，自火产生体温、皮肤颜色、视觉，自风产生呼吸、触觉，自空产生孔窍、听觉。精液和经血结合后，胎儿形成（在藏医学中，没有现代医学卵子的说法，而称呼经血）。

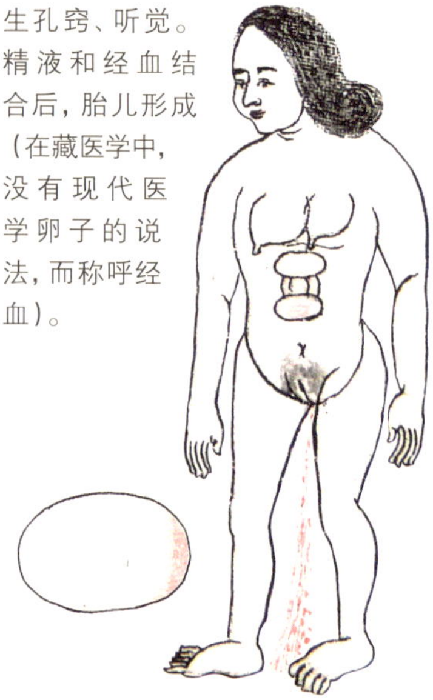

二、胎儿的形成

胎儿的营养通过母体的脐带、子宫、左右脉输送。

三、胎儿的发育

第1周：精液和经血混合。

第5周至第9周：此时的胚胎呈长条形，与鱼十分相似，所以称“鱼期”。

第7周至第9周：胎儿的眼睛、胸腹部器官开始形成。胎儿头部的形状开始形成。胎儿生出除四肢以外的上下体腔，至此胎儿已基本具备了生命的轮廓。

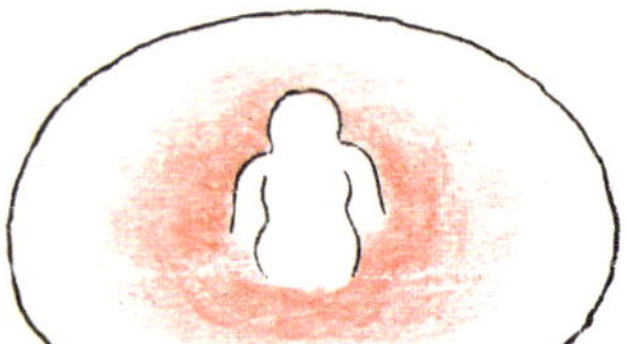

第10周至第17周：胚胎开始显现出胳膊和股骨的雏形。五脏六腑和手足形成，胎儿的眼、耳、口、鼻以及二阴等九个孔窍开始形成；两前臂、手和两小腿、脚形成；手足的二十个指和趾形成。

第10周至第17周被称为“龟期”，因为这一阶段胎儿逐渐长出四肢，与龟十分相似。

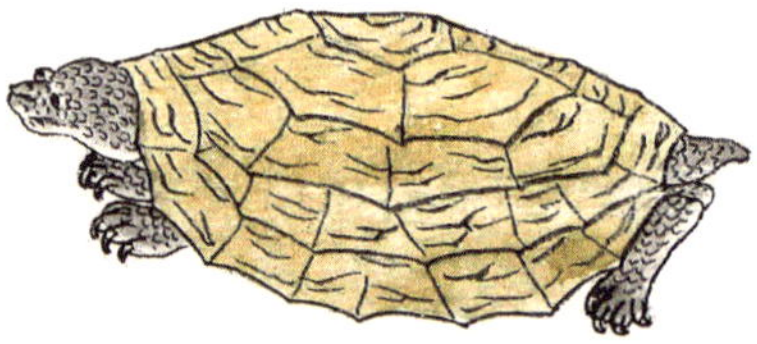

第18周至第35周：筋肉、脂肪、韧带、筋腱、骨骼形成，皮肤也形成；九窍开通、头发、汗毛、手足指甲形成；脏腑成熟、呼吸开始；胎儿全身成熟，身体长成、与母体互动开始。

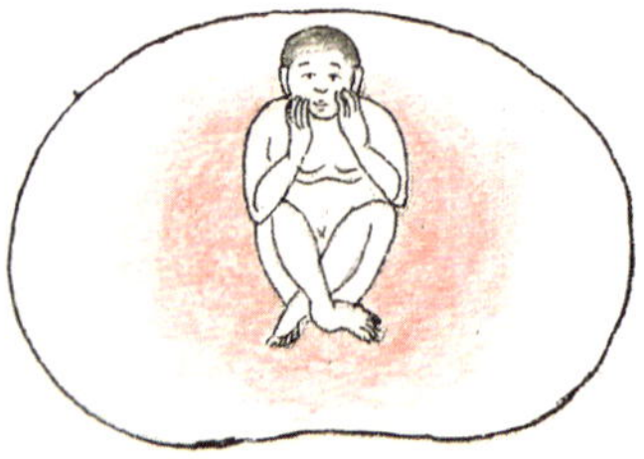

胚胎到这个时期被称为“猪期”。

第36周至第37周：胎儿产生反感意识及改变处境意念、头足倒转意识。

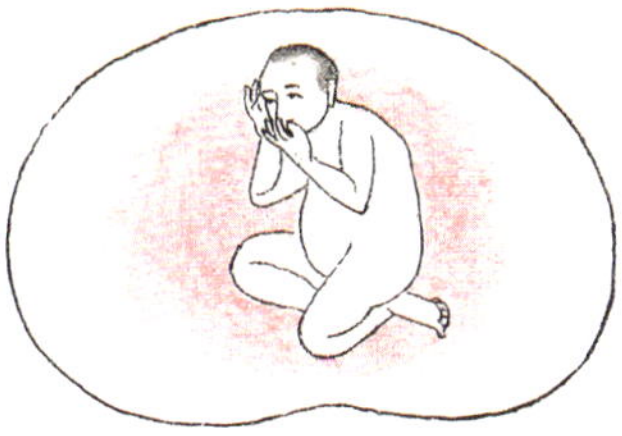

第38周：头足开始倒转，头转向外准备出生。

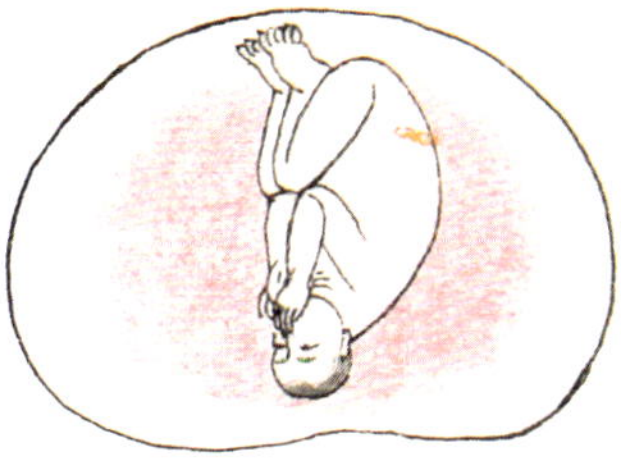

四、分娩

分娩时请到有分娩经验的年长女性，将脐带剪断后新生儿得以被接生出来，并给与产妇必要的休息和营养，亲朋族人们持哈达礼物祝贺新生命的诞生。

这幅曼唐十分清晰地图解胚胎发育全过程，与现代科学比较竟有相当大的相同部分，真不免令人惊叹在1000多年前，在没有任何仪器的辅助之下藏医先哲是如何细微到位地了解人体胚胎发育。

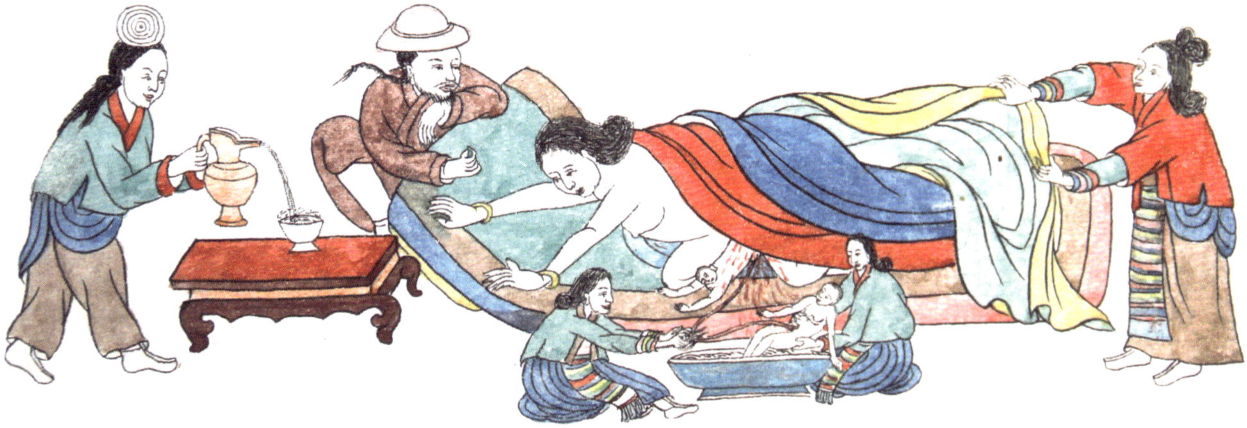

特殊的诊疗技艺

藏医有食、行、药、外治四大法，根据不同的病症，灵活运用

对症下药：调和身体平衡

藏医认为，人体由三因素，即隆、赤巴、培根构成，三者之间在正常情况下保持协调和平衡状态，疾病是由于这三者失去协调与平衡。药物治疗的目的，就是要矫正这种不协调状态，重新恢复平衡。

以疾病的性质而言，大致可以分成寒热两大类型，药物也有寒热属性的不同，利用这种特性，来纠正疾病的寒热偏胜，达到治病的目的。

在用药物治疗时，藏医主张用药引子，以便把所用的制剂引向患病的部位。例如用白糖作为药引子治疗单纯性的热病，也就是不杂有其他并发症者；用红糖块做引子治疗寒性病；用蜂蜜做引子以治疗培根病或黄水病等。

藏医彩色挂图中有关放血的穴位图

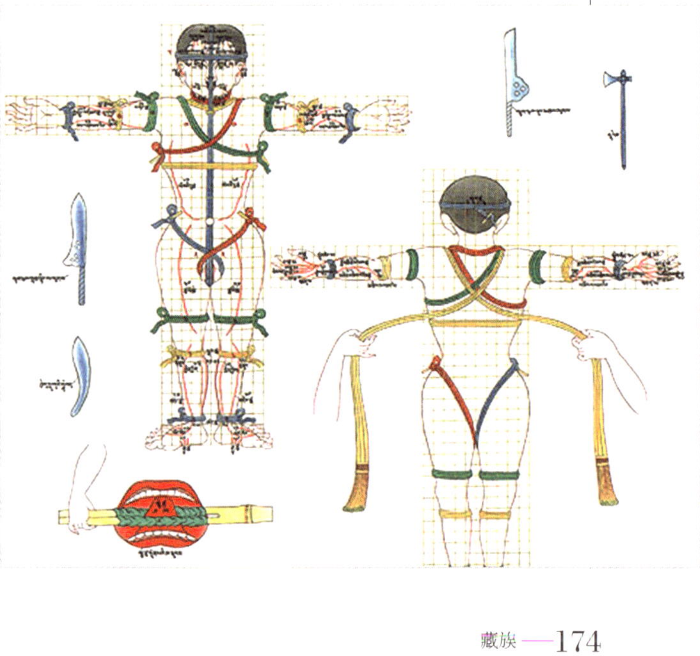

藏医彩色挂图中有关放血的穴位及放血操作

除药引子之外，为保证较好的疗效，对药物的服法也有讲究。比如说，丸药一般是用开水送服，其中寒性病用热开水吞服，热性病则反之，用凉开水送服，至于混合型的病症，亦即寒热兼有的，就用温开水送服。凡隆病宜用动物骨熬的汤送服，赤巴病宜用獐牙菜汤送服，而培根病则宜用芫荽子熬的汤送服等。

对于服药的时间，藏医也比较讲究，尤其要注意与进食时间互相配合，以获得最佳的疗效。

此外，用药物治疗还要注意在复杂病症中的用药原则，要分清病症的主次及标本。比如，人体内部的各种病症，应当先调理脾胃，以改善身体的营养状态，因为脾胃是身体抵抗力的根本；对心、大肠、命脉这三处患病者，应该以调理隆的协调为主；而对胃、脾，肾这三者的病症，应以调理培根的协调为主；对肺、肝、胆三者的病症，应以调理和清理体内的热为主，这样才能取得应有的疗效。

放血疗法：以刀刺脉放病血及毒气

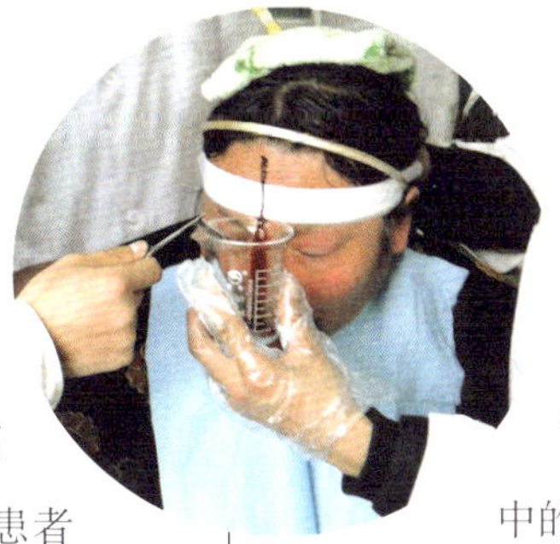

高原红细胞增多症患者接受放血疗法（图/张艺）

放血疗法藏语名“达日卡”或“达日嘎”，是藏医传统的临床十八疗法之一，是建立在藏医学独特的理论体系和对疾病病因病机认识基础之上，运用特制的刀具，割刺患者既定的静脉或少数动脉部位，放出病血及与之同行的毒气，以达到治疗目的的一种方法。

放血疗法在藏医临床上历史悠久，公元3世纪藏医学书籍《放血、艾灸疗法篇》中第一次出现了“达日卡”这一名词。公元6—7世纪，《月王药诊》中专书放血疗法一章，有“放血疗法包括截除、穿刺、放血三种手术疗法”的记载。公元7世纪，译本《放血疗法·铁莲花》是放血疗法的专著。之后宇妥·云丹贡布编著的藏医经典《四部医典》中专章论述了放血疗法，成为历代放血疗法书籍无可比拟的范本。

由于疾病病变部位不同，放血脉位因之而有所不同。《四部医典》载有77个放血部位，主要集中在藏医理论中的黑脉之不跳脉。如同中医理论中有经络理论，藏医学也有一套独特的脉络理论。藏医学认为，人体内存在着由白脉和黑脉共同构成的“连接脉”的管线系统。白脉即是脑、脊髓及神经之统称，在《四部医典》中的描述与现代神经系统的概念相类似。黑脉则分为跳脉（一说红脉）和不跳脉，为全身血液运行之脉道，又称血脉。

藏医认为，藏医放血疗法可用于体质壮实的由赤巴引起的热性病患者，凡是扩散伤热、瘟疫、祛除时疫后的成熟热，以及血或赤巴引起的炎肿、陈疮、痛风、热型脓肿、丹毒、黄水病，疖痛、痞瘤（血瘤和水瘤）、

形状各异的放血工具

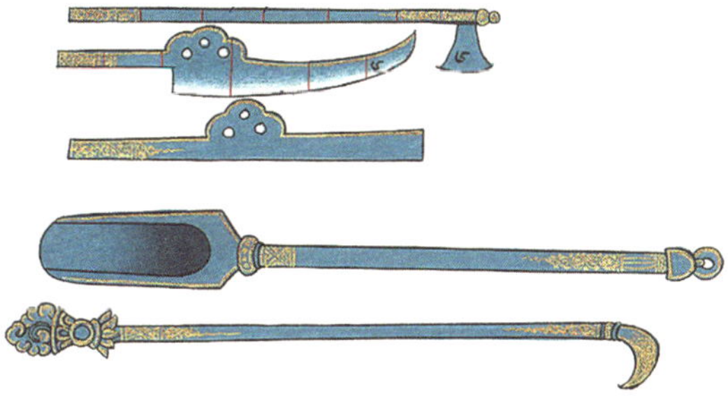

《四部医典》挂图中所标示的放血刀具，有斧状刀、弯月刀、平头刀、圆头刀、羽状刀、镰状刀等多种形制，还有各种可以放血的穿刺针

如放血疗法的方式一样，放血器材也充满了神秘感。

《四部医典》中写道：“讲到刺肉排血砭针部，形如鸟雀翎管长六指，用于肉隙血脉单穿刺。钝背锐尖放血宫颈口，形如斧刃骨上脉口针，状似弯刀可将肿部刮，八指镰形划除舌肿部，如刺膛形割除头部疮。”意思就是：切开肌肉放血用的刺针，形如麻雀的羽毛，长约六指，用于割刺肌肉间隙的血脉；刀尖极锐的靠背刀在脏器和微穴道部位放血；斧形手术刀，在靠近骨上的脉道处放血；状如剃头刀的手术器械，在肿胀部位刮擦；状如镰刀，长约八指的器械，用于舌部的划割；膛口刀用于切除头部疮疡。所用金属材料要坚固，由精工巧匠经过多次锤炼后制成，以“锐度向上吹刃截断毛”为佳。

现在临床中一般根据放血部位的不同而采用不同形状的刀具，常用的是管翎针、弯头新月状刀、斧状刀等。由于刀具所形成的创伤面积比针具所形成的大，因此，相较于中医，藏医放血疗法具有放血部位深、放血量大等特点。

《疾病的治疗方法图》,清代唐卡
这幅唐卡以树作喻,系统形象地表现疾病的治疗方法。大树的树根上分出了四条主干,第一条枝干讲述治病的饮食,第二条枝干表现起居调节,第三条枝干介绍用药的技巧,第四条枝干代表手术外治

肝炎、脾炎、麻风病、血紊乱症、高原红细胞增多症、甲亢、静脉曲张等疾病,均可施用放血疗法。现代临床上对上述病症的治疗优势显著,引起国内外的高度关注。

药浴:内病外治疗效高

药浴是藏医外治疗法之一,由于它治疗适应症广,安全无痛苦,疗效好,深受广大藏族人民欢迎。据《四部医典》"后续医典"第23章"五械浸浴法"记载,藏医主张使用天然温泉浴疗法来治疗一些疾病。藏药浴就是藏医药先辈在温泉浴疗法实践的基础上,依据藏医药的基础理论逐步创造总结出一套系统完备的药浴理论和独特的药物外治方法,并经久不衰,沿用至今。随着藏医学的发展,目前已经形成一个临床特色疗法和重点专科,构成藏医学"内外结合"的民族特色。

藏医药浴包含局部药浴和全身药浴。患者将全身或部分肢体浸泡于药液中,选择适当温度,洗浴全身或患部。药物透过皮肤毛孔等直接进入经络、血脉,通过物理效应与药理效应发挥治疗作用。

藏药药浴根据不同病人的不同病症配制适宜药物,同时较多加上复方药物五味甘露药浴汤散一起使用,从而达到更好的疗效。

藏医药浴疗法适用于四肢强直或挛急、跛跷、疖痈、炭疽、新旧疮疡、各种皮肤病、妇女产后病、肌骨黄水充斥,特别对类风湿性关节炎、痛风等甚有疗效。现代医学研究证明,藏药浴可通过提高类风湿性关节炎的CD8细胞和降低CD4细胞水平而达到对该病的免疫调整作用,对类风湿性关节炎的有效率达94.3%。

在进行药浴的时候一定要保持室内温度平衡稳定,以免病人感冒。据《四部医典》的第四卷"后续医典"记载,瘟疫、浮肿、食欲不振、眼病、面部疾病、手心及脚心脚趾疼痛、睾丸疾病、心脏病、腹部疾病以及高血压等都不能用药浴治疗。除此之外,发烧、妊娠及月经期妇女、严重高血压、严重心肾疾病、活动期结核、浮肿等亦不适宜用此法。

观尿诊病

尿诊是藏医诊断疾病的独特手段之一,即观察病人尿的颜色,热气多少,臭味浓淡,气泡消失快慢,有无沉淀物,形状如何,有无漂浮物等,以判断疾病情况的诊法。

藏医学认为,食物与饮料在胃中清、浊分离后,浊渣进入肠道,分为稠、稀两种,稀的进入膀胱;清糜通过肝变为血液,血液的浊渣积存于胆,胆的清糜变为身体内的黄水,胆的浊渣变为尿液的沉淀物,通过脉道进入膀胱。由此,尿液的颜色来自饮食,沉淀物由血、胆产生,身体的寒热也可从尿检进行鉴别。

雪域仙丹

藏药植根于青藏高原丰富的物产

物产丰饶的高原是藏药摇篮

青藏高原是世界上最高大最年轻的高原，是中国藏民族的聚居之地，它地处祖国西南边陲，境内高山林立，河流湖泊众多，冰山、谷地星罗棋布，地形地貌极为复杂，海拔差异较大，各地气候状况也是很不一致。总的来说，东南部受海洋季风影响较大，西北部受大陆性气候影响明显，由东南往西北气温逐渐降低，降水量逐渐减少，气候状况从温暖湿润逐步变为寒冷干旱，形成有规律性的地区差异。

最有影响的藏药文献

藏医药学的文字记载始于1300多年前。公元8世纪以后流传下来的藏药文献很多，其中影响最大的有以下6种：

名称	时间	著作者	主要内容
敦煌本藏医残卷	8世纪		收载53方133味药。现能考证的129味中动物药66味（约占51%），植物药51味（约占40%），矿物药12味（约占19%）
月王药诊	多认为8世纪中叶	摩诃衍那、毗卢遮那翻译	是较早的一部藏药史籍。收载的药物包括植物类440种、动物类260种、矿物类80种，其中300多种药物为青藏高原特产，多数药物沿用至今，如螃蟹甲、伞梗虎耳草、耳草、囊距翠雀、船形乌头、喜马拉雅紫茉莉、纤毛婆婆纳、水柏枝、翼首草、毛瓣绿绒蒿、蓝石草、乌奴龙胆、山莨菪、樟牙菜、青稞、熊胆、牦牛酥油和糌粑等
四部医典	8—9世纪	宇妥·云丹贡布	收载药物1002种，其中第2部第20章药物性能390种，收载方剂400个
四部医典释论·蓝琉璃	17世纪	第巴桑杰嘉措	收载药物1400种
晶珠本草	17世纪	帝玛·丹增彭措	是收载藏药最多的一部大典，涉猎广泛，有着浓郁的藏民族特色，被誉为藏族的《本草纲目》。该书收载的药物种类有75%为现今所用，其中30%属藏医专用。据统计，涉及1200个基原动、植物种。收载药物2294种，其中植物药1006种，动物药448种，矿物药840种
正确认药图鉴	18世纪后叶	绛久多杰	图文并茂，收载药物580多种

辽阔的地域和复杂多变的自然条件，决定了青藏高原丰富多样的动植物资源。据统计，共有藏药植物191科682属2685种，常用的300余种；动物药57科111属159种；矿物药80余种。常用藏药中有三分之一用药与中药相同，藏区本地草药占常用藏药一半以上。

药用植物按其用药部位分，有根及根茎、叶、花、果实、种子、皮、茎、地上部分或全草。其中地上部分或全草类药物占全部藏药植物的70%，大部分生长在高海拔地区。

藏药也讲究“五行”

藏药学理论认为药物与五行有关，其性、味、效亦源于五源（土、水、火、气、空）。五源中土为生物生长之本源，水为生长之汁液，火为生长之热源，气为生长运行之动力，空为生物生长之空间。五源缺一，生物则不能生长。这就阐明了药物生长与自然环境的统一关系。同时又指出：土水偏盛的药物味甘，火土偏盛的药物味酸，水火偏盛的药物味咸，水气偏盛的药物味苦，火气偏盛的药物味辛，土气偏盛的药物味涩。

藏医在临床上用药是根据药物的六味、八性、十七效辨症主方。

六味，即甘、酸、咸、苦、辛、涩。药物的六种味对于治疗的疾病及作用各不相同。总的来说，甘、酸、咸、辛味能治隆病，苦、甘、涩味能治赤巴病，辛、酸、咸味能治培根病。藏医药的典籍中还详细指出了每一味药各自的

清代曼唐上描绘的高原地区草药，种类非常丰富

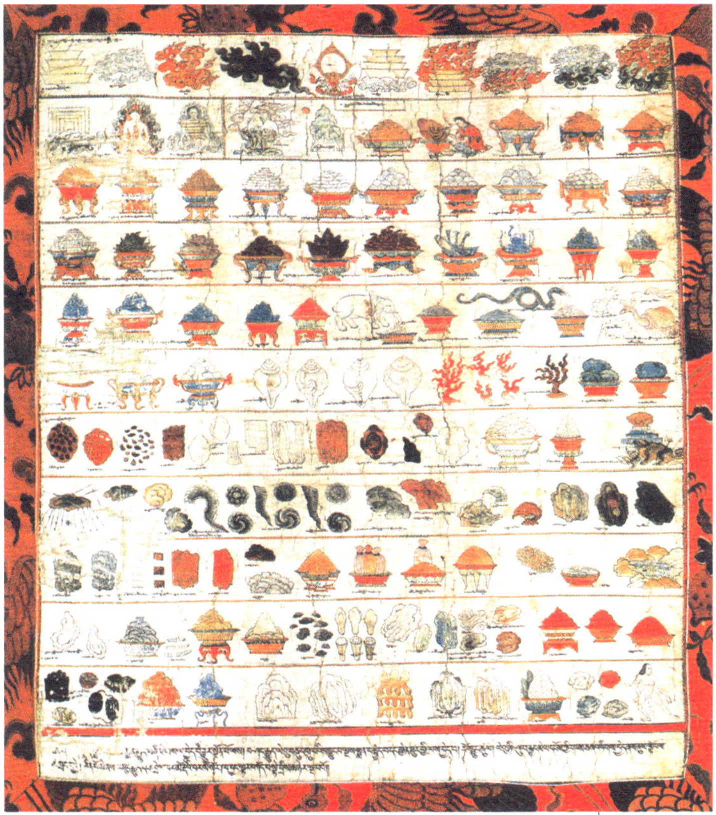

清代曼唐上描绘的高原地区入药矿物

作用和过量使用的副作用。例如：甘味具有增强体力、补气固本、荣润肤色、延年益寿、开窍舒胸、生肌愈疮、治隆赤病的功效；如用量过度，则会滋生培根病及脂肪，降低阳气等；除了甘味陈青稞及干燥地区之畜肉外，多数甘味易于滋生培根病，唯有野牛肉、鱼、羊肉、蜂蜜却对治疗培根病有益。

八性，即重、润、寒、钝、轻、糙、热、锐。药性“重、润、寒、钝”者可治隆病、赤巴病；药性“轻、糙、热、锐”者可治培根病。

十七效，即指药物具有柔、生、温、润、稳、寒、钝、凉、软、稀、干、燥、热、轻、锐、糙、动等十七种效能。每种药物都具有固定的性、味、效，必须根据十七效的对治配伍主方。

把剧毒的水银变为良药

七十味珍珠丸在治疗心脑血管方面特别有疗效，与其加入藏药宝中宝“佐塔”不无关系。

历代藏医经过千百次煅烧炮制，将剧毒的水银变成了无毒而具有奇特疗效的“甘露精华之王仁青佐珠钦木”（佐塔）。经过上千年临床实践证明，对脑溢血、风湿、痛风、高血压及中毒症等疑难杂症有明显疗效，无病服用也能滋补强身。佐塔与其他药物配伍，能提高原药疗效，延长药物的作用时间，减少药物用量，缩短治疗周期，是七十味珍珠丸、仁青芒觉、二十五味松石丸等名贵藏药中绝对不可缺少的成分。

藏医经典名著《四部医典》中说：“世上无物不是药，只要炮制工艺到位。”究竟如何将水银变成佐塔？如何将一味味的藏药变成起死回生的良药的呢？

成功炼制“佐塔”时间大约需要40天，参加炼制的专业人员至少30名。整个工序分准备过程、去污过程、煮法去毒过程及“遇敌变形”法过程。在加工炮制前，必须得先请喇嘛诵读两到三天的药师佛经才可以正式开始炮制。

炼制“佐塔”（图/张艺）

冬虫夏草，究竟是虫还是草？

冬虫夏草只生长在以青藏高原为中心地域（青藏高原及其相邻的横断山脉余脉特殊区域内）、海拔3500—5000米高寒湿润的高山灌丛和高山草甸上（集中分布于海拔4100—5000米的垂直高度内）。

关于虫草的生长，人类感到神秘莫测，前人曾有诗云："冬虫夏草名符实，变化生成一气通。一物竟能兼动植，世间物理信难穷。"

其实，虫草是一种昆虫与真菌的结合体。虫是虫草蝙蝠蛾的幼虫，菌是虫草真菌。每当盛夏，海拔3800米以上的雪山草甸上，冰雪消融，体小身花的蝙蝠蛾便将千千万万个虫卵留在花叶上。继而蛾卵变成小虫，钻进潮湿疏松的土壤里，吸收植物根茎的营养，逐渐将身体养得洁白肥胖。这时，球形的子囊孢子遇到虫草蝙蝠蛾幼虫，便钻进虫体内部，吸收其营养，萌发菌丝。当虫草蝙蝠蛾的幼虫食到有虫草真菌的叶子时也会成为虫草。

受真菌感染的幼虫，逐渐蠕动到距地表2至3厘米的地方，头上尾下而死。这就是"冬虫"。幼虫虽死，体内的真菌却日渐生长，直至充满整个虫体。来年春末夏初，虫子的头部长出一根紫红色的小草，高约2至5厘米，顶端有菠萝状的囊壳，这就是"夏草"。虫草这时发育得最饱满，体内有效成分最高，是采集的最好季节。

冬虫夏草是高级滋补名贵中药材，冬虫夏草民间应用历史较早。始载于吴仪洛（1757）《本草从新》，词条"冬虫夏草"记有："甘平。保肺，益肾，止血，化痰已劳嗽。四川嘉定府所产者最佳，云南、贵州所出者次之。冬在土中，身活如老蚕，有毛能动。至夏则毛出土上，连身俱化为草。若不取，至冬则复化为虫。"以后，本草均有收录。冬虫夏草作为药材输出国外很早，清代中叶（1723），法国人巴拉南来华采购冬虫夏草带往巴黎，后由英国人带往伦敦。

冬虫夏草主产于金沙江、澜沧江、怒江三江流域的上游。东至四川省的凉山，西至西藏的普兰县，北起甘肃省的岷山，南至喜马拉雅山和云南省的玉龙雪山。西藏虫草的产量大约占全国虫草产量的40%，四川省产量大约占全国虫草产量的40%，云南省和青海省虫草产量各占10%。

以青藏高原为中心的高海拔地区是冬虫夏草的主要出产区域（图/视觉中国）

治疗心脑血管疾病的灵丹妙药——七十味珍珠丸

经过2000多年的临床实践，藏医药对人体八大系统，各种疑难杂症都有了自己的独特疗法，特别是在消化系统、心脑血管疾病以及风湿性疾病上疗效显著，为广大患者带来了福音。

藏医将心脑血管疾病归为脉病，将命脉分为白脉、红脉、黑脉三种。白脉（神经）属风，源自脑中，向下循行；红脉（动脉）、黑脉（静脉）属血，源于心脏，如松树之状而向上下左右分布。主要临床症状为心慌心悸、心率不齐、胸闷、耳后强直发肿、口鼻歪斜、躯体瘫痪、神志不清、小便不利失禁，甚至出现喑哑不语等症状。

常用的藏药包括七十味珍珠丸、二十五味珊瑚丸、二十五味珍珠丸三种药。其中七十味珍珠丸在心脑血管病上有着独特的疗效，受国内外专家和广大患者的高度评价。《中国药典》2010版记载它具有安神、镇静、通经活络、调和气血、醒脑开窍的功能，用于“黑白脉病”、“龙血”不调、中风、瘫痪、半身不遂、癫痫、脑溢血、脑震荡、心脏病、高血压及神经性障碍等病症。

七十味珍珠丸起源于宇妥·云丹贡布的医学巨作《四部医典》，后经历代藏医药学家的传承和不断完善，最终由南派藏医药创始人舒卡·娘尼多杰改进为现用的方剂，被藏族人民誉为起死回生之药。

七十味珍珠丸组方是由金、银、铜等10余种金属类药材，珍珠、九眼石、玛瑙、珊瑚等20多种矿物类药材，野牛血等8种动物类药材，檀香、诃子等17种灌木类和果实类药材，以及短穗兔耳草、藏荆芥等15种高原植物类药材组成。将这70余味名贵藏药材，以藏药独特的炮制方法结合现代制剂技术制作成丸剂藏成药。

每年藏历六月七日，按照藏传佛教传统仪轨，高僧都会诵经七天，进行祝愿药物效果灵验的“加持法会”。据说经过这种具有浓厚宗教色彩的祈愿后，得到高僧祝福的七十味珍珠丸，疗效会变得更强。

在七十味珍珠丸逐步由藏区走入内地走向世界时，许多人对藏药安全性和有效性存在一定疑虑，特别是对其所含重金属成分提出了质疑。因此，现代科学研究对七十味珍珠丸的化学成分、药理毒理学研究以及重金属成分“佐塔”都进行了相关研究，研究结果揭示了其科学性、安全性较好，为藏医在临床长期使用提供了科学依据。

药擦，全部用藏药制成的擦擦，装在护身符中随身携带，遇紧急情况可立即服用（图/张鹰）

撰稿专家

张艺，成都中医药大学民族医药学院院长，研究员，博士生导师，中国民族医药学会科研分会副会长、教育分会副会长，国家自然科学基金评议专家、中华医学会科技奖评审专家。主要从事民族药药效物质基础和民族医药信息学研究。发表学术论文多篇，主编专著多部。获国家发明专利授权15个，新药证书5个，国家科技进步奖三等奖，四川省科技进步特等奖。

充满英雄主义色彩的江孜古堡(图/张鹰)
江孜保卫战，是西藏江孜人民抗击英军入侵西藏的一场战斗，是西藏人民反帝战争中的最大一次战役

第13章

驰骋在高远辽阔的疆场

军事

本章主撰稿人：中国人民解放军某部上校　杨永红

藏族在悠久的历史长河中，创造了丰富多彩、光辉灿烂的文化，为统一多民族国家的形成、发展和繁荣做出了重大贡献。

从吐蕃王朝开始，到1951年西藏和平解放，在1300多年的历史长河中，藏族军事发展经历了漫长的过程。在整个发展过程中，由于受到独特的地域、气候以及藏传佛教、政教合一制度等因素的影响，形成了具有非常独特的藏族风格和高原色彩的军事思想和军事文化。

中华民族的军事文化源远流长，是各民族在长期的相互影响和相互融合的过程中共同创造的。藏族军事文化是中国军事文化的重要组成部分，是中国军事文化宝库中的瑰宝。

藏族军事文化不同于中原地区在农耕基础上形成的军事文化，也不同于北方少数民族在游牧基础上形成的军事文化，而是在高原环境中形成的一种烙上鲜明高原印记的开放性军事文化。它所包含的内容如军事思想、军事情报、军事地理、军事人物、军队编制、军事训练、军事建筑、军事交通、军队管理、后勤保障、大小战争，都独具特色，具有很高的研究价值；同时，藏族的军事文化还与其政治、历史、地理、宗教、民俗等领域关系密切，是深刻了解藏民族文化的重要窗口。

与高原相应和的军事思想

形成系统的军事文化和鲜明的自我色彩

军人体质受高原环境影响大

青藏高原平均海拔在4000米以上，一般长期生活在低海拔地区的人，如果由平原急进海拔3000米以上高原地区，就会严重缺氧，出现头疼、血压升高、失眠、心悸、胸闷、乏力、气短、出血、食欲减退、腹胀腹泻等高原适应不全症。藏族人世世代代生活在高原，他们的体质已经适应了高原的环境和气候，不存在体质和环境相排斥的情况。医学研究表明，藏族人有着较大的胸廓指数、肺活量，与低海拔地区生活的人相比，在生理解剖学方面具有较大差别。藏族人世代生活在高寒地区，他们在生理上具有适应高原气候的一系列特点，这对于解释藏族军队适合在高原地区作战具有重要价值。

藏族军人在高原地区作战具有显著优势，但同时也会面临低海拔地区地理和气候的考验。藏族军人如果到低海拔和热带地区，就会出现“低原”反应，因为氧气过多导致身体不适，嗜睡，精神不好。历史上，吐蕃军队曾两次打到了今天的印度，在取得胜利的情况下由于不适应当地气候不得不班师回朝。

深深的佛教烙印

社会的核心价值观念向社会的方方面面延伸，佛教在藏民族长达一千三四百年的传播发展史，足以让藏民族浑身上下无处不散发出佛教气息。藏族军事在吐蕃王朝崩溃以后发展受限，佛教成为主导人们生活的首要因素，连军事这个究其本质与佛法背道而驰的领域也打上了深深的佛教烙印。

佛教在松赞干布时期传入西藏，此后，僧人的地位逐渐提高，到赤松德赞时期，僧人不但免除兵差和赋税，连生活也不用担心，生活所需全部由王室提供。僧人逐渐形成了一个特殊的集团——僧伽集团，并延伸到政治领域。佛教在社会生活中作用的逐渐增强，以及僧人的参政，给藏族军事发展造成了极大的影响。

根据规定，藏族僧人平时不参加生产劳动，王室和各地方政府向寺庙和僧人提供生活资料。即使这种情况在后来发生了改变，但总的看来，僧人仍然是不劳动的。由于大量的社会财富需要供给僧人集团以解决日常生活，增加了社会的负担，影响了对军队的投入和供应。在吐蕃后期，军队已经守不住通过战争占领的大片土地，军队的保障不力恐怕也是其中的原因之一。

宗教仪式中的武士形象（图/杨永红）

越来越多的青壮年加入到僧人行列中，如果一家有两个男孩，就会有一个男孩到寺庙出家为僧；而且，僧人按

吐蕃军事驿站飞马使印章
（图/邹西成）

规定不能结婚生子，大量男性进入寺院，人口的出生率随之降低。随着寺院规模的不断扩大，社会绝对人口数量则不断减少，征集兵员的数量和质量都受到了较大的影响，兵源也就日渐枯竭。

佛教是为了彻底摆脱世俗的束缚，灭尽人生烦恼，达到涅槃，在平时生活中有不争斗、不杀生等戒律。而军队作为国家机器，是为政治目的服务的武装组织，军队的日常生活就是训练和行军打仗。因此，佛教的戒律和军队的主旨完全不同。自从僧人参与到政治生活中以后，一些担任要职的僧人就不愿再去带兵打仗，从思想上对藏族军事的发展造成了障碍。

“以德制胜”的观念也成为主导藏族军事的重要因素。曾几何时，藏族战士都是以血肉之躯拼取战争胜利的好斗勇猛之士，吐蕃时期奉战死者为英雄。但在佛教的价值观念浸润之下，战士的杀伐之心由此被束缚弱化，战争完全成为被套上了笼头的狂象。

藏族军事发展则逐渐减弱。自吐蕃王朝以后，藏族历史上再没有出现过一个军事强大的政权。

极具开放性

藏族所生活的青藏高原虽然是一个相对封闭的地理单元，但是从历史来看，藏族人民在意识形态领域却是开放的。佛教作为一种外来的意识形态，能够传入藏地生根发芽、繁荣昌盛就是一个有力的例证。

藏族军事在发展过程中，军队曾经大量使用外族人。例如在吐蕃时期，由于军事实力强大，吐蕃军队开辟辽阔的疆域。在这个过程中，仅靠本土的军队显然不能完成，比如吐蕃军队中就有相当数量的吐谷浑人。实际上，无论是开疆拓土还是管理新占领的属地，吐蕃军队都大量使用当地居民，当地居民了解当地情况，适应当地气候，可以更好地完成任务。再如，藏军作为一个本土化的藏族军队，曾经接受过清朝军队和英国式的操典。无论从口令、衣着还是操课内容，都是按照当时清军或英军的规定进行。

亦僧亦兵

藏族历史上僧兵的出现，是与佛教在藏地的发展密切相关的。寺庙在传播佛教的同时，也和世俗利益有着千丝万缕的联系，尤其是五世达赖喇嘛确立了政教合一的政权以后，藏传佛教各教派在主导精神生活领域的同时，也主导了政治生活领域，僧兵就应运而生。

很长一段时间内，在藏族历史上的政治、宗教、经济斗争中，僧侣都置身其中，为了各种利益置佛教的清规戒律于不顾。尤其是在社会动荡不安、寺院利益受到严重威胁时，寺院僧人就会拿起武器，加入各种利益集团和武装组织的角逐。这些参加战斗的僧侣就成为僧兵的主要组成部分。

据统计，1694年，卫藏和康区共有97528名僧人；1737年，僧人数字增加到319270人。常驻拉萨哲蚌寺、甘丹寺、色拉寺的僧侣中有10%—15%是僧兵。僧兵一直受到三大寺的派遣，被认为是同噶厦政府对抗的重要武装力量。

僧兵包括步兵和骑兵，其武器主要有弓箭、刀矛、枪盾、剑、火枪等。平时这些武器贮藏在寺院，战时或者特殊时期由寺院下发到僧兵手中。战争的时候，僧兵在寺院堪布的带领下参加战斗，战争结束后各自回到所属寺院。

僧兵作为西藏军事发展史上一种重要的武装力量，除了参加内部一些利益集团之间的纷争外，在抵抗外来侵略方面也发挥过重要的作用。在历次参加反击廓尔喀入侵以及抗击英国侵略者的战斗中，都可以看到僧兵英勇参战、保卫家园的身影。

威震中亚的吐蕃

吐蕃军队是公元7世纪前后世界上最强的武装力量之一

主宰欧亚大陆的六大帝国之一

吐蕃王朝从建立到发展到壮大，经历了一个漫长的过程。在这个过程中，吐蕃的疆域随着王朝的强大而逐渐扩张。

吐蕃兴起于雅隆河流域的鹘提悉补野部落，早期疆域仅仅限于今天西藏山南地区乃东、琼结一带。雅隆河谷属于河谷平原，是青藏高原上少见的大面积农耕地区，发达的农业生产为鹘提悉补野部落的强大提供了雄厚的物质保障。通过一系列的盟誓和征战，鹘提悉补野部落逐渐成为地跨雅鲁藏布江南北两岸的强大政权。

公元629年，松赞干布即位，他在军事上采取了一系列措施，大规模军事扩张，使吐蕃的疆域空前扩大。经过一百多年的发展，到公元8世纪时，吐蕃已经成为当时主宰欧亚大陆的六大帝国之一。

在对外扩张的过程中，吐蕃军队南征北战，东征西

现存吐蕃时期的实物中，有一顶非常精致的头盔。该头盔系吐蕃赞普松赞干布的护身之物，通高29厘米、口径22.4厘米，雕饰华丽，有200多颗宝石和珊瑚镶嵌在头盔的各个部位（图/杨永红）

松赞干布的军事才能

松赞干布（617—650）是吐蕃第三十三代（一说第三十二代）赞普，是一位颇具影响力的政治家和军事家。在军事上，松赞干布一生戎马、英勇善战、功勋卓著，为青藏高原的统一做出了历史性的贡献，取得了非凡的军事成就。

松赞干布的首要功绩是平定内乱、收复诸羌、建立起强大的奴隶制政权。公元629年，年仅13岁的松赞干布临危继位。他在各地新兴势力的支持下，组织了一万多人的精锐队伍，经过三年的征战，惩罚了政变之徒，镇压了各地的叛乱，使局势趋于稳定，重新统一了吐蕃。

为了进一步开疆拓土，松赞干布不断扩充军队，增加兵力。在迁都逻些（今西藏拉萨）后制定了一系列兼并周围诸羌的策略方针。为了消除来自西部和北部的威胁，他首先把进攻目标放在苏毗和羊同上，松赞干布亲自领兵反复征讨并最终取得了胜利。灭掉苏毗和羊同后，吐蕃进一步扩大和巩固了西部和北部边防，获得了充足的兵员、粮食、马匹补充，使吐蕃军队的战斗力大大加强。随后，松赞干布又经略东向发展，先后占领位于今青海东南部和四川西部的党项、位于今四川和青海交界的白兰以及位于今甘肃和青海之间的吐谷浑。

松赞干布在军事方面的另外一大成就，就是在吐蕃辖区内划分了军政合一的五茹、十八个地方势力范围、六十一东岱。此外，在制定军事制度如军人等级、军旗颜色、军队纪律、边疆驻守等方面也都做出了贡献，为吐蕃后来军事的发展和强大奠定了坚实的基础。

讨，经历了难以统计的大大小小的战争。在吐蕃军队作战对象之中，有农业高度发达的唐朝，有牧业比较发达的回鹘，有位于高山地带的尼婆罗，也有位于沙漠绿洲的龟兹。其作战对象的民族种类也比较多，如汉人、阿拉伯人、印度人、西亚人等。通过在不同环境下，与不同的对手经过许许多多的实战，吐蕃军队的作战能力日趋强大。在这个过程中，其中一个重要的成果就是实战锻炼和造就了藏族历史上许多著名的军事将领，如松赞干布、禄东赞、钦陵、赤松德赞、伦弓仁、达扎路恭等，他们组织或者参与了吐蕃扩张战争中一系列重大的战争，为吐蕃的开疆拓土立下了汗马功劳。

壁画中的吐蕃武士（图/杨永红）

以会盟的方式决定重大军事决策

松赞干布统一吐蕃以前，重大的军事决策由各氏族部落集会以盟誓的方式协商决定。赞普由盟誓产生，赞普主要是一种神圣的象征，不具备实质上的权力。7世纪初，吐蕃王朝建立以后，通过制定法令，确立了赞普集行政和军事大权于一身。在决定大的军事行动之前，往往先由赞普将相关议题交与贵族会议协商并做出决定。这种贵族会议是吐蕃政权的中心，它基本反映了吐蕃本土的军事决策情况。

在吐蕃的占领地，每年举行两次会盟，会盟的主持者有时为赞普本人，有时为在外带兵打仗的高级将领，高级将领在外主持会盟决定军事决策的机会相当普遍。在战争过程中，吐蕃高级将领通过会盟决定一系列重大军事决策，在决策过程中实行军事民主，集思广益，充分发挥与会成员的聪明才智，提高决策的科学性。

军政合一的政治体制

吐蕃建立了奴隶制部落联盟基础之上的军政合一的政治体制，在行政辖区内，军事长官往往就是行政长官。本土和占领区存在不完全相同的军事行政区域，其军事职官也有所区别。

赞普是吐蕃中央权力机构中最高的军事长官，他不但有权决定重大军事行动，而且对军事将领的任免和废止具有决定权。

吐蕃的军权，开始由大相统一主管。如吐蕃大相禄东赞就曾经执掌吐蕃军事大权数十年。从行兵打仗到对外扩张战略，禄东赞都亲自过问，权力十分巨大。由于大相权力过于集中，产生了许多弊端，因此后来实行众相制，将大相之兵权予以分离。在众相之中，临时委任外出带兵的将军和副将军，回朝以后立即交回军权，但仍然为众相之一，从而有效地避免了军权独揽的弊端。

公元7—9世纪，吐蕃军队通过一系列的长期征战，占领了辽阔的土地。为了对占领地进行有效的管辖和统治，吐蕃在当地推行了一套类似于本土的军政领导机构，这些机构的设置对于吐蕃具有重要的军事意义。

吐蕃在占领区的军事行政机构是逐渐建成的，军事职官制度经过了一个漫长的发展过程。有关吐蕃在这些地方设立的军事职官，其内容十分丰富。

吐蕃本土及占领地军事职官

本土	占领地
五茹：伍茹、约茹、茹拉、叶茹和苏毗茹；外加一个象雄茹。茹相当于军区，茹本是军区的最高军事长官兼行政长官，由当地最大的氏族部落长担任。茹本一般设有两名，分别管理上、下茹。上、下茹各设辅佐茹本的副职一名	吐蕃在边境地区主要设置了七大军事行政区：黄河军事行政区、雅莫堂大军事行政区、卡尔争大军事行政区、瓜州大军事行政区、罗布泊军事行政区、吉尔吉特军事行政区，以及设在于阗的一个不知道名字的军事行政区
五茹之下设六十一东岱，东岱的军事行政长官即东本，也就是千户长。对于戍边的部队，吐蕃设立代本，因为其所辖人数较东本略多，因此位列东本之上，级别比东本稍高	曹：其管辖的范围相当于唐朝的几个州，曹的军事长官玛本，相当于唐朝的"节度使"
在千户的下面，设小千户（或者五百户）	曹之下设节儿，管辖范围相当于唐朝的"州"，其军事行政长官的地位相当于唐朝的刺史，如沙州节儿、瓜州节儿等
百户长	在节儿之下设部落，相当于唐朝的乡
	部落下设将，相当于吐蕃本土的百户，百户之下设十户组织

军民合一的军事行政管理体制

吐蕃军队的军人不是职业兵，军队平时寓兵于民，战时出征，平时耕牧。这种体制对吐蕃的军事活动产生了重大影响。根据新疆出土的吐蕃木简记载，吐蕃军队的军人都分有土地，通过自己的劳动保障日常生活，所分土地比较平均。

吐蕃统一后其统治的人口在400万左右，相应的兵力在50万—60万，相当于七八个人养一个兵。《五部遗教》认为吐蕃除象雄和苏毗以外的四个茹36个千户就有兵力30万—40万。在军事行政管理制度下，其实际兵力应该有50万—60万。

在吐蕃的对外战争中，经常出现大规模用兵的情况，如吐蕃早期的松州之战和大非川之战，其参战兵力就分别达到了20万和40万。后来，吐蕃占领吐谷浑进而占领河西、陇右以后，其兵力较原来有所增加。如果没

嘛呢石上雕刻的"战神"图案（图/张鹰）

有强大的兵力补给作后盾，一次战争是不可能投入如此巨大的兵力参战的。

吐蕃王朝成立之初，就开始区分桂和庸，划分军事部落。桂就是武士，即高等属民从事军务者的总称；庸就是对附属民徭役者的称呼。桂和庸属于两个不同的阶层，地位悬殊。吐蕃早期划分的六十一个东岱被称作“桂东岱”，也就是军户部落，这种部落有充当兵丁的义务，一般民户不能转为军户。在这些军户部落中，实际上所有适于服兵役的男人都有义务应招服役。

通过区分桂、庸，划分军事部落等措施，吐蕃有了稳定的兵源。随着扩张步伐的加快，仅仅靠部落兵制已经不能满足兵源需要，征兵制便成为兵员的有效补充方式。

吐蕃军队十分重视征集兵员，其负责人要么是赞普，要么是大相，要么是在外带兵作战的将领。吐蕃征集兵员的时间一般在冬天，冬季天气寒冷，不利于行兵打仗，但不影响补给兵源和粮草，利于在战前做好充分的准备。

骁勇善战的将士

在吐蕃军队中，骑兵和步兵都是重要的组成部分。

骑兵是吐蕃军队的主要力量，由各部落中体格健壮、骑射娴熟的武士组成。骑兵适于机动和大规模作战，对于地域辽阔、作战半径大的吐蕃军队来说，其作用无可替代。

在吐蕃划分的几大茹中，主要兵力均为骑兵。为了便于区分，每个茹马的颜色都做了相应规定。伍茹为白鬃灰白马及赤色豹纹马，其军队遍地皆是，宛如雪落湖中；约茹为棕黄花斑马及白蹄赤色马，其万马奔腾的蹄声，犹如雨落湖中一般；茹拉为鹅黄红鬃马及棕色黑鬃马，战马之多如同冰雹入雪一样，马蹄印遍布；叶茹为赤色火花马及青骢马，其骑兵快速凶猛如若烈火燎原。

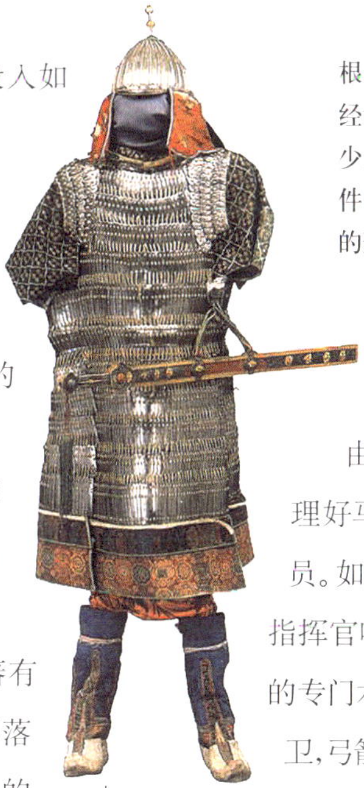

根据藏文文献记载，在止贡赞普时期，吐蕃已经试制出了盔甲。盔甲由合金制成，是在铁中加少量的白银熔化冶炼而成，经久不锈。这是一件明代仿制吐蕃时代的盔甲，反映了吐蕃盔甲的形制（图/杨永红）

由于骑兵众多，马匹数量巨大，为了管理好马匹，吐蕃军队中设立了管理马匹的官员。如专门负责牧马的官员叫其本，马队的指挥官叫达本。此外，还有一些有关吐蕃骑兵的专门术语。吐蕃军队在行军时，以骑兵为前卫，弓箭手、带短剑或匕首的占卜者居中，穿戴盔甲持矛的殿后。骑兵在前，便于侦察敌情，开辟道路，有利于充分发挥骑兵的优势。由于马政衰弱，边防力量受到严重削弱，唐军经常处于被动局面。相比之下，吐蕃因为马匹供应充足，骑兵强大，因此经常在战争中处于主动地位。

吐蕃的兵役制度

吐蕃早期，族兵制占据主要地位，随着势力的强大和疆域的扩展，征兵制逐渐成为主要的兵役制度。

族兵制，是指全族有兵役义务的适龄男丁皆当兵参战的制度，一般在刚脱胎于原始社会尚未摆脱部落制度影响的奴隶制社会，或尚处于在部落行政组织与军事组织相结合阶段的王朝实行。征兵制，是指国家根据所指定的关于国民必须承担兵役义务的法律或具有法律效力的规范性文件，按照军队补充、扩编需要，强制征集丁壮服兵役的制度。这种制度是在国家相对统一，专制集权政治制度比较健全，经济比较发达，人丁比较旺盛的条件下实行的。

吐蕃实行族兵制和征兵制相结合的兵役制度，从客观上解决了吐蕃军队对兵源大规模需要的问题。族兵制使吐蕃具有稳定的兵源供应，征兵制能够在情况紧急时临时召募到大量兵源，两种制度各有所长，相互补充，是适合于高原游牧民族特点的兵役制度。

铁铠甲残片（图/杨永红）

在吐蕃军队中，步兵占有相当比例。在强势扩张时期，吐蕃军队在攻城的时候，动用了大量的步兵；攻下城池以后，又留下一定规模的步兵守城防御。

吐蕃尚武，吐蕃军队作战能力强，与兵士整体素质和重视军队训练有关。吐蕃人以牧业为主，平时牧马，善骑射，练就了一身娴熟的马上功夫。吐蕃士兵寓军事训练于日常生活之中，取得了良好的训练效果，大大提高了吐蕃兵士的整体作战能力。

强大的后勤保障能力

吐蕃前期，吐蕃军队以部落为单位。由于土地贫瘠，强大的军队只有依靠部落才能得到保障。战时各部落自己进行后勤供给，获得的战利品归部落所有。当吐蕃逐渐强大起来走出本土以后，获得了大片肥沃的土地，尤其是占领了河西走廊以后，军队后勤供应发生了显著变化，即军队在保持依靠部落供应的同时，军事行政机构又扩大了征收大料集（包括兵丁、粮草和劳役）的地域，获得了大量的物资，加强了军队后勤的保障力度，大大地提高了战斗力。

公元670年大非川战役之后，吐蕃军队开始走上强势扩张之路，对后勤保障提出了更高的要求。吐蕃专门设立了管理粮食的粮库长官，根据条件给部分地区的士兵提供粮食供应。沙洲、若羌等在内被吐蕃占领的西域大部分地方就采用这种方式。

部落提供后勤保障相对比较稳定，获取战利品能够激发士气提高战斗力，征集大料集有利于整合资源，三种形式各有所长，相互补充，为吐蕃军队提供了强大的后勤保障能力，为取得众多战功奠定了坚实的基础。

奖惩分明的军事法规

吐蕃军队的强大还可以从其军事法律规范中得到反映，军事法规从客观上促进了吐蕃军队的发展。

吐蕃制定的基本法律被称作“三十六制”，其主要内容包括：六大法典、六大议事原则、六级褒奖、六种标志、六种告身、六种勇饰等，所含内容十分丰富。

其中，“六级褒奖”对吐蕃军人的奖惩做了相应的规范。对战场上作战的英勇之士以豹子皮和老虎皮予以奖励；对胆小怕事、屈膝向敌人投降，或者放弃职责、没有主见的懦夫贬以狐狸帽羞辱之；如果一家人有多人战死在疆场，则悬一铠甲于门上，以示光荣。“六种勇饰”包括虎皮褂、虎皮裙、缎鞯、马镫、虎皮袍等，通过服饰的区别，对勇武之人进行了界定，使之有别于常人。“六种告身”制度主要是对有突出贡献的人进行奖励。

“吐蕃王法”第十五条第一款规定，军队的职责是消灭一切敌人，关心本国庶民的生活，保护庶民的安康。在有关军队纪律方面，吐蕃军队规定守卫军人不能袭扰百姓的农业生产。

吐蕃作为一个强大的奴隶制政权，其军事法规必然会带上阶级的烙印，始终是为吐蕃的统治阶级服务的。在实际操作过程中，往往又不能够得到有效执行，一旦触及统治阶级的根本利益，这些条文就成为了一纸空文。

种类繁多的兵器

在青藏高原西部地区和藏北高原，发现了大量以战争为题材的岩画。这些岩画最常见的是两两相对的武士，他们或骑马相峙，或徒步而立，有的双方执盾举刀，有的双方各执长矛作对刺状，有的双方持弩以对，还有的是双方均为徒手角力状。

元代皇帝赐给萨迦法王的盔甲

拉萨当雄扎西岛洞穴岩画（图/杨永红）

当雄扎西岛洞穴岩画中有双方战争的场面，武士们均戴头盔，着铠甲，或摇旗呐喊，或执盾举刀。在扎西岛的另一洞穴的岩画中，表现了步、骑双方作战的情境，骑马的一方高举双刀，跃马迎敌，步行的一方则持弓箭或长矛

据史料记载兵器是在第八代止贡赞普时期，出现了弓箭、刀剑、铠甲等。止贡赞普和其属下罗昂达孜进行比武时就用到了矛、剑、铠甲、盾牌、小斧头、头盔、头上的铜饰品等多种武器和装备，种类十分丰富。

据藏文文献记载，在距今2000多年前的吐蕃第九代赞普布德贡杰时期，生产力得到了很大发展，金属大量出现，人们熟练地掌握了冶炼金、银、铜、铁的技术，兵器制造技术大大提高。

吐蕃军队使用的兵器种类繁多，新疆发现的木简中记载的吐蕃兵器和装备有：矛、铠甲、弓、箭、箭袋、刀、盾、腰带、头盔等。铠甲种类有大、小之分，也有唐人铠甲和锁子甲之别。最常见的还是弓、箭，它们和矛一样，都是比较长的进攻性武器，这和吐蕃人善骑射是吻合的。吐蕃武器的来源地除了本土制造以外，从其他地方也可以得到补充。

除了上面提到的武器外，抛石兜也被当作武器使用。抛石兜在藏语里被称作“俄儿多”，是吐蕃人最常见也是最熟悉的武器，命中率极高。它是由一条由兽皮、毛或者植物纤维做成的中间宽、两端狭小的带子。投放的时候，石头被置于带宽部分，然后用力旋转，当挥舞力气达到最大时松开带子的一端，石丸顺势飞出，其杀伤半径在150米以内。

在古代，攻城掠地是交战双方的重要战略目标之一，如吐蕃围攻盐州城（今宁夏盐池县）时使用了飞梯、鹅车、木驴等专门用于攻城的兵器。

唐蕃主力决战——大非川之战

大非川之战是唐蕃之间一次非常重要的战争，是吐蕃进行全面武力扩张、与唐进行长期军事对抗的开始。

667年，吐蕃向隶属于唐朝的东部诸羌发动进攻。669年，吐蕃派遣钦陵统兵驻于吐谷浑，全面加强对河源地区的占领。670年4月，吐蕃攻陷西域十八州，连续在唐的西北和西南方向发动军事进攻，对唐的边防安全构成了极其严重的威胁。670年4月至8月，唐与吐蕃为争夺龟兹、疏勒、于阗、焉耆（今新疆库车、喀什、和田、焉耆）四镇，在大非川（今青海共和县西南切吉草原）一带展开决战。

唐高宗派遣右威卫大将军薛仁贵为逻娑道行军大总管，右卫员外大将军阿史那道真、左卫将军郭待封为副总管，统兵讨伐吐蕃并援助吐谷浑返回故地。吐蕃派遣大将钦陵率军四十万与薛仁贵十万唐军战于大非川。

钦陵先以小股兵力到河口引诱唐军，结果唐军中计。薛仁贵率众先行，到达河口遇吐蕃兵并击破之，斩获甚众，缴获吐蕃牛羊万余头。初获胜利后，薛仁贵继续孤军深入，进军到巫海，等待郭待封率援军到来，结果进了钦陵设计的口袋。郭待封自恃名将郭孝恪之后，不听从薛仁贵的建议，领辎重继续前进。未至巫海，吐蕃兵二十余万突然出现，郭待封大败，军粮及辎重被吐蕃缴获，唐军被吐蕃军分割成两截。钦陵以二十万优势兵力大败郭待封，并抢走唐军的军粮和辎重，断了唐军的后勤保障。唐军劳师远征，后勤无保，军心大乱。薛仁贵在巫海苦等援军不至，无奈之下，只好退至大非川。8月，钦陵在大非川集结四十万重兵逼唐军决战，薛仁贵无险可据，更无粮草供应军需，十万唐军全军覆没，薛仁贵、郭待封与阿史那道真逃脱，唐军大败。

大非川之战是唐朝开国以来的作战中最大的一次失败。在这场唐蕃主力决战中，吐蕃获得了空前的胜利。大非川之战以后，吐蕃士气大振，从而不断加快扩张步伐，随之便大规模地向唐朝发起进攻。

战后，吐蕃军占据了安西四镇，唐朝被迫撤销四镇建制，安西都护府迁至西州（治高昌，今新疆吐鲁番），吐谷浑亦并入吐蕃。

大非川一战，吐蕃能够大胜唐朝，主要原因表现在以下几个方面：

天时：吐蕃军队常年在高原生活，适应高原气候。8月正是高原最好的时节，适合大规模的军事活动；唐朝实行的是府兵制，军队是由各地抽调过来组成的，对这种高海拔的地方不适应。

地利：吐蕃军队组成主要由吐蕃人和吐谷浑人组成，长期生活在高原，占尽地利；当时的唐军重点防守区域在西域、西北、北方、辽东等地，对青藏高原一带的地形比较陌生。

人和：唐朝对吐谷浑的漠视，导致吐谷浑分裂。吐谷浑绝大部分被吐蕃占领并牢牢控制，亲唐的吐谷浑势力被连根拔起，大量吐谷浑人参与围攻唐军，使唐军在一开始就错误估计吐蕃的兵力；在吐蕃的四十多万大军里，一半以上是吐谷浑人，非常熟悉和了解当地的各种情况。

将帅：吐蕃大将钦陵是吐蕃名相禄东赞之子，具有丰富的作战经验，在吐蕃军中享有崇高的威望；唐军将帅失和，薛仁贵出身寒微，而部将郭待封则出身高贵，不服从主帅指挥，将帅之间形不成合力，而且薛仁贵当时是镇守辽东的主帅，临时受命主持对吐蕃作战，在高原对吐蕃作战准备不够充分。

重视程度：吐蕃军队擅长使用骑兵，速战速决，对唐军的大举进攻非常重视；唐军当时对吐蕃估计不够，过于轻敌，而且是从上到下的轻敌。

战略战术：吐蕃军队采取的是集中优势兵力、避实就虚、诱敌深入、各个击破的作战方针；唐军则采用劳师远征、长驱直入的作战方针。

后勤补给：吐蕃军队后勤补给主要在当地筹集，行动迅速而且效果明显；唐军则要面临高原缺氧，道路运输艰难，后勤补给十分困难，尤其是乌海一战，钦陵以优势兵力打败郭待封，抢走了唐军的辎重，完全切断了唐军的后勤保障，直接瓦解了唐军军心。

军队实力：唐军只有十万兵力，而吐蕃参战达四十万人，兵力的绝对劣势也是唐军失败的主要原因之一。

大非川战役示意图（绘图/蔡惟）

古格王国都城遗址（图/杨永红）

古格都城强大的防御系统

古格都城的军事设施和防御系统是一个伟大的创造，它所体现的军事防御思想令人折服。

地形复杂险要

古格都城所处的地形极为复杂，既有山谷，又有断崖沟壑，还有缓坡平地。都城所处的土山西边是高达200米的断崖，断崖下为深而宽的努日笼沟；南边是一座高峻的大土山，大土山三面都是悬崖，险不可攀；山顶的台地则四面临崖，仅有一条隧道通往北坡下；北面与东面虽为开阔的小坡，但都构筑了防御工事。天然屏障与人工建筑工事相结合，使得古格都城固若金汤。

因地制宜的防卫墙

据考古发现，古格都城有塔墙一道，防卫墙十道，主要分布在山顶台地的王宫周围和山坡上较平坦之处。地势险要处依靠天然屏障，不设防卫墙。在山顶王宫周围，沿崖边环绕着一圈土筑的防卫墙，居高临下，总揽全城。

离建筑群约200米以外，主要在北侧和东侧，有一道防卫墙，分内外两层，内墙厚1.5米，中间甬道宽1.3米，现残存长160米，高约1米。城墙以石块奠基，墙身用拌小石子的泥土夯筑。城墙都是依地形来决定其高度与厚度的，在一些险要地方，墙的厚度仅有55厘米。

明碉暗堡林立

72万平方米的古格都城具有碉堡遗存58座。从遗迹来看，古格都城的碉堡多数为两层，每个碉堡都设有射击孔和瞭望孔。碉堡所处的位置，既有处于地势险要之处的，也有位于开阔地带的。在王宫周围的防卫墙中间，也都建有碉堡。

除碉堡外，在险要地段的建筑物，不管是宫殿、房屋还是窑洞等外墙上也都开设了射击孔和瞭望孔，形成一个个暗堡。明碉和暗堡有机结合，形成了一道又一道坚固的防线。

四通八达的暗道

古格都城整个建筑群内有四通八达的地下暗道相互连通，路线十分复杂。经国家考古队的精心勘测，现已查明古格都城有暗道4条，其中有一条是通向山顶的暗道，该暗道入口开掘在距地面2米的崖面处。这条暗道作为上下交通的唯一通道，来往只能通过平时搭设的活动木梯，一旦木梯搬走，就是一个天然屏障。暗道口较小，暗道里面较大，暗道口顶端平时可以盖一巨大的石板伪装。

另外一条暗道非常重要，是为了应付长期战争，专门用于取水和同外界联络的。当时拉达克围困古格都城一月有余，整个都城的供水全靠那条暗道运送。这条暗道极宽，它在都城被困时发挥了重要作用。

强大的物资储备库

古格都城的房屋、窑洞数量极多，根据《阿里地区古格王国遗址调查记》考古资料记载，仅房屋遗迹就达445座，窑洞879孔，众多的房屋和窑洞，使古格都城具有极大的仓储能力。

在这些房屋和窑洞中，有相当一部分是作为存放东西的仓库而修建的，其中包括粮库（大小粮库8座）、草库、盐库、肉库、武器库等。武器库又按武器种类分成弓箭库、盾牌库、盔甲库、长矛库、抛石库等。遇到战事需要动用大量兵力时，王宫便把武器、盔甲分发给征召的僧俗百姓。强大的储备能力反映出古格王国在后勤供应和物资储备方面的深谋远虑。

多重防御设施

古格王国的统治者在都城外数千米到数十千米范围内的战略要地或险要位置上建立了一批外围防御设施，使古格都城形成内外两重防御系统，共同组成一个更大的防御体系。附属防御设施所在地建筑物的构筑样式、布局与古格都城的建筑物如出一辙。

多香城堡位于古格都城西南约20千米的多香河谷东岸台地的一座独立土山上，其防御设施主要有16座碉堡和2道防卫墙。这里的碉堡和古格都城的一样，多为两层，碉堡以石块砌基，土坯筑墙，墙体开设有三角形或窄条形箭孔、瞭望孔，碉堡内数处堆放着拳头大小的鹅卵石，一旦遇有外敌进攻，抛出石头就能御敌。

达巴城堡位于距古格都城约90千米的达巴乡境内。主体建筑分布在两座山脊上，防御设施包括碉堡和防卫墙，碉楼建在山顶或地势险要处，碉楼墙体开设有三角形或窄条形瞭望孔或箭孔。防卫墙沿山势走向砌筑，墙体用土坯砌建，高约2米，每隔4米左右在墙上开设一射击孔。

卡尔普位于古格都城东侧约4千米的小山包上，与都城遥遥相望。卡尔普的窑洞大多建在小山包周围的断崖上，具有明显的军事防御性能。此外，卡尔普北侧还有两条暗道，一条向西，一条向北，两条暗道相接于一间暗室，暗道高和宽都超过1米。

除此之外，古格都城的防御设施还包括周围的一些小的碉堡和寺庙，这些碉堡和寺庙也都具有明显的军事防御性质。

诸多的外围附属防御设施构成了古格都城的外围防线，古格都城本身的防御设施则构成坚固的内部防线。内外两道防线共同构成古格都城完整的防御体系。

古格王国都城高大的城墙（图/杨永红）

藏军：西藏正式的常备军队

用辩证的眼光评价藏军的是非功过

临时征调人马

吐蕃之前，青藏高原就存在频繁的军事或准军事活动。吐蕃时期，以兼并、扩张为主要内容的军事活动达到了顶峰。吐蕃以后分裂割据的400年间，青藏高原地区军事纷争依然频繁，但是没有出现真正意义上的正规军队。

元朝时期，西藏地方正式归入中国版图，西藏地区重新实现了统一。元代在西藏设立的军事制度，系根据吐蕃军事制度的遗风，以各地方势力为单位，组成不脱离生产的骑兵和步兵部队。后来，这种军队体制变得徒有虚名，军队完全演化成民兵，平时都是些种田、放牧的百姓，没有任何训练；一旦发生战争，便由朝廷官员来藏，在西藏地方政府官员的协助下征调兵马，临时组建军队，未经训练就仓促开赴前线作战。

在抗击廓尔喀和锡克人侵略等战争中，西藏吃了大苦头，充分暴露了临时征调的“差役”部队的种种弱点。

组建正规军队

针对这一情况，乾隆年间对廓尔喀第二次战争结束后，清廷驻藏大臣福康安等人于1792年向朝廷陈述了在西藏建立正规军队的必要性，指出必须在西藏建立正规部队。1793年，福康安和西藏摄政王达察·济隆呼图克图丹贝贡布等僧俗官员共同商定了29条钦定章程，奏明皇上批准后实行。其中钦定章程中的第4条至第7条后来成为藏军建立的理论依据。

1793年，清廷在前后藏各设兵1000名，定日、江孜各设兵500名。前藏归游击统辖，后藏及江孜、定日归督司统辖。大小军官必须分等级，逐层管束。同时，对军饷补给、训练、设防等问题也都做了较为明细的规定。从此，西藏才有了一支正式的常备军队。

当时西藏还驻有1450名清军。起初实行汉藏军队统一管理制。1793年，藏军设代本6人，前后藏各驻2人，2人分驻定日、江孜，各管兵500名，督率教演。6名代本以下，设如本12名，甲本24名，定本120名，递相统辖，分管兵丁，凡遇有缺员，按照等差，由定本以上依次递升。1846年，驻藏大臣琦善将“藏汉军队统一管理制”改为“藏汉军分理制”，藏军由噶厦政府管辖。这段时期，藏军的训练和管理都按照清军操典进行，教官大都由清军中的军官担任，因此把这个时期的藏军称为“甲炯玛”（汉式训练部队）。当时部队既

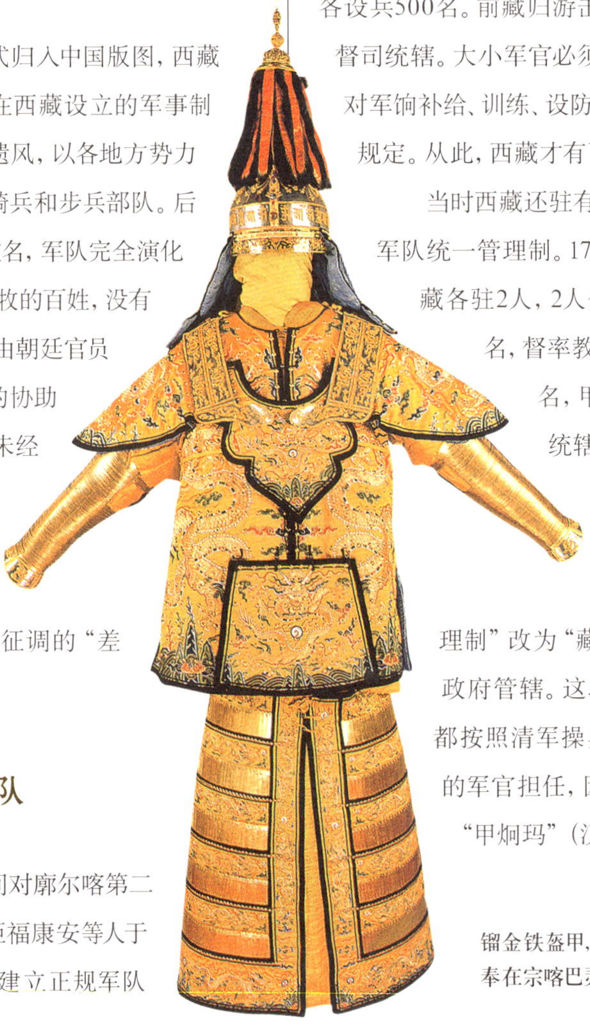

鎏金铁盔甲，1757年，乾隆皇帝赠给甘丹寺，供奉在宗喀巴灵塔前，用料考究，制作精湛

没有番号也没有代号，只是在军营或部队二字之前冠之以地名，如定日玛噶（军营）、江孜玛噶或叫卫代本（前藏部队）、藏代本（后藏部队）等。西藏地方政府设一名总代本统领全军。

仿照英军模式

藏军在1912年以前基本上是按照清军模式建军，1912年以后体制和地位、作用都发生了很大的变化，完全按照英军的模式武装。

清朝灭亡后，驻藏川军哗变，被藏军解除武装并被遣回内地。藏军在首任玛基（总司令）、原十三世达赖喇嘛的侍卫长达桑占堆的领导下，确定部队的代号、番号和编制序列，仿照西方A团、B团等排列法，按照藏文字母顺序排列部队的编制序列。1915年，又组建了藏军总部以完善指挥系统，加强对部队的组织管理和军事训练。随后派遣贵族子弟到英国、印度等国留学专攻军事学，同时还在江孜设立了英式军事训练基地，由英国军官对各级军官和预备军官进行正规训练。藏军的战术、技术、队列、军乐和服装等都仿照英军。

藏军没有统一的着装。历代玛基、各代本和第一代本团全体官兵直到覆没之前均着英国皇家陆军服装，戴黄色康克帽（即博士帽），着英式短皮靴，打绑腿，这是阅兵、集会、操典等时才穿的着装，平时穿藏装便衣。

藏军最高指挥机关称“玛基列空”，总司令官称“玛基”。通常设僧俗玛基各一员，虽然没有明确的正副之分，但由于俗官噶伦兼任玛基，因之实权较僧官玛基重。司令部隶属噶厦政府，玛基受噶厦领导，名义上直属达赖喇嘛或摄政王领导。

由于大量进口西方军火，这一时期已经完成了常规武器的换代，前10个团全都装备了火炮、重机枪、轻机枪、冲锋枪、步枪和手枪等先进武器装备。

1950年解放军进藏前夕，西藏地方政府大肆扩军

上图：英式训练的藏军（图/杨永红）
下图：藏军的藏式着装（图/杨永红）

备战，藏军变得空前庞大，仅编有番号的正规部队和杂牌部队就达20来个代本团，近2万人，此外还有民兵和家丁等。到1950年，藏军正规代本团增至17个，约6个民兵代本团，共计17500人。

第二、三、四、五代本团系1793年组建的老部队，他们身着米黄色氆氇长袍；其余代本团官兵按新军纪规定统一穿黄色氆氇，“十”字花边领长袍，夏季戴礼帽，冬季戴皮帽，平时穿便衣。

藏军的军衔和军徽比较特别，各级军官均有代表等级的各种符号。如代本戴由绿松耳石和珍珠等点缀的金质帽徽，如本戴由绿松耳石点缀的金质帽徽，甲本和定本则戴刻有十字的金质帽徽；代本的帽子和肩章上有4个“十”字架花，如本有3个，甲本有2个，定本有1个，士兵的帽子和左肩上均有标志某团某号士兵的符号。

西藏昌都察雅县香堆寺的铁棒喇嘛(图/张鹰)
铁棒喇嘛即是寺庙里的执法僧侣,在重大佛事活动中担任维持秩序的任务。他们的装饰带有古代军事遗风,腰间横挂一把用五彩哈达装饰的长刀,肩扛一根粗铁棒

保家卫国,抗击外侮

藏军建立以后,为巩固国防,保卫边疆,抗击外族侵略、扩张,保卫藏民族传统文化和人民的生命财产,进行了英勇的战斗,做出了重大牺牲。从1793年建军到1904年第二次抗英战争,这一百多年间藏军参加对外重大战争四次,即1841年至1842年抗击锡克、克什米尔侵略的战争,1855年至1856年抗击廓尔喀人入侵的战争,1887年至1888年第一次抗英战争,1903年至1904年第二次抗英战争。在这四次战争中,藏军全力以赴,有时还征调了大批民兵。通过反侵略战争,显示了藏军存在的价值。

走向人民的对立面

1912年以后,一方面藏军加强了正规化建设,接触了西方先进的军事思想和武器装备,使军事素质得到了提高;另一方面,藏军的地位和作用也随之发生了变化,其保卫祖国、保护民众生命财产安全的作用逐渐淡化,甚至走上了人民的对立面。

1917年,藏军大举东进,向川康边境进行大规模武装进攻,参加白利和塔尔杰寺之间的内部战争、巴安战争(与四川的24军作战);1918年,藏军血腥镇压赤度宗(现属西藏丁青县)卡达地方150多户因差税过重而请愿的群众;1947年,藏军屠杀色拉寺结扎仓和热振寺的僧众,并抢劫一空;1949年,藏军包围国民党政府驻拉萨的机关,封闭国民党设在拉萨的电台和学校等。这些都是藏军的地位和作用发生重大变化的佐证。

这个时期藏军已扮演着破坏民族团结、分裂祖国、镇压人民这一不光彩的角色;而对国家失去主权,领土失去完整,藏军却无动于衷,甚至引狼入室。

藏军的优势与弱点

藏军有鲜明的特点和突出的优势,也有其致命的弱点。

藏军突出的优势是骑射。由于整个藏民族所处的地理条件和生产方式等因素,一般男性都枪马不离身,不经训练就能骑马射击。因此,擅长骑射是整个藏民族的突出特点,这为藏军提供了雄厚的兵源储备。藏军士兵的单兵素质比较好,射击技术不错,枪炮打得准,弹无虚发,而且大都体魄健壮,吃苦耐劳,不乏勇敢。藏军善于利用地形地物打冷枪,运动迅速,奔袭是其惯用的战法;同时也擅长使用偷袭围困,诱敌入伏等战法。在防御战中,藏军多凭借险要地形、河流、悬崖、

1950年10月12日，在昌都战役中，藏军第九代本起义。图为第九代本排以上军官合影

森林和峡谷等设伏，放置滚木、巨石，配合火力消灭敌人有生力量。

藏军饮食简便，动作灵活，行动迅速。行军作战中日常用品几乎都能装于怀中，且多不住帐篷，能够利用野外洞穴、凸凹地、树林遮蔽物等露营，吃饭也无定时。这些特点对在作战中争取时间，掌握主动权至关重要。另外，藏军适应高原气候，熟悉地形，善于爬山等特点也是外地军队所不能比拟的。

藏军有许多弱点，其中有些甚至是致命的弱点。

藏军的组织指挥能力差、水平低。组织指挥战斗，既无有效的侦察手段和迅速准确的通信情报，也无参谋人员和作战地图。营以上军官的指挥位置远离部队，这既不便于观察情况，也不能掌握军队，致使主官不能正确指挥。在作战中部队一旦出现混乱，很难重新组织。初战如受挫，就一败再败，组织不起反击。

军官中定本、甲本和如本大都受过训练，他们的个人军事素质相对较好。代本和玛基一般都是贵族出身，不一定受过军事训练，大都缺乏军事常识，不懂军事，他们中的极少数人曾自愿或受噶厦派遣到英、印学习过军事，具备一定的军事技能和指挥能力，但无补于大局，很难改变藏军不学无术的群体形象。

藏军的战术思想呆板、落后。一般高级指挥员都不善于判断情况，无论攻防战还是阻击战，藏军既不讲究队形，也不善于组织火力，士兵各自寻找自己的目标，利用地形地物掩护射击，不轻易发起进攻。部队行宿混乱，家属小孩常在队伍中乱叫，而且到处生火做饭烧茶，行动很容易被敌方察觉。藏军在攻防战中也不懂得利用改变地形、破坏道路、桥梁等手段来阻止敌人撤退或前进。行军和宿营不重视侧翼和侧后的警戒，战时也不派小哨。

藏军作风纪律差，官兵素质低，内部不团结和军民关系差等更是封建农奴制社会军队所共有的致命弱点。

严酷的等级制度和军民关系

藏军内部上下级之间等级非常严格。代本以上军官平时都不直接接触士兵，也不愿意接近士兵，把士兵视为下贱人。下级对上级非常恭敬、畏惧，必须无条件地绝对服从上级，下级对上级的决定，没有发表不同意见的任何权利。长官有权对下级官兵施以酷刑甚至极刑。兵营中存在割鼻挖眼、砍手、剁脚等惨不忍睹的暴行，军官打骂士兵更是家常便饭，普通士兵生命安全没有保障。士兵受了压迫，受了委屈，也不敢申诉。

军民关系是检验部队作风纪律好坏的重要标志。在藏军的纪律条款中有关军民关系的款项最多。军纪规定部队不准骚扰、折磨百姓，不得敲诈抢劫群众；不得以演习、行军等为借口向百姓摊派乌拉、驮畜、粮草及乘马等。实际上，藏军是远远做不到的。藏军平时按部队规模要求驻地百姓支“汤役”（挑水、烧茶等）、“打役”（饲养马匹等）、“拿役”（扫地、跑路、倒茶等），而且不付任何报酬，百姓还要无条件地为藏军供给柴、草；有些条文还规定，部队外出时可以征用民马。藏军军纪还规定，如果官兵强奸民女，要当着受害人处罚鞭刑；但事实上军官遇见有姿色之民女，常令其前来陪宿，如不从则借故加罪，找麻烦。

英勇壮烈的江孜保卫战

江孜保卫战是西藏江孜人民抗击英军入侵的一场战斗，也是西藏人民反帝战争中的最大一次战役。1902年英国以西藏不履行《藏印条约》侵犯印度边境为借口，派怀特率军200人侵入后藏的甲冈。次年，英国又以谈判为名，派兵入侵西藏南部边境岗巴宗。与此同时，英军首领荣赫鹏、麦克唐纳率领3000人从亚东、帕里一线发动对西藏的大规模入侵，在江孜受到西藏军民的英勇抵抗。

1904年3月，攻占帕里的英军向江孜方面推进。4月，西藏地方政府派1000名藏军阻截，双方在江孜以南的曲米仙谷展开战斗，藏军遭到重创，拉丁色等4名藏军军官被枪杀，英军侵占了后藏，江孜沦陷。

5月，西藏军民分两路发动反攻，一路集结在江孜以东的卡罗拉山，既牵制了英军主力，又切断了英军后路；另一路袭击英军大本营，突入江孜，攻破江孜堡垒，暂时取得江孜阵地主动权。江孜军民在扎奎和帕拉庄园等地进行了顽强战斗。5月3日，藏军1000多人突袭江洛林卡的荣赫鹏营地，几乎全歼敌人，荣赫鹏在极度恐慌中带领40名士兵仓皇南逃至康马村。江孜军民打退疯狂的敌人之后，群情激奋，夜以继日地修筑工事，地道从白居寺可直通宗山和强扎洞，从街巷的屋舍到宗山的南头都连接起来；在白居寺的制高点上

上图：江孜宗山抗英英雄纪念碑

下图：夕阳下的江孜古堡（图/视觉中国）

设置炮台一座，台枪一杆，并建立了值班岗哨制度，寺内喇嘛全体列队待战。英军在一段时间内陷入被动，没有进行大规模的军事行动。

6月，英军从东、南两面集中兵力攻打乃宁寺。广大僧兵顽强抵抗，最后14名藏军在杀伤数十名英军官兵后牺牲，英军侵占乃宁寺，寺内文物被洗劫一空。

7月5日，英军对坚守在江孜堡垒的军民发动总攻。英军使用新式火器向宗山猛烈进攻，江孜军民以土枪、大刀、梭镖和弓箭等简陋的武器誓死抵抗，最终寡不敌众，江孜防线失守。7月底，英军渡过雅鲁藏布江，8月攻入拉萨。1904年9月江孜保卫战失败后，英国以武力相威胁，强迫西藏代表签订《拉萨条约》。

江孜保卫战虽然失败了，但是它充分体现了以藏军为主体的西藏人民保家卫国、抗击英帝国主义入侵的坚强决心和大无畏的英雄气概。

撰稿专家

杨永红，历史学博士，中国人民解放军某部上校，西藏自治区社会科学院特聘专家。主要从事藏族历史、经济与社会发展研究。发表学术论文40余篇，出版著作《西藏建筑的军事防御风格》《西藏古近代军事史研究》等，主持和参与国家级、省部级科研课题多项。

《西藏建筑的军事防御风格》

《西藏古近代军事史研究》

扫描二维码，
阅读专家代表著作的电子版

霞光映照在珠穆朗玛峰上（图/视觉中国）

第14章

美丽藏区：一个神人共处的世界

走进藏族

本章主撰稿人：四川民族学院教授　林俊华

这里是中国最美的地方。巍峨的雪山、圣洁的冰川、辽阔的草原、奔腾的江河、宁静的湖泊、神秘的藏民族文化……2005年，《中国国家地理》杂志推出了“中国最美的地方排行榜”，其中有大量“最美”贴上了“藏区造”的标签。

这是一个菩萨喜欢的地方。在这里，几乎每一个村庄都有庄严神圣、金碧辉煌的寺庙，高高的嘛呢堆，随风飘扬的经幡……

这是一个神人共处的世界。她的美丽，藏族人的虔诚，吸引了原始宗教、藏传佛教的一大批神、佛来此安家落户。山峰、大地、草原、江河、湖泊……都成为神、佛的居所或化身。藏族人将自己的爱心和真诚全部奉献给诸神，而神灵则以它们无边法力保护着这里的每一个人。神和人就这样和谐地共处一方。

这是你梦中的“香格里拉”，一个被称为“灵魂家园”的地方。没有城市的喧嚣，没有污染的空气，没有污染的水，没有污染的灵魂……你可以穿梭于神山圣水之间，用灵魂与神佛面对面交流；也可以在寺庙神圣的佛像前，为自己、为亲人、为朋友、为天下苍生祈祷和祝福；也可以在恬静的村庄里歇歇脚，让自己那颗浮躁的心平静下来。在这里，你的灵魂被洗涤得干干净净，前世今生的罪孽将不再困扰你未来的人生，生活的意义和生命的价值应有尽有。

这里不是天堂，她记载的故事却比遥远的天堂更近人情。

这里不是天堂，只是她离天堂太近，置身于此，犹如天堂。

若你到来，切勿喧嚣，此处遍是神灵。

冰与雪的琉璃世界

青藏高原几乎囊括了全球海拔8000米以上的所有山峰

世界上最壮丽的群峰

到了青藏高原，雪山绝对是一道不能缺少的大餐。

青藏高原拥有世界上最多、最壮丽的雪山。珠穆朗玛峰、希夏邦马峰、干城章嘉峰、卓奥友峰、道拉吉利峰、马纳斯鲁峰、安纳普尔那峰、布洛阿特峰、迦舒布鲁姆Ⅱ峰……一座座海拔6000—8000米以上的山峰在海拔4000米的高原上拔地而起、横空出世，终年积雪不化，以其独特的美感和神秘的宗教影响，构成对世人的无穷吸引，成为众多登山家和广大游客共同的梦想。

青藏高原究竟有多少雪山，可能谁也没有数清楚过。但有一点是可以肯定的，那就是青藏高原不仅拥有世界上最高的雪山——珠穆朗玛峰，而且几乎囊括了全球海拔8000米以上的所有山峰。据统计，全球有海拔8000米以上的山峰共14座，全部分布在喜马拉雅山脉和喀喇昆仑山脉。其中喜马拉雅山脉有10座，喀喇昆仑山脉有4座。至于海拔5000—7000米的雪山，多不胜数，遍及各地，仅喜马拉雅山脉海拔达到或超7350

位于西藏林芝地区的南迦巴瓦峰，主峰高耸入云，常年云雾缭绕，当地相传这是天上的众神聚会时燃起的桑烟。在2005年《中国国家地理》杂志社评选的“选美中国”活动中，南迦巴瓦峰被誉为“中国最美山峰”（图/视觉中国）

西藏对外开放山峰一览表

数据来源:《西藏自治区志》

名　称	海拔高程(米)	所在地(县)
珠穆朗玛峰	8844	定日
洛子峰	8516	定日
马卡鲁峰	8463	定日
希夏邦马峰	8027	聂拉木
卓奥友峰	8201	定日
格仲康峰	7952	定日
摩拉门青峰	7703	聂拉木
纳木那尼峰	7694	普兰
章子峰	7543	定日
库拉岗日峰	7538	洛扎
拉布及康峰	7367	定日
乔乌衣峰	7351	定日
四光峰	7309	定日
希夏邦马西峰	7292	聂拉木
康波钦峰	7281	聂拉木
卡达普峰	7227	定日
宁金岗桑峰	7206	浪卡子
南当里峰	7205	聂拉木
门龙泽峰	7175	定日
普莫日峰	7170	定日
加拉白垒峰	7294	米林
扎西次仁玛峰	7134	定日

名　称	海拔高程(米)	所在地(县)
念青唐古拉峰	7162	当雄
冷布岗日峰	7095	仲巴
解同速松峰	7060	浪卡子
康格多峰	7055	错那
觉悟吓北峰	7022	定日
乔格茹峰	7021	定日
向东峰	7018	定日
巴龙峰	7013	定日
夏康坚峰	6822	措勤
格拉岗日峰	6666	聂拉木
桑丹康桑峰	6590	那曲
卓那布桑峰	6587	定日
那木错里峰	6536	定日
藏拉峰	6495	聂拉木
拉轨岗日峰	6457	拉孜
普勒日峰	6404	定日
姜桑拉姆峰	6324	浪卡子
启孜峰	6206	当雄
鲁孜峰	6154	当雄
歇马果峰	6140	尼木
卡达确莫峰	6112	尼木
绰莫拉日峰	7326	亚东

米的山峰就有110多座。

这些山峰终年积雪不化，形态各异。清晨，初升的太阳光将雪峰照得彤红，宛若金山，发出耀眼光芒；晴天，洁白的山峰直插蓝天，巍峨雄壮的气势展露无遗；雨天，云遮雾绕，烟雾茫茫，犹如仙境。春夏时节郁郁葱葱的森林、怒放的杜鹃与秋天五彩斑斓的树叶，总在四季中不断轮回，使整个雪山拥有了更丰富的色彩和多样的层次。

一座座山峰，一尊尊神

青藏高原的每一座雪山都以其独特的形态，给人以强烈的视觉冲击和心灵震撼。而生活在这里的藏族人则以其独特的文化，赋予了这些雪山独特而又神秘的宗教意义，使之具有人格、神格的双重属性和保护天下苍生的功能，成为众人顶礼膜拜的神山。

在人们比较熟悉的著名雪山中，没有一座不是神

藏区主要雪山、冰川分布示意图(绘图/蔡惟)

山。珠穆朗玛峰是“神女峰”；喜马拉雅山是“长寿五天女”的宫室；冈仁波齐雪山是“世界的中心”；南迦巴瓦雪山是天上的众神时常聚会和煨桑的场所；稻城的仙乃日雪山是观世音菩萨的化身；央迈勇雪山是文殊菩萨的化身；恰那多吉雪山是金刚手菩萨的化身；梅里雪山主峰卡瓦格博峰原是九头十八臂的煞神，后被莲花生大师教化，皈依佛门，做了千佛之子格萨尔麾下一员神将；墨尔多山是墨尔多菩萨的道场；阿尼玛卿雪山是开天辟地的九大造化神之一……可以说在藏区几乎“山山即神山”。这些神山之神同样具有人格和神格双重属性，同样具有驱妖降魔、保护众生的功能。所不同的仅仅是它们管辖范围、法力的高低和保护的范围不同而已。

当雪山不单纯是一座座终年积雪不化的山峰，而是一尊尊主宰着一方生灵命运的神时，它便成为人们顶礼膜拜的对象。因而，在藏区每年都能看见大批信徒不远万里叩着长头朝拜神山的盛况，转山、祭山已成为一道十分神奇的人文景观。

冰川：旅游界的新贵

冰川与雪山是一对孪生兄弟，大凡有雪山的地方往往有冰川伴生。可以说是雪山孕育了冰川，冰川托起

披着神秘金色面纱的梅里雪山(图/视觉中国)

了雪山，二者相辅相成。但冰川作为一种旅游资源，并纳入旅游活动，并不是很久的事。冰川旅游起源于19世纪早期的登山、探险、朝圣活动，20世纪才发展成为大众观光旅游项目，20世纪80年代开始流行。而在中国，由于冰川主要分布在边远高寒、人迹罕至之处，还不被外人所知，更不被外人所至，冰川与人类的接触和交流，仅仅是少数登山、探险、科考专业人士的专利。20世纪末、21世纪初，随着国内一些低海拔冰川的发现和开发，冰川旅游开始进入平常百姓人家，成为大众观光旅游项目。其发展速度迅猛，仅短短几年时间，冰雪观光和休闲体验旅游便成为中国人十分喜爱的时尚旅游项目。

中国有着丰富的冰川资源，是世界低纬度山岳冰川最为发达的国家。而藏区又是中国冰川分布数量最多、最集中的地区。喜马拉雅山、昆仑山、唐古拉山等一系列大型山脉都是青藏高原冰川的主要“生产基地”。如此众多的冰川资源，相信在不久的将来，必将成为中国冰川爱好者的“朝圣”之地。

四川贡嘎山海螺沟冰川（图/于怀）

藏区冰川分布一览表

地区	冰川面积	冰川数量	著名冰川
喜马拉雅山冰川	中国境内的冰川面积为11055平方千米	现代冰川17297条	绒布冰川、热母冰川、布拉冰川、格重巴冰川、野博康加勒冰川等
昆仑山冰川	12482平方千米	是中国冰川最多的山脉，多为山谷冰川，主要集中在西昆仑山	玉龙冰川、古里雅平顶冰川、乌鲁克冰川、哈龙冰川等
喀喇昆仑山冰川	4647平方千米	1848条	乔戈里冰川、音苏盖提冰川
唐古拉山冰川	2082平方千米	936条	姜根迪如冰川
冈底斯山冰川	有大小群20个，以冰斗冰川和悬冰川为主		冈仁波齐冰川、昂龙冈日冰川、空波冈日冰川、郭董冈日冰川
念青唐古拉山冰川	5898平方千米	2905条	卡钦青冰川、阿扎冰川等
横断山区冰川	1617平方千米	1680条	伯舒拉岭、他念他翁山、梅里雪山、玉龙山、贡嘎山、沙鲁里山、雀儿山都是该地区冰川集中区。最具影响力的是贡嘎山海螺沟冰川

涤荡灵魂的圣水

青藏高原孕育了亚洲7条重要河流

文明的发源地

这是个被称为“中华水塔”的地方，总储水量为全国总水量的1/3。丰富的储水量孕育出长江、黄河、雅鲁藏布江、金沙江、岷江、怒江、澜沧江、雅砻江、大渡河等难以数计的江河、湖泊。

青藏高原不仅河网密度大，而且还是欧亚大陆上发源大江河最多的地区。它孕育了黄河、长江、恒河、湄公河、印度河、萨尔温江和伊洛瓦底江等7条亚洲的重要河流，世界五大文明发祥地中，黄河流域文明、印度河流域文明的形成都与它密不可分。

中国人最熟悉的莫过于长江和黄河，它们都是中华民族的母亲河。长江发源于青藏高原唐古拉山主峰各拉丹东的西南侧，金沙江、岷江、雅砻江、大渡河都是长江最主要的干、支流。黄河发源于青藏高原的巴颜喀拉山脉北麓的卡日曲。

野性与柔情并存

青藏高原上的江河都具有娴静和狂野的双重性格。它们在高原腹地大都平缓，波澜不惊；但当它们要走出高原时，桀骜不驯、粗野狂放的野性就完全暴露出来。狂野的江水如千军万马，向阻挡它们前进的大山发

雅鲁藏布大峡谷被誉为“地球最后的秘境”（图/视觉中国）

起一波波猛烈撞击，硬是在狭窄的山谷中挤出一条缝来，然后带着胜利的吼声急驰而去。留下的只是一个个被它们深切后形成V型峡谷和瀑布。

雅鲁藏布大峡谷、藏布巴东瀑布群、金沙江虎跳峡、澜沧江梅里大峡谷、怒江大峡谷、大渡河大峡谷等著名的峡谷和瀑布，都是它们的杰作。直到走出了高原，它们才变得收敛起来，开始心平气和的旅行。

世界最大的高原湖区

沧海桑田大概是最常见不过的故事。昔日尚是汪洋，今朝已成高原。而对青藏高原而言，一切都从晚新生代开始，地壳不同程度的运动将海洋造就成了群山高原，同时也为湖泊的形成创造了非常好的条件。再加上当时温暖湿润的气候环境，使得大量的水分贮存在了低洼地段，从而形成了青藏高原上大量的湖泊。

青藏高原是中国最大的湖泊密集区，也是世界上湖面最高、范围最大、数量最多的高原湖区。这些湖大多分布在海拔4100米到海拔4900米的地方，或在雪山脚下，或与森林、草原交错。清澈透明的湖水倒映着蓝天白云，水天相融，浑然一体，分不清哪是天，哪是云，哪是湖。站在湖边，你会感觉到离天是如此之近，近得仿佛能听到天神们的耳语。绕湖一周，你能明显感觉到整个灵魂被那一潭碧水洗涤得一尘不染。那种宁静、那种美、那种幸福，也许一生就这一次。

充盈神性的圣湖

如果说是上天赐予了青藏高原如此众多的高原湖泊，是上天让这些高原湖泊拥有了美丽的外表，那么，藏族人的宗教和智慧则为这些美丽的湖泊注入了生命和灵魂。他们在一个个湖边堆砌起高高的嘛呢堆、拉上五颜六色的嘛呢旗、一步一叩绕湖转经。于是，这一

青海湖风光（图/于怀）

个个高原湖泊便成为了充满灵气和神性的神湖、圣湖。为了提升这些神湖、圣湖的神性，他们还创造性地提出了一个重要的理论：如果一个人无法亲自去拉萨朝圣，能在纳木措、玛旁雍措、羊卓雍措这样的圣湖转经一周，也能得到去拉萨朝圣一样的功德，一样能得到神佛的保护。有了这一理论的支撑，纳木措、玛旁雍措、羊卓雍措等一大批高原湖泊，不仅神性大增，而且拥有了崇高的宗教地位。

藏族人将一个自然之湖塑造为神湖、圣湖，还有一个十分重要且十分成功的手段，那就是为这些神湖、圣湖创造出了许多美丽动人的传说，使之变得更美、更神秘、更神奇：纳木措湖畔的巨石相合，纪念着念青唐古拉山与纳木措女神忠贞不渝的爱情故事；如神女遗失的绿松石耳坠一般的羊卓雍措，传说是空行母益西措杰为天下生灵抛撒的黄金凝结成湖；文成公主泪洒日月山，才有了浩浩荡荡的青海湖、倒淌河；格萨尔王对美丽王妃珠牡一见倾心，才有了山林环绕的新路海……

这些湖光山色不仅引来了一批批转经朝圣的信徒，也吸引着越来越多的外地人去探险、研究、跪拜和祈祷，甚至还有越来越多的都市青年男女来到圣湖举行自己的结婚典礼，在青藏高原最纯净的空气和最纯朴的神灵信仰以及美丽的传说中为自己的爱情故事画上漂亮的一笔。

西藏的著名湖泊

名　称	面积(平方千米)	海拔(米)	所在地(县)	简　介
纳木措	1920	4718	班戈、当雄	世界海拔最高的咸水湖
羊卓雍措	638	4410	浪卡子、贡嘎	西藏三大圣湖之一
玛旁雍措	412	4588	普兰	我国透明度最大的淡水湖
普莫雍措	295	4733	浪卡子	主要由高山雪水补给
然乌湖	22	3850	八宿	藏东第一大湖
佩枯措	300	4590	聂拉木、吉隆	日喀则地区最大的湖泊之一
当惹雍措	1400	4600	尼玛	西藏第三大湖
错高湖	4	3538	工布江达	藏东最大的淡水堰塞湖之一
错鄂湖	244	4562	申扎	色林措的卫星湖
布托湖	15	4600	丁青	布托措青湖和布托措穷湖的通称
色林措	1640	4530	班戈、申扎、双湖	我国矿化度最高的咸水湖
班公湖	600	4240	日土	东部为淡水湖，中部为半咸水湖，西部为咸水湖
拉姆拉措	1	5000	加查	传说透过此湖可回首前世、看透今世、预测来世
拉昂措	268	4574	普兰	人称“鬼湖”

圣湖羊卓雍措（图/于怀）

色彩斑斓的四川九寨沟(图/视觉中国)

森林与草原,大自然的馈赠

高原上的森林草原,是人们的生活保障与精神家园

神山圣水的新衣

在四川、云南和西藏三省区交界处的横断山区,以及西藏东南部的喜马拉雅山南坡等地区,有一片辽阔的原始森林,这就是被称为中国第二大林区的西南林区。

茂密的原始森林,丰富的野生动植物,都是不可多得的生态资源。森林与其他自然景观按不同形式的组合,如森林与雪山、森林与江河、森林与峡谷、森林与湖泊、森林与草原、森林与冰川等,更令其品位大大提升。最为可贵的是绝大多数景观都为这些元素的叠加组合。贡嘎山国家级自然保护区就是典型代表。保护区内的海螺沟冰川公园内,森林与雪山、冰川、河流、温泉、红石滩,以及一个个古朴的村庄相互交错,构成一个复合、多元的审美对象;在木格措景区,森林中不仅错落分布着雪山、河流、温泉和红石滩,还有大量湖泊、草原镶嵌其中。

这些优美多元的森林景观得以保护，既归功于天然林禁伐政策的实施，也归功于藏族人的世代保护。他们认为，山有山神，水有水神，树有树神，家有家神。如果人们对自然界中的山水树木、飞禽走兽、各种生灵不敬，就会受神灵的惩罚；反之，如果爱护山水、敬畏自然、保护生灵，就会得到神灵保佑。

公元7世纪佛教传入藏区并被藏民族广泛接受。佛教禁止杀生的理论，进一步强化了藏民的环保意识，并形成许多具有生态保护意义的禁忌。正是有了这种生态保护意识，藏区大量原始的生态景观才得以保存下来。

放牧的不只是牛羊

草原是藏族人的生命。对牧民来说，草原不仅是重要的生产资料，更是生活资料的唯一源泉，他们物质生活中的一切都是依靠草原直接或间接生产出来的。

草原更是藏族人的灵魂。藏族对草原有一种特殊的感情，并形成了一种特殊的生态价值观，在人、草、畜和野生动物之间构建了一种特殊生存模式。他们认为草原是人、神和生物的共同居住区，这个区域里包括人在内的一切生物，在神灵面前都是平等的。

草原也是藏族人休闲、娱乐的主要场所。每当夏季来临，鲜花盛开时，无论是牧区还是农区，无论是农牧民还是城市居民，无论是藏族人还是汉族人，他们携家人、邀朋友，带上美酒佳肴、帐篷、炊具、乐器、经幡、柏枝到繁花似锦的草原“耍坝子”，少则一天，多则数天，直到兴尽而归。在节假日，一些草原上的帐篷少者数十顶，多者上千顶。有的地方还会在这时举行赛马和宗教祭祀活动。

这时的草原，碧蓝的天空，盛开的野花，成群的牛羊，静静的小溪，清清的湖水，冒着炊烟的帐篷，挤奶的姑娘，高亢悠扬的牧歌……令人陶醉，宛若天堂。

西藏的国家级自然保护区

可可西里，包括西藏北部被称为"羌塘草原"的部分、青海昆仑山以南地区和新疆同西藏、青海毗邻的地区。可可西里自然保护区位于青海西南部的玉树藏族自治州境内，面积4.5万平方千米，是目前世界上原始生态环境保存最完美的地区之一，也是目前中国建成的面积最大、海拔最高、野生动物资源最为丰富的自然保护区之一

雅鲁藏布江中游河谷黑颈鹤国家级自然保护区：包括三大块，分布于西藏"一江两河"地区的黑颈鹤主要的越冬夜宿地和觅食地，总面积为61.43万公顷。2003年批准建为国家级自然保护区。主要保护国家一级保护动物——黑颈鹤及其越冬栖息地。

芒康滇金丝猴国家级自然保护区：位于昌都地区芒康县境内，总面积18.53万公顷。2002年11月批准建为国家级自然保护区，属野生动物类型自然保护区。

珠穆朗玛峰国家级自然保护区：位于定日、聂拉木、吉隆和定结四县交界处，面积338.1万公顷。1994年批准建为国家级自然保护区，主要保护对象为高山、高原生态系统。

色林错国家级自然保护区：位于西北部的藏北高原，面积189万公顷。2003年批准建为国家级自然保护区，属野生动物类型自然保护区。

羌塘国家级自然保护区：位于那曲地区和阿里地区，总面积2980万公顷。2000年4月被国务院批准为国家级自然保护区，主要保护对象为保存完整的、独特的高寒生态系统及多种大型有蹄类动物。

雅鲁藏布大峡谷国家级自然保护区：位于东南部，为墨脱、米林、波密、林芝四县所管辖。2000年4月，批准为国家级自然保护区，总面积96.2万公顷。主要保护山地森林生态系统和珍贵野生动植物以及雅鲁藏布大拐弯的部分地区。

察隅慈巴沟国家级自然保护区：位于林芝地区东南面的察隅县中部，总面积为10.14万公顷。2002年批准为国家级自然保护区，属森林生态系统类型自然保护区。

拉鲁湿地国家级自然保护区：位于拉萨市西北角，面积620公顷。2005年8月被列为国家级自然保护区。

类乌齐马鹿国家级自然保护区：位于昌都地区北部，总面积为12.04万公顷。2005年列为国家级自然保护区，属野生动物类型自然保护区。

雪域圣迹，藏地之魂

数量庞大、内涵丰富的人文圣迹使人难以忘却

熠熠生辉的人文景观

藏区给人们留下深刻印象的不仅是高原雄浑壮观的美景，数量庞大、内涵丰富的人文圣迹更是使人难以忘却。事实上，正是有了这些人文圣迹，众多高原美景才有了神韵，充满着诱惑。

以卡若遗址为代表的古遗址，记录着藏族人在青藏高原上生存和发展的历史轨迹。以布达拉宫为代表的藏式宫殿，集中反映了藏族人政治、经济、文化、艺术发展的历史与现状。

以大昭寺、甘丹寺、色拉寺、哲蚌寺、扎什伦布寺、拉卜楞寺、塔尔寺、德格印经院为代表的藏传佛教寺院，既是藏族宗教活动的重要场所，更是藏族文化的传承与集散之地；既是一段历史的载体，也在现实中发挥着重大社会功能，是藏区人文圣迹中最为精彩、最为丰富的部分。

以拉萨、日喀则、江孜为代表的历史文化名城，不仅具有悠久历史，而且保存文物特别丰富，具有重大历史、文化价值。以丹巴藏寨为代表的乡村古镇，集中反映了藏族人独特的生态理念和生产、生活状态。

这些人文圣迹集历史、文化、艺术于一体，既是藏文化中的杰出代表，也是中华民族文化宝库中一颗颗璀璨的明珠。

布达拉宫雪景（图/张鹰）

藏族地区主要名胜古迹

江孜宗山远眺(图/张鹰)

卡若文化遗址：位于西藏昌都县卡若村。遗址总面积约1万平方米，考古界公认的西藏三大原始文化遗址之一。考古发掘获得房屋基址28座，出土石工具7968件，骨工具366件，陶片2万余件，装饰品50件，以及粟米、动物骨骸等。经考古证明，这是一个新石器时代晚期文化遗址，年代为距今4000—5000年。卡若遗址的发掘有力证明，青藏高原自古就有人类在这里繁衍、生息。

古格王朝遗址：坐落于阿里札达县扎让区境内托林镇西北的象泉河南岸一座300多米高的黄土坡上。占地约18万平方米，整个遗址自下而上，依山叠砌，房屋建筑、佛塔和洞窟密布全山，达600余座，形成一座庞大的古建筑群。古格王朝是吐蕃王室后裔于公元9世纪，在吐蕃崩溃后在西部阿里地方建立的地方政权，17世纪中，因内乱而覆灭，共存在700余年，传承20余代国王。

拉加里王宫遗址：位于西藏曲松县城南侧。建于13世纪，是吐蕃王室后裔家庭势力在历经萨迦和帕竹政权后保留下来的王权象征。遗址现存建筑分为早、中、晚三期。早期建筑藏语称"扎西群宗"，始建于13世纪，现仅存宫墙残段和南、北大门；中期建筑藏语称"甘丹拉孜"，建于15世纪，为拉加里王宫遗址现存的主体建筑，由王宫、仓库、拉康(宫殿)、广场、马厩等组成；晚期建筑称"夏宫"，建于18世纪，为一院式宫殿。拉加里王宫遗址基本保持了原建筑的布局和结构，是研究西藏地方历史、建筑史的重要实物资料。

江孜宗山抗英遗址：宗山城堡位于西藏江孜县的宗山上，建于14世纪初。1904年，西藏军民以宗山城堡为阵地，英勇抗击英国侵略军达3个月之久，多次打退了英军进攻，终因弹尽援绝，寡不敌众而失守。1961年被确定为全国重点文物保护单位，现有古建筑7064平方米，辟有抗英炮台、抗英勇士跳崖处、江孜宗政府议事厅等景点供游客参观。

雍布拉康：位于西藏山南地区泽当镇东南雅隆河东岸扎西次日山顶，是西藏历史上第一座宫殿，也是西藏最早的建筑之一。相传由吐蕃第一代赞普聂赤赞普于公元前2世纪建造，后为松赞干布和文成公主在山南的夏宫，五世达赖时改为黄教寺院。雍布拉康的壁画上生动地描绘了吐蕃第一位国王，第一座建筑，第一块耕地的历史故事。

大昭寺金顶上的雕塑（图/张鹰）

罗布林卡：位于西藏拉萨西郊，意为“宝贝园林”。始建于18世纪40年代，占地36万平方米，是历代达赖喇嘛消夏理政的地方，也是西藏人造园林中规模最大、风景最佳、古迹最多的园林。

朗色林庄园：位于西藏山南地区扎囊县朗色林乡，建造于明代。由双重围墙、护墙壕、主楼、马厩、经堂、仓库、神殿及花园等建筑群组成。是西藏早期农奴制庄园建筑的典型实例，有很高的历史价值和建筑艺术价值，是全国重点文物保护单位。

桑耶寺：位于西藏山南地区的扎囊县桑耶镇雅鲁藏布江北岸的哈布山下。是西藏第一座剃度僧人出家的寺院，始建于公元8世纪吐蕃王朝时期。寺内建筑按佛教的宇宙观进行布局，中心佛殿兼具藏族、汉族、印度三种风格。

大昭寺：位于拉萨市内。647年，松赞干布为纪念尼泊尔赤尊公主入藏，修建大昭寺，供奉赤尊公主从加德满都带来的释迦牟尼8岁等身像，后改为供奉文成公主从大唐长安带去的释迦牟尼12岁等身像。经历代整修扩建，现有占地面积25100平方米，5座金顶，108个佛殿。

甘丹寺：位于拉萨达孜县境内拉萨河南岸海拔3800米的旺波日山上，距拉萨57千米。由佛教格鲁派的创始人宗喀巴于1409年亲自筹建，清世宗曾赐名为永寿寺，是格鲁派的祖寺。寺院全称“甘丹朗杰林”，甘丹是藏语音译，其意为“兜率天”，是未来佛弥勒所教化的世界。全寺设2个扎仓23个康村。宗喀巴的法座继承人，历世格鲁派教主甘丹赤巴即居于此寺。与色拉寺、哲蚌寺并称“拉萨三大寺”。

哲蚌寺：位于拉萨市西郊约10千米的根培乌孜山南坡的坳里。系黄教创始人宗喀巴之弟子降央曲吉扎西班丹于公元1416年创建。哲蚌寺是藏传佛教最大的寺庙，建筑面积约25万平方米，僧众最多时超过1万人。主要建筑有措钦大殿、洛色林扎仓、葛丹颇章、甲央拉康等。

色拉寺：位于拉萨北郊色拉乌孜山麓。由宗喀巴弟子绛钦却杰于1419年兴建。寺内有结巴、麦巴、阿巴三扎仓（经院）。鼎盛期有僧众8000余人。寺内藏有大量的珍贵文物和工艺品，其中释迦益西的彩色丝像，长109厘米，宽64厘米，虽经500余年，但色彩仍很鲜艳，200余函《甘珠尔》《丹珠尔》经书全用金汁抄写，十分珍贵。

萨迦寺：位于西藏日喀则南约180千米萨迦县境内。1073年由藏传佛教萨迦派创始人昆·公却杰布创建，为萨迦派祖寺，在青海、甘肃、四川、云南以及不丹、尼泊尔等地有分寺150座。在公元13世纪中叶，曾是萨迦王朝的首府，是西藏地方的政治、经济、文化、军事的中心。曾出现过萨迦班智达、八思巴等许多叱咤风云的著名政治、宗教人物。寺内所藏的历史、宗教、建筑、雕塑等方面的文物丰富，被誉为中国的“第二敦煌”。

日喀则万佛塔：位于西藏日喀则地区江孜白居寺旁。塔高42. 2米，塔

那曲比如县佛塔(图/张鹰)

座占地2200平方米，塔内有77间佛殿、佛龛，总计供奉的佛像多达10万尊，故人们又称之为“十万佛塔”。万佛塔于公元1414年动工兴建，历时10年才完成。万佛塔逐层收紧、渐叠而上、造型华美、构图严谨，被誉为西藏群塔之冠，是西藏佛塔中的珍品。

松卡石塔：位于西藏山南地区扎囊县桑耶寺以西15千米的雅鲁藏布江边一座岩石山脚下，共有五座，通体白色，石刻而成，高度均为2米左右。是基本与桑耶寺同时期的石雕建筑，传说是由藏传佛教宁玛派祖师莲花生大师设计主持雕造，对研究吐蕃时期佛塔的造型艺术和建筑风格有很高的价值。

巴格嘛呢墙：位于四川甘孜石渠县的长沙贡马乡，距县城53千米。墙体全部由嘛呢石片垒成，墙高达3米，厚约2—3米，全长1.6千米，是世界上最长的嘛呢墙，人称“用信仰筑起的长城”。每一块石片上都刻满了六字真言和藏传佛教的经文，墙体两边的窗口里摆放着各种佛像，雕刻精美传神。据说，从巴格一世活佛桑结彭措1671年在此放下第一块嘛呢石算起，距今已有300多年历史。

松格嘛呢城：松格嘛呢城位于甘孜石渠县，距县城约80千米处。是一座四方形的石头城，高约10米，长100米，全由一块块的嘛呢石随意堆积而成。传说当年格萨尔王为了给阵亡的将士超度亡魂，便在这里垒起嘛呢堆，后来各地来此朝拜的藏民都纷纷往上面放置嘛呢石。于是嘛呢堆也就越垒越高，慢慢变成了嘛呢城。

新寨嘛呢堆：位于青海玉树结古镇。相传由藏传佛教高僧第一世嘉那活佛多德香曲帕旺于1687年创建，至今已有300多年历史，已形成一个东西长300米、南北宽80米、高4米，堆有约26亿块嘛呢石的巨大嘛呢堆，是世界上最大的嘛呢堆。每年有各地的无数信徒来此许愿、祈福。

上图：西藏山南地区扎囊县松卡石塔

下图：青海玉树新寨嘛呢堆

请到藏区来做客，扎西德勒！

青藏高原冬长夏短，冬季寒冷，夏季清凉，总体气温偏低，一般以5月下旬至10月下旬为最佳旅游时间。但因个人需求不同，可做不同安排。

以摄影为主要目的的，一般以10月下旬至11月底为最佳时间，这时是高原上光线和色彩最为美丽的时间，气温也不很低；以草原观光为主要目的，宜选择6月底至8月中旬，这是草原上最美丽的季节，许多地方在这一时期还会举行盛大的赛马会，值得一看；若选择朝圣旅游，则应参考各寺庙、神山、圣湖的重大节日安排，尽量与之衔接。自驾旅游应尽量避开塌方和雪阻时间。

由于海拔高，气候干燥，空气缺氧，且昼夜温差大，气候垂直分布明显，常有"一天见四季，十里不同天"的奇特经历。因而，即使在夏季入藏旅游，也要准备足够的保暖衣物、氧气和常用药品。

◎西藏阿里旅游区：阿里地区首府狮泉河镇距拉萨1600余千米。极富个性的高原特征、辉煌灿烂的文化遗址，对许多人都是不可抗拒的诱惑。主要景观：古格王朝遗址、托林寺、冈仁波齐、科加寺、玛旁雍措、鬼湖拉昂措、班公措、扎达土林、东嘎石窟、日土岩画。

最佳旅游季节：夏、秋两季。每年藏历四月十五日在冈仁波齐山脚都要举办传统的"萨达"节，十分隆重、热闹。

◎西藏日喀则旅游区：日喀则是西藏第二大城市，有600年历史，在历史上是后藏的政治、经济、文化、宗教中心。主要景观：扎什伦布寺、白居寺、白居塔、绒布寺、桑丁寺、彭措林寺、樟木口岸、热拉雍仲林寺、帕里草原、夏鲁寺、萨迦寺、江孜宗山城堡、帕拉庄园、珠穆朗玛峰自然保护区、羊卓雍措。

最佳旅游季节：夏季。

雅鲁藏布江大峡谷

◎西藏山南旅游区：山南雅隆河谷是藏民族的发源地；雍布拉康是吐蕃的第一座宫殿；桑耶寺是藏传佛教的第一座寺院。山南是藏文化寻根之旅的最佳线路。主要景观：雅隆河风景名胜区、雅鲁藏布江、羊卓雍湖、拉姆拉措、桑耶寺、青朴修行地、敏珠林寺、昌珠寺、琼果杰寺、贡布日神山猴子洞、拉加里王宫遗址、雍布拉康、藏王墓、沃卡温泉。

最佳旅游季节：四季均可，以夏、秋两季最佳。

◎西藏那曲旅游区：位于藏北，辽阔的羌塘草原，神秘的无人区，遥远的古象雄王国，给人以无限的想象空间；藏羚羊、野牦牛、野驴等众多野生动物，为这片土地增添了迷人的色彩。主要景观：桑丹康桑雪山、象雄王国遗址、卓玛峡谷风景区、羌塘自然保护区、藏北草原八塔、孝登寺、当惹雍措。

最佳旅游季节：6—9月，气温高，适合旅游。

◎西藏昌都旅游区：位于西藏东南边沿的横断山区，怒江、金沙江、澜沧江贯穿全境。高山峡谷、古人类遗址、原始父系文化等均有较高科考、旅游价值。主要景点：卡若遗址、强巴林寺、噶玛寺、朱古寺风景区、盐井盐田、盐井天主教堂、卡玛多塔林、孜珠寺、然乌湖、八宿岩画、三岩原始父系文化等。

最佳旅游季节：5、6、9三月。11月至次年3月常有大雪封山，7、8月雨季时泥石流和塌方较多。

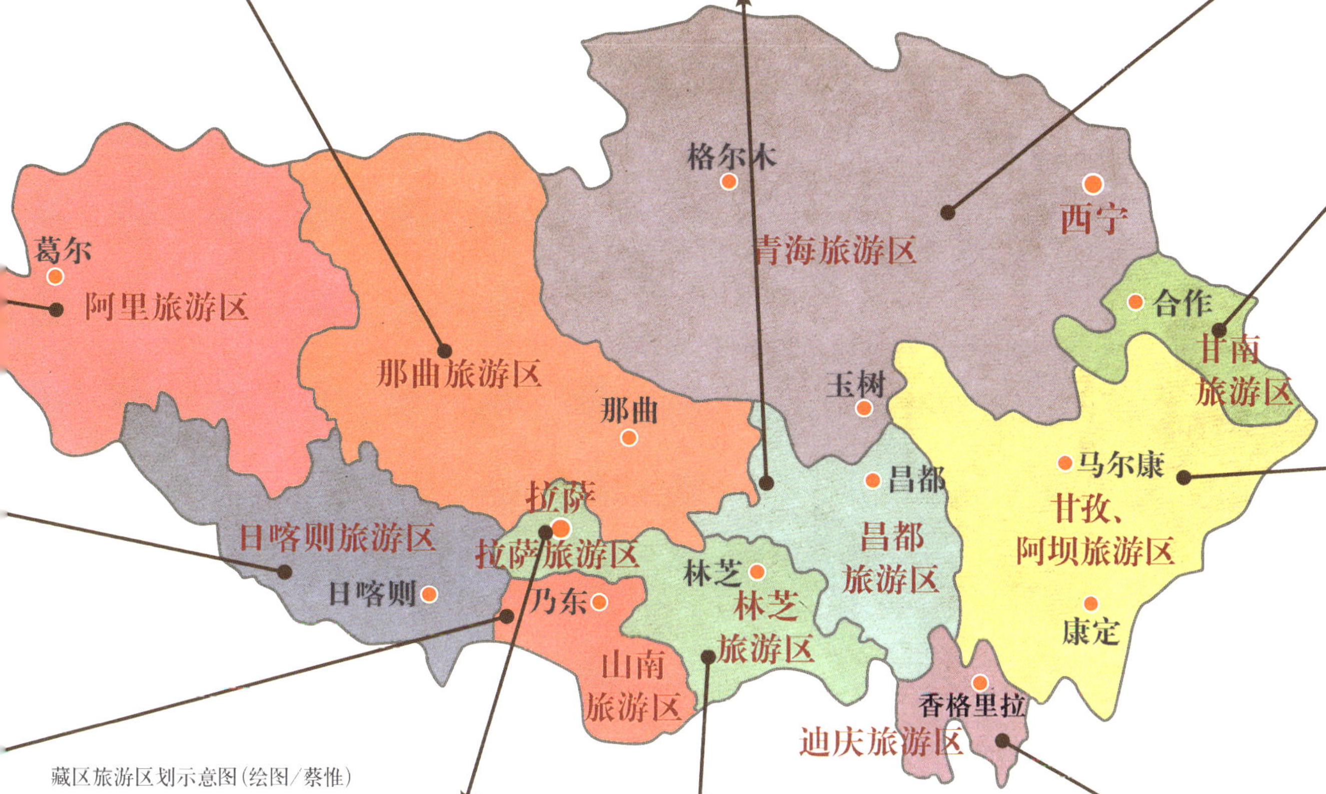

藏区旅游区划示意图（绘图/蔡惟）

◎西藏拉萨旅游区：拉萨是西藏自治区首府，是一座具有1300年历史的历史文化名城，名胜古迹，特别是宗教圣迹众多，是朝圣旅游的最佳选择。主要景点：布达拉宫、大昭寺、小昭寺、八角街、热振寺、哲蚌寺、直贡寺、甘丹寺、罗布林卡、药王山、龙王潭、西藏博物馆、纳木措、羊八井地热温泉、念青唐古拉山。

最佳旅游季节：夏季，气候温暖湿润，著名的雪顿节也在夏季举行。

◎西藏林芝旅游区：位于西藏东南部，以大量高山峡谷和原始森林、野生动植物闻名于世。主要景观：巴松措、波密岗乡云杉林、林芝巨柏、布久喇嘛林寺、列山古墓群、鲁朗风景区、珞巴族文化、门巴族文化、雅鲁藏布大峡谷、南迦巴瓦峰、墨脱自然保护区。

最佳旅游季节：4—10月为林芝地区最佳旅游季节。

◎青海旅游区：青海因青海湖而得名，位于我国西北地区，与甘肃、四川、西藏、新疆接壤，是长江、黄河、澜沧江的发源地，被誉为“江河源头”“中华水塔”。主要景观：青海湖、塔尔寺、三江源、可可西里、阿尼玛卿山、昆仑山、新青峰、金银滩海北原子城、坎布拉风景区、玉树新寨嘛呢堆、中国藏医药文化博物馆等。

最佳旅游季节：5—9月。5月中旬左右，气温转暖，冰消雪融，草原渐绿，候鸟聚集青海湖，高原进入生机勃勃的时期；道路状况也相对较好。

静静流淌的三江源（图/视觉中国）

◎甘肃甘南旅游区：甘南藏族自治州地处青藏高原东北边缘，南与四川阿坝州相连，西南与青海黄南州、果洛州接壤，东面和北部与本省陇南、定西、临夏毗邻。主要景观：尕海湖候鸟自然保护区、莲花山自然保护区、冶力关国家森林公园、桑科草原、黄河首曲、大峪沟、沙滩森林公园、夏河拉卜楞寺、卓尼禅定寺等。

最佳旅游季节：冬、夏两季。

金碧辉煌的塔公寺（图/于怀）

◎四川甘孜、阿坝旅游区：甘孜、阿坝两州位于四川省西部、青藏高原东南缘。该地区为在地理上属横断山区，在文化上属汉、藏文化过渡区，高山峡谷，文化多元，极具诱惑。主要景观：贡嘎山国家森林公园、海螺沟冰川森林公园、康定情歌风景区、大渡河峡谷、丹巴藏寨、德格印经院、德格新路海、稻城亚丁、川西高寒草原、石渠巴格嘛呢、松格嘛呢、巴塘措普沟、九寨沟风景区、黄龙风景区、卧龙大熊猫自然保护区、四姑娘山、若尔盖草原等。

最佳旅游季节：绝大多数地区四季皆适，以春、秋两季最佳。

险峻的虎跳峡（图/于怀）

◎云南迪庆旅游区：迪庆，藏语意为“吉祥如意的地方”，位于云南省西北部，滇、藏、川三省区交界处。州府所在地香格里拉县因美国人詹姆斯·希尔顿在小说《消失的地平线》中虚构的“香格里拉”而闻名。主要景观：松赞林寺、白水台、碧塔海、金沙江虎跳峡、澜沧江梅里大峡谷、梅里雪山、太子雪山、三江并流风景区等。

最佳旅游季节：5月、6月、9月、11月。

入藏交通示意图(绘图/蔡惟)

◎新藏公路(叶城—普兰): 从新疆南部的叶城出发，经过西藏的噶尔县、阿里地区的所在地狮泉河镇，向南至普兰县，再由普兰向东与中尼公路汇合，经日喀则到达拉萨，全长2535千米。途中翻越海拔5000米以上的大山5座，其中最高的界山达坂，海拔高达6035米。是世界上海拔最高的公路，也是进藏公路中最危险的一条，每年只有半年通车时间，无客车营运。

◎青藏公路(西宁—格尔木—拉萨): 从青海省第二大城市格尔木市出发，全线平均海拔在4000米以上，翻越昆仑山、唐古拉山，跨过通天河、沱沱河，穿过藏北羌塘草原，在西藏自治区首府拉萨市与川藏公路汇合。全长1959千米，道路比较平缓，全部为黑色等级路面，全年畅通。

◎滇藏公路(昆明—拉萨): 从云南省昆明市出发，经下关、大理、丽江、中甸、德钦进入西藏盐井，在芒康与川藏公路汇合后，再经八宿、林芝到拉萨。全长2300千米，全程起落不算太大，路面比较平整，晴雨均可通车，但冬季红拉雪山与白马雪山也有雪阻现象。

◎中尼公路(拉萨—樟木友谊桥—加德满都): 从尼泊尔的加德满都出发，经樟木友谊桥，进入西藏聂拉木县，经日喀则，到达拉萨，全长900多千米。

◎川藏公路(成都—拉萨): 分南、北二线。南线属国道318线，从成都出发西行，途经雅安、康定、昌都等地至西藏自治区首府拉萨，全长2159千米。沿途翻越二郎山、折多山、雀儿山等海拔4000—5000米的高山14座，跨越大渡河、金沙江、澜沧江、怒江等10多条湍急的河流。北线属国道317线，从成都出发，经都江堰、卧龙、小金、丹巴、道孚、甘孜、德格、昌都、那曲到拉萨。全长2412千米。川藏线入藏主要交通干道，是所有入藏公路中景观最美的一条，被称为“中国的景观大道”，也是自驾游爱好者最为钟情的线路。

◎国道213(兰州—成都): 是藏区最东部一条由北向南的纵向公路。由兰州出发，经甘南合作入四川若尔盖，再经红原、理县、汶川、都江堰至成都。全线路况好，易通行。

◎青藏铁路: 东起青海西宁，西至拉萨，途经格尔木、当雄、那曲，全长1956千米。

◎机场: 西藏拉萨贡嘎机场、昌都邦达机场、日喀则和平机场、林芝米林机场、阿里昆莎机场，青海西宁机场、格尔木机场、玉树巴塘机场，甘肃甘南夏河机场，四川九寨黄龙机场、阿坝红原机场、康定机场、稻城亚丁机场、甘孜格萨尔机场，云南迪庆香格里拉机场。

常用藏语

分类	汉语意思	藏语发音
社交类	吉祥如意	扎西德勒
	谢谢	突及其
	早上好	休巴德勒
	下午好	求珠德勒
	晚上好	宫珠德勒
	再见	卡里沛
	对不起	广达
购物类	买	尼
	卖	冲
	钱	贝夏
	多少钱	贝夏卡则热
	贵了	孔则青波
	我买了	尼格因
	我不买	尼格没
生活类	餐馆	洒糠
	藏餐	博塞
	西餐	戚接塞
	酒吧	仓糠
	牦牛肉	搜虾
	羊肉	卢虾
	猪肉	趴虾
	早餐	晓塞
	午餐	银贡洒玛
	晚餐	贡浊洒玛
	茶	甲
	吃饭	卡那洒

分类	汉语意思	藏语发音
机构类	医院	门康
	汽车站	莫札帕左
	寺庙	贡吧
	乡政府	乡思雄
	县政府	宗思雄
	旅馆	准康
	旅游局	玉锅局
	邮局	益桑局
	商店	村康
	加油站	弄鲁萨
	银行	威康
数字类	一	几
	二	昵
	三	松
	四	西
	五	啊
	六	珠
	七	顿
	八	给
	九	谷
	十	究
	二十	昵究
	三十	松究
	一百	甲塘坝

分类	汉语意思	藏语发音
称呼类	我	额啊
	你	切让
	他（她）	阔让
	我们	额让措
	你们	切让措
	他们	阔让措
	父亲	爸啦
	母亲	阿妈啦
	姐姐	坚姆
	哥哥	坚善
	姑娘	布姆
	男孩	布
	医生	门巴
	乡长	乡长
	村长	村长
时间类	白天	尼玛匡
	晚上	次那匡
	昨天	口卡桑
	今天	特日
	明天	色宁
	早晨	晓改
	中午	宁古
	一年	老基
	一天	尼玛基

撰稿专家

林俊华，四川民族学院科研处处长，学报编辑部主任，教授。主要从事藏区政治经济与历史文化、旅游开发研究。发表学术论文多篇，出版专著《走廊上的秘境》《康巴历史与文化》《丹巴美女》等。获四川省哲学社会科学优秀成果二等奖。

林紫秋，文学硕士，中国地图出版社编辑，发表学术论文多篇。

《走廊上的秘境》

扫描二维码，
阅读专家代表著作的电子版

林芝桃花灿若云霞（图/视觉中国）

在藏区，随处可见挂在山顶山口、江畔河边、道路两旁以及寺庙佛塔之上的五彩经幡。在信奉藏传佛教的人们看来，随风而舞的经幡飘动一下，就是诵经一次。经幡成为连接神与人的纽带，寄托着人们美好的愿望（图/视觉中国）

编后记

“中华民族文化大系”牢牢把握为祖国各民族做一张历史文化名片的编辑宗旨，以人为本，从细节入手，力争展示每个民族的亮点、特点和发展过程中的关键点。这套“集大成”之作，从撰稿到出版，历经数载，凝聚了众多专家学者的心血，得到诸多领导、同仁、读者的关心与支持，亦参考借鉴了相关研究成果，因体裁所限，未能逐一标注，特此申明，并深表谢意！

需要说明的是，书中部分文字、图片、音乐、视频等，经多方努力，仍未能找到相关作者或著作权人的联系方式。作者或著作权人如发现请随时与我们联系（meimin56@163.com），我们在核实后将奉上稿酬。

民族文化丰富而博大，繁复而琐细，虽已尽全力核查、考证，但挂一漏万，肯定还存有不少谬误，恳请读者批评斧正。

本书编委会

2017年6月

图书在版编目(CIP)数据

雪域之光 ：藏族 ：全2册 / 袁晓文主编. -- 上海 ：
上海锦绣文章出版社：上海文化出版社，2017.8（2018.3重印）
（中华民族文化大系）
ISBN 978-7-5452-1878-7

Ⅰ. ①雪… Ⅱ. ①袁… Ⅲ. ①藏族-民族历史-中国
②藏族-民族文化-中国 Ⅳ. ①K281.4

中国版本图书馆CIP数据核字(2017)第166451号

上海文化发展基金会图书出版专项基金资助项目

责任编辑 杨 婷 张 玥
整体设计 周艳梅
美术编辑 费红莲
督　　印 张 凯

书　　名 雪域之光——藏族
主　　编 袁晓文（益希汪秋）
出　　版 上海锦绣文章出版社 上海文化出版社
出　　品 上海故事会文化传媒有限公司
（200020 上海市绍兴路74号 www.storychina.cn）
发　　行 上海文艺出版社发行中心
（上海市绍兴路50号）
印　　刷 上海雅昌艺术印刷有限公司
版　　次 2017年8月第1版 2018年3月第2次印刷
规　　格 787×1092 1/16 印张 30.75
书　　号 ISBN 978-7-5452-1878-7/G · 718
定　　价 160.00元（全2册）

上海故事会文化传媒有限公司 出品（00638） www.storychina.cn